# 中国农业保险研究

The Study of China's Agricultural Insurance

2017

安 华 研 究 院

庹国柱　主编　周永丰　副主编

中 国 农 业 出 版 社

# 《中国农业保险研究 2017》
# 编 辑 委 员 会

# 前　言

自 2007 年中央财政开始支持农业保险以来，开创了中国农业保险事业发展的新纪元，中国农业保险的 1.0 版本开场了。

十年转瞬逝去，农业保险却在这十年里发生了翻天覆地的变化。仅从表面一些数据扳着指头算算，也会令人激动不已：全国的农业保险的保险金额从 2006 年的 1 126 亿元猛增到 2.16 万亿元，增长了 18 倍；为投保农户提供的损失赔偿（已决赔款）由 2007 年的 28.1 亿元，增加到 2016 年的 348.1 亿元，增长 11.4 倍；投保农户从 2007 年的 0.498 亿户次，增加到 2016 年的 2.04 亿户次，增长了 3.1 倍；提供农业保险服务的保险机构 2006 年只有 5 家，2017 年已经有 31 家了。这些成就的原动力之一是中央和地方各级财政的巨大支持和投入，2007 年的中央和地方财政给农业保险费的补贴是 38.8 亿元，2017 年这个数额已经增长到 317.8 亿元，是 2007 年的近 8.19 倍。

从这些数字背后深一点的层次上来看，我国农业保险在这十年中的发展变化，至少反映出以下五个重要特点：

**第一，农业保险业务升华为国家的农业政策**

农业保险在 2007 年之前一直是在商业保险框架下试验的，也就是把它当作商业保险的一个分支或者部门来经营的。所以一直步履蹒跚，得不到突破。关键是这时候的农业保险也就只是农业保险，但是 2007 年中央财政开始增加预算科目“农业保险保险费补贴”，给规定的关系国计民生的农畜产品生产保险以比例不低的保险费补贴，把这部分农业保险变成“政府支持的农业保险”，也就是 2004—2007 年连续四年中共中央国务院 1 号文件一再提到的“政策性农业保险”。就是说，从 2007 年起，虽然还是由商业保险公司经营的农业保险，但已经不再是本来意义上的财产保险险种，而是作为国家农业政策重要组成部分的农业保险了。从这一年开始，在政府支持下，接受各级政府财政补贴的农业保险项目由最初的 5 种作物扩展到数十种作物、5 种牲畜和两类森林，从最初的 6 个省份扩大到全国所有省、自治区、直辖市，推出的农业保险产品也有几百个。随着我国农业现代化发展和城市化速度的加快，农业保险的政策效应也在急剧扩大，它在农业发展、农村发展和农民福利甚至国民福利政策体系中的作用不断显现出来。

**第二，商业保险规则发展成专门的保险制度**

农业保险跟政府结下不解之缘之后，就必然与“商业保险”渐行渐远。1995 年诞生的我国《保险法》第 149 条就早早指出了农业保险的特殊性，该条说“国家支持发展为农业生产服务的保险事业。农业保险由法律、行政法规另行规定”。直到 2009 年《保险法》第三次修订之后，第 186 条第一款仍然这样坚持。表明农业保险的性质和适用法律与一般商业保险是不同的，适用商业保险的法律，不适用或者不完全适用于农业保险，至于把农业保险叫“政策性保险”还是叫“政府支持的农业保险”都没有关系。所以，几经努力终于在 2012 年 11 月诞生了我国第一部《农业保险条例》，开始了建立独特的农业保险法律制度的旅程。根据这个《农业保险条例》，其后 4 年中，财政部、保监会先后出台了一系列部门规章和其他监管规则，初步勾画出农业保险的法律制度规则体系。

《农业保险条例》及其配套规章是农险 1.0 版的标志性“建筑”。

**第三，普通保险业务扩展到广阔的保险领域**

十年之中，农业保险业务在众多保险经营机构的共同努力下，得到了充分的发展，其产品从最传统的承保多种灾害责任的成本保险起步，逐步从四个维度进行深度和广度的扩展：第一个维度是平面的扩展，将其展业和保险覆盖面积不断扩大，2007 年，只承保了 2.3 亿亩①，到 2016 年，一年共计承保农作物 17.2 亿亩，已覆盖农作物播种面积的 70.2%，这个比率接近发达国家农业保险的参与率水平；第二个维度是保险责任的扩展，逐步将最初没有纳入作物和牲畜保险的保险责任，如干旱、洪水、病虫害、地震和牲畜在发生流行疫病时的政府捕杀等灾害责任，都纳入合同保障范围，满足了投保农户的愿望；第三个维度是适应投保农户的需求，不断提升保险保障水平，由物化成本的保险保障向包括地租和劳动力成本的完全成本的保险保障推展；第四个维度就是由传统的一家一户承保理赔的保险，根据一个个典型地区的气象特征，开发出多种多样的不用逐户定损理赔的气象指数和区域产量保险产品等。农业保险品种从 2007 年最初的 6 个增加至 2016 年的 211 个，基本覆盖农、林、牧、渔各个领域，不仅提高了一家一家展业和理赔的效率，也在一定程度上降低了经营成本。

**第四，单一保险供给延伸为综合的金融服务**

十年之中，农业保险的供给主体及其服务在两个方面发生了深刻变化：第一个方面是主供应商，也就是那些商业保险公司，2006 年只有五家，当时几

① 亩为非法定计量单位，1 亩=1/15 公顷。

家大公司也都不愿意参与农业保险的试验和供给，曾几何时，这种“避之不及”的赔钱业务，现在竟然成为众多财产保险公司踊跃进入的市场领域。第二个方面是，随着农业保险的创新和保险业务的多维度发展，银行机构，担保机构和期货市场都纷纷参与农业保险这座“富矿”的开发。保险机构通过经营机制和保险产品的创新，自然而然地与银行、担保、期货连接起来，多方参与为农户提供保险和金融服务。保险机构为农户提供的贷款保证保险产品，通过“保险+信贷”的模式，既保证了农户获得银行贷款的便利，也将银行和担保机构纳入保险经营的风险管理体系。期货市场与保险公司共同参与开发和试验的“保险+期货”保险产品，不仅为农业保险的创新发展，也为国家农产品定价机制改革提供了新的服务领域和机会。保险机构也开始试验“险资直贷”，这更进一步为农户的融资成本降低和资金融通的便利做出了贡献。保险机构还联手其他金融机构配合政府部门，在国家的扶贫攻坚战略中也显示出独特的功能和作用。

**第五，风险保障功能赢得了广泛的社会认可**

我国农业保险的大规模开展，这是史无前例的，在这起步阶段，风险评估和保费精算几乎都是从零开始。在这种条件下，保险业界边实践边调整，逐步探测风险暴露水平，不断积累风险损失数据，努力求得农业保险长期经营的精算平衡，走出了可喜的第一步。2007 年，全国农险的简单赔付率是 63%，支付赔款 32.83 亿元，受益农户是 451.21 万户次。2016 年度，农险赔款支出超过农作物直接经济损失的 10%，是国家农业灾害救助资金的 10 倍，首次出现总赔款超过财政补贴总金额的情况。简单赔付率达到 83%，支付赔款 348.02 亿元，受益农户 4 575.51 万户次，有 11 个省直辖市赔付率超 100%，最高的福建省，赔付率为 186.6%。这对于因灾受损的农户来说可是雪中送炭啊!

2016 年有关部门在某省调查政府数十项支农强农惠农政策的满意度时，调查结果表明，农业保险在这些政策的满意度排名中名列第一，成为农民最满意的支农强农惠农政策。这个结果其实才是对全国农业保险界以及相关支持与协作部门的最大奖赏。

农业保险的 1.0 版，我们想已经画上了一个完满的句号。

在我们庆祝十年农业保险发展成就的时候，《中国农业保险研究 2017》的征稿、选择和编辑工作也告一段落了。

这本文集，选编了一年多时间里学界和业界写作和发表的 38 篇农业保险研究论文，大体上反映了这一年农业保险研究的重要成果。本文集分了 11 个栏目，有对于农业保险宏观层面，如发展改革、农业巨灾、政策效应和保险监管方面的探讨，也有中观层面的，如农业风险区划，经营模式、区域发展方面的讨论，还有微观层面的，对于如经营管理、产品创新和风险管理方面的讨论，特别是对于普遍关注的价格保险和收入保险的探讨。

我们觉得，这些文献虽然涉及的内容不同，写作风格各异，但都与我们保险理论与实践结合紧密，很接地气，对于无论从事理论和政策研究还是从事实务工作各层面的同仁们，会都有一定的参考价值。当然，有些文章的论证和观点，还需要进一步通过实践来证明和检验，抑或修正。

进入 2017 年，我们也许需要考虑打造中国农业保险的 2.0 版本，推动我国农业保险事业迈上一个新台阶。愿我们每年编辑的这个文集能在农业保险版本升级过程中，集中展示和贡献学界和业界的智慧，记录农业保险发展和升级的脚步，发挥应有的积极效应和作用。

庹国柱　周永丰

2017 年 5 月 28 日于北京

# 目　　录

# 发展改革

## 农业保险发展中的几个要害问题

### ——写在中央财政支持农业保险十周年之际*

庹国柱

**摘要**：中国的农业保险在过去的10年里，在中央和地方财政的支持下建立了有中国特色的政策性保险制度，并取得了举世瞩目的长足发展。但是对一些要害问题上还有不同的意见。作者基于农业保险发展的历史和现实，对于要不要坚持和发展我国农业保险的现行制度模式，如何看待农业保险的市场准入和市场竞争秩序，农业保险为何要创新，农险经营规则是否需要在实践基础上不断调整，以及经营农业保险的公司可以"赚钱"吗等几个问题，谈了一些个人的看法。以便统一认识，促进农业保险顺利和健康发展。

**关键词**：农业保险；制度模式；竞争；创新；经营规则

当2017年的第一缕阳光挥洒在祖国田野上的时候，为2016年的中国农业保险画上了一个完满的句号。

对我国农业保险来说，2016年的是寻常的一年，也是不寻常的一年。说它寻常是因为在这一年它依然保持着增长和发展活力，在创新中蓬勃地前进着，说它不寻常，是因为2016年是中央财政农业保险保费补贴试点十周年。同时，2016年我们遇上了10年之中赔付率最高的年份，不少省份的损失巨大，赔付率较高，无论直接保险还是再保险都处于亏损状态（2016年总体灾情不算太重，赔付率大幅上升的主要原因是产品改革扩大了保险责任、提高了赔付标准），更值得关注的是我们在发展中面临着一系列当前和今后不得不面对的问题。

这一年，是农业保险经营队伍空前壮大的一年，已经有31家财产保险公司和其他保险经营组织活跃在广阔的田野上和农户家，为他们提供丰富多彩的农业保险产品和风险保障。这一年，是2007年以来10年中农业保险赔付率最高的一年，达到80%以上；自然是被保险农户获得赔款最多的一年，总共有348亿元。这一年，参加农业

---

* 本文原载《中国保险报》，2017年1月23日，收入本书时有修改。

作者简介：庹国柱，首都经济贸易大学保险系教授，博士生导师。

保险的农户空前踊跃，以单项保险计算，有 2.04 亿户次，比前一年减少了 2 499.3 万户次；这一年，农业保险的保险费收入达到创纪录的 417.7 亿元，为农业提供的风险保障高达 2 万 1 千亿元，农作物承保的面积扩大到 17.21 亿亩①，比前一年分别增长了 11.32%、9.91%和 19.03%。

笔者在这里，不准备概括 2016 年农业保险的发展特点和成就，只是想就目前农业保险发展中需要深入讨论和认识的一些宏观的和微观问题谈一些个人看法。

## 一、要不要坚持和发展我国农业保险的现行制度模式

在 2016 年，农业保险的一个热门话题是顶层设计。有人一再提出要对现行的农业保险制度动大手术，需要重新进行顶层设计。因为现在这种由商业保险公司主导的农业保险，都是为了赚钱，不是为农民提供风险保障，政府花了冤枉钱，农民没有得到实惠。开出的药方就是广泛发展合作保险、相互保险，由合作制保险主导中国的农业保险原保险，由商业保险机构和再保险机构提供再保险。

中国农业保险制度经历了数十年的试验、论证和选择，在《农业保险条例》颁布之前，曾经有几种制度模式可以选择，一种是美国最初的（1980 年之前）那种由政府设立农业专业保险公司经营直接保险和再保险的制度模式，加拿大迄今还坚持这种制度模式；第二种是按照日本那种由普遍发展的农业合作保险组织经营直接保险、政府提供再保险的模式；第三种就是政府支持下的商业保险公司为主经营直接保险的所谓“PPP”（政府、市场结合）制度模式。2012 年国务院颁布的《农业保险条例》所提出的“政府引导，市场运作，自主自愿，协同推进”的原则，其实就是选择了第三种政府和市场结合的模式。对于保险特别是农业保险的技术和人才比较匮乏的我国来说，这种模式是符合我国国情的，也符合党的十八大以来市场化改革取向，差不多 10 年的实践表明，这种制度模式的选择和实施基本上是成功的，在这么短时间里，农业保险业务有了数十倍的增长，农户获得的风险保障大幅提升，仅 2014—2016 年三年里，农业保险的保险金额平均占农业生产总产值的 20%，平均每年赔款 267 亿元，占到农业生产直接经济损失的 9.67%，是各级政府救灾资金的 7 倍。当然这种制度模式还不完善，还有很多问题需要在进一步的实践中改进，但没有必要颠覆掉，也不需要重新进行顶层设计。

这里实际上还涉及到如何看待合作制和相互制农业保险的发展问题。

笔者一直非常希望我国的合作制和相互制农业保险能够得到充分的发展。20 世纪 90 年代，河南省人保分公司曾设计出了一种叫作“农村互助统筹保险”的制度模式，就是以县为单位组织合作保险，由人保为其提供业务代理和 30%的分保，还争取到了税收优惠政策。该模式迅速获得广泛响应，最多的时候有 70 多个县都实行了

① 亩为非法定计量单位，1 亩=1/15 公顷。——编者注

这种合作保险。笔者也曾带领研究生赴河南调查，当时以为这就是中国农业保险的发展道路。遗憾的是只不过四五年时间，这种“农村互助统筹保险”就烟消云散了。那个时期在山西、广东也出现过保险合作社，但是也都没有生存下去。这一直是一个有待深入研究的问题。

其实，合作制保险、相互制保险的发展需要有广泛和长期发展的合作经济的基础，需要有农民自下而上的发展合作保险的愿望和需求。欧洲一些发达国家在几百年前，随着资本主义经济的发展，就在消费领域、生产领域、流通领域和金融保险服务等领域发展合作经济，这种传统一直持续到今天。所以那些合作经济发达的国家例如法国、德国、芬兰、荷兰等，合作和相互保险也很发达。日本也是这样，合作经济从二战后就广泛地发展起来，他们的“农业共济组合”就是与“农业协同组合”同时发展和生长起来的。

笔者以为，农业合作保险、农业相互保险的发展需要几个基本条件：第一，农民具有发展合作经济的愿望。第二，农民具有较强的自组织能力。第三，农户具有对于风险保障的需求。第四，农民具有较强的风险与保险意识和知识。只有满足这些条件，农民才会自下而上地通过民主自治的方式组织起来，建立合作或相互农业保险组织。我国在20世纪50年代的合作化运动，以及上面讲到的河南的“农村互助统筹保险”的失败，原因虽然很多，但重要的一条就是因为有几千年稳固家庭传统的中国农户没有多少合作的愿望和条件，如果有的话，也只是家族、氏族以及基于地缘关系的互助，而非以民主自治为主要特征的现代合作。20世纪50年代那些被叫做“合作社”、“公社”或者90年代河南那种“统筹互助保险”的组织，是由上面（政府某级领导人或者发展合作保险的热心人）自上而下地“赐”给他们的，他们甚至被强迫加入这类合作组织。同时，那些农村合作经济组织的“舵手”（那些“人民公社”的大队长，生产队长）既不是企业家也不是职业经理人，绝大多数没有必要的和足够的组织能力，对于那些合作保险组织来说，组织者和被组织者都缺乏保险的基本知识。那么，这种“被合作”、“被相互”的农村经济组织，解体或者自然消亡就是顺理成章的事，尽管他们也可以委托第三方来替他们设计保单和打理业务。

十多年前开始，也有外国的保险集团来中国开设经营农业保险的分支机构，他们的国家具有悠久的相互保险的历史和传统，他们给我国介绍了那里的相互保险的优良传统和宝贵经验，但是在中国，他们开设的分公司或者合资公司是股份制公司，也还没有进行相互保险的示范，创造出适合中国国情的农业相互保险的新鲜经验。至今笔者还非常期待。

中国现在正在按照2011年颁布的《农民专业合作社法》发展专业农业合作，已经有了一批农业专业合作社，也诞生了两家农村保险互助社①，不少地方也有发展农

① 《农民专业合作社法》其实并不涉及金融保险合作社，没有对其做出相应的规范。迄今为止的《保险法》里也没有关于保险合作社的规范。批设这两家农村保险互助社和先前的黑龙江农业相互保险公司的时候，实际上没有充分的法律法规依据。

业相互保险的某些愿望和诉求，我们应该满腔热情地支持他们，给他们创造条件，促进其健康生长和发育。比如，可以选择管理民主、运行规范、带动力强的农民专业合作社，发起设立以农民互助互济、共同抵御风险为目的的农业保险合作社，探索合作保险。鼓励保险公司代办合作社保险业务或与合作社联办共保，以增强农业保险合作社的风险分散能力，提升其专业经营水平。但是，合作保险，相互保险还只是星星之火，其燎原之势尚待时日。从目前调查了解到的情况看来，现存已经营业的相互保险组织（无论是农业相互还是农村互助组织）的发展也面临着不少问题，例如，难以较好贯彻社员的“东家”地位和权益，其稳定发展需要政府财政的大力支持，农村互助社的农民投保积极性也不高等。[①] 要让合作保险和相互保险取代现在作为主渠道的商业保险公司，“坐庄”农业保险市场，似乎还做不到。至于市场上因历史原因存在的“协会保险人”，他们虽然可以叫做“互助保险”，但正如一位协会秘书长所说的那样，“此互助非彼互助也”，就是说实质上他们跟合作保险和相互保险实际上并没有关系，所以正在积极进行转轨改制。自然更不可能依靠这些还不算正规保险机构的“协会保险人”在农业保险领域“坐庄”。

总之，我们现在的农业保险顶层设计虽然需要完善，但不需要颠覆，也不需要推倒重新设计。这是保证我国农业保险健康发展，把农业保险推向新阶段的一个重要基础。

## 二、如何看待农业保险的市场准入和市场竞争秩序

2007 年以来的十年时间，在中国农业保险市场上，唱主角的经营主体——商业性保险公司，由 6 家扩张到 31 家，这不仅仅是一个数量的扩张，更是一个质的变化。表明越来越多的财产保险公司对农业保险的认识发生了升华，也表明这个农业保险市场形成了，扩大了。

在取消了对农业保险准入审批的背景下，从道理上财产保险公司可以不经过特别审批来经营农业保险。但这实际上是不可能的。因为农业保险市场不是一个真正的市场，农业保险经营与一般财产保险经营是不能画等号的。农业保险虽然属于财产保险，但无论是保险标的，风险特点，还是经营规则、专业技术要求等方面，都很独特，典型的“市场失灵”特征，使其离不开政府的支持，否则这个市场不复存在。它的业务又是在广阔的农村，从产品开发到展业、定损和理赔等方面，要规范就需要对经营主体有特殊要求和制约。一些公司对于准入方面的这种限制或者要求，例如对经营和服务网络方面的约束，对专职和兼职工作人员的要求等颇有微词。这是可以理解的，但这也是必需的。就是在加以适当限制的条件下，仍有不少经营主体违规违法经营，损害投保农户利益和套取财政补贴的问题时有发生，个别地方还非常严重。

① 参见《农村保险互助社的探索与实践》，载《保险理论与实践》2016 年第 12 期。

另外，经营主体的多寡也涉及市场竞争秩序的把控。市场经营主体过多，已经令人们不安和质疑。从目前的实际来看，农业保险竞争秩序并不是很好，特别是那些经营主体较多的地方，竞争带来的不是成本的下降和效率的提高，恰恰相反，因为业务的竞争演变成寻租竞争，既使得展业、核保、定损、理赔和业务管理水平的质量降低，也使经营成本持续推高。当然，2016 年综合成本率的较大幅度上升也跟 2016 年的灾害较常年较多较重有关。

市场主体增多带来的竞争加剧，其影响是多层面的。在作为推进农业保险的“合作者”或者业务代理者的县乡村层面，要价逐年加码，虽然保监会曾专门发文叫停某省通过中介组织垄断市场资源，索要高额佣金，但各地基层政府部门索要中介服务费或者佣金的情况已经不是个案，有的张口就要 8%，有的部门甚至在内部出台红头文件，规定为农险服务的价格不能低于保费收入的 15%。不少地方的“协保员[①]”的佣金要价也日益提高。在无法满足的情况下，保险公司往往会在理赔时多给这些村干部或者协保员一些赔款。不过，这往往又会引发其他被保险农户的不满。从无偿为农业保险的宣传组织和展业理赔服务到向保险公司索要高额佣金，今日“协同推进”农险发展的经济环境，已经悄然发生变化。如果没有有效的监管举措，农险经营环境将会更加严峻。赔付率上去了，费用率走高了，承保利润率下来了，经常被诟病的农险“超额承保利润”很快就会成为往事。随之而来的是大灾风险准备金累积速度减缓。

要不要，能不能通过政府干预来制约农业保险无序的市场竞争，有效遏制农业保险成本的急剧上升和效率的不断下降？这是需要探讨的。目前农险的竞争格局与正在开展的商车费率市场化改革格局一样，都走上了这样一条纠结的“胡同”（不一定是“死胡同”）。人们在推崇农业保险市场化的自由竞争的时候，似乎难以看到预想的光亮。

笔者曾经也开过“药方”，主张通过行政的手段给保险机构划片经营或者只允许在省和市级竞争，一个县只能由一家保险公司经营农业保险，且保持一段时间内如 3 年的稳定（现在很多省份都认同这个观点）。现在，在有的地方甚至在同一个乡都有几家保险机构做农险业务，这样的“竞争”，显然并不能提升农险市场的效率。当然，像有的省份那样实行多家公司共保，或者政府和保险公司联合共保，也是可选择的方案和途径。

## 三、农业保险创新为哪般

农业保险的创新是近几年的热门话题，也是众多保险公司不敢懈怠的追求。但并不是所有公司的创新动机和目标都很明确。农业保险的多层面创新，其动机无非四

① 各家公司都在乡村级聘用了多寡不等的“协保员”，他们实际上就是农业保险代理人，这些协保员大多是熟悉村里情况的村长、村会计。

种：第一，配合政府中心工作的需要；第二，完善农业保险制度的需要；第三，积极竞争拓展农险市场的需要；第四，探索农业保险新的经营业务和方向的需要。

中央财政支持农业保险十年来，基本成型的农业保险经营模式主要是面对广大的分散的每户只有几亩田的小农户，提供只有很低保障水平的“物化生产成本保险”。尽管政府给予80%的保险费补贴，但是从一家一户收取农户自己负担的那20%的保险费还是很费劲的。好在有各级政府部门的“无私”支持，加上大多以村甚至以乡镇为单位统保，业务推展还比较顺利，道德风险和逆选择相对较少，违规违法现象也不多。随着实践的发展，有的投保农户动起了歪脑筋，加之基层政府官员和不少农户对待农业保险的心态和行为变化，违规违法问题也普遍起来，原来的经营模式就越来越步履艰难，有的同仁甚至发出“合规经营必死，违规经营找死”的感叹。其实说“违规经营找死”合情合理，单说“合规经营必死”有些夸大，只是困难多一些经营艰苦一些而已。原有的经营模式和相关政策必须通过制度创新来破解。农民那20%的保险费收不上来，有的公司就通过放宽赔款标准，或者通过安排“防灾防损”项目变相加以解决。但是从根本上来说，还是要从大政策和经营模式创新来解决，例如对广大“散户”的农作物保险费不要农户自己出，但是只提供基本的“成本保险”，如果要提高保障水平，高出的保障水平由农户在一定范围内自愿选择，所需保险费全部或者部分由自己缴纳。对种植业大户，特别是从事大宗农产品生产的各种新型农业经营主体也实行这种政策。如果这种经营模式的创新成功，将带来我国农业保险的一次飞跃。

农业保险作为一种政策工具本来就是为农业发展政策服务的，也就是要为农业和农村发展中的重要课题服务。当前和今后一个时期的扶贫攻坚就是其中一个重要课题。围绕扶贫问题所推动的农业保险制度、组织和产品创新就这样自然而然地展开了。我们所看到的，无论是中国人保在河北阜平创造的扶贫模式，还是中原农险在河南兰考创造的扶贫模式，都是力求适应扶贫攻坚的需要，创新农业保险的制度和产品。通过制度的创新，比如扶贫方面的保险将政府和保险机构连接起来，实行“联办共保”，充分利用政府的公信力和积极性。或者通过机制和产品创新，鼓励生产大户来带动贫困农户，或者将保险与信贷和投资连接起来，为需要帮扶的贫困户获得更充分的风险和信贷保障，加快其脱贫步伐。正如保监会副主席陈文辉说的那样，保险在扶贫中至少可以建立起三套功能作用协同配合的体系，那就是保险扶贫保障体系，保险扶贫增信体系和保险扶贫投资体系。农业保险也不例外。

如前所述，在目前农业保险市场竞争加剧和经营环境发生巨大变化的条件下，依靠同质化的传统产品来竞争已经非常艰难了。各家保险公司在固守传统产品市场的同时，通过因地制宜的产品创新来求得差异化发展，安信在上海先后推出的蔬菜价格指数保险、鸡蛋价格指数保险，人保在浙江和江西推出的茶叶低温气象指数保险、柑橘低温气象指数保险，中华联合在河北推出的原料奶收购价格指数保险，太平财险在大连推出的海参养殖气温指数保险，安华在山东推出的章丘大葱目标价格保险，人保在海南试验的橡胶树风灾指数保险等，都是非常恰当地根据当地的特色产业或支柱产业和特殊农、林、牧、渔业保险需求，有选择地进行保险产品创新，为当地的农村经济发展提供了有力的支撑，得到地方政府的多方支持，同时扩大了本公司的农险业务范围，这种竞争和业务拓展是成功的有效的，虽然大部分还是试点，范围不大，其推广前景还有待进一步探索。但是这无疑具有非常积极的意义。

中国农业保险业务向哪里去？这是农险界都非常关心的问题，因为中国农业保险向哪个方向发展，不仅关系到政策走向，也关系到各家保险经营机构的长远发展。目前有两个动向和趋势正在引起广泛关注：一个是从产量保险向收入保险的转变，另一个是由政府投保的农业巨灾保险。前者以美国为代表，从 1996 年起用了 20 年时间基本上完成了这个转换。我国在加速农业现代化发展的背景下，正在加快进行大宗农产品的定价机制的市场化改革，农产品和农户收入保险已经和将要提到农险发展的议事日程。这是农险产品的重大创新。因此，各家保险公司都在选择合适的品种进行设计和试点。要鼓励在经营规模较大的粮食主产区进行个体农作物收入保险的试点，在具有相似自然条件、相同风险系数的粮食主产县进行区域农作物收入保险试点。

由政府财政购买的农业巨灾保险或者巨灾保险，2016 年已经有黑龙江和广东两省启动，这类已经在 10 多个国家推广的保险产品，会在我国有多大发展，对我们现行农业保险体制、格局和产品结构，将会产生多大的影响，现在还不好评估。但是值得我们密切关注和思考，为了促使财政深度融合保险，更好地保障粮食安全并放大财政救灾资金，在制度上破解“无灾钱花不出去，有灾钱不够花”的财政预算尴尬难题，可以探索试点农业巨灾指数保险，确保灾害发生后，各级政府具备履行灾难救助和灾后重建公共利益责任所需的财政资金，用于应急响应、农户转移安置、灾后农业生产和农业生活设施修复重建、灾后农民救助等财政部门或有责任的履行，从而使财政预算在受灾年和平常年都能确保刚性和平衡。

## 四、农险经营规则有需要调整的地方吗

10 年农业保险的发展，浸透了监管部门的心血。特别是在《农业保险条例》（以下简称《条例》）颁布之后，监管部门依据《条例》的要求，出台了一系列监管细则。包括财政部《农业保险大灾风险准备金管理办法》，中国保监会《关于加强农业保险条款和费率管理的通知》、《农业保险承保理赔管理暂行办法》，《关于进一步加强农业保险业务监管 规范农业保险市场秩序的紧急通知》，中国保监会、财政部、农业部《关于进一步完善中央财政保费补贴型农业保险产品条款拟订工作的通知》等，这些细则对于规范农业保险经营活动，保护投保农户的合法利益，维护市场公平秩序，促进农业保险健康发展发挥了重要作用。

但是，在农业保险实践中，也有一些规则，值得探讨或者修正。这里仅举两个常常遇到的案例。

第一个是农业保险的承保收费的规范性和可操作性问题。

我国农业生产是以广大分散和小规模经营为特征的。监管规则要求农业保险“承保到户”，逐户收费。而对于大部分经营农业保险公司来说，由公司员工上门收费几乎是不可能的，即使服务网络齐全和完善。据某省保监局的调查和测算，承保一亩小麦保险费17元，农民自己负担20%，即3.5元，但是保险公司的成本是5.3元。所以大部分公司都是通过“协保员”来逐户收取保费，最初，效果还可以，后来不少“协保员”就开始与其他村干部或者乡干部串通一气，弄虚作假，或者造假名册，有的采取垫付保费的方式与保险公司签订合同。在这种条件下，即使保险公司合规合矩，“协保员”和村干部联手，假投保或者做假档案，提供虚假信息的问题也会变得普遍起来，公司要认真核查，确认档案的真实性和准确性，其难度之大和成本之高可想而知。许多违规违法问题就源于此。“承保到户，逐户收费”事实上在很多地方是做不到的。而以村为单位的统一投保方式，便为违规违法问题和档案信息不真实埋下了祸根。

第二个突出问题是农业保险的定损理赔到户的可操作性问题。

农业保险业务也要求“定损到户”和“理赔到户”。理赔到户总的来说好实现一些，但是定损到户实际上是不具有可操作性的。农作物生产的保险，灾害往往范围极广泛，例如洪水、干旱、台风暴雨等。因此，《条例》第十二条第二款规定：“保险机构按照农业保险合同约定，可以采取抽样方式或者其他方式核定保险标的的损失程度。采用抽样方式核定损失程度的，应当符合有关部门规定的抽样技术规范。”既然定损可以采取抽样的方式，那就不可能给每个农户定损，除非特殊的灾害损失。接下去的问题是“理赔到户”，实际上在理解上和操作上也有相当大的弹性。到底是平均分配理赔款还是根据损失大小区别理赔？如果不定损到户，就无法根据农户的不同损失理赔到户。这时，村干部的“自由裁量权”就大了，矛盾就会尖锐。如果平均分配，又会因为“不公平”、“不合理”，而遭到各方质疑。

上述两个问题带来的后果有时还是很严重的。可以说这是目前农险市场上的违规问题产生的重要原因。收费难就意味着有人要“垫交”保费，“垫交”往往要求回报，甚至超额回报。这就为虚假费用和虚假理赔埋下了隐患。保险公司定损到户难，就把这个责任推给了村干部或者协保员，而差不多这些人一般都是垫交保费的人，前有“垫交”后有定损权的情况下，保险公司如果管理不到位或者有意纵容甚至串通，发生违规一点都不奇怪。这些违规问题的存在，客观上造成赔付没有按照标准进行，丰年多赔，欠年少赔，形成撒芝麻盐的态势。长此以往，就无法发挥农业保险的机制和作用，不利于达成农业保险的政策目标。

鉴于这些问题，有必要重新讨论某些保险业务的规范，修改现有的条款。同时像上面说的那样，要在制度创新和产品创新上做文章，例如，争取不让农民缴费的低水平保障的保险政策，尽可能发展区域产量保险，天气指数保险等指数型保险产品，绕开承保，定损和理赔的现存难题。

## 五、经营农业保险的公司可以“赚钱”吗

这个问题的答案是肯定的，尽管农业保险的保险费里，各级政府补贴了将近80%，也尽管购买农业保险的农民的收入只有城里人收入的三分之一，甚至更少。

有的人不赞成由商业保险公司来经营农业保险，抨击经营农业保险的保险公司盈利的不道德性。虽然人人都有发表意见的权利，不过这些说法，笔者觉得多少有些偏颇和片面。以笔者看来：

首先，农业保险由商业保险公司来经营，对于这种特殊的政策性农业保险或者政府支持的保险来说，其实就是等于政府向商业保险公司购买农业保险服务，在实现政府对农业进行有效风险管理目标的同时，保险机构获取其经营费用和适当的利润，没有什么不对，也没有什么不好。只是对于农业保险的经营，政府没有像保险公司经办城乡居民大病保险那样，大体上规定一个“盈利率”。不过，财政部为了调剂保险公司的承保利润，通过《农业保险大灾风险准备金管理办法》所规定的利润准备金，对可能的“承保利润”适当加以调节，使每年可以进入保险公司的利润保持在一个合理的水平。美国的农业保险常常成为我们的参照系。我计算了一下美国的农业保险的赔付情况和利润水平，从1990年到2014年25年时间里，以纯保费计算的赔付率超过100%的年份有11年，但是如果把管理费补贴也算到保费收入里，按照我国的口径计算赔付率和综合成本率，只有四年的经营是亏损的，这25年的综合成本率是77%。那就是说保险公司的综合利润率是23%（参见《中国农业保险研究2016》，第372页，中国农业出版社2016年版）。

其次，农业保险其实与其他财产保险一样，因为风险的分布不均匀，年际的赔付责任差别很大，表明经营风险比较大（这种差别可以用“离散系数”来度量）。而据美国学者的研究，农业保险的离散系数比普通财产保险的离散系数几乎大9倍[①]。在这种情况下农业保险的经营中，一个年份或者多个年份的赔付结余或者叫“盈利”，并不表明其真实盈利状况。只有在一个较长时期里才能看到比较真实的风险状况和盈利水平。所以我国前些年农业保险赔付率较低，显得承保利润率较高有其随机性。如前所述，近一两年来农业保险的费用率，赔付率从而综合成本率都上去了。例如2015年，综合赔付率为70.97%，综合费用率为19.24%，综合成本率为90.86%。2016年的综合赔付率达到80%，比财产保险的赔付率高出20%，综合费用率19.7%，综合成本率99.7%，基本上与财产保险的盈利水平持平。

第三，政府对农业保险的经营实行税收优惠政策，农业保险一直不交营业税，

① 据美国学者Miranda和Glauber 1997年的研究，美国农业保险损失赔付的离散系数是86%，而其他财产（例如企业财产、家庭财产、运输工具等）保险损失赔付的离散系数是8.6%，就是说，经营农业保险的风险是经营一般财产保险风险的10倍。见Miranda. M. & Glauber. J. W. 1997. Systemic Risk，Reinsurance，and the Failure of Crop Insurance Markets. American Journal of Agricultural Economics，Vol. 79 February.

仅此一项每年实际上可以为农业保险的财务报表贡献大约 6 个百分点的“承保利润”。而且，对于农业保险的所得税，开始虽然是缴纳的，后来做了调整，相比普通财产保险来说，也等于贡献几个百分点的“承保利润”。2015 年如果不是税收优惠的话，基本上也没有承保利润了。2016 年如果不是税收优惠政策，实际上是亏损的。

第四，我国大规模举办农业保险的时间不长，虽然参与经营的公司不少，但普遍缺乏精算数据，需要逐步积累。最初几年保费精算不准确也在所难免，即使保险公司估计的费率略高也是可以理解的。当然即使像美国和加拿大这样的已经有近 80 年和近 60 年农业保险发展历史的农业保险精算技术成熟、数据积累丰富的国家，也还不能说费率精算得十分准确，他们也是根据风险暴露不断调整着风险保费。

第五，有人认为，如果发展合作保险与相互保险，其经营成本低，农户得利多，政府花钱少，还可以不让保险公司赚钱。这就有点不知所云了。

发展合作保险与相互保险笔者很赞成，但如前所述，那不是一朝一夕之功，需要较长时间的引导和培育，我们不能像 20 世纪 50 年代强迫性合作化运动那样，从上而下“赐”给农民一个合作或相互保险制度。更主要的是，迄今为止也没有数据可以说明相互制、合作制农业保险，在同等保障条件和水平之下就比商业保险公司经营更便宜。据笔者看到的资料，做了 70 年合作保险的日本，提供多风险农业保险的费用率高达 38%，做同类业务的美国经营费用率是 15.37%～20.34%（2000—2010 年），而由政府设立公共保险机构经营农业保险的加拿大，做多风险农作物保险的费用率只有 6%～8%（参见《保险理论与实践》杂志 2016 年第 6～8 期）。如果说美国和加拿大都是大农场经营，彼此还有可比性的话，这两个国家与我国就没有可比性。至于欧洲法国、德国那些农业相互保险社和农业保险合作社，主要出售的是单风险农作物保险，例如雹灾保险和火灾保险，其保障水平、保障内容、保险风险都与多风险农作物保险不是一个层次。更无法说明这种经营优于商业性保险公司的经营。我们平时所说的合作保险或者相互保险的优越性主要是通过社员相互之间的风险监督，可以防止道德风险。相互保险由自己经营，费用较低。因为这类保险保障水平不高，也可以设计得稳健一些，从而不会受到资本市场的较大影响而轻易破产。不过从一些文献资料论证的结果来看，由于某些相互保险组织规模的扩大，甚至成为全国性公司，那些监督风险，防止道德风险等优点已经非常微弱。作为商业性保险机构相互保险与合作保险，也都不是公益性组织，而是营利性组织。所以，可以提倡和夸奖合作保险，相互保险，但不可绝对化。

上面一些宏观和微观问题，需要引起广泛的讨论，便于尽可能统一大家的认识，也有利于对现行制度和规则进行科学合理的调整。如此，我们的农业保险才能更上一层楼。

## 参考文献


[1] 庹国柱，王国军．中国农业保险与农村社会保障制度研究［M］．北京：首都经济贸易大学出版社，2002.

[2] 庹国柱．谈谈农业保险中的“协会保险人”及其监管［J］．中国保险，2013（12）．

[3] 宁波工程学院“农保社”课题组．农村保险互助社的探索与实践［J］．保险理论与实践，2016（12）．

[4] Miranda. M.，Glauber. J. W. Systemic Risk，Reinsurance，and the Failure of Crop Insurance Markets［J］. American Journal of Agricultural Economics，1997，Vol. 79 February.

# 打造农险 2.0 版本需要突破的几个瓶颈问题*

庹国柱

**摘要：**自 2007 年以来的十年，中国农业保险取得了长足发展，进入第二个十年，要打造农险 2.0 版本遇到四个瓶颈，即财政支持力度与农险保险发展要求不适应，农险经营方式和产品与农险经营环境不适应，农险经营的风险管理制度建设与农险的长期稳健发展目标不适应，分散的农险监管资源以及监管力度与完善农险制度的要求不适应。本文就冲破这些瓶颈的理由和路径做了一些分析，并提出了一些政策建议。为有关农业保险制度的改革发展的决策提供参考。

**关键词：**农业保险；财政支持；经营方式；大灾风险分散制度；监管

我国农业保险在中央一系列政策的支持和引导下，从 2007 年到现在的 10 年时间里有了高速发展，获得了初步的成功。2016 年农业保险为农业提供风险保障 2.2 万亿元，比 2007 年的 1 126 亿元增加了 18.5 倍，年均增长速度 38.8%。在此期间，这个发展速度是其他任何国家所不能比的。农业保险经营也在实践中积累了宝贵的经验和数据。

十年时间，农业保险在我国加快农业现代化发展的过程中，初步发挥了风险管理和风险保障的重要功能和作用。实践表明，我们自行设计的农业保险制度符合中国的国情，基本上是成功的。各级政府和市场上的农业保险和再保险机构为这个制度的建立和发展，做出了重要贡献。第二个十年，我们需要打造农险 2.0 版本。

我觉得，在加快实现农业现代化和稳步推进城市化，以及国际政治经济变化莫测的背景下，保证我国农业生产的可持续发展，维护国家的粮食安全，保障农户来自农业收入的稳定，和提高我国农产品的国际竞争力，这应该是我国建立政策性农业保险的主要动因，也是我国农业保险发展的主要目标。

根据这些目标来打造我国农险 2.0 版本，我们遇到的瓶颈主要是：

第一，财政支持力度与农险保险发展的要求不适应；

第二，农险经营方式和产品与农险经营环境不适应；

第三，农险经营的风险管理制度建设与农险的长期稳健发展目标不适应；

第四，分散的监管资源和欠缺的监管力度与完善农险制度的要求不适应。

---

* 本文原载《中国保险报》，2017 年 5 月 9、16、23 日。

作者简介：庹国柱，首都经济贸易大学保险系教授，农村保险研究所所长，博士研究生导师。

冲破这些瓶颈，我国农业保险的规模和效率就能在前十年的发展基础上，迈上一个新的台阶，对农业现代化建设和农业供给侧结构改革的贡献将会更大。

本文就围绕这四个方面谈谈笔者的想法和意见。

## 一、财政支持力度提升才能为农险 2.0 增添足够的动力

### （一）农业保险是农业发展政策和农业财政政策的重要组成部分

政策性农业保险在本质上不是保险，更不是一种商业行为，而是借用保险外壳或者操作机制，实现国家农业发展目标的政策工具。财政支持是政策性农业保险制度建立和发展的最主要的因素之一。包括我国在内的各国农业保险发展理论和实践一再证明，离开政府财政支持农业保险制度不可能建立和发展起来，也不会有蓬勃发展的农业保险市场。而要想获得农户最广泛的参与，除了不断提高农户的风险和保险意识之外，只能依靠财政政策的刺激。美国、加拿大、日本这些高度市场化的国家都是这样。

以美国为例，1980 年以前美国的农业保险，在政府支付全部经营成本的基础上，给农户补贴纯保险费的 30%时，农户的参与率（或者播种面积的投保率）只有 30%左右。1980 年以后逐步将纯保费补贴提高到 60%，加上管理费的补贴，达到保险费总额的 80%左右，参与率（或者播种面积的投保率）才提高到 80%以上。1990 年中期，克林顿政府通过《农作物保险法》修改的机会，对农户采取了一些强制措施，一度将农作物的参与率（或者播种面积的投保率）提高到 90%以上。而当这些强制措施取消后，参与率又掉到 90%以下。

为何政府要花这么大的价钱支持农业保险？因为农业发展需要，国家粮食安全需要。保险理论上的原因就是，农业保险是市场失灵的。农业保险产品在商业性经营条件下，面对收入较低的农户和高昂的保险费支付，买不起，也就不会有市场。政府从国家粮食安全、农业持续发展和农民利益保护的角度，必须成为农业保险的第一需求者，农户其实只是农业保险的第二需求者。当美国把农业保险定位于“维持美国粮食安全、确保美国民众廉价粮食供应、帮助美国农民收入平稳增长和确保美国农产品全球竞争力的重要措施”时，农业保险必须是其农业发展政策的重要组成部分，也必须是农业财政政策的重要组成部分。

从农业财政政策的角度来看，财政给农业的补贴是保证农业可持续发展和粮食安全的需要，也是保证农产品特别是食物廉价供给和增强农业国际竞争力的需要。这种补贴政策不仅是中国的既定政策也是其他发达国家和发展中国家的既定政策。

但是财政的补贴可以通过直接补贴的方式，也可以采取保险费补贴这种间接补贴的方式。这两种补贴都需要花费一定的成本。但是通过保险的方式间接地补贴比直补更加合理有效，除了世界贸易组织的农业协议对各国的直接补贴的限制之外，更重要的是因为直补就是一种一般的财政再分配方式，往往强调公平性和普惠性，

难以保证更好的区别性和针对性，从而其效率性难以得到保证。而通过补贴保险费的方式间接地补贴农业，财政资金的再分配方式就转变成了保险再分配方式。保费补贴本身是普惠的公平的，但是保险的损失补偿是只给那些遭受灾害损失的投保农户进行损失赔偿，损失越大获得的赔偿越多，就能很好地、更有效地支持农业的再生产，起到直接补贴起不到的作用。从而使财政支农资金发挥比直补更好的效率和效果。

### （二）中国的农业保险补贴政策需要上一个台阶

目前在我国农业中，无论是普通小规模农户和还是种养殖大户，普遍有提高农业保险的覆盖率，提高农业保险的保障水平，以及进一步扩大财政政策支持的农业保险标的的迫切需求。在政府层面，无论是从大力推进农业现代化和加快供给侧结构性改革的角度，还是大宗农产品定价机制改革以及扶贫攻坚的角度，都需要农业保险这个政策工具更加给力。而要逐步满足农户和政府在这三个方面的实际需求，除了保险公司要有足够的风险承担能力之外，还主要受到财政支持力度的掣肘。

改善和加大财政支持力度的途径无非是两个，第一是增加中央和省级对农业保险的保费补贴预算。第二就是在现有的农业直接补贴上做结构调整的文章。实际上每年的农业保险费补贴的财政预算都有一个增长幅度，不过要大幅度地增加预算还是有困难的。所以，在农业直接补贴上做加减法或许是不错的选择。当然，这里也有两个思路：

第一个思路是在农业直接补贴的存量上做文章，通过调整补贴结构，例如从“三项补贴”（种粮直补，农业生产资料综合补贴和良种补贴）拿出一部分用在农业保险补贴上，真正发挥三项补贴对农业特别是粮食生产的稳定和促进作用。近几年这部分资金每年大约是 1 400 多亿元（表 1），拿出 150 亿元左右，大概一亩地七八元钱，应该是可以的。不过，这部分资金如今基本上成为种植农户的固定收入，尽管我们可以说出几条拿出部分直补资金用来支持农业保险发展的理由，但恐怕有不少方面存在顾虑。至少在粮食大省或者中西部地区有一定阻力。所以要动这一块“奶酪”，最多动东部地区的比较稳妥。

**表 1　2007—2016 年中国农业的直接补贴支出统计表**

单位：亿元

| 年　份 | 2007 | 2008 | 2009 | 2010 | 2011 | 2012 | 2013 | 2014 | 2015 | 2016 |
|---|---|---|---|---|---|---|---|---|---|---|
| 粮食直补 | 151 | 151 | 151 | 151 | 151 | 151 | 151 | 151 | 151 | |
| 农资综合补贴 | 276 | 716 | 795 | 835 | 860 | 1 078 | 1 078 | 1 078 | 1 078 | 1 442 |
| 良种补贴 | 66.6 | 120.7 | 198.5 | 204 | 220 | 220 | 221 | 214 | 214 | |
| 农机具购置补贴 | 20 | 40 | 130 | 154.9 | 175 | 215 | 217.5 | 237.5 | 237.5 | 237.5 |
| 合　计 | 513.6 | 1 027.7 | 1 274.5 | 1 344.9 | 1 406 | 1 667.5 | 1 667.5 | 1 687.5 | 1 687.5 | 1 686.5 |

资料来源：2008—2016 年农业统计年鉴，农业部统计部门。

第二个思路就是在农业直接补贴的增量上做文章。直接大幅度地增加农业保险费补贴的财政预算是最好不过的，如果大幅度增加预算有困难，也可以在现行农业补贴资金预算上做文章。例如，为支持大宗粮食作物定价机制改革，财政近年陆续安排预算资金进行补贴，目前的大豆、棉花和玉米的“生产者目标价格补贴”大约有 755 亿元（其中玉米生产者目标价格补贴 390 亿元，大豆目标价格补贴 65 亿元，棉花目标价格补贴 300 亿元）。下一步，逐步将小麦、水稻纳入价格改革时，财政也会安排价格补贴资金。这些补贴资金至少目前还没有固化到农户家庭，要拿出一定数额用在农业保险补贴上应该是比较容易操作的。关键是，这些资金无论用在产量保险还是用在收入保险的探索和推展方面，也都是与目标价格补贴的目的是一致的，有异曲同工之妙。

### （三）财政补贴保险费的增量“盘子”有多大

至于需要的财政补贴农业保险费的增加额，我和朱俊生教授曾从一个方面粗略算过一个账，如果对所有的散户提供完全的保险费补贴，也就是说散户享受普惠式的保险待遇，不用再缴纳 20％的保险费，这种普惠式保险，保障水平较低，只保物化成本。实施普惠性农业保险后，财政需要新增加两部分补贴资金：一是目前农户约 20％的自缴保费；二是可保种植面积全面覆盖后新增加的保费补贴。初步的测算表明，如果在保持现有的种植业保费收入规模不变情况下实行全额补贴，财政需要增加补贴约 58 亿元。如果实现主要农作物播种面积 100％覆盖，则财政需要增加补贴额约有 232 亿元。如果再将新型农业经营主体投保的作物的保险金额提高一倍，即相当于产值的 80％左右，保费也相应增加一倍，政府的补贴比例仍然维持在 80％的话，还需要增加 100 亿元的补贴。这 332 亿元的增量补贴中央出 50％的话，那就是 166 亿元。当然这里是按照成本保险来粗算的，如果做收入保险，补贴会有所增加。据我们看到的资料，收入保险的保险费要比产量保险的保险费稍高。不过我国目前还没有做农业收入保险，暂时还无法测算。2014 年美国的农业收入保险总保险费收入占总保险费收入的 83％，但保险金额只占总保险金额的 75％。就是说同样的保险金额，收入保险的保险费要贵一些。我们这里也没有考虑在粮棉油糖作物之外，扩大中央补贴农业保险标的的范围所需要增加的保险费补贴，在 166 亿元的基础上还要多一些。当然这里的补贴重点是种植业保险，毕竟种植业更关键一些。

## 二、创新农险经营方式和推行更适当的产品是 2.0 的效率所在

### （一）目前农险经营方式及其弊端

目前我国的农业保险主要是保自然灾害带来的成本损失。经营方式是（传统分散农户）以村为单位进行承保和理赔，规模农户是单独签单。监管部门为了保证农业保险服务质量，要求承保到户，定损、理赔到户（三到户）。据初步统计，以村为单位

投保的农作物占承保总量的 70%以上。但事实上，由于承保农户多，土地面积大，保险链条长，农作物生产的季节性特点所导致的操作时间短等因素，客观上，无论保险机构还是基层干部，承保、定损、理赔，花工夫真不少。就定损而言，在规定时间内至多定损到村还比较准确，有一定公信力，定损到每家每户几乎不可能。同时，目前中国粮食产量预测和统计最权威机构——国家统计部门也只是农调队采用抽样调查方式估计区域产量。因此，由于定损到户客观上无法操作，保险公司出于承保理赔的成本考虑，一般都是委托乡镇干部和村干部协助完成的。这在事实上形成基层干部在定损到户上有控制权，这些代理人员虽然经过简单培训，并被聘请为“协保员”，但是，在很多地方通过这些“协保员”所做的业务，同样没有操作标准，随意性较强，人为操作空间大，承保和理赔质量受到质疑。同时，由于承保信息也由基层干部提供，同样得不到核实，由此形成违法违规空间。他们编造虚假信息敷衍保险公司，甚至多方侵犯被保险农户的利益，还有因此犯罪的，加之保险公司制度不完善，操作和管理漏洞较多，造成保险公司被监管部门一再追究和处罚（当然也有保险经营机构的责任）。随着保险业务的扩容，保险经营效率不可能提高，实际上在恶化。

### （二）创新经营方式和产品破解高成本和低服务质量难题

不借助乡镇村的这些干部和“协保员”，而让保险公司直接承保和理赔行不行呢？实践表明也是不行的，保险公司难以承受过高的交易成本，而且发生灾害损失时，定损和理赔到户也做不实。根据在某省的调研与测算，某公司在河南省五个市开展的小麦保险的亩均承保成本将高达 5.3 元，远远超过了农户每亩 3.6 元的自缴保费（表 2）。

**表 2　某公司亩均小麦承保成本**

单位：元/亩

| 费用类别 | 平均 | 1 市 | 2 市 | 3 市 | 4 市 | 5 市 |
|---|---|---|---|---|---|---|
| 1. 县乡两级推动会和培训会 | 0.22 | 0.1 | 0.3 | 0.2 | 0.10 | 0.4 |
| 2. 宣传材料印制及发放 | 0.23 | 0.2 | 0.2 | 0.2 | 0.33 | 0.2 |
| 3. 投保清单登记造册 | 0.16 | 0.1 | 0.1 | 0.2 | 0.32 | 0.1 |
| 4. 协保员工资 | 1.93 | 1.5 | 3 | 1.5 | 1.67 | 2 |
| 5. 公示、车辆费用等 | 0.29 | 0.2 | 0.13 | 0.3 | 0.43 | 0.4 |
| 6. 凭证印制、打印及设备费 | 0.18 | 0.2 | 0.17 | 0.2 | 0.17 | 0.17 |
| 7. 保单的印制及成本 | 0.18 | 0.179 | 0.179 | 0.2 | 0.179 | 0.179 |
| 8. 工作经费 | 1.18 | 0.7 | 0.34 | 0.3 | 3.94 | 0.6 |
| 9. 现场验标及相关车辆费用 | 0.16 | 0.2 | 0.2 | 0 | 0.11 | 0.3 |
| 10. 印制宣传折页费用 | 0.56 | 0.56 | 0.56 | 0.56 | 0.56 | 0.56 |
| 11. 其他 | 0.20 | 0 | 0.5 | 0.4 | 0.00 | 0.1 |
| 亩均承保成本（收费到户）小计 | 5.30 | 3.94 | 5.68 | 4.06 | 7.81 | 5.01 |

资料来源：引自河南省保监局相关报告。

同时，在这种情况下，保险理赔环节也是成本高昂。按照基于个别农户的多风险保险的理赔要求，保险公司必须在不同的时间点进行三次查勘定损，查勘量巨大，定损手续繁琐，费用支出也不堪重负①。

在这种情况下，为消除这种经营方式的弊病，有的地方开发出区域产量保险和天气指数保险产品，以一定区域的测定产量代表该地区的产量，并以此来确定产量损失。由于定损数据不需要精确到户，区域产量由政府统计部门（或具有一定权威和公信力的第三方）调查发布，免去了从一家一户手里获取产量数据的困难，赔付标准和发布又有一定公信力，通过网络支付赔款简便快捷，不仅大大降低保险成本，从源头减少违规空间，提高保险经营效率。但是目前这些新的保险产品，一般不被中央财政认可，也不受中央财政支持。个别地方进行小面积试点，因与主流产品赔付方式不同，在邻近区域，当赔付有差别时，参保农民间相互比较，容易引发矛盾导致失败。

如果在试验基础上能够广泛推行区域产量保险，在适宜地区发展天气指数保险，不仅可以节约保费资源，减少“寻租”费用和中介费用，降低经营成本，在保持现行保费水平下，就可以免去“散户”自交的那部分保费②，或者同等补贴方式和水平下，可为农户提供更高水平的保险保障。而且，像收入保险一类新型产品的试验和推广也会变得容易操作一些。

## 三、尽快建立完善的大灾风险分散机制才能有农险 2.0 的可持续性

### （一）必须再次强调，农业保险的大灾风险分散制度不可缺少

农业保险的经营风险要比普通财产保险风险大得多，有关研究表明，一般财产保险赔付额的离散系数约为 8.6%，而同期农业保险赔付额的离散系数高达 84%，相差 9 倍以上。为了保证农业保险经营的可持续性，那些农业保险做得好的国家，例如美国、加拿大、日本、西班牙等，其农业保险经营都有完善的大灾风险分散制度，并通过法律加以保证实施和规范。

中共中央和国务院在 2007 年以来的多年份的 1 号文件里，都提出了建立农业保险大灾风险分散机制的政策指导意见。但是迄今为止除了在企业层面采取了一些措施外，该制度或机制最重要的中央层面的由财政支持的大灾风险分散制度还没有落地。参与农业保险直接保险的机构对自己的经营是否可持续还是比较担心的。要是这个制度一直缺位，直保公司没有妥善解决大灾条件下承担超赔责任的能力，真的遇到大灾

① 参见朱俊生：《农业保险的财政补贴的新形势、新要求和新任务》，《中国保险报》，2015 年 8 月 10 日。

② 有的公司在承保某村农作物时，先从公司拿钱给村里的“协保员”20%的保险费，让“协保员”用来缴纳农户该交的 20%的保险费，以便取得县、市、省和中央那 80%的保费补贴，在多地被查处。这个事实从另一个角度来看，至少证明承保成本的节省，即使少收了 20%的保险费，保险公司在某些地区还是可以正常经营的。

公司赔不起了，出路只有两条：要么保险公司破产，要么将该赔给被保险农户的保险金赖账。如果是这样，农业保险制度就不可持续，建立农业保险制度也就失去意义了。从实际情况来看，有的公司在多年份多省份的经营里出现较严重赔付，由于大灾风险分散制度不完善，已经陷入较大的经营困难。

### （二）建立大灾风险分散制度的思路和途径

根据其他国家的成熟经验，农业保险的大灾风险分散制度，至少需要解决两个层面的问题，第一是再保险制度的完善，对经营风险进行第二次分散。第二是再保险之后的超赔责任的安排。没有这两个层次的安排，要有效解决直保公司破产概率高和大规模侵害投保农户利益的问题比较困难。

**1. 农业保险再保险的制度合理设计**

对于农业保险再保险制度的完善方面，近几年，保监会和保险界做了很大努力，成立了有多家直保公司参加的农业保险再保险共同体（简称“农共体”），希望通过这种组织形式，既能将再保险费尽可能多地留在国内，也能更好支持直保公司的创新发展。但是，因为成立这个共同体的原因，加之近几年日益恶化的气候，导致直保和再保险的赔付率升高，保险和再保险经营的盈利空间大大压缩，不少外国再保险人逐步退出了我国再保险市场。我们的“农共体”成立之后的业绩也不尽如人意，连续亏损，他们正在积极总结经验，努力做出改进。再保险制度的改革和完善作为大灾风险管理制度的一个重要层次，应该提到日程上。

方略无非是两个：第一个是将农业再保险完全市场化，不管中外再保险人，都可以自由参与和接受我国农险直保公司分出的业务，如果直接保险人再保险费承受有困难，财政部门还需要出手相助，适当补贴再保险费，这也是其他国家，例如美国、加拿大等国长期以来的做法。“农共体”也要放在这个竞争市场里求生存，求发展，既不强制各家直保公司分出，也不强制直保公司加入。当然，“农共体”接受分保也不能没有选择风险的权利，让“农共体”无论业务质量好坏都要接受，承担不该承担的风险责任，这是违背企业经营基本原则的，除非有特殊的支持政策。

农业保险再保险的市场化，要解决一个所谓“肥水外流”的认识问题。有人认为，农业保险的保险费大部分是政府的补贴，分给外国公司是让外国公司“占了便宜”。我觉得，这种认识有一定片面性。全部分出业务都留在国内，恐怕不可取。即使各直保公司把需要分出的业务完全分给“农共体”，“农共体”也需要转分保给国际市场，不然在机制设计上是有缺陷的，风险控制也会有漏洞。把农业保险直保业务分保给国际再保险人，也就是把农业保险的经营风险转移到国际再保险市场，使我国农业保险的风险能在更大市场上得到分散，这不仅是很好的事，也是顺理成章的事。所以，“肥水”、“外流”还是“内流”，这跟政府补贴不补贴直接保险的保险费其实没有关系。因为从道理上讲，保险公司或者再保险公司都是作为风险管理的组织者提供风险管理的中介服务，获取的是合理的中介服务费。何况在短期内进行这种风险管理活动是赔是赚也不说明什么。对农业保险的再保险来说，风险也很大。不然，我们为什么要外国公司来参与我国省级政府用财政资金购买的农业巨灾保险的再保险业务呢？还有，如果说农业保险直保市场不适合完全竞争，需要限制竞争[①]的话，再保险市场真的需要比较充分的竞争，这将会使再保险价格更加趋于科学合理。风险都留在国内虽然看起来留住了“肥水”，但同时也留下了“洪水”。何况我们自己无论是精算技术还是承保能力都是有限的。除非让财政“兜底”，但财政“兜底”并非良策。何况财政不会“兜”这个底[②]。

第二个，就是像美国、加拿大那样，由中央政府成立政策性农业再保险公司，为各家直接保险人提供价格适当的再保险。不过这个政策性再保险公司，第一，也需要政府的财政支持，比如说，全部或部分管理费由政府财政支付，再保险保费不含利润因素，使其能为直接保险人提供较为廉价的再保险服务，以减轻直保公司的成本压力。第二，这家政策性再保险公司也不搞垄断经营，应该像美国、加拿大那样，允许直保公司有自由选择的权利，可以选择不向该政策性公司分出全部或部分再保业务，而选择购买其他国内外商业性再保险公司的再保险。第三，组建政策性农业再保险公司，也可以以现在的“农共体”为基础，让愿意参与其中的直保公司也参加进来。以中再农险部门为基础的“农共体”，已经在多年的实践中积累了初步的宝贵的经验和数据，也有了初步的技术和人才储备。建立类似于中国出口信用保险公司这样的政策性农业再保险公司，执行中央政府的相关政策有方便之处。

当然，两个出路都需要我们加强人才培养，努力提升技术水平，逐步积累经验和数据。交这个“学费”是必不可少的。

**2. 再保险之后的超赔责任安排**

各国经验表明，仅有再保险安排还是不够的，还必须对再保险之后的超赔责任做出进一步的安排。

再保险之后的超赔责任的安排，也无非是两条路，其一是给出一个有保障的可行的融资渠道，例如，再保险摊回之后仍然有自己解决不了的超赔责任，可以到确定的政策性银行或财政部门借款，也可以临时发行债券。其二是通过一定的方式或渠道事先筹集资金，拿出真金白银建立农业保险大灾风险准备金。至于这个准备金如何筹集，需要多大的资金池，池子里的准备金如何管理和运用，只有在制度选择和确定之后才好研究和设计，我和其他同仁在其他文章里也做过一些粗略论证和测算[③]，有兴趣的读者可以参阅这些文字。

① 参见庹国柱：《论农业保险市场的有限竞争》，《保险研究》，2017 年第 2 期。

② 美国在 20 世纪 90 年代农业保险制度的改革之前，农业保险和再保险完全由政府所属的“联邦农作物保险公司”（FCIC）承担，政府为了规避无限责任，通过《联邦农作物保险法》规定，当再保险和公司积累还不够支付赔款时，可以由 FCIC 发行债券，其本金和利息在其后的年份中逐步偿还。

③ 参见庹国柱，王克，张峭，张众：《中国农业保险大灾风险分散制度及大灾风险基金规模研究》，《保险研究》，2013 年第 6 期。

## 四、加强监管制度建设是打造农险 2.0 的必要条件之一

### （一）农业保险监管问题依然突出

农险的监管对农险的健康发展和效率提升至关重要。近几年的各路调查和检查情况表明，农险经营中有不少问题。而无论监管制度设计还是监管资源配置、监管执行力度都显得有欠缺。加强监管制度建设是打造农险 2.0 的必要条件之一。

农业保险业务及其经营，比其他商业性寿险和产险业务要复杂一些，按照我国《农业保险条例》的设计，农业保险要有政府部门的参与。政府部门横向有十多个部门涉及，纵向有从中央到县乡五级政府参与，如此复杂的组织和协同推动，中央却没有一个统一的管理和协调部门。加之这么多层级政府和部门参与，迄今为止，在很多方面，政府及其各部门还不完全知道自己的具体职责和行为边界，这样，许多不该发生的问题自然就发生了。

不仅监管资源分散，监管规则很不完善。由于多部门分散监管，部门之间有时监管意见不统一，被监管者就可以在这种分歧中寻求逃避处罚，一些政策和监管规则就难以出台，出台的规范也不好执行，监管处罚有时候难以顺畅执行。这使得监管部门之间的协调成本很高，监管效率就大打折扣。

另外，农业保险的监管力量也严重不足，就拿保监会来说，这么大一个国家就四五个人的一个农险监管处，加上一个省一个人组成的这样一支监管队伍，目前负责对 31 家保险公司和 2 000 多个县近 70 万个行政村的农业保险业务加以调研、指导和监管，真的是力不从心。农业保险跟大部分业务在城里的寿险和其他财产保险不同，业务都是在村里，但我们的保险业务监管机关却是在首都和省会城市里，监管只能是选择性的和随机的，违规违法被查出来，被监管者认为是“运气不好”，此后还会“前赴后继”。对面上来说，所谓“山高皇帝远”，很多问题难以及时发现和解决。所以，监管力量的配置不能用普通财产保险监管资源配置的思路，至少在农险发展的现阶段恐怕要大大加强。对基层政府部门和人员在农业保险活动中违规违法的查处也是这样。

还有，农业保险业务及其经营有许多特殊的地方，因此《农业保险条例》最初规定，经营农业保险的保险机构要经过审批，其推出的产品也要经过保险监管机关审批，这本来是正确的。结果《农业保险条例》中关于经营农险的机构需要审批的规定，后来被删掉了。这样，有的不具备经营农业保险的条件的公司也纷纷进场经营，造成市场主体过多，竞争秩序较乱。对于保险监管来说，展业承保和定损理赔“末端”太远，够不着，市场准入的“前端”又不让管，其结果是，保险机构进出场虽然“方便”了，却给监管者出了一个又一个大难题。

财政资金的监管原来存在一些监管真空，漏洞也比较多。现在虽然有了进一步的规范，但是依然缺乏专门的监管机构和人手。

因此，加强对农业保险市场的监管，整合监管资源，加强监管队伍建设，增加监管力度，势在必行。

### （二）整合监管资源该有解决思路了

虽然不少人介绍了外国的农业保险的各具特点的监管制度、监管机构和监管方式，但是完善中国农业保险监管制度，必须结合中国的国情，寻求更好更有效的组织机构和监管方式。对于现有监管资源分散和所谓“铁路警察，各管一段”式的监管制度，有必要加以改革。我觉得，也有两种可供选择的改革思路：

第一种思路是，从上到下都建立统一的、由一个中央权威部门统领的，有几个主要的相关政府部门共同参与的监督和管理机构，对农业保险统一进行监管。其他部门就不再插手监管事务。如果某些方面涉及其他部门，由该统一的监管机构进行协调。可以设中央、省和县三级监管机构，这至少在现阶段是必要的。

第二种思路是，实行中央和省双层监管的方式。中央有关部门（例如保监会、财政部、农业部等）只负责制定监管规则和进行监管指导。具体的监管业务由在省一级组建的实质性的监管机构执行，该机构全面负责对本省农业保险有关各方（包括地方政府、保险机构和投保农户等参与方）和保险业务（从条款设计，费率厘定，展业、定损、理赔和防灾防损等活动）的统一监管。监管机构只设省级和县级。

当然，正如前面第二个问题里所讨论的，经营方式和机制的创新要是做好了，监管负担也会减轻。因为在基层的展业、签单、定损、理赔环节大大简化，就会减少违规违法的空间，监管效率自然也就提高了。

## 参考文献


[1] 朱俊生．农户分化、风险异质性与农业保险产品与经营模式创新［M］//中国农业保险研究2016，北京：中国农业出版社，2016.

[2] 朱俊生．农业保险的财政补贴的新形势、新要求和新任务［N］．中国保险报，2015-08-10.

[3] 庹国柱，王克，张峭．我国农业保险大灾风险分散制度及大灾风险基金规模研究［J］．保险研究，2013（6）．

[4] 庹国柱．论农业保险市场的有限竞争［J］．保险研究，2017（2）．

# 我国农业保险组织管理体系：现状、问题与框架设计*

林长青　张　鹏

**摘要：**近年来，随着农业保险的政策属性逐渐明确并被决策层所接受，国家相继出台了一系列政策支持农业保险发展。在政策指引下，各地不断开展农业保险经营探索及创新，逐渐形成了“政府组织推动、商业运作为主、多方共同参与”的农业保险组织管理体系。本文概述了我国现行农业保险组织管理体系的基本内容，总结了组织管理体系形成与变迁的经验启示，剖析了组织管理体系存在的问题，在此基础上提出了优化完善农业保险组织管理体系的整体框架与实现路径。

**关键词：**农业保险；组织管理体系；存在问题；框架设计

确保农业保险持续健康发展的一个关键要素，是要在对农业保险组织架构及经营模式梳理分析、科学评价基础上，对农业保险组织管理运行机制进行规范和设定。从中华人民共和国成立初期政府主导短期开办畜牧业保险，到20世纪80年代中国人民保险公司大规模试办农业保险，再到90年代全面市场化经营，我国一直在积极探索真正适合我国实际的农业保险组织管理体系。21世纪以来，随着农业保险的政策属性逐渐明确并被决策层接受，国家相继出台了一系列政策支持农业保险发展，特别是2012年制定颁布的《农业保险条例》，确定了我国农业保险的基本原则、基本制度和相关规则。在政策指引下，各地不断开展农业保险经营探索及创新，经过多年发展，逐渐形成了“政府组织推动、商业运作为主、多方共同参与”的农业保险组织管理体系。

## 一、我国农业保险组织管理体系的基本内容

### （一）政府组织推动

农业保险是一项系统性的工程，涉及多个领域、多个部门，既需要合理约定行政管理范围和权限职责，又需要建立有效的利益协调机制。我国政府借鉴国际通用做法，通过立法、出台政策、行政推动、保费补贴等综合调控手段，采取“横向上多部

---

* 本文原载《保险理论与实践》，2017年第1期。

作者简介：林长青，中国人保财险农村保险事业部/农村普惠金融事业部副总经理；张鹏，中国人保财险农村保险事业部/农村普惠金融事业部业务主管。

门协同推进”和“纵向上多层级政府共同引导”相结合的方式（陈文辉等，2015），以行政干预引导多方力量推动农业保险发展。在横向的组织协调方面，我国建立了由财政、农业、林业、发展改革、税务、水利、民政、气象和保险监管等有关部门共同参与的工作协调机制，呈现出独特的“多部门协同推进”格局。其中，财政部门负责制定农业保险财税支持政策、划拨财政资金对保费予以补贴、制定农业保险大灾风险分散制度等；保监部门负责农业保险市场准入、条款审批备案、业务监管及合规检查等；农业、林业部门则负责农业保险组织推动、开展疫病防治以及提供农业技术支持等。在纵向的行政管理方面，农业保险发展由各级政府共同组织推动。其中，中央政府负责制定制度规则，省级政府负责因地制宜地确定农业保险经营模式、出台具体方案，县级以下政府则负责开展组织承保及协助理赔等工作。

### （二）商业运作为主

我国 20 世纪曾在商业保险框架下开展农业保险实践与探索。最近的一轮试验始于 1982 年，由当时全国唯一的综合性国有保险公司中国人民保险公司开展。这场试验持续了 22 年，其间也有中华联合在新疆生产建设兵团的试验和黑龙江农垦在垦区的局部试验。然而由于没有财政支持，农业保险有效需求和有效供给双重不足困境无法破解，农业保险经营始终未能大规模开展，甚至陷入举步维艰、业务不断萎缩的窘境。21 世纪伊始，我国在农业保险制度改革完善中，选择了政府与市场合作的农业保险制度模式，积极引导商业保险公司参与农业保险经营，建立了以商业保险公司为主的农业保险运行体制。近年来，各商业保险公司充分发挥其在资本积累、机构网点、规章制度、运行机制、成本效率、市场品牌等方面的优势，积极开展农业保险产品创新、服务创新、技术创新和管理创新，并根据我国农业集约化程度低、保险标的点多线长面广的实际情况，建立农业保险基层服务体系提供承保理赔服务，实现了财政补贴促进保险供给与农户需求有效对接，以及财政资金使用效率和保险机制运行效率的有机统一。

### （三）多方共同参与

在政府与市场合作的基本架构下，各地结合实际广泛开展区域实践，形成了商业自办、政企联办、商业公司共保等多种经营模式，同时积极依托互助保险公司和行业协会开展互助保险经营，形成了多类型主体广泛参与、协同发展的基本格局。一是商业公司自办模式。即保险公司采取商业运作规则与农户缔结保险合同，收取农户保费，并对约定灾害损失承担全部赔偿责任的模式。这是我国农业保险经营的最主要模式，2015 年商业公司自办模式的农险保费规模占全国农险保费规模的 85％以上。目前全国已经有 26 家商业保险公司参与农险经营，除西藏、青海、上海等地为一家主体独家经营外，绝大多数省份均有多家主体通过竞争方式参与经营。二是政企联办模式。即各级政府与保险公司联合开办农业保险，收取保费和保险赔付按照约定比例分享和分担的模式，比较典型是江苏省的联办共保模式。三是保险公司共保模式。即多家保险公司合作，采取商业保险运作方式，按比例分摊保费收入和承担赔偿责任的模式，比较典型的是浙江省农业保险共保体。四是被保险人互助模式。即对某种风险具有同一保障要求的个人或团体，通过交纳保费、入股等方式，在成员之间进行风险分散，从而满足所有成员对保险保障需求的保障模式。这一模式下主要有相互保险公司、保险合作社以及行业组织开展互助保险三种形式。

## 二、我国农业保险组织管理体系形成与变迁的经验启示

### （一）现行农业保险组织管理体系是我国经过几十年艰难探索历程后的现实选择

回顾历史可以看到，单纯商业经营、政府主办经营以及农业互助保险等模式，在实践中都存在着经营难以持续的问题。单纯商业经营下由于保险供给和需求双重不足而导致业务萎缩，政府主办经营运作效率相对低下；而互助保险则由于互助组织资本实力弱、抗风险能力差、专业化技术欠缺、农民认知程度较低等问题，一直局限在个别行业和较小区域，始终难以大范围、大规模地发展。

尽管从运行实效来看，现行的农业保险组织管理体系仍然存在许多不尽如人意的地方，但相比以往探索采用的经营模式，已经展现出了更为强劲的发展活力和可持续性。可以说，现行农业保险组织管理体系，既符合中国的实际，也符合市场化改革的潮流，是我国农业保险进行几十年艰苦探索和实践的现实选择。

### （二）农业保险发展离不开政府的支持和引导

农业保险作为准公共物品，基本不存在商业化经营的市场。这是因为农业保险具有高风险、高成本特征，会出现有效需求和有效供给双重不足的局面。在需求端，按照风险损失率测算出的农业保险费率较高，农业比较收益低下的分散小规模经营农户根本无力承担，造成农业保险有效需求不足；在供给端，为应对居高不下的赔付率，保险机构多对农业保险业务开展进行限制，导致农业保险供给不足。两方面因素叠加，现实的农业保险市场难以形成。从国际经验来看，尽管各国国情差异较大，但政府普遍通过立法、保费和业务费用补贴、减税、再保险等多种方式，对农业保险施以适当干预、支持或引导，这也成为各国政府发展农业保险的通用之策。从我国农业保险发展历程也能看到，农业保险的每一次快速发展都与政府重视及财政支持密不可分。2002 年，修订后的《农业法》明确提出“逐步建立和完善政策性农业保险制度”，首次由法律对农业保险支农惠农政策属性进行明确，随后的历年中央 1 号文件都对农业保险作出了部署安排。2007 年之后，中央财政对农业保险予以保费补贴，彻底激活了中国农业保险发展潜能，农业保险承保险种和覆盖面快速扩大，风险管理功能作用得到充分发挥。

### （三）农业保险经营需要发挥商业保险公司的主力军作用

农业保险的发展既受到地理气候等自然因素影响，也受到经济社会文化等因素影响，涉及多领域、多门类学科，在风险管控、保险精算、制度建设、疫病防控等方面要求较高，经营复杂程度远远超过一般商业性险种，这就要求保险机构必须具备较高的人才、技术及内控管理水平。此外，农业生产经常面临巨灾损失，灾后发生的大额赔付常常是小型保险公司，特别是农民互助保险合作组织所无法承受的。因此，从我国国情和农村实际出发，经营农业保险的保险机构必须具有较强的资本实力、较高的农业风险管理水平以及分布广泛的机构网络，才能最大限度降低经营成本、分散风险，同时确保补贴资金安全、高效、透明地惠及广大参保农户。可以说，只有商业保险公司才能满足上述条件，商业运作也应成为农业保险经营管理的基本条件。

## 三、我国现行农业保险组织管理体系存在的问题

2007年我国实施农业保险保费补贴政策后，各级财政补贴彻底激活了农业保险市场，业务发展突飞猛进。然而，经过多年的快速发展后，我们越来越感觉到，现行农业保险组织管理体系中一些深层次问题开始逐步显现，已经对农业保险持续健康发展构成了挑战。

### （一）保险公司收取农户自缴保费困难

在政策性农业保险业务保费构成中，农户须承担部分自缴保费，比例在20%左右。自缴保费政策的设计初衷在于强化农户与农业保险的利益连接，逐步培育农户保险意识。从实践情况来看，保险经办机构在遵循“自主自愿”原则的前提下，农户缴费意愿不强，保险公司收取这部分自缴保费非常困难。一是从经济条件看，我国农民特别是中西部经济欠发达地区的农民，收入水平仍然较低，农民人均纯收入仅为城镇人均收入的30%，承担农险保费存在一定困难。二是从认知水平看，目前农户普遍缺乏风险防范意识，对农业保险认识水平较低，特别是在连续多年未发生灾害的地区，更是缺乏对保险作用的直观认识，农业保险自主需求严重不足。三是从参保意愿看，目前我国农业生产规模普遍较小，大部分农户仍处于自给自足的状态，且农民收入中来自农业生产性收入的占比不断降低，农业生产兼业化普遍，农户通过保险方式获得灾后经济补偿的意愿较弱。四是从保障水平来看，我国农业保险以保障农作物直接物化成本为主，目前三大口粮作物保险保障程度仅占全部生产成本的33%，保障程度和损失补偿水平较低。对于散户特别是规模经营主体而言，由于保障程度偏低，遭受灾害后保险赔款往往感到“不解渴”。

## （二）传统小农经营模式下农险经营成本高昂

与一些土地资源禀赋优越国家的大农场经营模式不同，我国农业经营总体特征仍然是生产规模普遍较小，人均经营耕地仅为 2.34 亩[①]，不仅远低于世界银行划分"小土地所有者"的标准，甚至不到日本、印度等土地资源短缺国家人均耕地面积的一半。我国农村地域差异性很大、村落高度分散、组织化程度较低，保险公司逐一到户收取保费的成本很高，难度很大。例如在湖南省石门县，域内崇山峻岭、丘岗连绵，为收取 4 万元农户自缴保费，保险公司 10 名工作人员摩托车累计里程行驶近 1 万公里，此外每人平均还需步行约 500 公里。而在另外一个地区，保险公司分支机构派工作人员逐户收取保费，5 名员工辛苦一天只收到 30 多块钱的保费，远低于他们一天的工资。在传统分散的小农经营模式下，如果严格遵照执行监管部门的"五公开、三到户"服务规范，保险公司农业保险的经营管理成本极其高昂。据某公司 5 市小麦保险数据测算，如果做到收费到户，亩均承保成本[②]为 5.3 元，远超农户每亩自缴保费的 3.6 元（庹国柱、朱俊生，2016）。从实践来看，受到承保期限、工作人员和合规经营成本等多种因素条件的制约，各类意图简化合规要求或降低合规标准所造成的违规现象时有发生，例如未全部采集农户投保单信息、伪造农户签字、未进行承保理赔公示、理赔照片重复使用等。

## （三）农业保险利润率远高于财产险平均利润率

在我国农业保险发展突飞猛进的背后，常常引起社会各界关注的是近些年保险公司在农业保险经营中，获取了丰厚的承保利润。据统计，近年农险利润率远高于财产险行业平均利润水平，例如 2015 年农险综合成本率要比财险全险种低 7 个百分点。甚至对于一些经办公司，农险利润份额远远超过农险保费份额，农险业务成为最重要的承保利润来源。农险承保利润较高，大致有三方面原因。一是 2007 年以来我国没有发生较大范围比较严重的自然灾害，灾害损失程度总体偏轻。据统计，1997—2006 年的十年间我国农业年均受灾面积为 47 892 千公顷，而从 2007 年农业保险中央财政保费补贴政策开始实施至 2014 年的 8 年间，我国农业每年平均受灾面积仅 35 912 千公顷，要比之前十年平均值低 25%。二是我国农险经营采取了政府行政推动方式，一些本该由保险公司承担的承保理赔费用成本，由于政府部门参与导致支出隐性，未在费用率上得到全部体现，造成农险费用率相对较低。三是农险费率厘定精准度不够。农险风险区划和费率分区研究刚刚起步，许多省份还处于"一省、一产品、一费率"的粗放经营阶段，在既定风险责任之下部分地区确实存在费率较高的状况。由于

① 人地矛盾在经济发达地区更加突出，例如北京、浙江等地区的农村居民人均经营耕地面积仅为 0.5 亩、0.54 亩。

② 包括县乡两级推动会和培训会、宣传材料印制及发放、投保清单登记造册、协保员工资、公示和车辆费用、印刷成本及设备、工作经费、现场验标费用等。

我国农险保费的80%来自于各级财政补贴，近些年保持较高承保利润率，加之经营中出现了各种违规行为，很容易引起各界对财政保费补贴资金是否具有效率的关注或质疑。根据保监会公开数据，2015年我国实现农险保费收入374.72亿元，各级财政的农险保费补贴总额为287.84亿元，赔款支出260.08亿元，赔款额/财政补贴<1，说明财政补贴资金出现流失，流失率为9.64%。研究表明，2007—2014年，农户每支付1元保费能得到2.94元的损失补偿，但政府每提供1元保费补贴资金，农户仅能获得0.85元赔款（张祖荣，2016）。财政保费补贴资金本身出现大量流失，说明政府对农险给予保费补贴并没有带动更多资金参与农业风险损失补偿，其在财政支农效率方面是打了折扣的。

### （四）个别基层政府对农业保险经营不当干预

由于《农业保险条例》对政府部门在农业保险经营中的权力边界和职责范围缺乏规定，导致基层政府对农业保险经营的不当干预现象时有发生，且难以得到有效约束。一些地方甚至出现“保费是垫出来的，赔款是谈出来的，财政补贴是套出来”的现象。具体而言，不当干预包括以下方面：一是在农民不了解、不熟悉农业保险的情况下，制定参保率指标并将其作为基层政府绩效考核指标，通过行政命令将指标层层分解，强制或变相强制农户参保。二是直接干预农业保险的承保和理赔活动，以维稳为由，要求对未受灾农户“无灾返本”，或平均赔付、协议赔付。三是在未发生自然灾害的情况下，联合保险公司通过编造假赔案等方式套取赔款或费用，用于返还县级保费补贴或支付工作经费。例如，2016年6月29日央视《焦点访谈》揭露了湖南澧县某保险公司与乡镇政府相串通，通过虚假投保、虚假理赔，骗取财政补贴4 000多万元的重大问题。四是通过行政性手段直接配置农业保险市场资源，一些地方政府部门划定经营区域，或严格要求区域内各家经办公司按照规定的市场份额开展业务。保险公司通过寻租政府部门以获取保险业务已经成为农业保险市场上的“公开秘密”（何小伟等，2014）。上述不当干预现象反映出当前农业保险经营存在监管真空，正如报道所指出的，“基层政府部门直接插手农险市场活动，控制农险市场资源、破坏市场规则等农险违法违规行为存在监管真空”（上海证券报，2013）。深层次原因则在于保险监管部门只能对市场主体经营行为进行管理，而无法突破地方政府块状管理并对其行为进行有效约束。

### （五）农业保险大灾风险转移分散机制不健全

农业自然灾害具有集中度高、区域性强的特点，使得农业灾害在时间空间上具有相关性，极易产生巨灾损失。一是如果巨灾损失超过保险公司偿付能力，会对公司经营稳定性带来威胁。例如，加拿大曼尼托巴省在1986年和1988年遭遇两次大旱灾，直接将之前26年的农业保险利润结余全部击穿。二是巨灾风险还涉及到区域内整体风险责任承担能力的问题。例如，2013年黑龙江省发生特大洪涝灾害，简单赔付率超过 100%，当年赔款相当于该省 2009—2012 年四年农险赔款的总和。为有效应对农业风险，需作出一系列风险分散转移制度安排，主要包括承保端从空间时间上分散风险、再保险安排和大灾风险准备金等方式。就我国实际而言，保险机构主要通过再保险和大灾风险准备金制度来转移分散风险，基本还是依靠公司自身的力量。再保险方面，国际再保险机构对农险再保险问题通常较为谨慎，国内保险机构经常会遇到连续灾害发生后再保费率大幅提升、分保渠道不畅甚至无法分保的问题。大灾风险准备金方面，目前相关制度仅对公司层面准备金计提作出安排，只有江苏等个别地区构建了多层级巨灾风险准备金制度，整体而言还缺少国家层面的制度支撑。大灾风险转移分散机制不健全，一定程度上影响了农业保险覆盖面的扩大和保障程度的提高，而且一旦发生区域性或大面积巨灾，农业保险体系可能遭受毁灭性打击。

### （六）农业保险基础数据积累不足

数据是保险行业的立业之基，充足的历史数据能够为风险定价提供重要依据。就农业保险而言，其在风险评价、费率精算、业务管理、防灾减损等诸多环节均需要大量数据支持。大数据、云计算已成为农业保险发展的基础条件。然而，当前我国农业保险基础数据管理仍相对薄弱，并且已成为制约我国农业保险科学健康发展的短板。具体表现为五方面。一是农业保险基础数据不准，例如耕地地块面积、空间位置和属性信息准确度不够，使得承保理赔的真实性无法保证。在实际中各地保费补贴面积依据各不相同，有的是二轮承包耕地面积、计税耕地面积，还有的是确权耕地面积或粮食种植面积等。例如，河南省普遍将计税面积作为承保依据，与实际种植面积严重不符。二是农业保险数据储备不足，例如历年农作物灾害损失数据、产量数据不完整，既影响到产品定价的科学性，同时也使得无法根据风险区划执行差异费率。三是数据运用相对独立，出于商业保密原则，保险机构对获取和积累的数据通常不会与其他机构进行共享。四是数据整合不够，保险承保理赔数据偏静态，与客户行为的关联程度有限。五是在国家层面缺乏完备的数据信息共享平台。目前美国基于空间信息技术开发了数字化地理空间地块数据平台，提供耕地地块数据、风险评估及业务管理服务；加拿大 Agricorp 保险公司建立了 Web-GIS 网络地理信息系统，实现了保险业务数据的空间化管理。我国行业性的农险信息管理平台刚刚起步建设，一期系统初步实现了种植险保单级数据的归集，与各类外部数据的对接共享功能尚未实现。

### （七）部分农业保险经办机构服务能力严重不足

农业生产的分散性决定了其对农业保险服务能力有更高的要求。近年在农业保险覆盖面快速扩大的同时，一些保险公司出于成本控制考虑，对设立农村基层服务网点积极性不高，服务能力和管控能力未能同步跟进。目前人保财险已建成的“三农”保险服务网点数占到全行业的 80%以上，而其他保险公司“三农”保险服务网点数不足全行业的 20%。特别是，近年来受到农业保险承保利润的诱使，保险公司纷纷介入农业保险领域，甚至一些机构不健全、技术人才积累都不够的保险公司也盲目进入农险市场。例如，某小型保险公司县级专职人员平均要为20多万户农户提供保险服务，显然服务质量和效率难以得到保证。部分公司缺乏农业保险机构和人员，对基层服务体系的投入较低或舍不得投入，业务完全依靠农林基层机构，出险后服务跟不上，既容易导致农户不满意，又损害了农业保险的行业形象和社会声誉。

## 四、我国农业保险组织管理体系框架设计与优化路径

针对上述问题，我们建议对我国现行农业保险组织管理体系进行优化完善，充分发挥并强化政府行政部门的引导协调作用、财政补贴资金的支持作用、商业保险公司的骨干作用、国内外再保险机构的风险分散作用、中央巨灾风险基金的兜底作用、农村互助合作组织的补充作用，逐步建立政府部门、商业保险机构、互助保险组织、农业生产经营者密切互动的多层次、多元化、开放性、复合型的农业保险组织管理体系。

### （一）框架设计

第一层级：国家层面调整当前多部门分别管理、协同推进的行政监管机制，研究成立专门的国家农业保险管理部门，它不是商业性的企业，而是国家的行政机构，不直接经营农业保险具体业务，经费由国家财政拨款。该机构的主要职责包括四大部分：农业保险直保业务监管协调、制定规则规范以及保费补贴划拨；成立并管理国家农业再保险组织，向参与农业保险业务的保险机构及组织提供再保险服务；建立并运营中央农业保险巨灾风险基金；建立并管理农业保险行业性数据信息平台。

第二层级：遵循已有农业保险经营成功经验和区域实践，坚持以商业保险公司作为农业保险的最主要的经办机构，同时支持区域决策基础上开展农业保险组织创新，允许并鼓励各地因地制宜、探索并采用政企联办、保险公司共保、互助保险等经营模式参与农业保险经营。

第三层级：充分依托商业保险机构在县域、乡镇及行政村设置的农业保险基层服务机构，并与基层农林、畜牧、气象等部门相配合，全面参与农业保险承保理赔工作；允许并鼓励条件合适的地区依托农村合作组织开展互助保险试点。

### （二）实现路径

#### 1. 完善农业保险管理及协调机制

遵循“政府引导、市场运作”原则，既充分调动政府和市场两方面力量，又合理限定政府和企业的行为边界，对于建立农业保险的市场运作秩序和竞争规范至关重要。一是完善农业保险的法规体系，设立国家层面的农业保险管理协调部门，开展农业保险顶层设计，供给农业保险业务范围、保险费率、财政补贴、税收支持、配套政

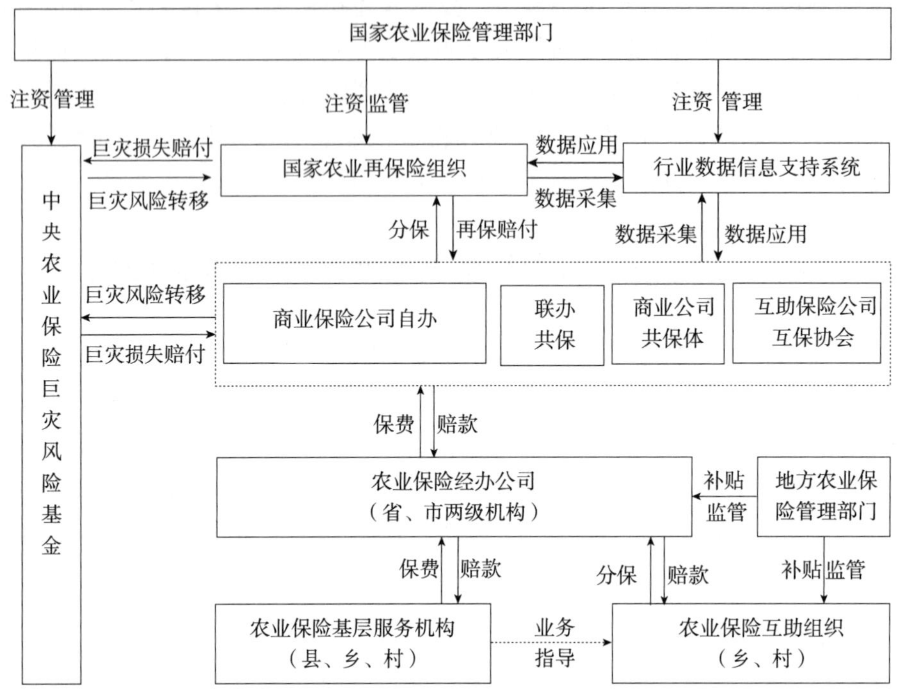


图 1　我国农业保险组织管理体系框架设计

策、大灾风险分散机制等相关制度，解决当前多部门“协同推进”中产生的多头管理、协调难度大、职能交叉等问题，增强农业保险管理体制的政策效力。二是健全权力约束机制，明确农业保险各相关方的职责边界，对权责利进行合理划分。这里既包括理顺政府不同部门之间的关系，还要理顺不同层级政府之间的关系。特别是，要厘清地方政府部门在农业保险组织承保、查勘定损、补贴拨付、保费上划、防灾防损、再保险安排等重点领域所应承担的指导、参与或监管责任，减少或规避地方政府对农业保险经营的不当干预，为保险机构独立决策和自主经营管理提供制度保障。

**2. 建立农业保险利润调节机制**

按照“盈亏平衡、略有盈余、以备大灾之年”的经营原则，探索建立农业保险利润调节机制，切实规避因农业保险利润率过高所带来的“业务经营盈余作为公司利润、财政补贴资金流失导致使用效率低”的问题及质疑。对于某一区域内经营农业保险业务的保险公司，地方政府与保险公司可协商确定适当比例的费用率和固定利润率，覆盖保险公司经营成本并提供合理承保盈利。保险公司经营农业保险如实现超额承保盈利，超额盈利不计入公司经营利润，而要以大灾风险准备金的形式进入保险公司专户资金池，独立核算、逐年滚存，专门用于弥补农业大灾风险损失，可在本机构农业保险各险种之间、相关省级分支机构之间统筹使用。

**3. 支持农业保险经营模式多元发展**

我国不同区域农业发展情况千差万别，单一类型保险机构难以满足多元化的需求，因此应因地制宜探索多元化、系统化组织形式，构建起商业保险公司自办、政企联办共保、商业公司共保、农业相互保险公司以及农业保险互助合作组织共存、共同发挥效能的农业保险组织体系。一是坚持商业保险公司经营作为我国农业保险经营管理的基础，充分发挥商业保险公司在偿付能力、机构网点、风险定价、费率精算、查勘理赔、防灾减灾等方面的技术优势和效率优势，强化保险机制对现代农业发展的支持作用。二是尊重农业保险区域实践和成功经验，地方可以根据自身条件对农业保险经营模式进行选择或调整，或者可以在特定保险项目上应用不同的经营模式。一个典型例子就是，河北省阜平县近年来主要采用商业公司自办模式开展农业保险，但其在金融保险扶贫项目上采取了联办共保模式，由县政府和保险公司按照5∶5的比例进行保费分摊和赔款分摊。三是积极探索将互助保险作为农业保险经营模式创新的重要方向。互助保险的优势在于能够有效降低市场信息不对称问题，规避道德风险和逆向选择，能够以相对低廉的价格提供保险保障，进而成为商业保险公司的有效补充。但同时我们也要看到，互助保险在我国仍属于发展的探索阶段，在发展中面临农户认知接受程度低、风险承受能力有限、风险分散机制缺乏等问题，需要继续予以局部试点并不断完善。四是探索建立农业保险市场的适度竞争机制。鉴于农业保险的政策属性，农业保险领域不能简单引入商业自由竞争概念，而要提倡适度竞争和服务竞争。一方面综合考虑财务状况、产品设计、机构网络、服务能力等因素，设置合适的市场准入条件，对一定区域范围内的主体数量适当限制。另一方面，构建规范合理的农业保险业务获取机制，将政府寻租行为装进制度笼子，有效维护公平的市场秩序。

**4. 建立适合我国土地经营特征的农业保险体系**

一是建立适合小规模经营农户的普惠性农业保险体系。对于自然地理条件恶劣的老少边穷地区，可积极探索将农业保险功能目标延伸拓展至农民福利保障，对于供维持农户基本生计的口粮作物，提供“保基本、保生计”的普惠性农业保险。保额可按照物化成本设定，承保区域覆盖主粮作物所有种植区域，中央及省级财政对保费进行全额补贴，实现“应保尽保、保障适度、全额补贴”，为农户灾后生产恢复提供最基本的资源保障。在普惠性的基本保险基础上，可通过额外投保补充保险，提供更高的保障水平。此外，针对中国农业以散户经营为主的特点，积极推进新技术在农业保险承保理赔中的运用，在有效控制经营成本的同时，确保农业保险服务时效和质量。二是将规模经营主体作为农业保险重要服务对象。规模化是现代农业保险发展的必要条件，一方面在于规模化经营农户对于农业保险需求更高，另一方面则是因为规模化能够有效降低农业保险的交易成本。农业保险发展需要紧密围绕农业现代化这个核心，将规模经营主体作为重要服务对象，满足其多样化的风险保障和融资需求。比如，对于规模经营主体，支持其在现有政策性保险基础上，再购买一定保额的补充性商业保险，保险责任范围与相关品种的政策性保险大致相同。三是顺应基于大数据、物联网、互联网技术的智慧农业、农村电商、农产品质量追溯等新业态和新模式，探索农业保险服务的新途径和新方式。推进保险服务与农产品供应链、价值链相互融合，推进保险服务从农业生产环节向产业链上下游的加工、储存、流通、贸易直到终端消费等各个环节延伸。

**5. 建设强大的数据及信息支持系统**

对关系农业保险长久发展的高质量数据和信息支持系统进行投资建设。一是健全完善行业性的农业保险数据平台，覆盖地块信息、灾害损失、承保理赔等多类别数据，为评估农业灾害风险、科学定价、费率区划、精确承保、快速理赔实现奠定数据基础。依靠测亩仪、遥感信息技术获取标的位置信息，绘制地块空间分布信息图，实现标的定位和承保理赔精确精准。二是构建农业保险相关信息的跨部门共享机制，实现财政、农业、林业、国土资源等职能部门的数据开放和各自数据信息系统的相互对接、共享。三是积极延伸农业保险数据产业链，通过与第三方数据公司合作，将保险数据与消费行为数据进行对接，进一步提升产品研发和市场营销的针对性。

**6. 建立多层级的农业风险分散体系**

整合多方资源，建立多主体共同参与的多层级风险分散体系：在农业生产层面，政府部门通过强化灾害预警及救助设施来降低风险；在原保险层面，各类保险机构通过拓展承保区域、时间和险种的广度来分散风险；在再保险层面，充分依托国内外再保险机构来转嫁风险；在巨灾风险层面，建立财政支持的巨灾风险基金对巨灾风险进行兜底。这一风险分散体系的核心为再保险和巨灾风险基金。前者是指农业保险经办机构承接省市两级机构的风险归集，并接受县级农业保险互助组织的再保分入，之后在国内外再保险市场寻求再保险支持，通过比例再保险、超赔再保险等方式部分转移其承担的风险。后者是指由国家财政注资建立国家农业保险巨灾风险基金，对保险机构再保险限额以上的巨灾风险，承担赔付责任。这里要特别明确保险经办公司、国家农业再保险公司、国家巨灾风险基金分担损失赔偿的责任边界。可做如下考虑：国家农业再保险公司与经办保险公司签订再保险协议，向经办保险公司提供一定额度的低成本再保险；经办保险公司对于协议之外的自留部分可在国际再保险市场进行分保；对于超过规定赔付率的大灾风险，由国家农业保险巨灾基金提供最终兜底保障。

**7. 构建发达的农业保险基层服务体系**

当前农业保险基层服务体系主要包括三个环节：在县城及中心乡镇，保险公司采取下延分支机构或营销服务部的方式延伸服务网络；在普通乡镇及村组，采取与基层涉农机构合作的方式设立农业保险服务站和服务点；在承保理赔服务方面，委托农经、农技、畜牧等涉农机构工作人员及村委干部作为专兼干或协保员，协助开展承保理赔工作。考虑到我国众多小规模农户分散经营仍将长期存在的现实，应继续建立健全农业保险基层服务网络体系。一方面鼓励保险机构不断加大农业保险业务投入力度，持续推进乡、村两级保险服务网点建设，努力实现网点乡镇全覆盖和服务行政村全覆盖；另一方面，继续充实农业保险人才队伍，提高专业技术水平，努力提高农业保险服务能力和服务质量。这里有两个问题应予以重视：一是完善现有的农业保险协办机制。对涉农机构在协助办理农业保险中的责任义务予以明确，确保协办程序规范、行为得到有效约束；完善农险协办工作的财务管理办法，对农业保险工作经费列支渠道、支付标准予以规范；强化人员管理，有条件的地区可试行农业保险协保人员资格认证制。二是探索商业保险公司与农村互助合作组织的有机结合，依托农业合作社成立区域范围内的小型农业保险互助合作组织，负责组织承保和日常理赔，小额赔付由合作组织直接作出，商业保险公司向互助合作组织提供再保支持、业务指导和技术支持。在这方面，安信农业保险公司在水产养殖领域推行的互助保险具有很好的借鉴意义。

**8. 理顺农业保险费率厘定与保费补贴方式**

一是建立农业保险费率厘定制度。理论上，费率水平应作为农业风险的客观反映，进而起到调节农业保险市场供求、合理配置资源的作用。费率厘定是否合理，关系到投保农户切身利益、财政资金使用效率以及保险机构经营的持续性。因此，要建立科学的农业保险费率厘定机制，杜绝“拍脑门”式的费率制定，增强费率与风险的关联性，全面推进风险区划和费率分区，积累本地农业保险精算数据资料，为农业保险持续发展奠定基础。二是允许各地因地制宜开展农业保险保费收取方式创新。我国是世界农业生产大国之一，各地农业生产条件复杂性和差异性较大，对于中央财政给予保费补贴的农业保险品种，应允许地方在农业保险基本制度框架内，结合地方财政负担能力、自然地理条件和实际保障需求，大胆探索创新农业保险保费收取方式。三是优化保费补贴财政资金划拨流程。我国农业保险保费补贴实行中央、省、地、县四级配套联动方式，多数地区农业保险保费补贴资金采取逐级划拨到县级财政部门，再由县级财政集中支付的划拨方式，资金划拨链条较长，效率较低，还容易诱发不合规现象。可探索适当调整现行保费补贴资金划拨方式，由省、市、县级财政分别与同级保险机构直接对接支付，或实行补贴资金由省级财政统一归集并及时支付给保险机构，缩短划拨链条和周期，提高农业保险补贴资金拨付效率。

## 参考文献

[1] 王和，王俊．中国农业保险巨灾风险管理体系研究［J］．北京：中国金融出版社，2013.

[2] 林长青．中国农业保险管理机制的研究与思考［D］．北京：北京科技大学，2014.

[3] 陈文辉，等．中国农业保险发展改革理论与实践研究［M］．北京：中国金融出版社，2015.

[4] 陈文辉，等．中国农业保险市场年报 2016［M］．天津：南开大学出版社，2016.

[5] 庹国柱，朱俊生．财政补贴型农险的两难困境［N］．中国保险报，2016-06-30.

[6] 庹国柱，朱俊生．完善我国农业保险制度需要解决的几个重要问题［J］．保险研究，2014（2）．

[7] 庹国柱，朱俊生．小规模生产难以匹配农险经营成本［N］．中国保险报，2016-07-18.

[8] 张祖荣．我国农业保险保费补贴资金使用效果评价：方法与证据［R］．南开大学农业保险研究中心 2016 年会．

[9] 李传峰．公共财政视角下我国农业保险经营模式研究［D］．北京：财政部财政科学研究所，2012.

[10] 赵学军，吴俊丽．政府干预与中国农业保险的发展［J］．中国经济史研究，2004（1）．
[11] 何小伟，庹国柱，李文中．政府干预、寻租竞争与农业保险的市场运作——基于江苏省淮安市的调查［J］．保险研究，2014（8）．
[12] 佚名．农业保险潜伏“寻租”冲动［N］．上海证券报，2013-09-10.

# 政府自然灾害救济与农业保险市场发展

## ——基于中国省际面板数据的实证证据*

许　荣　赵　昶　赵粲钰

**摘要：** 政府救济和农业保险是我国农村自然灾害救助体系中至关重要的两种手段。理论分析表明：政府救济费用增加既有可能引起农民增加投保（汲水效应）也有可能导致农民减少投保（挤出效应）。基于2001—2012年的省际面板数据开展政府救济影响农业保险市场的实证研究表明，在控制各省的上年受灾程度、农业现代化水平和农户受教育水平的基础上，人均农村自然灾害救济费会对农业保险保费收入和人均农业保险保费收入均产生显著的汲水效应。进一步引入中央对地方专项转移支付中的救灾支出作为工具变量进行稳健性检验仍然支持实证结论。该研究对我国健全农村自然灾害救助体系，最大限度地减少农民因灾致贫返贫现象具有重要的政策意义。

**关键词：** 政府救济；农业保险；农村自然灾害救助体系；保险扶贫

## 一、引言

中国是世界上自然灾害最为严重的国家之一。近十年来，我国因各类自然灾害造成的平均年受灾人次达3.71亿，年平均直接经济损失达4 367亿元人民币①。农业极易受到自然灾害的影响，而且农村地区用于防灾减灾的软硬件相较于城镇均明显不足。因此，农村地区抵御自然灾害的能力要显著弱于城镇地区。从图1中可以看出，自1995年起，虽然历年的受灾比率和成灾比率在长期均呈下降趋势，但目前每年的农作物受灾比率仍高达15%以上，受灾情况相当严重。我们还应注意到，自然灾害不仅会在当期造成巨额的财产损失，还可能引发大规模的农民因灾致贫返贫现象。根据国务院扶贫办的调查，目前全国的贫困农民中，有多达20%②是因灾致贫。

---

* 本文原载《保险研究》，2016年第12期。

作者简介：许荣，经济学博士，教授，中国人民大学财政金融学院暨保险研究所，中国财政金融政策研究中心，主要研究方向为金融市场与保险投资；赵昶、赵粲钰，中国人民大学财政金融学院硕士研究生。

① 根据民政部网站发布的历年统计公布汇总计算得出（http：//www.mca.gov.cn/article/sj/tjgb/）。

② 参考国务院扶贫开发领导小组办公室网站（http：//www.cpad.gov.cn/art/2015/11/23/art_985_45207.html）。

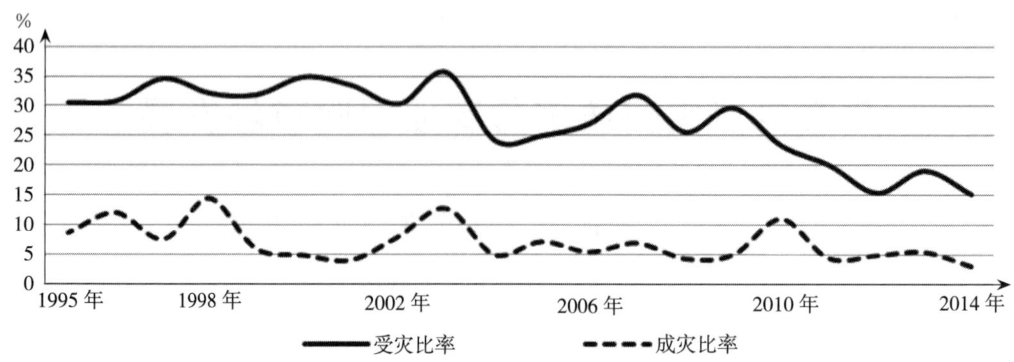


图 1　我国 1995—2014 年受灾及成灾比率

自然灾害是国民经济尤其是农业经济面临的重要难题，如何在灾害发生后快速有效地组织救助、恢复生产是防灾减灾工作的重要内容之一，也是精准扶贫工作的重要抓手。目前，我国针对受灾群众的救助手段主要有政府救济、商业保险补偿、社会保险补偿、社会捐助、企业或社区补偿、自我补偿（许飞琼，2008）六种。具体到农村地区的灾后救助，发挥主要作用的是政府救济和农业保险①两种途径。

政府救济，是指政府基于自身职责，在各级公共财政的支持下对灾民进行转移安置、生活救济并扶植灾民恢复生产；农业保险，是指保险机构根据农业保险合同，对被保险人在种植业、林业、畜牧业和渔业生产中因保险标的遭受约定的自然灾害、意外事故、疫病、疾病等保险事故所造成的财产损失，承担赔偿保险金责任的保险活动②。我国的农业保险市场的运行模式，是在政府的引导下，农户自主自愿地支付一部分保费向保险公司购买保单，保险公司再根据保单的销售情况，向政府申请相应数量的保费补贴。虽然农业保险的实际运营受到了公共财政的大力补贴，但它本质上仍是一种市场手段。自 2007 年我国启动农业保险改革以来，农业保险快速发展，目前，农业保险的年赔付支出已经超过了政府救济支出（图 2）。

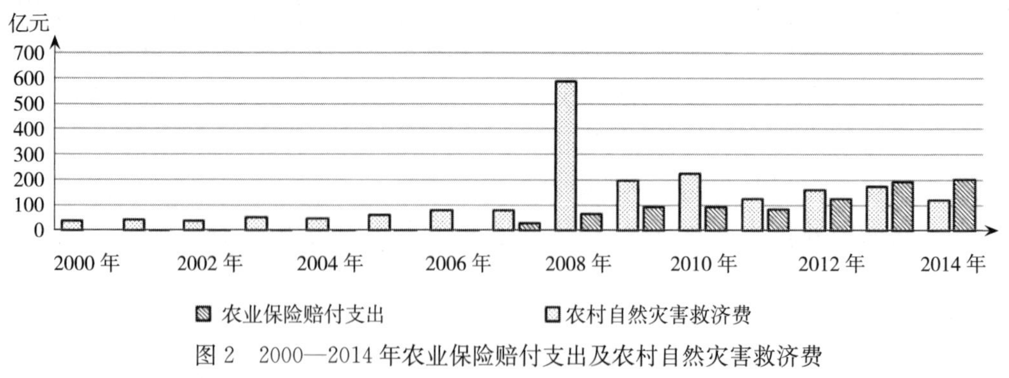


图 2　2000—2014 年农业保险赔付支出及农村自然灾害救济费

① 相较于城镇，农村地区的社会保障体系较为薄弱，社会捐赠途径又存在“稳定性不足”的弱点，企业或社区补偿和自我补偿途径属于“风险自留”手段的一种，不属本文讨论范围。

② 《农业保险条例》，国务院令第 629 号，2013 年 3 月 1 日起施行。

长久以来，受灾群众转移自然灾害风险并获得受灾补偿的途径主要是政府救济（魏华林等，2011），但随着农业保险迅猛发展，两种补偿手段已逐步形成分庭抗礼之势，共同支撑起我国的农村自然灾害救助体系。作为行政手段的政府救济和作为市场手段的农业保险之间存在着何种关系，学术界对此问题的直接研究并不多，已有的大部分研究都是从建立并完善农业自然灾害救助机制的角度来进行理论探讨。如许飞琼（2012）认为政府包办的举国救灾体制既有其动员力强、效果快捷等优势，也日益暴露出财政压力巨大、社会参与不足等缺陷，因此国家需要重建救灾社会参与机制，以充分调动社会资源，促使救灾体制走向合理化；杨霞等（2010）认为农业保险赔付支出在可靠性、稳定性和充足性上要优于政府救助和社会捐赠。

研究政府自然灾害救济对农业保险市场影响的意义在于：第一，政府自然灾害救济是“看得见的手”，为农业生产所面临的自然灾害提供行政保障手段。而农业保险是“看不见的手”，提供市场保障手段。那么行政保障手段对市场保障手段的影响是正向的还是负向的？探讨这一问题对把握农业保险市场的发展脉搏具有重要的参考意义。当前农村地区因灾致贫返贫现象较为突出，发展好农业保险这一新型的农业风险管理工具也是保险行业贯彻中央扶贫工作安排、发挥自身优势、体现行业担当、创造新的发展机遇的重要途径之一。第二，由于农业的特殊性，任意一种救助手段都无法独立满足农业生产者的风险保障需求。国务院印发的《关于加快发展现代保险服务业的若干意见》（国发〔2014〕29号）明确提出，将保险纳入灾害事故防范救助体系，提升企业和居民利用商业保险等市场化手段应对灾害事故风险的意识和水平。《中国保监会关于做好农业气象灾害理赔和防灾减损工作的通知》（保监产险〔2015〕192号）则更具体地提到，农业保险是农业灾害防范救助体系和应急管理体系的重要组成部分，要围绕国家扶贫开发部署，加强对集中连片贫困山区、革命老区、少数民族地区和农业生产大县的保险服务，确保国家强农惠农富农政策的落实。《中国保监会国务院扶贫开发领导小组办公室关于做好保险业助推脱贫攻坚工作的意见》（保监发〔2016〕44号）也明确指出，要精准对接农业保险服务需求，帮助贫困农户在灾后尽早恢复生产。可见，对政府灾害救济与农业保险市场关系的研究还对建立起一个多种救助手段相互配合、共同发挥保障作用的综合性农业自然灾害救济机制有着重要的参考意义。

本文基于2001—2012年的中国省际面板数据开展农村自然灾害救济影响农业保险市场的实证研究。以农业保险保费收入和人均农业保险保费收入两个变量衡量某一地区农业保险市场的发展程度，以人均农村自然灾害救济费衡量政府对农村自然灾害的救济水平。本文的实证研究在控制各省农业保险供给力度、受灾程度、农业现代化水平和农户受教育水平的基础上，重点考察人均农村自然灾害救济费对农业保险市场的影响。结果表明，人均农村自然灾害救济费会对农业保险保费收入和人均农业保险保费收入均产生显著的汲水效应。本文在稳健性检验中剔除了保险供给力度变量，并引入了中央对地方专项转移支付中的救灾支出作为工具变量。两个回归结果表明上述结论仍然成立，增强了结果的稳健性。

本文可能的学术贡献体现在以下几点：第一，“看得见的手”与“看不见的手”之间的关系是学界长盛不衰的话题之一，本文为该论题提供来自中国农业保险市场的省级面板实证证据；第二，公共财政支持的农村自然灾害救济并未对农业保险市场产生挤出效应，这说明建立起多层次、全覆盖、政府与保险行业共同参与的综合性农村自然灾害救助机制是可行的；第三，丰富了学术界对农业保险需求影响因素相关问题的研究。

本文接下来的结构安排如下：第二部分为文献回顾和假设；第三部分为样本选取、描述性统计以及平稳性检验；第四部分为模型假定；第五部分为回归结果与分析；第六部分简要总结全文。

## 二、文献回顾和假设

政府救济是由行政力量主导的灾害救助手段，而农业保险本质上是一种由市场力量主导的救助手段。针对二者的关系，学术界进行了长期的讨论。如：尧水根（2010）认为应当建立起以财政救助为主，市场性农业保险为辅的救助机制；而杨霞等（2010）认为农业保险作为一种融资型风险转移方式，与政府救助和社会捐赠这两种或有无偿融资方式相比，资金来源具有更好的可靠性、稳定性和充足性；魏华林等（2011）通过对比 1998—2008 年农村自然灾害救济费支出与自然灾害的直接损失，证明自然灾害救济费相对农民的损失而言微不足道，为了维持生活并快速恢复生产，农业保险才是农户转移风险和获得损失补偿的最佳手段。

政府救济和农业保险的关系与社会保险和商业保险的关系有相似之处。学术界对后者的争论长期存在，如 Brown 和 Finkelstein（2008）通过对美国长期护理保险市场的实证研究，发现美国长期护理保险中的社会保险项目 Medicaid 对于商业保险存在较大程度的挤出效应。Liu 和 Chen（2002）对我国台湾地区的实证研究表明商业医疗保险和社会医疗保险之间既不存在替代关系，也不存在互补关系；而许荣等（2013）通过对国内新农合和农村商业医疗保险市场的考察，发现新农合与商业医疗保险之间先是替代关系，而后转为互补关系。

关于影响农业保险需求因素的研究，学术界已经有了较多成果。宁满秀等（2005）对新疆玛纳斯河流域棉花受灾经济损失所做的回归分析证明，农户从事棉花生产的风险和损失程度越高，他们对农业保险的购买意愿也越高。王尔大等（2010）以辽宁盘锦水稻保险为例得出了类似结论，并同时证明种植规模越大的农户对水稻保险的支付意愿相对越高。张跃华等（2007）在河南农村的田野调查证实了农户受教育程度越高，获得保险知识的可能性也越大，也越愿意购买农业保险。王凯（2009）对影响我国农业保险发展的因素进行了实证分析，提出政府对农业保险的补贴是决定我国农业保险发展的最显著因素。陈璐（2004）认为农业保险具有准公共产品的性质，具有明显的效益外溢性，必须要由政府在经济、法律和行政上进行大力扶持才能得到较好的发展。

基于以上已有成果，我们提出政府救济对农业保险的影响方向及机制如下：第一，更高政府救济会降低农户对自身风险的预期，进而导致农户减少对农业保险的购买，即政府救济会对农业保险市场产生挤出效应。

第二，政府救济和农业保险之间并不存在相互影响的关系。

第三，政府在农业保险的实际运营中扮演着极为重要的引导、推动角色。更高政府救济很大程度上会增加农户对农业保险的信任，从而对农业保险市场产生汲水效应。

基于以上分析，本文提出三个对立假设：

假设 A：政府对农村的自然灾害救济会对农业保险市场产生“挤出效应”，即自然灾害救济费的上升会使农业保险保费收入降低。

假设 B：政府对农村的自然灾害救济对农业保险市场无影响。

假设 C：政府对农村的自然灾害救济会对农业保险市场产生“汲水效应”，即自然灾害救济费的上升会导致农业保险保费收入增加。

## 三、样本选取、描述性统计分析

### （一）样本选取

本文基于中国省际面板数据开展政府救济影响农业保险市场的实证研究。我们以农业保险保费收入和人均农业保险保费收入两个变量来衡量该地区农业保险市场的发展程度，分别构建“总量模型”和“人均模型”，并在两模型中分别以农村自然灾害救济费的总量数据和人均数据衡量政府对农村自然灾害的救济水平。基于数据的可获得性，本文选取 2001—2012 年的数据进行实证分析。

### （二）变量构建

本文的实证研究在控制各省农业保险供给力度、上年受灾程度、农业现代化水平和农户受教育水平的基础上，重点考察（人均）农村自然灾害救济费对农业保险市场的影响。

**1. 被解释变量**

参照许荣等（2013）对我国财险市场的研究，我们选取两个指标衡量各省农业保险市场的发展状况，一是各省某年的农业保险保费收入总额（$PI$），二是各省某年的人均农业保险保费收入（$PIP$）。

**2. 解释变量**

本研究主要的解释变量是农村自然灾害救济费，该变量衡量政府对农村自然灾害的救济力度。在“总量模型”中，以农村自然灾害救济费（*DR*）作为解释变量；在“人均模型”中，以人均农村自然灾害救济费（*DRP*）作为解释变量。

**3. 控制变量、虚拟变量**

本文的控制变量包括各省农业保险供给力度、上年受灾程度、农业现代化水平和农户受教育水平。

农户受教育水平（*EDU*）。在探讨保险需求的影响因素时，受教育水平经常被用来度量风险偏好。一种观点认为较高的受教育水平意味着人们可以更好地认识风险并提高对保险的需求（Outreville，1996），另一种观点认为受教育水平的提高会降低人们所拥有资产的风险性，从而降低保险需求（Szpiro、Outreville，1988）。本文参考陆铭等（2005）的研究，采用如下方式计算各地区农村居民家庭劳动力平均受教育年限，并用该指标衡量当地农户的受教育水平。

$$平均受教育年限 = \sum 各受教育程度人数比例 \times 各程度受教育年限$$

各受教育程度分级方法和各程度的受教育年限见表 1。

**表 1　农村地区各受教育程度分级方法和各程度的受教育年限**

| 各受教育程度 | 各程度受教育年限 |
| --- | --- |
| 不识字或识字很少 | 3 |
| 小学程度 | 6 |
| 初中程度 | 9 |
| 高中程度 | 12 |
| 中专程度 | 11 |
| 大专及大专以上程度 | 15 |

资料及受教育程度分类方式来源：《中国农村统计年鉴》。

受灾程度（*RISK*）。我们用上年成灾面积占播种面积的比例来衡量农业受灾情况。该比例越高，说明过去年度某省的农业受灾情况越严重。

农业现代化水平（*MECH*/*MECHP*）。农业现代化的表现之一是农业机械化（张兵，2013），本文采用（人均）农业机械动力总功率来衡量各省的农业现代化程度。（人均）农业机械动力总功率越高，当地的农业生产越现代化。

农业保险供给力度（*IS*）。保险公司是农业保险市场的重要参与者，农业保险供给力度能够体现保险公司对农业保险业务的重视程度。参照王凯（2009）的研究，本文用农业保险保费收入占财产保险保费收入的比例来衡量各省的农业保险供给力度。该数值越大，说明农业保险业务越受该省保险公司的重视。

本文采用一个虚拟变量（*DV*）来捕捉 2007 年以来由于农业保险改革导致的政策环境变动对农业保险市场产生的影响，即：

$$DV = \begin{cases} 1 & 2007\text{ 年之后的年份} \\ 0 & 2007\text{ 年及以前的年份} \end{cases}$$

农业保险市场受到多方面的影响。一是受到市场参与方的影响，如保险公司、农户和政府；二是受到农业产业特征和自然环境的影响，如农业现代化程度和受灾情况。本文对控制变量和虚拟变量的构建较完整地涵盖了上述各因素。

**4. 工具变量**

为了控制可能的内生性问题，本文引入中央对地方专项转移支付中的救灾支出（*CR*/*CRP*）作为工具变量对模型进行稳健性检验。自然灾害发生后，地方政府一方面自筹资金进行灾害救助，另一方面可向中央政府申请专项拨款。中央对地方专项转移支付①是指中央政府为实现特定的经济和社会发展目标无偿给予地方政府的，由接受转移支付的政府按照中央政府规定的用途安排使用的预算资金。按照事权和支出责任划分，专项转移支付分为委托类、共担类、引导类、救济类、应急类等五类。其中救济类专项是指按照事权和支出责任划分属于地方事权，中央为帮助地方应对因自然灾害等发生的增支而设立的专项转移支付。

本文选取该变量作为工具变量控制内生性的理由在于，中央对地方专项转移支付中的救灾支出直接影响地方政府的自然灾害救济费，而对农业保险市场没有直接的影响。我们在后文中报告了该工具变量与被解释变量以及关键解释变量之间的相关性，检验表明工具变量与关键解释变量高度相关，与被解释变量相关性较低。

本文使用国家统计局公布的历年居民消费价格指数对农业保险保费收入（*PI*）、人均农业保险保费收入（*PIP*）、农村自然灾害救济费（*DR*）、人均农村自然灾害救济费（*DRP*）、中央对地方专项转移支付中的救灾支出（*CR*）、人均中央对地方专项转移支付中的救灾支出（*CRP*）六个数据进行了处理，剔除了通货膨胀的影响。

主要变量的定义见表2。

**表2　主要变量的定义**

| | 总量模型 | | 人均模型 | |
|---|---|---|---|---|
| 被解释变量 | *PI* | 该省或地区的农业保险保费总收入 | *PIP* | 该省或地区的人均农业保险保费收入 |
| 解释变量 | *DR* | 该省或地区的农村自然灾害救济费 | *DRP* | 该省或地区的人均农村自然灾害救济费 |
| 控制变量 | *MECH* | 农业现代化水平，用各省的农业机械动力总功率来表示 | *MECHP* | 农业现代化水平，用各省的人均农业机械动力总功率除以农村人口来表示 |
| | *IS* | （两模型共用）农业保险供给力度，用某省的农业保险保费收入除以其财产保险保费收入来表示 | | |
| | *RISK* | （两模型共用）上年成灾面积占农作物播种面积的比例，代表过去年度农村受灾程度 | | |
| | *EDU* | （两模型共用）受教育水平，用各省的农村人口平均受教育年限来表示 | | |

① 《中央对地方专项转移支付管理办法》，（财预〔2015〕230号），财政部2015年12月30日发布。

（续）

| | | 总量模型 | | 人均模型 |
|---|---|---|---|---|
| 虚拟变量 | DV | （两模型共用）政策变量，2007 年（含）以后为 1，2007 年以前为 0 | | |
| 工具变量 | CR | 中央对地方专项转移支付中的救灾支出 | CRP | 中央对地方专项转移支付中的救灾支出的人均值 |

## （三）数据来源与描述性统计分析

本文的研究使用了 2001—2012 年间我国 31 个省、市、自治区的面板数据（共计 372 组数据，取一阶滞后项之后剩余 341 组数据）。本文中，所有省际层面保费数据均来自《中国保险年鉴》，农村自然灾害救济费、上年成灾面积、农作物总播种面积、农业机械动力总功率及农村劳动力文化状况分类方法和相关数据均源自《中国农村统计年鉴》，中央对地方专项转移支付中的救灾支出数据源自《中国民政统计年鉴》，所使用的农村人口数据源于国家统计局网站。上述各变量的描述性统计表结果见表 3。

**表 3　相关变量描述性统计表（2001—2012 年）**

| 分类 | 变量名称 | 单位 | 样本数 | 平均值 | 中位数 | 标准差 | 最小值 | 最大值 |
|---|---|---|---|---|---|---|---|---|
| 总量模型 | *PI* | （百万元） | 372 | 191.371 | 25.578 | 337.928 | 0.000 | 1 746.851 |
| | *DR* | （万元） | 372 | 38 778.265 | 17 738.960 | 180 226.881 | 146.169 | 326 7407.464 |
| | *MECH* | （万千瓦） | 372 | 2 467.168 | 1 797.710 | 2 519.027 | 95.320 | 12 419.870 |
| | *CR* | （万元） | 372 | 27 867.550 | 12 158.967 | 156 386.306 | 0.000 | 2 844 826.039 |
| 人均模型 | *PIP* | （元/人） | 372 | 10.496 | 1.374 | 22.468 | 0.000 | 141.272 |
| | *DRP* | （元/人） | 372 | 15.307 | 7.636 | 33.596 | 0.405 | 470.881 |
| | *MECHP* | （千瓦/人） | 372 | 0.864 | 0.765 | 0.474 | 0.205 | 2.436 |
| | *CRP* | （元/人） | 372 | 10.287 | 5.199 | 26.502 | 0.000 | 409.981 |
| 共用变量 | *RISK* | （%） | 372 | 14.26 | 12.02 | 9.95 | 0.00 | 54.68 |
| | IS | （%） | 372 | 3.01 | 0.83 | 5.20 | 0.00 | 28.02 |
| | *EDU* | （年） | 372 | 8.108 | 8.275 | 0.918 | 4.182 | 10.381 |

资料来源：作者计算。

对主要的解释变量进行 Pearson 相关性检验，发现本文选取的解释变量之间相关性最强的组别为 *MECHP* 和 *IS*，但其相关系数仅为 0.47。检验结果如表 4 所示。

对工具变量与关键解释变量和被解释变量进行 Pearson 相关性检验，结果显示工具变量与被解释变量相关性虽然是显著的，但是相关系数较低，仅为 0.16 和 0.1。而工具变量与关键解释变量高度相关。该相关性检验结果见表 5。

表 4　主要解释变量的相关性检验

| | 总量模型 | | | | | | 人均模型 | | | | |
|---|---|---|---|---|---|---|---|---|---|---|---|
| | *DR* | *MECH* | *IS* | *EDU* | *RISK* | | *DRP* | *MECHP* | *IS* | *EDU* | *DAP* |
| *DR* | 1 | | | | | *DRP* | 1 | | | | |
| *MECH* | 0.028 | 1 | | | | *MECHP* | 0.06 | 1 | | | |
| IS | 0.095* | 0.07 | 1 | | | IS | 0.18*** | 0.47*** | 1 | | |
| EDU | −0.02 | 0.27*** | −0.01 | 1 | | EDU | −0.22*** | −0.005 | −0.01 | 1 | |
| RISK | −0.04 | −0.15*** | −0.007 | −0.07 | 1 | RISK | −0.03 | 0.02 | −0.007 | −0.07 | 1 |

注：***、**、*分别表示在1%，5%，10%水平上显著。

表 5　工具变量的相关性检验

| | 总量模型 | | | 人均模型 | |
|---|---|---|---|---|---|
| | *PI* | *DR* | | *PIP* | *CRP* |
| *CR* | 0.16*** | 0.98*** | *CRP* | 0.10* | 0.92*** |

注：***、**、* 分别表示在1%，5%，10%水平上显著。

### （四）平稳性检验

本文所处理数据的截面个数为21个，时序长度为12年，且取一阶滞后项之后时序长度仅有11年。通常认为，时间序列过短的面板数据做面板数据平稳性检验意义不大，因此本文未报告该结果。为了降低数据的波动性，减少异方差的影响，对所有数据均取对数进行建模。

## 四、模型假定

静态面板数据中，一般采用霍斯曼检验（Hausman Test）来确定数据是否存在固定效应。本文对所报告的模型进行霍斯曼检验，在拒绝原假设的情况下，采用固定效应模型，否则采用随机效应模型。本文所采用的计量模型如下式所示：

$$PI_{it}=\beta_0+\beta_1 \cdot DR_{it}+\beta_2 \cdot Control_{it}+\delta_i+\varepsilon_{it}$$

其中，$PI_{it}$ 表示 $i$ 省份在 $t$ 年的农业保险市场的发展状况，分别用农业保险保费总收入 $PI$ 和人均农业保险保费收入 $PIP$ 两个指标来衡量。$DR_{it}$ 表示政府对农村自然灾害的救济力度，用人均农村自然灾害救济费表示。$CONTROL_{it}$ 为可能影响农业保险市场发展水平的控制变量，包括农户平均受教育年限，农业现代化水平，农业保险供给程度，上年受灾程度，$\delta_i$ 为固定效应，$\varepsilon_{it}$ 为误差项。

## 五、回归结果与分析

表6为模型的回归结果，分为“总量模型”和“人均模型”。

**表 6　模型回归结果**

| 总量模型 | | 人均模型 | |
|---|---|---|---|
| *DR* | 0.26*** (4.14) | *DRP* | 0.10** (2.37) |
| *EDU* | 4.05*** (6.28) | *EDU* | 3.31*** (2.91) |
| *MECH* | 0.09*** (1.04) | *MECHP* | −0.42** (−2.49) |
| *IS* | 18.23*** (13.20) | *IS* | 16.17*** (15.35) |
| *RISK* | −3.09*** (−5.01) | *RISK* | −2.04*** (−5.14) |
| *DV* | 2.31*** (20.16) | *DV* | 1.13*** (12.72) |
| obs | 341 | obs | 341 |
| Hausman Test | 0.17 | Hausman Test | 0.00*** |
| Adj. R-squared | 0.828 3 | Adj. R-squared | 0.752 63 |
| F-statistic | 305.011 | F-statistic | 274.606 |

注：(1) ***、**、*分别表示在 1%，5%，10%水平上显著；(2) 表中数字为各变量的回归系数，括号内为各变量的 t 值。

在“总量模型”和“人均模型”中，农村自然灾害救济费与农业保险保费收入显著正相关。对此可能的解释是，个体的风险偏好以及信任偏好是受到环境影响而非与生俱来、稳定不变的（Cesarini，2010；Ahern，2014）。我国的基层行政机构（如县、乡、村级的政府部门）和涉农企事业机构（如农经站、农技站等）深入参与到了农业保险的推广实践中（庹国柱，2012），他们同时也承担了行政性的自然灾害救济工作。救济力度的提高很大程度上影响了农户对农业保险的信任。特别是在政府对农业保险大力倡导并提供补贴的环境下，农户对农业保险的信任程度会增加。这一点对于中国保险市场尤为重要，因为保险行业整体的低声誉已经成为影响中国保险业快速健康发展的突出问题（祝伟、黄薇，2013）。因此，农村自然灾害救济费通过影响农户对农业保险的信任程度，对农业保险的保费收入产生了促进作用。当然，更完善的解释是，假设 A 中提出的挤出效应也同时存在，但在目前的救济水平下，汲水效应明显大于挤出效应，因而在整体上显示出了显著的正向作用。

农户平均受教育年限（*EDU*）对农业保险市场发展的影响在两模型中均显著为正，这在一定程度上证明了 Outreville（1996）提出的“教育程度的提高使得人们更好地认识风险，从而提高了对保险的需求”的观点。这也与中国学术界主流结论相符，即较高程度的受教育水平会刺激农业保险市场的发展（曾小波，2009；侯玲玲，2010）。

在本文报告的两模型中，农业生产机械化水平（*MECH*/*MECHP*）对农业保险市场发展水平的影响虽然是显著的，但是方向相反。这是因为农业机械化水平对农业保险需求的影响是多层次的：一方面，农业生产机械化水平越高，说明当地的农业生产现代化程度越高，这会提升对农业保险的需求。但另一方面，农业现代化也会对农业保险产生一定的挤出效应。如科技进步使农业生产的抗风险能力更强，收入来源的多样化导致农户对务农收入的风险厌恶程度降低（杜朋，2011）；在预算硬约束下，对农业机械的投资可能对农业保险支出产生挤出效应（刘飞，2016）等。因此，农业生产机械化水平对农业保险市场发展水平的影响是难以确定的。

上年受灾程度变量（*RISK*）对农业保险市场发展存在显著的抑制作用。一个可能的解释是上年受灾程度越严重，农户受到的损失越大，其对农业保险的支付能力就越差，从而抑制当年的农业保险保费收入；此外，在“赌徒谬误”的心理作用下，农户可能认为再次发生风险的概率不大，因此对农业保险的需求产生一定的挤出效应（刘飞，2016）。

在本文报告的模型中，农业保险供给程度（*IS*）和政策变量（*DV*）对农业保险市场发展始终产生稳健的正向影响。这说明作为农业保险的重要参与者，保险公司和政府在农业保险市场的发展中发挥着举足轻重的作用。例如保险公司提供的农业保险产品种类高度影响着农户的投保积极性（刘冬姣，2011；孟德峰，2011）；政府作为农业保险市场的基础性组织者，其制定的政策框架、发挥的宣传引导职能以及提供的保费补贴也极大地影响着农业保险市场的发展（宁满秀，2005；王凯，2009；侯玲玲，2010；杜朋，2011；刘冬姣，2011；孟德峰，2011）。

本文的控制变量中，保险供给变量（*IS*）与被解释变量高度相关。因此，我们剔除保险供给变量 *IS* 后对模型进行再次回归，以检验结论的稳健性。表 7 报告了该检验的结果（与表 6 一样，分为“总量模型”和“人均模型”）。

从该结果中我们可以发现，本文的主要结论仍然成立，说明结果具有较强的稳健性。

**表 7　稳健性检验结果**

| 总量模型 | | 人均模型 | |
|---|---|---|---|
| *DR* | 0.24*** (3.06) | *DRP* | 0.17*** (3.10) |
| *EDU* | 2.89** (2.50) | *EDU* | 1.86** (2.51) |
| *MECH* | 0.32*** (2.13) | *MECHP* | 0.39*** (2.66) |
| *IS* | — | *IS* | — |
| *RISK* | −2.73*** (−3.72) | *RISK* | −1.89*** (−3.66) |
| *DV* | 3.05*** (24.82) | *DV* | 1.57*** (16.43) |
| obs | 341 | obs | 341 |
| Hausman Test | 0.59 | Hausman Test | 0.33 |
| Adj. R-squared | 0.776 74 | Adj. R-squared | 0.684 09 |
| F-statistic | 253.038 | F-statistic | 153.641 |

注：(1) ***、**、*分别表示在 1%，5%，10%水平上显著；(2) 表中数字为各变量的回归系数，括号内为各变量的 t 值。

为了对可能存在的内生性问题进行讨论，本文选取“中央对地方专项转移支付中的救灾支出”这一指标作为工具变量。自然灾害发生后，中央财政根据受灾程度向受灾地区直接拨付资金进行灾害救济。因此，该指标与各省的自然灾害救济费直接相关，但与农业保险市场没有直接联系。经过相关性检验，工具变量与被解释变量相关性较低，但是与关键解释变量高度相关。表 8 报告了该检验的结果（与表 6 一样，分为“总量模型”和“人均模型”）。我们发现，引入该工具变量之后，本文主要的结论仍然显著，进一步增强了模型的稳健性。

**表 8　稳健性检验结果（内生性讨论）**

| 总量模型 | | 人均模型 | |
|---|---|---|---|
| *DR* | 0.16* (1.70) | *DRP* | 0.20*** (2.92) |
| *EDU* | 4.70** (2.42) | *EDU* | 3.31*** (2.92) |
| *MECH* | −0.19 (−0.60) | *MECHP* | −0.34* (−1.95) |
| *IS* | 16.84*** (9.35) | *IS* | 16.31*** (15.50) |
| *RISK* | −2.77*** (−4.09) | *RISK* | −2.06*** (−5.22) |
| *DV* | 2.49*** (15.63) | *DV* | 1.10*** (12.29) |
| *CR* | 0.07 (0.99) | *CRP* | −0.15* (−1.81) |
| obs | 341 | obs | 341 |
| Hausman Test | 0.01** | Hausman Test | 0.00*** |
| Adj. R-squared | 0.754 29 | Adj. R-squared | 0.751 64 |
| F-statistic | 243.161 | F-statistic | 237.614 |

注：(1) ***、**、*分别表示在 1%，5%，10%水平上显著；(2) 表中数字为各变量的回归系数，括号内为各变量的 t 值。

## 六、结论

本文基于中国省际面板数据开展农村自然灾害救济影响农业保险市场的实证研究。我们选取了 2001—2012 年的数据，以农业保险保费收入和人均农业保险保费收入两个变量来衡量某一地区农业保险市场的发展程度。用农村自然灾害救济费衡量政府对农村自然灾害的救助力度，在控制各省农业保险供给力度、农业现代化水平、受灾程度和农户受教育水平的基础上，重点考察了农村自然灾害救济费对农业保险市场的影响。进一步引入工具变量进行内生性讨论，得出的基本结论仍然稳健。本文认为政府对农村自然灾害的救济对农业保险市场的发展具有显著的促进作用，从而为政府救济和农业保险之间存在何种关系的问题提供了基于我国省际面板数据的证据。

本研究对于健全中国农村自然灾害救助体系有着重要的政策意义。我们的研究表明，由行政力量主导的农村自然灾害救济并不会对农业保险市场产生挤出效应，而是产生了显著的汲水效应，这说明建立政府和保险行业共同参与、分工协作的农村自然灾害救助体系是完全可行的。政府主导的农村自然灾害救济可以发挥反应迅速、广泛救济的优势，承担基础性和具有紧迫性的救助任务，如转移安置和生活救济，满足人民群众灾后的基本生存需求。而农业保险则可以凭借保险公司的专业能力，对农户遭受的生产损失进行合理补偿，从而扶植灾民恢复生产，最大限度地减少因灾致贫返贫现象。两种手段相互补充、相互配合，一方面降低了公共财政的负担，提高财政支出效率；另一方面也培育了健康的农业保险市场，为广大农村地区抵御自然灾害冲击、减少贫困人口、实现农业经济的良性发展奠定坚实的基础。

## 参考文献


[1] 曾小波，修凤丽，贾金荣．陕西农户奶牛保险支付意愿的实证分析［J］．保险研究，2009（8）：77-83.

[2] 陈璐．政府扶持农业保险发展的经济学分析［J］．财经研究，2004，30（6）：69-76.

[3] 杜鹏．农户农业保险需求的影响因素研究——基于湖北省五县市342户农户的调查［J］．农业经济问题，2011（11）：78-83.

[4] 侯玲玲，穆月英，曾玉珍．农业保险补贴政策及其对农户购买保险影响的实证分析［J］．农业经济问题，2010，31（4）：19-25.

[5] 刘冬姣，张旭升．我国农业保险需求的相关因素分析［J］．江西财经大学学报，2011（5）：53-59.

[6] 刘飞，陶建平．风险认知、抗险能力与农险需求——基于中国31个省份动态面板的实证研究［J］．农业技术经济，2016（9）：92-103.

[7] 陆铭，陈钊，万广华．因患寡，而患不均——中国的收入差距、投资、教育和增长的相互影响［J］．经济研究，2005（12）：4-14.

[8] 孟德锋，李长越．政策性农业保险的农户需求与满足程度调查研究［J］．经济纵横，2011（10）：73-76.

[9] 宁满秀，邢郦，钟甫宁．影响农户购买农业保险决策因素的实证分析——以新疆玛纳斯河流域为例［J］．农业经济问题，2005，26（6）：38-44.

[10] 庹国柱．我国农业保险的发展成就、障碍与前景［J］．保险研究，2012（12）：21-29.

[11] 王尔大，于洋．农户多保障水平下的作物保险支付意愿分析［J］．农业经济问题，2010（7）：61-69.

[12] 王凯，段胜．影响我国农业保险发展的多因素实证分析［J］．保险研究，2009（4）：101-105.

[13] 魏华林，龙梦洁，李芳．旱灾风险的特征及其防范研究——由西南旱灾和冬麦区大旱引发的思考［J］．保险研究，2011（3）：3-18.

[14] 肖卫东，张宝辉，贺畅，等．公共财政补贴农业保险：国际经验与中国实践［J］．中国农村经济，2013（7）：13-23.

[15] 许飞琼，华颖．举国救灾体制下的社会参与机制重建［J］．财政研究，2012（6）：41-44.

[16] 许飞琼．中国的灾害损失与保险业的发展［J］．江西财经大学学报，2008（5）：35-42.

[17] 许荣，戴稳胜，张迪．法律环境差异会影响财险市场发展吗？——来自中国省际面板数据的检验［J］．金融评论，2013（5）：61-70.

[18] 许荣，张迪，吉学．新农合对农户商业医疗保险需求影响的研究［J］．保险研究，2013（3）：120-127.

[19] 杨霞，李毅．中国农业自然灾害风险管理研究——兼论农业保险的发展［J］．中南财经政法大学学报，2010（6）：34-37.

[20] 尧水根．略论中国农业自然灾害救助机制构建［J］．农业考古，2010 (6)：213-214.

[21] 张兵，刘丹，郑斌．农村金融发展缓解了农村居民内部收入差距吗？——基于中国省级数据的面板门槛回归模型分析［J］．中国农村观察，2013 (3)：19-29.

[22] 祝伟，黄薇．保险业低声誉的经济学解释：基于时间不一致偏好的视角［J］．经济研究，2013 (8)：131-142.

[23] Ahern K. R.，Ran D.，Shumway T. Peer Effects in Risk Aversion and Trust [J]. Review of Financial Studies，2014，27 (11)：3213-3240.

[24] Brown J. R.，Amy Finkelstein. Insuring Long Term Care in the Us [J]. Social Science Electronic Publishing，2011.

[25] Cesarini，David，Manus Johannesson，Paul Lichtenstein，OrjanSandewall，Björn Wallace. Genetic Variation in Financial Decision-Making [J]. The Journal of Finance，2010 (65)，1725-1754.

[26] Liu T. C.，Chen C. S. An analysis of private health insurance purchasing decisions with national health insurance in Taiwan [J]. Social Science & Medicine，2002，55 (5)：755-774.

[27] Outreville J. F. Life Insurance Markets in Developing Countries [J]. Journal of Risk & Insurance，1996，63 (2)：263-278.

[28] Szpiro G. G.，Outreville J. F. Relative risk aversion around the world：Further results [J]. Economics Letters，1986，20 (1)：19-21.

# 农业保险发展中的政府与市场：一个分析框架*

张祖荣　孙海明　杨红蕾

**摘要**：农业保险要健康稳定发展，需要政府承担引导、促进的责任。近年来我国政府出台了一系列农业保险支持政策，涵盖经济、立法和行政等各个方面，在引导和促进农业保险发展、发挥农业保险功能作用等方面取得很大进展。但随着农业保险广泛深入开展，政府支持不到位或过度干预的现象时有发生。基于此，本文在评述我国农业保险支持政策的基础上，借鉴国外政府引导农业保险发展的成功经验，试图构建一个“政府引导、市场运作”的农业保险发展分析框架，界定政府与市场的行为边界，明确政府的作用范围，以便更好地发挥政策的引导、促进作用和市场的资源配置作用。应用这一分析框架，加强和改善政府引导农业保险发展，就应基于农业保险市场化取向，健全农业保险法律法规，完善财税支持政策和行政推动制度，加强农业保险有效监管，为农业保险创造良好的发展环境。

**关键词**：农业保险；政府；市场；分析框架

## 一、引言

习近平同志2016年3月5日参加《政府工作报告》审议时指出，深化经济体制改革，核心是处理好政府和市场的关系，这就要讲辩证法、两点论，“看不见的手”和“看得见的手”都要用好，关键是加快转变政府职能，该放给市场和社会的权一定要放足、放到位，该政府管的事一定要管好、管到位，坚决扭转政府职能错位、越位、缺位现象①。农业保险发展中也要处理好政府与市场的关系，界定政府与市场行为边界，明确政府的职能范围，尊重市场规律，充分发挥政府与市场这“两只手”的作用。

我国农业人口多，农业自然灾害严重，开展农业保险对保护农户正常收益、促进我国农业发展、保障国家粮食安全等有重要意义。因而，无论是政府层面，还是农户

---

* 国家社科基金项目“我国农业保险保费补贴效果评价与适度保费补贴率问题研究”（批准号：13BJY182）；广东省自然科学基金“基于田野问卷调查的广东省农业保险财政补贴政策效应研究”（项目编号：2016A030313766）。

作者简介：张祖荣，广东财经大学国民经济研究中心、经济贸易学院教授，硕士生导师，研究方向：政策性农业保险。孙海明，广东财经大学硕士研究生；杨红蕾，广东财经大学硕士研究生。

① 习近平：坚决扭转政府职能错位越位缺位现象：http：//money.163.com/16/0305/19/BHDTTJQF 00252G50.html。

层面，都对农业保险有迫切需求。近年来，我国政府高度重视农业保险的发展，从立法、财政、行政等方面制定了一系列农业保险支持政策，农业保险得到快速发展，对保障农业生产和国家粮食安全、稳定和增加农民收入发挥了积极作用。

与商业性保险不同，农业保险发展中，政府是重要主体，但它需要在与市场的互动中解决农业保险发展问题。农业保险发展中，需要政府承担关键责任，选择合适的实现路径，矫正市场失灵，这已成为世界各国发展农业保险的共识。但是，强调政府在农业保险发展中的引导作用，应恰当界定政府与市场边界，明确政府的责任范围，才能更好地发挥政府引导的积极作用，促进农业保险健康有序发展。

如何划分政府与市场边界，有效发挥政府的职能作用，这是关系到农业保险能否持续、健康、稳定发展的重要问题。基于这一认识，本文试图从评述我国农业保险支持政策出发，借鉴国外政府引导农业保险发展的成功经验，构建一个农业保险发展中政府与市场关系的分析框架，并提出相应的政策建议。

## 二、我国农业保险支持政策述评

目前，我国农业保险支持政策主要包括行政支持、经济支持、立法支持等三个方面。

### （一）行政支持政策

我国农业保险行政支持政策主要体现在历年的中央 1 号文件和国务院 2006 年颁布的《关于保险业改革发展的若干意见》（国发〔2006〕23 号）与 2014 颁布的《关于加快发展现代保险服务业的若干意见》（国发〔2014〕29 号）文件上。其相关条款和要点分别见表 1 和表 2。

**表 1　历年中央 1 号文件有关农业保险的条款一览表①**

| 年度 | 中央 1 号文件有关农业保险的条款内容 |
| --- | --- |
| 2004 | 建立政策性农业保险制度，选择部分产品和部分地区率先试点，有条件的地方可对参加种养业保险的农户给予一定的保费补贴。 |
| 2005 | 扩大农业政策性保险的试点范围，鼓励商业性保险机构开展农业保险业务。 |
| 2006 | 稳步推进农业政策性保险试点工作，加快发展多种形式、多种渠道的农业保险。 |
| 2007 | 积极发展农业保险，按照“政府引导、政策支持、市场运作、农民自愿”的原则，建立完善农业保险体系。扩大农业政策性保险试点范围，各级财政对农户参加农业保险给予保费补贴，完善农业巨灾风险转移分摊机制，探索建立中央、地方财政支持的农业再保险体系。鼓励龙头企业、中介组织帮助农户参加农业保险。 |
| 2008 | 认真总结各地开展政策性农业保险试点的经验和做法，稳步扩大试点范围，科学确定补贴品种，完善政策性农业保险经营机制和发展模式。 |

① 参见 2004—2016 年中央 1 号文件。

（续）

| 年度 | 中央1号文件有关农业保险的条款内容 |
| --- | --- |
| 2009 | 加快发展政策性农业保险，扩大试点范围、增加险种，加大中央财政对中西部地区保费补贴力度，加快建立农业再保险体系和财政支持的巨灾风险分散机制。探索建立农村信贷与农业保险相结合的银保互动机制。 |
| 2010 | 积极扩大农业保险保费补贴的品种和区域覆盖范围，加大中央财政对中西部地区保费补贴力度。鼓励各地对特色农业、农房等保险进行保费补贴。健全农业再保险体系，建立财政支持的巨灾风险分散机制。 |
| 2012 | 扩大农业保险险种和覆盖面，开展设施农业保费补贴试点，扩大森林保险保费补贴试点范围，扶持发展渔业互助保险，鼓励地方开展优势农产品生产保险。健全农业再保险体系，逐步建立中央财政支持下的农业大灾风险转移分散机制。 |
| 2013 | 健全政策性农业保险制度，完善农业保险保费补贴政策，加大对中西部地区、生产大县农业保险保费补贴力度，适当提高部分险种的保费补贴比例。开展农作物制种、渔业、农机、农房保险和重点国有林区森林保险保费补贴试点。推进建立财政支持的农业保险大灾风险分散机制。 |
| 2014 | 加大农业保险支持力度。提高中央、省级财政对主要粮食作物保险的保费补贴比例，逐步减少或取消产粮大县县级保费补贴，不断提高稻谷、小麦、玉米三大粮食品种保险的覆盖面和风险保障水平。鼓励保险机构开展特色优势农产品保险，有条件的地方提供保费补贴，中央财政通过以奖代补等方式予以支持。扩大畜产品及森林保险范围和覆盖区域。鼓励开展多种形式的互助合作保险。规范农业保险大灾风险准备金管理，加快建立财政支持的农业保险大灾风险分散机制。探索开办涉农金融领域的贷款保证保险和信用保险等业务。 |
| 2016 | 完善农业保险制度。把农业保险作为支持农业的重要手段，扩大农业保险覆盖面、增加保险品种、提高风险保障水平。积极开发适应新型农业经营主体需求的保险品种。探索开展重要农产品目标价格保险，以及收入保险、天气指数保险试点。支持地方发展特色优势农产品保险、渔业保险、设施农业保险。探索建立农业补贴、涉农信贷、农产品期货和农业保险联动机制。积极探索农业保险保单质押贷款和农户信用保证保险。稳步扩大“保险＋期货”试点。进一步完善农业保险大灾风险分散机制。 |

**表2　国务院文件的相关条款①**

| | |
| --- | --- |
| 1 | 《国务院关于保险业改革发展的若干意见》（国发〔2006〕23号）的相关条款：<br>探索建立适合我国国情的农业保险发展模式，将农业保险作为支农方式的创新，纳入农业支持保护体系。<br>发挥中央、地方、保险公司、龙头企业、农户等各方面的积极性，发挥农业部门在推动农业保险立法、引导农民投保、协调各方关系、促进农业保险发展等方面的作用，扩大农业保险覆盖面，有步骤地建立多形式经营、多渠道支持的农业保险体系。<br>探索中央和地方财政对农户投保给予补贴的方式、品种和比例，对保险公司经营的政策性农业保险适当给予经营管理费补贴，逐步建立农业保险发展的长效机制。完善多层次的农业巨灾风险转移分担机制，探索建立中央、地方财政支持的农业再保险体系。 |
| 2 | 《国务院关于加快发展现代保险服务业的若干意见》（国发〔2014〕29号）的相关条款：<br>按照中央支持保大宗、保成本，地方支持保特色、保产量，有条件的保价格、保收入的原则，鼓励农民和各类新型农业经营主体自愿参保，扩大农业保险覆盖面，提高农业保险保障程度。落实农业保险大灾风险准备金制度。健全农业保险服务体系，鼓励开展多种形式的互助合作保险。 |

① 参见《国务院关于保险业改革发展的若干意见》（国发〔2006〕23号）和《国务院关于加快发展现代保险服务业的若干意见》（国发〔2014〕29号）。

由此可见，我国政府对农业保险的“关怀”可谓无微不至，涉及到发展模式、经营原则、补贴方式、再保险、大灾风险分散机制建立等方方面面，政策支持的险种更是从最初的主要粮食作物保险扩展到绝大部分种、养两业保险产品。

## （二）经济支持政策

经济支持主要包括保费补贴和税收优惠。我国中央财政农业保险保费补贴试点始于 2007 年，目前我国农业保险保费补贴方式主要基于财政部颁布的《中央财政种植业保险保费补贴管理办法》（财金〔2008〕26 号）和《中央财政养殖业保险保费补贴管理办法》（财金〔2008〕27 号），实行省级财政补贴一定比例保费后，中央财政再补贴一定比例保费的“联动补贴机制”。目前，保费补贴险种达 20 多个，包含了主要的种植业保险和养殖业保险；补贴区域由最初的内蒙古、吉林、江苏、湖南、新疆、四川等 6 省（自治区）扩大至全国所有省（市、自治区）。具体补贴险种和补贴比例见表 3。税收优惠方面：一是对农业保险保费征收 3%的营业税，比一般金融保险业 5%的营业税率优惠了 40%；二是对农业保险保费收入按 90%比例计算所得税额；三是税前列支农业巨灾风险准备金，免交所得税；四是对农业保险及其相关技术培训业务免征营业税等。

**表 3　我国农业保险保费补贴情况一览表**

| 补贴区域 | 补贴险种 | 保费补贴比例（%） | | 备　注 |
|---|---|---|---|---|
| | | 省级财政 | 中央财政 | |
| 中西部 | 种植业保险 | 25 | 40 | 1. 种植业保险包括水稻、玉米、小麦、大豆、棉花、林业以及油料、糖料作物等。<br>2. 其余保费由农户与地方财政部门等共同承担，由补贴地区自主确定具体比例。 |
| | 养殖业保险 | 30 | 50 | |
| 东部 | 种植业保险 | 30 | 35 | |
| | 养殖业保险 | 30 | 40 | |
| 新疆生产建设兵团、中央直属垦区 | 种植业保险 | — | 65 | |
| | 能繁母猪保险 | — | 80 | |
| | 奶牛、藏系羊等 | — | 60 | |

资料来源：根据中央财政农业保险保费补贴管理办法整理。

从保费补贴情况来看，我国各级财政农业保险保费补贴率高达 80%，高于美国平均约 60%的补贴水平，但我国农业保险财政补贴方式单一，目前仅对投保农户提供保费补贴，美国等国家除了保费补贴外，同时对保险公司提供农业保险业务经营管理费用补贴及再保险补贴等。从税收优惠方面看，与农业保险发达国家相比，仍有一定提升空间和改进余地。

## （三）法律法规建设

目前我国农业保险法律法规建设取得突破性的进展，从 2013 年 3 月 1 日起，我国首次制定的《农业保险条例》（以下简称《条例》）正式实施。《条例》明确了农业保险的地位和作用，区分了政策性农业保险与商业性农业保险经营范围，确立了我国农业保险的市场组织结构、经营模式、监管模式等。《条例》的实施对于我国农业保险健康、稳定发展提供了制度保证。

近年来，在各级政府的大力推动、各级财政的大力支持下，我国农业保险得以快速发展，保费收入由2007年的53.33亿元增长到2016年的417.7亿元，年均增长约25.7%；风险保额由2007年的1 126.2亿元增长到2016年的约2.16万亿元，年均增长约38.8%；保险赔款由2007年的29.21亿元增长到2016年的348.8亿元，年均增长约31.7%，有效发挥了保险的经济补偿功能，实现了财政投入的放大效应，对促进农业生产、稳定和增加农户收入，起到了重要作用。

农业保险支持政策是一个完整体系，包括立法支持、经济支持和行政支持，三者相互影响，相辅相成。立法支持是农业保险持续稳定发展的保障，经济支持是农业保险支持政策的核心内容，行政支持是农业保险支持政策的必要补充。虽然我国农业保险支持政策取得了显著成效，但由于政府与市场行为边界不清，政府职责不明，以及政策本身存在的问题，其局限性也逐渐显现。一是有的政策落实不到位，比如，中央1号文件中多次强调的再保险支持尚未落实、大灾风险分担机制尚未建立。二是实践中基层政府的不当干预或合谋时有发生。比如，灾害损失发生后，有的地方政府要求保险公司协议赔付，从中牟利；有的地方则出现基层政府与农户合谋，骗取中央财政保费补贴资金；有些地方政府领导不考虑保险公司的实际经营能力，直接人为分配市场资源，出现严重的“寻租”现象。三是由于“联动补贴机制”以及保费补贴差异性等原因，不少农业大省财政能力不足，无力支付配套资金，致使中央财政补贴预算连续几年未能完成（表4）。四是财政补贴政策与税收优惠不够协调，比如，对农业保险进行保费补贴的同时又征收保费收入税等，财税支持政策有待优化配合。发展我国农业保险，应立足我国实际情况，借鉴国外政府引导和促进农业保险发展的成功经验，逐步完善农业保险支持政策。

**表4　中央财政保费补贴预算与实际保费补贴一览表**

单位：亿元

| 年份 | 2007 | 2008 | 2009 | 2010 | 2011 | 2012 | 2013 | 2014 | 2015 | 2016 |
|---|---|---|---|---|---|---|---|---|---|---|
| 保费补贴预算 | 21.5 | 60.5 | 79.8 | 103.2 | 94.1 | — | — | — | — | — |
| 实际保费补贴 | 21.5 | 37.3 | 59.7 | 67.8 | 78.7 | 91.0 | 120.4 | 128.2 | 144.7 | 158.3 |

资料来源：财政部2007—2011年中央和地方预算执行情况与预算草案。

## 三、政府引导农业保险发展的国际经验与启示

农业保险发展中政府的作用不可或缺，国外政府在引导农业保险发展方面的有益经验可资借鉴。

## （一）立法方面

由于农业保险的性质既不属于商业保险，也不属于社会保险，而是介于两者之间的一种保险制度，因此，适用于各种商业保险的《保险法》和各种社会保障的《社会保险法》不适用于农业保险。农业保险发展比较成功的国家都非常重视农业保险立法。以美国为例，美国 1939 年开始实行政府支持的农业保险试点，1938 年就颁布了《农作物保险法》（美国农业法案《农业调整法》的第五部分），对农业保险的目的、性质、开展办法、开办机构、再保险以及监管等农业保险制度安排做了明确规定，并在农业部内设立了美国联邦农作物保险公司（简称 FCIC），为政府引导、支持农业保险发展提供了法律依据①。该法还规定，不参加政府农作物保险计划的农民不能得到政府其他计划的福利，如农户贷款计划、农产品价格支持和保护计划的支持等，对农作物保险实行了事实上的强制参加。此后，《农作物保险法》在实践中不断修订和完善，成为农业法案中最重要组成部分，至 2015 年，《农作物保险法》的修订达 20 多次，其中 1980 年、1994 年、2000 年和 2014 年分别进行了四次重要的修订和改革。1980 年的修订首次规定对投保农户提供保费补贴，将农作物保险作为农业灾害保障的主要形式予以支持，其后几次重要修改都增加了政府财政补贴预算，提高了保费补贴率，鼓励农户参加农作物保险。2014 年修订的《农作物保险法》又增加了补充保障选择计划（SCO）和针对陆地棉的叠加收入保护计划（STAX）。2014 年的农业法案取消直接支付、反周期支付等财政补贴计划，更加凸显了农业保险在国内农业支持政策中的重要性②。其他农业保险发达国家如加拿大、日本、法国等也都非常重视农业保险法律法规建设与完善。我国农业保险法规建设刚刚起步，尤其需要借鉴国外成功经验。

## （二）经济方面

国外农业保险经济支持项目主要包括政府财政补贴与税收优惠政策。以美国为例，美国政府 1980 年开始对投保农户给予平均约 35％保费补贴，补贴率依不同险种和不同保障水平而有所差异，同一险种保障水平越高补贴率越低，同时对保险公司提供纯保费的 10％～20％作为业务费用补贴。此后，通过多次修订《农作物保险法》逐步提高了保费补贴率，为鼓励农户选择保障水平较高的险种，特别提高了其补贴率，2000 年后保费补贴率平均提高到约 60％，2007—2010 年农业保险实际参与率达到 80％～85％。在《2014 年农业法案》中农业保险预算支出将在未来 10 年增加 57.2 亿美元，是 2014 年法案 12 项内容中预算增加最多的一项。从总量看，美国政府未来 10 年用于农业保险的预算额为 898.3 亿美元，仅次于第一大支出项目“营养计划”。对 2014 年新增的 SCO 和 STAX 两个险种分别给予了 65％和 80％的补贴比例，均高

①② 参见《美国农业保险与期货市场 》：http：//www.aiweibang.com/yuedu/46236128.html，2015-08-25.

于当前平均的补贴水平。目前，美国政府财政支持的农业保险险种有20余个，覆盖124种农作物和牲畜[①]。税收优惠方面，对于联邦农作物保险公司及其分支机构的一切财产、资本、准备金、结余、收入、财产权和免赔款等，免征一切现有和将来可能开征的税收，包括国家所征税种、各地方政府所征税种。全面的税收优惠政策大大降低了农作物保险公司的经营成本。可见美国农业保险财税补贴的特点，一是保费补贴率与保障水平相关，农民可选择不同的保障水平，选择的保障水平越高，补贴率越低。二是财政补贴项目包括对投保农户的保费补贴、对经办机构提供业务费用补贴、再保险支持以及农作物保险的推广和教育费用。三是注重财税政策的协调统一，政策的综合效应明显。

### （三）政府与市场的关系

美国、加拿大、日本等农业保险发展较好的国家，虽然各自选择了不同的农业保险发展模式，走过了曲折的试验历程，但他们都在实践过程中逐步厘清了政府与市场关系，改善了农业保险发展的制度环境。以美国为例，美国在20世纪初开展农业保险时，完全由私人保险公司按照商业经营模式经营，政府不提供任何补贴和其他优惠政策支持，由于农业保险风险大，赔付率高，保险公司不仅无利可图，而且连年亏损，几年之后，就完全放弃了农业保险业务。直到1938年，《联邦农作物保险法》获得通过，才重新开始农业保险业务试点。1939年根据该法设立了隶属于农业部的联邦农作物保险公司（简称FCIC），经营全国农作物保险，实际上等于政府直接经营，结果由于缺乏经营经验，投保农户太少，以及逆向选择与道德风险等原因，严重亏损，受到国会的严厉指责，一度停办。鉴于农业保险业务由私人保险公司独立经营以及政府主办都遭到失败的经验教训，经过较长时间的探索，美国农业保险逐步形成了“政府主导、商业运营、服务配套”的“三位一体”管理体制机制。所谓政府主导，就是由政府设立的管理机构风险管理局（RMA）和联邦农作物保险公司（FCIC）负责制定农业保险财政补贴与税收优惠等政策、审核保险公司经营农业保险业务的资质条件，对投保农户提供保费补贴、对经营农业保险业务的保险公司提供管理费用补贴以及再保险保障，研发和初步审核农业保险险种、资助风险管理研究和推广项目等。所谓商业运营，就是由保险公司按照市场规则经营农作物保险业务，风险自担，自负盈亏，目前，美国农业保险业务由19家实力强、信誉好的商业保险公司经营，这些公司都是经过RMA审核批准的。美国农业保险服务配套方面是颇具特色的，主要有两类公益组织作为配套服务对农作物保险发展发挥了积极作用。一类是为保险公司或从事保险工作的个人提供服务的组织，如全国农作物保险服务中心，担负着统计、培训教育以及与风险管理局（RMA）的联系协调等工作。另一类是代表投保农户利益的，反映他们的诉求、介绍农业保险政策，帮助其选择适当的农业保险产品等，如全

① 参见《美国农业保险与期货市场》：http：//www.aiweibang.com/yuedu/46236128.html，2015-08-25.

国农场局联合会（AFBF）、州立大学的农业保险推广中心等。这些成功经验值得我们借鉴。

## 四、农业保险发展中政府与市场关系的分析框架

从理论上看，政府和市场都是解决稀缺资源配置问题的特定制度安排，二者的主要区别在于决策模式的不同：前者主要是一种权威的、集中的决策模式，而后者则主要是一种大众的、分散的决策模式。在现实经济生活中，一切资源配置的实现都是市场和政府互相结合的结果，而所有的结合都是在不完善的市场和不完美的政府之间的一种次优组合。讨论政府与市场的关系是为了在不完善事物中进行不完全选择。在农业保险发展中，要肯定市场实现效率的决定性地位，同时也要注重政府的引导支持作用。国内外研究表明，在没有政府行政推动和财政补贴的情况下，农业保险既缺乏有效需求，也缺乏有效供给，会出现市场失灵。鉴于农业保险市场失灵，政府需要承担矫正市场失灵的职责，引导和促进农业保险稳定发展。一方面，需要政府为市场运行提供制度基础和政策支持，如通过立法形式明确政府在经济、行政方面的支持。另一方面，政府需要分析市场的不足来调整自身职能，重视培育和发展市场主体，对它们提供阶段性的扶持和培育。但是，在政府与市场之间进行选择是复杂的，因为它是在不完全政府与不完全市场之间的不完全结合。

近年来，我国确立了开展政策性农业保险业务要遵循“政府引导、市场运作、自主自愿、协同推进”的基本原则①。政府引导包括财政部、省级及省级以下财政部门通过保费补贴等调控手段，联合农业、水利、气象、宣传等部门，引导和鼓励农户、农业企业、专业合作经济组织等参加农业保险，增强农业抗风险能力。市场运作就是要尊重市场经济规律，以农业保险经营机构的市场化运作为依托，要重视农业保险经营风险管理，积极运用市场化手段防范和化解风险。自主自愿是指农户、农业企业、专业合作经济组织、经办机构、地方财政部门等有关各方都要尊重保险双方的意愿，自主抉择。协同推进是指农业、水利、气象、宣传、地方财政部门等有关各方要对经办机构的承保、查勘、定损、理赔、防灾减损等各项工作给予积极支持。尽管这种制度安排有助于发挥政府和市场两方面的力量，但由于没有明确农业保险发展中政府的职能作用范围以及政府与市场的行为边界，实践中，政府支持政策不到位、地方政府对农业保险市场不当干预、严重的“寻租”现象等，屡屡出现，严重削弱了政策的支持作用，危害了农业保险的市场环境，影响了农业保险市场的运行效率，损害了农户的根本利益，并最终会损害农业保险的可持续发展。

因此，农业保险发展中，必须处理好政府和市场的关系，界定政府与市场的行为边界，明确政府的作用范围。基于此，本文尝试提出一个农业保险发展中政府与市场

① 参见《农业保险条例》，2012。

关系的分析框架。

图1展示了农业保险发展中的政府与市场关系，界定了政府与市场边界。发展农业保险要依托市场化经营，充分发挥市场的资源配置作用，尊重保险基本原理和市场基本规律，尊重保险公司的自主经营权，要充分运用大数法则分散风险，按照大数法则制定保险费率。政府的主要职责是为农业保险发展创造良好的制度环境，主要包括建立市场运行制度、矫正市场失灵以及运用适当的行政手段推动市场运行。具体说来，一是制定法律法规，实施有效监管，明确市场准入条件，规范维护市场秩序，防止一些不具备经营资质的保险公司通过“寻租”获取农业保险业务经营权，财政补贴方式方法以及税收优惠政策也要在相应的法律法规中予以明确。二是通过财政补贴、税收优惠等经济支持手段，刺激农业保险需求和供给，矫正农业保险市场失灵，并在实践中调整财政补贴的结构与方式，以适应农业保险发展不同阶段的需要，同时，保费补贴、农业信贷以及其他支农惠农政策要有机结合，相辅相成，以发挥财政政策的综合效应。三是提供行政支持，包括宣传农业保险政策，增强农户保险意识，引导农户投保，协助农户办理投保手续、理赔申请等，加强农业、水利、气象等部门的协调配合，提供防灾减损等风险管理服务。

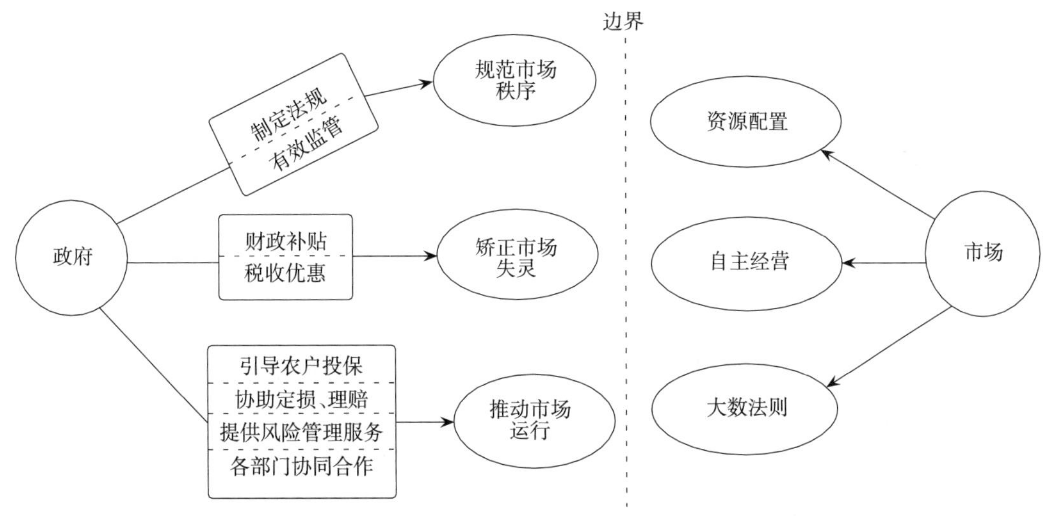


图1　农业保险发展中政府与市场分析框架

基于以上分析框架，图2展示了农业保险发展中政府的作用范围，突出了政府职能的逻辑次序与政府作用的强弱。基于农业保险市场失灵，政府应着重建立和完善农业保险发展中适应市场机制的制度体系，制定实施协调统一的农业保险财政、税收支持政策，并通过立法予以强化，创造良好的农业保险发展环境，注重市场主体的培育。在推动市场运行方面，政府则只能是协助与配合，不可喧宾夺主，背本趋末。

在实践中，政府和市场之间的有效边界不仅随着经济发展的客观进程而持续变

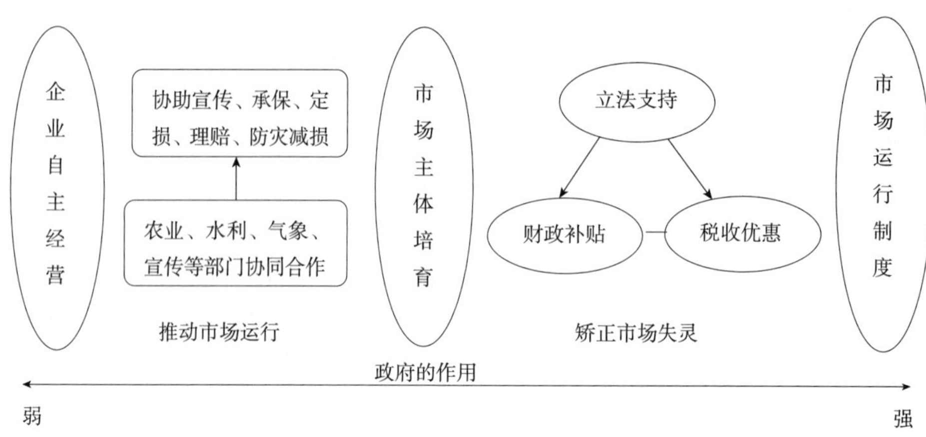


图 2　农业保险发展中的政府作用

迁，同时也随不同国家和经济体的“国家禀赋”特征而呈现出显著差异。因此，合理确定政府与市场之间的有效边界，需要考虑更为广泛的制度环境的约束以及经济发展的动态进程和机制。农业保险发展中的政府与市场的行为边界也是动态发展的，也需要随着农业保险发展的不同阶段而调整，而且，考察政府与市场的行为边界时，还需要结合本国国情和社会制度特征，国外的经验可资借鉴，但不能照搬照抄。

## 五、加强和改善政府引导农业保险发展的创新思路

基于以上分析框架，政府引导、促进农业保险发展时，要厘清政府与市场行为边界，要注重政府的作用范围与强弱。

### （一）健全农业保险法律法规

加强和改善政府引导农业保险发展，首先要健全农业保险法律法规，创造良好的制度环境。我国 1980 年恢复农业保险已三十多年，农业保险法规建设一波三折，虽然终于在 2012 年颁布了《农业保险条例》，但相关制度和配套措施有待健全。一要明确政府职能作用，把握好“政府引导、市场运作”的经营原则，遵循基本的市场规律，“政府为辅、市场为主”。政府主要是在“市场失灵”的情况下实行宏观调控，重点应放在为农业保险创造良好的发展环境上。二要把农业保险财政补贴政策和税收优惠政策在相关法规中明确规定，建立政府支持农业保险发展的长效机制。三应通过立法确立大灾风险分担机制和管理制度，确定中央财政与地方财政的分担职责，保障农业保险可持续发展。大灾风险是农业保险可持续发展的主要威胁，目前我国仅有北京、江苏、浙江等少数省（市）建立了大灾风险准备基金，严重影响农业保险可持续发展。四是要明确农业保险业务经营资格，避免或减少“寻租”现象与无序竞争。由于我国农村面积辽阔，农业经营规模很小，农业保险业务非常分散，因此，经营农业

保险业务的保险公司不仅要有充足的资本金和偿付能力，而且应该具有开办农业保险的专业技术能力、风险管理经验以及健全的农业保险基层服务网络，杜绝不符合条件的保险公司通过“寻租”，经营政策性农业保险业务获取不正当利益。

### （二）完善财政税收支持政策

一是改进现有补贴制度，实行更具弹性的农业保险补贴方式。补贴机制方面，采用更为灵活的“联动补贴机制”，即中央财政与省级及以下财政在保费补贴分担上采用更大程度的差异化，加大中央财政对农业大省、财政弱省的补贴力度，不断提高主要粮食品种保险的覆盖面和风险保障水平。2016 年初，财政部已经印发通知，加大对产粮大县稻谷、小麦和玉米三大粮食作物农业保险支持力度，中央财政对农业保险保费的补贴比例，将由目前的中西部 40％、东部 35％，逐步提高至中西部 47.5％、东部 42.5％[①]。但差别不大，不足以缓解产粮大县财政支出压力，中央财政保费补贴应该进一步向中西部地区倾斜，促进和提高中西部地区农业保险参与率和覆盖率。同时，农业保险财政补贴应因地制宜，注重地方特色，支持特色农业和新兴农业的发展。补贴方式方面，公平精算费率条件下政府只需对投保农户提供保费补贴，因为管理费用等已经包含在保费中；非公平精算费率条件下如果实际费率低于公平精算费率，则政府应对农业保险供需双方提供财政补贴。补贴率方面，应借鉴国外经验，根据不同的保障水平确定适度的保费补贴率，对保障水平较低的险种，提供较高的保费补贴比例，反之亦然。二是对经营农业保险业务的保险公司提供更加全面的税收优惠。政府既然给予农业保险无条件的补贴，也就不能再从农业保险和再保险业务经营中收税。因此，应参照美国、加拿大等国家的经验，对农业保险公司资本准备金、盈余所得和财产免除一切税收，财政支持和税收优惠要密切配合、协调一致。三是农业保险补贴政策要与其他支农惠农政策相互配合，发挥综合效应。实行政策性农业保险，不只是一个政府财政补贴的单项政策行为，而是一项长期性、制度化的农业综合政策行为，在坚持和强化保费补贴基础政策的同时，应进一步建立健全包括市场准入、税费优惠、信贷支持、经费补助、支持发展基层服务体系、扶持再保险发展和巨灾防范等各项配套政策，形成一个综合性的农业保险政策体系。

### （三）建立协调一致的行政推动制度

我国政府已将农业保险作为支农方式的创新，纳入农业支持保护体系。因此，政府应建立协调一致的行政推动制度。宏观上，各项政策内容应该高度一致，财政部实施的补贴方式、补贴机制应该与中央政策内容保持一致，各省（直辖市、自治区）政府推行政策性农业保险的相关文件、意见等，应与中央 1 号文件、国务院颁布的指导

① 参见《中央财政加大对产粮大县三大粮食作物农业保险支持力度》：http：//www.ipa361.com/t/201601/110868.shtml.

意见相一致。微观上，应明确基层政府的责任范围。一是加强农业保险政策宣传，特别是保费补贴政策的宣传，引导农户积极投保，提高农业保险的参与率和覆盖率。二是协助农户办理投保手续。由于我国农村住户分散，经营规模普遍较小，需要基层干部协助农户集中办理投保手续。三是协助防灾防损。农业保险防灾防损涉及多部门，基层政府应联合气象、水利等部门，做好灾害预报及防灾防损工作，降低灾害事故的发生频率和损失程度。四是协助定损理赔。定损是理赔的前提，理赔是保险的归宿。农业保险定损极为复杂，需要政府相关部门的参与协助，减少保险公司单独定损引发的矛盾和纠纷。农户对定损理赔的满意度很大程度上决定了农户对政策性农业保险的认同度，因此，协助处理好定损理赔尤为重要。

### （四）加强农业保险有效监管

监督管理是政府引导和促进农业保险发展、维护市场秩序的重要内容。政策性农业保险涉及各级政府财政补贴资金，农业保险市场涉及政府、农户与保险公司三方的权利与责任。因此，应加强政策性农业保险业务的监督管理，特别是保费补贴资金的监督管理。一是要防止保险公司弄虚作假，骗取保费补贴等违规违法行为，防止基层政府官员扣卡、挪用财政补贴资金，防止基层政府官员与保险公司合谋虚报承保标的，套取上级财政补贴资金。二是要防止基层政府官员与农户合谋，骗取保险赔款。三是要防止保险公司与农户合谋，编造虚假理赔，骗取政府补贴资金。四是要完善信息化监督管理，建设全覆盖、标准化、系统化的政策性农业保险信息统计体系，全面、动态反映承保、理赔及财政补贴等相关数据和信息，切实做到“五公开”，即惠农政策公开、承保情况公开、理赔结果公开、服务标准公开、监管要求公开，增加透明度，加大社会监督力度。

## 参考文献

［1］何小伟，庹国柱，李文中．政府干预、寻租竞争与农业保险的市场运作——基于江苏省淮安市的调查［J］．保险研究，2014（8）：36-41.

［2］庹国柱，王国军．中国农业保险与农村社会保障制度研究［M］．北京：首都经济贸易大学出版社，2002.

［3］中国赴美农业保险考察团．美国农业保险考察报告［J］．中国农村经济，2002（1）：68-77.

［4］Vincent H. Smith，Joseph W. Glauber. Agricultural Insurance in Developed Countries：Where Have We Been and Where Are We Going?［J］. Applied Economic Perspectives & Policy，2012，34（3）：363-390.

［5］张秀青．美国农业保险实践及其与期货市场的对接［J］．中国保险，2015（7）：60-64.

［6］庹国柱．美国、加拿大农业保险政策和监管的经验借鉴［J］．保险职业学院学报，2014（2）：64-66.

［7］马勇、陈雨露．金融发展中的政府与市场关系：“国家禀赋”与有效边界［J］．财贸经济，2014（3）：49-58.

[8] Wright B D, Hewitt J A. All-Risk Crop Insurance: Lessons from Theory and Experience [M] // Economics of Agricultural Crop Insurance: Theory and Evidence. Springer Netherlands, 1994: 73-112.

[9] 庹国柱，李军．我国农业保险试验的成就、矛盾及出路 [J]．金融研究，2003 (9)：88-98.

[10] Goodwin, B. K. Problems with market insurance in agriculture [J]. American Journal of Agricultural Economics, 2001, 83 (3): 643-649.

[11] 郁建兴，高翔．农业农村发展中的政府与市场、社会：一个分析框架 [J]．中国社会科学，2009 (6)：89-103.

[12] 孙晓霞．完善财政促进农业保险发展的机制 [J]．中国金融，2012 (8)：42-44.

[13] 张祖荣．农业保险的保费分解与政府财政补贴方式选择 [J]．财经科学，2013 (5)：18-25.

[14] 庹国柱．中国政策性农业保险的发展导向——学习中央“一号文件”关于农业保险的指导意见 [J]．中国农村经济，2013 (7)：4-12.

[15] 尹成杰．关于推进农业保险创新发展的理性思考 [J]．农业经济问题，2015 (6)：4-8.

[16] 张祖荣．农业保险功用解构：由农户与政府边界 [J]．改革，2012 (5)：132-137.

[17] 张祖荣．中国政策性农业保险若干问题探析——基于政策性农业保险行为主体的视角 [J]．内蒙古社会科学，2012 (5)：106-111.

# 美国农业风险管理政策体系及其演变

张　峭　李　越　张　晶　王　克　汪必旺

**摘要**：美国农业风险管理政策体系经过数十年的调整与发展，现已形成由农作物保险计划（Federal Crop Insurance Programs）、农业商品计划（Farm Commodity Programs）和农业灾害救助计划（Agricultural Disaster Assistance）三大部分组成的较完备体系，对稳定农民收入、保障国内农产品供应和提升美国农业的竞争力发挥了重要作用。本文从美国农业风险管理政策体系目标构成入手，揭示美国农业风险管理政策体系的演变规律和深层原因，并结合我国的供给侧结构改革深入推进的背景，为中国农业风险管理制度的构建和完善寻求有益的经验。

**关键词**：美国农业政策；农业风险管理；农业安全网；农业保险；灾害救助

## 一、美国农业风险管理政策体系现状

### （一）体系含义及目标

美国农业风险管理政策体系是由国会提出和授权、由美国农业部运作，为遭受农业自然灾害或农产品低价格风险的农业生产者提供援助的一系列支持政策措施。总的来说，该体系属于联邦政府对农业供给的干预性与补贴性政策，其目的是使得美国农业生产者因自然灾害或农产品市场价格下降导致收入受损后，依然可以获得足够的收入保障，并能顺利维持生产与经营，促进农业可持续发展。从而有助于美国拥有安全、稳定和充足的国内农产品供应，和提升其农业的国际竞争力。显然，美国联邦农业风险管理政策体系，是以稳定农民收入为核心，通过稳定农民收入、化解农民的生产风险和市场风险，实现稳定国内农产品供应和提升美国农业的竞争力的根本目标。

具体来说，美国农业风险管理政策体系从两个方面促进农业稳定生产：从短期来看，可以保障农业生产者在遭遇生产或市场价格损失后，具有充分的恢复能力继续从事农业再生产；从长期来看，可以保障农业生产者持续从事农业生产的积极性。农业

---

作者简介：张峭，中国农业科学院农业风险管理研究中心主任，研究员；李越，中国农业科学院农业风险管理研究中心副研究员；张晶，中国农业科学院农业风险管理研究中心助理研究员；王克，中国农业科学院农业风险管理研究中心副研究员；汪必旺，中国农业科学院农业风险管理研究中心博士研究生。

风险管理政策体系为农业生产者提供系统、全面和可预期的收入保障支持，吸引社会资金和生产者长期投入农业生产和扩大生产规模，并积极采取新的农业技术手段，保障美国农业生产的活力和竞争力。

### （二）体系构成及功能

美国农业风险管理政策体系经过多年的调整与发展，现已形成以农作物保险计划（Federal Crop Insurance Programs）、农业商品计划（Farm Commodity Programs）和农业灾害救助计划（Agricultural Disaster Assistance）三大部分为主，同时也包括紧急贷款（Emergency Loans）和自主决定救助项目（Discretionary Assistance）的较完备体系。

**1. 农作物保险计划**

农作物保险计划是当前美国联邦政府农业风险管理政策体系中最为核心的组成部分，是对农产品因产量或收入出现的损失提供风险保障的政府补贴性项目。该计划由美国农业部下设的风险管理局（RMA）管理，由商业化保险公司实际运作。农业生产者需要与商业化保险公司签订农业保险保单，由商业化保险公司负责收取和管理保费并提供保险理赔。风险管理局负责批准和支持农业保险产品、研究和批准农业保险费率、对农业生产者提供保费补贴、对商业化保险公司提供经营管理费用补贴以及为直保公司提供财政支持的再保险。农业生产者参加农业保险项目，一般需要承担一定的保费，所需要承担的纯保费的比例与生产者所选择的风险保障程度有关。一般而言，风险保障程度越低，联邦政府提供的纯保费补贴比例越高；风险保障程度越高，联邦政府提供的纯保费补贴比例越低。平均来看，目前美国政府对农业保险的纯保费补贴占农业保险总纯保费的 62%左右。除此之外，联邦政府还为直接保险公司提供相当于总纯保险费 17%左右的经营管理费补贴。联邦农作物保险计划可以同时提供农产品生产风险与价格风险的保障，是覆盖农产品种类最广的农业安全网项目，目前，覆盖的农产品种类已经超过 130 种。美国联邦农作物保险计划包括各类项目，组成体系如图 1。

（1）农作物保险项目。当作物价格或者产量遭受损失时，农场主可根据其选择的作物保险项目和保障水平获得风险损失补偿。该类保险项目包括单个农场水平农作物保险和县级区域水平农作物保险两类，农民可以自由选择两类项目之一。单个农场水平农作物保险，包括产量保险和收入保险两种，保险赔付基于农场的实际和历史产量和收入状况，最高保障水平是按照选定的价格计算的单位面积产值的 85%（产量保险）或者播种前预期销售收入的 85%（收入保险）。保费补贴从最低的 38%到最高 100%。县级水平农作物保险，也包括产量保险和收入保险两类，保险赔付基于县级预期收入和产量，最高保障水平是播种前预期价格的 90%，保费补贴从 44%到 59%不等。

（2）补充保险选择项目。补充保险选择项目（Supplemental Coverage Option,

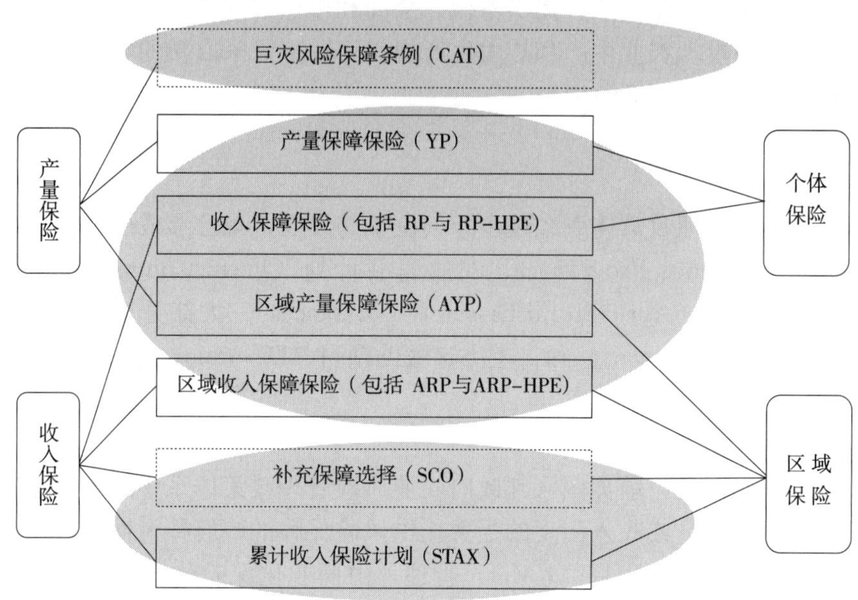


图 1　美国农业保险项目体系

SCO），是面向已经购买联邦农作物保险项目的生产者提供的补充保险项目，属于县级水平农作物保险类型，当县级平均产量或收入损失超过 14%时即可启动。SCO 是对联邦作物保险免赔部分的补偿，为农作物保险选择的保障水平与 86%之间的部分提供保障。比如生产者投保了 70%的收入保险，那么 SCO 的最大保障幅度是 16%。此外，补充保险选择项目的保障类型需与所购买的农作物保险项目相同，如农户购买的农作物保险项目是产量保险，那么 SCO 也将是产量保险的形式，如农户购买的是收入保险，那么 SCO 也将以收入保险的形式实施。由于该保险是补充选择项目，参加 ARC（农业风险保障项目）或者 STAR 保险（累计收入保险项目）的农户不能同时参加 SCO 保险，但参加 PLC 项目（棉花在价格损失补偿项目）或者既不参加 PLC 项目也不参加 ARC 项目的生产者可以购买。SCO 在 2015 作物年度开始以县为单位开展，对于数据不足的县则在更大的区域内展开。

（3）累计收入保险项目。考虑到适应 WTO 规则，2014 年美国农业法案中棉花在价格损失补偿项目（PLC）和农业风险保障项目（ARC）中被剔除，同时在农作物保险计划中新设累计收入保险项目（STAR），主要针对陆地棉生产者的市场风险提供保障。累计收入保险项目属于县级水平农作物收入保险，可以作为一个独立的保险项目直接参保，也可以在原有联邦农作物保险项目的基础上提供附加收入支持。当一个县范围内的棉花种植收入低于预期收入 10%时即可启动，保险公司对农场进行赔付时，补偿的是原有作物保险免赔的部分，赔付的比例根据农场预期收入和保险所选择的保障水平大小而变化，是棉花预期收入的 70%～90%，收入保障水平越高保费越高，其中政府补贴保费为 85%。

**2. 农业商品计划**

农业商品计划是由美国农业部下设的农场服务局（Farm Service Agency，FSA）进行管理和运作的农业补贴计划，其基本特点是由政府设定最低的价格或收入保障，当市场价格或收入低于保障水平时，政府直接对生产者进行补贴。农业商品计划包括价格支持政策和收入支持政策两部分，目前支持的农产品种类要远低于农作物保险计划，总共只有约 24 种农产品。2014 年，美国农业商品计划取消每年的直接补贴（DP）、反周期补贴（CCP）、平均收入选择项目（ACRE）等四类补贴，保留和补充了收入协助项目（SURE），建立了农业风险保障项目（ARC）、价格损失补偿项目（PLC）。经过调整，农业商品计划加强了对价格下跌风险的保障，提高了补贴的精准性，更好地利用了“非特定产品黄箱补贴”空间，有利于规避 WTO 规则的约束。

（1）价格损失补偿项目（PLC）。价格损失补贴项目是 2014 年新设立的补贴政策，从属于价格支持政策，是对反周期补贴项目的改进和调整。新的价格损失补贴项目把反周期补贴的目标价格更名为参考价格，同时参考价格水平普遍提高了 30%～50%，覆盖商品则剔除了棉花和花生。当国内市场价格 12 个月平均值低于参考价格时即触发补贴。生产者获得补贴率是参考价格超过有效价格的部分计算，其中有效价格取市场价格和贷款率两者中价高者，生产者可获得补贴额度按照公式计算，即补贴额＝补贴率×基础面积的 85%×补贴单产，其中基础面积和补贴单产在 4 年执行期是固定不变的。

（2）农业风险保障项目（ARC）。农业风险保障项目是对平均作物收入选择（ACRE）项目的改进和修订，属于收入支持政策。在计算收入补贴时，其基准收入采用最近五年价格滑动平均值和产量滑动平均值（去除最高值和最低值）的乘积，且平均价格要高于价格损失补偿项目的参考价格。由于补贴基准调整幅度慢于当年收入波动幅度，农业风险保障项目可防范长期收入损失带来的风险。2014 年农业风险保障项目提供两种收入保障方式，县级水平农业风险保障补贴方式和农场水平农业风险保障补贴方式。县级水平农业风险保障补贴方式是当县级实际作物收入低于县级基准作物收入 86%时即可触发，具体商品补贴总额＝单位面积补贴额×具体商品基础面积 85%，单位面积补贴额不得超过具体商品单位面积基准收入的 10%；农场水平农业风险保障补贴方式是当参与项目的整个农场作物的平均实际收入低于平均收入基准时才能触发，整个农场补贴总额＝整个农场单位面积补贴额×整个农场的基础面积的 65%。农场主可根据自身情况在两种收入保障方式中灵活选择其中之一，一旦做出选择，在执行期间都不能更改。农场主选择加入县级水平农业风险保障补贴方式时，可以选择单个商品加入该项目，此时农场的其他商品可以在价格损失补偿项目与农业风险保障项目间做选择；农场主选择加入农场水平农业风险保障补贴方式，则是整个农场加入该项目，此时整个农场都不能加入价格损失补偿项目。

（3）营销支持贷款项目（MAL）。营销支持贷款项目是指政府规定一个底价作为贷款率（Loan Rate，单位产品可获得的贷款金额），当市场价格低于贷款率时政府对贷款利率与市场价格的差额进行补贴。它属于农产品价格支持政策的一部分，覆盖范围与 2008 年相同，除棉花贷款率从 2008 年的 0.52 美元/磅*，调整为 0.45～0.52 美元/磅的区间外，其他商品贷款率（支持价格）并没有变化。营销支持贷款项目的贷款利率（实际为作物价格）一般远低于 PLC 的参考价格，按规定适用于 PLC 或 ARC 的农产品均适用于 MAL。另外，陆地棉、长绒棉、羊毛、马海毛和蜂蜜虽然不适用于 PLC 或 ARC，但适用于 MAL。特别需要提到的是，陆地棉传统上适用于美国农业商品计划的其他项目，但由于巴西向 WTO 对美国关于棉花国内支持政策扰乱国际棉花市场价格的控诉取得胜诉，2014 年农业法案中，美国对陆地棉的支持政策进行了比较大的调整。新的法案中，陆地棉不再适用于 PLC 或 ARC；同时，美国针对陆地棉设计一种特殊的保险项目——累积收入保障保险项目（STAX）。

另外，对糖料作物和牛奶，美国还有特殊的农产品计划项目。糖料作物采取的措施包括进口配额（Import Quotas）、糖料销售辅助贷款项目和市场配额（Marketing Allotments）。对于牛奶，有毛利润保障项目（MPP）和奶制品捐赠项目（DPDP）。

**表 1　2014 年农业商品计划的各项价格参数**

单位：美元/蒲式耳

| 农产品 | 贷款率 | PLC 参考价格 | ARC 基准价格 |
|---|---|---|---|
| 大麦 | 1.95 | 2.63 | 5.45 |
| 玉米 | 1.95 | 2.63 | 5.28 |
| 燕麦 | 1.39 | 1.79 | 3.25 |
| 花生（美元/磅） | 0.177 5 | 0.241 5 | 0.278 7 |
| 籼稻 | 6.5 | 10.5 | 14.17 |
| 粳稻 | 6.5 | 10.5 | 17.87 |
| 高粱 | 1.95 | 2.63 | 5.09 |
| 大豆 | 5.0 | 6.00 | 12.27 |
| 小麦 | 2.94 | 4.17 | 6.6 |

### 3. 农业灾害救助计划

美国联邦作物保险一直没有直接替代灾害救助计划，而是把灾害救助计划作为农业保险计划的补充（Supplemental Agricultural Disaster Assistance）。农业灾害救助计划由美国农业部农场服务局负责管理运作，来帮助农业生产者在遭遇自然灾害后，能够从经济上恢复生产能力。这些项目包括非保险作物灾害救助项目（NAP）、牲畜与果树灾害救助项目（Livestock And Fruit Tree Disaster Programs）、紧急灾害贷款（EM）等项目。

（1）非保险作物灾害救助项目。非保险作物灾害救助项目（NAP）是在 1996 年的联邦农业改进与改革法案获得国会永久授权的，该项目对于没有纳入联邦农作物保

* 磅为非法定计量单位，1 磅＝0.453 千克。——编者注

险计划的农作物，农业生产者几乎都可以选择申请 NAP。NAP 要求生产者对每种申请的农作物每年支付 250 美元的申请费，此外不收取其他费用。要获得 NAP 的赔付，作物因自然灾害造成的产量损失应超过 50%。如果满足条件，生产者获取的赔付额为该作物年度市场平均价格的 55%乘以作物预期产量的 50%。因此，NAP 十分类似于联邦农业保险中对作物巨灾风险保障的规定。另外，每个生产者每年能够获得的 NAP 赔付上限为 12.5 万美元。如果该生产者的调整的年度总收入超过 90 万美元，那么将无法获得 NAP 赔付。

（2）牲畜与果树灾害救助项目。牲畜与果树灾害救助项目主要包括如下四个项目：牲畜补偿项目（LIP）、牲畜饲料灾害救济项目（LFP）、牲畜、蜜蜂和饲养鱼的紧急救助项目（ELAP）、果树救助项目（TAP）。这四个项目首先出现在 2008 年农业法案中，2012 年获得重复授权，2014 年农业法案将其永久授权。除了 ELAP，其他三个项目均通过农产品信贷公司获得没有明确上限规定的资金支持。ELAP 每年的补贴上限是 2 000 万美元。对于以上四个项目，生产者无需支付任何费用。按规定，每个生产者每年获得 LIP、LFP 和 ELAP 补贴的总和不超过 12.5 万美元，获得 TAP 补贴的额度上限也为 12.5 万美元。同样的，要获得这些项目的补贴，生产者调整的年度总收入不得超过 90 万美元。

（3）其他灾害应急项目。与农业灾害救助项目是根据特定农产品的损失提供政府补贴不同，紧急灾害贷款项目（EM）是当出现了重大自然灾害后，由美国农业部部长宣布某个区域为受灾区域，那么处于受灾区域县的生产者，如果满足一定的要求，可以向农场服务局申请紧急灾害贷款。申请紧急灾害贷款不仅可以用于弥补因自然灾害导致的作物或牲畜死亡损失，也可以用于弥补因自然灾害导致的厂房、设施、农用机械等的损失。紧急灾害贷款为政府补贴的低息贷款，生产者需要在 1～7 年内（对不动产贷款可提高贷款年限）偿还本息。CBO 预期 2015—2025 年，政府大概需要为紧急灾害贷款每年支付 200 万美元。

对于特别重大的自然灾害或特别严重的市场环境，美国农业部也可以自由决定对特定区域的农业生产者提供特别的财政支持。美国农业部自主决定的支持项目（DS）也属于美国农业安全网的一部分。根据美国 1935 年的农业法案规定，美国农业部每年可以动用相当于当年进口关税 30%的资金用于支持农业部门（目前大约为每年 80 亿美元）。这笔资金的大部分现在都直接用于美国农业部设置的儿童营养支持项目，剩下的部分可以被美国农业部自由决定使用。比如，在 1999 年，猪肉价格出现了历史性的走低，美国农业部对猪饲养者提供了直接补贴；2004 和 2005 年，美国农业部对佛罗里达州因飓风灾害导致巨额亏损的水果、蔬菜与园艺作物生产者提供了补贴。

### （三）运行机制及特点

#### 1. 发挥政府主导作用，充分利用市场机制

美国农业风险管理政策体系强调同时发挥政府和市场作用，以政府为主导，采取

更加市场化的机制，实现互相配合、责任共担。一方面，发挥政府的主导作用。虽然近几年政府缩减了农业商品计划的开支，但是加大了保费补贴力度，农场主承担的保费比重从 20 世纪 90 年代的 74%下降到近几年的不足 40%，并建立巨灾风险的全额补贴机制，充分发挥政府在农业风险管理政策体系中的主导作用。另一方面，美国农业风险管理政策运行走向市场化。突出农业保险的作用，现行的美国农业风险管理政策体系通过增加保险品种、提高保险金额、扩大保险覆盖面更加突出农作物保险计划的核心地位；修改后的农业商品计划使其更加符合市场化机制，价格损失补偿项目和农业风险保障项目的补贴面积不与实际种植面积挂钩，且采用的是收入的滑动平均，通过对上述两个计划的修改，减少市场扭曲，有利于发挥市场机制。

**2. 以保障收入为直接目标，兼顾生产成本**

美国农业风险管理政策体系以保障农民收入为出发点，通过农业商品计划对市场价格给予支持，使从事农业生产的农民有收入保障，通过农作物保险计划对自然风险造成损失加以补贴，使农业中资本回报相对稳定。同时，现行的农业风险管理政策体系更多地兼顾生产成本，将作物生产成本的变动纳入农作物保险的风险因素中，包括肥料等生产成本的变动带来的市场风险得到进一步保障。

**3. 综合施策应对价格下跌风险**

现行的美国农业风险管理政策体系得到前所未有的加强，尤其对价格下行造成的损失给予更大关注，实现对短期性市场价格波动风险和长期性周期价格波动风险造成损失的管控。价格损失补贴项目和农业风险保障项目是对长期价格走低造成的收入损失进行补贴，而农作物保险计划中作物收入保险或牲畜收益保险项目实际上是对偏离预期价格的短期季节和随机波动风险提供风险保障。其中，补充保险选择项目、累计收入保险项目和农业风险保障项目交叉互补，为原有农作物保险项目的部分免赔额提供风险保障，避免短期市场风险。

**4. 实现生产风险和市场风险全面覆盖**

美国农业风险管理政策体系的农业商品计划、农作物保险计划、农业灾害救助计划密切配合，引导农业生产者更加健康、绿色地从事农业生产。农业商品计划中通过营销支持贷款项目以固定的贷款利率提供较低层次的价格支持，价格损失补贴项目（PLC）和农业风险保障项目（ARC）提供价格支持和收入保障是高层次的保障；农作物保险项目设立了经营农业的保底收入，补充保险选择项目对原有农作物保险项目免赔部分进行补贴；灾害救助计划作为农作物保险计划的有机补充，对自然灾害造成的较大损失进行赔付。美国农业风险管理政策体系通过三项计划，涵盖了几乎全部农产品和畜产品，从价格层面和收入层面基本覆盖了农产品的生产风险和市场风险。

## 二、美国农业风险管理政策体系演进

美国农业风险管理政策体系的构建始于 20 世纪 30 年代，其后，随着国内外形势的变化和农业发展目标的调整，美国农业风险管理政策体系的政策目标、发展重点、管理手段、管理思路也在不断调整变化。

### （一）政府干预色彩明显的农业风险管理政策体系初构期（20 世纪 30 年代初—70 年代中期）

20 世纪 30 年代，以农产品价格下跌为起点的全球性经济大萧条正对美国产生深刻影响，特别是 1929 年加拿大小麦产量过剩，导致美国被迫压低包括欧洲、美洲、澳洲在内的所有农产品产地谷物价格，农业产业严重衰退。为了挽救美国严重的经济危机，罗斯福政府实行了对经济广泛干预、调节的“新政”，1933 年产生的美国第一部《农业调整法》正是罗斯福新政的重要组成部分，由此美国政府全面启动农产品生产、流通、出口和环保等各个环节的支持政策。该《农业调整法》授权农场服务局用政府津贴鼓励农民缩减耕地、销毁农产品、屠宰幼畜，以控制基本农产品产量，从而提高农产品价格和农民购买力。

农业风险管理政策体系正是在此背景下创设。1938 年《农业调整法》授权联邦政府建立“常平仓”（The Ever Normal Granary）制度，通过实施联邦农业商品计划（Federal Farm Commodity Programs）和重要农产品国家储备制度，实现对农民的价格支持和对农产品市场的调控。同时，根据该法出台了《美国农作物保险法》，并将其收入《农业调整法》作为第五章（Title Ⅴ）。依据《联邦农作物保险法》国家设立国有的联邦农作物保险公司，授权开展由联邦政府支持的联邦农作物保险计划（Federal Crop Insurance Program），以实现对自然灾害损失的补偿、对生产风险的管理。然而，由于政府支持力度不足，农作物保险制度发展并不理想，规模覆盖率基本只维持在 10%左右水平上，难以实现预期的风险管理效果。因此，1973 年美国颁布实施《农业和消费者保护法》，授权设立农业灾害救助计划（Disaster Assistance Program），在基本农作物（包括小麦、玉米、棉花、水稻、大豆等）因灾造成产量损失超过规定比例时，政府给予生产者一定的现金救助，帮助其尽快恢复生产。至此，美国农业风险管理政策体系框架基本形成。

这一时期，美国农业风险管理政策体系深深地打上了政府行政干预的烙印，形成了以市场价格风险管理为重点，以联邦农业商品计划为核心，以农产品的价格支持和政府的农产品储备调控等政策性工具作为主要风险管理工具的农业风险管理政策体系。

### （二）注重多方利益协调的农业风险管理政策体系市场化改革期（20 世纪 70 年代后期—90 年代中期）

随着国内外农业发展环境的变化，农业风险管理政策体系各种矛盾和冲突逐渐显露。一是生产者与消费者的利益矛盾。20 世纪 70 年代，全球性粮食减产致使国际粮价全线飙升，高昂的粮食价格极大地损害了消费者的利益，美国开始控制粮食价格的过快上涨。在保障农场主基本收益的同时，防范农产品价格过快上涨而损害消费者利益，成为美国农业风险管理政策体系的基本立足点。二是农产品价格支持与政府财政负担加剧的矛盾。早期的农业风险管理政策体系虽然起到了稳定农民收入、保障农产品供给的作用，但价格支持扰乱了市场机制作用的发挥，农民收入过度依赖于政府价格补贴，造成了沉重的财政负担。特别是在 20 世纪 80 年代中后期，世界农产品市场价格进入下行通道，政府用于农业补贴的支出激增，且农产品库存大幅增加，保管费用明显攀升。因此，对农业风险管理政策体系进行市场化改革的呼声日益强烈。

在联邦农业商品计划方面，一是降低农产品的目标价格，以降低补贴支出和国家粮食库存，增强农产品出口竞争力；二是采用市场化的方法实施销售援助贷款，如果市场价格低于目标价格，农民直接在市场上出售农产品而获得贷款差额补贴，以解决国家农产品库存过多问题；三是直接补贴不再与当年的实际种植面积挂钩，而是按预先确定的农作物“基数”面积确定，它同农民当年的实际产量无关，由此农民也获得了更多的种植选择权。在联邦农作物保险计划方面，一是引入市场竞争机制，把原保险业务交由商业性保险公司经营，联邦农作物保险公司逐渐退出直接保险市场，专门从事再保险等业务；二是扩大了农作物保险品种范围，通过保费补贴引导农民参保，进一步提升农作物保险在风险管理体系中的作用。特别是 1994 年的《联邦农作物保险改革法》把购买联邦农作物保险与享受政府的各种支持政策相挂钩，实现准强制性保险；通过提高保费补贴率鼓励农民购买保障程度更高的保险；实施“巨灾保险计划”。在农业灾害救助计划方面，缩减该计划覆盖范围和支持力度，国会要求对农作物保险计划和灾害救助计划进行整合。根据 1994 年的《联邦农作物保险改革法》，取消一般性灾害救助计划，建立非可保农作物灾害救助计划，对联邦农作物保险未覆盖的农作物提供灾害损失救助。不过根据实际情况看，在几次水灾、旱灾发生时，国会临时灾害救助依然在发挥作用。

这一时期，美国农业风险管理政策体系的调整有几个突出特点：一是带有市场化改革趋向，降低政府在农业风险管理体系中的直接参与，转而更多发挥市场化风险管理工具的作用；二是更加注重不同利益主体间的平衡，对农业风险管理政策的设定不仅仅考虑生产者利益，还兼顾到农产品价格支持政策会对消费者产生的不利影响；三是注重不同管理工具间的协调、配合，例如在生产风险管理中建立以农业保险为主、灾害救助为辅的风险管理框架，对未被纳入联邦农作物保险计划的农产品建立灾害救助计划，既减轻灾害救助计划对农业保险计划的挤出、替代作用，又发挥灾害救助对农业保险的补充、配合作用。

### （三）综合风险管理思路下的现代农业风险管理政策体系成型期（20 世纪 90 年代后期—21 世纪）

自 20 世纪 90 年代中后期以来，美国农业发展面临的内外部环境更加复杂，农业产业中的风险因素也日益多元化。一方面，随着农产品供给问题的解决、农产品国际贸易自由化趋势的发展，以高额补贴维持美国农业风险管理政策体系，给财政造成沉重负担，也受到国际贸易规则越来越多的限制。另一方面，21 世纪后，美元大幅贬值，国际农产品价格下跌，农民收入下降，农业生产积极性下降。美国农业政策既要实现对农民收入的稳定，又要适应国际贸易规则的要求，各方利益博弈加剧，最终将农业政策目标基调确定为稳定农民收入、增强农产品竞争力，减少价格支持转而向农民提供直接收入补贴。

《1996 年联邦农业促进与改革法》取消了实施 60 余年的农产品价格支持政策，并计划经过 7 年过渡期后取消一切补贴（1996—2002）；与农户自愿一次性签订为期 7 年的弹性生产合同，用弹性种植面积补贴取代以往的差额补贴，农户可根据市场状况自主决定种植面积和品种；同时为了填补联邦政府取消农业价格和收入支持政策所带来的保障真空，联邦农作物保险计划开始试验开办了农作物收入保险，由此也开启了美国收入保险的高速发展时期。不过随着世界农产品价格的下跌，经过激烈的政治博弈，国会通过临时紧急法案重启农业补贴，将 1996 年法案定下的取消一切补贴的政策彻底推翻。在农业商品计划方面，2002 年《联邦农场安全和农村发展法》将一些临时性的补贴永久化，建立反周期支付（CCP），在农产品市场价格低迷时提供收入补贴。直接补贴和反周期支付补贴覆盖对象包括小麦、玉米、大米、棉花和油料作物等基本农产品；销售援助贷款扩大到花生、羊毛等非基本农产品。2008 年《食品、环境保护与能源法》启动了农民自愿参加的平均作物收益选择项目（ACRE），改革了反周期支付政策，用基于收入的反周期支付替代了基于价格的反周期支付。在农作物保险计划方面，2002 年《农业风险保障法》大幅度提高了保费补贴比例，农作物保险平均保费补贴比例达到 60%，尤其是提高了高保障性保险的保费补贴比例，农民参保积极性大幅提高，联邦农作物保险的作用和在农业风险管理政策体系中的地位被进一步强化。对于农业灾害救助计划，被定位为联邦农作物保险计划的补充，包括补充收入救助支付项目（SURE）、牲畜补偿项目（LIP）、牲畜饲料灾害救济项目（LFP）、牲畜、蜜蜂和饲养鱼的紧急救助项目（ELAP）、果树救助项目（TAP）等。至此，经过激烈博弈和不断调整，美国形成了以联邦农作物保险计划和农业商品计划为双核、以灾害救助计划为补充的现代农业风险管理政策体系。

这一时期，美国农业风险管理政策体系的调整充分体现了综合风险管理的思维，一是在风险管理目标上，以稳定农民收入、保障农产品供应为根本目标，同时综合平衡降低财税负担、提高农产品市场竞争力以及适应农产品国际贸易要求的关系；二是在风险管理对象上，统筹考虑自然风险和市场风险，无论是以管理价格风险为主的农业商品计划，还是以管理生产风险为主的农作物保险计划、灾害救助计划，均从对单一风险的管理转变为对综合自然、市场风险的收入风险管理；三是在风险管理措施协调上，确保农作物保险计划、农业商品计划、农业灾害救助计划等政策目标清晰、指向明确、合理分工，以避免政策的重复及边际效应下降。

## 三、美国农业风险管理政策体系演变趋势与原因

### （一）美国风险管理体系演变的趋势

**1. 从政府主导和直接干预，向政府引导、兜底与市场运作相结合演变**

理顺政府与市场关系，明确政府与市场职责分工，是美国农业风险管理政策体系调整、演变过程中持续探索的问题。早期的农业风险管理政策体系中，政府扮演着重要的角色，直接参与到风险管理的各个方面，如采取价格支持、通过重要农产品国家储备管理农产品市场风险，依赖灾害救济制度管理生产风险，对市场机制的运用则不够充分；随着政府财政负担的加剧和农产品国际贸易规则的要求，美国不断调整政府与市场在农业风险管理中的作用，能交由市场运作的部分就充分发挥市场机制作用，政府仅通过政策制定、保费补贴等方式加以引导，并在市场难以分散的巨灾风险管理中发挥兜底性作用。近年来，美国更多地使用联邦农作物保险、农业低息贷款及农业基础设施建设等间接补贴的方式，增强农业生产经营者风险应对和管理能力。2014年新农业法案进一步减少对价格和收入方面的直接补贴，扩大间接补贴的比例。最终形成政府与市场合理分工、相互配合的农业风险管理政策体系，实现公平与效率兼顾。

**2. 从管理工具各自为战，向注重风险管理工具协作和组合转变**

在风险管理工具的布局上，重视工具之间的交互作用，根据实践效果不断优化调整风险管理工具组合，形成管理工具相互协作、配合格局，尤其是避免工具间风险管理效果的冲突。一方面，根据风险大小和性质，明确不同风险管理工具的主要施用范围。对普通风险，与农户签订弹性种植合同，农户可根据市场状况自主决定种植面积和品种，鼓励农户以多样化经营策略应对普通风险；对于可保风险，通过产量保险、收入保险等工具进行风险的分散和转移；针对灾害损失重、影响范围广的巨灾风险，则建立巨灾保险制度和灾害救助计划进行管理。另一方面，调整不同管理工具地位比重，主次分明，减少冲突和重复。例如，美国风险管理体系构建之初，农业保险与灾害救助在功能上存在一定的重叠，特别是政府提供无偿的灾害救助明显削弱了农户参加农业保险的积极性，导致农作物保险计划在相当长一段时间内发展并不理想。因此，美国调整农业保险和灾害救助的布局关系，削减灾害救助计划范围和支持力度，对农业保险无法覆盖的作物品种及较大灾害发生时，启动农业灾害救助工具，将灾害救助作为农业保险制度的补充，从而避免功能上的重复和效果上的替代。

**3. 从以单一风险为管理对象，向综合管理多元风险转变**

早期的美国农业风险管理政策体系构建思路，是分别设计了针对生产风险的农作物保险计划和灾害救助计划，以及针对市场风险的农业商品计划。一方面考虑到直接的价格支持造成了市场价格扭曲、财政负担加剧、农产品价格缺乏国际竞争力等一系列问题；另一方面考虑到农产品价格与产量间存在负相关关系，农产品收入序列的波

动率要小于产量序列和价格序列的波动率之和，对收入风险的管理效果将更加直接。从 20 世纪 80 年代中后期开始，联邦政府通过降低农产品的目标价格淡化价格支持，通过直接补贴不与当年种植面积挂钩、实行生产灵活性合同和销售援助贷款的贷款差额支付等一系列政策调整，减轻对生产和价格的直接干预，转而设计针对收入的支持政策；与此同时，农作物保险也从单纯的与生产风险挂钩，转变为与收入指标挂钩，以收入低于约定水平作为保险触发依据，目前，收入保险保费收入已经占到农业保险保费收入的 80%以上。

## （二）美国农业风险管理政策体系演变的深层次原因

美国农业风险管理政策体系的演变，与美国经济社会环境、农业政策目标和国际农产品贸易环境等变化密切相关。

### 1. 经济发展环境

在经济社会发展的不同时期，农业在国民经济发展中的地位和作用不尽相同，农业风险管理政策作为农业产业政策体系中的一环，必然要与特定时期的经济发展环境相适应。经济发展环境的变化决定了农业产业政策目标的变化，也决定了不同时期农业风险管理政策的侧重点和优先序。例如，早期美国农业风险管理政策体系建立之时，国家正处于严重金融危机之中，稳定农产品市场是当时社会发展的当务之急，因而农业风险管理中较多采用了对市场直接干预、见效迅速的风险管理政策；而当农产品价格上涨、支持农业的财政负担加重与消费者、纳税人利益的冲突成为经济社会发展的主要矛盾时，农业风险管理的目标以及方式手段也相应发生变化，逐渐向协调各方利益的综合风险管理发展。此外，农业风险管理政策体系是政府导向还是市场导向，也受一国市场经济发育程度的影响，美国农业风险管理政策体系的市场化改革之所以能够成功，离不开包括农业保险在内的各类市场化工具的发育成熟。

### 2. 农业产业发展需求

在农业产业发展的不同阶段，农业产业政策目标在不断变化，对风险管理的需求也不尽相同，由此决定了不同时期农业风险管理的侧重点和优先序。例如，在农产品供不应求阶段，农产品数量安全是首要问题，需要构建以增加农产品供给为核心的农业风险管理政策体系；而随着农业生产能力的快速提升，当农产品供求趋于平衡，农产品数量安全不再成为核心限制时，农业风险管理政策体系则向强调增加农民收入、保护资源与生态环境等方面转变。近年来美国更加强调以环保与价格调控挂钩的农业风险管理政策体系设计，开展的耕作地计划、湿地储备计划，不仅是美国粮食价格调控的重要手段，还有效地保护了自然资源。

### 3. 农产品贸易环境

在开放市场条件下，农业风险管理政策体系的政策导向不仅要考虑国内环境和要求，也要考虑发展农产品国际贸易对农业风险管理政策提出的要求，特别是对于美国这个农产品贸易依存度较高的国家。一方面，农业风险管理政策体系作为对本国农业支持保护政策体系的重要组成部分，其实施必须考虑到 WTO 等国际贸易规则对农业补贴的相关限制，减少对市场价格的干预和扭曲。另一方面，农业风险管理政策的设计和实施还要考虑到贸易伙伴的利益和需求，甚至贸易竞争对手的利益，否则也将会招致其他相关国家的不满和抵制，影响自由贸易的进行。美国农业风险管理政策从收成支持转向收入支持，从直接干预转向间接干预，在很大程度上也正是出于推动农产品贸易的考虑。

## 四、对中国的启示与借鉴

当前，中国农业风险管理政策体系正站在发展改革的十字路口，对比美国农业风险管理政策体系的演变过程，特别是风险管理体系演变的时代背景可以发现，中国目前所面临的或即将面临的许多情况与问题，与美国曾经经历的历程极为类似。因而对美国农业风险管理政策体系的现状和演变过程的深刻理解，对于回答中国农业风险管理之路向何处去、该如何走等问题，具有重要借鉴意义。

### （一）完善顶层设计，提升农业风险管理的综合性

农业风险管理是一项系统性和综合性极强的工作，需要充分考虑各种农业风险之间的相关性以及不同管理措施之间的作用和影响，在全面顶层设计下构建相互协调的网状的政策体系，形成强大的政策合力和最优的政策效果。然而，目前我国尚未建立独立、常设的农业风险管理机构，也缺乏统一的农业风险管理综合协调机制。现有农业风险管理政策体系，虽然已经提供了多种工具和政策来管理不同层次、不同类型的风险，但不同政策和工具基本上各自为政，独立发展，缺乏一个完善的顶层设计，尚未能对各类风险管理工具进行统筹安排。以分散管理为特点的农业风险管理体制并未考虑到现代农业风险的多因性、系统性和复杂性，与现代社会对农业风险管理的基本要求不适（张峭，2011）。未来，应借鉴美国农业风险管理政策体系构建的成熟思路，树立系统思维、完善顶层设计：一是要依据农业风险的形成机理，强调管理主体的多元性，充分调动包括农业生产经营者、市场主体、政府在内的多方主体的积极性；二是要依据农业风险类型特征，强调管理策略的层次性，综合采用风险缓释、转移、应对等风险管理策略；三是要依据管理工具的适用范围，强调管理工具的适用性，灵活选取不同的市场工具、政策工具及工具组合；四是要依据农业风险传导状况，强调风险管理体系的产业链延伸，在农业生产的产前、产中、产后各个环节，做好农业产业链风险一体化管理工作；五是要重视上述四个维度的相互交叉和联系，注重不同风险管理过程中各要素的协调性，既要充分发挥不同风险间的相互对冲机制，避免不必要的外生管理介入，又要考虑不同管理工具、管理政策间可能存在的抵消效应，合理布局和综合应用各种风险管理工具及政策，提高风险管理政策或工具的效率。

### （二）明确政府与市场分工，注重市场机制发挥

虽然近年来农业保险等市场化政策获得了快速发展，但整体而言市场化农业风险管理工具发育还不充分，农业风险管理工具在品种和类型上已经不能满足现阶段我国农业生产经营者多元化的风险管理需求，这不仅影响了农业单一风险管理的效果，更成为我国农业综合风险管理发展的重要制约因素，因此迫切需要加强农业风险管理政策和工具的创新力度。另外，完备的农业风险管理政策体系是实施综合风险管理的基本前提，农业风险管理政策体系的构建不是对现有管理政策工具的摒弃，而是对现有政策工具的提升和优化组合。因此，构建我国农业风险管理政策体系需要大力培育风险管理市场，注重发挥市场的作用。一方面要大力推动农业风险管理市场化政策工具创新，不断丰富农业风险管理的“工具箱”，满足现代农业发展日益多元化的风险保障需求；另一方面要把握好政府和市场的边界，市场能做的就交给市场，政府要承担好农业风险管理市场的培育和维护者、协调和组织者以及大灾风险应对最后的守护者角色。

### （三）转变农业风险管理方式，变直接补贴为间接补贴

在过去相当长的一段时期内，中国农业风险管理以政府直接干预和救济为主，造成了财政负担沉重、农产品市场价格不能反映真实供需情况、粮食库存高企、与WTO规则冲突等一系列问题，与美国20世纪30—70年代境况较为类似，因而转变农业风险管理方式、推动农业风险管理政策体系走向市场化改革道路成为必然选择。未来，借鉴美国风险管理政策体系改革思路，更多通过对农业保险、农业基础设施建设等间接补贴，在实现农业风险管理能力的提升的同时，减少对生产和市场的直接干预，以顺应WTO规则要求、降低政府财政负担和风险。

## 参考文献

［1］Shields D A. Farm Safety Net Programs：Background and Issues［R］.CRS Report for Congress：Congressional Research Service，2015.

［2］Zulauf C，Orden D. The US Agricultural Act of 2014：Overview and Analysis［J］. Social Science Electronic Publishing，2014.

［3］Mahul O. Hedging price risk in the presence of crop yield and revenue insurance［J］. European Review of Agricultural Economics，2003，30（2）：217-239.

［4］Yang F，Bozic M. Will the Margin Protection Program for Dairy Producers Crowd Out Dairy Futures and Options?［J］. 2015.

［5］Demeke M，Dawe D，Tefft J，et al. Stabilizing price incentives for staple grain producers in the context of broader agricultural policies［J］. 2012.

［6］代瑞熙，包利民，徐智琳. 2014年美国农业法商品计划改革及启示［J］. 世界农业，2015（4）.

［7］夏益国，刘艳华. 美国联邦农业安全网的演变、特点及发展趋势［J］. 中国农村观察，2014（1）.

[8] 谢凤杰，吴东立，陈杰．美国 2014 年新农业法案中农业保险政策改革及其启示［J］．农业经济问题，2016（5）．
[9] 赵长保，李伟毅．美国农业保险政策新动向及其启示［J］．农业经济问题，2014（6）．
[10] 朱琰洁．美国“农业安全网计划”2014 年新政研究［J］．世界农业，2015（1）．
[11] 吕晓英，李先德．美国农业政策支持水平及改革走向［J］．农业经济问题，2014（2）．
[12] 张峭，王克，等．中国农业风险综合管理［M］．北京：中国农业科技出版社，2016.

# 农业保险经营模式的问题与改革建议

朱俊生　庹国柱

**摘要：** 目前我国农业保险经营模式的主要特征是依托政府有关部门行政推动、基于一家一户承保理赔，产生了成本高昂与违规行为严重的问题，损害了农户的利益和政府通过农业保险分散农业风险的政策目标。农业保险经营模式出现问题的根本原因在于，我国农户以小规模分散经营为主的国情与传统农业保险产品之间本质上不相容。要通过建立普惠性农业保险体系，以指数保险取代传统的农业保险产品，实现农业保险经营模式创新。为了推动农业保险经营模式创新，财政要加大支持，将指数保险纳入中央财政补贴范围；构建普惠性农业保险体系，为农户提供最基本的风险保障；促进与指数保险发展相关的基础设施建设；降低农业保险经营模式创新的制度风险。

**关键词：** 农业保险经营模式普惠指数保险

十二五期间，我国农业保险发展取得了巨大的成就。但农业保险在发展中也存在较为突出的问题，主要表现为基于一家一户承保理赔的传统产品及其经营模式与农户小规模分散经营之间不相容，产生了成本高昂与违规行为严重的问题，损害了农户的利益和政府通过农业保险分散农业风险的政策目标。《十三五规划纲要》提出，要“完善农业保险制度”。因此，有必要创新农业保险的经营模式。

## 一、农业保险经营模式存在的问题

在实践中，农业保险（尤其是种植业保险）的经营模式通常具有两个典型特征：一是基于个别农户的多风险保险产品。保险公司要按照农户的不同损失程度比例赔偿，且最大赔偿限额随着作物的生长期变化。这就意味着在理论上应该做到承保到户与理赔到户。二是政府有关部门行政推动，包括从省到市、县、乡镇和村的层层组织与发动，在理赔过程中参与沟通与谈判等。目前这种经营模式产生了成本高昂与违规

作者简介：朱俊生，国务院发展研究中心金融研究所教授、博士生导师；庹国柱，首都经济贸易大学金融学院教授、博士生导师。

行为严重的问题，不利于农业保险的可持续发展。

### （一）成本高昂

基于个别农户的多风险保险的经营成本高昂，使得农业保险面临巨大的可持续发展压力。① 根据调研与测算，某公司在河南省五个市开展的小麦保险的亩均承保成本为 5.3 元，已经远远超过了农户每亩 3.6 元的自缴保费（表 1）。②

**表 1　某公司亩均承保成本**

单位：元/亩

| 费用类别 | 平均 | 1 市 | 2 市 | 3 市 | 4 市 | 5 市 |
|---|---|---|---|---|---|---|
| 1. 县乡两级推动会和培训会 | 0.22 | 0.1 | 0.3 | 0.2 | 0.10 | 0.4 |
| 2. 宣传材料印制及发放 | 0.23 | 0.2 | 0.2 | 0.2 | 0.33 | 0.2 |
| 3. 投保清单登记造册 | 0.16 | 0.1 | 0.1 | 0.2 | 0.32 | 0.1 |
| 4. 协保员工资 | 1.93 | 1.5 | 3 | 1.5 | 1.67 | 2 |
| 5. 公示、车辆费用等 | 0.29 | 0.2 | 0.13 | 0.3 | 0.43 | 0.4 |
| 6. 凭证印制、打印成本及设备 | 0.18 | 0.2 | 0.17 | 0.2 | 0.17 | 0.17 |
| 7. 保单的印制及成本 | 0.18 | 0.179 | 0.179 | 0.2 | 0.179 | 0.179 |
| 8. 工作经费 | 1.18 | 0.7 | 0.34 | 0.3 | 3.94 | 0.6 |
| 9. 现场验标及相关车辆费用 | 0.16 | 0.2 | 0.2 | 0 | 0.11 | 0.3 |
| 10. 省公司印制宣传折页费用 | 0.56 | 0.56 | 0.56 | 0.56 | 0.56 | 0.56 |
| 11. 其他 | 0.20 | 0 | 0.5 | 0.4 | 0 | 0.1 |
| 亩均承保成本（收费到户）小计 | 5.30 | 3.94 | 5.68 | 4.06 | 7.81 | 5.01 |

资料来源：河南省保监局。

同时，理赔环节也成本高昂。按照基于个别农户的多风险保险的理赔要求，保险公司必须在不同的时间点进行三次查勘定损，查勘量巨大，定损手续繁琐，成本支出不堪重负。

### （二）违规行为严重

由于经营成本高昂，目前农业保险主要依赖行政的强力推动，以降低承保和理赔成本。但由于对地方政府相关部门的行政权力约束不够以及保险公司自身内控不足，造成虚假承保、虚假理赔和虚假费用等违规问题相当突出。虽然保险监管部门不断加大监管的力度，对部分保险公司在农险领域的违法违规行为进行严厉的处罚，并于 2016 年开展了农业保险专项治理整顿工作，但通过编造保险事故或是扩大部分农户损失程度进行赔付、赔款用于返还代垫保费等问题仍然屡禁不绝，不仅损害了农户的

①② 朱俊生、庹国柱，2016：“财政补贴型农险的两难困境”，《中国保险报》，6 月 30 日。

利益，而且难以发挥农业保险的政策效应，[①] 从而危及了农业保险发展的根基。

## 二、农业保险经营模式问题的成因

目前农业保险的经营模式在某种程度上陷入了“违规经营找死，合规经营必死”的两难困境。即对于基于个别农户的多风险保险产品，如果在小规模分散经营状况下运作，则经营成本很高，面临巨大的可持续发展压力。[②] 如果在行政的强力推动下经营，则非常容易发生违规现象，严重伤害农业保险的声誉，与农业保险的政策目标相悖。农业保险经营模式出现问题的根本原因在于，我国农户以小规模分散经营为主的国情与传统农业保险产品之间本质上不相容。[③]

### （一）传统农业保险产品的可持续发展要求规模化经营

对于传统的多风险保险产品（Multiple Peril Crop Insurance，MPCI），规模化经营是其发展的先决条件。[④] 规模化农户由于种植面积大，可以有效降低农业保险的交易成本，[⑤] 提高农业保险的可持续发展能力。国际经验也表明，采取 MPCI 产品经营相对成功的国家往往其农场经营规模较大。[⑥] 比如，目前美国农场的平均规模为2 700多亩。加拿大农户的经营规模则更大，2015 年，曼尼托巴省农业服务公司（MASC）每张农业保险保单的平均承保面积为 6 542 亩，阿尔伯塔省农业金融服务公司（AFSC）每张保单平均承保面积更是高达 7 703 亩。在发展中国家中，菲律宾的农业保险经营较为成功，这与其主要承保规模相对较大的水稻和玉米生产农场有很大的关系。

### （二）小规模分散经营造成传统农业保险产品不可持续

近年来，虽然我国新型农村经营主体发展迅速，但规模化经营的实际占比仍然较为有限。农业部的统计显示，2014 年，经营耕地规模在 30 亩以下的农户占汇总农户数的 96.1%，30～50 亩、50～100 亩、100～200 亩以及 200 亩以上的农户分别占汇总农户数的 2.60%、0.90%、0.28%和 0.12%（表 2）。

**表 2　2014 年农户经营耕地的规模及其占比**

| 规模 | 30 亩以下 | 30～50 亩 | 50～100 亩 | 100～200 亩 | 200 亩以上 |
|---|---|---|---|---|---|
| 占比 | 96.10% | 2.60% | 0.90% | 0.28% | 0.12% |

资料来源：农业部。

①② 朱俊生、庹国柱，2016：“财政补贴型农险的两难困境”，《中国保险报》，6 月 30 日。

③⑤ 朱俊生、庹国柱，2016：“小规模生产难以匹配农险经营成本”，《中国保险报》，7 月 18 日。

④ 朱俊生，2016：“以农业保险推动农业适度规模经营”，《中国城乡金融报》，6 月 22 日。

⑥ 朱俊生，2015：“破解农险困局还得靠大农业”，《中国保险报》，9 月 21 日。

可见，小规模分散经营仍然是我国农业的主导性经营形态。相应的，每份保单的承保面积相当有限。2015 年，农业保险承保主要农作物 0.964 亿公顷，参保农户户次 2.29 亿，据此计算，每户次承保面积仅为 0.42 公顷（约为 2.56 亩）。在这种情况下，农业保险承保和理赔的成本都很高。① 为了降低经营成本，实践中市场主体大多依靠地方政府推动农业保险发展，这使得在行政权力约束不足的情况下出现了很多违规行为。②

## 三、农业保险经营模式创新的建议

为了实现农业保险经营模式创新，要建立普惠性农业保险体系，以指数保险取代传统的农业保险产品，降低交易成本，提高供给效率，从而增强农险的可持续发展能力。

### （一）建立普惠性农业保险体系

普惠性农业保险体系的核心是，“政府补助保费保基本、农户自愿参保保增量”，即由政府全额补贴保费，提供最基本的风险保障，农户可以根据需要通过额外缴费提高保障水平。③ 如上所述，在小规模分散经营占主导的农业经营模式下，向农户收取保费的成本异常高昂，甚至保险公司的承保成本已经超出了农户的自缴保费，不符合经济效率的原则。因此，对农户的缴费实行全额补贴，可以降低承保环节的成本。④ 同时，也在一定程度上遏制农业保险经营中的虚假承保、虚假理赔等违法违规行为。

建立普惠性农业保险体系也是发达国家的重要经验。⑤ 美国的巨灾保险（Catastrophic Coverage，CAT）就是联邦政府为农场主提供最基本风险保障的普惠性农业保险产品。⑥ 农场主一般都在巨灾保险基础上，额外缴费购买保障程度更高的保险产品。⑦ 中国可以借鉴美国的经验，创新农业保险的经营模式，探索建立普惠性农业保险体系。⑧

### （二）以指数保险取代传统的农业保险产品

传统的农业保险产品要求核保到户、验标到户、查勘定损到户，在小农经济条件下经营成本非常高，在实践中难以规范运作。因此，要进行农业保险的产品创新，主要以指数形态的保险产品取代当前的物化成本保险。⑨

指数保险（包括区域产量保险和天气指数保险等）将损害程度指数化为特定区域

---

①② 朱俊生、庹国柱，2016：“小规模生产难以匹配农险经营成本”，《中国保险报》，7 月 18 日。

③④ 朱俊生，2015：“构建面向小农户的普惠性农业保险体系”，《中国保险报》，12 月 16 日。

⑤⑧ 朱俊生，2015：“农业保险财政补贴的新形势、新要求和新任务”，《中国保险报》，8 月 10 日。

⑥⑦ 朱俊生、庹国柱，2016：“以政府全额出资解决农民惜保问题”，《中国保险报》，7 月 20 日。

⑨ 朱俊生、庹国柱，2016：“指数保险能破农业保险的难题么?”，《中国保险报》，7 月 28 日。

农作物的平均产量或是气象数据指标，其赔偿基于预先设定的参数是否达到触发水平，而非实际损失，[①] 因此通常不需要核保到户、验标到户、查勘定损到户。可见，指数保险本质上是通过产品创新，将小规模分散经营的农户聚合成虚拟的规模农场，[②] 从而有效降低农业保险在承保、定损以及赔付环节的成本。[③]

在选择合适的产品形态方面，印度农业保险的经验提供了很好的启示。和中国类似，印度也是小农经济占主导地位。由于农户的经营规模有限，印度主要发展区域产量保险和天气指数保险。[④] 印度的经验表明，农业保险产品形态的选择要与农户的经营规模相适应。[⑤] 为了适应小规模分散经营的基本国情，我国要创新农业保险产品形态，克服传统农业保险产品经营成本高的不足。

## 四、农业保险经营模式创新所需要的政策支持

### （一）财政要加大对农业保险经营模式创新的支持[⑥]

（1）将指数保险纳入中央财政补贴范围。这样可以鼓励市场主体积极探索以指数保险取代物化成本保险，促进农业保险的产品创新，推动农业保险经营模式的转型。

（2）为构建普惠性农业保险体系提供补贴。实施普惠性农业保险后，财政需要新增加两部分补贴资金：一是目前农户约 20%的自缴保费；二是可保种植面积全面覆盖后新增加的保费补贴。初步的测算表明，如果保持目前的种植业保费收入规模不变，需要增加保费补贴约 58 亿元。[⑦] 如果实现主要农作物播种面积 100%覆盖，则财政需要增加保费补贴约 232 亿元。[⑧] 通过增加对农业保险的保费补贴，可以同时推动农业补贴的市场化改革。[⑨] 另外，值得指出的是，如果用指数保险产品取代传统的农业保险产品，则由于指数保险产品的费率较低，财政因此支出的保费补贴可能会少很多。美国的经验表明，区域产量保险（GRP）费率是基于个别农场的产量保险（APH）费率的三分之一。

---

①②④ 朱俊生、庹国柱，2016：“指数保险能破农业保险的难题么?”，《中国保险报》，7 月 28 日。

③ 朱俊生、姜华、庹国柱、侯硕博，2016：“加拿大农业保险考察报告（下）”，《保险理论与实践》，第 8 期。

⑤ 朱俊生，2016：“农业保险创新的国际经验”，《中国金融》，第 8 期。

⑥ 朱俊生、庹国柱，2016：“农业保险经营模式创新的风险及其应对”，《中国保险报》，8 月 4 日。

⑦ 朱俊生、庹国柱，2016：“农业保险经营模式创新需要相应政策”，《中国保险报》，8 月 5 日。

⑧ 2015 年，财政补贴型种植业保险（不含森林险）保费收入 249.65 亿元，其中财政补贴为 191.55 亿元，占保费收入的比例为 76.73%。粗略地匡算，如果在保持现有的保费收入规模不变情况下实行全额补贴，财政需要另行支出 58.1（249.65－191.55）亿元。但实施普惠性农业保险后，理论上可保种植面积应该全面覆盖。2015 年，农业保险承保主要农作物 14.5 亿亩，占全国主要农作物播种面积的 59%。以此推算，在全额补贴的情况下如果实现主要农作物播种面积 100%覆盖，则应多支出 231.57 亿元（191.55÷0.59÷0.7673－191.55）。即保费补贴在目前的基础上增加约 231.57 亿元，就可以在现行保障水平之下以全额补贴的方式实现对全国主要农作物的完全覆盖。

⑨ 朱俊生，2016：“以农业保险推动农业补贴的市场化改革”，《中国城乡金融报》，7 月 20 日。

### （二）促进与指数保险发展相关的基础设施建设

发展指数保险要求具备很高质量的数据。① 比如，对于天气指数保险，产品开发需要质量可靠、不易篡改、可以自动获取的气象数据。但我国地域辽阔，地面气象观测站点分布不够充分，制约了天气指数保险的发展。因此，要增加气象站点建设，完善与指数保险发展相关的基础设施。②同时，统计、农业、气象等部门要加强协调与合作，通过数据共享以及校验，提高数据的可得性与真实性。

### （三）降低农业保险经营模式创新的制度风险

政府全额补贴保费后，农户对于最基本的风险保障不再缴费，这有可能进一步弱化农户在农业保险治理结构中的角色，从而使得政府、公司、农户之间缺乏利益制衡与协调机制。因此，要进一步完善《农业保险条例》，有效界定和约束政府在农业保险经营活动中的权力边界。③同时，要促进农民参与农业保险制度的运行和监督。

## 参考文献

[1] 陈文辉．中国农业保险市场年报（2016）[M]．天津：南开大学出版社，2016.

[2] 朱俊生．农业保险财政补贴的新形势、新要求和新任务 [N]．中国保险报，2015-08-10.

[3] 朱俊生．破解农险困局还得靠大农业 [N]．中国保险报，2015-09-21.

[4] 朱俊生．构建面向小农户的普惠性农业保险体系 [N]．中国保险报，2015-12-16.

[5] 朱俊生．农业保险创新的国际经验 [J]．中国金融，2016（8）.

[6] 朱俊生．以农业保险推动农业适度规模经营 [N]．中国城乡金融报，2016-06-22.

[7] 朱俊生，姜华，庹国柱，侯硕博．加拿大农业保险考察报告（下）[J]．保险理论与实践，2016（8）.

[8] 朱俊生，庹国柱．财政补贴型农险的两难困境 [N]．中国保险报，2016-06-30.

[9] 朱俊生，庹国柱．小规模生产难以匹配农险经营成本 [N]．中国保险报，2016-07-18.

[10] 朱俊生．以农业保险推动农业补贴的市场化改革 [N]．中国城乡金融报，2016-07-20.

[11] 朱俊生，庹国柱．以政府全额出资解决农民惜保问题 [N]．中国保险报，2016-07-20.

[12] 朱俊生，庹国柱．指数保险能破农业保险的难题么？[N]．中国保险报，2016-07-28.

[13] 朱俊生，庹国柱．农业保险经营模式创新的风险及其应对 [N]．中国保险报，2016-08-04.

[14] 朱俊生，庹国柱．农业保险经营模式创新需要相应政策 [N]．中国保险报，2016-08-05.

[15] AFSC（Agriculture Financial Services Corporation），2016，AFSC Annual Report 2015/16，http：//afsc. ca/doc. aspx？id=8111.

[16] MASC（Manitoba Agricultural Services Corporation），2016，MASC Annual Report 2015/16，https：//www. masc. mb. ca/masc. nsf/annual _ report _ 2015 _ 16. pdf.

①②③ 朱俊生、庹国柱，2016："农业保险经营模式创新的风险及其应对"，《中国保险报》，8月4日。

# 政策性农业保险：从制度诱导到农户自主性需求

## ——基于江苏省585户粮食种植户的问卷调查*

叶明华

**摘要**：当前政策性农业保险是制度诱导下的被动式发展，还是农户风险管理需求下的主动式发展，这是判断农业保险成熟度的标志，也是我国从农业保险大国向农业保险强国转变的关键点。选取我国粮食主产区的江苏省，对其14个区县585户粮食种植农户进行问卷调查，并通过Pearson相关性分析和BP神经网络下的保险购买决策模拟，研究发现：当前我国政策性农业保险是制度诱导与农户风险管理内在需求交互作用下的混合决策，但是制度诱导依然是农业保险的主要驱动力。据此，应从农户的风险认知、保险认同的提升入手，结合保险市场的险种与服务创新，使得农业保险可与不同农业经营主体的生产决策目标相匹配，同时将农业保险与农村社会保障举措相融合，实现农村金融工具的协同效应。

**关键词**：政策性农业保险；BP神经网络；制度诱导；购买意愿

## 一、引言

政策性农业保险的建立，经历了曲折的过程。保险市场和政府一度认为，农业保险可以和企业财产保险或汽车保险那样，完全交由商业性保险公司以商业保险模式运作。但商业化理念指导下的农业保险日益萎缩，至2003年全国农业保险保费收入仅为4.6亿元，占全国财产险保费收入仅为0.5%[①]。而我国农业种植面积中平均每年约有2亿亩农田遭受自然灾害，造成每年经济损失720亿～870亿元[②]，农业保险赔付占农户经济损失的比重微乎其微。在农业保险几乎走到山穷水尽之时，保险理论界对农业保险重新定位的呼声越来越高，较多学者主张将农业保险视为准公共物品，建立政策性农业保险，由政府和市场以PPP（Public-Private-Partnership）模式共同供给。其后的政策举措基本采纳了这一主张。

* 基金项目：国家自然科学基金“农业气象灾害、政策性农业保险与粮农生产行为：基于苏、皖农户调查的微观实证”（71403088）；国家社科基金重大项目“农业灾害风险评估与粮食安全对策研究”（13&ZD161）。

作者简介：叶明华，华东师范大学统计学院，副教授。

① 根据2004年《中国保险年鉴》数据整理与计算。

② 根据《中国农村统计年鉴》（1985—2014）和减灾委数据计算。

2003 年国务院《关于促进农民增加收入若干政策的意见》中提出了“加快建立政策性农业保险制度”。随后，保监会先后批准设立 3 家专业性农业保险公司①。其后两年，农业保险并未如市场预期那样一片繁荣，而是陷入“雷声大、雨点小”的尴尬处境。究其原因，农业的高风险导致农业保险的高保费，其纯费率高达 2%～15%，而一般商业性财产保险的费率仅为 3‰～5‰。一方面是农业保险的高费率，另一方面是农户的低收入，供需无法匹配。2006 年中央 1 号文件提出“建立政策性农业保险制度，选择部分产品和部分地区率先试点”，并于 2007 年伊始，在全国推广由中央和地方进行保费配套补贴的政策性农业保险。

自 2007 年以来，农业保险从“供需双冷”迅速转变为“供需两旺”的局面。2007 至 2014 年间农业保险保费收入年均增长率为 33.74%，赔款支出年均增长率为 36.51%；其中主粮玉米、水稻和小麦的承保面积合计超过 8.7 亿亩，承保覆盖率超过 65%②。仅从保费收入来看，我国已成为继美国之后世界农业保险第二大国。据此，多数学者将农业保险的快速增长归结为“制度诱导”的结果。也有学者认为，制度的初衷是为化解农业的高风险对农户收入的冲击，因此制度诱导只是催化剂，农业保险的持续性发展说到底是“农业靠天吃饭”背景下农户对风险管理的自发需求。

本文使用 2014 年课题组在江苏省 6 个地级市 14 个区（县）对 585 户粮食种植户的问卷调查样本，通过对农户的农业保险需求决策进行模拟，拟解答以下问题：第一，粮食种植户进行农业保险需求决策的主要驱动力是制度诱导还是自发的风险管理需求？第二，如果农业保险还停留在制度诱导的被动式发展，是哪些因素阻碍了农户的自主性需求？第三，是否可以在农户、保险市场和政策层面进行相关改进与优化，从而诱导农户自主性需求的释放？这些问题的解答对于判定我国农业保险的成熟度，从而推进我国从农业保险大国转变为农业保险强国具有重要政策含义。

## 二、文献述评与理论假设

### （一）农业保险的制度诱导与国家需求说

#### 1. 农业保险制度诱导必要性与农户需求激励说

于娟（2013）指出农户收入水平低，而农业自然灾害发生频率高使得农业保险无法如纯粹商业保险一样自发形成，这为政府干预农业保险提供了现实依据；也有学者认为受农户认知能力所限，自发的农业保险演进缓慢，而国家自上而下推行的农业保险更为迅速、更富效率（叶德盛，1946）。除认知与购买力制约外，导致农户对农业保险需求不足的重要原因是农户普遍存在侥幸心理和对政府救济的依赖性（王新军、

① 三家专业性农业保险公司为：上海安信农业保险公司、黑龙江阳光农业相互保险公司和吉林安华农业保险公司。

② 此部分的数据来自中国保监会官网整理与计算。

赵红，2014)，另一方面，农户的风险承担能力较弱，教育程度有限，未能对农业生产风险进行有效融资安排（叶明华、汪荣明，2014)，因此外在的保费补贴或隐性强制可以对农户的保险需求进行激励与诱导。

**2. 强农、惠农政策目标下的农业保险国家需求说**

除激发农户需求外，部分学者认为，国家比农户更需要农业保险（庹国柱、王国军，2002)，因为农业保险既可化解农业风险，也可作为农村社会保障的重要组成。研究发现农业风险与农户贫穷间具有高度相关性（Mosley、Krishnamurthy，1995)，因此缓解农村贫穷可从降低农业风险入手，而降低农业风险需依托农业保险。农业保险的保费补贴，可视为一种收入转移机制，由此，农业保险可作为提高农户收入的福利政策（杜志雄、肖卫东、詹琳，2010)。此外，王建国、李华（2014）认为我国工业化相对成熟后，工业需反哺农业，而政策性农业保险可作为工业反哺农业的重要途径，农业保险成为实现国家强农、惠农政策目标的重要金融安排（黄延信，2013)。

**3. 国家粮食安全战略背景下的农业保险国家需求说**

张祖荣认为（2012）农业保险在保障国家粮食安全、促进农村经济发展等方面具有特殊功能，导致政府比农户更需要农业保险。以日本为例，其在战后强制耕种面积较大的农户参加农业保险，使自然条件较差、风险度高的北海道等地农户，也种植当时极缺的粮食作物，农户种植积极性的提升使日本用了不到10年时间就解决了粮食问题（庹国柱、李军，2003)。据此，李劲夫（2013）认为，农业保险对于粮食安全和农业生产起到“稳定阀”和“推动器”的作用。此外，农业保险具有很强的正外部性，农业的基础性地位使得实施政策性农业保险不仅可使农业部门受益，也可使福利效应扩散至非农部门与其他行业。

综上，从微观角度看，农户风险认知不足、购买力较低等因素是农业保险需要制度诱导的现实基础；但是，从国家宏观战略视角看，政策性农业保险是实现国家粮食安全战略和强农、惠农政策目标的重要金融工具，存在国家对农业保险的客观需求。

### （二）风险管理驱动下的农户自主性农业保险需求说

**1. 农户的风险认知与风险偏好**

理论上说，潜在的农业风险越大，农业收入损失越高，则农户选择农业保险的意愿越强（姜岩、李扬，2012)。但现实中，农户的风险认知与客观风险损失存在较大差异，即农户的风险“感知失灵”，农户普遍认为低概率的农业灾害事件不会发生在他们身上（周县华，2010)，因此，花钱买保险去保障“不太可能”发生的灾害损失，于农户而言并不是理性的、最优的经济决策。诚然，除了风险认知外，影响农户保险需求决策的因素还有不同特征的农户风险偏好不同，风险厌恶程度较高、对风险更为重视的农户更倾向于选择农业保险（马洁、付雪、杨汭华，2012)。

**2. 风险规避、收入结构与农业保险需求**

农户是保险需求的主体，部分学者认为收入水平较低是抑制农户保险需求的主因

(Molua，2011)，因此保费补贴可提高农户的保险需求（孙香玉、钟甫宁，2009)。现实中，收入较高的农户并未表现出比收入较低的农户有更强的农业保险需求，这是因为：一方面，农户在多年农耕经验中找到其他控制和降低农业风险的方法(Moschini、Hennessy，2001)，例如减少先进农技投入，以免遭受损失。与农业保险相比，这些风险规避方法因缺乏有效融资安排，使得农户大多数只能进行低风险、低投入生产安排，阻碍了农业生产的效率提升（You、Ozanne、Walters、Wang，2010)。另一方面，工业化程度较高的省份，非农收入占比提高，“忙时务农，闲时务工”的兼农型农户占比越来越高，农业保险的重要性衰减（叶明华，2015)。并且，大多数的调查发现，对农户而言，支出的不确定性比收入的不确定性更受到农户重视(张伟、郭颂平、罗向明，2013)，因此医疗保险比农业保险更受农户欢迎。

如果抑制农业保险需求的主因是农户风险认知的偏差或购买力不足，则制度诱导与保费补贴可大力推进农业保险发展；若农户保险需求不足是因为家庭收入结构的变动，导致农业保险需求意愿下降，则须通过对不同特征农户群体进行保险细分与优化，以满足不同农户的风险管理意愿。

### （三）两种学说比较及本文研究假设

综观制度诱导与农业保险的国家需求说和风险管理驱动下的农户保险需求说，各有其经济理论支撑及合理之处，不应作为对立观点看待，相反，可在农业保险发展进程中，以动态演进的思想来解析。对国家而言，解决农村贫困和保障粮食安全是其两大重要战略目标（罗向明、张伟、丁继锋，2011)，而影响这两项目标实现的共同因素是农业灾害（王国敏，2005)，故此，国家以政策性农业保险这一普惠制的保险形式来保障国家战略的实现（张跃华、何文炯、施红，2007)。对农户而言，提高收入与降低风险是其追求的目标函数，但是部分农户因农业收入占比下降，农业保险需求意愿下降，此时须以制度诱导，协调各保险相关主体的行为（黄亚林、李明贤，2014)。

事实证明，政府的制度诱导产生了三方面效应：一是可通过保费补贴途径，降低农户的保险成本，提高参保积极性（Babcock，2011)，并实现工业与农业、城市与农村之间的收入转移；二是可通过制度诱导下的农业保险发展，放大其正外部性（费友海，2005)，例如保障粮食供给、稳定粮食价格及其扩大相关产业，例如农产品加工业、农村金融及其农业保险的发展；三是以制度诱导下的被动式发展最终拉动农户主动式农业保险需求，李丹、刘从敏（2014）以黑龙江粮食种植户调研为例，证实有过保险购买经历的农户对政策性粮食作物保险的需求是其他农户的4.093倍。

基于上述文献述评，本文提出如下假设：在农业保险发展初期阶段，囿于农户风险认知不足导致的有效需求不充分，须以制度诱导下的农业保险被动式发展为引擎，以被动消费引致主动需求，以期通过农业保险赔付功能产生的积极效应，进而带动农户不同层次的农业保险需求，最终激发农户风险管理意愿下的主动式农业保险需求。

也即，以动态演化的视角看，在农业保险不同发展阶段上其需求驱动力有所不同。

## 三、影响农户购买政策性农业保险的变量及购买决策模拟

### （一）调查区域分布

当前政策性农业保险中70%以上的保费收入来自种植业保险，而种植业保险中75%以上的保费收入来自粮食作物保险①，因此粮食作物保险是我国政策性农业保险的重中之重。本次调研选取我国粮食主产区的江苏省②，入户调研时间为2014年1月至2月及5月至6月，调查区域分布涵括江苏省的常州市、南通市、徐州市、盐城市、苏州市和镇江市合计6个地级市中重要的粮食生产区县，例如南通市的海安县，徐州市的睢宁县和盐城市的建湖县等。调研对象为粮食种植户，具体包括个体农户、粮食合作社社员和农场主三类，为便于表述本文将这三类粮食种植主体统称为农户。为避免因农户对问卷不理解而产生的误答现象，本次问卷采用提问式调查。共整理问卷587份，剔除无效问卷2份，最终获得有效问卷585份。

### （二）问卷结构与数据特征

调查问卷内容包括农户特征、农户家庭经济水平与收入结构、农户的灾前与灾后风险融资安排，及其对农业保险的认知与重要性评价等。将585个有效样本的各变量进行整理，对于定性变量进行相应赋值，以转化为定量数据，计算各变量的均值和方差。

此处将各变量划分为两大类：一是“可表示农户自身风险管理驱动对保险购买决策影响的变量”，共计17个；二是“可表示制度诱导对农户保险购买决策影响的变量”，共计6个。两类变量划分的依据是：刻画农户自身特征和农业生产的变量作为保险需求的内生性因素，例如年龄、耕地面积、灌溉方式等；刻画政府保费补贴和农业保险供给的变量作为因制度产生的外生性变量，例如是否听说过农业保险、是否了解保费补贴等。被调查农户两类变量描述统计结果如表1所示。

**表1 被调查农户的基本情况**

| 变量 | 均值 | 标准差 | 赋值说明 |
|---|---|---|---|
| 表示农户自身风险特征的内生变量 | | | |
| 年龄 | 4.961 | 1.023 | 11～20岁=1；21～30岁=2；以此类推 |

① 数据来源：安华研究院庹国柱主编：《中国农业保险研究（2014）》，中国农业出版社2014年版。

② 抽样说明：当前政策性农业保险主要承保粮食作物。如对全省农户随机抽样，势必抽到很多不种植粮食作物的农户（例如，养殖户或仅种植经济作物的农户）。为提高调研有效性，调研抽样顺序如下：第一，采用判断抽样选择调研的县和区，据江苏省统计年鉴和农村年鉴，标出粮食种植重点区县；第二，在粮食种植重点区县中采用随机抽样选定调研的村镇；第三，对户数少的村镇采用整群抽样，户数多的村镇采用随机抽样以选择农户。

（续）

| 变量 | 均值 | 标准差 | 赋值说明 |
| --- | --- | --- | --- |
| 受教育水平 | 1.435 | 1.044 | 没上过学＝0；小学＝1；初中＝2；高中或职业学校＝3；大学＝4 |
| 务农人数 | 2.087 | 1.286 | 人数 |
| 打工人数 | 2.068 | 1.181 | 人数 |
| 自有农田亩数 | 5.888 | 8.051 | 亩数 |
| 种植总面积 | 7.038 | 14.219 | 亩数 |
| 机械化水平 | 0.988 | 0.432 | 完全手工＝0；部分机械化＝1；完全机械化＝2 |
| 灌溉方式 | 1.011 | 0.218 | 自家挖井灌溉＝0；水渠灌溉或水库水灌溉＝1；滴灌或微喷＝2 |
| 非农收入 | 45 510.481 | 67 039.284 | 元 |
| 农业收入 | 11 124.927 | 18 914.543 | 元 |
| 农业收入占比 | 0.228 | 0.189 | 比例 |
| 种植业收入 | 8 943.922 | 15 433.030 | 元 |
| 年家庭支出 | 23 781.621 | 22 849.839 | 元 |
| 最担心的风险 | 0.704 | 0.457 | 未选择“农业灾害”＝0；选择＝1 |
| 是否了解农业灾害 | 0.727 | 0.446 | 不了解＝0；了解＝1 |
| 灾时措施 | 0.600 | 0.490 | 未采取措施＝0；采取＝1 |
| 灾后筹资渠道 | 1.250 | 0.763 | 政府救济和动用存款、非农业收入、借款＝0；<br>动用存款、非农业收入、借款＝1；<br>保险理赔、政府救济、动用存款、非农业收入、借款＝2；<br>保险理赔、动用存款、非农业收入、借款＝3 |
| 表示制度诱导与保险供给的外生变量 | | | |
| 是否听说过农保 | 0.909 | 0.287 | 没有听说＝0；听说过＝1 |
| 是否已购买农保 | 0.833 | 0.373 | 未购买＝0；购买＝1 |
| 是否继续购买农保 | 0.959 | 0.199 | 不会继续购买＝0；会继续购买＝1 |
| 是否知道保费补贴 | 0.527 | 0.500 | 不知道＝0；知道＝1 |
| 政府补贴多少会选择购买 | 6.719 | 2.532 | 提供多少补贴都不够买＝0；补贴 90%购买＝1；补贴 80%购买＝2；以此类推 |
| 是否了解理赔 | 0.453 | 0.498 | 不了解＝0；了解＝1 |
| 对农业保险的效用评价 | | | |
| 农保是否重要 | 1.898 | 0.741 | 很不重要＝0；不重要＝1；重要＝2；很重要＝3 |

据表 1 可知：

第一，被调查农户特征：当前江苏被调查区域农户群体平均年龄在 50～60 岁，老年人为主要务农群体；受教育程度集中在小学水平，具体表现为个体农户受教育水平较低；但是粮食合作社社员和农场主受教育水平较高。

第二，农户家庭就业结构与收入水平：农户家庭就业结构具体表现为较为年长的家庭成员在家务农，中青年家庭成员外出务工。虽然农户家庭就业中外出打工和务农人数相当，但是外出打工年平均收入为 4.55 万元，但务农年平均收入仅为 1.11 万元，且务农收入中的 80.18%（即 0.89 万元）主要来自种植业收入。

第三，农业生产特征：每户种植面积约为 7 亩地，且大部分是自有农田，租种农田占比不高，约为 16.34%；受耕地面积所限，当前农户种植中完全机械化的情况并不多，主要是半手工、半机械的劳作方式；灌溉主要依靠水库及水渠灌溉。

第四，风险认知与灾后融资渠道：农户普遍认为农业灾害是其面临的重要风险，且对灾害类别比较了解，灾时也采取主动施救措施；但是目前来看，农户灾后融资渠道还主要停留在“动用存款、向亲友借款及其外出打工获得非农业收入”等亲友借贷及家庭内部融资方式，也有部分农户选择等待政府救济。

第五，保险认知及其对政策性农业保险的评价：农户普遍听说过农业保险，大部分农户购买过政策性农业保险。调查发现，粮食种植大户和农场主基本都购买了农业保险，未购买的主要是个体农户；且已购买保险的农户倾向于继续购买；但大多数农户对保费补贴水平和保险理赔程序不甚了解。较多农户认为“农业保险有点重要，但不是很重要”。

### （三）影响农户购买政策性农业保险的变量

在进行农户的政策性农业保险购买决策模拟之前，需对各变量进行筛选和重要性排序。采用 Pearson 相关性分析，测算各变量与农户是否购买农业保险之间的相关系数，结果如表 2 所示。

**表 2　各变量与是否购买政策性农业保险的相关性**

| 变　　量 | 是否购买农业保险 | |
|---|---|---|
| | Pearson 相关系数 | 显著性检验（双侧） |
| （1）自有耕种面积 | 0.097* | 0.020 |
| （2）机械化水平 | 0.166** | 0.000 |
| （3）最担心风险类别 | 0.091* | 0.028 |
| （4）是否了解灾害 | 0.089* | 0.031 |
| （5）灾时措施 | 0.152** | 0.000 |
| （6）灾后筹资渠道 | 0.132** | 0.001 |
| （7）是否听说过农保 | 0.496** | 0.000 |
| （8）是否购买过农保 | 0.423** | 0.000 |
| （9）是否知道保费补贴 | 0.345** | 0.000 |
| （10）政府保费补贴多少会选择购买农保 | 0.627** | 0.000 |
| （11）是否了解保险理赔 | 0.375** | 0.000 |
| （12）农保是否重要评价 | 0.251** | 0.000 |

注：*表示相关系数的估计值在 10%的统计水平上显著；**表示相关系数的估计值在 5%的统计水平上显著。

对照表 1 和表 2 可知，有一些变量已被剔除，并且被剔除的变量主要是代表农户自身风险特征的变量，例如农户的年龄、受教育水平、灌溉方法等，其与农户的保险购买决策之间的相关性未能通过显著性检验。

据表 2 可知，当前影响粮食种植户进行政策性农业保险购买的变量：从变量数来看，表示农户自身风险因素的变量有 6 个；表示制度诱导的变量有 5 个；但是从变量系数值来看，表示制度诱导的变量，其与农业保险购买决策的相关性普遍较高。影响农户购买政策性农业保险的变量重要性从高到低排序依次为：政府保费补贴的多少、是否听说过农业保险、是否购买过农业保险、是否了解保险理赔、是否了解保费补贴、对农业保险的重要性评价、农业机械化水平高低、受灾时是否采取措施、灾后融资渠道、自有耕地面积、最担心的风险类别和是否了解灾害。

### （四）基于 BP 神经网络的农户购买政策性农业保险的决策模拟

在通过 Pearson 相关性检验对影响农户的政策性农业保险需求变量进行筛选后，以下将采用 BP 神经网络技术①对江苏省粮食种植农户的政策性农业保险购买决策进行模拟。神经网络方法是一种模拟动物神经网络运行特征，进行分布式并行数据处理的算法类模型。与一般的统计模型直接刻画自变量与因变量的关系不同，神经网络可刻画各变量对农业保险购买决策交互影响的情况。

农户购买农业保险的决策分为：购买和未购买，设购买为 1，未购买为 0。神经网络的输入变量选用表 2 中通过相关性检验的 12 个显著变量，神经网络的模型及参数设置如下：第一，根据经验确定神经元网络隐含层为 2 层；第二，根据隐含层节点数的经验公式有 $x=\sqrt{n+m}+a$，$a=1\sim10$；$x=\log_2 n$；$x=2n+1$ 其中 $x$ 为隐含层节点数，$n$ 为输入层单元数，$m$ 为输出节点数，$a$ 一般取 1～10，根据经验公式取第一层节点数为 15，第二层节点数为 20；学习率为 0.01；最大迭代次数为 5 000。

鉴于保险购买决策与各相关变量之间往往呈现非线性关系，本文神经网络选用的激励函数为 log $sig$ 函数：

$$\log sig(x)\ \frac{1}{1+e^{-x}}$$

为尽量缩小误差，选用的神经网络训练函数为 Traing$dx$，即动量自适应学习率算法，此算法将根据输出的保险购买决策值与真实购买决策值的误差调整神经网络权值：

$$w(k+1)=w(k)+\alpha(k)[(1-\eta)D(k)+\eta D(k-1)]$$

其中，$w(k)$ 为第 $k$ 步时的权值，$D(k)=-\dfrac{\partial E}{\partial w(k)}$ 为第 $k$ 步时的负梯度，$\eta$ 为动

① 对农业保险购买决策的模拟可使用两元离散选择模型，也可使用神经网络方法。如使用离散选择模型，则忽略了农户样本特征的异质性；本文使用经过 Pearson 检验后的变量，再进行 BP 神经网络模拟，可实现对不同特征农户购买行为的逐一分析和模拟。

量因子，取值［0，1)，$\alpha$（$k$）为学习速率：$\alpha$（$k$）$=2\lambda\alpha$（$k-1$），$\lambda=sig$［$D$（$k$）$D$（$k-1$）］。

$D(k)=-\frac{\partial E}{\partial w(k)}$中的 $E$ 为模拟保险购买决策值与真实保险购买决策值的误差函数，即 $E=\frac{1}{2}\sum_{p=1}^{p}\sum_{j=1}^{m}(t_j^p-y_j^p)^2$，$p$ 为输入变量个数，$y_j^p(j=1, 2, \cdots, m)$ 为模拟保险购买决策值，$t_j^p$ 为真实保险购买决策值。

将所有 585 个农户调研样本分为两组，第一组 485 个样本作为训练集，余下 100 个样本作为测试集。将调研样本输入 BP 神经网络，运行 Matlab 软件实现，获得的农户政策性农业保险购买决策模拟如图 1 所示。

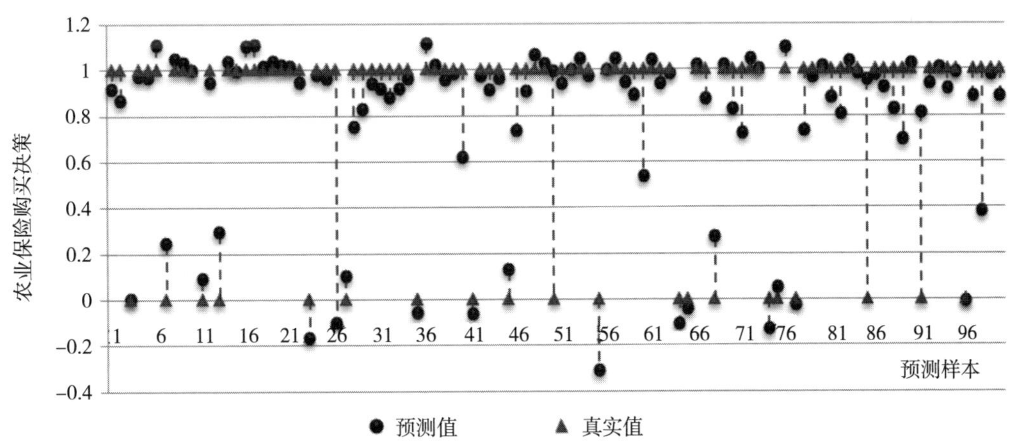


图 1　粮食种植户的政策性农业保险购买决策模拟结果

图 1 中共计 100 个预测样本，▲ 表示调研样本真实情况，当未购买农险时表示为 0，购买农险时表示为 1；● 表示预测值。虚线表示预测值与真实值的偏差。整体来看，BP 神经网络对样本农户的政策性农业保险购买决策的预测准确率为 95%，测试结果的均方误差为 0.057，在测试的 100 个样本中，有 5 个样本模拟的保险购买决策值与真实购买决策值不符，其余 95 个样本预测值趋近或等于真实值，预测准确度较高。

Pearson 相关系数结合 BP 神经网络预测结果，说明：第一，当前影响我国粮食种植户进行政策性农业保险购买决策的变量主要集中在 6 个政策性代表变量和 5 个农户自身风险变量，以及 1 个保险效用评价性变量；第二，政策性变量和农户自身变量结合在一起，可以较为准确地（95%准确率）对农户的保险购买决策进行模拟；第三，依主次关系来看政策性变量对农户购买决策的驱动力大于农户自身风险因素的驱动，也即，我国当前政策性农业保险更多呈现出制度诱导下的被动式需求，而非农户风险管理驱动下的主动式需求；第四，由于购买过农业保险的农户倾向于继续购买，因此，制度诱导下的被动式农业保险需求可以转化为农户的主动性需求。

综上实证分析，关于我国政策性农业保险是制度诱导下的被动式需求还是农户风险管理下的自主性需求的检验，可获得如下结论：整体来看，当前阶段我国粮食种植农户的政策性农业保险购买是在制度诱导与自身风险管理驱动交互影响下的混合决策；比较来看，制度诱导对政策性农业保险购买的驱动力大于农户自身风险管理需求产生的影响。

## 四、影响粮食种植户对农业保险自主性需求的因素

基于上述模拟分析发现，自 2007 年至今，政策性农业保险依然主要呈现为制度诱导下的被动式需求，而农户自身风险管理驱动下的主动式需求不足。以下针对调研问卷获得的结果，结合影响农户保险决策的变量，对影响粮食种植农户自主性农业保险需求的因素进行解析。

### （一）自有农田亩数与机械化水平

如图 2 所示，自有农田亩数在 0～5 亩的农户数占比 63.93%，5～10 亩的农户占比 29.57%，合计有 93.50%的农户家庭户均农田亩数在 10 亩以下。这表明当前我国江苏地区的粮食种植还主要以个体农户的小规模经营为主，由此导致农业机械化水平普遍停留在手工加部分机械化的程度，全部机械化水平耕种的农户仅占 8.92%，主要集中于种粮大户及其家庭农场。调研发现：越是耕地面积大的农户，尤其是粮食种植大户和农场主，对农业保险的需求意愿越是强烈。耕地是农户最重要的生产资料，对耕地面积上的粮食作物及其机械投入等的风险转移是驱动其购买农业保险的主要内在变量。

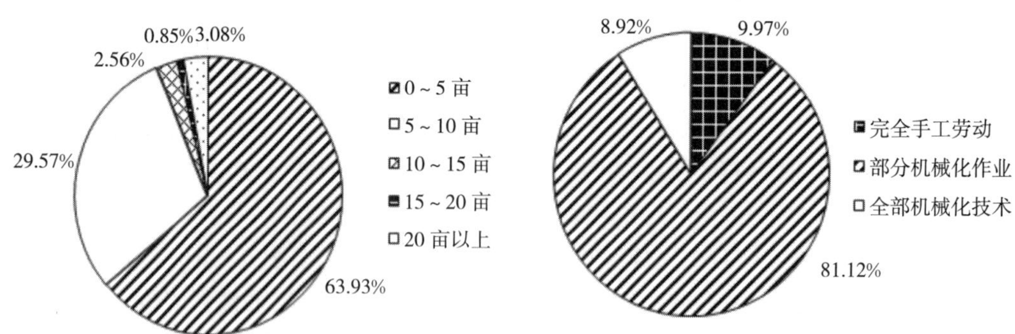


图 2　农户自有农田亩数与耕作机械化水平

### （二）风险认知及其农户最担心的风险类别

调研发现，当前江苏省粮食种植农户最担心的风险类别排序中，第一位是疾病风险，其次是意外事故损失，第三位才是农业灾害风险，具体如图 3 所示。调研还发

现，农户对农业灾害比较了解的占72.71%，对农业灾害不甚了解的占比27.29%。这印证了张跃华（2007）、张伟等（2013）所指出的，对农户而言支出（意外和疾病费用支出）的不确定性风险高于收入（农业收成）的不确定性风险。因此，在较低的预算约束条件下，农户风险规避的最优决策是先考虑疾病与意外损失安排，而不是农业灾害的风险融资安排。这从资金配置及其融资结构优先序视角解释了当前农户自主性农业保险需求意愿不高的结构性原因。

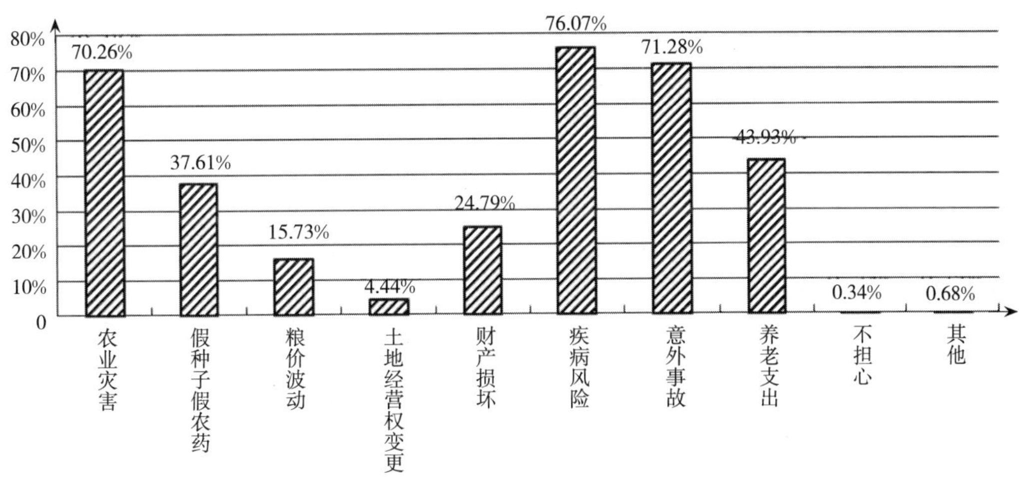


图3 农户最担心的风险类别

注：此处农户最担心的风险类别可多项选择，而非排他性选项。

### （三）灾时施救措施及灾后融资渠道

就灾害发生期间农户依靠何种经济来源生活以及灾后农户主要依靠何种渠道进行来年继续生产的融资安排，63.93%的农户表示主要依靠农业外收入（主要是打工收入）来维持生活及恢复生产；35.56%的农户选择动用存款；而选择依靠保险理赔来恢复农业生产的农户占比仅为16.24%。这说明，当前我国农户的风险融资结构还主要以家庭内部融资为主，外部融资尤其是农业保险和农业信贷，尚未成为农户风险融资的主要渠道。据调研所知，导致这一现象的主要原因是：一方面，当前农业保险主要是物化成本保险，保额较低，一亩地仅为400元，而亩产出1 000～1 500元，较低的风险保障程度，抑制了保险的风险补偿职能，从而削弱农户对农业保险的风险管理诉求；另一方面，农业生产的高风险，导致金融机构不愿涉足农业信贷，当前农业信贷缺口较大。

### （四）农业保险认知及继续购买意愿

政策性农业保险发展至今，听说过农业保险的农户占比为90.94%。具体来看，农户保险认知的主要渠道是政府宣传，占比76.39%；而通过保险公司了解农业保险

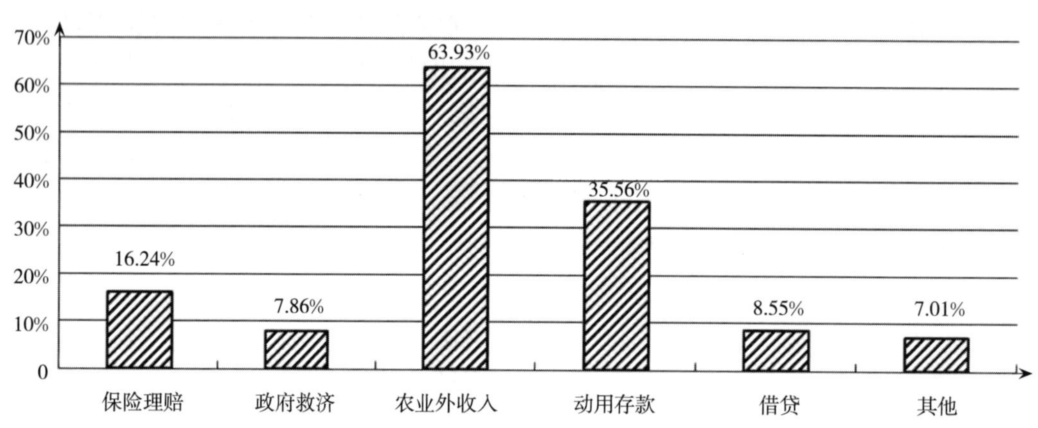


图 4　农户灾后融资渠道构成

注：此处农户最担心的风险类别可以多项选择，而非排他性选择。

的农户占比仅为 4.09%，这表明政府，而非保险公司，依然是影响农业保险认知的主导力量。因此，政府的制度诱导，依然是影响农户保险决策的核心变量。虽然农业保险的认知比例较高，但是对农业保险理赔深入了解的农户占比仅为 45.36%，而大部分农户（占 54.64%）表示对农业保险理赔很不了解。这一方面源于保险专业术语的艰深晦涩；另一方面，我国农户群体的受教育水平普遍不高。

关于农业保险的继续购买意愿，调研发现，已购买农业保险的农户倾向于继续购买的占比高达 95.89%，这说明政策诱导下的农业保险需求已对农户的主动式农业保险需求产生引致效应。

## （五）保费补贴及对农业保险购买意愿的影响

保费补贴一直被认为是推进政策性农业保险需求提升的重要变量。但是江苏省的调研发现，知道农业保险有保费补贴的农户占比为 52.66%，不知道有保费补贴的农户占比为 47.34%。与之相对应，当问到“保费补贴达到多少时，选择购买保险”的问题，70.92%的农户表示，不管保费补贴多少，都选择购买农业保险。考虑江苏省

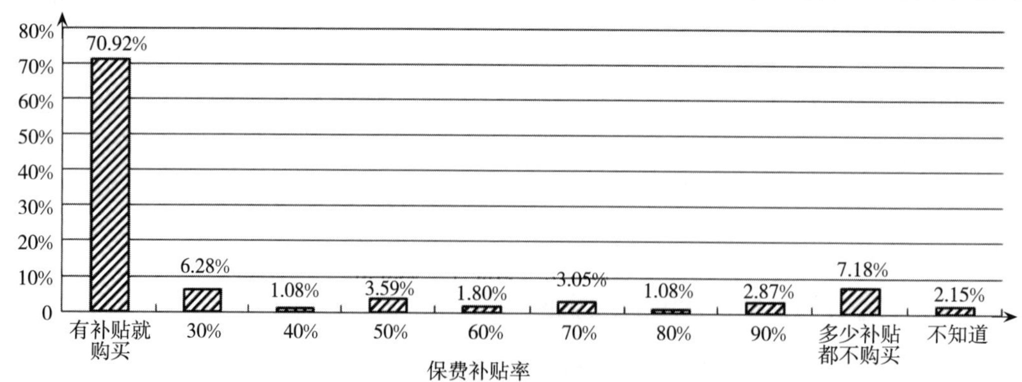


图 5　保费补贴率与农业保险购买意愿

的经济发展水平、农户外出务农的便利性，并结合前述农业保险认知渠道主要依靠政府宣传来看，就江苏省粮食种植户而言，制度诱导对农业保险购买决策的影响，主要是通过政府推进农业保险制度，以政策性农业保险供给拉动农业保险认知水平的提高来实现的；并非是保费补贴下农业保险的相对成本下降带来的购买意愿上升。

综上，“低成本、低保障、广覆盖”的政策性农业保险由于其损失补偿程度较低，还未能成为江苏省粮食种植农户最重要的风险融资渠道。对于总收入水平较高的江苏省农户而言，保费补贴不是其对农业保险改进的主要诉求，相反，提高农业保险的保障额度是农户最迫切的期待。

## 五、结论与政策启示

### （一）结论

通过对江苏省粮食种植重点区县的585户粮食种植农户的问卷调查，采用Pearson相关性分析和BP神经网络模拟农户的农业保险购买决策发现：

（1）当前农户的政策性农业保险购买决策是在制度诱导与内在风险管理需求交互推进下实现的。其中，来自农户自身风险特征驱动的变量主要有：农户自有农田亩数、农业机械化水平、担心的灾害类别、对灾害的了解等；来自外在制度诱导的变量主要有：是否听说过农保、是否购买过农保、是否知道农保补贴、在何种补贴水平下选择购买以及是否了解理赔等。

（2）从相关系数值来看，制度诱导性变量对农户保险需求决策的影响程度大于代表农户自身风险特征的变量。也即，当前农户政策性农业保险需求的主要驱动力依然是外在政策因素，而非农户自身风险管理的内在驱动。

（3）导致农户自身风险管理的内在驱动力不足的主要原因，既有农户个体特征因素，例如自有耕地面积较少，导致农业机械化水平较低；农业收入占比少，因此农业保险需求不旺；也有农村社会保障制度缺位的宏观因素，导致农户资金主要配置在风险排序较高的疾病和意外风险安排上。

### （二）政策启示

农业保险是国家保障农业发展和粮食安全战略的安全网，也是农户自身农业生产风险管理的重要支柱，针对当前政策性农业保险中农户自身内在需求不足的状况，可从以下几方面改进：

（1）提高农户的风险认知、保险认同及其做好多样化农业风险融资安排。目前仍有部分农户心存侥幸心理，或对政府救助的过分依赖，需要基层村组织进行适当宣传教育。同时，农户更为信任政府，不信任保险公司的现状，还需要各级政府在农户中进行政策性农业保险的宣讲和政策解读；另一方面，保险公司对其保险承保、理赔等知识需要做好普及和推广工作，可从农场主、农业合作社和粮食种植大户先入手，以解决由于保险专业术语的晦涩及精算技术阻碍给农户造成的理解和保险认同上的困难。另，当前农户灾后还主要依靠家庭内部融资及其非农收入补偿，抗灾能力较弱，需各级政府及金融机构协助拓宽农户灾后外部融资渠道。

（2）以多层次保险供给激发农户内在风险管理需求。江苏省农户收入水平较高，以保费补贴诱导农户保险需求的效应已逐渐减弱；此外，当前仅承保物化成本的保险已无法对种植灾害起到保驾护航的作用。建议以多样化保险供给激发农户风险管理需求，具体来说：一方面，提高和设置不同的保险保障额度，满足不同层次农户需求；另一方面，可考虑险种创新，例如，对个体农户粮食种植商品化率不高的情况，可主要提供成本保险；对种粮大户或农场主，其主要依靠农业生产获得收入，对全国粮食供给影响较大，可对其提供粮食价格保险或收入保险。通过改变当前农业保险低水平的“一刀切”做法，使得农业保险可与不同农业经营主体生产决策目标相匹配。

（3）将农业保险与农村社会保障举措相融合。当前农村社会保障体系还不健全，农户需要预留资金以便应对可能出现的疾病或意外事故风险，在较低的预算约束条件下，势必影响其农业保险需求。而缺乏有效的农业保险保障，农户易面临灾害背景下的农业收入波动风险，因此，需要在政策层面上将农业保险与农村社会保障举措协同推进。同时，可考虑将农业保险与农村信贷有效融合，以农业保险抵御农户收入波动性风险，提高其农业信贷还款能力；同时以农业信贷，促使农户扩大生产，提高农业保险需求意愿，从而实现农村多样化金融工具之间的有效融合。

## 参考文献

[1] 杜志雄，肖卫东，詹琳．包容性增长理论的脉络、要义与政策内涵［J］．中国农村经济，2010（11）．

[2] 费友海．我国农业保险发展困境的深层根源［J］．金融研究，2005（3）．

[3] 黄延信．健全政策性农业保险制度［J］．中国金融，2013（4）．

[4] 黄亚林，李明贤．协同学视角下农业保险各主体利益实现的理论分析［J］．农村经济，2014（3）．

[5] 姜岩，李扬．政府补贴、风险管理与农业保险参保行为［J］．农业技术经济，2012（10）．

[6] 罗向明，张伟，丁继锋．收入调节、粮食安全与欠发达地区农业保险补贴安排［J］．农业经济问题，2011（1）．

[7] 李劲夫．农业保险发展进入新阶段［J］．中国金融，2013（4）．

[8] 李丹，刘从敏．保险经营视角下政策性粮食作物保险的农户需求［J］．保险研究，2014（12）．

[9] 马洁，付雪，杨汭华．如何将农作物保险的潜在需求转变为有效需求［J］．调研世界，2012（12）．

[10] 孙香玉，钟甫宁．福利损失、收入分配与强制保险——不同农业保险参与方式的实证研究［J］．管理世界，2009（5）．

[11] 庹国柱，李军．我国农业保险试验的成就、矛盾及出路［J］．金融研究，2003（9）．

[12] 庹国柱．略论农业保险的财政补贴［J］．经济与管理研究，2011（4）．

[13] 王国敏．农业自然灾害与农村贫困问题研究［J］．经济学家，2005（3）．

［14］王新军，赵红．基于机制设计理论中国农业保险改革与发展［J］．理论学刊，2014（6）．
［15］王建国，李华．农业保险支农新模式［J］．中国金融，2014（15）．
［16］肖卫东，张宝辉，贺畅，杜志雄．公共财政补贴农业保险：国际经验与中国实践［J］．中国农村经济，2013（7）．
［17］叶德盛．农作物保险论［J］．中农月刊，1946（7）．
［18］于娟．论以政府干预为主导的农业保险模式及我国农业保险法律建构［J］．东南学术，2013（5）．
［19］叶明华，汪荣明．风险认知、保险意识与农户的风险承担能力［J］．中国农村观察，2014（6）．
［20］叶明华．中国农业保险的赔付风险：风险测度与应对策略［J］．经济问题，2015（4）．
［21］张跃华，何文炯，施红．市场失灵、政策性农业保险与本土化模式［J］．农业经济问题，2007（6）．
［22］周县华．民以食为天：关于农业保险研究的一个文献综述［J］．保险研究，2010（5）．
［23］张祖荣．农业保险功用解构：由农户与政府边界［J］．改革，2012（5）．
［24］张伟，郭颂平，罗向明．风险演变、收入调整与不同地理区域农业保险的差异化需求［J］．保险研究，2013（10）．
［25］Babcock，B. A. Time to Revisit Crop Insurance Premium Subsidies?［J］. Center for Agricultural and Rural Development Publication，2011.
［26］Molua，E. L. Farm Income，Gender Differentials and Climate Risk in Cameroon：Typology of Male and Female Adaptation Options Across Agroecologies［J］. Sustainability Science，2011（6）：21-35.
［27］Mosehini，G.，Hennessy，D. A. Uncertainty，Risk Aversion and Risk Management for Agricultural Producers［J］. Handbook of Agricultural Economies，2001（1）：88-153.
［28］Mosley，P. and Krishnamurthy，R. Can Crop Insurance Work? The Case of India［J］. Journal of Development Studies，1995（31）：428-450.
［29］You，J.，Ozanne，A.，Walters，B.，Wang，X. B. Risk，Agricultural Assets and the Persistence of Poverty in Rural China［J］. Paper submitted to the 22$^{nd}$ CEA Conference，University of Oxford，2010（7）：12-13.

# 不同农业经营主体的农业保险需求研究*

王洪波

**摘要：**在我国农业规模化进程中，家庭农场、合作社、龙头企业等新型经营主体日益成为农业保险发展的重要力量。深入研究新型经营主体与传统农户在农业保险需求方面的异同点，探讨如何满足这种有效需求的问题，具有重大的理论和现实意义。本文利用保监会2014年的调研数据，采用Logit二元选择模型对各种经营主体的保险需求进行了对比分析，研究发现随着规模化经营的逐步推进，合作社、龙头企业等新型经营主体对农业保险的需求更为强烈，但他们多样化、高保障的保险需求并未得到满足。

**关键词：**合作社；龙头企业；新型经营主体；农业保险需求

## 一、引言

对一个要解决13.7亿人吃饭问题的农业大国，如何避免粮食产量和农民收入的剧烈波动，一直为世人所关注。实现这样的政策目标，必须推动农业保险创新发展，而推进农业保险健康发展的根本动力是提高农户对农业保险的有效需求，这已成为学界的普遍共识。

我国高度重视农业保险发展，自2004年以来连续12年发布中央1号文件，对农业保险的发展模式、经营原则、保费补贴、再保险、农业大灾风险分散机制等提出指导性意见，有力促进了我国农业保险的快速发展，以2007年至2014年为例，我国农业保险承保主要农作物从2.3亿亩增加到11.7亿亩，保费收入从51.8亿元增加到325.7亿元，农业保险赔付从32.8亿元增加到214.6亿元，农业保费补贴由21.5亿元增加到250.7亿元。

值得注意的是，随着农业现代化、城镇化、信息化的深入推进，我国传统农业面临向现代农业的加速转型。农业生产的高投入、高成本、高风险特征越来越明显，同传统农业相比，现代农业投入有机构成高、投入大，专业化和市场化程度高，同样风险对现代农业造成的损失远远大于传统农业（尹成杰，2015）。同时，在现代农业发展的内生需求驱动以及政策引导的共同作用下，新型经营主体快速发展，农业规模化经营的比例不断提高。截至2014年底，全国经营面积在50亩以上的专业大户有318

* 本文原载《价格理论与实践》，2016年第6期。

作者简介：王洪波，中国农业大学经管学院博士研究生。

万户，家庭农场87.7万家，农民合作社128.9万家，龙头企业12万多家，各类农业社会化服务组织超过115万个。传统的农业保险主要着眼于高度分散化的小农经营，已不能适应现代农业与新型经营主体的发展，突出表现在三个方面：一是农业保险产品体系单一、没有差异化，难以满足现代农业发展过程中多层次的风险管理需求。新型农业经营主体已经表现出不同于传统小农户经营的特点，但一直以来却没有针对它们的专属保险产品；二是农业保险产品的保障水平低，难以满足规模化经营主体的保障需求。传统保险产品的保险金额较低，甚至难以覆盖种植业的物化成本，不能适应现代农业高成本、高投入的生产特点；三是保障范围较窄，难以适应现代农业发展中出现的许多新情况、新需求（朱俊生，2015）。深入研究农业规模化经营背景下，不同经营主体的农业保险需求，具有一定的理论意义和现实意义。

## 二、文献综述

国外关于农业保险的探索起步较早，从20世纪30年代甚至更早就已经开始了理论方面的研究。保险需求理论主要以Neumann和Morgenstern等（1953）的期望效用理论为代表。20世纪80年代后，Knight和Coble（1997）研究了信息不对称条件下引起的逆向选择和道德风险问题，这些理论成为现代农业保险研究的基石。进入21世纪后，产生了大量紧贴生产实际和保险实践的实证研究，Serra和Goodwin（2003）研究发现，美国农民随着其初始财富增加到一定程度以后，其风险规避减弱，购买农业保险的动机降低。Sammy、Stephan（2009），Craig E（2011）等研究认为，农业保险的补贴政策对农业保险需求起重要促进作用。Ernest L. Molua（2011）认为农户的收入、风险厌恶情况与农业保险需求正相关，同时还受到年龄、性别等因素的影响。Smith和Glauber（2012）发现，随着1994年和2000年农业保险法的成功改革，提高了保费补贴水平和保障额度，从而极大地激发了农民参与农业保险的积极性。当然，美国等发达国家农户生产规模及财富存量等方面与我国有着非常大的差别，研究我国农业保险的需求问题主要还应结合我国自身的实际来进行（张跃华等，2007）。

国内关于农业保险需求的研究也很多，多数集中于对种植业的研究。聂荣、王欣兰等（2013）根据农业保险需求理论，利用Logistic模型对辽宁省农村入户调查数据进行了实证分析与检验。研究表明：是否购买医疗保险、是否购买养老保险、年收入等因素对农业保险需求有负向影响，而是否享受政府救济、家庭资产、保险认知、受教育程度等因素对农业保险需求有正向影响。李林、王健（2010）通过对河北省的实地调研，分析了农业保险的消费意愿，研究发现，灾害对农业生产的影响、分散风险方法、对农业保险的了解程度、农业保险服务满意度、农业保险的必要性、农业保险对产量的影响等对农业保险需求有正向影响，年龄、受教育程度和收入等的影响并不显著。王俊敏（2009）基于浙江省613户小规模农户的调查数据，研究了影响小规模农户参加政策性农业保险的因素，认为农户对农业风险的认知度和土地承包面积是影响其是否参加农业保险的最重要因素。王韧（2010）对湖南省农民投保农业保险意愿进行了实证分析，结果表明湖南地区农民收入来源及水平、农业损失程度、农民受教育程度、对农业保险的了解程度及政府财政补贴水平是主要影响因素。

这些研究都是对特定省份展开的，由于省情不同，得到的结论也不尽一致，比如李林对河北、王韧对河南的研究结论，对于“受教育程度”这个自变量，一个人的实证结果是“不显著”，而另一个人的研究为“显著”。为避免省份不同而造成的结论差异，寻找农业保险需求的共同决定因素，赵桂玲、周稳海（2014），孙维伟（2014）分别利用面板数据对农业保险数据进行了分析，赵桂玲认为人均生产总值无论是在长期还是短期，都对农业保险需求产生了显著的促进作用；耕地面积、当期赔付率等自变量对于“农业保险需求”的影响，长期来看呈显著正相关关系，短期影响很小；自变量“前期赔付率”无论是长期还是短期，都对“农业保险需求”产生了显著抑制作用。孙维伟的结论为，“农业保险需求”与“农业总产值”和“农村居民家庭人均纯收入”之间的联系紧密。

关于土地流转和规模经营背景下农业保险需求的研究，是最近一年才开始出现的。吴限、刘宁（2015）研究了土地流转背景下的农业保险需求，认为与单个农户经营自家土地不同，规模经营主体面临更加复杂的危险，规模经营主体和传统的经营主体对农业风险的感受和农业保险的需求会有很大的不同。尹成杰（2015）也认为随着农业经营体制改革深化，农业经营主体不断创新，催生了一大批种养大户、家庭农场、农民合作社、股份合作经济组织和农业龙头企业等新型农业经营主体，他们的经营模式和理念发生深刻变化，对农业保险的消费需求更为紧迫。这些研究，虽然关注到了农业规模化经营进程中不同农业经营主体在农业保险需求方面的差异，但仅限于理论层面的分析和推断，没有进行实证方面的研究。因此，本文将在前述研究的基础上，对农业规模化经营进程中，不同农业经营主体在农业保险需求方面的差异作实证研究。

## 三、理论模型与变量设计

### （一）模型选择

本文构建了不同经营主体参与农业保险意愿的 Logit 模型。Logit 模型不需要严格的假定条件，能够克服线性方程受统计假设约束的局限性，因此使用范围比较广泛。Logit 二元回归模型的因变量只有两种，为别为 0 和 1。在本文中，因变量为各经营主体是否有意愿参加农业保险，设为 $Y_i$，各经营主体有意愿参加农业保险 $Y_i=1$，没有则 $Y_i=0$。各经营主体有意愿参加农业保险的概率为：

$$Prob(Y_i)=p_i=\frac{e^{\beta_0+\beta_i X_i}}{1+e^{\beta_0+\beta_i X_i}}=\frac{1}{1+e^{-(\beta_0+\beta_i X_i)}} \tag{1}$$

式中，$X_i$ 表示各影响因素，即自变量。$\beta_i$ 为各影响因素的系数。由（1）式可得：

$$e^{\beta_0+\beta_i X_i}=\frac{p_i}{1-p_i} \tag{2}$$

（2）式为各经营主体愿意购买农业保险与不愿意购买农业保险的概率之比。对（2）式两边同时取自然对数，得到最终的线性回归模型，也就是 Logit 模型。

$$\ln\frac{p_i}{1-p_i}=\beta_0+\beta_1 X_1+\beta_2 X_2+\cdots+\beta_n X_n \tag{3}$$

## （二）变量选取

本文将不同经营主体是否参加农业保险的影响因素分为五类特征，分别是基本特征、经济特征、风险及风险管理策略、对农业保险的认知和接受程度、对农业保险产品及服务的需求。基本特征描述了经营主体间相互区别的组织特性，对分散经营的农户我们选取年龄和受教育程度 2 个变量，合作社选取社员数量、管理模式、购销模式 3 个变量，龙头企业选取企业性质和订单农户数量 2 个变量（表 1）。对于经济特征、风险及风险管理策略、对农业保险的认知和接受程度、对农业保险产品及服务的需求等四类特征，各经营主体选取相同的变量（表 2）。

**表 1　不同经营主体的基本特征**

| 基本特征 | | 测算方法 | 预测影响 |
|---|---|---|---|
| 农户 | 年龄 | 次序型变量（10～20 岁＝1，21～30 岁＝2，31～40 岁＝3，41～50 岁＝4，51～60 岁＝5，60 岁以上＝6） | 待定 |
| | 受教育程度 | 次序型变量（文盲＝1，小学＝2，初中＝3，高中＝4，职业学院＝5，大学＝6） | + |
| 合作社 | 社员数量 | 次序型变量（10 人以下＝1，10～20 人＝2，20～50 人＝3，50～100 人＝4，100 人以上＝5） | + |
| | 管理模式 | 次序型变量（合作社统一管理＝1，社员自行管理＝2，其他＝3） | 待定 |
| | 购销模式 | 次序型变量（由合作社统一购销＝1，社员自行购销＝2，其他＝3） | 待定 |
| 龙头企业 | 企业性质 | 次序型变量（私营企业＝1，民营企业＝2，国有企业＝3，股份制企业＝4，其他＝5） | 待定 |
| | 订单农户数量 | 次序型变量（100 户以下＝1，100～300 户＝2，300～500 户＝3，500～1 000 户＝4，1 000 户以上＝5） | + |

**表 2　不同经营主体的其他特征**

| 变量名称 | 测算方法 | 预测影响 |
|---|---|---|
| 经济条件 | | |
| 种植规模（亩） | 连续型变量，实际数据 | + |
| 总资产（元） | 连续型变量，实际数据 | + |
| 种植年限（年） | 连续型变量，实际数据 | 待定 |

（续）

| 变量名称 | 测算方法 | 预测影响 |
|---|---|---|
| 近三年年均毛收入（元） | 连续型变量，实际数据 | + |
| 近三年年均成本（元） | 连续型变量，实际数据 | + |
| 风险及风险管理策略 | | |
| 受灾损失（元） | 连续型变量，实际数据 | + |
| 灾后是否得补偿 | 两分类变量（是=1，否=0） | + |
| 灾后是否得到救济 | 两分类变量（是=1，否=0） | － |
| 农业保险认知与态度 | | |
| 有否获得赔款经历 | 两分类变量（有=1，否=0） | + |
| 是否了解投保信息 | 两分类变量（是=1，否=0） | + |
| 是否了解保险补贴政策 | 两分类变量（是=1，否=0） | + |
| 赔付速度满意度 | 次序型变量（很满意=1，较满意=2，一般=3，较不满意=4，很不满意=5） | 待定 |
| 保障额度满意度 | 次序型变量（满意=1，一般=2，保额偏低=3，保额太低=4） | 待定 |
| 赔付金额合理度 | 次序型变量（完全有根据性，科学合理=1，基本依据合同，但事前对合同的解释不清楚=2，按保险合同赔，但保险合同条款对农户不公平=3，没有按保险合同进行赔付=4） | 待定 |
| 赔付程序复杂度 | 次序型变量（简单方便=1，不太复杂=2，一般=3，较复杂=4，很复杂=5） | 待定 |
| 对农业保险产品及服务的需求 | | |
| 是否提供防灾防损服务 | 两分类变量（提供=1，不提供=0） | + |
| 最需要的保险保障程度 | 次序型变量（成本保险=1，产量保险=2，收入保险=3，价格保险=4） | 待定 |
| 最需要的保费收取方式 | 次序型变量（保险业务员上门收取=1，由村委会统一收取=2，由农协统一收取=3，在上一年销售农产品的收入中事前扣除=4，和其他账单一起支付（如电费、水费等）=5，保险公司通过银行卡划款=6，其他=7） | 待定 |

## 四、数据来源及其描述性分析

### （一）数据来源

本文数据来自保监会 2013 年底至 2014 年上半年组织的农业保险市场需求的调查，调查采取分层抽样的方法，既考虑到粮食主产区和非主产区、经济发达地区与不发达地区、不同省份的影响，也考虑到不同行业和不同主体的影响。调查涉及全国 30 个省、直辖市和自治区，分别面向区县政府、协办机构、龙头企业、合作社、农户等五类主体发放了调查问卷，重点选择对本地区农业情况和保险情况较为了解的人员作为调研对象。行业涉及种植业、养殖业、农产品加工、种子生产等。

在调查之前，先对调查员进行了调查培训。问卷采取实名制，每一份问卷均填写被调查者和调查员的具体联系方式，问卷统一收回后随机抽取5%的问卷进行电话回访，保证了问卷数据的科学性和可靠性。同时，为了更好地实现集中数据采集，提高问卷质量，本问卷将只采集确定时间区间内（2013.12.12—2014.02.12）的数据，在开始时间之前录入数据将不进入数据库，在截止时间之后录入数据也不进入数据库。

本次调查样本量大，共收回有效样本 16 017 个，其中有 14 247 家农户、445 家龙头企业、431 家合作社、374 个区县政府和 520 家协办机构。本文主要考察农户、龙头企业、合作社等经营主体的保险需求情况，选取的行业为种植业，故剔除其他行业的数据，最终选取 6 492 家农户、116 家龙头企业、114 家合作社的数据作为研究对象。

### （二）描述性分析

从农户、合作社和龙头企业的调查样本来看（表 3～表 5），两分类变量和次序型变量中，均值和方差差别较大的是赔付程序复杂度和最需要的保费收取方式，农户认为赔付程序复杂度的均值为 3.13，而合作社和龙头企业认为赔付程序复杂度的均值分别为 2.69 和 2.88。农户最需要的保费收取方式均值为 2.26，合作社和龙头企业最需要的保费收取方式均值分别为 2.62 和 3.39。

经济特征是不同经营主体差别最大的一类特征。农户（含农业大户）的平均种植面积为 46.6 亩，合作社为 293 633.2 亩，龙头企业为 431 333.8 亩，种植规模差距较大，引致近三年年均毛收入、年均成本和年均受灾损失的差距也较大（图 1）。农户

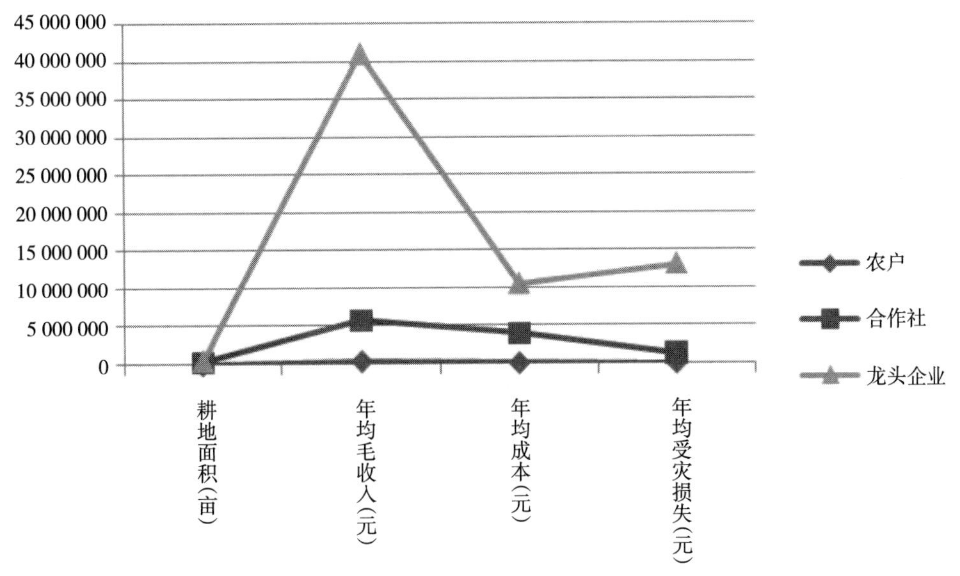


图 1　各经营主体的经济特征比较

平均种植年限为 24.16 年，合作社和龙头企业分别为 4.52 年和 13.61 年，合作社的平均种植年限最短，这是因为 2006 年全国人大通过《农民专业合作社法》后，我国农业合作社才得以迅速发展。

**表 3　农户有关变量的描述性统计**

| 变量名称 | 平均值 | 最大值 | 最小值 | 标准差 |
| --- | --- | --- | --- | --- |
| 基本特征 | | | | |
| 年龄 | 4.422 7 | 6 | 1 | 0.953 8 |
| 受教育程度 | 3.006 4 | 6 | 1 | 0.918 3 |
| 经济条件 | | | | |
| 耕地面积（亩） | 46.600 9 | 17 000 | 1 | 303.149 9 |
| 从事农业种植年限（年） | 24.16 | 70 | 1 | 11.062 0 |
| 近三年年均毛收入（元） | 389 837.9 | 900 000 000 | 0 | 13 614 029 |
| 近三年年均成本（元） | 120 396.6 | 150 000 000 | 0 | 2 985 591 |
| 风险及风险管理策略 | | | | |
| 近三年年均受灾损失（元） | 95 611.57 | 300 000 000 | 0 | 4 521 347 |
| 灾后是否得补偿 | 0.818 1 | 1 | 0 | 0.385 8 |
| 灾后是否得到救济 | 0.48 | 1.00 | 0.00 | 0.50 |
| 农业保险认知与态度 | | | | |
| 有否获得赔款经历 | 0.927 1 | 1 | 0 | 0.259 9 |
| 是否了解投保信息 | 0.800 5 | 1 | 0 | 0.399 7 |
| 是否了解保险补贴政策 | 0.948 0 | 1 | 0 | 0.222 1 |
| 是否了解索赔程序 | 0.823 8 | 1 | 0 | 0.381 0 |
| 赔付速度满意度 | 2.096 0 | 6 | 1 | 1.067 2 |
| 保障额度满意度 | 2.083 0 | 3 | 1 | 0.807 4 |
| 赔付金额合理度 | 1.691 5 | 4 | 1 | 0.813 8 |
| 赔付程序复杂度 | 3.130 4 | 5 | 1 | 1.147 9 |
| 对农业保险产品及服务的需求 | | | | |
| 是否提供防灾防损服务 | 0.695 8 | 1 | 0 | 0.460 1 |
| 保险保障程度 | 2.139 7 | 4 | 1 | 0.880 0 |
| 最需要的保费收取方式 | 2.264 5 | 6 | 1 | 1.179 7 |

**表 4　合作社有关变量的描述性统计**

| 变量名称 | 平均值 | 最大值 | 最小值 | 标准差 |
| --- | --- | --- | --- | --- |
| 基本特征 | | | | |
| 社员数量 | 2.965 5 | 5 | 1 | 1.497 7 |
| 管理模式 | 1.183 9 | 2 | 1 | 0.389 7 |
| 购销模式 | 3.006 4 | 6 | 1 | 0.918 3 |
| 经济条件 | | | | |
| 耕地面积（亩） | 293 633.2 | 25 000 000 | 0 | 2 679 696 |
| 从事农业种植年限（年） | 4.517 2 | 32 | 1 | 4.492 5 |
| 近三年年均毛收入（元） | 5 731 379 | 80 000 000 | 0 | 11 825 124 |
| 近三年年均成本（元） | 4 042 931 | 60 000 000 | 0 | 8 799 756 |
| 风险及风险管理策略 | | | | |
| 受灾损失（元） | 1 314 438 | 60 000 000 | 0.00 | 5 867 956 |
| 灾后是否得补偿 | 0.758 6 | 1 | 0 | 0.430 4 |
| 灾后是否得到救济 | 0.541 3 | 1.00 | 0.00 | 0.500 6 |
| 农业保险认知与态度 | | | | |
| 有否获得赔款经历 | 0.908 0 | 1 | 0 | 0.290 6 |
| 是否了解投保信息 | 0.873 6 | 1 | 0 | 0.334 3 |
| 是否了解保险补贴政策 | 0.965 5 | 1 | 0 | 0.183 5 |
| 是否了解索赔程序 | 0.896 6 | 1 | 0 | 0.306 3 |
| 赔付速度满意度 | 2.034 5 | 6 | 1 | 1.165 9 |
| 保障额度满意度 | 2.011 4 | 4 | 1 | 0.882 6 |
| 赔付金额合理度 | 1.724 1 | 4 | 1 | 0.858 5 |
| 赔付程序复杂度 | 2.689 7 | 5 | 1 | 0.956 1 |
| 对农业保险产品及服务的需求 | | | | |
| 是否提供防灾防损服务 | 0.666 7 | 1 | 0 | 0.474 1 |
| 保险保障程度 | 2.137 9 | 4 | 1 | 0.954 5 |
| 最需要的保费收取方式 | 2.620 7 | 7 | 1 | 1.760 3 |

**表 5　龙头企业有关变量的描述性统计**

| 变量名称 | 平均值 | 最大值 | 最小值 | 标准差 |
| --- | --- | --- | --- | --- |
| 基本特征 | | | | |
| 企业性质 | 2.076 1 | 5 | 1 | 1.324 5 |
| 订单农户数量 | 2.604 1 | 5 | 1 | 1.614 8 |

（续）

| 变量名称 | 平均值 | 最大值 | 最小值 | 标准差 |
|---|---|---|---|---|
| 经济条件 | | | | |
| 耕地面积（亩） | 431 333.8 | 40 000 000 | 0 | 3 564 658 |
| 从事农业种植年限（年） | 13.609 1 | 66 | 2 | 13.771 6 |
| 近三年年均毛收入（万元） | 4 102.451 | 630 000 | 0 | 44 997.6 |
| 近三年年均成本（万元） | 1 059.5 | 42 500 | 0 | 4 484.786 |
| 风险及风险管理策略 | | | | |
| 受灾损失（万元） | 1 319.063 | 100 000 | 0 | 8 364.627 |
| 灾后是否得补偿 | 0.710 7 | 1 | 0 | 0.454 6 |
| 灾后是否得到救济 | 0.447 3 | 1.00 | 0.00 | 0.498 0 |
| 农业保险认知与态度 | | | | |
| 有否获得赔款经历 | 0.868 0 | 1 | 0 | 0.339 3 |
| 是否了解投保信息 | 0.852 8 | 1 | 0 | 0.355 2 |
| 是否了解保险补贴政策 | 0.928 9 | 1 | 0 | 0.257 6 |
| 是否了解索赔程序 | 0.857 9 | 1 | 0 | 0.350 1 |
| 赔付速度满意度 | 2.121 8 | 6 | 1 | 1.476 1 |
| 保障额度满意度 | 2.086 3 | 4 | 1 | 0.935 5 |
| 赔付金额合理度 | 1.553 3 | 4 | 1 | 0.765 0 |
| 赔付程序复杂度 | 2.883 2 | 5 | 1 | 1.134 6 |
| 对农业保险产品及服务的需求 | | | | |
| 是否提供防灾防损服务 | 0.649 7 | 1 | 0 | 0.478 3 |
| 保险保障程度 | 2.106 6 | 4 | 1 | 1.117 5 |
| 最需要的保费收取方式 | 3.390 9 | 7 | 1 | 2.250 7 |

在“保险公司有必要提供防灾防损或防疫服务吗”的问题中，认为有必要的龙头企业占到 94.5%，合作社占到 92.6%，农户占到 90.7%。在“你认为政府所起的作用”的问题中，表示很重要的农户占到74%，合作社占到81%，龙头企业占到79%。在“最需要哪种保障程度的保险”问题中，各经营主体的需求见表 6。

**表 6　最需要的保险保障程度**

单位：%

| 经营主体 | 成本保险 | 产量保险 | 收入保险 | 价格保险 |
|---|---|---|---|---|
| 龙头企业 | 37 | 31 | 25 | 7 |
| 合作社 | 32 | 30 | 28 | 10 |
| 农户 | 26 | 41 | 26 | 7 |

## 五、估计结果及分析

利用 Eviews 8.0，对 Logit 模型使用稳健标准误进行回归，回归结果见表 7。

**表 7　模型回归结果**

| 变量名称 | 农户 | | 合作社 | | 龙头企业 | |
|---|---|---|---|---|---|---|
| | 系数值 | 显著性水平 | 系数值 | 显著性水平 | 系数值 | 显著性水平 |
| 基本特征 | | | | | | |
| 年龄 | — | — | −7.952 3①*** | 0.000 2② | — | — |
| 受教育程度 | 0.450 9*** | 0.000 0 | — | — | — | — |
| 经济条件 | | | | | | |
| 耕地面积（亩） | 0.004 9* | 0.087 6 | 0.012 6*** | 0.000 3 | 0.021 1*** | 0.009 6 |
| 近三年年均毛收入（万元） | 3.52E-08*** | 0.000 3 | 1.87E-06*** | 0.000 7 | 0.010 0*** | 0.000 3 |
| 近三年年均成本（万元） | — | — | 0.000 1*** | 0.000 2 | — | — |
| 风险及风险管理策略 | | | | | | |
| 受灾损失（万元） | 0.190 6*** | 0.002 8 | 1.40E-08** | 0.016 9 | 0.000 1*** | 0.009 7 |
| 灾后是否得补偿 | 1.033 7*** | 0.000 0 | 1.895 8*** | 0.002 1 | 3.890 8** | 0.016 6 |
| 灾后是否得到救济 | — | — | −13.278 3** | 0.033 5 | −1.509 6* | 0.063 0 |
| 农业保险认知与态度 | | | | | | |
| 有否获得赔款经历 | 1.219 0*** | 0.000 0 | 66.974 8*** | 0.000 4 | 5.119 5** | 0.029 6 |
| 是否了解投保信息 | 0.889 1*** | 0.000 0 | 17.396 0*** | 0.002 5 | — | — |
| 是否了解索赔程序 | — | — | 98.600 0*** | 0.000 2 | 6.616 6*** | 0.003 2 |
| 是否知道有保费补贴 | — | — | — | — | 2.897 3** | 0.021 0 |
| 保障额度满意度 | −0.439 9*** | 0.000 0 | −13.019 9*** | 0.000 9 | — | — |
| 赔付金额合理度 | −0.179 8 | 0.109 2 | −1.033 8*** | 0.008 1 | −0.902 1** | 0.040 6 |
| 赔付程序复杂度 | −0.105 8 | 0.121 7 | −10.420 0*** | 0.000 2 | −0.804 8*** | 0.003 6 |
| 对农业保险产品及服务的需求 | | | | | | |
| 最喜欢的保险保障程度 | — | — | — | — | — | — |
| 最需要的保费收取方式 | −0.147 2*** | 0.003 2 | 12.752 9*** | 0.000 5 | 0.593 8*** | 0.003 9 |
| 常数 | — | — | −120.230 4*** | 0.000 2 | −14.275 3** | 0.023 8 |

注：***、**、*，分别表示系数在 1%，5%和 10%的水平上显著；为使结果清晰，某些不显著的变量表中不再列出；①、②分别为合作社社员数量的系数和显著性水平。

下面，我们结合不同经营主体的几类特征逐项分析。

### （一）基本特征

对农户来说，受教育程度对农户投保有显著的正向影响，说明受教育程度越高，农户对风险的认知水平越高，投保积极性也越强。年龄对农户投保的影响不显著，这可能是由于农业生产中 41 岁以上的农民占到了 84.72%，这部分群体年龄较大，思想相对保守。对合作社来说，社员数量对合作社投保的影响为负值，且非常显著，这与预期相反。原因可能是：合作社是由社员民主管理的组织，社员拥有一人一票的投票权，社员数量的增加，并没有增加投保的权重。合作社的管理模式、购销模式和龙头企业的企业性质等均不显著，说明组织管理形式并没有对保险需求造成显著影响。其实，大多数的合作社和龙头企业都采取了“合作社＋农户”、“龙头企业＋农户”等模式，农户的保险需求对合作社和龙头企业具有重要影响。

### （二）经济条件

这一特征对不同经营主体的影响比较一致。耕地规模对农户、合作社和龙头企业均有正向影响，其中合作社和龙头企业的显著水平（0.000 3、0.009 6）要高于农户的显著水平（0.087 6），说明随着种植规模的扩大，合作社、龙头企业等新型经营主体参保的积极性要高于农户。

还有一个值得注意的结论是，普遍影响投保决策的是“近三年年均毛收入”，而不是“近三年年均成本”，这说明各经营主体即使生产成本投入较高，也只在认为“有余钱”的情况下才会投保，避险意识不强，多数仍存在侥幸意识。

### （三）风险及风险管理策略

受灾损失对不同经营主体的保险需求均有显著的正向影响，可见以往的受灾“创痛”可以换来主动避险的“教训”。是否得到补偿对各经营主体的保险需求均有显著的正向影响，只有当灾害发生后，保险公司按照合同条款依法履约，才能保证以后农业保险的继续，如果保险公司不能履约，势必严重伤害投保人的积极性，导致参保行为中断、农业保险停滞。

理论上讲，灾后政府的救济是农业保险的一种替代，应该对各农业经营主体的保险需求产生负向影响。但从实证的结果来看，灾后是否得到救济只对合作社和龙头企业产生了显著影响，说明合作社、龙头企业相对农户更符合经济学的“理性人”假设，在农业生产经营包括农业保险中的决策更科学合理。

### （四）农业风险认知与态度

有否获得保险赔款经历对各经营主体都有显著的正向影响，有投保经历的农业经营主体，对保险的风险保障功能感受更深，更愿意通过保险方式分散农业生产经营中面临的风险，即投保经验对选择农业保险具有推动作用。

从“是否了解投保信息”、“是否了解索赔程序”、“是否知道有保费补贴”三个变量来看，农户更关注农业保险的前期环节（如保费、保险合同及身边农户参保情况等），龙头企业则更关注保费补贴和农业保险的后期环节（索赔、理赔等），合作社则介于二者之间。

从“保障额度满意度”、“赔付金额合理度”、“赔付程序复杂度”三个变量来看，几乎都对各经营主体保险需求产生了负向影响，表明有改进提高的必要。保障额度满意度对龙头企业虽不显著，但在“如果保险公司提升保额，同时您应交保费也同比例提升，请问您愿意吗”的调查中，表示愿意的农户占 54.7%，合作社占 84%，龙头企业占到 80%，说明龙头企业确有提升保障额度的诉求。

### （五）对农业保险产品及服务的需求

这一部分特征反映了主观意愿对保险需求的影响，由于投保与否是根据实际情况作出的判断，所以可依据变量是否显著来反映意愿与实际情况的差距。最喜欢的保险保障程度对各经营主体均不显著，表明需求与实际之间出现脱节，农业保险保障水平与直接物化成本存在较大差距，调查也印证了这一点，保障程度不足物化成本一半的占到了 69.3%，各经营主体多样化的农业保险需求（表 6）没有得到满足。

从最需要的保费收取方式看，它对农户的影响为负，对合作社和龙头企业的影响为正，即实际的保费收取方式与合作社和龙头企业的意愿相符、与农户意愿相悖。根据保费收取方式变量的赋值情况，可知农户更倾向于保险业务员上门收取和村委会统一收取等方式，而合作社和龙头企业更倾向于银行卡划款等现代化的支付手段，这是由交通等基础设施和信息化水平差异导致的。

虽然各主体都认为政府作用非常重要，但农户对政府作用的评价在模型中并不显著，说明政府在农户参保中的实际作用与农户愿望差距很大。依据模型，政府在合作社和龙头企业参与保险过程中所起的作用是显著的。

## 六、研究结论与启示

本文通过 Logit 模型，对 6 492 家农户、114 家合作社和 116 家龙头企业的种植业保险需求进行了对比分析，结论如下：第一，合作社、龙头企业等新型农业经营主体对农业保险的认识更深入、更理性，但组织化程度还不高，主动投保或者影响带动农户投保的积极性仍待加强，普遍存在“重经营、轻风险”的现象。第二，随着经营规模的扩张，各经营主体对农业保险的需求均有上升，但合作社、龙头企业等新型经营主体的需求更为强烈。第三，方便快捷是各经营主体参保的共同要求，其中农户更关注保险合同和保险条款等前期环节，合作社、龙头企业等新型经营主体更关注理赔手续和赔付效率等后期环节。第四，有投保经历的农业经营主体更愿意参与农业保险，政府的宣传引导有利于促进农业保险的良性循环。第五，各经营主体的多样化保险需求没有得到满足。

根据以上结论，我们得到以下启示：

一是提高新型经营主体的组织化程度，建立与农户的利益共担机制。以龙头企业为例，通过完善和优化农业产业化经营的利益联结机制，使得企业和农户的利益趋于一致，通过龙头企业整合农业生产产业链，由龙头企业投资农业保险；实行返租倒包和农户土地入股的，可由龙头企业对生产基地进行农业保险的投保，也可由龙头企业与农户协商承担。

二是加快土地承包经营权流转，提升规模化种植水平。在确保农村土地承包关系长期不变的基础上，加强土地承包经营权流转管理和服务，健全流转市场，在依法自愿有偿流转的基础上发展多种形式的适度规模经营，鼓励发展农村土地股份合作，支持发展专业大户、家庭农场、农民专业合作社等新型经营主体，促进土地规模化经营，带动农业保险的有效需求。

三是强化基层服务体系建设，简化农业保险经办手续。发挥好基层政府和协办机构的作用，探索研究制定农业保险机构与基层公益性农业服务体系的合作机制，推动保险公司与他们联手合作，减少经办环节，简化理赔手续，提高投保和赔付的时效。严格落实好“三到户、五公开”规定，使各经营主体及时准确了解有关信息，增强工作的透明度。积极推进信息化建设，可以探索利用网上银行、支付宝、微信等现代化的支付手段来缴纳保费、领取赔付资金。

四是加强宣传引导，提高各经营主体的保险意识。针对农业保险认知度不高、投保意愿不强及对政策不了解等实际，通过报纸、广播、电视、报纸等大众媒体，特别是在主要作物投保的关键月份，通过宣传横幅、展板、发放明白纸等形式，向各经营主体宣传农业保险知识和农业保险政策，提高农业保险认知度，引导各经营主体参加农业保险，提高农业保险的覆盖率。

五是坚持需求导向，增强保险产品的针对性。我国农户规模小、数量多，提供“广覆盖、低保障”产品仍然是我国农业保险政策的首要任务。但随着各类新型经营主体数量的不断增加，包括种养大户、家庭农场、合作社、龙头企业在内的新型经营主体已经成了现代农业建设的重要组成部分。新型经营主体与传统农户相比，种植产品个性化特征明显，经营规模大，投入资金多，风险相对集中，对保险保障程度的需求更具多样性。因此，应该按照经营主体的组织属性设计能够满足更高需求、提供更高保障水平的保险产品，供不同的经营主体自由选择。

## 参考文献

[1] 李林，王健．农业保险消费意愿的实证分析——基于河北省的实地调研［J］．保险研究，2010（3）：92-94.

[2] 聂荣，王欣兰，闫宇光．农业保险有效需求的实证研究——基于辽宁省农村入户调查的数据［J］．东北大学学报，2013（9）：471-477.

[3] 孙维伟．农业保险发展因素的再思考——基于人保财险在各省市的面板数据［J］．保险职业学院学报，2014（2）：92-95.

[4] 王敏俊．影响小规模农户参加农业保险的因素分析——基于浙江省 613 户小规模农户的调查数据［J］．中国农村经济，2009（3）：38-44.

［5］王韧．基于农民投保农业保险意愿的实证分析——以湖南省为例［C］//第五届中国保险教育论坛论文集，2010.

［6］吴限，刘宁．农地流转下经营主体的农业保险需求［J］．合作经济与科技，2015：53-55.

［7］尹成杰．关于推进农业保险创新发展的理性思考［J］．农业经济问题（月刊），2015（6）：4-8.

［8］尹成杰．关于推进农业保险创新发展的理性思考［J］．农业经济问题（月刊），2015（6）：4-8.

［9］赵长保，李伟毅．美国农业保险政策新动向及其启示［J］．农业经济问题，2014（6）：103-109.

［10］赵桂玲，周稳海．基于面板数据农业保险需求的影响因素［J］．江西农业科学，2014，42（6）：409-411.

［11］朱俊生．农业保险财政补贴的新形势、新要求和新任务［N］．中国保险报，2015-08-10（7）.

［12］张跃华，史清华．农业保险需求问题的一个理论研究及实证分析［J］．数量经济技术研究，2007（4）：65-75.

［13］Ernest L. Molua. Farm income，gender differentials and climate risk in Cameroon：typology of male and famale adaptation options across agroecologies［J］. Sustainability Science，2011，6（1）：21-35.

［14］Glauber. J. W & Keith J. Collions. Crop Insurance，Disaster Assistance，and the Role of the Federal Government in Providing Catastrophic Risk Protection［J］. Agriculture Finance Review，Fall 2002：82-103.

［15］Neumann J. V.，O. Morgenstern. Theory of Games and Economic Behavior［J］. Princeton University Press，1953.

［16］Sammy Zahran，Stephan Weiler，Samuel D. Brody，Michael K. Lindell，Wesley E. Highfield，Modeling National Flood Insurance Plocy Holding at the County Scale in Florida，1999—2005［J］. Ecological Economics，2009，(68)：2627-2636.

［17］Serra，T.，B. K. Goodwin，A. M. Featherstone. Modeling Changes in the U. S. Demand for Crop Insurance during the 1990s［J］. Agricultural Finance Review，2003，63（2）：109-125.

［18］Smith，V. H.，Glauber. J. W. Agriculture Insurance in Developed Countries：Where Have We Been and Where We Are Going［J］. Applied Economic Perspectives and Policy，2012，34（3）：363-390.

［19］Thomas O. Knight and Keith H. Coble，Survey of U. S. Multiple Peril Crop Insurance Literature Since 1980［J］. Review of agricultural economics，1997（19）：128-156.

# 浙江省农业互助保险经验与案例分析

课题组

**摘要**：2008 年，浙江省政府发布《浙江省人民政府关于在全省开展政策性农业保险的通知》，进一步推进了农业互助保险的纵深发展。在各市、区、县的试点实践中，涌现出渔业、金华奶牛、衢州生猪、三门青蟹、临安山核桃等多种类型和品种的互助保险。课题组于 2015 年 9 月、10 月分别赴慈溪、衢州、金华等地对慈溪南美白对虾、衢州生猪和金华奶牛互助保险进行了实地调研。

**关键词**：农业保险；互助保险；经验分析

## 第一部分　慈溪、金华、衢州三地开展农业互助保险基本情况

根据浙江省农业软科学课题，课题组首先对慈溪市南美白对虾养殖疫病互助保险进行了调研，通过座谈会及相关资料查阅，对慈溪南美白对虾养殖疫病互助保险的开展情况及其存在问题进行了了解。

### 一、慈溪白对虾养殖疫病互助保险开展情况

慈溪白对虾养殖疫病互助保险自 2010 年起开展，保险规模由起初的 8 000 余亩增加至今年的 22 000 余亩，保额从 3 000 元提高至 5 000 元，政府支持力度也不断加大。白对虾养殖疫病互助保险以宁波市渔业互保协会为保险人主体，具体工作由慈溪市海洋与渔业局组织实施。经过近 5 年的试点工作，已取得了初步的成功。

#### （一）基本情况

**1. 组织机构**

慈溪市白对虾养殖疫病互助保险由市渔业互保协会领导、渔业主管部门负责、技术推广部门具体落实。慈溪市海洋与渔业局成立了以局长为组长、分管局长为副组长，成员有试点乡镇分管农业的副镇长、渔业科、水产技术部门负责人的保险工作领导小组。同时，根据互保工作需要，建立了互助保险现场勘查组和保险专家

作者简介：课题组成员：浙江大学张跃华，浙江财经大学叶晓凌，浙江大学薄海、张诗楠等。

组。现场勘查组分区域由水产技术中心技术人员为主组建，具体负责保险受理、现场勘查、赔付计算等工作。专家组负责现场勘查理赔出现的争议裁决，并解决试点过程中出现的技术性问题。2010 年保险人主体由慈溪虾业协会承担，为使保险工作更加规范，以及便于以后的推广，2011 年经批准保险人改为宁波市渔业互保协会负责。并且随着互保面积的扩大为解决管理力量不足的问题，由市互保协会发文聘请了规模渔场负责同志为保险协管员，协助推广中心技术人员完成保险的有关工作。

**2. 资金运营**

（1）保费来源：保额为每亩 5 000 元，保险费率为保额的 8%，即每亩的保费为 400 元；保费的缴纳按上级部门补一点，当地政府配一点，投保人缴一点的办法进行。具体组成为：宁波市补助 32.5%，即 130 元/亩；慈溪市配套补助 32.5%，即 130 元/亩；投保人承担 35%，即 140 元/亩。

（2）大灾基金：大灾基金包括从当年宁波市南美白对虾养殖疫病互助保险保费中提取的 10%，上年度大灾基金结余，以及本年度宁波市南美白对虾养殖疫病互助保险基金的结余。

（3）工作经费：由于该项工作量大面广，预计费用支出较大。采用从筹集保险保费中按 8%比例提取的办法。主要用于三个部分：一是工作经费，如，检测设备、会议培训等支出；二是工作人员的补助，共 30 余人，包括交通、联络补助等；三是奖励，对赔付率低、工作好的渔场及协管员进行奖励。

**3. 定损理赔**

水产养殖保险难以解开的关键症结是养殖产品在水下损失难以计数、理赔定损工作难度大。通过反复观察实践，慈溪最后确定以养殖池塘塘底每平方米死虾只数作为定损的主要依据，具体而言，随机抽取池塘 4 个点，采取三角抄网塘底捞虾的操作方式，同时确定轻、中、重度损失等级对应的标准（轻度损失赔率为该时段标准的 15%，中度损失赔率为该时段标准的 30%，重度损失赔率为该时段标准的 80%），作为现场勘查的判断依据。

投保人的每口池塘在保险责任期限内只准报案一次，赔付在保险期结束之后统一进行。保险期限起始二十日内免赔。普通池塘第二十一日损失标准价为 820 元/亩，以后每递增一日损失标准价也依次增加 20 元/亩；大棚池塘第二十一日损失标准价为 828 元/亩，以后每递增一日损失标准价也依次增加 28 元/亩。当本年年度损失评估总额未超过互保基金时，按单位损失评估金额进行赔付；当本年年度损失评估总额超过互保基金时，按互保赔偿比例进行赔付。

在南美白对虾保险工作中，保险人根据白对虾养殖生产实际以及保险工作的要求，设计并不断改进程序和办法：一是根据白对虾养殖生产季节特点，设计了从动员培训、合同签订、定损理赔、公示兑付及总结评价等一系列的工作流程；二是在定损阶段，规定了从报案受理、现场抽样定损、争议解决和结案归档一套办法；三是具体制定了现场定损理赔程序与出险情况统计以及监督管理等一系列制度。

**表 1　南美白对虾死亡损失程度定损等级标准**

| 死亡损失程度等级 | 抽样标准（尾/平方米） | 损失赔率（%） |
| --- | --- | --- |
| 轻度 | 5～20 | 15 |
| 中度 | 20 以上～40 | 30 |
| 重度 | 40 以上 | 80 |

#### 4. 保险试点情况

**表 2　养殖保险年间情况对比表**

| 年份 | 投保面积 | 场数 | 塘数 | 发病率（%） | | | | 赔付折扣 | 定损赔付率 |
| --- | --- | --- | --- | --- | --- | --- | --- | --- | --- |
| | | | | 合计 | 重度 | 中度 | 轻度 | | |
| 2010 | 8 600.934 | 18 | 1 144 | 68 | 15.3 | 32.6 | 20.2 | 0.285 | 3.497 |
| 2011 | 17 548.99 | 20 | 1 457 | 59 | 28 | 19 | 12 | 0.63 | 1.588 |
| 2012 | 18 312.54 | 21 | 1 637 | 55.2 | 6.3 | 21.1 | 27.8 | 1 | 0.962 |
| 2013 | 21 208.18 | 21 | 1 918 | 64.09 | 1.18 | 19.74 | 42.57 | 1 | 0.8637 |
| 2014 | 21 596.13 | 21 | 1 920 | 69.48 | 3.06 | 23.06 | 43.3 | 1 | 0.924 |

注：定损赔付率计算时基数已扣除 8%的工作经费和 10%的大灾基金。

经过不断地探索调整，目前慈溪市南美白对虾养殖疫病互助保险基金运营基本保持稳定，能提供有效保障，赔付率也趋向于稳定，保险模式可持续健康发展。

由表 2 数据可知，慈溪南美白对虾养殖疫病保险的保险规模不断扩大，保险试点运营前两年由于数据经验缺失，风险控制能力较弱。经过几年的经验积累，南美白对虾发病率情况得到了科学地掌握，定损科学化规范化，有效地控制了风险，保证了基金的健康持续运营。

### （二）运营优势

#### 1. 成熟的组织形式

慈溪采用“渔业互保协会运作、渔业主管部门牵头负责、水产技术推广部门配合支持”的组织形式。水产养殖保险风险大，技术要求高，一般以营利为目的的商业保险公司都不愿承接。慈溪以市渔业互保协会为保险经营主体，以行业专业技术部门为技术支撑。这种组织形式优势较多：一是管理经验丰富，慈溪市渔业互保协会在渔业互保方面积累了丰富的经验，并且具备一定的资金实力，有能力承担起全市养殖保险的管理和推广任务。二是费用低廉，渔业互保不是以营利为目的，所以仅按保险资金的 8%提取工作经费，而保险公司至少按 18%提取。三是技术力量强，养殖保险专业技术要求高，无论是保险的设计，还是定损理赔都需要水产专业技术人员参与，并且养殖保险量大面广，需要一支与其相适应的专业技术队伍。四是群众信任度高，渔业互保协会、渔业主管部门和渔业技术推广部门长期以来坚持为“渔民”、“渔业”、“渔村”服务的理念，对“三渔”感情深，情况熟，威信高。

**2. 适宜的运行模式**

慈溪采用“低赔付、广覆盖、可持续”的保险模式，符合养殖保险特点和规律的运作模式。南美白对虾发病率高，有系统风险的倾向，养殖产品险与一般渔业财产险（如渔船、大棚等）的风险类型有着明显不同。通过保费封闭运行，虽然有单位赔付额较低的缺陷，但也有赔付受益面广，运行稳健的优点。开展试点以来，在自愿保险的前提下，群众仍有较高的投保积极性，能保证运行的平稳持续。

**3. 有效的风险控制**

慈溪采用“互保互助共济、资金封闭运行”、强化考核监督等措施，有效控制养殖保险风险。水产养殖保险具有它的特殊性，养殖生物在水下很难观察估算，并且养殖池塘量大面广、难以监管，保险双方“信息不对称”，同时保险人对白对虾发病规律掌握资料不多，控制财务风险和道德风险是开展南美白对虾疫病保险的工作重点。为此，围绕控制风险的具体措施：一是保险资金的运作采取“单品种封闭式”，保证试点的财务安全，并建立大灾基金应对大灾；二是保险采用“互保互助共济”的模式，以“一人保大家，大家保一人”的方式开展，养殖户既是被保险人同时又是保险人，容易形成养殖户之间的互相监督机制，最大限度地规避道德风险和逆向选择；三是采取严格的考核管理办法和严密的定损抽样程序；四是聘任渔场公道正派的同志为保险协管员，以此来严格控制风险。

**4. 科学的定损模式**

慈溪采用比较正确、便捷的定损方法。水产养殖保险的难点在于出险后勘查定损难。对出险报案的池塘发病损失程度采用抽样调查方法进行确定，及时、简便、准确。与产量收益法、死虾称重法相比更能规避道德风险，并且不会制约后期生产（如补苗）。同时每年生产结束后，组织对参保池塘对虾产量进行统计分析，经发病程度与平均产量之间方差分析，证明定损发病程度与收获白对虾的平均产量之间有极显著的差异（F 值 31.2，P 值 8，76E-19），也证明了定损方法的可靠性。

### （三）存在问题

经过多年摸索，慈溪市南美白对虾养殖互助保险工作取得明显成效。但根据调研情况以及同险种互助模式比较来看，还存在一些问题有待改进。

**1. 由政府机构全权运作，加重职能部门工作压力**

由于白对虾的高风险特点，商业保险公司涉足该险种的意愿不强，政府部门不得不兼职落实此项工作。而且白对虾出现面广，定损难度大，加重了政府相关部门的工作负担，还增加了农户上访风险。此外，由于政府部门工作负荷能力有限，保险规模受到一定程度制约，对定损理赔环节也有一定程度的影响。

**2. 缺少行之有效的考核机制**

目前无论对于养殖户还是查勘的技术人员均未制定考核办法，以规避道德风险。在实际工作过程中，由于负责查勘的技术人员的工作职能无切实的法律依据支持，在无奖惩措施的情况下，易发生道德风险。同时未对参保养殖户进行道德风险防范，一旦发生假赔案，仅取消该次赔付作为处理，也无法有效规避道德风险。

**3. 未从源头加强虾农养殖技术，形成标准化管理**

由于只要符合条件的养殖者均能参加互助保险，参保人未形成规模化管理，故虾农的养殖技术参差不齐，在苗种的引进、饲料和药物选择以及管理技术等方面存在较大差异，防灾防损的力度，养殖技术的高低在一定程度上导致赔付的公平性出现问题。

**4. 对财政补贴的依赖性大，风险管理意识不强**

目前慈溪市已有市、县两级财政补贴，部分地区达到市、县、乡镇三级补贴，补贴力度最低已达到 65%。无论是具体操办的政府机构还是养殖户均对政府财政补贴的依赖性较强，未从根本上转变对风险管理的认识，没有采取行之有效的措施进行防灾防损，以实现控制赔付率、降低保费的目的。

### （四）基于慈溪调研的建议

**1. 积极鼓励保险公司介入互助模式**

保险公司的介入能对虾类养殖的防灾防损提出更高要求，通过其专业性优势，能在帮助水产养殖户提升风险防范能力、提高养殖技术上发挥积极作用，同时政府机构参与推动，不仅减轻政府职能，还能产生良好的社会效益和经济效益。

**2. 强化互助保险的准入机制**

互助保险以合作社为单位作为准入条件，便于保险人对参保者进行规范管理，更易发挥互助保险的自治功能，通过合作社成员间相互借鉴技术、管理模式，逐步提高虾农养殖利润。

**3. 提高虾农养殖技术，形成标准化管理**

由海洋与渔业局、渔业互保协会、水产推广中心强强联动，对参保养殖户的养殖提出统一标准。从苗种引进、饲料及药物、生产技术、管理技术等各方面建立规范化水产养殖体系。

**4. 建立健全渔业互助保险政策**

针对基层技术人员参与互助保险工作无法律依据的事实，继续完善互助保险政策，提高基层技术人员工作积极性。同时对于水产养殖查勘人员以及水产养殖者存在的道德风险，建立相应的考核办法、奖惩条例，进一步规避道德风险。

## 二、金华奶牛风险互助合作保险调研

奶牛乳品业是金华市农村经济的优势产业。2004 年，全市存栏奶牛 3.54 万头，占全省奶牛存栏数的 46%。牛奶产量 10.72 万吨，占全省牛奶产量的 42%，当年全市奶牛产值达 18.3 亿元。为促进金华市畜牧业的健康持续发展，自 2005 年起金华市开始筹备奶牛风险互助合作保险。2006 年 6 月奶牛互助保险正式启动，成立之初得到各级政府的大力支持，省政府一次性补助 150 万元，市政府三年共计补助 300 万元（因款项用途原因，两笔款项均未使用），由金华市奶牛互保协会负责互助合作保险的相关工作。2010 年起，奶牛保险纳入共保体，由中国人保财险金华市分公司负责运作，互保协会参与协助，负责宣传组织动员、养殖情况调查、基础数据提供、疫病防控指导及重大疾病鉴定等工作。

## （一）奶牛互助保险基本情况

金华市奶牛互助保险共承保了 2006—2010 五个年度。2006 年至 2010 年，金华市区累计参保奶牛 13 149 头，实际理赔头数 15 头，不符合理赔规定而拒赔的 10 头。其中，2006 年全年共 3 个规模养殖场参保，共计参保头数 2 360 头，理赔 1 头；2007 年参保场（户）扩大至 9 家，参保奶牛达 2 779 头，理赔 1 头；2008 年参保户数发展到 12 家，参保奶牛 3 010 头，实际理赔 6 头；2009 年参保场户 2 家，参保奶牛 2 500 头，2010 年续保 2 500 头。2006—2010 年参保率分别达到 7.68％、9.98％、9.74％、8.76％、8.3％。

**1. 组织领导**

金华市奶牛互助合作保险的管理机构由奶牛互助合作保险机制建设工作协调小组、奶牛互保协会、奶牛死亡鉴定专家委员会、奶牛参保及死亡审核机构等组成。

**2. 参保对象**

金华市区（含婺城区、金东区、开发区）范围内 4 月龄以上，7 周岁以下的健康奶牛（需持当地动物防疫监督机构签发的“奶牛健康证”，及金华市畜牧兽医局畜产品质量安全检测中心或具有法定资质的疫病检测机构在投保之日前一个月内出具的“两病”阴性检测报告方可申请参加奶牛风险互助保险）。

**3. 保额及费率**

标准费率为 6％（国家补贴 60％、个人承担 40％，国家补贴未执行），保额分四档：1 000 元/头、3 000 元/头、5 000 元/头、7 500 元/头。

**4. 补偿金额及补偿范围**

奶牛死亡补偿标准为保额的 50％。补偿范围为强制免疫引起的死亡，包括因牛出血性败血症、魏氏梭菌、牛流行热、中暑及口蹄疫、布病、结核病等国家规定强制扑杀引起的死亡（其中布病、结核病、中暑三病为 2007 年奶牛风险互助金管理办法修改后增加；2009 年由于疫病管控问题，理事会讨论取消口蹄疫、布病、结核病，增加牛出血性败血症和魏氏梭菌）。

**5. 风险互助金使用和管理**

使用数额以当年的风险互助金和上年度风险互助金结余总额的 80％为限，不得超额；当理赔额超过互助金总额的奶牛 80％时，理赔金额按每头死亡奶牛平均分配，但不得超过互助金总额的 80％；上半年参保奶牛发生理赔范围内大量死亡（100 头以上）时，理赔首付 70%，其余 30%视互保金结余额度而定。

互保协会每年提取奶牛风险互助金收入总额的 5%作为日常业务经费。

**6. 奖励措施**

凡对防疫及相关工作（如免疫注射、消毒、隔离、检疫、检测等）支持配合并且成效显著，一年或两年内未发生理赔的，可免交或少交下一年的保费：

参保奶牛在 500 头（含）以上的奶牛养殖场（户），在入保当年未发生理赔的，按自交保费的 70%返还；参保奶牛在 200 头（含）以上的养殖场（户），在入保当年未发生理赔的，按自缴保费的 50%返还；参保奶牛在 100 头（含）以上的养殖场（户），在入保当年未发生理赔的，按自缴保费的 30%返还；参保奶牛在 50 头（含）以上的养殖场（户），在入保当年未发生理赔的，按自缴保费的 20%返还。

与此同时，对参保户奶牛强制免疫的疫苗（口蹄疫、牛流行热等疫苗）费用，实现有条件的免费：保费缴纳 180 元/头的实行免费，缴纳 120 元/头的减免 50%，缴纳 72 元/头的减免 30%，缴纳 24 元/头的减免 10%。

**7. 残值归属**

2006 年残值归属奶农，2007 年归属协会，2009 年取消归属。

### （二）主要保险措施

金华奶牛养殖业在养殖效益下降、饲养成本上升的大环境下，通过互保机制的运作，仍迅猛发展，奶牛单产持续增高，由互保前的单产 5 500 千克提高至目前的6 000 千克以上，粗蛋白、乳脂率等鲜乳指标均有大幅度提高，细菌、体细胞等大幅下降，同时规模化水平不断提高，散养户由实施保险前的 2 836 户，下降至目前的 1 000 余户，有利确保了奶牛业健康稳定发展。

**1. 有效宣传**

互保作为新生事物，奶农并不十分了解，市奶牛互保协会入场进户进行一对一宣传，同时借助各类会议及培训班，科技下乡服务活动以及购销冻精的契机，扩大互保影响力。

**2. 在实践中摸索，在摸索中完善**

金华作为全省重要的奶牛养殖基地，养殖结构复杂，规模大小不一，不同规模的业主对保险的需求、要求均不同。协会深入养殖场（户）和小区，在了解农户对互保的反馈意见的基础上，每年至少三次到全市大型奶牛场探讨保险方案，在实践中逐步完善奶牛互助保险机制。

**3. 有较为健全的内部管理制度**

金华市奶牛互保协会自成立之初，建立健全了一系列内部管理制度，如《奶牛风险互助金管理办法》、《奶牛死亡补偿管理办法》、《补偿操作规程》、《档案管理制度》、《业务操作规程》、《证件印章票据管理制度》等，规范了奶牛互助保险运作体系，同时对入会会员、参保奶牛的审核，报案受理及调查，补偿给付，奖励补助和返还都有严格的标准。

**4. 创新服务，提高互保成效**

一是建立奶牛健康档案，实行网络化管理；二是开展技术培训，推广奶牛标准化饲养技术；三是实施奶牛良种项目，扩大高效优质冻精使用面；四是加强重大疾病的防控，强制推广流行性感冒疫苗免疫，从生产源头上提高奶牛养殖水平。

互保协会实施的多项服务推动了奶牛疫病防控，落实了养殖生产的规范化管理，降低了奶牛养殖的风险。

## （三）奶牛互保模式中存在的问题

**1. 奶农参保积极性较低**

（1）养殖成本高，养殖效益低。由于国内饲料成本、人力成本的提高，导致奶牛养殖成本增加，同时受到三鹿奶粉事件、外来乳制品冲击，养殖效益下降。

（2）奶牛死亡具有较为特殊的风险特征。根据近几年的数据统计来看，没有大的疫病发生时奶牛养殖的死亡率在1%左右。由于死亡的头数很少，养殖户（尤其是规模场）往往获得的赔付远少于缴纳的保费。无疫情发生时，一两头奶牛死亡对规模场大户来说是很小的损失，有的大户也不愿申请赔偿。当发生较大的疫情时，奶牛死亡数量较多，但由于国家疫病管控的原因，某些流行疫病发生后不能公开，造成的损失得不到保险赔付。

（3）保费较高，保额较低。由于在筹备之初，设想由省、市两级政府进行保费补贴，然而在实际运作过程中，市级财政部门规定财政资金不能用于保费的补贴，导致奶农的保费补贴无法落实，财政补助形同虚设，奶农自缴保费高。同时互助保险的保额过低，一头奶牛的物化成本在 10 000～30 000 元/头，而保险条款中，保额最高 7 500元/头，且补偿金额仅 3 750 元/头。

**2. 参保病种有争议**

中小规模与大规模业主要求列入参保范围的疫病种不同，大规模业主由于养殖管理较为完善，更侧重于保大病，重点考虑保费承受能力；而中小规模业主尤其是小户，更看重补偿，希望扩大病种的补偿范围。

**3. 无害化处理技术未跟上**

无害化处理可以方便奶牛保险的勘察理赔，具有十分重要的意义。规模养殖场一般建有化尸池，化尸池一般仅能用于处理小牛，对大体积奶牛养殖场仍采用深埋的方式。深埋时需要雇佣挖掘机，不仅成本较高，还容易造成环境污染。对没有化尸池的小农户而言，只能采用深埋方式处理病死奶牛。但小户填埋能力有限，加之法律意识薄弱，容易导致病死牛流入市场。目前金华市正在筹备建造无害化处理中心，然而就选址、建造规模、处理方式等均未达成统一意见。

**4. 缺乏对奶牛互保险的财政支持**

“共保体”开办的奶牛保险都得到了各级财政支持，2012 年确定为中央财政险种，奶农自缴保费15%即可。而参加互助保险没有保险费补贴，在政策支持不平衡的情况下，奶农会自愿选择具有高保费补贴的共保模式。

### （四）金华市奶牛互助保险与政策性奶牛保险的比较

在国家政策支持力度方面，政策性奶牛保险获得的补贴力度比较大，奶农只需自缴保费的15%；而奶牛互助保险尽管申请到省级、市级的配套资金，但由于政策原因不能用于保费补贴，成为了限制互助保险发展的一大原因。

在查勘方面，互保协会以畜牧兽医局为依托，采用协会专业鉴定人员现场查勘定损的方式，防范道德风险的效果较好。而共保由于查勘人员的专业性问题，死亡鉴定较为困难，一般由保险公司根据奶牛死亡照片进行赔付。金华市在开办政策性奶牛保险之初也存在着一定的道德风险问题。由于国家补贴比例达到85%，部分奶农拍假照片甚至用软件涂改骗取保险赔偿，保险公司的业务员无法准确鉴别损失的多少，造成了一定程度的损失。

在疾病防疫方面，由于互保协会可以承担一部分疫病防控工作，有利于从源头上防控大灾的发生，同时实行奖励政策，减免部分奶牛疫病的疫苗费用，提高奶农疾病防疫的积极性，这也是互助保险的一个优势所在。

### （五）基于金华地区奶牛互助保险的建议

#### 1. 将国家的政策落实到实处

无论采用何种模式，农业保险的开展都有赖于财政的支持。而处于探索阶段的互助保险虽然取得了一定发展，但资金配套等问题也限制了互助保险深入发展的步伐。以互保模式开展奶牛保险，就要为奶农争取与共保同等的政策支持，这样才能发挥互助保险自身的优势。

#### 2. 保险责任应符合实际需求

对于规模养殖场（户）而言，其完全有能力承担奶牛每年1%的死亡风险。但大型的疾病风险仍然是奶农面临的主要风险。在设计条款时，应当在可保风险的基础上，确定合理的补偿责任范围。对于一些不能由保险来承保的疫病，可以考虑以补贴等其他方式减少农户损失。

#### 3. 提高无害化处理水平

目前，国家已出台对病死猪无害化处理的相关政策。而病死牛还未有明确的无害化处理标准。由于牛的体型庞大，如何建设用于处理病死牛的处理厂，以及处理厂的规模如何确定也是金华市面临的一个难题。因此，在条件允许的情况下，应当由政府部门牵头推动无害化处理工作，对不同畜种的无害化处理模式广泛征求意见，充分考虑大牲畜在无害化处理前的肢解切割技术及处理成本问题。

#### 4. 加强奶农抵御市场风险的能力

食品安全问题以及外来乳制品冲击市场使得奶农也面临着价格风险。有针对性地设计相关保险产品，如牛奶价格指数保险、乳制品食品安全责任保险、小额贷款保证保险，可以加强奶农抵御市场风险的能力。

## 三、衢州生猪互助保险调研

### （一）衢州生猪互助保险的发展历程

浙江省2006年正式开展政策性农业保险试点工作，共保经营模式选择了11个县（市、区）先行开展试点，互保模式选择了四个比较有典型性和代表性的地区作为最先启动的试点地区。衢州市农民生猪互助合作保险协会于2005年7月成立，正式开始探索实施生猪互助保险。成立之初将衢州市六个县区全部纳入试点范围，主要面向规模养猪场。试点第一年承保衢州六县共计41家养猪场约32万头猪。在人员调配上，市政府从畜牧局抽调人员承担互保协会工作。互保协会工作人员在原单位工作的基础上，兼职从事互保协会工作。

2006年生猪养殖业发生了较大的疫情，生猪大面积死亡使勘察定损的工作量十分巨大，互保协会经受了较大的考验。疫情发生后，互保协会派出人员到现场进行鉴定（解剖、点数），而后经过填表、笔录、定损等环节，由农户填写理赔申请，再由互保协会向上级进行报告，经批准后向农户理赔。2006年互保协会向农户理赔35.67万元。

2007年衢州市试点政策性农业保险，由省内主要商业保险公司组成共保体。考虑到共保体在应对大灾以及经营运作等方面的优势，在运作了1年之后，生猪互保协会决定停办，将农户自交保费的结余退回，将政府补助的资金结余用于养殖户培训以及免费疫苗的方法，最终将协会注销。

此后，衢州市龙游县以共保模式开展生猪养殖保险试点，由中国人保财险衢州市分公司负责运作。2008年生猪养殖保险以共保模式在全市铺开。

### （二）互助保险基本情况

**1. 参保对象和财政补助**

参保对象为饲养母猪自繁自养年出栏500头以上的规模养猪户；省财政一次性补助150万元，市财政补助15万～25万元（因当年互保协会相关数据材料丢失，具体财政补助金额不明，下文所有数据均从当年省畜牧局专刊中获得）。

**2. 参保情况**

参保户共计41户，截至2006年11月底，参保母猪16 913头、公猪403头，年可出栏大猪30.46万头，承保面约占试点范围内符合参保对象的12%。

**3. 补助范围和补助标准**

保险的补助范围为发生口蹄疫、猪瘟而死亡的30千克以上生猪。补助标准为：公、母猪800元/头，30～45千克中猪200元/头，45～60千克中猪250元/头，60～

90 千克肉猪 300 元/头，90 千克以上肉猪 400 元/头。

**4. 理赔服务**

由协会理事会设立生猪死亡审核补助小组，按《衢州市农民生猪互助合作保险协会保险基金补助管理办法》，由衢州市畜牧兽医局协助农民生猪互助合作保险协会实施死亡生猪理赔工作，在第一时间赶往出事现场实地勘察、临床解剖，按照理赔程序，经申请、复核、上报、批准，及时把理赔款发到了养殖户手中。最高赔付不超过猪场总损失的 50%。

**5. 防疫措施**

一方面通过培训来提高参保户的饲养管理和疫病防治技术水平，另一方面对投放的疫苗采取补助的方法促进防疫工作落到实处。截至 2006 年 11 月，已从保费中列支各类疫苗补助款 34.30 万元。

**6. 工作经费管理**

每年度提取年度基金总额 3%～5%的日常业务经费进行管理。

### （三）互保模式无法存续的原因

**1. 保险病种范围较窄**

互助合作保险的责任范围局限在少数主要疫病上，属于疫病损失补助性质的保险。

**2. 保险覆盖面不广，参保率低**

参保对象局限于养殖规模较大、兽医卫生管理较好、信誉好、生产经营比较规范的企业，衢州市要求为年出栏量 500 头以上的养殖场（户）。

**3. 保险资金不足**

虽然衢州互保有财政补助，但由于配套资金有限，互保覆盖面扩大后一旦发生重大的保险事故，靠互保协会自身的实力肯定难以为继，2006 年 6—9 月，受周边省市疫情影响，衢州市发生猪瘟等疫情，全市有 4 个参保猪场发生疫情，造成 2 000 多头生猪死亡，经理赔小组核定符合理赔条件的有 1 228 头，共发放理赔补助款 35.67 万元。

**4. 专职人员缺少**

互保工作主要依托各地畜牧兽医机构完成，互保协会缺乏专业技术人员，畜牧局在做好本职工作的同时，需耗费极大精力参与理赔工作，若发生大疫情，工作量难以负荷。

**5. 龙游共保模式的顺利开展**

衢州龙游的生猪养殖保险由中央、省、县三级财政补贴保费 85%，建立了“1 头能繁母猪+20 头生猪”捆绑的龙游专用模式；政府强制建立“冷库”、“冷柜”等无害化处理配套机制，减少了养殖户的病死猪处理成本，杜绝了病死猪污染环境的现象，同时降低了骗保的概率；多年赔付率均控制在 75%左右。龙游模式受到保户的极大支持，目前已实现全区统保。相较于互保的举步维艰，市畜牧局、农民生猪互保协会、养殖户均更认可共保模式。

### （四）针对衢州地区调研的建议

**1. 一定的政策和资金支持**

我省开展政策性农业保险以来，开展模式主要以共保为主、互保为辅，对共保和互保的扶持力度有所差异。一定的政策和资金支持对于互助保险的深度发展是十分必要的。

**2. 认清共保体和互保协会各自优势，探索合理的农业保险布局**

互保协会依托各县区的畜牧兽医站进行理赔查勘，勘察理赔更为专业；协会成员往往由具有法人资格的养殖大户组成，不易发生道德风险问题；互助保险的运营成本也比较低。共保体有省内多家保险公司的资金池做后盾，尤其在发生大灾时其偿付能力较互保更强；共保体在保险品种的设计上更为专业，可以探索开办多种险种。共保体和互保协会应当根据不同规模养殖户的偏好，形成各自保险产品的合理定位，形成良性竞争的局面。

**3. 为互助保险确立明确的人员制度**

浙江试点的互保模式是依托各类农业行业协会、专业合作社和农业龙头企业，建立互助合作保险组织开展互保工作。衢州互保协会的理赔工作要依靠畜牧局等政府职能部门的工作人员兼职完成，工作压力和工作量均难以负荷。建议明确互保协会的用人制度，对于参与日常互保工作的工作人员给予合理的薪资待遇。

# 第二部分　三地农业互助保险的经验和教训

从慈溪、金华、衢州农业互助保险运行情况看，除了慈溪白对虾养殖互助保险仍然持续经营之外，衢州生猪、金华奶牛二地的互助保险已经停止经营，让位于“共保体”。

## 一、慈溪白对虾养殖保险的成功经验与存在的问题

### （一）成功经验

首先，成熟的组织形式。慈溪采用“渔业互保协会运作、渔业主管部门牵头负责、水产技术推广部门配合支持”的组织形式。水产养殖保险风险大，技术要求高，一般以营利为目的的商业保险公司都不愿承接。慈溪以市渔业互保协会为保险经营主体，以行业专业技术部门为技术支撑。这种组织形式优势较多：一是管理经验丰富，慈溪市渔业互保协会在渔业互保方面积累了丰富的经验，并且具备一定的资金实力，有能力承担起全市养殖保险的管理和推广任务。二是费用低廉，渔业互保不是以营利为目的，所以仅按保险资金的8%提取工作经费，而保险公司至少按18%提取。三是

技术力量强，养殖保险专业技术要求高，无论是保险的设计，还是定损理赔都需要水产专业技术人员参与，并且养殖保险量大面广，需要一支与其相适应的专业技术队伍。四是群众信任度高。渔业互保协会、渔业主管部门和渔业技术推广部门长期以来坚持为“渔民”、“渔业”、“渔村”服务的理念，对“三渔”感情深，情况熟，威信高。

其次，适宜的运行模式。慈溪采用“低赔付、广覆盖、可持续”的保险模式，符合养殖保险特点和规律的运作模式。南美白对虾发病率高，有系统风险的倾向，养殖产品险与一般渔业财产险（如渔船、大棚等）的风险类型有着明显不同。通过保费封闭运行，虽然有单位赔付额较低的缺陷，但也有赔付受益面广，运行稳健的优点。开展试点以来，在自愿保险的前提下，群众仍有较高的投保积极性，能保证运行的平稳持续。

第三，有效的风险控制。慈溪采用“互保互助共济、资金封闭运行”、强化考核监督等措施，有效控制养殖保险风险。水产养殖保险具有它的特殊性，养殖生物在水下很难观察估算，并且养殖池塘量大面广难以监管，保险双方“信息不对称”，同时保险人对白对虾发病规律掌握资料不多，控制财务风险和道德风险是开展南美白对虾疫病保险的工作重点。为此，围绕控制风险的具体措施：一是保险资金的运作采取“单品种封闭式”，保证试点的财务安全，并建立大灾基金应对大灾；二是保险采用“互保互助共济”的模式，以“一人保大家，大家保一人”的方式开展，养殖户既是被保险人同时又是保险人，容易形成养殖户之间的互相监督机制，最大限度地规避道德风险和逆向选择；三是采取严格的考核管理办法和严密的定损抽样程序；四是聘任渔场公道正派的同志为保险协管员，以此来严格控制风险。

第四，科学的定损模式。慈溪采用比较正确、便捷的定损方法。水产养殖保险的难点在于出险后勘查定损难。出险报案的池塘发病损失程度采用抽样调查方法进行确定，及时、简便、准确。与产量收益法、死虾称重法相比更能规避道德风险，并且不会制约后期生产（如补苗）。同时每年生产结束后，组织对参保池塘对虾产量进行统计分析，经发病程度与平均产量之间方差分析，证明定损发病程度与收获白对虾的平均产量之间有极显著的差异（F 值 31.2，P 值 8，76E-19），也证明了定损方法的可靠性。

### （二）存在的问题

#### 1. 由政府机构全权运作，加重职能部门工作压力

由于白对虾的高风险特点，商业保险公司涉足该险种的意愿不强，政府部门不得不兼职落实此项工作。而且白对虾出现面广，定损难度大，加重了政府相关部门的工作负担，还增加了农户上访风险。此外，由于政府部门工作负荷能力有限，保险规模受到一定程度制约，对定损理赔环节也有一定程度的影响。

#### 2. 缺少行之有效的考核机制

目前无论对于养殖户还是查勘的技术人员均未制定考核办法，以规避道德风险。

在实际工作过程中，由于负责查勘的技术人员的工作职能无切实的法律依据支持，在无奖惩措施的情况下，易发生道德风险。同时未对参保养殖户进行道德风险防范，一旦发生假赔案，仅取消该次赔付作为处理，也无法有效规避道德风险。

**3. 未从源头加强虾农养殖技术，形成标准化管理**

由于只要符合条件的养殖者均能参加互助保险，参保人未形成规模化管理，故虾农的养殖技术参差不齐，在苗种的引进、饲料和药物选择以及管理技术等方面存在较大差异，防灾防损的力度，养殖技术的高低在一定程度上导致赔付的公平性问题出现。

**4. 对财政补贴的依赖性大，风险管理意识不强**

目前慈溪市已有市、县两级财政补贴，部分地区达到市、县、乡镇三级补贴，补贴力度最低已达到65%。无论是具体操办的政府机构还是养殖户均对政府财政补贴的依赖性较强，未从根本上转变对风险管理的认识，没有采取行之有效的措施进行防灾防损，以实现控制赔付率、降低保费的目的。

## 二、衢州生猪、金华奶牛互助保险无法存续的原因分析

### （一）保险病种范围较窄

互助合作保险的责任范围局限在少数主要疫病上，属于疫病损失补助性质的保险。同时养殖户对参保病种有争议。中小规模与大规模业主要求列入参保范围的疫病种不同，大规模业主由于养殖管理较为完善，更侧重于保大病，重点考虑保费承受能力；而中小规模业主尤其是小户，更看重补偿，希望扩大病种的补偿范围。

### （二）保险覆盖面不广，参保率低

参保对象局限于养殖规模较大、兽医卫生管理较好、信誉好、生产经营比较规范的企业，衢州市生猪保险要求年出栏量500头以上养殖场（户）才可以参加保险。

### （三）保费较高，保额较低

金华奶牛互保协会在筹备之初，设想由省、市两级政府进行保费补贴，然而在实际运作过程中，市级财政部门规定财政资金不能用于保费的补贴，导致奶农的保费补贴无法落实，财政补助形同虚设，奶农自缴保费高。同时互助保险的保额过低，一头奶牛的物化成本在10 000～30 000元/头，而保险条款中，保额最高7 500元/头，且补偿金额仅3 750元/头。

### （四）相比“共保”，对互助保险的补贴少

“共保体”开办奶牛保险后得到了各级财政支持，2012年确定为中央财政险种，奶农自缴保费15%即可。在政策支持下不平衡的情况下，奶农自愿选择具有高保费补贴的共保而放弃了互助保险。衢州市生猪保险也存在着对互助保险的政策支持明显

不足，如在 2006 年 6—9 月，衢州发生猪瘟等疫情，全市有 4 个参保猪场发生疫情，造成 2 000 多头生猪死亡，获得理赔的生猪有 1 228 头，占死亡生猪数量的 61.4%，参保养殖户获得理赔补助款 35.67 万元，平均 290.50 元/头，协会因此感到资金压力较大，自身经营难以为继。

### （五）专职人员缺少

互保工作主要依托各地畜牧兽医机构完成，互保协会缺乏专业技术人员，畜牧局在做好本职工作的同时，需耗费极大精力参与理赔工作，若发生大疫情，工作量难以负荷。

# 第三部分　浙江省农业互助保险需要破解的制约因素

## 一、缺少政策的支持和政府的参与

这个问题从两个层面看：

一是政策的支持，主要是保费补贴问题。比如金华奶牛互助 2006 年成立，当年获省财政补贴共计 150 万元（定额），2007 年开始政策向“共保体”倾斜，各级财政保费补贴达到 85%，农户自缴 15%。而较少获得财政补贴的互助保险则渐渐失去对农民的吸引力，经营规模迅速萎缩直至互保组织解散。浙江省曾经试点的金华奶牛互助保险、衢州生猪互助保险、三门青蟹互助保险及临安山核桃互助保险均被“共保体”保险所替代。

二是政府参与。由于农业保险需要较高的专业知识，要想让农民自发联合组成互助保险组织，需要支付非常高的自组织成本（信息成本、契约成本），所以需要政府部门牵头组织甚至参与。无论是目前仍在运作的渔业互助保险协会还是已经清盘的金华奶牛互助保险协会均依靠政府的力量建立和运作。

## 二、系统性风险与小规模互助保险之间的矛盾

通过调研发现实际情况与前期理论预期相似，农业互助保险的主要优势在于参保农户之间相互较为了解，可以在一定程度上削弱保险道德风险的发生。然而，互助保险在一定区域（相对较小的区域）防范道德风险的有效性，却制约了互助保险在小范围分散农业生产系统性风险的能力。例如，牲畜疾病风险，干旱风险或其他波及面较广的自然灾害。在系统性风险发生时，参保农户普遍受损，互助保险分散风险的能力将大大减弱。并且，在互助保险内设立规模相对较大的风险准备金也并不现实，一方面农户面临保险抑制问题，一方面农户往往同时也面临信贷抑制问题，拿出更多的现金用于积累风险准备金对农户而言，从生产效率考虑，效率显然较低。

## 三、社会化风险分散手段缺乏与商业保险成本较高的问题在互助保险中同样存在

通过调研发现，通过社会化的风险分散手段，可以在一定程度上解决系统性风险问题（保险），但是成本有时相对较高。目前保险公司在保险参与率较低时，往往呼吁提高保费补贴，现实情况却是中国农业保险的费率补贴目前已经全面超过美国。农户自我缴费较少也并不意味着保险成本低，因为这些补贴如果以其他形式补贴给农户，可能会产生更好的效果。

上述问题在互保中同样存在，如慈溪南美白对虾养殖互保中，保额为 5 000 元/亩，费率为保额的 8%，即保费 400 元/亩。实行封闭运营、不足额赔付（轻度损失赔率 15%、中度 30%、重度 80%）。尽管保费各级财政补贴 65%，渔民自缴 35%。但总体看成本并不低。

## 四、“费率厘定”、“查勘定损”技术手段相对落后的矛盾

在费率厘定方面，农业互助保险组织缺乏既懂农业生产知识又懂保险专业知识的精算人才，无法对相应的险种进行合理的费率厘定，尤其是在互助保险组织缺少内部治理的情况下，保费的收取随意性较强，使普通农民的权益受到损害。在查勘定损方面，目前大都采用了聘请畜牧局技术人员的方法。例如互保协会以畜牧兽医局为依托，采用协会专业鉴定人员现场查勘定损的方式。但现行的农业互助保险实践中，基层畜牧局工作人员在协助互保组织查勘定损所发生的诊断耗材、交通补贴、人员经费等成本没有相应的补贴，这种“有责任、无利益”的工作机制使部分基层畜牧缺乏动力，也对提高查勘定损技术不利。

# 第四部分　浙江省发展农业互助保险的对策与建议

我省开展政策性农业保险以来，经营模式主要以共保为主、互保为辅，对共保和互保的扶持力度有所差异。通过本研究发现，对于系统性风险较大的险种建议不采用农业互助保险形式。对于难以收集历史数据，或者难以通过保险公司进行定价的农产品，以及风险相对独立的自然风险可以采用农业互助保险的形式进行承保。

## 一、政策支持层面

### （一）要重视农业互助保险，加大政策支持力度

鼓励农民开展多种形式的互助保险，如相互保险、合作保险、互助保险＋商业保

险等；引导和帮助农民合作社开展互助保险业务，加快制定促进农民专业合作社发展的政策法规，以完善专业合作社的建设。

### （二）要增加补贴品种和完善补贴方式

“共保体”现有险种主要集中在中央财政保费补贴所涵盖的农产品品种上，部分当地特色农业项目由于缺少财政补贴，难以提供相应的保险产品。因此，对于地方特色品种和项目同样需要政府的财政补贴，而且除了保费补贴之外，地方政府应考虑给予一定的经营费用补贴，通过完善补贴的方式加以支持。

### （三）建立巨灾风险分散体系

由于农业互助保险受承保范围和规模的限制，积累保险基金的速度和规模有限，如果遇到较大的自然灾害，就会面临偿付能力不足的问题，影响经营的稳定性。为了防止巨灾风险引起的偿付能力不足问题，应该充分利用再保险等风险分散机制，将部分农业风险责任通过再保险分给商业保险公司或再保险公司。此外，针对农业互助保险组织的规模小基金积累少的问题，为防范大规模灾害造成的损失，地方政府应通过适当机制在农业再保险的基础上建立农业互保巨灾风险基金。

## 二、互助保险组织运作层面

### （一）主体组织架构、保险产品选择、参保对象定位

互助保险可以以合作社为基础，保险标的集中在某些小规模农作物或者牲畜（桑蚕保险、甲鱼养殖保险）等，这类产品通常难以有历史数据，保险公司难以定价，或者定价极高，脱离农户实际需求。因此，以这种小宗、特色农产品作为互助保险的产品基础，以合作社为组织架构的互助保险会成为“共保体”（商业保险）对农户生产风险分散的一个重要补充。参保对象应集中在合作社内部，从事同一种（或类似）农产品的农户之间。

### （二）保险责任范围、财政支持内容、政策机制设计

互助保险的责任范围可以限定在相对独立的自然风险方面，例如特种猪只（香猪）由于房屋倒塌等原因造成的死亡，或者水产养殖品种（鱼类）由于变电站原因导致的死亡等。财政补贴应根据不同农产品对市场的作用，以及对农户（尤其是中小农户）稳定收入等方面的作用，考虑进行相应补贴。农业保险补贴的目的如果是扶持该行业发展，则可以多补贴大户，如果是稳定、提高中小农户收入，则应将保险范围扩展到中小农户。在对互助保险进行补贴的机制设计上，本研究倾向于仅仅通过保费补贴进行扶持，而慎用财政兜底或者行政干预保险投保等方法。

### （三）专业技术支撑、定损理赔方式

定位于小规模农作物生产群体的互助合作保险，应由各合作社产生相应的保险定损委员会，由农户代表担任，以期做到公平公正。由于是互助合作保险，并不存在营利问题，具体定损理赔方法以当年保费收入作为最高赔付限额，或者以历年保费累积作为最高赔付限额。可以采用“共保体”试点之初采用的方法，在灾害发生时，先支付 50%赔款，年底结算如有剩余，再将剩余赔款结清。

## 三、监管保障制度

### （一）完善法律法规

现有监管法律法规有《农业保险条例》、《相互保险组织监管试行办法》，在此基础上应建立针对农业互助保险运作的实施细则、地方性法规和规范性文件。

### （二）明确监管主体

保监部门、财政部门、农业部门。保监部门主要对保险业务进行监管；财政部门对财政补贴资金运作进行监管；农业部门对涉及互助保险的农产品生产安全和质量进行监管。

### （三）确立监管原则

对于农业互助保险的监管应坚持保障农业互助保险可持续经营原则；维护市场公平交易原则；保护参保农户（会员）利益原则；和保证财政资金科学合理使用原则。

### （四）充实监管内容

对农业互助保险的监管内容包括市场行为监管、偿付能力监管和治理结构监管，要进一步明确，并不断加以充实。

# 农业自然灾害保险区划研究与实践概览*

叶 涛 史培军 王 俊

**摘要：** 农业自然灾害保险区划是基于区域灾害系统理论与保险基本原理建立的，在对自然灾害风险的定量评估、保险关键定价参数的厘定的基础上利用区域的方法，揭示农业自然灾害风险与其保险费率的空间分异规律，服务于农业自然灾害风险防范和农业保险经营管理及决策服务的区划。本文重新阐述了农业自然灾害保险区划对农业保险的精细化经营、对科学公平合理地厘定农业保险的费率的重要意义，梳理了我国农业自然灾害保险区划研究与实践的发展历程，特别是实施新一轮财政支持下的农业保险试点工作以来，在理论、模型和方法上的进展，并就未来如何进一步提升研究工作并推动其与实践的结合进行了探讨。

**关键词：** 农业保险区划；自然灾害；风险评估；费率厘定；区域划分

## 一、前言

我国的较大规模的农业保险试验始于20世纪80年代之初，在保险机构摸索农业保险发展道路的实践中，学者们从最初全国统一费率和一省一个费率的实践产生的问题中，渐渐开始意识到风险和保险区划的重要作用。1994年，国内学者（庹国柱、丁少群，1994a；1994b）在国内率先提出了农作物保险风险区划和费率分区的问题，并进行了初步研究，开始了关于农业风险和保险区划的相关研究工作。2007年我国开始的新一轮财政支持下的农业保险试点工作，市场规模快速上升、产品体系迅速增长，业界再度意识到农业风险和保险区划和保险费率分区对于推动农业保险的专业化与精细化发展的重要意义，同时也对农业风险和保险区划工作提出了更高的要求。保监会提出要“加强农业保险风险区划的研究，提高农业保险产品定价的科学化水平”（周延礼，2012），并先后设立了“全国到省”和“省到区县”两级尺度上的种植业保

* 基金项目：国家社科基金青年基金“基于农户福利、公司成本和政府补贴效率的指数农业保险与损失补偿型农业保险比较研究”（16CJY081）。

作者简介：叶涛，北京师范大学副教授，主要从事农业风险与保险研究；史培军，北京师范大学教授，主要从事环境演变与自然灾害研究；王俊，人保金融服务有限公司总裁。

险区划研究课题（史培军等，2010；史培军等，2013a；史培军等，2013b），旨在推进种植业保险中的定量风险评估与保险精算工作，力图形成种植业保险精算的技术规范与保险费率的行业标准。顺应中国农业保险市场的发展，多家知名境外模型公司和再保险公司，如美国 AIR 环球公司、Aon Benfield（怡安奔福）、Risk Management Solutions（RMS，阿姆斯）公司等也先后研发了中国农业风险模型（Zuba，2011；王薇，2011；Stojanovski，2014）。我国的农业自然灾害保险区划研究与实践都取得了显著的进展。

2017 年，我国新一轮的农业保险试点进入第十个年头。2017 年中央 1 号文件，在聚焦制约农业农村发展的“供给结构调整”和“体制机制改革”两大问题的同时，也在“扩面、增品、提标”等方面为农业保险提出了新的要求（庹国柱，2017），同时也为防灾防损和风险管控提出了更高要求（汪振春，2017）。2016 年 12 月 19 日财政部印发的《中央财政农业保险保费补贴管理办法》中提出，“经办机构应当公平、合理拟订农业保险条款和费率”，体现了农业自然灾害保险区划所倡导的依据风险区划实施分区差别化费率的原理，也为未来进一步在实践中应用农业自然灾害保险区划奠定了基础。

为此，本文重新阐述了农业自然灾害保险区划对农业保险的精细化经营、对科学公平合理地厘定农业保险的费率的重要意义，梳理了自 1994 年以来我国农业自然灾害保险区划研究与实践的发展历程，特别是实施新一轮财政支持下的农业保险试点工作以来在理论、模型和方法上的进展，并就未来如何进一步提升研究工作并推动其与实践的结合进行了探讨。

## 二、农业自然灾害保险区划的理论基础

### （一）区域性是农业自然灾害风险的基本特征

依据区域灾害系统理论，自然灾害灾情是区域特定孕灾环境、致灾因子与承灾体相互作用的结果（史培军，1991；1996）。对于农业自然灾害而言，孕灾环境主要指农业生产所处的特定区域内的地貌、水文、气象、植被、土壤，以及人类农业生产活动构成的综合环境。农业自然灾害的致灾因子主要以水文-气象和地表过程灾害为主，通常包括暴雨、洪水、内涝、干旱、大风、冰雹、霜冻、野火、滑坡、崩塌、泥石流等自然致灾因子。农业自然灾害的承灾体主要是农业生产经营的对象，通常可分为与种植业对应的农作物、与养殖（畜牧）业对应的畜禽、与林业对应的森林、与渔业对应的各类水产。

农业自然灾害风险是对农业自然灾害灾情不确定性的表达。农业自然灾害风险的形成由农业自然灾害系统各因子综合作用而构成，其过程可分为两个阶段：一是不稳定的孕灾环境中的水文-气象等异变因子突破其临界阈值、形成致灾因子的过程，也被称为“致灾过程”，其结果是随机产生的致灾因子类型和强度，其不确定性通常用

致灾因子的“危险性”进行描述。二是致灾因子作用于农业承灾体、形成打击、造成损害的过程，也被称为“成害过程”；而打击强度与损失程度之间的关系则通常用“脆弱性”进行定量描述。农业自然灾害风险的大小由孕灾环境稳定性、致灾因子危险性和承灾体脆弱性共同决定。

区域性是农业自然灾害系统的基本特征，亦是其损失和风险的基本特征。地球表层圈的基本属性决定了孕灾环境的区域差异性；而作为农业的致灾因子，特别是影响农业的水文-气象致灾因子亦相应表现出鲜明的区域特征。对于承灾体而言，农业生产过程尽管在一定程度上受到人类技术与生产方式的影响，但生产对象较其他自然灾害的承灾体仍具有更强自然环境依赖性，在很大程度上受到地貌、水文、气象、植被、土壤等的制约，而展现出很强的时空分布特征。因此，农业自然灾害的要素均服从特定的空间分布规律；而农业自然致灾因子与承灾体的时空耦合则决定了农业自然灾害灾情的时间与空间分布特征，也决定了致灾过程、成害过程与风险的时空分布特征。

农业自然灾害损失及其风险的区域性与空间尺度密切相关，这是由农业自然灾害孕灾环境中各类要素的空间分异规律以及尺度特征决定的。气候特征以及农业气象条件在空间上展现出更好的地带性与空间递变规律，对农业自然灾害形成“自上而下”的影响，决定了农业自然灾害承灾体以及气象致灾因子的大尺度分布规律。地形、地貌等地表环境要素则可能表现出很强的局地差异性，使得农业自然灾害承灾体分布呈现出局地的破碎格局，并在局地对致灾强度造成“自下而上”的影响（Heyerdahl et al，2001），从而使自然灾害灾情也呈现出更强的个体化特征。水文、土壤等要素影响的空间特征则更多介于前述二者之间。人类活动，特别是农业生产方式和经营水平，则可能进一步对农业自然灾害损失及其风险的空间特征造成影响（Fry、Stephens，2006）。这些自上而下和自下而上影响要素的交互作用，决定了农业自然灾害损失在不同空间尺度上，所展现出的地带性与非地带性特征（Peters et al，2004）。在地形地貌条件异质性较小的区域，农业自然灾害损失可能更多受到自上而下因素的影响，呈现出较好的区域均质性与空间上的渐变性。在地形地貌破碎地区，损失则会在大的递变性前提下，呈现出空间上的异质性与不连续性。

因此，从灾害系统理论的角度来理解，农业自然灾害保险区划的第一理论基础是“区域决定风险”。认识区域农业自然灾害发生发展的时空分布规律，是进行综合自然灾害风险防范以及自然灾害保险的重要科学依据。

### （二）风险决定费率是保险经营的重要原则

保险是投保人与保险人之间平等互惠的风险交易（Arrow，1965；Borch，1962；Gollier，2003）。保险费率与风险水平的对等是实现互惠的基本条件，也是控制逆选择的重要手段。保险定价的基本原理指出，投保人所需要缴纳的精算公平保费应为保险合同所约定的保险赔付的期望值（Cummins，1991）；在此条件下，投保人的最优决策是选择足额保险，风险实现完全转移、达到保险转移风险的第一最优（Varian，1992）；其成立的前提包括完全竞争的保险市场、无交易费用、信息对称等一系列理想条件。

现实条件下，保险标的之间的风险高低差异、投保人与保险人在标的风险上的信息不对称，使用风险决定费率的重要原则难以得到实施，逆选择问题相应产生（Rothschild、Stiglitz，1976）。在难以针对标的风险差异实施差别化费率的情况下，会相应出现不同风险水平的投保人交叉补贴（Cross-Subsidization，即低风险投保人缴纳高于其风险水平的保费、用于补贴高风险投保人相对于其风险水平少缴纳的保费）的现象，导致低风险标的选择不足额保险、甚至退出保险市场，风险得不到有效转移的严重后果（Rothschild、Stiglitz，1976）。

解决保险标的风险高低差异、信息不对称条件下风险与费率对等问题的关键手段是实现对不同标的风险水平的识别，以及相应的保费差别化。对于农业保险而言，农业自然灾害风险的区域性，为依据区域进行风险高低识别和差别化定价提供了可能性。因此，从保险经营的基本原理出发，农业自然灾害保险区划的第二理论基础则是“风险决定费率”。

## 三、我国农业自然灾害保险区划的研究进展

### （一）我国农业自然灾害区划的研究进展

充分认识农业自然灾害在空间上的分异规律，是进行其保险区划的前提和基础。从20世纪90年代初联合国开展世界减灾活动以来，我国地球科学领域的学者积极从多方面开展减灾研究，在全国和区域尺度上，开展了自然灾害区域分异规律和区划的研究。张丕远等（1992）根据中国主要自然灾害形成的环境背景的空间分异、各类自然灾害的分布规律和组合特点，及其危害程度的相似性与差异性，对中国自然灾害的地域组合类型和综合灾害区进行了初步划分。马宗晋等（1994）则根据中国的地质构造呈现“南北分区，东西分带，交叉成网”的突出特点，结合气候、社会经济等要素的空间分布特征，制定了以自然条件为主要基础的中国自然灾害综合分区。张兰生等（1992）依据灾害系统理论、地域分异理论、地学信息图谱理论，构建了自然致灾因子系统的复杂度及强度，承灾体系统的承灾能力等四类定量指标，完成了中国自然灾害区划方案；该区划的核心主要是依据灾情损失的空间分布特征，反映了中国自然灾害灾情损失的空间异质性规律。

在上述自然灾害区划的基础上，王平等依托地理信息系统提取了全国范围的农业自然灾害最小单元。在确定全国1 445个农业自然灾害区划基本单元和110个自然灾害小区的基础上，利用区域合并的方法，同时根据全国农业自然灾害的孕灾环境的区域分异和承灾体的地域分异规律，参考已有的全国自然灾害区划方案的一级、二级界级，将全国划分成6个农业自然灾害大区（带）、26个农业自然灾害区（亚区）和

110 个农业自然灾害小区（王平，1999；王平、史培军，2000），以充分展示中国农业自然灾害的区域分异规律（表 1）。

**表 1　中国农业自然灾害综合区划特征（史培军，2003）**

| 一级区 Regions | 二级区 Subregions | 灾种数 Number of Natural Disaster Types | 被灾范围 Coverage Area | 强度 Intensity | 总灾次 Total Times of Natural Disaster | 旱灾灾次 Times of Drought Disaster | 水灾灾次 Times of Flood Disaster |
|---|---|---|---|---|---|---|---|
| Ⅰ 海洋区 Ocean Region | | 无详细数据 No Data | | | | | |
| Ⅱ 东部沿海区 Eastern Coastal Region | Ⅱ1 苏沪沿海 Jiangsu-Shanghai Coastal Subregion | 22 | 1 655 | 1 054 | 754 | 69 | 299 |
| | Ⅱ2 浙闽沿海 Zhejiang-Fujian Coastal Subregion | 24 | 3 079 | 2 249 | 1 286 | 255 | 559 |
| | Ⅱ3 粤桂沿海 Guangdong-Guangxi Coastal Subregion | 23 | 2 134 | 1 373 | 839 | 130 | 383 |
| | Ⅱ4 台湾岛 Taiwan Subregion | 暂缺数据 No Data | | | | | |
| | Ⅱ5 海南岛 Hainan Subregion | 7 | 114 | 95 | 54 | 17 | 19 |
| Ⅲ 东部区 Eastern Region | Ⅲ1 三江平原及长白山地 Three-river Plain and Changbai Mountain Subregion | 20 | 730 | 491 | 388 | 32 | 219 |
| | Ⅲ2 松辽平原 Songhua-Liaohe River Plain Subregion | 24 | 2 043 | 1 372 | 1 023 | 169 | 357 |
| | Ⅲ3 环渤海平原 Around Bohai Plain Subregion | 26 | 5 846 | 3 658 | 3 077 | 415 | 799 |
| | Ⅲ4 黄淮平原 Huang-Huai River Plain Subregion | 27 | 6 541 | 4 163 | 3 740 | 846 | 1 407 |
| | Ⅲ5 长江中下游平原及江南丘陵 Yangtze River Plain and Southern Hills Subregion | 34 | 11 500 | 5 968 | 4 956 | 949 | 2 151 |
| | Ⅲ6 南岭山地 Nanling Hills Subregion | 20 | 1 209 | 762 | 495 | 73 | 231 |
| Ⅳ 中部区 Central Region | Ⅳ1 大小兴安岭山脉 Da-Xiao Hinggan Mountains Subregion | 21 | 734 | 673 | 532 | 120 | 164 |
| | Ⅳ2 内蒙古高原 Nei Mongol Plateau Subregion | 13 | 358 | 309 | 226 | 55 | 23 |
| | Ⅳ3 鄂尔多斯高原 Ordos Plateau Subregion | 18 | 684 | 626 | 393 | 148 | 50 |
| | Ⅳ4 黄土高原 Loess Plateau Subregion | 35 | 5 048 | 3 547 | 2 894 | 656 | 878 |
| | Ⅳ5 西南山地丘陵 Southwest Hills Subregion | 32 | 10 451 | 6 332 | 5 042 | 1 112 | 1 913 |
| | Ⅳ6 滇南广西山地 Southern Yunnan-Guangxi Hills Subregion | 23 | 1 718 | 1 257 | 1 049 | 334 | 291 |
| Ⅴ 西北区 Northwest Region | Ⅴ1 蒙甘高原山地 Nei Mongol-Gansu Plateau-Hills Subregion | 17 | 351 | 349 | 237 | 57 | 47 |
| | Ⅴ2 北疆山地沙漠 North Xinjiang Mountain-Desert Subregion | 20 | 458 | 538 | 321 | 17 | 35 |
| | Ⅴ3 柴达木盆地 Qaidam Basin Subregion | 9 | 171 | 123 | 102 | 16 | 21 |
| | Ⅴ4 南疆戈壁沙漠 South Xinjiang Gobi-Desert Subregion | 14 | 476 | 545 | 419 | 20 | 116 |
| Ⅵ 青藏区 Qinghai-Xizang Region | Ⅵ1 川西藏东山谷 West Sichuan and East Xizang Valley Subregion | 22 | 825 | 782 | 490 | 69 | 80 |
| | Ⅵ2 藏西高原谷地 West Xizang Plateau-Valley Subregion | 10 | 143 | 81 | 65 | 6 | 3 |

通过区划，王平等对中国农业自然灾害空间分异的基本规律进行了总结。他们认为，中国农业自然灾害的最高级的分异表现为东西分异，大致从黑龙江黑河到云南腾冲的连线（胡焕庸人口分界线）将中国划分成自然灾害迥然不同的两个部分。该线以东，自然灾害多度大、范围广、强度大、灾情重，主要灾害类型为暴雨、旱灾、冰雹、洪水等；该线以西，自然灾害多度小、范围小、强度小、灾情轻，自然灾害主要为旱灾、冰雹、暴雨、积雪、暴风雪、洪水等。东部区，大部分地区为中国第三级阶梯，地势低平，多平原、丘陵、低山，为东南季风和西南季风的主要影响区域，同时也是我国主要的农业耕作密集区，复种指数高，水田、旱地、坡地、岗地均被开发利用，土地的承载压力大，形成了自然灾害易发、频发、强度大的特点。这一区内，农业自然灾害呈现由东向西、由北向南的交错带状分布。西部区为第一、第二级阶梯，海拔高度大，气候或寒或旱，水分稀缺，自然环境劣于东部区。进而，人口密度小，活动强度小，主要发展绿洲农业或高寒作物农业。农业自然灾害灾情整体较东部区低，但在局部地区，如新疆与河西走廊等区域，仍表现出较高的特点。

## （二）我国农业自然灾害保险区划的兴起与发展

1994 年，国家科委、国家计委、国家经贸委自然灾害综合研究组最早提出了保险区划的概念："保险区划是以自然灾害风险为基础的、为保险企业经营管理和决策服务的区划"（国家科委自然灾害综合研究组，1998）。在这一框架下，保险区划包括灾害分析（自然灾害风险程度分析、自然灾害巨灾风险程度分析）、保险业务分析（保险业务现状分析和保险潜力、发展方向分析）、分区定价方案（分区、分类厘定费率)、风险防范对策(保险责任制定与保险风险防范途径研究)等四个方面。

同年，庹国柱和丁少群(1994a)发表的“农作物保险区划及其理论依据”一文，揭开了我国农业自然区划研究的序幕。该文从农作物保险自身发展的客观需求和国外农作物保险实践经验的角度充分论证了开展农作物保险区划的必要性，并从风险分散理论、对价交换原则和农业自然灾害风险特征三方面论证了农作物保险区划的理论基础。在此文的指导下，二位学者(庹国柱，丁少群，1994b)进一步梳理了农作物保险区划的实施步骤，即依据农作物风险水平划分风险区划(或确定不同地区的风险等级)，再进行分区费率厘定。其中，风险区划是科学合理厘定保险费率的基础和基本依据，费率厘定是保险区划最终服务于农业保险经营的产出。丁少群(1997)还专门研究了农作物保险的危险单位区划方案，指出可利用不同农作物生产小区之间的减产相关系数，依据“区内高度相关，区间不相关或负相关”的方式进行危险单位的划分。利用陕西省汉阳县20个乡镇1983—1992年乡级棉花产量以及水利、地形等自然资源资料，二位学者(丁少群、庹国柱，1994)通过多指标等级划分的方式划分了风险区划，在此基础上利用正态函数法(Botts、Boles，1958)测算了分区一切险的费率水平，形成了我国第一份农作物保险区划方案。

在上述工作引导下，我国农业自然灾害保险区划的研究工作进行到了快速发展的阶段。农业气象学者、农业经济学者分别依托自身的专业优势，对农业自然灾害保险区划工作进行了探索。邓国等(2002)利用全国各省份历年粮食单产资料，以历年平均减产率、历年减产变异系数和风险概率三个风险指标为基础，利用迭代自组织动态聚类分析方法分别划分了全国省级粮食生产单元的风险区，并最终确定了全国30个省份和262个粮食专区的保险费率(周玉淑等，2003)。邢鹂(2008)则完成了全国29个省、市、自治区主要粮食和经济作物的保险区划工作。这一工作选取了农作物单产变异系数、受灾率超过30%的发生概率、农作物专业化指数以及效率指数等4项最能反映区域特征的风险指标，通过层次聚类分析的方法进行风险区域的划分；在此基础上，通过定义社会损失率指标，进行分区的保险费率测算。随后，应用类似的研究框架，邢鹂等(2008)又完成了北京市农业生产风险和区划的研究工作。这一工作产生了重要的后续影响，对北京市政府修订农业保险条款、重新厘定费率发挥了积极的作用。

### (三)我国农业自然灾害保险区划的最新进展

2007年，我国开展了新一轮财政支持下的农业保险试点工作。2008年，中央又进一步安排60亿元财政资金，支持扩大试验，对我国农业保险的发展发生了深远的影响，也促进农业自然灾害保险区划的研究与实践进入了新的阶段。一方面，全国范围内农业保险规模快速上升，保险责任巨大，无论是政府或农业保险经营主体，都亟须深入了解农业自然灾害的风险水平、分布特点以及相应的保险费率水平，特别是省区内部风险和费率的差异性。农业保险实践对区划工作提出了更高的要求。另一方面，中国农业保险市场的规模吸引了众多国际风险模型公司、保险经纪公司和再保险公司。在进军中国市场的同时，他们也带来了各自研发的中国农业风险模型，这在无形中也进一步推动了我国农业自然灾害保险区划的研究水平。

2010 年，为了满足新一轮财政支持下的农业保险发展的迫切需求，中国保险监督管理委员会正式启动了“全国种植业保险区划”部级研究课题，旨在“加强农业保险风险区划的研究，提高农业保险产品定价的科学化水平”（中国保险监督管理委员会，2011）。在此基础上，2011—2013 年，中国保险监督管理委员会又进一步部署了“省到区县一级种植业保险区划试点研究”课题，分别选取内蒙古、安徽和湖南三省区进行试点，力图进一步提升农业保险区划的空间分辨率，进一步与种植业保险实务对接（中国保监会内蒙古监管局，2013）。在这一系列开展的课题中，从事自然灾害风险研究的学者与农业气象、农业经济等领域的专家密切合作，以指导行业实践为核心目标，有力地推动了我国农业自然灾害保险区划工作的发展，主要体现在如下几个方面：

**1. 进一步构建了农业自然灾害保险区划的理论体系**

在前人研究工作基础之上，从事灾害风险研究的学者将对自然灾害的理论认识引入到自然灾害保险区划的研究工作中，实现了灾害研究与保险研究的交叉，进一步构建了农业自然灾害保险区划的理论体系。他们认为，农业自然灾害保险区划是揭示农业自然灾害风险的区域分异规律、科学厘定不同风险区域的费率、并最终服务于农业自然灾害风险防范与农业保险业务实践的一类综合性区划。农业自然灾害保险区划的目标和任务决定了其多要素、多指标的基本特征（图 1）。

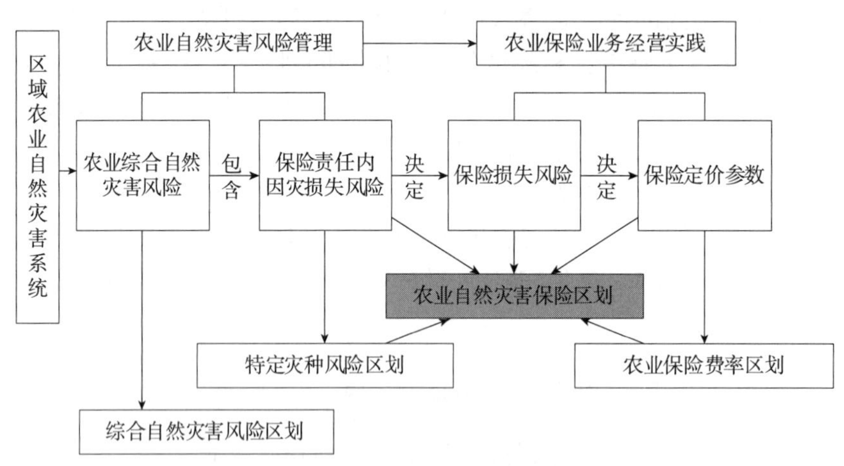


图 1　区域种植业自然灾害保险综合区的要素与结构（王季薇等，2016）

王季薇等（2016）指出，农业自然灾害保险区划的要素包括三类风险和一组保险定价参数。其中，农业综合自然灾害风险是特定区域内影响农业生产的各类自然灾害风险的集合。保险责任内的农业因灾损失风险（以下简称“灾损风险”）是农业自然灾害风险的一个子集，是灾因、灾害打击对象（保险标的）、时间范畴（保险时期）、空间尺度均与保险合同条款规定相一致的那部分自然灾害风险。保险损失风险是与灾损风险（或外部损失风险）相对应的概念，指农业保险经营主体因承保农业自然灾害风险、进行保险赔付而蒙受损失的风险。保险定价参数是依据保险损失风险计算得到的、保险行业中广泛使用的年期望损失、最大可能损失（或重现期损失）、保额损失率、纯风险损失率、风险附加费率（或安全系数）等参数。

上述四要素的逻辑关系是：农业综合自然风险包含与保险责任对应的灾损风险；灾损风险大小决定了保险损失风险大小；保险损失风险决定着保险定价参数，而保险损失风险的大小直接决定了纯风险损失率的高低。这一逻辑关系严格遵循了农业自然灾害保险经营中“区域决定风险”、“风险决定费率”的两大基本原则。四要素中，农业综合自然灾害风险与灾损风险及其对应的风险区划可直接服务于政府职能部门的防灾减灾工作，亦可指导经营主体的直接防灾减损；而保险损失风险与保险定价参数则服务于经营主体的实务操作。

**2. 运用自然灾害定量风险评估方法、真正实现了灾害风险与保险费率水平的一致性**

在前人研究中，风险区划一般采用多指标分级/打分、聚类综合的方式，对不同地理单元的风险进行评估并进行区域合并。然而，此种基于指标体系方法的半定量风险评估极易导致出现“有高风险区域的保险费率反而较低的现象”（邢鹂，2008），违背了“风险决定费率”的基本原则。而在此阶段的研究中，研究者充分认识到，只有真正意义上的自然灾害定量风险评估，才能得出与保险损失和费率相匹配的结果；与此同时，理清保险合同中对实际损失（也称“外部损失”）和保险赔付之间的对应关系，也是使风险评估结果更有效地指导费率厘定的关键。自然灾害定量风险评估模型的作用，不仅仅是为划分区域；在保险业务数据和历史统计资料相对匮乏的情况下，定量风险评估模型也是推算保险损失风险、进行费率厘定的重要渠道。

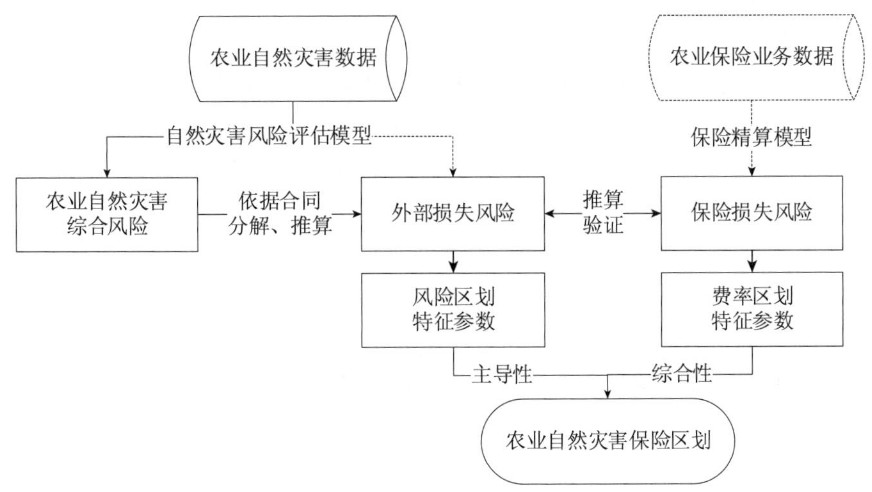


图 2　种植业保险区划的基本流程

这一阶段在风险评估方法（风险模型）方面的进展得益于各大国际公司推出的中国农业风险模型。在前人研究中，主要方法局限于基于历史数据直接统计的燃烧分析（Burn Analysis）方法。此种方法对数据要求较低，简单易用，因此应用广泛；但其对历史统计数据的依赖也使得计算结果局限于原始数据的时间、空间和灾因。例如，基于历史单产统计数据进行直接统计测算得到农作物保险费率，只能为一切险费率而非真正意义上的综合险费率。如果该数据仅为行政单元（如省或县）统计数据，则还必须对其空间尺度进行转换（如前人研究中使用的“正态分布”法；Botts、Boles，1958）才能得到近似的农户级别农作物保险费率，否则会导致费率严重低估（叶涛等，2014）。为此，学界和产业界相应研发了灾害指数模型方法、灾害事件模拟方法和农作物生长模拟方法等，力图摆脱对农作物产量数据的依赖，转而关注灾害损失的形成机理，通过对灾害或作物的模拟、得到损失的不确定性，实现风险的定量评估。例如，AIR 公司开发的中国农业风险模型中，作物生长模型法主要用于旱灾损失的建模（Zuba，2012），通过构建的农业天气指数（Agricultural Weather Index）作为致灾因子输入，有效地仿真了不同情景下的农作物旱灾损失。RMS 公司为菲律宾开发的水稻台风（引发的洪水）风险模型，则采用了台风-洪水灾害事件模拟的方法。

**3. 更高空间分辨率的风险评估与费率厘定结果为“自下而上”的区划提供了条件**

伴随着对地观测技术的不断提升，卫星遥感数据、气象台站观测数据等大量的非行政统计单元数据进入了农业自然灾害保险区划研究中，有力地支持了前述模型方面的进展。在此条件下，风险评估与费率厘定的结果不再限制于行政统计单元，而可以是中、高空间分辨率的网格。在全国尺度上，可用 50 千米（如 AIR 中国农业风险模型的输出）～1 千米大小不等的格网，而在区域尺度上，通常则会有 500～250 米（如基于 MODIS 遥感影像的结果），而在更细的如地市或县级尺度上，仿真模型输出结果的分辨率甚至可以更高（图 3）。

高分辨率的风险评估与费率厘定结果对于区划的实施具有重要的意义。在“自下而上”的区划方法中，区域划分的本质是如“马赛克拼图式”的、将若干彼此相似的最小区划单元进行合并、归类的过程。而这些“最小区划单元”则被认为是均质、不可再细分的空间单元，是区划中的基本“细胞”。例如，在前文提到的“中国农业自然灾害区划”方案中，就首先在全国范围内划分出 1 445 个基本单元。在区划实践中，最小区划单元通常受到数据与模型的限制，而其在多大程度上真正满足均质、不可再细分这样的关键假设直接决定着区划结果对空间异质性划分的准确性。前人研究中，受到数据与方法的局限，通常在省区或县域结果上再进行聚类和合并，而省区与县域内部的异质性则无法得到体现。而这一阶段研究所使用格网大小通常都小于一个较小的县区面积，为更准确地捕捉风险和费率的空间分异规律提供了更准确的依据。

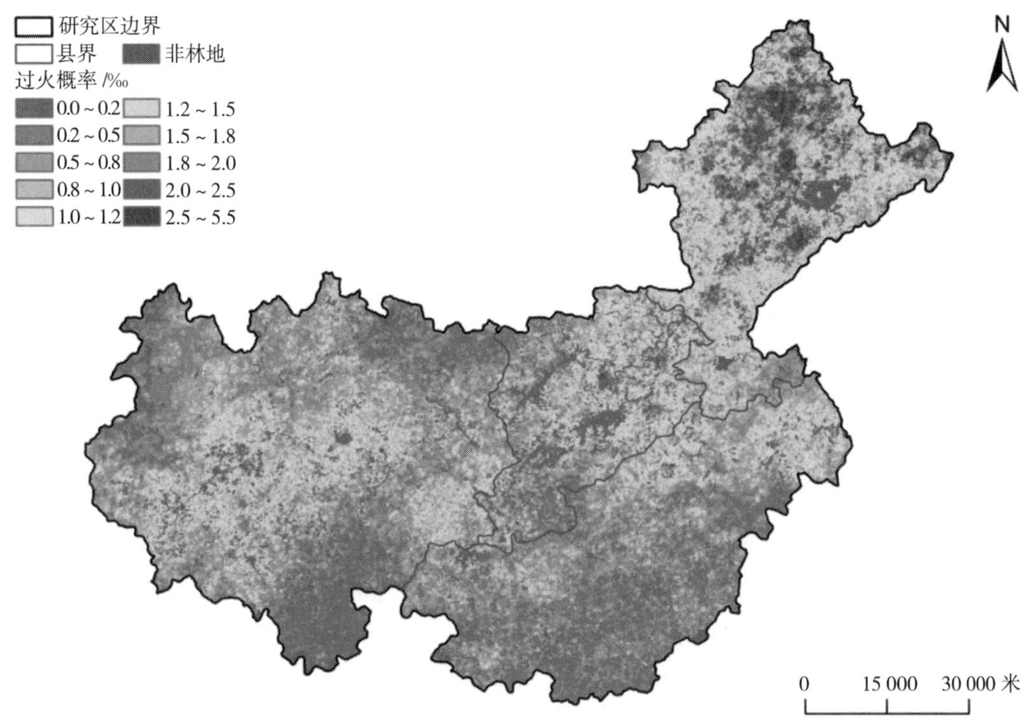


图3　浙江省丽水市四县区森林火灾风险（200米空间分辨率）（叶涛等，2015）

## 四、我国农业自然灾害保险区划面临的问题与发展趋向

### （一）农业自然灾害保险区划的实践应用面临的主要问题

我国农业自然灾害保险区划工作兴起源于借鉴北美地区农作物保险区划的实践经验。1994年提出相关研究工作启动以来，已过去二十余载，但至今农业自然灾害保险区划的结果在农业保险实践工作中的应用仍然十分有限。自2010年来在保险会的推动下，保险区划工作已经取得了很大的进步，并力图与实践接轨，但相关成果的应用仍然局限在区域性、特色性、以商业险为主的产品中。在2016年12月19日财政部印发的《中央财政农业保险保费补贴管理办法》（财金〔2016〕123号文件）中指出，“经办机构应当公平、合理拟订农业保险条款和费率。属于财政给予保险费补贴险种的保险条款和保险费率，经办机构应当在充分听取各地人民政府财政、农业、林业部门和农民代表意见的基础上拟订”。人们所期待的，通过风险分区和差异化费率，转变当前“一省、一产品、一费率”的粗放经营方式的局面，未有提及。

如果说在较早的时期，农业保险区划研究工作比较偏重理论性和探索性，与实践工作尚有一些距离；那么当前，农业保险区划研究成果未能得到采纳与应用，很大程度上受到了农业保险补贴制度的影响。一方面，保险费率的高低直接影响着政府补贴资金的规模以及农业保险经营主体的盈利水平。相应地，农业自然灾害保险区划工作得到的精算费率的公平性在一定程度上受到了质疑。另一方面，农业自然灾害保险区划所坚持的风险分区与差异化费率，与现阶段财政补贴所坚持的“公平性[①]”存在冲突。如果同时要保持一个省内所有参保农户享受的补贴率与亩均补贴金额都“公平”，那么唯一的可能就是实施相同的无差异化的费率。其实，这里是两个公平性，一个是基于“普惠”的财政补贴的公平性，另一个是与风险大小相匹配的费率的公平性。前者是与财政资金使用原则相联系的公平性，后者是与农业保险科学性相联系的公平性，对于农业保险来说，在保险定价科学性的基础上来理解财政意义上的公平性才是正确的，也才是有积极意义的。类似的问题曾经也发生在农业保险之中，最初，中央财政对各地农业保险的补贴也是坚持一个标准，后来考虑到各地财力的差别和农民的风险费率支付能力的差别，就实行了适当向中西部地区倾斜的差异化政策。如果坚持认为，“农业保险的财政补贴之前已经通过转移支付解决了财政的地区差异化问题，农业保险就不需要考虑差异化补贴问题了”，实践表明这样的思路并不全面和科学，所以后来做出调整。类似的问题在社会养老保险中也有。

从某种意义上讲，这一问题涉及的根本问题是，如何正确认识我国农业保险的基本属性和和进一步理顺财政补贴工作思路的问题。财政支持下的农业保险本质上到底是国家的农业发展政策还是基于农户的个体社会福利项目，如果主要是前者，就需要考虑这种农业保险经营的科学性和效率性问题，如果是后者，才要考虑农户之间享受补贴的均等问题（其实即使是后者，也不一定要实行“利益均等”，而是要从整体农民而不是个体农户的福利来考虑）。我们认为，既然政府决定用大幅度财政支持的方式支持农业保险，那么它已经远远超出了基于农户个体福利的范围，而是一种基于国家农业发展和食物安全政策的战略，即使差异化费率会给不同层面带来一些“工作量”，也应该逐步推行和实施区域化、差异化的农业保险费率制度。

推动保险区划成果在实践中的广泛应用。当然这还需要时间和努力。

### （二）进一步加强农业自然灾害保险区划研究工作

为了进一步推动农业自然灾害保险区划成果在实践中的应用，需要相应地持续加强其研究工作，提升其结果的科学性与公信力。从当前来看，主要工作集中在以下三方面：

**1. 进一步加强农业保险基础数据建设**

开展农业自然灾害保险区划工作，需要中、高空间分辨率（高于 1 千米 * 1 千米）、长时间序列（20～30 年）、多要素（涉及农业自然灾害的各个方面）以及保险损失等数据。从过去来看，农业自然灾害保险研究进展很大程度上也是农业自然灾害

① 其实，这里是两个公平性，一个是基于“普惠”的财政补贴的公平性，另一个是与风险大小相匹配的费率的公平性。前者是与财政使用原则相联系的公平，后者是与农业保险科学性相联系的公平，对于农业保险来说，以保险定价科学性为基础来理解财政意义上的公平性才是正确的，也才是有积极意义的。

保险基础数据库的研究进展。而美国农作物保险的成功在很大程度上也源自强大的数据库、特别是农户级别的数据支撑。自 2007 年实施新一轮财政支持下的农业保险试点以来，我国农业保险的承保、理赔等业务数据已经有了一定的积累，但在试点头几年由于基层操作规范性等问题，数据的翔实程度和真实性都存在问题。随着我国农业保险的继续深入发展，设立农业保险数据采集与交换标准，进一步加强农业保险数据的搜集、规范、整理、入库和积累，必将为未来的农业自然灾害保险区划研究和实践工作奠定基础。

**2. 进一步提升农业风险模型的科学性**

当前，统计类方法（包括单产统计法和指数模型法）由于数据要求低、建模方法直观简便，在研发和应用层面占有数量上的优势。然而，统计方法本身的缺陷也给这两类模型造成了决定性的限制。灾害事件法有明确的事件表达，与保险业务操作实践吻合；作物生长模型对作物生长机理、致灾因子打击和损失形成机理有较好的解释。随着数据积累与建模手段的不断完善，基于事件和机理的种植业风险模型是一种发展的必然选择。在建模过程中，应充分发挥各类方法的相对优势，进行有机整合。宜采用灾害事件做总体模型框架；利用作物生长模型构建脆弱性函数，并参与灾害事件影响与损失仿真；在必要时使用统计方法估计模型参数。AIR 公司开发的中国农业模型是模型综合化的有益尝试。该模型利用灾害事件模型模拟暴雨洪水灾害损失，利用农业天气指数和作物生长模型估计旱灾损失（Zuba，2012），并最终估计水、旱两种自然灾害的综合风险。

**3. 尽快编制全国性的农业自然灾害保险区划**

在原保监会“全国种植业保险区划”的基础上，应用最新的风险评估模型，在强大的数据库支持下，完成全国范围主要粮油作物与森林的自然灾害风险评估与费率厘定，形成空间分辨率为 1km 或更高的风险评估与费率厘定结果，并分别编制以乡、县两级行政区划为最小空间单元的农业自然灾害保险区方案，为后续指导实践工作奠定基础。

## 参考文献


[1] Arrow K J. Aspects of the theory of risk bearing [M]. Chicago：Markham Publishing Co，1965.

[2] Borch K. Equilibrium in a reinsurance market [J]. Econometrica，1962，30 (3)：424-444.

[3] Botts R R，Boles J N. Use of normal-curve theory in crop insurance ratemaking [J]. Journal of Farm Economics，1958，40 (3)：733-740.

[4] Cummins J D. Statistical and financial models of insurance pricing and the insurance firm [J]. The Journal of Risk and Insurance，1991，58 (2)：261-302.

[5] Fry D L，Stephens S L. Influence of humans and climate on the firehistory of a ponderosa pine-mixed conifer forest in the southeastern Klamath Mountains，California [J]. Forest Ecology and Management，1991：223，428-438.

[6] Gollier C. Insurability [R]. Paper presented to the workshop of the NBER Insurance Project，2003.

[7] Heyerdahl E K, Brubaker L B, Agee J K. Spatial controls ofhistorical fire regimes: a multiscale example from the interior west [J] . Ecology, 2001: 82, 660-678.

[8] Peters D P C, Pielke R A, Bestelmeyer B T, Allen C D, Munson-McGee S, Havstad K M. Cross-scale interactions, nonlinearities andforecasting catastrophic events [J] . Proceedings of the National Academyof Sciences of the United States of America, 2004: 101, 15130-15135.

[9] Rothschild M, Stiglitz J. Equilibrium in competitive insurance markets: an essay on the economics of imperfect information [J] . The Quarterly Journal of Economics, 1976, 90 (4): 629-649.

[10] Stojanovski, P., W. Dong, M. Wang, T. Ye, S. Li, and C. P. Mortgat. Agricultural Risk Modeling Challenges in China: Probabilistic Modeling of Rice Losses in Hunan Province [J] . International Journal of Disaster Risk Science, 2015, 6 (4): 335-346.

[11] Varian H. Microeconomic Analysis [M] . London: WW. Norton & Company, 1992.

[12] Zuba G. AIR China Agricultural Risk Model [R] . Keyote presentation at the Sixth AIR Beijing Seminar, 2011.

[13] Zuba G. Introduction to AIR's Crop Model for China [R] . Keynote presentation at the Seventh AIR Beijing Seminar, 2012.

[14] 邓国，王昂生，周玉淑，李世奎．中国省级粮食产量的风险区划研究 [J] . 南京气象学院学报，2002，25 (3)：373-379.

[15] 丁少群．农作物保险费率厘订问题的探讨 [J] . 西北农业大学学报，1997，25 (S1)：103-107.

[16] 国家科委自然灾害综合研究组．中国自然灾害区划研究的进展 [M] . 北京：海军出版社，1998：171-181.

[17] 马宗晋．中国重大自然灾害及减灾对策（总论）[M] . 北京：科学出版社，1994.

[18] 史培军．中国自然灾害系统地图集 [M] . 北京：科学出版社，2003.

[19] 史培军，王静爱，叶涛，等．全国种植业保险区划研究报告与图册 [R] . 北京：北京师范大学，2010.

[20] 史培军，王静爱，张兴明，等．内蒙古自治区省到区县一级种植业保险区划试点研究报告与图册 [R] . 北京：北京师范大学，2013a.

[21] 史培军，叶涛，王静爱，等．湖南省省到区县一级种植业保险区划试点研究报告与图册 [R] . 北京：北京师范大学，2013b.

[22] 史培军．灾害研究的理论与实践 [J] . 南京大学学报：自然科学版（自然灾害研究专辑），1991：37-42.

[23] 史培军．再论灾害研究的理论与实践 [J] . 自然灾害学报，1996 (4)：8-19.

[24] 庹国柱，丁少群．论农作物保险区划及其理论依据——农作物保险区划研究之一 [J] . 当代经济科学，1994 (3)：41，64-69.

[25] 庹国柱，丁少群．农作物保险风险分区和费率分区问题的探讨 [J] . 中国农村经济，1994，8：43-47.

[26] 庹国柱．加快培育农业发展新动能：农业保险大有作为——学习 2017 年中央一号文件关于农业保险的政策指导意见 [N] . 中国保险报，2017-02-09.

[27] 汪振春．农险，在传承创新中书写新篇章 [N] . 中国保险报，2017-02-08.

[28] 王季薇，王俊，叶涛，刘婧，张兴明，史培军．区域种植业自然灾害保险综合区划研究 [J] . 自然灾害学报，2016，25 (3)：1-10.

[29] 王平，史培军．中国农业自然灾害综合区划方案 [J] . 自然灾害学报，2000，9 (4)：349-350.

[30] 王平．中国农业自然灾害综合区划研究的理论与实践［D］．北京：北京师范大学，1999.

[31] 王薇．用更强大更精准数据模型把脉中国农作物保险——访怡安奔福再保顾问有限公司及法国再保险公司专家［N］．中国保险报，2011-09-06.

[32] 邢鹂，赵乐，吕开宇．北京市农业生产风险和保险区划研究［M］．北京：中国农业出版社，2008.

[33] 邢鹂．中国种植业生产风险与政策性农业保险研究［D］．南京：南京农业大学，2004.

[34] 叶涛，史培军，王静爱．种植业自然灾害风险模型研究进展［J］．保险研究，2014（10）：12-23.

[35] 叶涛，吴吉东，王尧，李懿珈，史培军．多年期森林火灾保险产品设计研究——以浙江省丽水市为例［J］．保险研究，2016（2）：87-98.

[36] 张兰生．中国自然灾害地图集［M］．北京：科学出版杜，1992.

[37] 张丕远，王凤慧，姜鸿，等．我国主要自然灾害的地理分布规律及区域减灾对策的探讨［M］//中国科学院地学部．中国自然灾害灾情分析与减灾对策，武汉：湖北科学技术出版社，1992：87-93.

[38] 周延礼．我国农业保险的成绩、问题及未来发展［J］．保险研究，2012（5）：3-9.

[39] 周玉淑，邓国，齐斌，张敏．中国粮食产量保险费率的订定方法和保险费率区划［J］．南京气象学院学报，2003，26（6）：804-814.

# 我国种植业保险风险区划与分级费率定价研究

## ——以吉林省玉米种植保险为例*

周县华

**摘要**：本文以玉米种植保险为例，利用 2007—2012 年吉林省公开披露的玉米种植和保险数据，对种植业保险风险区划和分级费率厘定进行了研究。史培军（2011）开创性地发布了中国省级层面的种植业保险区划，本文在其基础上往前又走了一步，我们将视角放在了省级以下的县级层面。我们的研究结果发现，吉林省玉米生产风险在县级层面差异非常明显，现有的"一省一费"将导致非常严重的交叉补贴问题，这显然会制约种植业保险的健康发展，同时也降低了财政补贴效率。我们依据县级风险区划厘定了分级费率，费率水平范围为 9.23%～11.27%。实施县级分级费率将减轻原有的"一省一费"的交叉补贴效应，整体减轻幅度约为 15.18%。本文的研究无疑将对中国种植业保险发展具有重要的政策指导意义。

**关键词**：种植业保险；风险区划；分级费率

## 一、引言

自 2007 年，政府开始落实补贴政策和扶植措施后，我国农业保险进入迅速发展期。截止到 2015 年，农业保险实现保费收入 374.7 亿元，为 2.3 亿次农户提供了近 2 万亿元的风险保障。保费收入相比 2007 年增长了六倍，我国一跃成为全球农业保险第二大国。

然而，在看到农业保险近年蓬勃发展势头的同时，我们还要看到其背后"粗放"的一面，这其中尤其严重的是农作物保险定价。中国农业保险费率实行"一省一费"政策，即同一个省内针对相同农作物的保险产品实行相同费率。这种做法没有考虑省内各地区农作物生长面临的具体微观环境差异，极易引发逆选择问题。高风险的被保险人常年获得较高的赔付，每年都积极投保；但是低风险的被保险人常年获得较低的赔付，参保积极性不高。同时这种做法在客观上也促成了低风险被保险人对高风险被保险人的"补贴"（Blackmon、Zeckhause，1991），有悖保险的"公平性"原则，降

* 本文获北京市青年英才计划和教育部人文社会科学重点研究基地重大项目（13JJD790041）资助。

作者简介：周县华，安华农业保险股份有限公司总精算师。

低了财政补贴效率。

本文以吉林省玉米种植保险为例①，运用系统聚类分析方法研究中国种植业保险风险区域划分问题，并以此为基础制定分级费率。研究结果表明，玉米种植在吉林省内不同风险区域存在显著的风险差异，重新厘定后的分级费率水平范围为 9.23%～11.27%。新的分级费率能够减轻原有的"一省一费"带来的"交叉补贴"效应，整体减轻幅度约为 15.18%。本文上述这些结论无疑将对中国种植业保险发展具有重要的政策指导意义，同时也为中国保监会下一步省级以下风险区划工作提供重要的经验证据和理论依据。

本文结构安排如下：第二部分评论有关风险区划的文献并指出了本文的边际贡献。第三部分介绍数据和建立模型。第四部分是风险区划与分级费率厘定过程。最后一部分给出结论。

## 二、经验事实与文献综述

平均费率会导致逆选择问题（Goodwin，1994），而逆选择问题是农业保险赔付超过保费的主要原因之一（Skees、Reed，1986；Just、Calvin、Quiggin，1999）。因此，确保费率公平在农业保险费率厘定时十分重要。但是，单一投保人的风险状况和费率之间的"绝对公平"难以实现。一方面，单一投保人风险状况的历史数据通常是不可获取的；另一方面，即使数据可获取，逐一定价是没有效率的。如何在农业保险费率厘定时兼顾公平和效率是学者关注的热点问题。这一问题在精算上反映为基础数据风险单元的选取问题。

很多学者以美国农业保险计划为例，讨论了不同层级风险单元的费率厘定问题，主要包括郡县层级（County-Level）和农场层级（Farm-Level）②。Skees 和 Reed（1986）研究了农场层级的费率厘定问题，认为以农场产出的一定比例为定价基础，能够在一定程度上解决逆选择问题，并提出了比例方案。Skees，Black 和 Barnett（1997）详细说明了以郡县层级为基础的美国联邦农业保险产品 GRP（Group Risk Plan）的设计和费率厘定实施步骤，并对 GRP 的未来发展方向进行了总结。Goodwin 和 Ker（1998）研究了以郡县层级为基础的农业产出风险的非参数分布估计方法，并以此讨论了农业保险产品的费率厘定问题，他们认为非参数分布估计方法的应用有助于精确计量损失风险、提升 GRP 计划的精算公平（Actuarial Performance）。Barnett 等（2005）通过扩大样本量和改进研究方法，对 MPCI 计划（农场层次）和

① 玉米不仅是重要的动物饲料，而且早在 2012 年我国玉米产量就超过水稻成为第一大粮食作物，可以说玉米的种植及生长情况对我国粮食市场和饲料市场都有着很重要的作用。吉林省作为我国玉米的生产大省，是第一批开展玉米种植保险试点的省份，经过近几年的发展，成效显著。

② 虽然一些文献提到了区域层次（Area-Based），如 Skees，Black 和 Barnett（1997）、Goodwin 和 Ker（1998）等，但是他们实质讨论的区域等同于郡县。

GRP 计划（郡县层次）进行了更进一步的比较，结果发现 GRP 计划的风险降低程度不低于标准覆盖范围下的 MPCI 计划。Claassen 和 Just（2011）采用了大量官方的农场层级的保险数据分析了郡县内农业风险的异质性，并讨论了消除异质性后风险的拟合方法。他们的研究表明，利用郡县层级的数据度量农场层级的风险会低估系统风险和随机风险。以瑞士的小麦和大麦为例，Finger（2012）研究了由于数据积聚（由农场数据积聚为地区和国家数据）造成的农场层级的农业风险分析偏差，结果发现在数据积聚过程中，农业风险的期望损失不变，但是波动性降低。

鉴于郡县内农业风险的异质性（Claassen、Just，2011），以及数据积聚造成的农业风险分析偏差（Finger，2012），很多学者打破郡县层级和农场层级的约束，运用聚类分析方法按照风险相似度划分风险区域，以风险区域为风险单元，完成农业保险产品的设计和费率厘定。Wang 和 Zhang（2002）讨论了如何进行风险区域划分的问题，并发展了一种针对面板数据的聚类方法，并将之应用于讨论郡县以下层级（Subcounty-Based）的 GRP 计划。Rudstrom 等（2002）也认为数据积聚会造成风险分析偏差，文章采用聚类分析方法划分风险区域，以确认数据积聚造成的风险偏差。Popp，Rudstrom 和 Manning（2005）扩展了 Rudstrom 等（2002）的研究，认为大多数情况下数据积聚使个体风险被低估了，并且在聚类风险时使用绝对风险评估的总体风险偏差大于使用相对风险评估的情形。Russo 和 Salvatore（2007）通过运用小区域估计方法和聚类方法，介于个体农户和整体区域之间划分风险区域，以促进公平、提高农业保险参与度。Khare 等（2014）构建了一个自然风险损失的聚类分析框架，以欧洲风灾为例的计算结果表明，历史数据展示了很强的聚类性质，并以此为基础讨论了巨灾债券的定价问题。

相比于美国郡县层级（County-Level）和农场层级的风险单元，中国农业保险的风险单元就有点“匪夷所思”了，中国目前执行的是“一省一费”规则，即同一个省内针对相同农作物的保险产品实行相同费率。史培军（2011）讨论了中国省级层面的种植业风险区化问题，并为中国“一省一费”规则提供了经验证据。但是中国地域辽阔，一省的面积略超美国一州的面积（甚至超过欧洲一些国家的面积），省内种植风险差异极大。“一省一费”对低风险的农民而言是不公平的，对于高风险的农民而言又是不充足的，进而引起了较严重的交叉补贴效应。因此，中国农业保险持续健康发展，需要做好省级以下的风险区划工作。考虑到中国农场或家庭层级数据的获得性较难，中国保监会下一步将主推县级层面的风险区划。因此本文将以吉林省玉米种植保险为例，以县域为基本单元①，采用聚类分析方法研究中国省内保险风险区域划分和费率厘定问题。

① 以县域为基本单元的具体原因还包括：第一，中国农业具有明显的小农经济特征，缺少详细、准确和连续的单个农户历史数据资料；第二，虽然县域是行政区域概念，但是在设立县域之初已经考虑了地形地貌等特征，这与风险区域的概念有一致性；第三，中国各省内农业政策和财政分配都是以县划分，一县之内政策相同，各县之间往往存在差异。

本文的贡献主要体现在以下三方面：第一，本文从县级层面讨论我国种植业保险风险区划和定价问题。虽然中国已经成为第二大农业保险市场，但“一省一费”的做法已经严重制约了中国农业保险的健康稳定发展，寻找省级层面以下的合适的风险区划层级将成为中国农业保险发展的关键的一步。我们期望本研究可以为中国保监会的风险区划工作提供一个标准的研究范式和路径。第二，本文扩展了聚类分析的指标体系。已有文献（Rudstrom et al，2002；Popp、Rudstrom、Manning，2005）通常采用变异系数作为聚类分析的核心指标，本文补充了平均损失程度（反映投保地块的灾害损失状况）和平均赔付率（反映保险主体的损失状况）两个指标。尽管单产变异系数在时间和空间上整体地描述了区域风险，但是无论生产的结构性风险如何，只有平均损失程度才能最细致地描述投保区域风险。另外并不是所有的风险都是保险风险，平均赔付率描述了生产风险转换为保险风险后的区域风险。第三，中国农业保险由于是以省级风险区划开始的，省级政府会同意县级层面的风险区划，但是他们希望汇总到省级的费率维持不变，因为如果费率变化了就涉及到省级财政补贴也随之变化，这是他们不希望看到的结果。因此本文不是简单地按照张峭（2013）厘定分级费率，而是根据各风险区域的原点矩和承保面积将省级费率施行分解，从而保证了省级财政补贴政策的衔接。

## 三、数据、指标与模型

### （一）样本数据

2013 年吉林省玉米产量为 2 776 万吨，占粮食作物总产量的 77%以上，播种面积占粮食作物播种面积的 71%以上。吉林省玉米生产对我国的粮食安全发挥着举足轻重的作用。但由于吉林省是一个气象灾害频发、多种灾害共存的省份，因此玉米种植受自然灾害的影响极大。基于此，吉林省从 2007 年就开始了玉米种植保险试点。经过 7 年的发展，吉林省玉米种植保险累计收取保费 49 亿元，累计赔款 32 亿元，玉米保险已经成为保障农户收入水平稳定的最重要手段。目前，吉林省玉米保险承保暴雨、洪水、风灾、雹灾、涝灾、旱灾和冰冻等自然灾害造成的保险标的损失，保险金额为 200 元/亩，保费由各级政府和农户按 4：1 的比例共同分担，保险期限以玉米的生长期为准，并在全省范围内实行统一的 10%费率。

如果单纯从统计角度出发，那么样本数据时间跨度越大越好，因为时间序列越长数据越多，概率越接近真实值，计算结果也越稳定。然而过大的时间跨度，使得产出的时间趋势愈加明显，不同时期生产条件差距过大，据此算出的风险结果对未来进行估计的误差就会非常大。另外，还有一个非常重要的考虑是，由于玉米种植保险自 2007 年才开始在吉林省实施，我们调研所获得的赔付数据也是自 2007 年才开始，因此本文最终选取 2007—2012 年的吉林省 39 个县域数据作为最终研究样本。本研究所使用的玉米产量数据、损失数据、赔付数据分别来自于种植业信息网中的农作物县级数据库、自然灾害历史统计数据库、吉林省统计年鉴。

## （二）主导指标的选取及量化

理想的参与风险评估的因素应包括天气数据、灾害数据、生产数据和赔付数据。但实际情况是如果要对过程进行刻画，牵扯的因子过于复杂且难以量化，得出的结果也不精确。所以不妨换个角度考虑，通过对结果分析来映射过程。考虑到各风险因素作用的最终体现就是对农作物产量的影响，因而农作物的单产变化就能很好地反映出风险因子的变化情况。因而本文最基础最重要的主导指标即为玉米单产。基于数据的风险含义和可获得性，本文选取了单产变异系数、平均损失程度、平均赔付率这 3 个指标作为分区的主导指标。

**1. 玉米单产变异系数——作物单产统计数据**

单产变异系数是衡量剔除历史变动趋势和生产力差异后的玉米单产变动情况的综合指标，不考虑玉米种植的规模与效率，仅反映生产的波动情况，属于综合性指标。由于农作物发生损失通常是多种风险因素共同作用的结果，这个过程非常复杂，在实践中很难准确估算出某种风险因素对玉米生产造成的影响大小，因而我们选择用产量变化这样一个结果性和综合性变量来评估风险。由于本文仅选取 6 年数据，时间序列特征并不明显，去除趋势就没有很大意义。选取 6 年单产数据，一是由于赔付数据的可获得性所限，二是因为去趋势方法的选取本身就会造成一定误差。

一般情况下，单产越高，遭受风险带来的损失可能性越大，但这不是绝对的。只有单产波动性越大，才表明生产风险越大，生长环境越不稳定。下列公式中 $\sigma_i$ 和 $Y_i$ 分别代表区域 $i$ 的玉米单产标准差和平均值，因而单产变异系数可以表示为：

$$CV_i = \frac{\sigma_i}{Y_i}$$

**2. 平均损失程度——历史灾情信息**

对于区域 $i$，在 $t$ 年的索赔记录 $j$，包括投保面积（$ca_{i,t,j}$）、保额、保费、出险面积（$da_{i,t,j}$）、受灾程度（$dd_{i,t,j}$）、赔付金额、灾因和发生时间。为了反映风险状况，构建反映灾害大小的损失程度指标：

$$DL_{i,t} = \frac{\sum_j da_{i,t,j} \times dd_{i,t,j}}{ca_{i,t}}$$

该式的分母 $ca_{i,t}$ 代表区域 $i$ 在 $t$ 年的总投保面积，无论是否出险。单产变异系数描述的区域整体状况（无论是否投保），而 $DL_{i,t}$ 描述的是区域中投保单元的历史灾害状况。我们用损失程度指标 $DL_{i,t}$ 的年平均值来表示区域 $i$ 的风险，即

$$DL_i = \frac{\sum_t DL_{i,t}}{n_i}$$

其中，$n_i$ 表示区域 $i$ 的所有年份的个数。

**3. 平均赔付率——保险业务数据**

赔付率（赔付率=赔款/保费）是最能反映玉米生长过程中各风险因素致损后得到补偿情况的指标，是各地区灾害风险的综合体现。同时通过该指标，我们实现了将研究对象从自然灾害风险到保险风险的转换。区域 $i$ 在 $t$ 年的玉米赔付率为 $LR_{i,t}$，取其年平均值来构建风险指标：

$$LR_i = \frac{1}{n_i}\sum_{j=1}^{n_i} LR_{i,t}$$

**4. 风险数据集——风险向量**

综合以上 3 个指标，构建对于任意区域 $i$ 的风险向量 $X_i$，

$$X_i = [\text{平均赔付率，平均损失程度，单产变异系数}] = [LR_i, DL_i, CV_i] \tag{1}$$

由风险向量的构造过程以及各指标的性质可知，向量值越大风险越高。实际上三个指标实现了风险的过渡：从农业生产风险（$CV$）到投保地块被保险人实际损失风险（$DL$），再到投保地块依据保单计算的保险人赔付风险（$LR$）。我们根据吉林省各县 2007—2012 年各年间的玉米单产数据、玉米损失数据和赔付数据，计算了县级的风险向量，结果列示在表 1 中。由于涉及的数据量过大，因此表中展示的数据是按照风险向量的定义处理后的结果，原始数据不再列示。

**表 1　县级风险数据集**

| 区县 | 平均赔付率 | 平均损失程度 | 单产变异系数 |
|---|---|---|---|
| 双阳 | 43.70% | 0.132 0 | 0.256 2 |
| 农安 | 51.68% | 0.274 3 | 0.093 0 |
| 九台 | 57.83% | 0.202 9 | 0.278 8 |
| 榆树 | 82.49% | 0.258 2 | 0.170 7 |
| 德惠 | 52.89% | 0.251 8 | 0.190 4 |
| 吉林 | 61.89% | 0.250 4 | 0.091 8 |
| 永吉 | 89.87% | 0.434 6 | 0.179 0 |
| 蛟河 | 51.94% | 0.363 1 | 0.135 1 |
| 桦甸 | 73.23% | 0.448 5 | 0.105 1 |
| 舒兰 | 65.97% | 0.280 5 | 0.087 8 |
| 磐石 | 54.85% | 0.300 0 | 0.115 9 |
| 四平 | 55.51% | 0.171 4 | 0.102 9 |
| 梨树 | 59.18% | 0.246 6 | 0.085 8 |
| 伊通 | 56.39% | 0.170 3 | 0.151 6 |
| 公主岭 | 56.28% | 0.239 0 | 0.125 5 |
| 双辽 | 54.74% | 0.236 1 | 0.279 4 |

（续）

| 区县 | 平均赔付率 | 平均损失程度 | 单产变异系数 |
|---|---|---|---|
| 通化辖区 | 85.91% | 0.244 8 | 0.050 4 |
| 通化 | 65.61% | 0.308 5 | 0.103 1 |
| 辉南 | 81.80% | 0.286 8 | 0.136 9 |
| 柳河 | 72.22% | 0.199 7 | 0.180 3 |
| 梅河口 | 73.84% | 0.242 8 | 0.097 4 |
| 白山 | 51.07% | 0.110 1 | 0.137 9 |
| 抚松 | 50.81% | 0.184 5 | 0.093 0 |
| 靖宇 | 62.48% | 0.208 4 | 0.133 0 |
| 长白 | 46.79% | 0.178 6 | 0.126 6 |
| 临江 | 59.44% | 0.099 2 | 0.080 5 |
| 松原 | 44.46% | 0.369 1 | 0.235 4 |
| 前郭 | 60.27% | 0.361 2 | 0.203 9 |
| 长岭 | 53.71% | 0.263 2 | 0.159 6 |
| 乾安 | 68.60% | 0.425 9 | 0.076 5 |
| 扶余 | 48.69% | 0.264 4 | 0.153 9 |
| 镇赉 | 55.24% | 0.417 6 | 0.197 4 |
| 通榆 | 46.16% | 0.397 8 | 0.234 8 |
| 洮南 | 57.85% | 0.416 7 | 0.209 9 |
| 大安 | 51.37% | 0.402 5 | 0.288 5 |
| 延吉 | 51.37% | 0.175 5 | 0.078 5 |
| 图们 | 95.17% | 0.250 4 | 0.054 5 |
| 敦化 | 44.33% | 0.186 0 | 0.172 2 |
| 龙井 | 69.63% | 0.261 8 | 0.163 8 |

**表 2　风险指标相关性分析**

| 相关系数 | $LR_i$ | $DL_i$ | $CV_i$ |
|---|---|---|---|
| $LR_i$ | 1 | 0.197 8 | −0.373 9 |
| $DL_i$ | 0.197 8 | 1 | 0.209 1 |
| $CV_i$ | −0.373 9 | 0.209 1 | 1 |

在数据处理方面，我们需要对指标的相关性进行分析，以确定使用合适的距离算法。从表 2 可以看出，各指标之间的相关性非常低，无需使用马氏距离来消除相关性。一般认为，赔付率与损失程度间具有高度的相关性，然而本研究显示并非如此。原因可能是，赔付是根据保险合同给付的，并不完全由损失决定。现行的保险合同规

定了 30%的绝对免赔率，同时还对作物的不同生长阶段给予不同的赔付比例。比如即使同样损失了 50%，但是在拔节期和成熟期的赔付额是不一样的。保险条款中的这些规定会造成实际赔付金额与实际损失金额的扭曲效应。这也是为什么我们要同时选择 $DL$ 和 $LR$ 这两个指标来对 $CV$ 进行补充的原因。另外，从风险指标集的构造及定义可以知道，数据均为无量纲。因而，不需要对风险数据集（表 1）进行标准化和极差变换处理。

通过表 1 我们发现，在县级层面上各个指标都有显著的差异性（三个指标的变异系数分别为 0.21，0.35，0.43），显然这些差异性有助于我们将不同个体区划开来。单产变异系数的变化范围为：5.04%（通化市辖区）到 22.85%（大安）。平均损失程度的最低值只有 9.92%（临江），最高值则为 44.85%（桦甸）。这可能意味着桦甸投保的地块中，每年整体损失超过四成。在平均赔付率方面，我们发现各县级区域差异亦较大，最低的双阳只有 43.70%，而最高的图们则达到 95.17%。这表明在当前费率下，图们的经营主体是处于长期亏损状况的，无法在时间上进行分散。但同时我们又发现，图们的单产变异系数为 5.45%，几乎是区域的最低值，其平均损失程度也只处于区域平均水平。因此我们可以推断，图们灾害的发生时间应该集中在赔偿系数比较高的玉米成熟期。情况类似的还有通化市辖区。事实上，这些现象为我国农业保险的逆选择问题提供了最直接的案例证据。显然，目前农业保险在各省实行“一省一费”的“一刀切”的做法更加剧了投保农户的逆选择问题。

### （三）费率厘定模型建立

#### 1. 基于原点距的聚类分析方法

本文选取系统聚类法进行分析，其基本思想为聚类开始时将 $n$ 个样本各自作为一类，并分别定义样本之间的距离，然后通过计算将距离最近的两类合并，接着计算形成的新类与其他类的距离。重复以上步骤，分类逐渐减少，直至得到想要的分类结果，最后形成聚类树形图。从聚类树形图中能轻易看出应分成几类以及每一类所包含的样本。在一般的聚类分析中，只是将目标事物集按照不同的方法划分为不同的类别，并没有对不同类之间的相对属性进行评价。而“风险区划”不仅需要将不同区域按照其风险属性进行分类，并且需要将不同类的风险高低进行定量评价。

设区域 $i$ 的风险刻画为 $X_i=\{x_{i1}, x_{i2}, \cdots, x_{im}\}$ ，用 $X_{ij}$ 刻画区域 $i$ 在风险指标 $j$ 上的数值。因此若 $X_{ij}=0$，则在指标 $j$ 代表的风险上，区域 $i$ 不存在风险。为更好地刻画风险，我们做出如下定义：

定义 1：风险原点 $X_0=(0, 0, \cdots, 0)$，这一点各个指标的风险均为零。

定义 2：风险原点距 $D_K=D(0, K)$，代表类 $K$ 与风险原点 $X_0$ 的距离。

风险原点 $X_0$ 是一种理想状态，代表风险不存在的基准状态。因此，类 $K$ 的风险原点距 $D_K$ 的大小可以用于定量衡量类 $K$ 的综合风险。$D$ 是类距离中的一种，由模型和数据决定。

**2. 分级费率厘定模型**

本文采用“统一费率×区域风险系数”方法，也就是在全省统一基准费率的基础上加一个调整系数作为修正的方式，使得费率得到县级细分。同样，如果能够获得乡村级别的风险数据，就可以得到乡村级费率：省级费率×县级风险系数×乡村风险系数。

在进行分级费率的测算时，最好的方法是根据分区数据进行计算。这种方法的好处是测得的费率与该地区的风险严格一致，充分反映了费率的充足性、合理性和公平性。但是在实务中，由于数据量不足、可信度低等因素的影响，分区计算的方法往往不能实现。类 $K$ 的风险原点距 $D_K$ 的大小定量衡量了类 $K$ 的综合风险，反映了风险程度的高低，因此使用风险原点距 $D_K$ 对不同风险等级区域的保险费率进行调整较为合理。由于风险原点距 $D_K$ 反映的是各地区风险程度的大小，并不是对费率差异水平的准确刻画。所以在使用风险原点距 $D_K$ 进行费率调整时候，还需要进行一些处理。

假设 1：当前费率 $cr$ 由期望赔款 $\mu$ 和风险边际 $mc$ 组成，并且 $mc$ 为 $\mu$ 的 $\alpha$ 倍（$mc = \alpha\mu$）。即，风险附加是基于期望值原则进行计算的。

$$cr = \mu + mc = (1 + \alpha)\mu \tag{2}$$

假设 2：风险等级 $K$ 的费率 $cr_K$ 由期望赔款 $\mu_K$ 和风险边际 $mc_K$ 组成，并且各等级间的费率差异由风险边际来反映，即 $\mu_K = \mu$，

$$cr_K = \mu + mc_K \tag{3}$$

定义 3：风险边际

$$mc_K = mc \times F(D_K) \tag{4}$$

对于函数 $F$ 具有的一些性质，在后面将给出。

因此，由以上公式可以得到风险等级 $K$ 的综合费率 $cr_K$ 为：

$$cr_K = \frac{1 + \alpha \times F(D_K)}{1 + \alpha} \times cr \tag{5}$$

$s_K$ 为风险等级 $K$ 的总投保面积，$s$ 为全部投保面积。对于风险等级 $K$ 费率调整因子 $\zeta_K$ 可以表示为：

$$\zeta_K = \frac{(1 + \alpha \times F(D_K)) \times s_K}{\sum_i (1 + \alpha \times F(D_I)) \times s_i} \tag{6}$$

故，调整后综合费率就可以写为：

$$\widetilde{cr_K} = cr \times \zeta\zeta_K \tag{7}$$

由 $\zeta_K$ 的定义（6）可以知道，综合费率只与风险附加比例 $\alpha$、各风险等级的投保面积 $s_i$、风险原点距 $D_I$、函数 $F$ 和当前费率有关。而与当前费率中，理赔费用、变动费用和利润附加无关。

在开始讨论函数 $F$ 的性质前，先约定一些符号，

$$D^{\{\min\}} = \min\{D_K\} \tag{8}$$

即，$D^{\{\min\}}$ 是最小风险原点距，同样还有 $D^{\{\max\}}$，$\zeta^{\{\max\}}$ 和 $\zeta^{\{\min\}}$。对于函数 $F$，它对不同类的风险原点距进行映射，进而使用映射值来刻画风险边际，因而需要满足以

下性质：

性质 1：非负性，$\forall x \geqslant 0$，$F(x) \geqslant 0$，当且仅当 $x=0$ 时等号成立。

性质 2：严格单调性，$\forall x,\ y \geqslant 0$，$x \leqslant y$，有 $F(x) \leqslant F(y)$ ，当且仅当 $x=y$ 时，等号成立。

性质 3：非膨胀性，当且仅当所有 $D_K$ 都相等时等号成立，$\frac{\zeta^{\{\max\}}}{\zeta^{\{\min\}}} \leqslant \frac{D^{\{\max\}}}{D^{\{\min\}}}$

对于性质 1，任何非风险原点的点都存在风险，因此都需要进行风险边际调整。对于性质 2，风险原点距 $D_K$ 衡量的是不同类与风险原点的距离，因此风险边际需要正比例于原点距 $D_K$ 。性质 3 比较困难一点，它并没有直接对 $F$ 进行描述，而是对作用后的平衡效果和自变量的比较来进行描述。即使风险原点距真实、准确地描述了类的风险状况，由于平衡性进行的调整也会缩小比值。在满足上面 3 个性质的前提下，可以根据风险原点距的数据集 $D_K$ 的特点和确立的调整目标，对函数 $F$ 进行构造。

## 四、玉米种植风险区划与分级费率厘定

### （一）玉米种植风险区划

表 3 显示数据间的相关性较小，所以本文选取欧式距离来衡量点之间的距离。聚类的目标是计算不同类与风险原点的距离，并在此基础上进行费率调整。因此，类与类之间的距离采用离差平方和法比较符合研究目的。

我们用 MATLAB 软件对风险数据进行聚类分析，图 1 显示了聚类过程。各节点

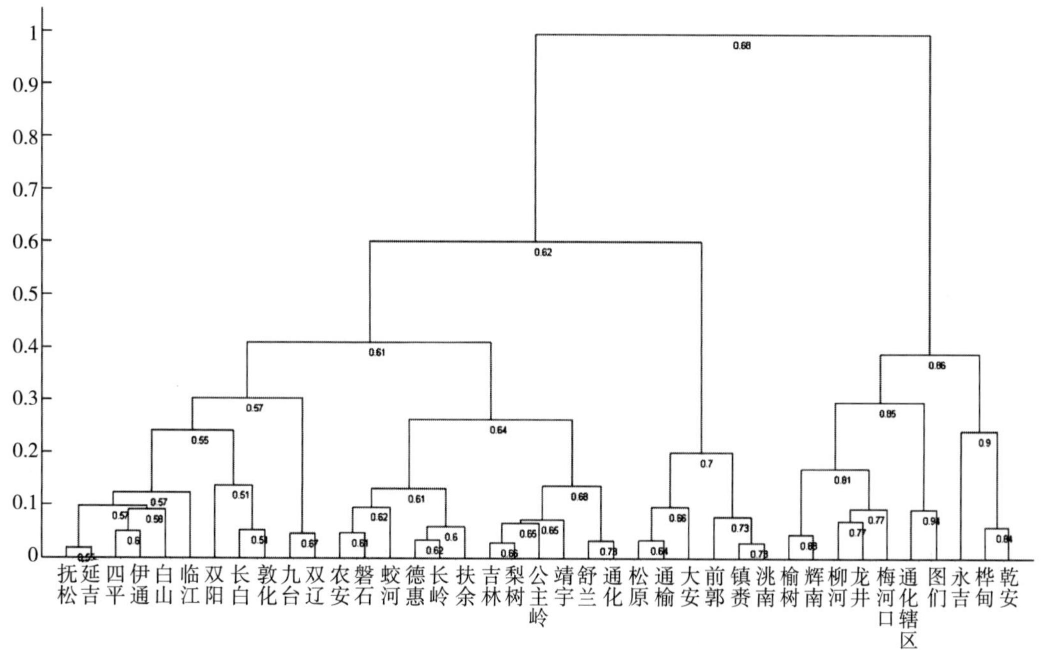


图 1 吉林县级区划聚类树图

下方的数字为该类的风险原点距。如，永吉、桦甸和乾安合并为一类时，此类的风险原点距为 0.90。同时，0.90 是按照｛永吉、桦甸、乾安｝为一类计算的，而不是按照｛永吉、｛桦甸、乾安｝｝并类递推计算的。

另外，斯特基法显示县域的风险分类数为 13 类、奎纳斯法显示可以分为 8 类，哈恩伯格法显示为 6 类。各种方法的结果并不统一。本文在正文部分列示了居于中间的 8 类分法，而将 13 类和 6 类的分类结果列示在了附表中。图 1 给出了吉林省县级风险区划的聚类树。表 3 列示了各区县的风险等级计算结果和投保面积。图 2 则是根据风险等级画出的吉林省县级风险区划地图。

**表 3 各区县风险等级划分结果**

| 区县 | 投保面积总计（千公顷） | 风险等级（6 类） | 风险等级（8 类） | 风险等级（13 类） |
|---|---|---|---|---|
| 长白 | 0.6 | 1 | 1 | 1 |
| 敦化 | 10.76 | 1 | 1 | 1 |
| 双阳 | 9.47 | 1 | 1 | 2 |
| 四平 | 5.49 | 1 | 1 | 3 |
| 伊通 | 35.37 | 1 | 1 | 3 |
| 白山 | 0.8 | 1 | 1 | 3 |
| 抚松 | 1.59 | 1 | 1 | 3 |
| 临江 | 0.91 | 1 | 1 | 3 |
| 延吉 | 1.14 | 1 | 1 | 3 |
| 农安 | 68.72 | 2 | 2 | 4 |
| 德惠 | 85.3 | 2 | 2 | 4 |
| 蛟河 | 57.17 | 2 | 2 | 4 |
| 磐石 | 56.48 | 2 | 2 | 4 |
| 长岭 | 64.98 | 2 | 2 | 4 |
| 扶余 | 108.96 | 2 | 2 | 4 |
| 吉林 | 5.93 | 2 | 4 | 7 |
| 舒兰 | 53.77 | 2 | 4 | 7 |
| 梨树 | 71 | 2 | 4 | 7 |
| 公主岭 | 90.83 | 2 | 4 | 7 |
| 通化 | 10.32 | 2 | 4 | 7 |
| 靖宇 | 3.47 | 2 | 4 | 7 |
| 九台 | 59.9 | 3 | 3 | 6 |
| 双辽 | 40.48 | 3 | 3 | 6 |
| 松原 | 26.15 | 4 | 5 | 5 |
| 通榆 | 57.81 | 4 | 5 | 5 |
| 大安 | 77.9 | 4 | 5 | 5 |

（续）

| 区县 | 投保面积总计（千公顷） | 风险等级（6 类） | 风险等级（8 类） | 风险等级（13 类） |
|---|---|---|---|---|
| 前郭 | 81.99 | 4 | 5 | 8 |
| 镇赉 | 51.37 | 4 | 5 | 8 |
| 洮南 | 126.97 | 4 | 5 | 8 |
| 柳河 | 30 | 5 | 6 | 9 |
| 梅河口 | 37.89 | 5 | 6 | 9 |
| 龙井 | 7.48 | 5 | 6 | 9 |
| 榆树 | 121.74 | 5 | 6 | 11 |
| 辉南 | 13.58 | 5 | 6 | 11 |
| 通化辖区 | 0.94 | 5 | 8 | 12 |
| 图们 | 2.54 | 5 | 8 | 12 |
| 桦甸 | 74.96 | 6 | 7 | 10 |
| 乾安 | 117.07 | 6 | 7 | 10 |
| 永吉 | 51.47 | 6 | 7 | 13 |

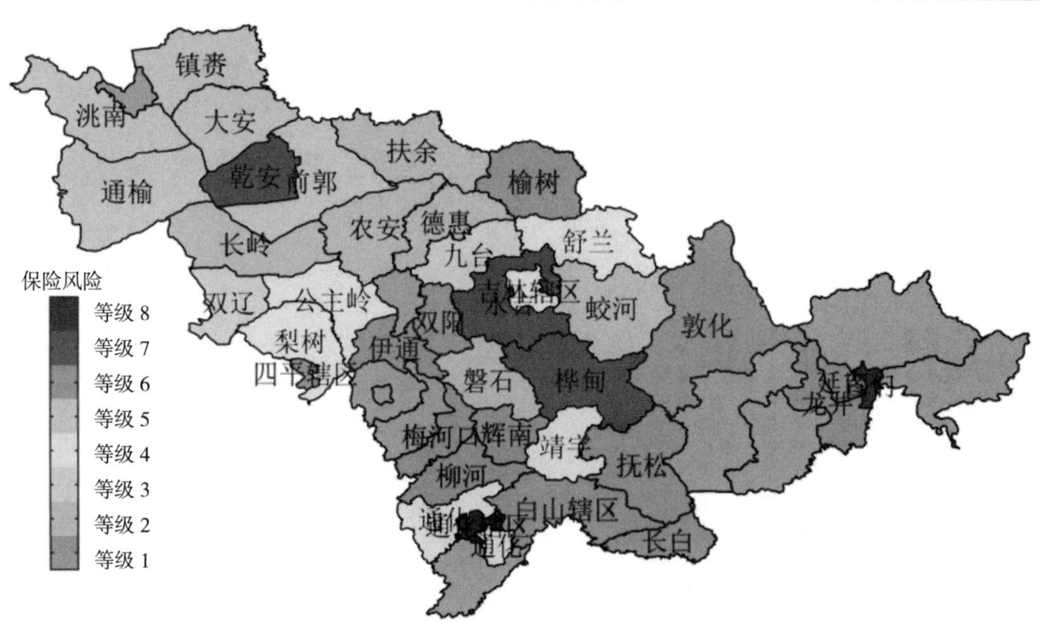


图 2　吉林县级风险区划图①

从玉米各风险等级区域的地理分布不难看出，吉林省玉米生产风险区划具有成片性的特点，中部地区整体来说风险较小，西部和东部地区整体来看风险高于中部。较低风险的地区是吉林玉米的主产区，这里生产呈现出规模化，且单产很高，属于玉米

① 灰色区域是数据缺少部分，图中只显示了既有风险数据（即聚类所需风险指标集）又有地图数据的区域。

生长条件优越的地区。中等风险区集中在吉林西北、西南和东南地区，这里各县的种植面积差异较大，综合来看各指标表现较好。高风险区主要集中于吉林省边界地区，以及中部的永吉、桦甸地区。上述这些研究结果表明，种植业保险风险的确存在比较强的空间相关性，39 个县级风险单位最终被分成 8 类风险，相似大小的风险经常会连成片，突破了县域的界限。这与 Woodard 和 Scnitkey（2012）的研究是一致的。但是，观察同一市内不同区县的风险等级可以发现，有时候局部围观气候的影响也非常明显。这也是为什么我们要将风险区划定到县一级水平。我们发现除四平市、白山市、白城市所辖县区风险等级基本一致外，其他市均存在一定程度的差异。其中延边自治州最为显著，既有风险最低的延吉、敦化县，又有风险极高的龙井、图们县。其他诸如长春、吉林、通化、松原市也存在低风险区域与高风险区域共存的情况。虽然大安的 $CV$ 是最大的，$DL$ 也显著偏高，但是 $LR$ 偏低，所以分类结果显示其处于一般风险水平。而图们受单一指标 $LR$ 影响，落入到高风险区域。双阳的 $CV$ 虽然非常高，但是 $LR$ 和 $DL$ 非常低，因此分类结果为低风险等级。

### （二）玉米种植保险分级费率厘定及影响

表 4 显示了各县级风险等级的风险原点距、总面积、占比以及调整因子。由性质 3 可知，风险等级最高与最低区域的费率比例不超过 1.71。由 $\zeta$ 的定义（6）可以知道，

$$H(\alpha, F_{\max}, F_{\min}) = \frac{\zeta^{\{\max\}}}{\zeta^{\{\min\}}} = \frac{1+\alpha \times F_{\max}}{1+\alpha \times F_{\min}} \tag{9}$$

结合 $F$ 的性质可知，

$$\begin{aligned} \frac{\partial H}{\partial F_{\max}} &= \frac{\alpha}{1+\alpha \times F_{\min}} > 0 \\ \frac{\partial H}{\partial F_{\min}} &= \frac{-\alpha(1+\alpha \times F_{\max})}{(1+\alpha \times F_{\min})^2} < 0 \\ \frac{\partial H}{\partial \alpha} &= \frac{F_{\max} - F_{\min}}{(1+\alpha \times F_{\min})^2} > 0 \end{aligned} \tag{10}$$

因此，需要较大的 $\alpha$ 、较大的 $F_{\max}$ 和较小的 $F_{\min}$ 才可以实现较高的费率级别差。故提出以下假设：

假设 3：纯保费中风险边际占比为 $\alpha = 50\%$ 。

假设 4：$F(x) = \exp(x)$ 。

基于以上假设，可以得到表 6 中的调整因子。并可以计算有，

$$H(\alpha, F_{\max}, F_{\min}) = 1.22$$

各风险级别的调整因子分布适中，差异明显但又不过大，表明结果较为理想。调整因子乘以当前的统一费率 $cr$ ，即可以得到各风险等级的分级费率，如表 5 所示。调整因子按照（6）计算得到，调整后费率按照（7）计算得到。

**表 4　各风险等级的分级费率调整结果**

| 等级 | 原点距 | 面积（千公顷） | 占比（%） | 调整因子 | 调整后综合费率（%） |
|---|---|---|---|---|---|
| 1 | 0.550 2 | 66.14 | 3.84 | 0.924 2 | 9.24 |
| 2 | 0.612 6 | 441.62 | 25.63 | 0.951 9 | 9.52 |
| 3 | 0.665 5 | 100.39 | 5.83 | 0.976 7 | 9.77 |
| 4 | 0.677 8 | 235.30 | 13.65 | 0.982 6 | 9.83 |
| 5 | 0.695 5 | 422.20 | 24.50 | 0.991 3 | 9.91 |
| 6 | 0.813 9 | 210.70 | 12.23 | 1.053 7 | 10.54 |
| 7 | 0.895 2 | 243.50 | 14.13 | 1.101 0 | 11.01 |
| 8 | 0.940 1 | 3.48 | 0.20 | 1.128 8 | 11.29 |

事实上，目前的“一省一费”造成了低风险的被保险人对高风险被保险人的保费补贴，从而导致了定价的歧视性和非公平性。风险区划和分级费率的目的是尽量消除这种影响，进而引导农业保险健康稳定发展。我们这里将保费补贴率定义为 $CS$，则：

$$CS=\frac{\sum\limits_{K}\widetilde{cr_K}\times s_K\times 1_{\{\widetilde{cr_K}>cr\}}}{\sum\limits_{K}cr\times s_K\times 1_{\{\widetilde{cr_K}>cr\}}}-1$$

其中，$\widetilde{cr_K}$、$s_K$、$cr$ 分别表示类 $k$ 的调整后综合费率、种植面积和当前费率。经测算，$CS$ 的结果 15.18%。这表明风险区划和分级费率的实施，将减轻保费补贴 15.18%，从而极大地提高了保费的公平性和财政补贴的效率性。[①]

## 五、结论

本研究以吉林省玉米为例，搜集了各县的玉米产量、损失和赔付的历史数据，采用系统聚类法对各县进行风险区划，揭示了玉米生产风险在吉林省的地域分布规律，并结合风险原点矩厘定了各区划的分级费率。主要结论包括：第一，尽管种植业保险风险存在较强的空间相关性，风险大小相似的县域经常会连成片，从而使得几个县域落入同一个风险区划范围内。但在吉林省这样一个 18.7 万平方公里的空间范围内，县域层面的风险区划仍然可以达到 8 个，而且不同区域的玉米种植风险存在显著差异。第二，毕竟，中国种植业保险是从省级费率开始的，因此我们在厘定分级费率时一定要注意两个关键问题。一个是县级层面的分级费率汇总到省级层面之后要与原来的省级层面的费率相等。因为如果不相等的话，（往往是县级汇总之后比省级的大）省级政府要增加他们的财政补贴，这显然是他们不愿见到的。另外一个是为了使得

① 风险区域划分为 6 级、8 级和 13 级的保费补贴率分别为 23.27%、15.18%和 11.45%，即风险区化层级越多，保费补贴率越小，分级保费越公平。但是由于数据的可获得性、实现成本等因素会影响定价效率。保险公司定价时需兼顾公平和效率。因此，本文仅展示保费补贴率的理论值，保险公司可根据成本情况选择风险区化层级数量。

“一省一费”到“分级费率”平稳过渡，分级费率导致的农民缴费差异不要拉得过大。在注意解决这两个问题的同时，我们厘定了县级层面的分级费率，费率水平范围为9.23%～11.27%，最高者是最低者的1.22倍。我们认为这一结果在农民和地方政府的可接受范围内。第三，原有的“一省一费”存在较严重的“交叉补贴”效应，同时也降低了财政补贴效率。我们厘定的分级费率能够较好地解决这个问题，整体减轻幅度大概有15.18%。本文上述这些结论无疑将对中国种植业保险发展具有重要的政策指导意义，同时也为中国保监会下一步县级风险区划工作提供了经验证据和理论依据。

相邻区域的系统性影响存在，更多地由其相对的地理位置决定，各区域种植作物的历史和预期损失情况在长期内保持稳定。因此，政府部门应该积极推动种植业保险风险区划工作的开展，对不同作物的主要种植区域根据各地区真实的、长期的、稳定的风险状况进行风险等级划分，对不同风险等级的区域采取不同的费率水平，使标的的风险状况与保费相一致。也只有这样，才能使得国家的财政补贴更加富有效率。

## 附录

**附表1　6级分类下各风险等级的分级费率调整结果**

| 等级 | 原点距 | 面积（千公顷） | 占比 | 调整因子 | 调整后综合费率 | 赔付率 | |
|---|---|---|---|---|---|---|---|
| | | | | | | 调整前 | 调整后 |
| 1 | 0.550 2 | 66.14 | 3.84% | 0.920 8 | 9.21% | 52.21% | 56.70% |
| 2 | 0.643 8 | 676.92 | 39.28% | 0.962 7 | 9.63% | 54.73% | 56.85% |
| 3 | 0.665 5 | 100.39 | 5.83% | 0.973 0 | 9.73% | 56.58% | 58.15% |
| 4 | 0.695 5 | 422.2 | 24.50% | 0.987 6 | 9.88% | 54.38% | 55.06% |
| 5 | 0.848 2 | 214.18 | 12.43% | 1.069 2 | 10.69% | 79.19% | 74.07% |
| 6 | 0.895 2 | 243.5 | 14.13% | 1.096 9 | 10.97% | 74.52% | 67.94% |

**附表2　13级分类下各风险等级的分级费率调整结果**

| 等级 | 原点距 | 面积（千公顷） | 占比 | 调整因子 | 调整后综合费率 | 赔付率 | |
|---|---|---|---|---|---|---|---|
| | | | | | | 调整前 | 调整后 |
| 1 | 0.513 0 | 11.36 | 0.66% | 0.906 9 | 9.07% | 44.46% | 49.02% |
| 2 | 0.523 4 | 9.47 | 0.55% | 0.911 3 | 9.11% | 43.70% | 47.95% |
| 3 | 0.572 0 | 45.30 | 2.63% | 0.932 1 | 9.32% | 55.93% | 60.01% |
| 4 | 0.612 6 | 441.62 | 25.63% | 0.950 2 | 9.50% | 51.92% | 54.64% |
| 5 | 0.663 2 | 161.86 | 9.39% | 0.973 9 | 9.74% | 48.39% | 49.69% |
| 6 | 0.665 5 | 100.39 | 5.83% | 0.974 9 | 9.75% | 56.58% | 58.04% |
| 7 | 0.677 8 | 235.30 | 13.65% | 0.980 9 | 9.81% | 60.01% | 61.18% |
| 8 | 0.730 9 | 260.34 | 15.11% | 1.007 5 | 10.07% | 58.10% | 57.67% |

（续）

| 等级 | 原点距 | 面积（千公顷） | 占比 | 调整因子 | 调整后综合费率 | 赔付率 | |
|---|---|---|---|---|---|---|---|
| | | | | | | 调整前 | 调整后 |
| 9 | 0.770 5 | 75.38 | 4.37% | 1.028 2 | 10.28% | 72.78% | 70.78% |
| 10 | 0.838 0 | 192.03 | 11.14% | 1.065 5 | 10.65% | 70.41% | 66.08% |
| 11 | 0.879 0 | 135.33 | 7.85% | 1.089 4 | 10.89% | 82.42% | 75.66% |
| 12 | 0.940 1 | 3.48 | 0.20% | 1.126 8 | 11.27% | 92.67% | 82.24% |
| 13 | 1.014 2 | 51.47 | 2.99% | 1.175 5 | 11.76% | 89.87% | 76.45% |

## 参考文献


[1] 史培军．全国种植业保险区划研究报告［R］．北京：中国保险监督管理委员会，2011.

[2] Blackmon B G，Zeckhauser R. Mispriced Equity：Regulated Rates for Auto Insurance in Massachusetts［J］．American Economic Review，1991，81（2）：65-69.

[3] Goodwin B K. PREMIUM RATE DETERMINATION IN THE FEDERAL CROP INSURANCE PROGRAM：WHAT DO AVERAGES HAVE TO SAY ABOUT RISK?［J］．Journal of Agricultural & Resource Economics，1994，19（2）：382-395.

[4] Skees J R，Reed M R. Rate Making for Farm-Level Crop Insurance：Implications for Adverse Selection［J］．American Journal of Agricultural Economics，1986，68（3）：653-659.

[5] Just R E，Calvin L，Quiggin J. Adverse selection in crop insurance：Actuarial and asymmetric information incentives［J］．American Journal of Agricultural Economics，1999，81（4）：834-849.

[6] Skees J R，Black J R，Barnett B J. Designing and Rating an Area Yield Crop Insurance Contract［J］. American Journal of Agricultural Economics，1997，79（2）：430-438.

[7] Goodwin B K，Ker A P. Nonparametric Estimation of Crop Yield Distributions：Implications for Rating Group-Risk Crop Insurance Contracts［J］．American Journal of Agricultural Economics，1998，80（2）：285-301.

[8] Barnett B J，Skees J R. Is Area Yield Insurance Competitive with Farm Yield Insurance?［J］. Journal of Agricultural &Resource Economics，2005，30（2）：285-301.

[9] Claassen R，Just R E. Heterogeneity and Distributional Form of Farm-Level Yields［J］．American Journal of Agricultural Economics，2011，93（1）：144-160.

[10] Finger R. Biases in Farm-Level Yield Risk Analysis due to Data Aggregation［J］．German Journal of Agricultural Economics，2012，61（1）：30-43.

[11] Wang H H，Zhang H. Model-Based clustering for cross-sectional time series data［J］．Journal of Agricultural，Biological，and Environmental Statistics，2002，7（1）：107-127.

[12] Rudstrom M，Popp M，Manning P，et al. Data Aggregation Issues for Crop Yield Risk Analysis［J］．Canadian Journal of Agricultural Economics/Revue canadienned' agroeconomie，2002，50（2）：185-200.

[13] Popp M，Rudstrom M，Manning P. Spatial Yield Risk Across Region，Crop and Aggregation Method［J］．Canadian Journal of Agricultural Economics/Revue canadienned'agroeconomie，2005，53（2-3）：103-115.

[14] Khare S, Bonazzi A, Mitas C, et al. A framework for modeling clustering in natural hazard catastrophe risk management and the implications for re/insurance loss perspectives [J] . Natural Hazards & Earth System Sciences Discussions, 2014, 2 (8): 5247-5285.

[15] 张峭．中国农作物生产风险评估及区划理论与实践 [M] ．北京：中国农业科技出版社，2013.

[16] Woodard J D, Schnitkey G D, Sherrick B J, et al. A Spatial Econometric Analysis of Loss Experience in the U. S. Crop Insurance Program [J] . Journal of Risk and Insurance, 2012, 79 (1): 261-286.

# 北京设施蔬菜价格保险的潜在需求分析*

潘冠男　杨汭华

**摘要**：本文探讨了北京市设施蔬菜种植户对蔬菜价格保险的潜在需求。分析发现，北京市蔬菜价格波动具有集簇性，并表现出非对称的特征，表明价格风险管理的必要性和可行性。通过对大兴区、通州区、顺义区、房山区和密云县的设施蔬菜种植户问卷调查，认为设施蔬菜种植户是价格的高度敏感者，对蔬菜价格保险存在较强的短缺型潜在需求。影响农户现行物化成本保险购买决策的因素主要体现在设施种植年限和种植面积，特别是设施蔬菜的保险经历和保险感受方面，而影响设施种植者选择潜在保险产品的因素是家庭总收入、蔬菜价格波动、政府救济及保险经历，可见农户更愿意通过农业保险来分散价格风险和平滑家庭收入。由此，稳定和完善物化成本保险，创造蔬菜价格保险的实施条件，对于设施蔬菜保险的长远发展非常重要。

**关键词**：北京市；设施蔬菜价格波动；价格保险；潜在需求

北京市设施农业自 1980 年代开始，到 2014 年底，设施农业种植面积达 38 114.86公顷，设施农业产值共计 51.27 亿元，占全市农业产值的 33.06%，其中设施蔬菜及食用菌的种植面积为 31 012 公顷，产值共计 36.14 亿元，占全市蔬菜与食用菌总产值的 58%。截至 2014 年，设施蔬菜产量已经达到蔬菜总产量的 45%左右，成为蔬菜供给的重要力量。但是，北京市蔬菜自给率不足 30%，过低的自给率使政府缺少对蔬菜市场的控制力，自然灾害、运输成本、价格调控政策等干扰因素都加剧了菜价格波动。蔬菜物化成本保险是政府参与价格调控的一个重要工具，为目前分散农户生产风险的基本形式，从农户角度探讨价格保险的潜在需求问题，将有利于设施蔬菜保险制度的不断完善。

## 一、文献综述

2010 年以来，蔬菜价格的波动引起了广泛的关注，继江苏和上海之后，四川、安徽、山西、陕西、福建、广东、成都、北京等地也开始了设施蔬菜价格保险试

* 本文为北京市社会科学基金项目“完善京郊设施蔬菜保险制度研究”的阶段性研究成果。

作者简介：杨汭华，博士，中国农业大学经济管理学院教授。

点，学术界对蔬菜价格波动特点的研究也逐渐增多，不同学者从不同角度进行了研究。沈辰、穆月英（2011）利用 2002—2009 年全国集贸市场上黄瓜、西红柿、大白菜三种常见蔬菜的月度价格数据，分析了蔬菜价格的变动规律，发现蔬菜价格具有显著的季节变动，不同蔬菜种类其季节变动情况也不完全相同，蔬菜价格还呈现出微弱上涨的趋势。宋长鸣等（2014）运用《中国农产品价格调查年鉴》2002 年 1 月至 2011 年 5 月的数据，采用 X-12-ARIMA 季节调整模型研究了五种蔬菜的价格波动，发现价格波动主要来源于长期趋势和季节性变动，不规则变动的影响较小。郭力野（2014）运用 HP 滤波和 BP 滤波的方法，分析了主要蔬菜品种的价格波动特征，其中大棚菜价格波动季节性波动明显，无明显周期波动。赵安平等（2014）利用北京市 2002—2012 年的蔬菜价格数据，采用时间序列分解和 HP 滤波技术研究发现季节性因子对蔬菜价格变动的平均贡献率为 62.3%，周期性波动为 23.6%，随机性波动则为 14.1%，突发和异常事件是诱发北京市蔬菜价格随机性波动的主要原因。

关于蔬菜价格波动的成因，李崇光、包玉泽（2012）认为包括生产成本、货币供应量、异常天气变化、生产格局变革、食品安全事件等。周振亚（2012）认为生产资料价格、劳动力价格和运输成本上升导致蔬菜价格长期持续上涨，蔬菜产销分离、跨区流通加剧了市场信息的不对称，这些因素导致了蔬菜价格的大起大落。罗超平等（2013）认为，蔬菜价格的波动主要受自身的影响，影响程度达 74.7%。市场预期对蔬菜的生产和零售具有重要影响，蔬菜的本期生产价格受未来预期零售价格的影响，本期的零售价格同时也受预期生产价格的影响；蔬菜生产价格季节性波动的剧烈程度远远大于零售价格；但相比于生产价格而言，零售价格在蔬菜市场中主导作用更强；此外，蔬菜生产和零售价格本期的波动均来自前期的波动信息，且生产和零售市场已建立稳定的联合机制，整合程度高，这种联合机制不易受外部因素的冲击（宋长鸣等，2013）。

对蔬菜价格保险的理论研究还比较少。王阿星（2009）、杜鹏（2011）、孟阳等（2013）运用二元 Logit 模型分别以湖北农户、北京设施蔬菜生产农户为研究对象，分析了农业保险需求的影响因素，认为农户生产年限、农业劳动力数量、贷款及保险经历、农业风险及农业保险认知、风险分散机制等因素对农业保险需求的影响显著。张雯丽、龙文军（2014）分析了上海和广东的蔬菜价格保险实践，认为价格保险比生产保险的必要性更大，且农户参保积极性更高。唐甜等（2015）分析了上海蔬菜价格保险机制，提出了问题、难点与挑战。

综上，文献多采用时序分解的方法，分析蔬菜价格的波动特征并探讨了波动成因，认为相对于蔬菜产量保险，价格保险对于种植户将更有意义。本文将针对设施蔬菜种植户，通过揭示近年北京市代表性蔬菜的价格风险特征，探讨现行物化成本保险的购买决策、购买者潜在的保险意愿及其影响因素。

## 二、方法和数据

### （一）研究方法

（1）蔬菜价格波动特征分析。为了获得北京市蔬菜价格波动的特征，将价格时序按照乘法模型进行分解：以指数平滑法得到长期趋势序列、以季节指数分析季节波动特征，将两者剔除后得到随机波动和周期波动的混合项。由此，建立 GARCH 模型检验价格波动集簇性。

（2）两阶段联立 Logit 模型法。考虑到政策性农业保险推行以来农户参保意识逐步增强、“愿保尽保”的政策和险种多样化的供给前景，本文基于 Von Neuman-Morgenstern 期望效用理论，从两个层次分析理性农户的决策行为，以做出每种选择效用之间的比较：一是询问“您今年是否购买了设施蔬菜保险?”；二是对于已经购买保险者，询问“您更需要哪种保险：保成本、保产量、保价格或和保收入?”同时提示受访者仅仅考虑收益风险做出选择，意在考察农户的风险感知。据此思路，构建两阶段的联立 Logit 模型，分析农户保险决策的影响因素。

实证模型采用二元 Logit 模型，模型形式为：

$$\ln\frac{P_i}{1-P_i}=XB+u$$

其中 $P_i$ 为农户投保的概率，$1-P_i$ 为没有参保的概率，（$1-P_i$）/$P_i$ 则为投保与未投保的机会概率（Odds Rate），$X$ 为解释变量，$B$ 为待估参数，$u$ 为残差项。

### （二）数据说明

（1）蔬菜价格数据来源。北京市蔬菜价格来源于“全国农产品商务信息公共服务平台中八里桥农产品批发中心市场”网站，数据区间为 2011 年 1 月 1 日至 2015 年 12 月 31 日。

（2）设施蔬菜种植户数据来源。本文对京郊地区设施蔬菜生产农户的风险认知及保险决策进行了问卷研究。调研时间为 2015 年 7 月，地点为北京设施蔬菜生产的主要区县，包括大兴区、通州区、顺义区、房山区和密云县。按照各区县设施生产的聚集状况，调研地点为：

大兴区：礼贤镇（东段家务村）、魏善庄镇（西研垡村）。

通州区：漷县北京睿扬通源有限公司、漷县（徐官屯村、东定安村、西定安村、军屯村、边槐村）。

房山区：石楼镇（石楼村、吉羊村）。

顺义区：北务镇（北务村、仓上村）、杨镇（荆坨村、高各庄村）、李桥镇（吴庄、北河村）。

调查内容涉及五个方面：受访者人口特征、家庭特征、风险及风险管理策略、对设施蔬菜保险的认知和接受程度、对设施蔬菜保险产品及服务的需求。调研以钢架塑料大棚和钢架日光温室的蔬菜种植户为对象，取得有效问卷 653 份，其中塑料大棚户占 46.2%、日光温室户占 25.6%，两者兼有农户占 28.2%。每个钢架大棚的种植面积约为 1 亩，单个温室的种植面积为 0.4～1.2 亩不等。需要说明的是，受访者中有 25.5%的种植者是外来人口，租用当地农户的土地及设施，其中塑料大棚的租赁情况较温室为多，每个标准钢架大棚租金为 2 000 元/年，每个标准温室租金为 7 000～9 000元/年不等，租金在年际之间也有调整。

## 三、实证分析

### （一）蔬菜价格风险特征

考察七种具有代表性的大宗蔬菜，包括茄果类蔬菜西红柿、茄子、黄瓜和豆角，叶类蔬菜大白菜、韭菜和芹菜，两类蔬菜价格波动具有显著的差异，明显地具有正偏拖尾的特征，见表 1。

**表 1　主要蔬菜价格的描述性统计结果**

| 蔬菜品种 | 平均值 | 中位数 | 极大值 | 极小值 | 标准差 | 偏度 | 峰度 | JB 统计量 |
|---|---|---|---|---|---|---|---|---|
| 西红柿 | 3.93 | 3.82 | 7.64 | 0.41 | 1.46 | 0.22 | 2.30 | 7.38 |
| 茄子 | 1.36 | 1.11 | 4.04 | 0.24 | 0.82 | 0.85 | 3.18 | 148.36 |
| 黄瓜 | 1.72 | 1.48 | 5.46 | 0.51 | 0.71 | 1.04 | 5.21 | 420.63 |
| 豆角 | 3.28 | 2.63 | 9.25 | 0.67 | 1.42 | 1.02 | 3.87 | 206.09 |
| 白菜 | 1.10 | 1.02 | 2.63 | 0.35 | 0.46 | 1.22 | 5.27 | 120.41 |
| 韭菜 | 1.47 | 1.15 | 6.55 | 0.44 | 0.78 | 1.36 | 5.18 | 542.06 |
| 芹菜 | 0.90 | 0.91 | 2.48 | 0.33 | 0.45 | 0.78 | 3.34 | 83.92 |

资料来源：2011.1.1—2015.12.31 北京八里桥批发市场价格行情。

#### 1. 茄果类蔬菜价格波动

在对长期蔬菜批发价格变动情况进行把握的基础上，观察到以 2011 年为分界点，2011 年以来蔬菜价格波动程度加大。以西红柿为例，将日数据通过算术平均转化成为周数据，得到时间序列共 258 个观测值。通过图 1 可以看出，西红柿价格波动频率和幅度都比较大，高于平均价格的频数多于低于平均价格的频数。近五年平均价格 3.93 元/千克，最低价格为每千克 0.41 元，最高价格每千克 7.64 元。高于平均价格的有 134 周，低于平均价格的周数有 124 个，波动具有不对称特征，整体价格呈现周期性波动，但每年内价格波动走势趋于一致，即 1 月至 2 月初价格逐渐提高，进入 2 月价格达到最高，此后价格逐渐下降至 6 月价格达到最低，8 月以后价格继续上涨直至第二年 1 月。

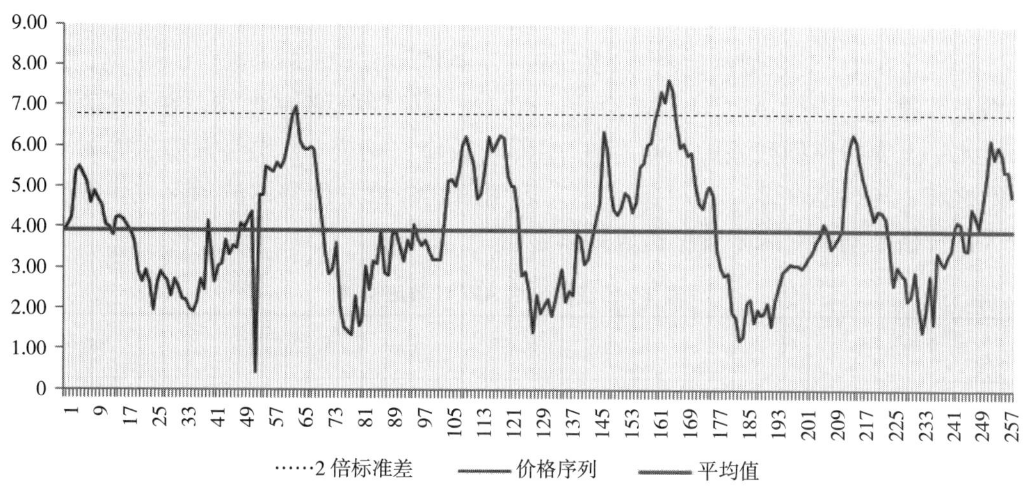


图 1　2011—2015 年西红柿周批发价格波动

为了清晰地考察价格波动的特征，将西红柿价格时序进行分解：运用指数平滑法得到长期趋势序列，运用季节指数分析季节波动的特征，分离出随机波动项的结果如图 2 所示。

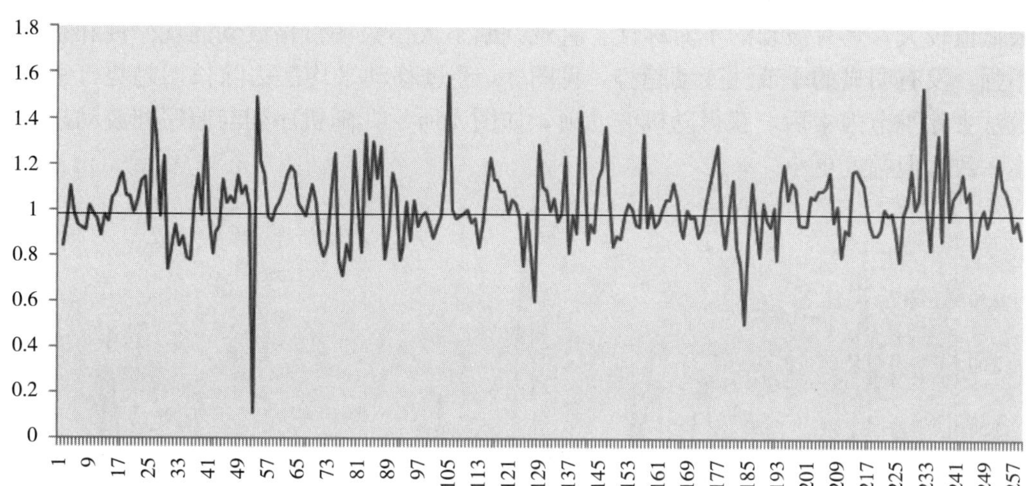

图 2　2011—2015 年西红柿周批发价格随机波动

通过观察随机波动项，发现西红柿价格存在波动集簇性，因此本文建立 ARCH 模型来检验价格是否具有异方差性。建立模型之前首先用 ADF 法对序列的平稳性作出检验，结果表明，ADF 统计量在 1%的水平下通过检验，拒绝非平稳的原假设，该序列为平稳序列。可以直接进行检验是否具有 ARCH 效应。

对西红柿价格残差序列建立 ARCH，得到：

均值方程：　$OTO = 0.287\,901 + 0.922\,8 \times OTO(-1) + u_t$

$z = (2.506\,3)\quad(31.552)$

方差方程：　　$u_t^2=0.3069+0.1454\times u_{t-1}^2+0.0088\times GARCH(-1)$

$z=$（3.334 8）（2.815 1）（0.031 1）

$R^2=0.811$，对数似然比＝－230.892 3，AIC＝1.828 6，SC＝1.897 4，ARCH系数显著通过。进行ARCH-LM检验，可以发现伴随概率为0.18，在5%的统计显著性水平上支持模型残差中不再存在ARCH效应，见表2。均值方程和方差方程中系数之和$\alpha+\beta=0.9228+0.1454>1$，表明西红柿批发价格的波动存在集簇性，且较大的价格波动会对未来价格造成持续影响。

**表2　西红柿价格ARCH效应检验**

| | | | |
|---|---|---|---|
| F-statistic | 1.769 6 | Prob. F（1，255） | 0.184 6 |
| Obs* R-squared | 1.771 2 | Prob. Chi-Square（1） | 0.183 2 |

**2. 叶菜类蔬菜价格波动**

按照果菜类价格风险变动的分析思路，选取大白菜为例，通过同样的数据收集渠道获取259个样本观测值，对叶菜类蔬菜价格风险进行评价。作为常见的大路菜品，总体上大白菜价格的变异幅度较西红柿小。近五年平均价格1.10元/千克，高于平均价格的观测值有120个，低于平均价的观测值139个，但最高价相对平均价的差距较最低值较大，具有波动的不对称性。直观判断下大白菜的价格波动的规律性和趋势性不强，没有明显的季节性变动趋势，见图3。经过移动平均法去除长期趋势，季节指数法去除季节因素后，获得随机波动项，如图4所示，随机序列与原序列波动趋势基本一致，但幅度更小。

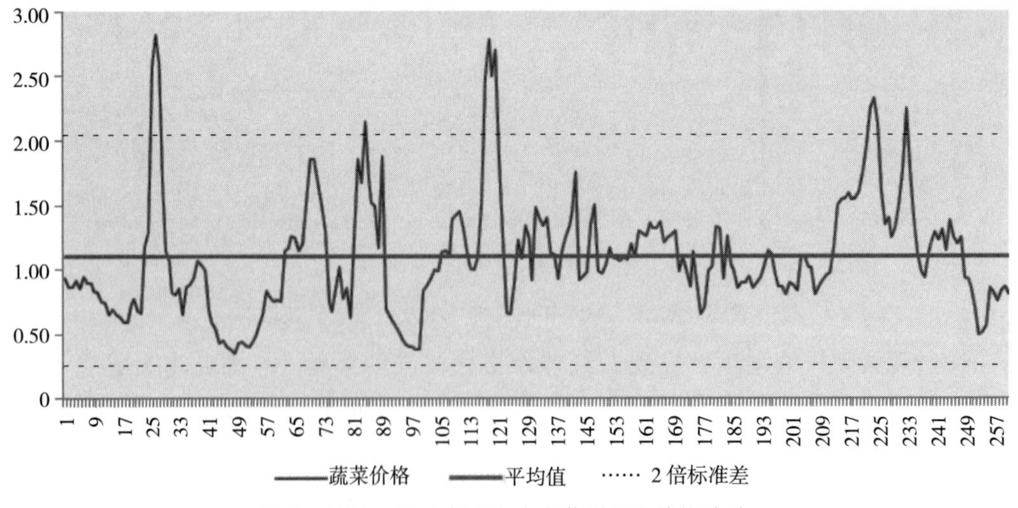


图3　2011—2015年北京大白菜周批发价格波动

经过ADF检验证明价格序列为平稳序列，直接进行最小二乘法建立随机游走模型得到残差项，如图4所示，发现残差项可能具有集簇性，对其进行ARCH效应检

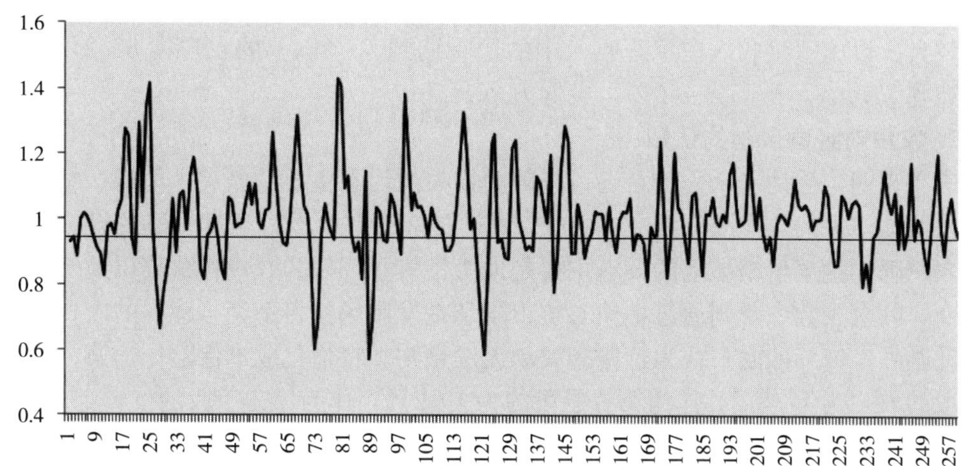

图 4　2011—2015 年北京大白菜价格周价格随机波动

验，见表 3，OR 统计量对应 P 值为 0.00，序列具有 ARCH 效应。

对大白菜价格残差序列建立 ARCH，最终得到：

均值方程：　　$OCAI=0.1357+0.8685\times OCAI(-1)+u_t$

$z=(5.7930)\qquad(38.8328)$

方差方程：　　$\sigma_t^2=0.0099+0.6657\times u_{t-1}^2$

$z=(4.3009)\qquad(4.8845)$

**表 3　大白菜价格 ARCH 效应检验**

| | | | |
|---|---|---|---|
| F-statistic | 59.773 9 | Prob. F（1，255） | 0.000 0 |
| Obs* R-squared | 48.802 9 | Prob. Chi-Square（1） | 0.000 0 |

通过以上分析得出结论：大白菜价格波动存在集簇性，且 $\alpha+\beta=0.8685+0.6657>1$，即白菜价格波动同样具有长记忆性，价格波动对未来的价格波动存在持续性影响。

## （二）计量模型分析

### 1. 农户基本特征

在访问对象中，78.34%为男性，74.52%为本地农户。受访者平均家庭人口为 4.54 人，外出务工 0.82 人。受访者中 41～50 岁者居多，占 33.76%，其次为 51～60 岁，占 28%，即 41～60 岁者占到 61%。受访者的平均蔬菜生产年限为 15 年，其中 10 年以下者为 43%，10～20 年的 29%，20 年以上占 26%。受访者的文化程度构成为初中以下文化程度达到 79.7%，其中小学为 20.9%，初中为 52.5%。户均设施面积为 6.29 亩，其中 80%的农户设施面积低于平均水平，92%的农户不足 10 亩，户间差异较大。在 2014 年，受访农户平均家庭总收入在 4 万～6 万元，农户年家庭收入不足4万元者达到50%以上，仅有20%的农户家庭总收入在8万元以上，户间收入差异较大。设施蔬菜收入在家庭收入中的比重达到50%以上的农户占82.2%，平均比重达到77.9%，最高为100%，最低为20%。

**2. 农户对经营风险的认知**

表4表明，受访者认为给自己带来较大损失的因素主要是风灾、雨涝、雹灾和蔬菜价格波动，大约50%的受访者认为2008年北京雪灾中本村超过一般的设施农户遭灾。农户感知蔬菜价格波动的渠道主要是地头销售，76%的农户将蔬菜以地头价卖给中间商，其余少数农户则通过本地农贸市场和批发市场销售蔬菜，82%的农户认为价格波动剧烈，92%的农户认为价格的波动无法预知。将物化成本保险作为第一预防风险手段的农户为17.8%，作为第二手段的为10.2%，作为第三手段的仅3.2%，合作社、订单农业等有利于分散价格风险的形式零星存在，农户主要依靠提前做好灾害预防工作来规避风险。在灾后，农户主要采用补种、改种的方式自救，以保险赔付作为第一补救方式的农户为15.3%，作为第二补救方式的为7%，作为第三补救方式的仅为3.2%。可以看出，农业保险在设施蔬菜风险分散中发挥的作用还很微弱。

**表4　农户风险感知情况**

| 自然风险 | 种类及程度 | 农户频率 | 市场风险 | 种类及程度 | 农户频率 |
|---|---|---|---|---|---|
| 自然灾害种类 | 风灾 | 52% | 菜价是否可预测 | 是 | 8% |
| | 雨涝 | 32% | | 否 | 92% |
| | 雹灾 | 26% | 菜价波动剧烈程度 | 非常剧烈 | 43% |
| | 雪灾 | 12% | | 比较剧烈 | 30% |
| | 价格波动 | 18% | | 剧烈 | 9% |
| | 其他 | 8% | | 比较平稳 | 17% |
| 2014年雪灾受影响村民 | 一半以上 | 54% | | 平稳 | 1% |
| | 不到一半 | 46% | | | |

资料来源：2015年京郊设施蔬菜农户调研。

**3. 农户对设施蔬菜保险的认知**

调查表明，68%的农户表示不了解农业保险保费补贴政策，鲜有农户知道存在《农业保险条例》。2014年47.1%受访者购买了设施蔬菜保险，其中表示2015年将继续购买者为83.8%。从保险购买渠道来看，由“村里统一购买”占58%。由“亲朋介绍购买”的占21%，由“宣传或工作人员介绍购买”的农户占16%，另有5%外来人员租用大棚“由地主代为购买”。

关于农户投保和未投保的原因，大部分农户表现理性。66%的农户表示自己投保是因为“农业保险可以有效弥补损失”，13%是因为“村干部宣传”，11%是因为“别人买跟着买”，6%是“看到别人得到补偿”，只有1%是因为“保险业务人员宣传”。未投保原因并不集中，既有个人的认识问题也有保险产品设计问题，最多的原因是“损失可能性很小”，占27%；其次是“不知道去哪里买”、“赔款少”、“竹木大棚不给保”、“外地人没法保”分别为20%、15%、11%和11%，“不相信保险”、“保费太高”都为8%。

认为政府在农业保险的发展中起到重要作用的农户占到72%。此外，对于已投保的人来说，82.3%的农户不了解出险后的“索赔程序”、不知道自家由哪家保险公司承保者占27.8%，82.8%的农户不了解自家“投保、定损和理赔”的结果。对赔付速度表示满意的比例为36.1%，其中“很满意”仅5.6%，“比较满意”为25%。认为理赔程序“很复杂”、“比较复杂”者占19.4%。认为赔款能弥补的损失“低于30%～50%”者占29.2%，“低于30%”者占36.1%。关于保障额度，13%受访者表示满意，32%认为一般，24%认为偏低，另有31%认为保额太低。

**4. 种植户风险保障的潜在需求差异**

种植户选择意愿统计表明，7%的人选择“保成本”，5%的人选择“保产量”，57%的人选择“保价格”，31%的人选择“保收入”，可见农户对规避市场风险的保险产品需求较为强烈。交叉考察设施蔬菜生产年限、价格风险感知和设施蔬菜种植规模等变量与保险产品需求意愿的关系，见图5、图6和图7，可以看出，受访者“最需要”的保险产品为价格保险，其次为收入保险，对产量保险和成本保险需求最少。

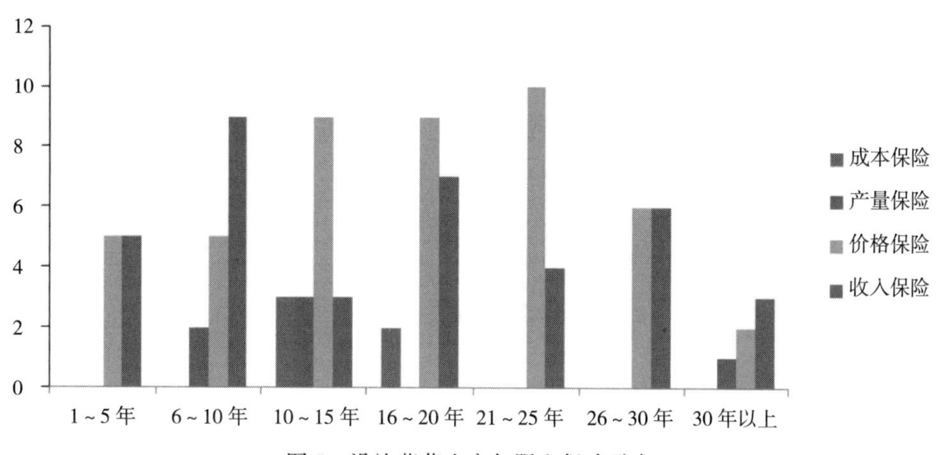


图5 设施蔬菜生产年限和保险需求

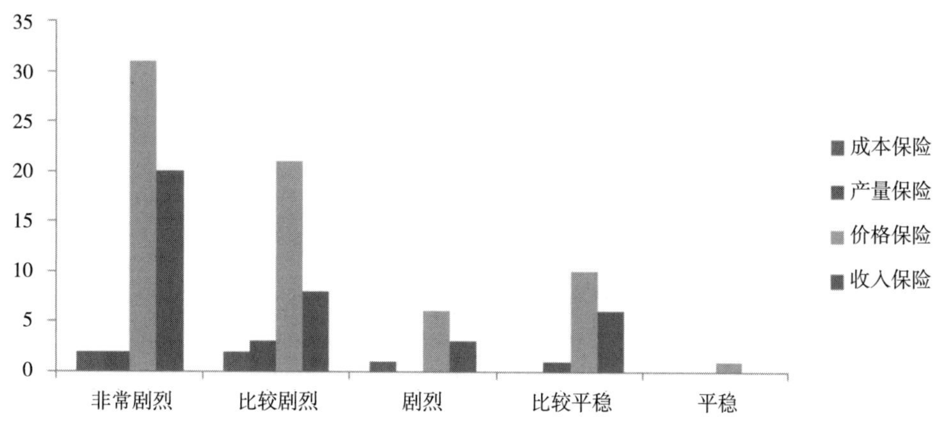


图6 价格风险感知与保险需求

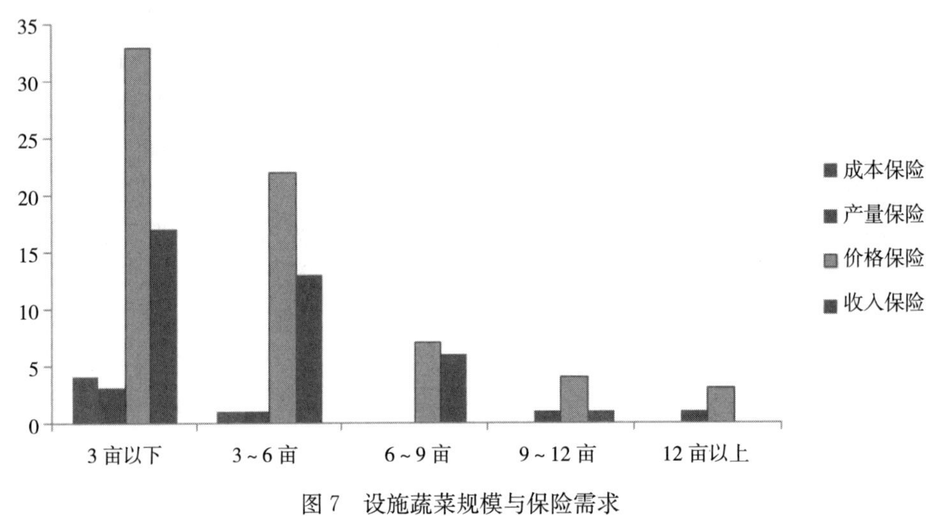


图 7　设施蔬菜规模与保险需求

## （三）计量结果

这里估计两个层次的模型。设 Y1 为“2015 年是否购买了设施蔬菜保险”二分变量，若没有购买，则赋值为 0，若已经购买，则赋值为 1。对于购买者，以 Y2 表示潜在的产品形态需求。由统计结果，被访者的选择意愿高度集中于市场风险，故若产品形态选择选择“保成本”、“保产量”，则取值为 0，意味着农户倾向于分散自然灾害风险；若选择“保价格”和“保收入”，则取值为 1，代表农户分散市场风险的意愿。模型解释变量的决定及其预期效应列于表 5。

**表 5　模型解释变量及估计结果预期**

| 变量类别及名称 | | 变量解释 | 预期作用方向 |
|---|---|---|---|
| 农户个体特征 $X_1$ | 年龄（$X_{11}$） | 21～30 岁＝1，31～40 岁＝2，41～50 岁＝3，51～60 岁＝4，60 岁以上＝5 | 不确定 |
| | 家庭蔬菜生产者比重（$X_{12}$） | 从事设施蔬菜的劳动力人数在家庭总劳动力中的比重 | ＋ |
| | 设施蔬菜生产年限（$X_{13}$） | 设施蔬菜实际生产年限 | ＋ |
| | 受教育水平（$X_{14}$） | 没上过学＝1，小学＝2，初中＝3，高中＝4，职业学院＝5，大学＝6 | ＋ |
| 家庭经济特征 $X_2$ | 设施蔬菜种植面积（$X_{21}$） | 2015 年设施蔬菜种植面积（亩） | ＋ |
| | 家庭总收入（$X_{22}$） | 按照设计的收入区间由第至高依次取 1，2，…，9 | ＋ |
| | 设施蔬菜收入占比（$X_{23}$） | 设施蔬菜收入在家庭全部收入中的比重 | ＋ |
| 面临风险情况 $X_3$ | 灾害种类（$X_{31}$） | 实际遭遇的灾害种类数 | ＋ |
| | 自然灾害造成的损失（$X_{32}$） | 发生最严重灾害造成的收入损失（元） | ＋ |
| | 蔬菜价格波动情况（$X_{33}$） | 非常剧烈＝1，比较剧烈＝2，剧烈＝3，比较平稳＝4，平稳＝5 | 不确定 |

（续）

| 变量类别及名称 | | 变量解释 | 预期作用方向 |
|---|---|---|---|
| 风险管理手段 $X_4$ | 防灾防损措施（$X_{41}$） | 防灾防损手段的数量 | 不确定 |
| | 是否有政府救济（$X_{42}$） | 是=1，否=0 | 不确定 |
| 保险经历及认知 $X_5$ | 是否买过保险 $X_{51}$ | 是=1，否=0 | + |
| | 是否了解保险条款 $X_{52}$ | 完全了解=1，比较了解=2，一般了解=3，比较不了解=4，完全不了解=5，从来没看过=6 | + |
| | 是否了解补贴政策 $X_{53}$ | 是=1，否=0 | + |
| | 是否获得过赔款 $X_{54}$ | 是=1，否=0 | + |

模型1、2的估计结果列于表6，总体拟合情况良好。对模型残差项进行异方差检验，满足“同方差”的原假设。

**表6　二阶段 Logit 模型回归结果**

| Y | 模型1 | | | 模型2 | | |
|---|---|---|---|---|---|---|
| | Coef. | P>\|z\| | 概率比 | Coef. | P>\|z\| | 概率比 |
| 设施蔬菜生产年限（$X_{13}$） | 0.050 7** | 0.019 0 | 1.052 0 | — | — | — |
| 种植面积（$X_{21}$） | 0.157 3** | 0.024 0 | 1.170 3 | — | — | — |
| 家庭总收入（$X_{22}$） | — | — | — | 0.358 2* | 0.058 3 | 1.450 1 |
| 蔬菜价格波动（$X_{33}$） | — | — | — | 0.680 7** | 0.024 0 | 1.874 3 |
| 是否有政府救济（$X_{42}$） | — | — | — | −1.800 2** | 0.043 7 | 5.683 2 |
| 是否购买过保险（$X_{51}$） | 1.446 3** | 0.022 0 | 4.247 3 | −1.918 2* | 0.097 6 | 6.093 6 |
| 是否了解条款（$X_{53}$） | 0.323 6** | 0.025 0 | 1.382 1 | — | — | |
| 是否了解补贴政策（$X_{54}$） | 0.813 1* | 0.090 0 | 2.254 8 | — | — | |
| 是否获得过赔款（$X_{55}$） | 1.402 3*** | 0.003 0 | 4.064 5 | — | — | |
| _cons | −3.937 8 | 0.002 0 | — | 1.684 9 | 0.007 4 | — |
| 伪 $R^2$ | 0.325 2 | 似然值 | 146.14 | 0.423 2 | 似然值 | 152.32 |
| LR 统计量 | 7.42 | 预测准确率 | 78.98% | 16.39 | 预测准确率 | 90.5% |

注：系数已经标准化而可比，*P<0.1，**P<0.05，***P<0.01。

模型1表明，农户对设施蔬菜保险的购买行为受到以下因素的显著影响，包括“设施蔬菜生产年限”、“设施蔬菜种植面积”、“是否购买过保险”、“对保险条款的了解程度”、“是否了解农业保险保费补贴政策”、“是否发生过赔款”，这些因素对设施蔬菜物化成本保险的购买行为具有显著的正向促进作用，与表5中的预期方向相一致。其中，影响效应特别体现在“是否了解保险政策”、“是否购买过保险”、“是否发生过赔款”，农户“买与不买”的概率比（Odds Ratio）分别达到2倍及4倍以上，说明保险经历和体验对农户购买行为具有重要影响。模型1中最终剔除了“受教育程度”、“家庭总收入”、“蔬菜价格波动”、“灾害种类”和“防灾措施”等变量，这些因素对保险购买决策无显著影响。这种结果既有农户认识不足的原因，也有农户的理性成分，可理解为现行保险没有覆盖市场风险，对自然灾害风险的分散作用有限，难以引起农户较强的购买欲望。

模型 2 与模型 1 的估计结果有差异。除过“是否购买过保险”因素，“2015 年购买了设施蔬菜保险”的农户的潜在保险需求受到“家庭总收入”、“蔬菜价格波动”、“是否有政府救济”三个因素的影响，其中“蔬菜价格波动”影响的概率比达到约 1.87 倍，“是否购买过保险”则达到 6.1 倍以上，“是否有政府救济”则具有强烈的保险挤出效应，达到 5.7 倍，“家庭总收入”的作用则相对较小，这在统计意义上支持了农户分散市场风险的强烈愿望。

## 四、结论和启示

北京市蔬菜价格波动大、长记忆和不对称波动的特征，表明实施蔬菜价格保险具有必要性和可行性。研究揭示，现行设施蔬菜物化成本保险的保护度不高、认可度不高。设施蔬菜种植户对农业保险的现实需求与潜在需求的影响因素存在显著不同：生产经验、种植规模和参保感受对农户的购买决策具有决定性的作用，而购买行为并不显著地具有流动性约束。同时，理性种植者的选择行为表达了高度的价格敏感性，表现出价格保险是农户的短缺型潜在需求。由此，完善现行保险和加快价格保险产品创新，才能更好地体现农业保险的意义：

（1）完善设施蔬菜物化成本保险的基础保障作用。尽管种植户对价格风险管理需求强烈，仍有接近 50%的农户购买了物化成本保险，尚有部分农户的需求由于其他原因而没有实现。总体上，农户对物化成本保险的“损失补偿”作用具有基本共识。虽然政策性农业保险已经推进了近 8 年，农户对农业保险政策的认知度低、保障水平低、定损理赔环节满意度低仍是主要的矛盾点，保险公司和投保人之间确实还存在相当严重的信息不对称，目前保险公司对于条款的解释仍然是通过村委会进行的，相当多的农户并不了解所投保险承保的损失范围、保险金计算方法、索赔定损程序、甚至连保险公司名称都不知道等，认为投保后发生的一切损失均应由保险公司赔付的这种农户心理比较常见。所以，精细的保险服务将是稳定和拓展市场的重要因素。

（2）完善设施蔬菜生产者价格数据的收集和信息报告机制。物化成本保险确实在一定程度上保障了农户收益，但是弥补市场价格下降导致损失却显得比较乏力。设计应对蔬菜市场风险的保险产品，首先要完善价格信息的采集工作。北京市农委信息中心、大型批发市场等机构已建立起了相对及时的批发价格行情发布平台，但是生产价格（地头价）数据收集和发布体系还不够健全，对蔬菜生产者的价格风险关注程度还不够。因种植规模小，地头协商交易中菜农对于中间商基本没有议价的空间，通常是跌价容易涨价难，直接地反映了价格风险，这是确定蔬菜保险价格时需要加以考虑的。

## 参考文献

[1] 孙倩，穆月英．我国蔬菜价格波动、原因及其影响因素分析［J］．农村金融研究，2011（8）：21-26.

[2] 赵安平，王大山，肖金科，等．蔬菜价格时间序列的分解与分析——基于北京市 2002—2012 年数据［J］．华中农业大学学报，2014（1）：49-53.

[3] 赵安平，赵友森，王川．北京市蔬菜价格波动的影响因素和评估及政策建议［J］．农业现代化研究，2012，33（5）：598-602.

[4] 周振亚，李建平，张晴，等．我国蔬菜价格问题及其成因分析［J］．农业经济问题，2012（7）：91-951.

[5] 张雯丽，龙文军．蔬菜价格保险和生产保险的探索与思考［J］．农业经济问题，2014（1）：66-111.

[6] 唐甜，单树峰，胡德雄．价格保险在农产品风险管理中的应用研究——以上海蔬菜价格保险为例［J］．上海保险，2015（6）：18-22.

[7] 邱衍鹏，齐皓天．中国蔬菜保险的分类比较［J］．安徽农业科技，2015，54（3）：1250-1254.

[8] 孟阳，穆月英．北京市政策性蔬菜保险需求的影响因素分析——基于对蔬菜种植户的调研［J］．中国蔬菜，2013（20）：17-23.

[9] 周振亚，李建平，张晴，等．我国蔬菜价格问题及其成因分析［J］．农业经济问题，2012（7）：91-95.

# 基于CVM的我国农业气象指数保险支付意愿分析

## ——以浙江柑橘种植户为例*

宋　博　穆月英　侯玲玲　赵　亮　陈　阜　左飞龙

**摘要**：从支付意愿的视角探讨我国农业气象指数保险需求不足的问题。首先，以基于二分选择式条件估值法（CVM）获取的浙江省衢州市柑橘种植户调查数据为例，对农户购买农业气象指数保险的平均支付意愿（WTP）进行了测算，得出农户平均支付意愿为78.21元/亩，远低于理论厘定的保费。然后，运用Logit模型对农户购买气象指数保险支付意愿的影响因素进行实证分析，结果显示价格水平、气象站距离、住房估价和贷款额与农户购买气象指数保险的支付意愿显著负相关，而柑橘收入比重和农户对农业保险的认可度与农户购买气象指数保险的支付意愿显著正相关。最后，根据研究结论得到了几点有利于解决农业气象指数保险需求不足的启示。

**关键词**：气象指数保险；支付意愿（WTP）；条件估值法（CVM）；Logit模型

## 一、引言

农业保险是农业自然风险管理的重要手段，近年来得到我国各界的广泛关注。通常的农业保险是指为农户在农业生产过程中因遭受自然灾害或意外事故所造成的经济损失提供赔偿的一种保险。它以受灾后投保人所遭受的实际损失为根据进行理赔，在一定程度上分摊了农业生产中投保人面临的风险。实践中，我国农业保险已经取得了一些重要进展，但也存在制约发展的诸多瓶颈（陈盛伟，2010）。农业生产具有地域性、季节性和周期性等特点，往往使得投保人所遭受的实际损失难以确定。加之一般保险市场中存在的逆向选择和道德风险问题，使传统农业保险在我国的发展举步维艰。农业气象指数保险是一种新型的农业保险形式，它以特定的农业气象指数作为触

* 基金项目：公益性行业科研专项“现代农作制模式构建与配套技术研究与示范”（项目编号：201103001）；现代农业产业技术体系北京市果类蔬菜产业创新团队项目；高等学校博士点专项科研基“我国农户技术采用及其激励政策研究——以水稻为例”（项目编号：20120008110032）。

作者简介：宋博，中国农业大学经济管理学院；穆月英，中国农业大学经济管理学院教授，研究方向为农业经济理论与政策；侯玲玲，北京大学现代农学院；赵亮，中国农业科学院农业信息研究所；陈阜，中国农业大学农学与生物技术学院；左飞龙，慧聪书院。

发机制，如果超出了预定的标准，保险人就要负责赔偿。因农业气象指数保险与大灾后的实际农作物受损状况无关，不存在逆向选择和道德风险问题，且与传统的农业保险相比具有较低的运营管理成本而在诸多低收入国家得到迅速发展（Collier et al，2009）。农业气象指数保险作为一种能够有效转移自然灾害所引起的农作物损失风险的手段，在抑制农户因灾致贫和保障灾后农业再生产能力方面起到了重要作用（Barnett et al，2007）。经历了 2002 年的墨西哥实验、2003 年的印度实验、2005 年的马拉维实验和 2006 年的埃塞俄比亚与粮食计划署实验，目前国际社会对有关气象指数保险项目的投入迅速增加（陈盛伟，2010）。

我国自 2007 年起开始对农业气象指数保险进行试探性的理论关注和实践探索，并于 2008 年以安徽省长丰县为试点，期望在试验成功后向其他地区推广。时至今日，农业气象指数保险项目已经在很多省份进行了探索与实践。然而，在近五年的试点运营中，农户对农业气象指数保险的需求不足一直是反映出来的重大问题之一（武翔宇等，2012）。事实上，需求不足并不是农业气象指数保险的特例，而是在农业保险市场中普遍存在的现象，这一问题已经引起了学术界的关注。一些学者对农业保险需求不足的问题进行了研究，并取得了富有开创性的研究成果。针对农业保险参保率低所造成的保险市场上需求曲线与供给曲线不相交的问题，孙香玉等（2008）认为通过政策性支持能够实现农业保险供需失衡而产生的未实现潜在经济福利。随后，孙香玉等（2009）又针对强制参与农业保险来提高农户参保率的问题，证明了如果想达到相同的参保率效果，强制性政策与补贴性政策相比带来的社会福利损失会更大。但政府在财政有限的情况下为了提高参保率以打破农业保险市场所要求的最低参保率限制，实施有条件的强制参与，并给予一定的补贴却不失为一种有效的办法。价格是影响需求的重要因素，以这一经济理论为出发点，另外一些学者对农业保险的支付意愿及其影响因素进行了有益探索。宁满秀等（2006）对不同保险条款下农户对农业保险的支付意愿与其相关影响因素之间的变动关系进行了研究，并对不同投保率目标下政府对农户保费补贴的合理水平进行了分析。孙香玉（2008）基于支付意愿数据实证检验了政府公信度和保险认知与农业保险需求的关系，得出两者均与支付意愿呈显著正相关。于洋等（2011）对多保障水平下相关因素对农户购买政策性农业保险的影响进行了研究，并对不同保障水平下的保费支付意愿水平进行了测算。

以上研究成果从不同角度对我国农业保险需求不足的问题进行了理论探讨，并提出了诸多对策建议，为农业保险的理论研究和实践探索打下了坚实基础。农业气象指数保险是农业保险的一种，上述针对农业保险需求不足问题的研究成果能够为农业气象指数保险需求不足问题的研究提供方法和思路。然而，农业气象指数保险作为一种特殊的新型的农业保险，其在实践中所表现出来的需求不足问题又存在其自身的特点。本文拟通过对农户购买农业气象指数保险支付意愿及其影响因素进行分析，探讨目前我国农业气象指数保险需求不足的问题。

## 二、农户购买气象指数保险支付意愿测算

在实践中，一个地区是否开展某种保险业务受最低参保率的限制，而我国农业生产的基本经营单位为农户，因此农户是否愿意购买保险关系到保险市场的发展，也是未来发展农业气象指数保险的一个决定性因素。

### （一）CVM 方法

农业气象指数保险的支付意愿是农户在选择购买气象指数保险时愿意支付的保费。支付意愿在一定程度上反映了农户对农业气象指数保险的需求，同时也是保险公司和政府关注的焦点。从农户角度说，支付意愿决定着购买行为；从保险公司方面看，支付意愿决定着保险产品的潜在销售价格；从政府的层面考虑，支付意愿又是制定农业保险补贴政策的依据。农业气象指数保险的支付意愿与相关主体之间的关系可用图 1 表示。

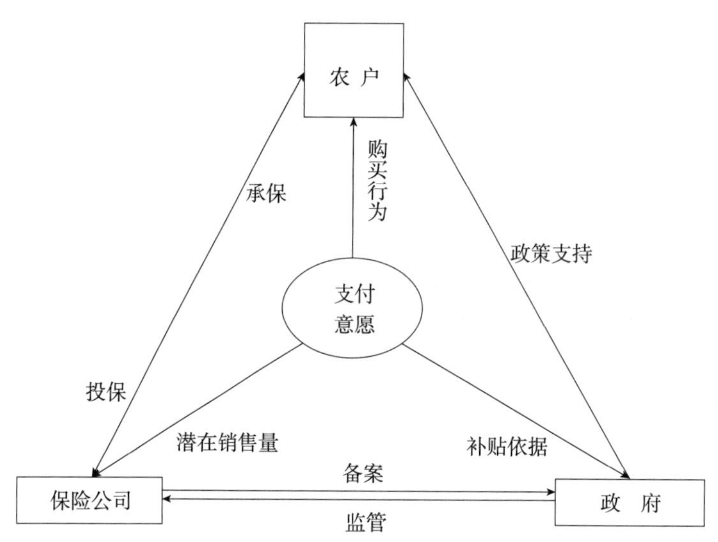


图 1　支付意愿与相关主体之间的关系

常用的测算支付意愿（WTP：Willingness To Pay）的方法是陈述偏好法（Stated Preference）和显示偏好法（Revealed Preference）。陈述偏好法运用的是陈述偏好数据，这种数据是在假设的情况下对选项进行选择而形成的数据；显示偏好法使用的则是现实偏好数据，这种数据是依据实际情况下的行动结果形成的数据（合崎英男，2012）。在我国目前的农业保险市场中，农户面对的往往只是针对某种农作物的单一保险方案，只能选择购买与否而没有选择保险方案的机会。因此，在诸如此类的“霸王条款”下无法从他们的购买行为中看出他们的真实支付意愿。另外，在我国农业气象指数保险的试点地区，也往往是在政府的足额补贴下以村或村级以上单位进行

整体购买的，他们所缴纳的保费也并不能代表农户的真实支付意愿。加之目前农业气象指数保险的推广范围和市场规模较小，要想在有限的试点区域外得到农户购买该保险产品的现实数据非常困难。鉴于以上原因，本文在对农户购买气象指数保险平均支付意愿的测算中采用陈述偏好法中常用的条件估值法（CVM：Contingent Valuation Method）。

CVM 的实际应用大致分为以下几个步骤：①建立假想市场；②设定支付金额；③获得访问对象愿意购买时的支付金额；④计算 WTP 的均值；⑤评估计算结果。利用 CVM 在调查 WTP 时总是需要预先设定一个基准支付金额，由于支付金额的值域是以基准支付金额为中心向两端同比例等跨度进行延拓的，所以基准支付金额的设定会对最后的计算结果产生直接影响。

2009 年浙江省开始对水稻保险气象理赔指数研究及应用平台建设进行探索，但农业气象指数保险产品却迟迟没有推向市场，目前也还没有针对柑橘低温冻害的气象指数保险产品。因此，在确定基准支付金额时参考了娄伟平等（2009）对浙江西部柑橘低温冻害气象指数理论厘定的毛保险费率 17.9%。按浙江省柑橘低温冻害平均投保金额 15 000 元/公顷，柑橘政策性农业保险的保费政府承担 45%，农户承担 55% 计算，农户需要缴纳保费 1 476.75 元/公顷，约为 98.45 元/亩。因此，本研究选取的基准支付金额为 100 元/亩，并分别向两端延拓 60%得到调查时的支付金额的区间为 [40，160]，大致可以满足不同农户对柑橘低温冻害气象指数保险的支付意愿。另外，根据实地调研经验，被访问者一般容易接受如 5、10、15 的分类值。以 10 为跨度，则支付金额可以在数集 {40，50，60，…，160} 中随机选取。单界二分选择式的 CVM 仅要求受访者做一次回答，受访者根据调查人员选取的支付金额直接回答“愿意”或“不愿意”购买即可，此方法较适合于对新的产品或服务进行支付意愿测算。

根据调查问卷得到的数据，运用单界二分选择式的 CVM 可以得到浙江省衢州市柑橘种植农户对柑橘低温冻害气象指数保险的平均支付意愿测算值。平均支付意愿可由下式求得：

$$\overline{WTP}=\frac{\sum_{i=1}^{m} f_i b_i}{\sum_{i=1}^{m} f_i}=\sum_{i=1}^{m} p_i b_i, \quad i=1, 2, \cdots, m \tag{1}$$

其中，$m$ 为支付金额分类个数，$b_i$ 为支付金额，$f_i$ 表示在不同支付金额 $b_i$ 下的条件支付频数①，$p_i$ 表示条件支付频率。

### （二）实地调研及支付意愿测算

2012 年 1 月对浙江省衢州市以柑橘为主要农作物的农户实施了问卷调查，调

① 条件支付频数表示的是被访问农户中回答“愿意”购买服务或产品的农户个数。

查问卷是基于 CVM 设计的。选择浙江省衢州市柑橘种植农户作为调研对象出于以下几个方面的考虑：第一，柑橘是世界性的大宗水果，也是中国亚热带种植面积最广的水果，近些年推行的一些农业补贴或者农业保险多以柑橘作为对象；第二，浙江是我国柑橘的重要主产省份之一，而衢州柑橘的种植面积和产量均居全省之首；第三，衢州市属亚热带季风气候区，柑橘产量极易受低温冻害、高温热害和干旱等气象灾害的影响而出现大幅度波动。基于此，本研究在衢州市的柑橘主产地柯城区、龙游县和常山县下属的 20 个村实施了农户调查。每个区（县）采集数目大致相等的样本，问卷在农户之间随机发放，使样本在每个区（县）和不同农户之间呈均匀分布。在实地调查中共收集到问卷 175 份，其中柯城区 58 份、龙游县 66 份、常山县 51 份。筛选后得到有效问卷 158 份，有效率为 90.29%，造成问卷无效的原因主要是数据不完整。实地调查时随机产生的支付金额分类及农户的平均支付意愿测算结果见表 1。

**表 1　2012 年浙江省衢州市柑橘种植户按支付金额分类及平均支付意愿测算结果**

| 支付金额 $b_i$（元） | 样本频数（户） | 样本频率（%） | 条件支付频数 $f_i$（户） | 条件支付频率 $p_i$（%） | 支付发生比率（%） |
|---|---|---|---|---|---|
| 40 | 8 | 5.06 | 5 | 7.46 | 62.5 |
| 50 | 19 | 12.03 | 7 | 10.45 | 36.84 |
| 60 | 22 | 13.92 | 12 | 17.91 | 54.55 |
| 70 | 8 | 5.06 | 4 | 5.97 | 50 |
| 80 | 17 | 10.76 | 9 | 13.43 | 52.94 |
| 90 | 33 | 20.89 | 20 | 29.85 | 60.61 |
| 100 | 8 | 5.06 | 3 | 4.48 | 37.5 |
| 110 | 8 | 5.06 | 1 | 1.49 | 12.5 |
| 120 | 6 | 3.80 | 3 | 4.48 | 50 |
| 130 | 6 | 3.80 | 2 | 2.99 | 33.33 |
| 140 | 8 | 5.06 | 1 | 1.49 | 12.5 |
| 150 | 8 | 5.06 | 0 | 0 | 0 |
| 160 | 7 | 4.43 | 0 | 0 | 0 |
| 累计 | 158 | 100 | 67 | 100 | — |

$$\overline{WTP} = \sum_{i=1}^{13} f_i b_i / \sum_{i=1}^{13} f_i = \sum_{i=1}^{13} p_i b_i = 78.21$$

注：支付发生比率表示有购买意愿的农户数在各组样本中所占的比重，通过它可以看出在各组支付金额下农户愿意购买柑橘低温冻害气象指数保险的比例。该指标可由条件支付频数除样本频数得到。

由表 1 可知，浙江省衢州市柑橘种植农户的低温冻害气象指数保险平均支付意愿为 78.21 元/亩，与浙江省的理论厘定保费 98.45 元/亩相比，农户的平均支付意愿低 20.24 元/亩，相当于农户平均支付意愿的 25.88%。若仍按前文所述浙江省柑橘低温冻害的气象指数保险 17.9%的厘定费率和 15 000 元/公顷的平均投保金额计算，要填补这一差额政府所需承担的保费份额至少应为 56.31%，而非 45%。这说明，目前农业气象指数保险的理论厘定费率及保费远远超过了农户的平均支付意愿，支付意愿过低有可能是导致农户购买气象指数保险需求不足的重要原因。由表 1 也可以看出，随着支付金额的增加，支付发生比率呈现出了明显的下降趋势，甚至当支付金额增至 150 或 160 时，支付发生比率骤降至 0。

## 三、农户购买气象指数保险影响因素分析

根据前文分析可知，价格因素很可能是影响农户购买气象指数保险的主要因素。但农户购买气象指数保险是多种影响因素共同作用的结果，除价格因素外还包括其他方面的因素。因此，本节将结合其他影响因素，运用计量经济学模型对农户购买气象指数保险的影响因素进行实证分析，这对更加深入地认识农户购买气象指数保险支付意愿具有重要作用。

### （一）模型的构建

农户购买气象指数保险的意愿可以分为购买和不购买两种情形。若以农户的购买意愿为因变量，则其符合二项分布函数的性质。因此，离散因变量模型非常适合于分析此类问题。本文选择 Logit 模型，采用本研究实地调查通过 CVM 所获得的样本数据资料对农户是否愿意购买气象指数保险与影响因素之间的关系进行实证分析。模型如下：

$$\mathrm{Logit}(P)=\mathrm{Ln}\left[\frac{P}{1-P}\right]=\beta_0+\sum_{i=1}^{k}\beta_i x_i \tag{2}$$

也即：

$$P(y=j\mid x_i)=\frac{\exp(\beta_0+\beta_1x_1+\cdots+\beta_kx_k)}{1+\exp(\beta_0+\beta_1x_1+\cdots+\beta_kx_k)},\quad j=0,1 \tag{3}$$

式（3）中，$y$ 为因变量，表示农户的购买意愿。当 $y=0$ 时，表示不愿意购买；当 $y=1$ 时，表示愿意购买。$x_i$ 为自变量，表示第 $i$ 个影响因素。$\alpha$ 为截距项，$\beta_i$ 为各自变量的系数。

### （二）变量的选择

影响农户购买气象指数保险支付意愿的因素多种多样，因此指标体系的构建是一个复杂的系统工程。本文在参考已有文献（程静等，2011）和实地调研信息的基础上选取了农户的个体特征、家庭情况、社会环境、对农业保险以及气象指数保险的认识

等因素并结合价格水平对农户的购买行为进行分析。则农户购买气象指数保险支付意愿影响因素的指标体系和预期判断见表 2。

**表 2　农户气象指数保险购买意愿影响因素的指标体系和预期判断**

| 影响因素 | 指标选择 | 变量设定或赋值方法 | 变量名称 | 预期符号 |
|---|---|---|---|---|
| 个体特征 | 性别 | 0＝女性；1＝男性 | *GEN* | +/− |
| | 年龄 | 农户当年的实际年龄 | *AGE* | +/− |
| | 受教育年限 | 农户在校学习的年数 | *EDU* | + |
| 家庭情况 | 对金钱的时间偏好 | 货币一年期的时间价值 | *MTP* | +/− |
| | 家庭总收入 | 农户当年家庭的毛收入 | *TIN* | +/− |
| | 家庭人口数 | 农户家庭实际人口数 | *HNU* | +/− |
| | 柑橘收入 | 柑橘当年的毛收入 | *TCI* | +/− |
| | 柑橘收入比重 | 柑橘当年毛收入占家庭毛收入的比重 | *CIR* | + |
| | 贷款额 | 农户家庭当年的实际贷款余额 | *LRD* | +/− |
| | 住房估价 | 农户家庭住房的重置成本 | *HVC* | +/− |
| 社会环境 | 气象站距离 | 农户柑橘种植园离最近气象站的距离 | *DIS* | − |
| | 流动性约束 | 0＝否；1＝是 | *CFB* | + |
| | 是否参加合作社 | 0＝否；1＝是 | *TEM* | + |
| | 参加农技培训次数 | 家庭成员实际参加农技培训的次数 | *COP* | + |
| 对农业保险的认识 | 是否听说过 | 0＝否；1＝是 | *HAR* | + |
| | 对降低农业歉收风险的帮助 | 1＝完全没有帮助；2＝没有帮助；3＝不知道是否有；4＝有帮助；5＝非常有帮助 | *ULT* | + |
| 对农业气象指数保险的认识 | 是否担心气象灾害 | 0＝否；1＝是 | *CRF* | + |
| | 前五年遭受气象灾害次数 | 农户家庭柑橘种植中前 5 年遭受严重自然灾害的次数 | *NUH* | + |
| | 能否理解气象指数保险合同 | 0＝否；1＝能 | *WIC* | + |
| 价格 | 支付金额 | 实地调查询价时实际发生的支付金额 | *WTP* | − |

注：农户对金钱的时间偏好在一定程度上反映了农户的风险偏好，可能影响对气象指数保险的购买意愿。货币一年期的时间价值用 100 元钱在一年后农户愿意接受的最低利息进行计量。流动性约束是指经营主体因资金不足且难以通过借贷途径获得而不能实现其期望的消费或投资的现象，本文用农户遭受气象灾害损失后能否通过自家储蓄或者向金融机构、资金互助金融组织借钱以及依靠保险公司赔偿解决下一年生产投入和生活所需的资金表示，该变量反映了农户在面临自然灾害等突发事件时的融通能力，可能影响对气象指数保险的购买意愿。保险的购买价格用 WTP 表示，其变量值取自前述支付金额。

由于所选初始解释变量数目较多且一些经济指标相互影响，各变量之间可能存在高度相关引起的“多重共线问题”，使得 Logit 模型估计失效。因此，有必要先对初始解释变量进行关联分析，筛选出不存在高度相关的解释变量进入模型。数理统计中经典的相关分析假设因变量与被估参数之间是线性关系，而这种假设在 Logit 模型中显然是不成立的，这种传统的方法难以为继。灰色关联分析方法弥补了采用数理统计方法的不足，对非线性系统模型也具有适用性。灰色关联分析的基本思想是根据序列曲线几何形状的相似程度来判断其联系是否紧密。曲线越接近，相应序列之间的关联度就越大，反之就越小（刘思峰等，2010）。本文采用灰色关联分析中最常用的灰色绝对关联分析，其定义与计算步骤如下：

设系统行为序列

$$X_i=(x_i(1),\ x_i(2),\ \cdots,\ x_i(n))$$
$$X_j=(x_j(1),\ x_j(2),\ \cdots,\ x_j(n))$$

其中，$i$，$j=1$，2，…，$m$ 。记序列折线

$$X_i^0=X_i-x_i(1)=(x_i^0(1),\ x_i^0(2),\ \cdots,\ x_i^0(n))$$
$$X_j^0=X_j-x_j(1)=(x_j^0(1),\ x_j^0(2),\ \cdots,\ x_j^0(n))$$

令 $s_i=\int_1^n X_i^0 d_t$ ，$s_i=\int_1^n X_i^0 d_t$ ，则定义 $\gamma_{ij}=\dfrac{1+|s_i|+|s_j|}{1+|s_i|+|s_j|+|s_i-s_j|}$ 为 $X_i$ 与 $X_j$ 的灰色绝对关联度，依据灰色绝对关联度的定义，计算步骤一般地可总结如下：

第 1 步：求各行为序列 $X_i$ 和 $X_j$ 的始点零化像 $X_i^0$ 和 $X_j^0$ ；

第 2 步：求序列折线 $X_i^0$ 和 $X_j^0$ 与 X 轴所围成的面积 $|s_i|$ 和 $|s_j|$ ；

第 3 步：求序列折线 $X_i^0$ 与 $X_j^0$ 所夹区域的面积 $|s_i-s_j|$ ；

第 4 步：计算系统行为序列之间的灰色绝对关联度 $\varepsilon_{ij}$ 。

根据前述实地问卷调查数据，运用灰色系统建模软件 3.0 可以得出表 2 中各原始解释变量两两之间的灰色绝对关联度，见文末附表。由附表可以得到，$\varepsilon(TIN, HNU)=0.9927$，$\varepsilon(HNU, NUH)=0.9856$，$\varepsilon(NUH, TIN)=0.9856$，说明指标变量 *TIN*、*HNU* 和 *NUH* 相互之间高度关联，可以取 TIN 作为代表农户的家庭总收入类的指标变量进入模型。$\varepsilon(ULT, HAR)=0.9589$，$\varepsilon(HAR, CRF)=0.9053$，$\varepsilon(CRF, COP)=0.9843$，$\varepsilon(COP, HAR)=0.9814$，$\varepsilon(HAR, CFB)=0.9389$，$\varepsilon(CFB, ULT)=0.9792$，说明指标变量 *ULT*、*HAR*、*CRF*、*COP* 和 *CFB* 相互之间高度关联，难以截然分开，可以取 *ULT* 作为代表农户对农业保险的认可度的综合指标变量进入模型。$\varepsilon(WIC, TEM)=0.9754$，说明指标变量 *WIC* 和 *TEM* 高度关联，可以取 *WIC* 作为代表农户接受新事物的能力类的指标变量进入模型。其余各指标变量两两之间的灰色绝对关联度均小于 0.9，认为不存在高度关联性，可以单独进入模型。因此根据灰色关联分析结果，表 2 中可以单独进入模型的指标变量为 *GEN*、*AGE*、*EDU*、*MTP*、*TIN*、*TCI*、*CIR*、*LRD*、*HVC*、*DIS*、*ULT*、*WIC* 和 *WTP* 等 13 个变量。

### （三）模型估计结果

采用 STATA11 软件对前述实地问卷调查所得数据进行 Logit 回归，估计结果见表 3。

表 3 模型的估计结果

| 变量名称 | 系数 | 标准误差 | Z-统计量 | P 检验值 |
|---|---|---|---|---|
| *Cons* | 2.108 6 | 2.007 3 | 1.05 | 0.294 |
| *GEN* | −0.717 2 | 0.755 0 | −0.95 | 0.342 |
| *AGE* | −0.034 3 | 0.023 6 | −1.45 | 0.146 |
| *EDU* | 0.120 0 | 0.078 8 | 1.52 | 0.128 |
| *MTP* | 0.004 4 | 0.011 9 | 0.37 | 0.713 |
| *TIN* | 0.039 4 | 0.097 1 | 0.41 | 0.685 |
| *TCI* | −0.209 7 | 0.402 5 | −0.52 | 0.602 |
| *CIR* | 2.441 6** | 1.049 3 | 2.33 | 0.020 |
| *LRD* | −0.087 9* | 0.053 5 | −1.64 | 0.100 |
| *HVC* | −0.030 1* | 0.017 8 | −1.69 | 0.091 |
| *DIS* | −0.021 2** | 0.010 5 | −2.03 | 0.043 |
| *ULT* | 0.642 2** | 0.266 5 | 2.41 | 0.016 |
| *WIC* | 0.147 6 | 0.567 0 | 0.26 | 0.795 |
| *WTP* | −0.026 5*** | 0.007 2 | −3.70 | 0.000 |
| | Log likelihood=−81.034 2 | LR chi2（13）=45.93 | Prob.>chi=0.000 0 | |

注：*、**、***分别表示 10%、5%和 1%的显著性水平。

由表 3 可知，模型的对数似然值 Log likelihood=−81.034 2，可得−2 倍的对数似然值−2LL=162.068 4，似然比卡方统计量 LR chi（20）=45.93，Prob.>chi=0.000 0 表示模型的无效假设检验对应的 P 值为 0.000 0，说明模型很好地拟合了数据，在 1%的水平上整体显著。因此，回归分析所得到的结果可以作为分析和判断各影响因素作用方向和大小的依据。在 1%的水平上显著的变量是 *WTP*，在 5%的水平上显著的变量是 *ULT*、*CIR* 和 *DIS*，在 10%的水平上显著的变量是 *HVC* 和 *LRD*。其余各变量在 10%以上水平均不能通过显著性检验。

### （四）农户购买保险支付意愿的影响因素分析

根据模型的估计结果，本文对在 10%以上水平显著的影响农户购买气象指数保险支付意愿的因素做进一步的分析。

（1）价格水平与购买意愿负相关，且在 1%的水平上显著，与预期判断一致。价格水平在一定意义上代表了农户购买气象指数保险时每亩柑橘需要承担的保费。价格水平与购买意愿显著负相关说明了价格水平对农户购买气象指数保险意愿具有非常显著的影响，且随着价格水平的提高农户的购买概率显著降低。这与现实生活中一般商品的价格规律相吻合。一方面，价格水平直接影响着消费者的购买欲望并最终作用于消费行为。另一方面，价格水平也间接决定了消费者的支付能力。价格水平越高，消费者的购买欲望越弱，实际支付能力也会越低，进而导致对商品消费的有效需求不足。

(2) 农户对农业保险的认可度与购买意愿正相关，且在5%的水平上显著，与预期判断一致。农户对农业保险的认可度与购买意愿显著正相关说明了农户对农业气象指数保险的认可度越高，购买该种农业保险的概率就越大。当然，农户对气象指数保险的认可度是建立在对保险公司信任的基础上的。因为，农户购买气象指数保险的目的就是为了在遭遇严重气象灾害时能够得到保险公司的合理赔偿用来抵御严重气象灾害给农业带来的风险。一旦发生此类气象灾害，如果不能够顺利得到及时合理的赔付，这将给农户对保险公司的信任和对气象指数保险的认可造成非常严重的打击。根据本次实地调查中对愿意购买气象指数保险的农户的进一步访问和对统计数据的分析可知，在购买气象指数保险的当年如果未受灾，则下一年仍然愿意投保的农户占到被访问农户的93.75%；即使在购买气象指数保险后的连续五年内均未受灾，下一年仍然愿意投保的农户依然占到被访问农户的78.13%。然而，如果在购买气象指数保险的当年受灾而没有得到合理赔付，则下一年仍然愿意购买的农户下降至0。这说明，即便是起初对农业气象指数保险有很高认可度的农户，一旦遇到保险公司的违约行为，也会对农业气象指数保险和保险公司彻底绝望。

(3) 柑橘收入比重与购买意愿正相关，且在1%的水平上显著，与预期判断一致。柑橘收入比重与购买意愿显著正相关说明了柑橘收入占家庭总收入的比重对农户购买气象指数保险的意愿具有显著的影响，且柑橘收入比重高的农户购买气象指数保险的概率显著高于柑橘收入比重低的农户。事实上，农户作为生产者和消费者的双重身份，根据自身家庭收入结构选择购买行为是理性的。柑橘收入比重表示农户家庭总收入中柑橘收入所占的比重。柑橘收入比重越高，家庭的收入结构越单一。一旦发生严重的气象灾害，柑橘歉收就会给家庭带来很大的损失。为了防止因灾致贫而严重影响生活水平，同时也为下一年的农业再生产提供资金保障，柑橘收入比重高的农户家庭更愿意购买气象指数保险。

(4) 农户离气象站的距离与购买意愿负相关，且在5%的水平上显著，与预期判断一致。农户的柑橘种植园离气象站的距离与购买意愿显著负相关说明了离气象站近的农户与离气象站远的农户相比，购买气象指数保险的概率更大。一个标准气象站对其周围的有效气象监测范围大致在以气象站为中心半径为20公里的圆形区域，且气象监测的有效性随着半径的增大而急剧下降。因此，离气象站距离的增加都会使得气象数据的可获得性和有效性大打折扣。气象数据的可获得性和有效性差不但会给保险公司气象指数保险费率的合理厘定制造障碍，而且会给农户日后的理赔程序增加难度。气象站虽然属于第三方单位，但农户与保险公司相比仍然处于弱势，在实地调查中很多农户表示对此存在顾虑。

(5) 住房估价与购买意愿负相关，且在10%的水平上显著。农户的住房估价与购买意愿显著负相关说明了居住条件好的农户比居住条件差的农户购买气象指数保险的可能性更大。这种结果可能是由于农户在改善住房条件的投入上过大而使得家庭的短期支付能力迅速下降造成的。根据调研了解到，很多农户建造一次新房就要几乎花光多年的积蓄。不少农户甚至一辈子省吃俭用留下来的积攒就是为了为儿女建造新房。农户这种“房子就是命根子”的根深蒂固的观念势必会对其他消费的支出产生挤出效应。

(6) 贷款额与购买意愿负相关，且在 10%的水平上显著。农户的贷款余额与购买意愿显著负相关说明了还款负担重的农户与还款负担较轻或者没有偿债负担的农户相比购买气象指数保险的概率更小。出现这种结果的原因可能是沉重的还款负担影响了农户对其他消费品的支出能力，尤其是对农户来说还是新鲜事物的农业气象指数保险产品的消费。根据对调研地农户的访问了解到，农户对对贷款仍然保持着很高的警惕心理。自古以来，在广阔的中国乡土上始终存在着“高利贷”并威慑着处于贫困线上的农户。农户对“高利贷”心有余悸，都奉行“无债一身轻”的观念。一旦背上债务，农民会承受很大的心理负担并进而影响到消费行为。

## 四、结论与启示

本文针对近年来农业气象指数保险在我国试点运营中存在需求不足的问题，在已有理论和实践的基础上，以基于二分选择式 CVM 的实地调查数据对浙江省衢州市柑橘种植户对农业气象指数保险的平均支付意愿进行了测算，并对其影响因素进行了实证分析。主要研究结论概括如下：

第一，农户平均支付意愿为 78.21 元/亩，与理论厘定的保费 98.45 元/亩相比，两者之间的差距达到了 20.24 元/亩。按 17.9%的实际厘定费率和 15 000 元/公顷的平均投保金额计算，要填补这一差额政府所需承担的保费份额至少应为 56.31%。这说明，目前农业气象指数保险的保费远远超过了农户的平均支付意愿，导致了农户购买气象指数保险的需求不足。

第二，价格水平、气象站的距离、住房估价以及贷款余额等因素与农户购买气象指数保险的支付意愿显著负相关。说明保费越高，农户的柑橘种植园离气象站距离越远，住房估价和贷款额越高，农户购买气象指数保险的可能性就越小。

第三，柑橘收入比重和农户对农业保险的认可度与农户购买气象指数保险的支付意愿显著正相关。说明农户的柑橘收入在家庭总收入中的份额越大，对农业保险的认可度越高，购买农业气象指数保险的可能性就越大。

基于以上研究结论，本文可以得到以下几点启示：

第一，应尽快将农业气象指数保险纳入到政策性农业保险的范畴，加大补贴力度，使农户实际需要承担的保费达到愿意支付的水平。

第二，加快气象站等农业基础设施的建设步伐，为农户和保险公司提供更加及时有效的气象信息，为农业气象指数保险的推广扫除障碍。完善农村金融市场，给购买农业气象指数保险的农户提供更加优惠的贷款条件。促进乡风文明建设，培育新型农民，形成科学的消费观念。

附表　原始解释变量灰色绝对关联度矩阵

| | CEN | AGE | EDU | MTP | TIN | HNU | TCI | CIR | LRD | HVC | DIS | CFB | TEM | COP | HAR | ULT | CRF | NUH | WIC | WTP |
|---|---|---|---|---|---|---|---|---|---|---|---|---|---|---|---|---|---|---|---|---|
| GEN | 1 | | | | | | | | | | | | | | | | | | | |
| AGE | 0.504 0 | 1 | | | | | | | | | | | | | | | | | | |
| EDU | 0.525 7 | 0.576 9 | 1 | | | | | | | | | | | | | | | | | |
| MTP | 0.501 7 | 0.714 6 | 0.533 0 | 1 | | | | | | | | | | | | | | | | |
| TIN | 0.534 0 | 0.558 1 | 0.878 1 | 0.525 0 | 1 | | | | | | | | | | | | | | | |
| HNU | 0.534 5 | 0.557 3 | 0.872 5 | 0.524 6 | 0.992 7 | 1 | | | | | | | | | | | | | | |
| TCI | 0.630 3 | 0.515 2 | 0.598 7 | 0.506 5 | 0.630 6 | 0.632 5 | 1 | | | | | | | | | | | | | |
| CIR | 0.787 3 | 0.506 9 | 0.544 8 | 0.503 0 | 0.559 2 | 0.560 1 | 0.762 8 | 1 | | | | | | | | | | | | |
| LRD | 0.509 2 | 0.714 5 | 0.679 2 | 0.592 1 | 0.635 5 | 0.633 5 | 0.535 4 | 0.516 1 | 1 | | | | | | | | | | | |
| HVC | 0.506 5 | 0.804 3 | 0.626 4 | 0.630 6 | 0.595 5 | 0.594 1 | 0.525 0 | 0.511 3 | 0.852 5 | 1 | | | | | | | | | | |
| DIS | 0.501 2 | 0.653 9 | 0.523 7 | 0.858 4 | 0.517 9 | 0.517 6 | 0.504 7 | 0.502 1 | 0.566 0 | 0.593 6 | 1 | | | | | | | | | |
| CFB | 0.548 6 | 0.540 7 | 0.764 7 | 0.517 5 | 0.850 1 | 0.855 3 | 0.686 5 | 0.584 6 | 0.594 9 | 0.566 9 | 0.512 5 | 1 | | | | | | | | |
| TEM | 0.672 1 | 0.511 5 | 0.574 8 | 0.504 9 | 0.598 9 | 0.600 3 | 0.878 6 | 0.799 6 | 0.526 8 | 0.518 9 | 0.503 5 | 0.641 2 | 1 | | | | | | | |
| COP | 0.566 0 | 0.530 0 | 0.694 9 | 0.512 9 | 0.757 7 | 0.761 5 | 0.753 4 | 0.614 9 | 0.569 8 | 0.549 2 | 0.509 2 | 0.868 1 | 0.691 8 | 1 | | | | | | |
| HAR | 0.555 3 | 0.535 8 | 0.732 8 | 0.515 4 | 0.807 9 | 0.812 5 | 0.712 0 | 0.596 2 | 0.583 5 | 0.558 8 | 0.511 0 | 0.939 8 | 0.660 5 | 0.918 4 | 1 | | | | | |
| ULT | 0.550 7 | 0.539 0 | 0.753 7 | 0.516 7 | 0.835 5 | 0.840 5 | 0.694 6 | 0.588 3 | 0.590 9 | 0.564 1 | 0.512 0 | 0.979 2 | 0.647 3 | 0.884 1 | 0.958 9 | 1 | | | | |
| CRF | 0.568 2 | 0.529 0 | 0.688 7 | 0.512 5 | 0.749 6 | 0.753 3 | 0.761 6 | 0.618 7 | 0.567 7 | 0.547 7 | 0.508 9 | 0.856 5 | 0.698 1 | 0.984 3 | 0.905 3 | 0.872 0 | 1 | | | |
| NUH | 0.533 5 | 0.559 0 | 0.883 6 | 0.525 3 | 0.998 2 | 0.985 6 | 0.628 7 | 0.558 4 | 0.637 5 | 0.596 9 | 0.518 2 | 0.845 0 | 0.597 4 | 0.754 0 | 0.803 5 | 0.830 7 | 0.746 0 | 1 | | |
| WIC | 0.681 0 | 0.510 9 | 0.571 1 | 0.504 7 | 0.594 0 | 0.595 4 | 0.859 9 | 0.815 1 | 0.525 5 | 0.518 0 | 0.503 4 | 0.634 3 | 0.975 4 | 0.682 4 | 0.652 6 | 0.640 1 | 0.688 3 | 0.592 7 | 1 | |
| WTP | 0.500 8 | 0.606 6 | 0.516 4 | 0.748 4 | 0.512 4 | 0.512 2 | 0.503 2 | 0.501 5 | 0.545 7 | 0.564 9 | 0.846 5 | 0.508 7 | 0.502 5 | 0.506 4 | 0.507 6 | 0.508 3 | 0.506 2 | 0.512 6 | 0.502 3 | 1 |

第三，在农业气象指数保险的推广普及过程中应特别关注家庭总收入来源主要依赖于农作物生产的低收入农户。进一步规范保险市场，加大对保险公司的监管力度，保障农户购买气象指数保险的利益落到实处，使农业气象指数保险切实能够为农户降低农业因气象灾害所带来的歉收风险。

## 参考文献

[1] 程静，陶建平．干旱指数保险支付意愿研究——基于湖北省孝感市的实证分析［J］．技术经济与管理研究，2011 (8)：104-107.

[2] 陈盛伟．我国政策性农业保险的运行情况与发展对策［J］．农业经济问题，2010 (3)：65-70.

[3] 陈盛伟．农业气象指数保险在发展中国家的应用及在我国的探索［J］．保险研究，2010 (3)：82-88.

[4] 合崎英男．农业规划评价方法［M］．王文信，等，译．北京：知识产权出版社，2012：1-13.

[5] 刘思峰，党耀国，方志耕，谢乃明，等．灰色系统理论及其应用：第五版［M］．北京：科学出版社，2010：62-104.

[6] 娄伟平，吴利红，邱新法，唐启义，苏高利，毛裕定．柑橘农业气象灾害风险评估及农业保险产品设计［J］．自然资源学报，2009 (6)：1030-1040.

[7] 宁满秀，苗齐，邢鹂，钟甫宁．农户对农业保险支付意愿的实证分析——以新疆玛纳斯河流域为例［J］．中国农村经济，2006 (6)：43-51.

[8] 孙香玉，钟甫宁．对农业保险补贴的福利经济学分析［J］．农业经济问题，2008 (2)：4-11.

[9] 孙香玉，钟甫宁．福利损失、收入分配与强制保险——不同农业保险参与方式的实证研究［J］．管理世界，2009 (5)：80-96.

[10] 孙香玉．保险认知、政府公信度与农业保险的需求——江苏省淮安农户农业保险支付意愿的实证检验［J］．南京农业大学学报（社会科学版），2008 (1)：48-54.

[11] 武翔宇，兰庆高．促进我国气象指数保险发展的若干建议［J］．农业经济，2012 (3)：94-95.

[12] 于洋，王尔大．多保障水平下农户的农业保险支付意愿——基于辽宁省盘山县水稻保险的实证分析［J］．中国农村观察，2011 (5)：55-68.

[13] Barry J. Barnett，Olivier Mahul. Weather Index Insurance for Agriculture and Rural Areas in Lower-Income Countries［J］. American Journal of Agricultural Economics，2007，89 (5)：1241-1247.

[14] Benjamin Collier，Jerry Skees and Barry Barnett. Weather Index Insurance and Climate Change：Opportunities and Challenges in Lower Income Countries［J］. The Geneva Paper on Risk and Insurance Issues and Practice，2009，34 (3)：401-424.

# 我国农业保险不对称信息实证研究*

王国军　王冬妮　陈　璨

**摘要：** 近年来，我国自然灾害频发、风险日趋多样性，农业保险作为对农业风险损失进行补偿的制度，是维护一国农业可持续运行的稳定器。国内外农业保险的实践经验表明，信息不对称问题对农业保险发展的阻碍不容小觑，不对称信息问题也伴随着我国农业保险的发展渐渐凸显。文章采用国内10家产险公司2007—2014年共8年的177份地区承保汇总数据，运用二项回归模型和条件相关模型对我国农业保险中是否存在信息不对称问题进行了实证分析，发现我国农业保险市场上存在着一定程度的道德风险和逆向选择。在此基础上，从缓解农业保险信息不对称问题的角度提出了相关建议，以促进我国农业保险市场的健康持续发展。

**关键词：** 农业保险；不对称信息；道德风险；逆向选择

## 一、引言

2017年3月，在第十二届全国人民大表大会第四次会议上，李克强总理提出要加强农业基础支撑，保障财政对农业的投入，进一步完善农业保险制度。而纵观世界各国的农业保险的发展历程，我们发现信息不对称问题是阻碍农业保险持续健康发展的一个主要因素。首先，农业生产的标的是自然界有生命的动植物，农业收成的好坏主要取决于农户的行为，而保险公司很难把控。其次，农业生产对自然环境和社会环境的依赖性很强，一旦外部环境发生变化，农业生产所面临的风险就会变得更加多样化和复杂化。另外，农业生产者们对农业保险知识还比较缺乏了解，有些农民认为只要投保了，就一定能够得到赔偿，因而在灾害发生后没有及时地采取措施，而导致更多的损失。以上这些因素都使得保险双方都不易获得对方的信息，因而，农业保险中的信息不对称问题较之其他险种会更为严重。

本文的研究对象是我国农业保险中的农户与保险公司之间存在的不对称信息，并且通过对国内10家产险公司的承保数据，运用二项回归模型和条件相关模型进行回

* 基金项目：本文研究得到教育部哲学社会科学重大攻关项目“我国商业养老保险制度体系与运行机制研究”（14JZD027），以及对外经济贸易大学特色学科建设项目的支持。

作者简介：王国军，教授，博士生导师，对外经济贸易大学保险学院院长助理，北京大学中国保险与社会保障研究中心研究员，研究方向：保险经济学；王冬妮，对外经济贸易大学保险学院博士研究生，研究方向：保险经济学；陈璨，对外经济贸易大学保险学院硕士研究生，研究方向：保险经济学。

归分析，发现我国农业保险市场上确实存在着信息不对称问题，主要表现为道德风险和逆向选择。基于此结论，我们相应地提出了在农业保险产品开发、组织形式和投保人素质培养方面的建议，即对风险进行分区以设计侧重点不同的保险产品、探索开展互助保险、探索外部性较强产品的强制性保险、建立社会组织对农业生产者进行保险知识和生产技术、风险范围等相关知识的培训等。

## 二、文献综述

从 20 世纪 70 年代开始，国内外的一些学者就开始研究农业保险的不对称信息问题。根据农业保险市场中的信息不对称发生的时间进行划分，在交易双方签约之前发生表现为逆向选择，在签约之后发生的则表现为道德风险。

**1. 农业保险市场上逆向选择问题研究**

关于逆向选择问题，论述其产生原因的文献最早可以追溯到 Arrow（1970），Arrow 认为逆向选择来源于投保农户隐瞒信息的行为，比如投保人隐瞒农场的土地类型、自己的管理能力等使得农场的风险存在差异，产生逆向选择。Islam、Turvey 和 Hoy（1999）指出如果保险公司制定的农业保险费率不能精确地反映可能的损失率，那么农业保险的收益情况就可能被扭转并且产生逆向选择问题。国内学者大多将原因归结于农业保险市场的客观局限和农业保险行为主体的主观倾向两个维度。李俊（2008）认为农业保险市场产生逆向选择的原因有保险商品本身是特殊的、市场信息成本较高以及投保农户并不完全理性等。丁少群和赵晨（2012）认为市场信息不对称、保险公司经营管理水平不高和农户存在机会主义倾向心理三个方面促使了逆向选择的形成。柴智慧（2013）通过对内蒙古地区的分析，认为农业保险逆向选择存在于有风险差异的农户和经营管理不足的公司两方行为主体中。

关于逆向选择问题的实证检验，现有文献主要集中于对其存在性的检验方面。Just 和 Calvin（1990）运用模型得到只要农户的实际产量比预期低就说明存在道德风险，且通过比较参保与未参保农户的产量得出不存在逆向选择的结果。但是 Goodwin（2001）从弹性变化程度着眼研究堪萨斯州不同风险的小麦农户，证实逆向选择问题存在。国内学者针对我国局部省份是否存在逆向选择问题进行了检验。王志刚、黄圣男和钱成济（2013）基于黑龙江和辽宁两省，证实风险规避型农户比风险偏好型农户的保费支付意愿低，存在逆向选择问题。柴智慧（2013）实证证实内蒙古地区农户确实存在逆向选择问题，但是并不严重。

在逆向选择问题产生的影响方面，Gardner 和 Kramer（1986）实证证实逆向选择是产品持续不能盈利的一个重要原因。而国内的学者们主要着眼于市场的低效率角度。冯文丽（2004）认为信息不对称会使得保险人面临选择较高的监督成本还是较高的赔付损失的两难选择。丁少群和赵晨（2012）指出逆向选择会引起市场价格扭曲、供给需求缩减和效率缺失。而对于解决逆向选择问题的路径，马志恒、王传玉

(2005) 提出可以通过差别费率制定合同菜单来消除逆向选择风险。丁少群和赵晨(2012) 提出推进风险分区、开展区域性产量保险、通过采用多种保险合同和期限等策略以规避逆向选择。

**2. 农业保险市场上道德风险问题研究**

针对农业保险市场上道德风险的问题，Chambers (1989) 运用一般保险市场的分析指出如果被保险人隐瞒行为，例如将农作物种植在贫瘠田地上、减少投入成本等，就会发生道德风险。Smith 和 Watts (2010) 认为美国 2008 年构建的特别灾害援助计划会使免赔额变得没有那么有效，引发农户产生道德风险。国内学者柴智慧(2014) 则认为农业保险道德风险产生的原因在有侥幸心理的农户、监管缺位的政府和受利益驱使的公司三方行为主体中。

对于道德风险实证检验方面，Smith 和 Goodwin (1996) 研究了堪萨斯州的小麦农户，认为农户发生道德风险的条件是预期理赔的增加额比增加的投入成本高。Coble、Knight 等 (1997) 运用美国德克萨斯州小麦生产者五年的生产与保险面板数据，发现在小麦生长条件不好的年份才有道德风险。Atwood 等 (2006) 发现当农户投保耕地在两块以上时就有发生道德风险的动机。Liang 和 Coble (2009) 认为道德风险的发生与生产条件、市场环境等特定条件有关。

在道德风险产生的影响方面，现有研究主要将其影响归结为保险产品亏损、财政补贴耗散和是否影响农业产出三个方面。Roberts、O'Donoghue 和 Key (2009) 实证证实道德风险问题产生的理赔成本占美国 1992—2001 年总赔款支出的 0.9%。王德宝和王国军 (2014) 指出根据不完全统计，我国种植业保险中的保险公司由于道德风险赔偿的损失占总赔款的 20%以上。Goodwin、Vandeveer 和 Deal (2004) 证实道德风险问题使得大农场往往能够获得希望维持业务关系的保险公司的有利赔付，导致美国政府财政补贴耗散。Roberts、Key 和 O'Donoghue (2006) 实证发现存在明显的道德风险的德克萨斯州的小麦和大豆保险不影响农业产出。

综上，在现有的关于农业保险的不对称信息的检验中，还没有得到一致性的结论，而且对于我国农业保险市场上道德风险问题的实证检验较少。本文在参考国内外相关文献的基础上，分别运用参数和非参数方法对我国农业保险市场上的信息不对称问题进行了检验，结果发现我国农业保险中存在着信息不对称的问题，表现形式为逆向选择和道德风险，进而在此基础上提出了一些建议，以促进我国农业保险的可持续发展。

## 三、我国农业保险不对称信息的实证研究

### (一) 信息不对称问题在农业保险领域的具体表现

信息不对称是指市场上交易双方所掌握的信息在质量上、数量上存在着差异，其中一方掌握的信息在数量和质量上优于另一方，这样会诱发机会主义行为。根据非对

称发生的时间，非对称可能发生在交易双方签约之前，或者签约之后，分别称为事前（Ex Ante）非对称和事后（Ex Post）非对称，而由此引发的两种机会主义行为或者说是两种典型的信息非对称就表现为逆向选择和道德风险。[①] 以下将对农业保险市场上的逆向选择和道德风险进行界定。

**1. 道德风险**

道德风险是一种事后机会主义行为，个人因存在保险保障而改变防损动机的一种倾向[②]。保险人观测不到投保人在投保后采取何种行为，投保人可能在购买保险后，因为有了保险所提供的风险保障而缺乏避免损失的激励，减少防范措施，从而导致自身风险事故发生的概率增加。

农业保险市场的道德风险主体分为投保农户、保险公司和政府部门三个行为主体。

在农业保险市场上，投保农户对自身的风险情况包括土地的贫瘠程度、投入农药成本的多少等掌握的信息较之于其他行为主体多。农户的道德风险主要体现在购买保险之后的机会主义行为，表现在风险事故发生之前为了减少风险事故发生所做出的成本投入减少或者风险事故发生之后为了减少风险事故的可能损失所做的成本投入减少，而这些成本投入减少的行为是被隐藏的，导致风险事故发生的概率或者风险事故发生后的损失增加。

保险公司较之于其他市场行为主体对经营地、保险事故的一般发生概率等市场信息拥有较多的掌握量。于是，在政策性保险的范围之内，保险公司为了获取自身利润的最大化，就会产生给予不符合承保条件的农户承保保障、不真实理赔以套取资金等经营业务风险。由于本文是以市场化的视角，不涉及政策性农业保险的讨论，因此保险公司的道德风险就不予以讨论。

政府部门作为农业保险保障的最终兜底人，在政策性农业保险下具有掌握财政补贴、到账额度和到账时间的信息优势，于是就可能会产生为了追逐小集体利益，对保险标的进行虚构、虚构保险合同进行套现、对保费补贴资金进行占用、挪用和拉长资金划拨到位的时间等侵犯农户和保险公司利益的风险。由于本文是以市场化的视角，不涉及政策性农业保险的讨论，因此政府部门的道德风险也不予以讨论。

**2. 逆向选择**

逆向选择的产生是一种事前隐藏信息的机会主义行为，由于投保农户对自己的风险特征信息具有较高的掌握程度，而保险人要想观测到投保农户个人风险的成本又很高，因此投保农户可以隐藏信息导致保险公司无法或者很难分离高低风险农户。如果保险公司采用一个统一的处于高风险和低风险之间的费率，高风险农户就会更有投保

---

① 张维迎．博弈论与信息经济学．上海三联书店：上海人民出版社，2004：235-238.

② 乔治斯·迪翁，斯科特·E. 哈林顿，王国军，等．保险经济学．北京：中国人民大学出版社，2005：279-295.

的意愿，逆向选择问题产生。具体地，同一地区的不同农户或者不同地区的不同农户之间风险信息存在差异性，风险较低的农户参加保险后出现保险事故的概率即获得赔偿的概率要低，因此参与农业保险的积极性不如风险较高的农户。农户的逆向选择行为有多种表现：在产量分布不对称时，投保人则可能大多是那些具有较高赔款预期的农户；由于保险合同每年都重新签订，而且投保的截止日期规定得比较迟，投保人就会对其农业生产是否会遭受灾害进行预测，若预测会遭遇灾害，农场主就选择参保，否则就不参保；潜在投保人可能会利用其熟悉土地肥力的优越性的特点，更多地去投保那些产量风险较高的土地。

### （二）研究设计

Chiappori 和 Salanie（2000）指出，在信息不对称条件下，对于可观测风险特征完全一样的被保险人，其损失发生频率的高低与保险保障的大小与存在正相关关系，这一正相关关系是信息不对称存在的必要条件，可以证明存在道德风险；如果不考虑道德风险的影响，则存在逆向选择。至于如何区分道德风险和逆向选择问题，现代文献通常利用随机试验（Manning et al，1987）、外生政策变化（Chiappori et al，1997）或结构估计方法来区分（臧文斌、赵绍阳、刘国恩，2012）。根据 Li，Liu&Yeh（2007）的建议，可以加入时间因素，去验证同一投保人在跨年度续保保单时，各年保障高低与索赔概率之间是否存在正相关。

本文采用参数方法以检验我国农业保险市场不对称信息的存在性，并用非参数的方法对结果进行稳健性检验。

**1. 参数方法**

我们要检验的假设是，投保人是否因为保额较高而产生了较高的索赔率，或者是否因为低保额而降低了索赔率。因此，我们建立如下 Logistic 回归模型：

$$\text{Prob}(Risk_i = 1) = f(\alpha X_i + \beta Coverage_i) \qquad (1)$$

其中，$\text{Prob}(Risk_i = 1)$ 为第 $i$ 个投保人发生索赔的概率；$X_i$ 为外生变量组成的向量，包含主要的风险分类信息；$Coverage_i$ 为第 $i$ 个投保人的保障额度。$\alpha$ 和 $\beta$ 分别为相应于 $X_i$ 和 $Coverage_i$ 的参数估计向量和参数估计。因此，如果在 Logisitic 回归中 $Coverage_i$ 的对应参数显著为正，我们就可以得到道德风险的验证；如果将 $Coverage_i$ 中的 $i$ 变为 $i+1$，也就是上一年的索赔率对下一年保障额度的对应参数显著为正，我们就可以得到逆向选择的验证，此时模型为：

$$\text{Prob}(Coverage_{i+1} = 1) = f(\alpha X_i + \beta Risk_i) \qquad (2)$$

**2. 非参数方法**

为了验证上述 Logisitic 回归模型得到的结论是否稳健可靠，我们同时采用非参数估计方法，借鉴 Chiappori 和 Salanie（2000）提出的条件相关模型的思路，通过分析投保人索赔状况和保障选择之间的条件相关关系（而不是简单的相关关系）来检验道德风险是否存在。我们构建了如下保障额度和索赔率的二元 Probit 回归模型：

$$\text{Prob}(Risk_i = 1) = \phi(\gamma_a X_i) \tag{3}$$

$$\text{Prob}(Coverage_i = 1) = \phi(\gamma_b X_i) \tag{4}$$

其中，$Risk_i$，$Coverage_i$ 的定义如上文所示，$\gamma_a$ 和 $\gamma_b$ 是相应的参数向量；$\phi(\cdot)$ 是标准正态分布的分布函数。

根据 Chiappori、Salanie（2000），可以得到上面两个 Probit 模型的广义残差估计值，那么投保人索赔状况和保障选择之间的条件相关关系可以化为检验上述两个 Probit 模型的广义残差估计值的条件相关性，并采用 W 统计量来检验。

同样的，对于检验逆向选择，相应的模型为：

$$\text{Prob}(Risk_i = 1) = \phi(\gamma_a X_i) \tag{5}$$

$$\text{Prob}(Coverage_{i+1} = 1) = \phi(\gamma_b X_i) \tag{6}$$

## （三）数据来源和指标选择

本文在检验农业保险市场上道德风险的存在性时采用的数据来源于国内 10 家产险公司 2007—2014 年共 8 年的 177 份区域性承保汇总情况表，这些保单保险期间为 1 年，且均已结案，其中 21 份地区承保汇总情况数据缺失，剩余的 156 份构成所采用的样本。样本中含 77 个种植险汇总表、55 个养殖险汇总表、24 个森林险汇总表。我们对样本的指标做如下说明（表 1）。

**表 1　检验道德风险存在性的样本变量定义**

| 变量名称 | 均　值 | 定义及说明 |
|---|---|---|
| 承保保费（万元） | 种植险 8 583.08 | 保障水平，代表承保保障高低，处理数据时将高于所属险种承保保费几何平均数的赋值为 1，其余赋值为 0 |
| | 养殖险 9 225.18 | |
| | 森林险 1 223.10 | |
| 赔款率 | 种植险 0.79 | 实际风险损失，将高于所属险种赔款率几何平均数的赋值为 1，其余赋值为 0 |
| | 养殖险 0.75 | |
| | 森林险 0.41 | |
| 受灾面积（千公顷） | 21 683.03 | 风险因素指标，承保地区当年因灾减 1 成以上的农作物播种面积 |
| 成灾面积（千公顷） | 10 430.09 | 风险因素指标，承保地区当年因灾减产 3 成以上的农作物播种面积 |
| 赔款水平 | 种植险 0.5595 | 风险因素指标，以险种为区分，体现所属行业的风险水平 |
| | 养殖险 0.6613 | |
| | 森林险 0.2431 | |
| 行业总产值（亿元） | 种植险 4 485.56 | 风险因素指标，承保地区险种当年对应的行业总产值，体现承保的宏观环境 |
| | 养殖险 26 953.41 | |
| | 森林险 3 474.65 | |

由于数据的限制，在检验逆向选择的存在性时，采用的数据为其中某家产险公司

2009—2012 年共 4 年的 61 个省分公司数据，这些保单保险期间为 1 年，且均已结案，其中 20 个省分公司部分数据缺失，23 个省分公司中数据连贯性不足 3 年，剩余的 18 个省分公司数据共含有 3 528.49 万户农户构成所采用的样本。我们对样本的指标做如下说明（表 2）。

**表 2　论证逆向选择的样本变量定义**

| 变　量 | 均值 | 定义及说明 |
| --- | --- | --- |
| 承保保费（万元） | 1 832.87 | 保障水平，代表承保保障高低，在处理数据时将高于所属省份历年承保保费几何平均数的赋值为 1，其余赋值为 0 |
| 赔款率 | 0.32 | 实际风险损失，高于所属省份历年赔款率几何平均数的赋值为 1，其余赋值为 0 |
| 受灾面积（千公顷） | 936.02 | 风险因素指标，承保地区当年因灾减 1 成以上的农作物播种面积 |
| 成灾面积（千公顷） | 413.42 | 风险因素指标，承保地区当年因灾减产 3 成以上的农作物播种面积 |
| 赔款水平 | 0.25 | 风险因素指标，由承保保费除以承保保额而得，体现保单的风险水平 |
| 农户数量（万户） | 1 204.98 | 风险因素指标，一般农户数量越多风险分散能力越好 |
| 行业总产值（亿元） | 1 262.52 | 风险因素指标，承保地区当年的行业总产值，体现承保的宏观环境 |

## （四）实证结果分析

### 1. 参数检验——二项 Logistic 模型

（1）道德风险的检验。根据前文中的方程（1），我们将代表实际风险的赔款率作为因变量，承保保费作为主要的自变量，其他风险因素作为控制变量，进行二项 Logistic 回归分析，得到了如表 3 所示的结果。承保保费、受灾面积、成灾面积、赔款水平在样本中显著。其中，承保保费变量系数在 1%的水平下显著为正，这说明被保险人在参保时缴纳的保费越多，其索赔的概率就越大，即获得的保障水平越高，越有可能在投保后改变其生产和风险防控行为，产生事后不积极防损减损的道德风险问题。受灾面积和成灾面积对赔款率（即实际风险）在 5%的水平下显著，受灾面积和成灾面积越大，其所遭受的实际损失越大，将这两个变量作为控制变量有利于排除因受灾面积和成灾面积不同而产生的赔款差异。而行业总产值未表现出显著的影响，这可能是由于市场的广泛性使得地区行业总产值统计并不能证明农户的实际生产水平。

**表 3　二项回归模型参数估计结果**

| 变量 | 样本参数估计值 | P 值 |
| --- | --- | --- |
| 承保保费 | 8.806*** | 0.003 |
| 受灾面积 | 5.820** | 0.016 |
| 成灾面积 | 5.840** | 0.016 |
| 赔款水平 | 3.126* | 0.077 |

（续）

| 变量 | 样本参数估计值 | P值 |
| --- | --- | --- |
| 行业总产值 | 0.723 | 0.395 |
| 常数项 | 0.206 | 0.201 |

注：***表示该参数估计在1%的显著水平下是显著的，**表示该参数估计在5%的显著水平下是显著的，*表示该参数估计在10%的显著水平下是显著的。为了控制实施各地区间的政策差异和其他不可观测的固定效应，本文构建了具体到省级的地区控制变量。下同。

（2）逆向选择的检验。我们采用前文所述的方程（2），以下一年的承保保费作为因变量，代表实际风险的赔款率作为自变量，其他风险因素指标作为控制变量，进行二项回归分析，得到了如表4所示的结果。其中，赔款率在5%水平下与下一年的承保保费显著正相关，说明上一年的实际风险损失越大，下一年的投保保障会越大，农业保险市场上可能存在着逆向选择的问题。与前文的结果相比，此处的正相关关系显著性水平有所降低，逆向选择问题没有道德风险问题那么严重，这可能是由于农户在参加农业保险时有政府高额的保费补贴。近年来，随着政府对农业保险补贴力度的不断加大，农户的参保率也逐年提升①，农户参保的逆向选择问题也逐渐被削弱。控制变量中，受灾面积和成灾面积在1%的水平下显著，受灾面积的影响较成灾面积影响较为显著，行业总产值影响显著，这一点与上文中道德风险的测度有所不同，这可能是由于人们投保对风险的感知存在一定的主观性，受灾面积和行业总产值恰恰可以给投保人一定的主观预期，而并不仅仅是事实上造成损失的成灾面积。

**表4 二项回归模型参数估计结果**

| 变量 | 样本参数估计值 | P值 |
| --- | --- | --- |
| 赔款率 | 5.660** | 0.017 |
| 受灾面积 | 10.638*** | 0.001 |
| 成灾面积 | 8.931*** | 0.003 |
| 赔款水平 | 0.227 | 0.634 |
| 农户数量 | 0.668 | 0.414 |
| 行业总产值 | 6.9*** | 0.009 |
| 常数项 | 0.154 | 0.631 |

注：***表示该参数估计在1%的显著水平下是显著的，**表示该参数估计在5%的显著水平下是显著的。

### 2. 稳健性检验

为了验证以上结果是否稳健，我们采用了上文提到的非参数方法下的条件相关模

① 根据中国人民银行《中国农村金融服务报告（2014）》，目前中央、省级、市县财政分别提供了30%～50%、25%～30%、25%～30%、10%～15%的保费补贴，各级财政合计保费补贴比例达到75%左右。截至2014年末，中央财政累计拨付保费补贴资金632.7亿元。其中，2014年拨付144.52亿元，是2007年的6倍多，年均增长31%，为超过2亿户次投保农户提供风险保障约1.4万亿元。

型方程（3）～（6），对样本进行再次估计。结果如表5所示。

**表5 条件相关性的检验结果**

| | 道德风险的检验 | 逆向选择的检验 |
|---|---|---|
| $\rho$ | 0.609***<br>(0.003) | 0.431<br>(0.159) |
| W | 8.787***<br>(0.003) | 5.795*<br>(0.055) |

注：括号内为对应的值，***表示该参数估计在1%的显著水平下是显著的，*表示该参数估计在10%的显著水平下是显著的。

从表5中对道德风险的检验结果来看，风险和保障之间残差的相关系数为0.609，统计量W的值为8.787，均通过了1%显著性水平下的显著性检验。这说明，在控制了受灾面积、成灾面积、赔款水平和行业总产值等在内的其他变量之后，投保农户的保额与同年的赔款率呈显著的正相关关系，农业保险市场中存在道德风险。对于逆向选择的检验结果显示，风险和保障之间残差的相关系数为0.431，统计量W的值为5.795，统计量通过了10%显著性水平下的显著性检验。这说明，在控制了受灾面积、成灾面积、赔款水平、农户数量和行业总产值等在内的其他变量之后，农户当年的索赔率与下一年保障额度之间仍然呈现正相关系，农业保险市场中存在逆向选择。这一结论，显然与我们参数方法下回归模型的实证结果一致。综上，我国农业保险市场上不对称信息的存在性得以证明。

## 四、结论与建议

本文采用国内10家产险公司2007—2014年共8年的177份地区承保汇总数据，构建回归模型和条件相关模型对我国农业保险中是否存在信息不对称问题进行实证研究。研究发现：我国的农业保险存在道德风险，本年的实际风险损失情况与本年的承保情况有显著相关关系，投保金额较高的投保人发生风险损失的概率也相对较高。同时，我国的农业保险市场上也存在逆向选择问题，上一年度的实际风险损失情况会影响下一年度的承保情况，上一年度实际风险损失较高的投保人会在下一年度选取较高的保障金额。最后，需要指出的是，本文的这些结论仅限于所得的有限数据样本，由于数据不易获得，这些结论还有待于进一步检验。

鉴于本文实证检验的结果发现我国农业保险市场上确实存在着信息不对称的问题，进而结合我国农业保险的实际情况，本文提出以下化解我国农业保险信息不对称的一些建议。

### （一）开发和完善农业保险产品种类

联系社会现实事件开发产品。正如印度根据农民受到灾害侵袭不能获得收入补偿产生大量的自杀事件催生出了印度的农作物收入保险一样[1]，我国不同区域的风险有所不同也产生不同的社会事件，而现实事件有时候则是对可能风险的集中反映。例如贵州省在 2008 年的农业保险保费收入是 7 129.57 万元，到了 2010 年却只有 920.19 万元。记者调查发现造成这一困局的主要原因就是道德风险，具体来说就是很多不属于保险责任的死亡要求赔偿或者是没有死亡但虚假的赔款大量进入[2]。根据这一现实事件，保险公司不妨对产生道德风险的不属于保险责任的死亡和没有死亡的风险做统一的归纳，重新设置保险责任和对相应的保险费率做出进一步修订，以扩大保险范围的方式减少道德风险。

又如 2015 年 5 月 6 日晚到 7 日凌晨，河南省多地出现雷暴天气，全省农作物受灾面积达 140.4 万亩，其中花生、红薯、油菜等其他作物 7 万亩，小麦 133.4 万亩，葡萄、核桃等经济作物受到灾害较为严重，基本绝收。河南省各地启动了农业保险理赔程序，对符合理赔条件的农户进行保险赔偿，减少农户经济损失，但是葡萄、核桃等经济作物，却暂时没有被列入保险范围之内[3]。根据这一现实事件，在保险产品的开发方面不妨对该区域的葡萄、核桃等经济作物的损失与现有的已保作物做一个整体的测算和对比，将葡萄、核桃等经济作物划入该区域的农业保险范围之内。

根据社会现实事件开发产品，一方面有助于扩大保险保障范围，减少道德风险的发生，另一方面有助于增加保险种类，减少逆向选择的发生，同时还有着积极的社会意义和品牌意义，帮助减少道德风险和逆向选择的发生。原因是农户会对已经获得保险保障的损失赔偿有更加直观的感受，对新增的保险保障范围和种类会非常欢迎，扩大投保人数量，减少逆向选择，而这一举措显然有助于社会治理，有助于扩大保险行业的影响力和增强投保人对农业保险的认知。

### （二）探索开展互助农业保险，减弱道德风险；探索外部性较强产品的强制性农业保险，减弱逆向选择

开展互助式的农业保险，农户之间较为熟悉，对风险事故很难进行伪造或者骗保，同时为了减少出险次数，会对彼此的农业生产活动进行一定的技术沟通和技术帮扶，这就能极大地减少事前风险，控制道德风险。在我国，农业经营规模比较小，机械化生产的比重很低，农民抵抗风险的能力比较弱，农民对农业相互保险这一形式应当有着迫切的自身需求。在法律支持上，我国初步制定了《相互保险组织监管试行办法》，对设置相互保险组织的条件和业务规则作了规范，可以说已经具备了相关条件，尚待实践的丰富和完善。

同时，开展强制性保险可以让高风险和低风险人群都购买保险，能够有效地提高

① 农作物欠收致农民多自杀　印度推出保险计划，中国网，2016 年 1 月 15 日。

② 李谦、刘敢钧，道德风险挫伤农业保险，贵州商报，2013 年 10 月 24 日。

③ 陈璨，政策性农业保险的范围应如何划定，中国保险报，2015 年 7 月。

农民的保险范围，降低逆向选择风险。我们在研究国外农业保险开展情况时发现，开展强制性农业保险的重要条件是农产品的外部性较大。我们将这一点推及到我们国家，我国目前开展的是自愿性农业保险，对关系民生或者规模较大的农作物与一般的农作物的农业保险的差别体现在对农业保险的补贴上，也就是对外部性比较大的农业保险给予较高的补贴比例，比如对东部种植业的补贴比例要小于对中西部种植业的补贴比例，对种植业的补贴比例要小于对养殖业的补贴比例。因此，我们提出在财政补贴上进行重新配置：对外部性较大的农业保险实行强制性保险，补贴可以较目前水平低一点，而对外部性较小的农业保险实行自愿保险，这样就可以扩大保障范围，减弱逆向选择和道德风险。

### （三）加强对农业保险投保人素质的培养

我国农业保险自 2007 年中央财政启动保费补贴试点以来实现了较大发展，政府补贴成为了其跨越式发展的动力。但是政府补贴的边际效应在逐年递减，地方政府配套补贴能力也遇到“天花板”，需要寻找新的发展动力。2014 年，传统的大宗农作物保费收入与 2013 年相近，但是与新型经营主体密切相关的家禽、水产养殖等目标价格保险、特色品种保险增速则近 60%。因而，未来支持我国农业保险发展的动力将是农户本身，且农户种植养殖水平的提高会有助于规避逆向选择，农户素质的提高也会增强风险防范意识和控制道德风险。因此，在我国，培养农户技能除了本身的农业合作组织以外，政府还可以鼓励建立社会组织，提供政策或者场地支持，帮助农户提升农业生产技能和农业保险观念。

## 参考文献


［1］柴智慧，赵元凤．农户对农业保险保费补贴政策的认知度与满意度研究——基于内蒙古自治区 500 多位农户的问卷调查［J］．农村经济，2013（4）：66-69.

［2］丁少群，赵晨．农业保险逆选择行为的生成机理及规避策略研究［J］．西北农林科技大学学报（社会科学版），2012，12（6）：55-60.

［3］冯文丽．我国农业保险市场失灵与制度供给［J］．金融研究，2004（4）：124-129.

［4］李俊．山东省农业保险中的逆向选择问题分析［J］．山东纺织经济，2008（3）：136-138.

［5］马志恒，王传玉．信息不对称与开办农作物收益保险的经济学分析［J］．云南财贸学院学报，2005（2）：58-60.

［6］王德宝，王国军．我国农业保险的发展成就、存在问题及对策建议［J］．上海保险．2014（6）：7-13，21.

［7］王志刚，黄圣男，钱成济．纯收入、保费补贴与逆向选择对农户参与作物保险决策的影响研究——基于黑龙江和辽宁两省的问卷调查［J］．中国软科学，2013（6）：30-38.

［8］臧文斌，赵绍阳，刘国恩．城镇基本医疗保险中逆向选择的检验［J］．经济学（季刊），2013（1）：47-70.

［9］Arrow，K. J. Political and Economic Evaluation of Social Effects and Externalities［M］// J. Margolised. The Analysis of Public Output. New York：Columbia University Press，1970.

[10] Atwood A. J., J. F. Robison-Cox, S. Shaik. Estimating the Prevalence and Cost of Yield-Switching Fraud in the Federal Crop Insurance Program [J]. American Journal of Agricultural Economics, 2006, 88 (2): 365-381.

[11] Chambers, R. G. Insurability and Moral Hazard in Agricultural Insurance Markets [J]. American Journal of Agricultural Economics, 1989, 71 (3): 604-616.

[12] Chiappori, P. A., B. Salanie. Empirical Contract Theory: The Case of Insurance Data [J]. European Economic Review, 1997, 41: 943-950.

[13] Chiappori, P. A., B. Salanie. Testing for Asymmetric Information in Insurance Markets with Unobservable Types [J]. The Journal of Political Economy, 2000, 108 (1): 56-78.

[14] Coble, K. H., T. O. Knight, R. D. Pope, J. R. Williams. An Expected Indemnity Approach to the Measurement of Moral Hazard in Crop Insurance [J]. American Journal of Agricultural Economics, 1997, 79 (1): 216-226.

[15] Gardner, B. L., R. A. Kramer. Experience with Crop Insurance Program in the United States, in Crop Insurance for Agricultural Development: Issues and Experience [R]. Hazell, P. B. R., C. Pomareda, and A. Valdes, eds., Baltimore and London: the Johns Hopkins University Press, 1986.

[16] Goodwin, B. K. Problems with Market Insurance in Agriculture [J]. American Journal of Agricultural Economics, 2001, 83 (3): 643-649.

[17] Goodwin, B. K., M. L. Vandeveer, J. L. Deal. An Empirical Analysis of Acreage Effects of Participation in the Federal Crop Insurance Program [J]. American Journal of Agricultural Economics, 2004, 86 (4): 1058-1077.

[18] Islam, Z., C. G. Turvey, M. Hoy. A Model of Agricultural Insurance in Evaluating Asymmetric Information Problems [R]. Working Paper, Ontario: University of Guelph, 1999.

[19] Just, R. E., L. Calvin. An Empirical Analysis of U. S. Participation in Crop Insurance [R]. Unpublished Report to the Federal Crop Insurance Corporation, 1990.

[20] Liang, Y., K. H. Coble. A Cost Function Analysis of Crop Insurance Moral Hazard and Agricultural Chemical Use [C]. Selected Paper Prepared for Presentation at the Agricultural & Applied Economics Association's 2009 AAEA Annual Meeting, Milwaukee, Wisconsin, July 26-29, 2009.

[21] Li, C. S., C. C. Liu, J. H. Yeh. The Incentive Effects of Increasing Per-claim Deductible Contracts in Auto-mobile Insurance [J]. Journal of Risk and Insurance, 2007, 74: 441-459.

[22] Robert, M. J., N. Key, E. J. O'Donoghue. Estimating the Extent of Moral Hazard in Crop Insurance Using Administrative Data [J]. Review of Agricultural Economics, 2006, 28 (3): 381-390.

[23] Smith, V. H., B. K. Goodwin. Crop Insurance, Moral Hazard, and Agricultural Chemical Use [J]. American Journal of Agricultural Economics, 1996, 78 (2): 428-438.

[24] Smith, V. H., M. J. Watts. The New Standing Disaster Program: A SURE Invitation to Moral Hazard Behavior [J]. Applied Economics Perspectives and Policy, 2010, 32 (1): 154-169.

# 浅析农业保险的保单质押贷款问题

李志刚

**摘要：**为了满足农村新型经营主体发展的金融需求，国内的部分金融机构陆续开展农业保单质押贷款试点工作。本文结合我国农户保单质押贷款模式的尝试工作，分析了当前农业保险和农户贷款结合模式的不足及农村金融中面临农业生产活动的主要风险，从而提出开展农业保险和农户贷款结合模式的建议。

**关键词：**保单质押贷款；农业保险；保险+信贷

近年来，伴随我国农业现代化的进程，支农惠农力度空前加大，我国农业基础产业地位得到了不断加强，农业进入一个新的发展阶段。但“四化同进，短板在农业现代化”，当前党和政府的重点工作之一就是补农业这块短板，而农村经济发展的重点是农村金融的问题，目前我国农村金融机构和支农业务还与现实“三农”金融需求不匹配，农村地区信贷资金供求矛盾突出，特别是适度规模发展的新型农业主体资金严重不足。要解决这一问题，从本质上说需要大力发展各种类型的农村金融机构，包括农村银行类金融机构、农村保险机构以及农村担保机构等，为农村经济发展提供多元化的农村金融服务供给，满足农村经济日益发展的各种需要。

## 一、当前农户保单质押贷款模式的尝试和试点

近年来，结合我国普惠金融工作的提出，我国大力推进农村金融产品创新工作，加大对“三农”的信贷支持力度，积极创新农村金融保险服务，为了满足农村新型经营主体发展的金融需求，国内的部分金融机构陆续开展农业保单质押贷款的试点工作。2014年，安徽省界首市出台了《创新金融服务化解经营风险推进农村土地流转工作实施方案》，通过财政补贴部分保费、提高农业保险金额、开展保单质押、财政给予适当贴息等方式，促进农业保险提标扩面，吸引金融资本投入“三农”，化解规模经营风险。其创新开发农业保单质押贷款品种分为两种，一是开办大宗作物保单质押贷款。大宗作物规模经营主体参加作物保险后，按保险金额的70％以内贷款额度贷款给土地流转的规模经营大户、家庭农场、合作社。二是开办设施农业保单质押贷款。设施农业规模经营主体参加保险后，把保单质押给银行，

---

作者简介：李志刚，安华农业保险股份有限公司新产品研发及推广中心总经理。

银行根据信用程度按保险金额的50%以内发放贷款。参加贷款的规模经营大户、家庭农场、合作社，可通过附加西瓜、马铃薯、草莓等主要蔬菜价格指数保险来规避市场风险。对用农业保险单申请抵押贷款的，在农作物受灾或绝收时，由保险公司将理赔款支付给贷款银行，用于偿还贷款；如有剩余，支付给家庭农场、合作社等规模经营主体。

此外，我国其他省市部分地区也都尝试采取类似保单质押的形式，具体做法基本都是农户在投保农业保险或者人身意外伤害保险基础上，将保单后作为质押物向银行贷款，如果保险期间内因遭受自然灾害或意外事故，保险公司将保险的赔偿金替农户向银行还款。

现行农户保单质押贷款的尝试所体现的意义不言而喻，即通过保单质押贷款，既可以为农户提供风险保障，又可以向银行贷款。这种质押贷款方式可以说是一种新的银保互动机制，这种合作的意图很明确，不仅增强了农民的信贷能力，缓解了农民贷款难问题，而且降低了银行的贷款风险和进一步拓展了农业保险业务。

## 二、农户保单质押贷款模式的法律分析

对于我国现阶段尝试的农户保单质押贷款模式，类似国外发达国家的保险市场上较为成熟的保单质押贷款形式，而国内该模式只多见于两全保险和终身寿险合同，目前相关业务操作也基本上停留在初级发展阶段。

所谓的保单质押贷款，理论上是投保人把所持有的保单直接抵押给保险公司，按照保单现金价值的一定比例获得资金的一种融资方式。若借款人到期不能履行债务，当贷款本息积累到退保现金价值时，保险公司有权终止保险合同效力。因此，保单质押的实质是将长期寿险保单中由投保人拥有的现金价值作为标的进行质押，保障债权的实现，而财产保险中的理财型产品也有类似功能，是否可以实现保单质押功能，也值得探讨，但不在本文研究范围之内。

虽然农村贷款实践中，存在以农户农业保险和意外险保单为质押担保进行的贷款现象，为贷款机构债权的实现提供部分保障。但是，在司法实践中，农业保险保单质押贷款依然缺乏法律规范的支持。

### （一）农业保险保单质押贷款本质上不属于保单质押贷款

所谓保单质押贷款，是指要保人在一定条件下，可以保单为质，向保险人或者其他金融机构贷款的一种金融业务。在国内外的实践运作中，多见于寿险保单可以转让或者质押，而这种寿险保单质押的实质是将长期寿险保单中由投保人或被保险人拥有的现金价值作为标的进行质押，以保障债权的实现。但由于农业保险的赔付具有或然性，因而不具有现金价值，因此这种农业保险保单被称为“保单质押”的担保方式，并非真正意义上的保单质押。

### （二）农险保单质押贷款不符合物权法规定的质权范围

质押所产生的质权是担保物权中的重要类型，受《物权法》调整。《物权法》恪守物权法定的基本原则，要求物权的类型、内容、取得、变更均由法律直接规定，禁止任何人创设法律没有规定的物权和超越法律的限制行使物权。而目前现行法律中，只有我国保险法“以死亡为给付保险金条件的合同所签发的保单，未经被保险人书面同意，不得转让或者质押”之规定，其他法律都没有对此或非寿险保单质押有相关明确的规定和解释。

### （三）农户保单质押的法律本质是保险金请求权让与担保

实践中农户保单质押贷款的主要做法是：先由保险公司对农业生产相关的种养业和农户进行财产险和意外伤害保险，如果发生自然灾害导致财产损失，由保险公司在保额范围内负责偿还贷款；如果投保人因意外事故发生不测，保险公司也要负责还款。因此，农户保单质押的法律实质是农户通过转让保险金请求权给金融贷款机构以担保其债务的履行。保险金请求权的不确定性虽然与质押等担保物权不相容，但不确定性并不能否认这种请求权的可转让性。对被保险人而言，保险金请求权是一种权利转让，可视为权利人对权利进行处分的一种方式；对保险人而言，保险金请求权的让与并未改变保险人打算承担的风险，仅仅是改变了保险人的履行对象。因此，与保险金请求权质押殊为不同，将保险金请求权转让给第三人是为法律所认可的。

## 三、当前农业保险和农户贷款结合模式的不足

目前部分地区试点的农业保险保单质押贷款模式，正如上文所分析，除在法律层面还没有明确的依据之外，还存在实践中的模式定位不准确、农业保险保障不足、融资总成本高、机构网点服务不能到位等一系列问题。由此，市场上又出现了与农业保险保单质押贷款相类似的“政银保”模式，该模式已在很多地方进行了推动。“政银保”模式具体操作是，当地政府负责组织和主导“政银保”工作，对于需要融资的农民或者组织，由银行进行贷款；面临的还贷风险，由保险公司以信用保证险的形式来化解，同时保险公司承保种植业、养殖业等保险险种，虽然保险公司以承办当地的农业保险为依托，其实质是承担着担保人的角色，这与其化解风险的职能作用发生了错位。无论是尝试的农业保险保单质押贷款，还是试点“政银保”融资模式，都存在一些共性的不足：

（1）模式定位不清，上述两种模式的核心都聚焦在银行发放贷款和保险进行担保的形式上，没有考虑和解决产生金融机构逾期贷款真正风险原因和保险机构如何化解农业生产经营中的风险这两个本质问题，这样就造成了实践中政府主导该项工作，面

对试点可行而推广不畅的尴尬局面，这也是贷款金融机构愿意放贷而不承担逾期风险，保险机构承担风险大而需要政府兜底的主要原因。

（2）农业保险保障不足，上述两种模式涉及的大多数保险产品都是我国“保成本”的大宗农作物灾害保险或特色农业保险，不仅保障程度低，风险保障也单一。如果发生保险赔付，往往也不足以偿还银行贷款。

（3）融资成本高，由于农业贷款逾期数量多和金融贷款机构追求逾期低而利润高的贷款项目，因此农业贷款的利率一般远超央行的基准利率。对于保险机构而言，由于农业生产的高风险性，而且面临系统性巨灾风险，农业风险的属性也决定了保险费率的居高不下。如何解决贷款人贷款利息和保费融资成本高的问题，也是农业保险保单质押贷款中不容忽视的客观事实。

## 四、当前农村金融中面临农业生产活动的主要风险分析

当前农村经济发展，面临大量的资金需求，但现实情况却是面对融资难、融资贵的问题，虽然存在目前农村金融机构数量小和网点少的现状，但农村金融发展不足的主要原因是农村金融成本大和利润低，其本质是不能有效解决农村生产经营活动中的风险。当前农业生产中，主要面对三大类风险：

### （一）农业经营风险

农业本身就是一个高风险的产业，不仅面临着洪水、干旱、暴风、暴雨等自然灾害和意外事故，而且在当前我国农产品市场价格机制形成过程中，市场价格风险的波动开始显露，这就使本来就靠天吃饭的中国农业经济风险更加突出。风险的多样化和农产品或牛羊不能进行有效动产抵押担保，这也是农村贷款难的根本原因。

### （二）贷款人或主要劳动力的人身风险

农业生产经营活动中，除了面对农业经营风险这一天灾，还面临着人身伤亡的人祸，由于现代社会交通等意外风险众多和农村医疗保健水平低等原因，贷款人或主要家庭劳动力的人身伤亡和劳动能力丧失的问题，也是农村贷款追偿困难的重要原因。

### （三）信用风险

当前，我国的信用体系社会还处于建设过程中，由于信用的缺失，现阶段面对农村贷款方式，在无法提供有效固定资产抵押的情况下，特别是农产品和动产不能抵押的现状下，多数采取的是担保人进行担保的方式，典型方式是“三户联保”或“五户联保”，但从目前看，造成信用强者愈强、信用弱者愈弱的马太效应，联保方式不能持续发展的窘境，使信用风险突兀。

## 五、开展农业保险和农户贷款结合模式的建议

面对新的“十三五”时期的发展方位，《中国保险业发展“十三五”规划纲要》中提出了农业保险要“建立农业补贴、涉农信贷、农产品期货和农产品保险联动机制，稳步扩大保险＋期货试点，推动保险支农融资业务创新”的新方向，《全国农业现代化规划》（国发〔2016〕58 号）中更具体提出了“开展粮食生产规模经营主体营销贷款试点，推行农业保险保单质押贷款”。新的“保险＋信贷”模式的科学准确发展，既是时代发展的需要，又是银行和保险两种金融手段融合的今后必然趋势。为做好新时期的“保险＋信贷”推进工作，就目前发展该模式的相关问题，建议如下：

### （一）以正确的法律依据为前提

正如本文所分析，目前现实中农户保单质押贷款中所采取的担保方式并非《保险法》中所称保单质押，而是保险金请求权让与担保，既然农户保单“质押”并非质押，即不是质权，而是保险金请求权让与担保，则这种担保方式就不受《物权法》中物权法定的影响，而应属于意思自治范畴。在尊重被保险人充分意志情况下，被保险人可以依法处分自身的保险金请求权让与的权利处分权，并且保险金请求权让与担保符合担保的本质，担保法上的担保是通过扩大责任财产的范围或者使责任财产特定化来降低债权风险，确保债权实现的手段，正如通过农业保险保单的保险事故发生时的保险金作为特定责任的财产请求权让与起到的作用。该模式只是一种理论分析，在司法中，虽还存在争议，但不妨碍在实践中去尝试该模式，具体操作由金融贷款机构、保险机构和农户在投保单及保单上进行体现。

### （二）以政府主导的定位为基础

促进和完善适合我国农业现代化发展的农村金融，不仅涉及的领域多，是实体经济和现代金融的融合，而且核心的问题是要维护农民的利益。在改革过程中，如何维护农民利益，进而促进产业的发展，建议必须做好顶层设计，由于涉及部门多、面临问题复杂等诸多情况，首先应在树立政府主导定位的基础上，由政府对“保险＋信贷”项目进行组织和协调，立足于正确的法律依据，正身“保险＋信贷”，定位各金融主体的市场职能和作用，有效推动保险机构化解涉农贷款中的各类自然风险和意外事故的职能及作用，有效发挥金融机构在涉农贷款中的信贷审查和贷款杠杆效率的职能及作用，推动金融贷款机构和保险机构农村金融的普惠定位，降低农户融资的门槛，以真正解决农户融资难、融资贵的难题。

### （三）以化解农业生产中的风险为主要矛盾

正如本文所分析，涉农信贷目前的瓶颈主要是农业经营风险巨大，在不能有效提

供抵（质）押和担保人的情况下，应重点解决农业生产经营中的经营风险、人身伤亡风险和信用风险，关于农业生产经营中的经营风险、人身伤亡风险，正是作为经营风险化解的保险机构的专业领域，为有效化解信贷中比重最大的经营风险，保险机构应有针对性地创新保障全面的化解自然灾害（含意外事故）和市场价格风险的收入保险或真正保障充足的产量保险等产品。关于借款人的信用风险，则应发挥贷款金融机构的风控能力进行化解和承担。只有有效解决了上述三类风险，才能真正地推动“保险＋信贷”项目持续健康的发展。

### （四）以降低融资成本为有效手段

与普通的贷款项目不同，由于“保险＋信贷”项目涉及到贷款金融机构和保险机构，在融资成本方面，在贷款利率的基础上，还需要缴纳农业保险的保险费，这使得农户的融资成本较高，在现实操作中，应充分考虑贴息和贴费问题，建议在贷款利率方面，由于已通过保险机构化解了农业生产经营活动中面临的主要风险，应降低贷款利率，并由政府对该项业务进行贷款贴息。对于农业保险的保费，鉴于农业保险的巨灾性，可由政府建立相关的巨灾保障措施以降低费率的同时，对于农业保险的保费进行补贴，这样从根本上解决农业贷款融资费用高的问题。

### （五）以维护农民利益为核心

“保险＋信贷”项目中，因通过运用农户保险金请求权转让与担保手段，在具体操作中，就涉及到农户、贷款机构、保险公司三方的利益，要注重三方利益平衡，特别要充分考虑农户利益的保护。如农户在发生灾害事故后，本应获得保险公司支付的赔款而获得再生产能力，但由于保险金请求权已经让与给贷款机构，因此赔款将用于归还贷款，农户得不到补偿，经营仍要中断，这就违背了“农业保险＋信贷”政策初衷和本意。这一点，我们可以借鉴国际上加纳农村地区开展对农作物价格补偿贷款试点的经验，其模式是，银行为农民提供一份农作物价格补偿贷款，当农作物价格下降至阈值（茄子：历史价格的10%；玉米：历史价格的7%）时，农民免于偿还50%的贷款，这样农作物价格补偿贷款就达到了鼓励农户进行生产投入以及投资行为，实现了保险能够提高农户参与信贷市场的意愿，与提高农民福利的政策意愿。

## 参考文献


[1] 李文迪．保单质押贷款研究［J］．现代商贸工业，2009（12）：153-154.

[2] 孙宏涛，田强．论保单质押贷款［J］．河南科技大学学报（社会科学版），2006（4）：94-98.

[3] 张洪涛．农业保单质押贷款为三农发展保驾护航［J］．普惠金融，2015（4）：118-119.

[4] 陈英卓．我国保险公司保单质押贷款内部控制研究［D］．北京：财政部财政科学研究所，2012.

[5] 沈洁颖．新型农村银保合作机制研究——以农户保单质押贷款制度为例［J］．金融天地，2010（9）：126-127.

# 区域发展

# 论新形势下江西农业保险发展战略选择

马燕玲

**摘要：**农业保险与农业经济的关系表明：农业经济的发展水平决定农业保险的发展水平，农业保险的发展水平推动农业经济的发展水平。在江西农业经济发展新形势的背景下，研究发展江西农业保险问题有着重要的现实意义。本文首先对江西农业经济发展的新形势即转变农业发展方式、优化农业产业结构、推进现代农业建设和要做大做强农产品加工体系等方面做了阐述。其次，对目前江西农业保险的整体格局进行了分析，仍存在着保险组织方式单一、保险覆盖范围狭窄、保险保障水平较低、保险费用补贴不足等诸多问题。最后，提出了成立形式多样的农业保险机构、增加种类纷繁的农业保险产品、建立规模庞大的农业保险基金、提供优质贴心的农业保险服务等为推进江西农业经济发展、且能够为江西农业经济保驾护航的江西农业保险发展的策略。

**关键词：**农业经济；农业产业；农业保险

农业保险与农业经济的关系表明：农业经济的发展水平决定农业保险的发展水平，同时农业保险的发展水平又推动农业经济的发展水平。保险业新“国十条”也明确指出要积极发展农业保险。因此，在江西农业经济发展新形势的背景下，研究发展江西农业保险问题有着重要的现实意义。

## 一、新形势下江西农业经济发展的态势

《江西省农业产业结构调整规划（2012—2020年）》中提出江西省农业经济发展目标是：到2020年，力争粮食综合生产能力达到2 500万吨，经济作物产值占种植业产值的55%，养殖业产值占农业总产值的57%，绿色农产品全国领先，“三品一标”农产品达5 000个，农民人均纯收入达到18 000元，为实现现代农业强省目标奠定坚实基础。为了达到这一发展目标则意味着要加快转变农业发展方式，优化农业产

作者简介：马燕玲，江西师范大学副教授。

业结构，加速推进现代农业建设，全面打造现代农业的升级版。

### （一）转变农业发展方式

所谓转变农业发展方式就是要用工业化办法发展农业，用产业化要求经营农业，用现代科技提升农业，用专业合作社形式组织农业。用工业化办法发展农业要求围绕农业重点产品和主导产业，采用工业组织形式培育农业主体、组织农业生产、加工和流通，利用工业技术进步手段改造传统农业，引入工业融资方法加大农业投入，促进经营主体企业化、生产发展项目化、增长方式集约化、生产过程机械化、生产技术科学化。用产业化要求经营农业。以市场为导向，以效益为中心，鼓励和支持农业重点产品和主导产业“产供销、种养加、贸工农、经科教”一体化发展，多层次、多形式、多元化优化重组，推进产业区域化、组织集团化、经营市场化、管理企业化。鼓励和支持有实力的企业积极在农产品主产区建加工基地、在主销区建销售终端、在中间环节建冷链物流渠道，融合产、加、储、销全产业链，延长鲜活农产品上市周期，调节供应档期和市场价格，走出一条农民、消费者、经销企业三方得利的现代农业健康发展新路。用现代科技提升农业。面向现代农业发展需求，按照提高土地产出率、资源利用率、劳动生产率，增产增效并重、良种良法配套、农机农艺结合、生产生态协调的要求，着力加快农业科技创新能力建设、加快农业科技推广体系建设、加快农村科技人才队伍及农民培训体系建设，推动农业发展向主要依靠科技进步、劳动者素质提高和管理创新转变。用专业合作社形式组织农业。建立完善现代农业经营体制，重点鼓励和支持发展农民专业合作社，联合广大农民组织生产经营，结成利益共同体，解决一家一户办不了、办不好、办了不合算的问题，促进农业专业化分工，推进农业现代化建设。

### （二）优化农业产业结构

坚持市场导向，发挥区域资源优势，面向国内国际市场，综合考虑产业基础、市场条件以及生态环境等因素，积极调整农业产业结构，大力发展高产、高效、高附加值农业，推动优势产业向优势地区集中，促进生产要素向优势地区倾斜配置，形成具有区域特色和优势的七大产业集群，即一是水稻产业集聚区、二是蔬菜产业集聚区、三是果业产业集聚区、四是茶叶产业集聚区、五是生猪产业集聚区、六是家禽产业集聚区、七是水产品产业集聚区。立足当地自然和人文优势，适应人们日益多样化物质文化需求，按照“一乡一业、一村一品”专业化要求，发展“特而专、新而奇、精而美、土而优”的农业产品和产业。在巩固全国粮食主产区地位、保障粮食安全的前提下，大力发展高产、高效、高附加值的经济作物和养殖业。

### （三）推进现代农业建设

推进现代农业建设从完善现代农业功能区规划和发展带状、块状现代农业入手。

完善现代农业功能区规划是根据资源禀赋、历史文化、经济社会发展等实际情况，结合全省区域发展总体战略和主体功能区定位，加快形成以农产品供给功能为主、以生态调节功能为主、以文化传承与休闲功能为主的三大现代农业功能区，促进高效合理利用农业资源，推动农业功能从食物保障、原料供给等传统功能，向生态保护、休闲观光、文化传承等现代功能扩展。发展带状、块状现代农业。根据地域优势和市场需求趋势，重点建设优质粮油高产区带、高效经济作物种植区带、畜禽水产健康养殖区带、高效林业经济区带、特色农业精品区带、休闲旅游农业示范区带。支持省会城市和有条件的大中城市及地方，积极发展都市农业、外向型农业和生态循环农业。支持有条件的地方积极创建国家级和省级现代农业示范区，培育发展一批现代化农场。引导加工、流通、储运设施建设向优势产区和示范园区聚集，推进全省现代农业板块状隆起。

### （四）做大做强加工体系

做大做强加工体系一是培育发展优势农产品加工主导产业。着力发展粮食、畜禽、果蔬、油料、水产、茶叶、棉麻、中药、竹木加工等九大主导产业，重点打造粮食、畜禽、果蔬、渔业、棉麻（丝绸）加工五大千亿元产业，茶叶、油料、蜂产品、中药材四大五百亿产业，切实提高农产品加工转化率、资源综合利用率和市场占有率。大力发展优质稻精深加工，整合现有粮食品牌资源，提高“江西大米”品牌影响力和竞争力。二是支持壮大骨干龙头企业。突出产业重点，强化政策扶持，着力打造一批具有完整产业链、较强竞争力和较高知名度的规模化、集团化行业领军企业，带动全省农产品加工业跨越式发展。鼓励支持具有行业领先地位的龙头企业通过增资扩股、首发上市、收购兼并、参股租赁、品牌联盟等多种形式，开展跨区域、跨所有制重组与合作，组建产加销、贸工农一体化大型企业集团，实现产业链融合发展，进入全国第一方阵。瞄准国内外农产品加工龙头企业招商引资，多渠道、多形式引进一批规模大、实力强的大型农产品加工和流通企业。三是加快建设重点农产品加工园区。以促进产业集约集群发展为目标，选择农产品优势产区和主要加工及集散地，合理规划、布局、建设一批农产品加工园区。完善产业链，带动基地建设，实现资源共享，降低发展成本。采取政府主导、企业主体、统一规划、市场运作的方式，重点建设省级现代农业精品加工示范园，加强园区基础设施和配套服务建设，以更加优惠的政策和良好的服务，吸引国内外农产品精深加工大型企业和优秀人才向园区集聚，引导园区内农产品加工企业完善业态，快速向精深高端化方向转型，使精品加工示范园成为促进全省农产品加工业和现代农业发展的重要推动力量。

## 二、当前江西农业保险发展的整体格局

自 2007 年以来，江西农业保险无论在保险规模、承保范围还是风险保障等方面

都取得了长足的发展，当前江西农业保险的整体格局如表 1 所示。从表 1 数据中可以看出：

**表 1　2016 年江西省农业保险承保情况**

单位：万元，%

| 险　　种 | 政策性保险 | | 商业性保险 | | 合　　计 |
|---|---|---|---|---|---|
| | 承保金额 | 占比 | 承保金额 | 占比 | |
| 粮食作物保险 | 679 353.94 | 98 | 13 998.61 | 2 | 693 352.55 |
| 经济作物保险 | 13 892.77 | 51 | 13 550.92 | 49 | 27 443.69 |
| 蔬菜园艺作物保险 | 0 | 0 | 125.80 | 100 | 125.80 |
| 水果和果树保险 | 21 667.04 | 92 | 2 115.17 | 8 | 23 782.21 |
| 林木保险 | 2 242 653.94 | 93 | 179 624.65 | 7 | 2 422 278.59 |
| 其他种植业保险 | 4 601.19 | 78 | 1 300.38 | 22 | 5 901.57 |
| 种植业保险合计 | 4 362 168.88 | 84 | 805 263.03 | 16 | 516 7431.91 |
| 大牲畜保险 | 675.00 | 5 | 15 434.92 | 95 | 16 109.92 |
| 小牲畜保险 | 604 327.47 | 97 | 14 077.45 | 3 | 618 404.92 |
| 家禽保险 | 0 | 0 | 4 047.49 | 100 | 4 047.49 |
| 水产养殖保险 | 0 | 0 | 0 | 0 | 0 |
| 特种养殖保险 | 76.40 | 6 | 1 414.16 | 94 | 1 490.56 |
| 养殖业保险合计 | 605 078.87 | 94 | 34 974.02 | 6 | 640 052.89 |
| 农业保险合计 | 3 567 247.75 | 93 | 245 689.55 | 7 | 3 812 937.30 |

## （一）保险组织方式单一

保险组织方式有多种形式，诸如商业保险、政策保险、相互保险公司、相互保险社、保险合作社等。商业保险是指以追求利润为目的而经营的保险。政策保险是为实现特定政策目标并在政府的干预下开展的保险。相互保险是由投保人参与设立的法人组织。相互保险社是指某一行业的人员，为了规避同类灾害造成的损失而组织起来的保险机构。保险合作社是人们根据自愿的原则集股设立的保险组织。江西农业保险虽有商业保险和政策保险这两种组织方式，但商业农业保险占整个农业保险的比例仅有 7% 。而且没有设立专门从事农业政策保险业务机构，如表 2 所示。农业政策保险业务仅是由人保财险、国寿财险、大地财险和太保财险四家承办。

**表 2　2016 年江西省政策性农业保险承保情况**

单位：万元

| 险　　种 | 人保财险 | 国寿财险 | 大地财险 | 太保财险 | 合　　计 |
|---|---|---|---|---|---|
| 粮食作物保险 | 636 456.97 | 9 396.86 | 2 012.40 | 31 487.71 | 679 353.94 |
| 经济作物保险 | 13 876.49 | 16.28 | 0 | 0 | 13 892.77 |

（续）

| 险　　种 | 人保财险 | 国寿财险 | 大地财险 | 太保财险 | 合　　计 |
| --- | --- | --- | --- | --- | --- |
| 蔬菜园艺作物保险 | 0 | 0 | 0 | 0 | 0 |
| 水果和果树保险 | 21 667.04 | 0 | 0 | 0 | 21 667.04 |
| 林木保险 | 1 994 547.50 | 137 977.90 | 26 507.32 | 83 621.22 | 2 242 653.94 |
| 其他种植业保险 | 0 | 4 601.19 | 0 | 0 | 4 601.19 |
| 种植业保险合计 | 2 666 548.00 | 1 551 992.23 | 28 519.72 | 115 108.93 | 4 362 168.88 |
| 大牲畜保险 | 625.00 | 0 | 0 | 50.00 | 675.00 |
| 小牲畜保险 | 496 443.32 | 63 481.85 | 2 410.80 | 41 991.50 | 604 327.47 |
| 家禽保险 | 0 | 0 | 0 | 0 | 0 |
| 水产养殖保险 | 0 | 0 | 0 | 0 | 0 |
| 特种养殖保险 | 0 | 76.40 | 0 | 0 | 76.40 |
| 养殖业保险合计 | 497 068.32 | 63 558.25 | 2 410.80 | 42 041.50 | 605 078.87 |
| 农业保险合计 | 3 163 616.32 | 215 550.48 | 30 930.52 | 157 150.43 | 3 567 247.75 |

保险组织方式单一的情形，必然导致农业保险产品供应不足；加之无专门的农业保险经办机构，也势必会制约农业保险产品的数量乃至质量上的缺陷，这些都进一步影响农业保险为农业生产和农业经济的发展提供充足的保障。

### （二）保险覆盖范围狭窄

江西农业保险的覆盖范围比较狭窄。一是参保率较低。虽然是面向广大农户、农业企业和专业合作经济组织的，但是参保率不充足，例如，农户的参保率只有64%左右。二是保险标的有限。农业保险承保标的仅限于能繁母猪、育肥猪、奶牛、水稻、棉花、油料作物、柑橘、林木等。三是承保风险少。农业保险的可保风险还局限在种植业的旱灾、洪水、内涝、风灾、雹灾、冻灾；养殖业的疾病死亡、意外事故死亡；林业的火灾等少数的风险。远远满足不了当今市场经济条件下，科学技术高速发展的环境中，农业生产经营活动面临的风险不断增多且不断加大的风险保障需求。

### （三）保险保障水平较低

江西农业保险的保障水平低，表现在农业保险的保险金额上。能繁母猪保险的保险金额1 000元/头，育肥猪保险的保险金额500元/头，奶牛保险的保险金额根据不同月龄2 000～5 000元/头，水稻保险的保险金额200元/亩，棉花保险的保险金额200元/亩，油菜保险的保险金额150元/亩，花生保险的保险金额300元/亩，柑橘保险的保险金额平均2 000元/亩，林木保险的保险金额根据树龄不同200～600元/亩。种植业保障水平不及保险标的生长期内所发生的直接物化成本，养殖业保障水平不及投保个体的生理价值。

### （四）保险费用补贴不足

江西农业保险的保费补贴不足。一方面，农业保险的保险费率较高：能繁母猪保险的保险费率 6%、育肥猪保险的保险费率 4 %、奶牛保险的保险费率 6%、水稻保险的保险费率 6%、棉花保险的保险费率的 6%、油料作物的保险费率 5%、柑橘保险的保险费率 2%、林木保险的保险费率 4‰。另一方面，农业保险的保费补贴较低：能繁母猪保险的保费补贴比例是 4.8% ，育肥猪保险的保费补贴比例是 30%，奶牛保险的保费补贴比例是 60%，水稻、棉花、油料作物保险的保费补贴比例是 65%，柑橘保险的保费补贴比例是 40%，林木火灾保险中的公益林保险的保费补贴比例是 80%、商品林保险的保费补贴比例是 50%。这样一来，投保农户的需要负担的保费较重，直接影响了农户投保的积极性。

## 三、新形势下发展江西农业保险的策略

为了满足江西农业经济的发展以及江西农业风险状况引致的对农业保险的需求，需要通过成立形式多样的农业保险机构、增加种类纷繁的农业保险产品、建立规模庞大的农业保险基金、提供优质贴心的农业保险服务等办法，实现农业保险产品供给侧改革，加大农业保险供给的广度和深度，发挥农业保险对农业经济发展的推动和保障作用。

### （一）建立形式不同的农业保险机构

江西应成立江西农业发展保险公司、江西农业相互保险公司、江西农业合作保险公司等农业保险机构。江西农业发展保险公司的性质为农业政策保险公司，服务对象为从事农业生产经营活动的农业生产企业、农业经济组织和农户，承保标的主要为关系国计民生的农作物，业务范围既要包括农业政策保险业务又要包括农业再保险业务。江西农业相互保险公司的性质为股份制农业保险公司，服务对象为农业生产企业、农业经济组织、农业种植大户和农业养殖大户，承保标的为其从事农业生产经营项目涉及的所有财产，业务范围既要包括农业保险业务又要包括农业再保险业务。江西农业合作保险公司的性质为农业合作制农业保险公司，服务对象主要为农户，承保标的为农户从事农业生产经营项目涉及的所有财产，业务范围既要包括农业保险业务又要包括农业再保险业务。同时，各商业保险公司应承担一定比例的农业保险业务和农业再保险业务。

### （二）增加种类多样的农业保险产品

江西农业保险应该增加以下保险品种：一是县域产量指数保险。县域产量指数保险是在保险合同中约定以被保险县域常年的平均产量为基数，当该县域农作物的实际

平均产量低于约定的常年的平均产量这个基数时，就按照农户的投保面积支付差额赔款，即赔偿金额＝（县域常年平均产量－县域实际平均产量）×投保面积。也就是说，无论个体产量比县域实际平均产量低还是比县域常年平均产量高的投保农户，都是按照这个公式的计算获得赔款。可见，县域产量指数保险不取决于单个投保农户的产量，这样既可以减少保险公司核保的工作量，又可以回避信息不对称的问题，还可以激励投保农户的生产积极性，防止道德风险的发生。二是气象指数保险。气象指数保险是在保险合同中约定被保险区域内降水量或者气温差的发生为基础确立损失补偿的合同，气象指数保险有指数不足类保险和指数过量类保险两种，即赔偿金额＝每亩指数保险金额×投保面积×指数值差。江西气象以降水量变化和气温变化为主要特征，运用气象指数保险能够反映江西农业系统性风险，也能解决信息不对称的问题。三是农产品价格保险。农产品价格保险就是在保险合同中约定以当年农产品价格为基数，并设定价格下降的一定幅度，若来年该农产品的价格低于基价的一定幅度时，保险公司给予补偿差价部分的损失。即赔偿金额＝当年农产品价格×约定的价格下降幅度－来年的农产品价格（来年农产品价格低于当年农产品价格×约定的价格下降幅度）。四是农产品收入。农产品收入保险就是在保险合同中约定以正常年度产量的一定折扣比例为基数，同时还约定以当年农产品价格的一定比例为基数，这两个基数的乘积作为农产品收入补偿的限额，若来年的收入低于收入补偿的限额，保险公司给予补偿差额，即赔偿金额＝正常年度产量×约定折扣比例×当年农产品价格×约定的价格下降幅度－来年收入（来年收入低于正常年度产量×约定折扣比例×当年农产品价格×约定的价格下降幅度）。五是农户财产保险。农户财产保险是将农户所有财产均列为农业保险的范畴。六是农民人身保险。农民人身保险就是以从事农业生产活动的农民人身为保险标的的保险，包括农民健康保险、农民意外伤害保险、农民人寿保险，将农民人身保险列为农业保险的范畴。七是农村团体保险。团体保险是以村委会为投保人，以村中农户为被保险人，以粮棉油等关系国计民生的农作物为保险标的农业保险。

### （三）建立规模适度的农业保险基金

江西的农业保险基金应动员全社会的力量共同建立。农业保险基金只有农业保险费收入支撑远远不能满足农业保险保障的需要，因此，必须动员全社会的力量共同建立农业保险基金。农业保险基金可分为农业巨灾风险保险基金和农业一般风险保险基金两种，农业巨灾风险保险基金是用于当发生农业巨大灾害时，通过各类农业保险公司给予农业保险投保人的赔付；农业一般风险保险基金是用于当发生农业一般灾害时，通过各类农业保险公司给予农业保险投保人的赔付。农业保险基金的募集人应由江西农业发展保险公司充当，农业保险基金的托管人应由江西农村商业银行承担，农业保险基金的经理人可由华夏基金管理公司担任，农业保险基金的募集遵循法制性原则、强制性原则和大众性原则，农业保险基金的筹资渠道可选择发行江西农业发展债券、发行江西农业彩票、接受个人和组织的捐款、众筹等渠道。

### （四）提供优质贴心的农业保险服务

提高农业保险服务水平，可以从丰富保险服务过程、完善保险服务方式、拓展保险服务手段等方面着手。首先，丰富保险服务过程。保险服务过程包括售前服务与售后服务。在售前服务中，保险公司要利用广播电视、平面媒体及互联网等开办专门的保险频道或专题栏目，向广大潜在的投保农户深入宣传保险产品，使广大农户充分了解保险的意义及保险产品的功能，并为农户提供个性化的一对一服务，设计最适合他们的保险方案；在售后服务中，保险公司要向其现实的投保农户了解客户对保险产品的理解程度和对销售服务的满意程度，帮助现实的投保农户“防灾减损”，一旦约定的损失发生，做到及时、充分、合理地赔付。其次，完善保险服务方式。完善保险服务方式就是要改善服务方式，延伸服务内容。如积极参与投保农户的防损控损活动，提高风险的防控能力；采取多种形式对农户进行保险教育，提高农户的保险意识；及时提供农产品市场供销信息，帮助农户种植或养殖符合市场需求的农产品；积极为投保户建立农产品购销平台，实现农产品零积压、零损失等。再次，拓展保险服务手段。拓展保险服务手段主要指的是积极拓展网络营销。在现有的网上保险服务的基础上，积极开拓手机保险平台和微信保险平台。使客户随时随地都能了解保险产品信息，办理保险业务、获得保险服务等。

## 参考文献

[1] 陈晓峰．农作物区域产量保险：国际实践及适用性分析［J］．金融发展研究，2014（2）．

[2] 李险峰．农业天气指数保险方兴未艾［N］．中国保险报，2011-07-18.

[3] 马燕玲．发展我国农业保险的战略构想［J］．金融教育研究，2015（5）．

# 产品创新

## 用创新来驱动农业保险更好更快发展*

姜　华

**摘要：**我国政策性农业保险制度的建设已经走过了将近10年时间，虽然发展很快，但也矛盾重重，需要从制度、经营模式、操作方式等多方面进行创新，通过创新来驱动农业保险更好更快发展。本文从农业保险的创新现状出发，主要探讨了微观主体进行农业保险创新的必要性，创新面临的困难和问题，提出了一些促进农险创新的政策建议。

**关键词：**农业保险创新；发展

我国的农业保险虽然有较长的试验历史，但作为国家农业政策的农业保险，刚刚走过了短短的不到10年的历程。在其间大部分时间里，我们遵循着传统的经营模式、操作方式和类似产品进行试验和推广，虽然成绩斐然，但矛盾重重，历史给我们的政策性农业保险提出了创新发展的严肃和宏大课题。农业保险的创新涉及宏观和微观不同的层面，包括制度创新，政策创新，组织创新，经营模式创新，产品创新等，本文主要从微观主体的视角来探讨农业保险创新的现状、面临的困难，在此基础上提出一些政策建议。

### 一、创新是农业保险更快更好发展的必由之路

#### （一）农险十年飞速发展为创新奠定了基础

过去的十年，农业保险取得了令人瞩目的成就。保费收入从2006年的8.46亿元到2015年的374.7亿元，平均增长速度高达18.2%，为农业提供的保险保障到2015年已经达到1.4万亿元。农业保险的市场规模自2008年以来已经连续8年稳居全球第二，亚洲第一。农险经营的商业保险公司已经从最初的六家增加到2015年的26家，还有从事渔业保险和渔船保险的10家渔业互保协会等机构。农业保险业务已经覆盖全国31各省、直辖市、自治区，由中央财政支持的农、林、牧、渔产品的保险

* 本文原载《保险理论与实践》，2016年第8期。

作者简介：姜华，中原农业保险股份有限公司总裁。

标的已经有 19 类，承保农作物品种超过 170 个。2015 年承保的主要粮食作物面积达到 14.46 亿亩，玉米、水稻、小麦三大口粮作物平均承保面积达到播种面积的 73.56%，69.22%和 57.93%。这已经与农业保险发达国家差不多了。在农险业务发展的同时，我们初步积累了经验，锻炼了队伍，铺设了机构，提高了服务水平等。

政策性农业保险是一种完全不同于商业保险的全新的制度，我国各级政府和一代又一代的众多保险人为这种制度的创建，付出了几十年的心血，2011 年产生的《农业保险条例》，为这种政策性保险制度设计了初步的法律规则。农险十年试验和发展，在制度建设和政策制定上，在经营模式的创造和完善上，在经营实践中所取得的成绩和积累和经验为农险制度、政策、法律、法规、经营、组织、产品等各方面的创新，创造了基本的条件，奠定了良好的基础。

### （二）农村深化改革和农业政策变化为创新带来机遇

除了有这个创新的良好基础，推动我们创新的还有我国“三农”环境的变迁。

随着农村改革的深化和农业政策的调整变化，农村市场发生了巨大变化。国家“十三五”规划提出，要大力推进农业现代化，加快转变农业发展方式，推进土地经营权有序流转，改革农产品价格形成机制，推动一、二、三产业融合发展等一系列重要农业发展政策和指导方针。2015 年末，中央提出要实行精准扶贫，要使农村最后的 7 000 万贫困农民尽快脱贫。要适应这种农村发展和改革的环境，抓住农村深化改革和适应农业政策的变化为农业保险带来的机遇，我们就不能拘泥于现在这种传统的农业保险格局，维持这种大一统的低保障水平，而应该适应这种改革和变化，更好满足广大农户对农业保险的多方面的需求，闯出农业保险的新路，推动农业保险加快发展。

### （三）农险业务经营中的“瓶颈”对创新提出了要求

农业保险在其蓬勃发展中，已经暴露或者产生了一些问题，出现了一些普遍的困扰和烦恼，比如，展业越来越困难的烦恼，与各级政府和基层干部农户打交道的烦恼，渠道建设的烦恼，违规经营的烦恼，经营主体越来越多，带来的无序竞争的烦恼等，这些问题无时不约束着农险拓展的手脚，影响着农险业务质量的提高，也影响着农业保险的形象，以至于影响着各级政府对农业保险的信心，影响他们在农险方面做出更多有效决策。农险业务发展现状，与制度的设计者和决策者的预期还有一定的差距。

从经营操作层面看，最困扰农险发展的“瓶颈”问题就是如何合规发展了。违规问题一定程度上抹黑了农险，使取得的成绩打了折扣。最近央视“焦点访谈”曝光了湖南省某县保险公司与基层政府串通骗取巨额农业保险财政补贴问题。应该说这个现象在一些地区可能并不罕见。对该类问题的成因，朱俊生、庹国柱两位教授在其《财政补贴型农险的两难困境》[①] 一文中分析得非常到位。

目前，掌握农村耕地70%以上的农户是每户只有几亩田地的小规模农户，对于国家的农业发展战略来说，他们和他们手里的耕地都举足轻重，这些耕地上的农作物的风险管理也不能忽视。但是正是针对这些“散户”的农业保险经营容易出现违规问题。在目前的成本保险条件下，一方面，针对“散户”合规经营的农业保险展业承保和理赔的成本很高，据某保监局的调查，某省一亩小麦的承保成本是5.3元，而按照当地的费率水平，在政府补贴80%保险费之后，农民要交的20%的保险费是3.6元，保险公司展业承保的成本远远高于农民自交的保费。从这个意义上来说，真的是代价高昂，“得不偿失”。另一方面，为了收取农民自交保费，保险机构为了既合规又能节约成本，一般都通过乡村行政力量进行承保，定损理赔也要靠乡村行政力量，于是发生了不少地方村干部或者乡镇干部与保险公司合谋，通过搞假投保，假承保，假理赔大量套取和贪污财政补贴，违规违法累累发生。而由于制度不健全，监管力量不足，监管难度也很大。所以，坊间流传着一句话，说“合规经营必死，违规经营找死”，此话比较准确描述了这种两难境地。

实事求是地说，绝大多数保险机构主观上愿意合规经营，不希望从违规中获利，监管机构也下力气进行整治。但是为什么违规违法经营问题迁延日久、久治不愈？需要系统思考研究，不能头痛医头，脚痛医脚，违规甚至违法经营问题的存在，促使我们创新现有制度、模式、产品等，通过创新改变违规环境，使违规失去生存的土壤。

### （四）农村社会管理功能逐步完善为创新提供条件

农业保险的创新，还需要有农业相关的信息和技术的支持。目前，这些信息和技术条件与十年前相比，有了明显进步和变化。比如我国农村土地制度的变化，特别是已经普遍展开的农村土地确权，为我们精细化开展农业保险业务提供了条件。GPS和地理信息系统的引入，航测、遥感技术的发展和在农险中的应用、移动互联网在农村的普及和大数据的广泛应用等，都为我们农业保险的创新管理手段和提升经营水平创造了条件并提供了空间。特别是为我们在展业、投保农户及其耕地的确认和管理，更精确地定损理赔等，提供了很好的条件。

## 二、农业保险创新已经有了一个良好开端

农业保险的创新，是一个系统工程，我们认为，从创新主体的视角，主要应包括两个层面，第一个层面是宏观的制度层面。第二个层面就是微观经营层面。

在制度创新层面，按照我国《农业保险条例》的设计和安排，还应该有两个层次的制度安排，第一个层次是中央的管理和监督制度、政策的完善和调整；第二个层次

① 朱俊生，庹国柱：财政补贴型农险的两难困境，中国保险报，2015年6月30日。

就是各省的制度模式的创建和完善。

财政部、保监会、农业部等部门，在这十年里出台了一系列的政策和部门规章，使农业保险能够不断有所前进。但是中央层面，横向各相关部门和纵向各级政府之间如何衔接和协同，尚在探索之中。“横向”上，特别是中央至今还没有一个统一的组织管理机构，便于安排全国的农业保险发展规划，制定和调整统一的农业保险政策，开发符合政策目标的保险产品等，还要协同几十个相关部门的关系。在“纵向”方面，需要有效协调中央部门和省地县之间的关系。同时需要适时地进行政策创新。

省一级最重要的创新就是首先根据《农业保险条例》的规定，设计出本省市区的制度模式和操作方案。这方面，有的省份做得很好，例如北京、上海、浙江、江苏、安徽、内蒙古等省、直辖市、自治区，已经结合本地实际，创造性地出台了适合本省、直辖市、自治区实际的农业保险制度方案，并在实践基础上不断加以完善。但也有的省份至今还没有完成这些制度的设计，更谈不上完善，制度创新还有很大空间。

微观层面创新着力最多的是产品，尤其是在天气指数保险产品和价格保险产品方面做了很多努力，最早是国元农险在与联合国贸易和发展组织合作，在安徽开发出了小麦和水稻天气指数保险产品，后来人保财险开发江西柑橘低温冻害天气指数保险，安信农险针对早春绿叶菜的市场需求波动，开发出蔬菜价格保险，其后，针对猪肉价格波动对猪肉市场供给的影响，安华农险开发出生猪价格指数保险，该类产品其后被多家保险公司复制。为了既解决收取农户保费合规还要解决承保定损理赔低成本的问题，中原农险开发了区域产量保险等。

价格保险产品的热潮发生在 2014 年中央 1 号文件之后，各家公司都希望在中央政府决定对主要粮棉作物定价机制改革，并提出试验“目标价格保险”之后，能在全国农产品定价机制的改革上出力，也能从目前的成本保险和产量保险中间寻求突破。但是，这个“节目”还刚刚“开场”，其间的规律远远没有被认识，能不能在制度层面产生影响，能不能在粮棉作物上大规模推广，还不好说。

这大部分农业保险产品的开发，虽然着眼于产品层面，实际是希望寻求经营模式的创新和突破，特别是在“散户”承保理赔的困局得不到有效解决的条件下，这些产品创新如果能得到突破和推广，承保理赔的困扰可以在一定程度上得到舒缓。但是，按照现行相关管理要求，这些创新产品只能在大宗农产品之外的“小众”产品上开发和试验，还难以达到预期的结果。

除产品外，很多公司也在基础工作上也进行了创新探索，有的在承保理赔机制方面进行了创新，例如，通过种田大户或者与农业专业合作社相结合进行展业和定损理赔，不仅有效防止了道德风险和逆选择，也大大降低了风险成本。有的在渠道建设上进行了创新，例如利用农业生产资料公司的销售渠道，为农业保险的展业服务。

各家经营农业保险的公司通过创新加强规范，通过创新拓展业务，通过创新降低成本，通过创新完善经营模式，促进我国农业保险既能合规，又能得到持续高速发展。这些都值得肯定，也是开了一个很好的头。

## 三、农业保险创新中需要解决的一些问题

### （一）创新具有一定盲目性

农业保险在运行中存在很多问题需要解决，但是哪些问题是原则性的，是最关键的，哪些问题是过程性的，哪些问题由谁来解决如何解决，目前看，还没有更多更好的研究。比如对于价格保险，不少公司都投入了资源和精力，但是纯粹的价格风险是或然风险吗？价格保险能大面积推开吗？是最终形态吗？这些问题都需要准确回答。如果作为商业性业务，这本无可厚非，甚至可以作为各家公司的竞争手段。但农业保险事关国家的农业发展政策，应该有统一的规划和指导，避免盲目重复投入、避免浪费资源。

### （二）创新缺乏必要的政策空间

现行管理政策是在多年实践中摸索出来的，应该说具有一定的系统性、普遍性。但是我国地大物博，社会进步很快，农业保险在基层很多时候具有很强的个性化要求，也会有很多变化。如果创新一定要在现行制度框架之中进行，受到现行规则的严格制约，例如财政补贴政策的制约，监管规则的制约。创新可能就会与现行规则制度产生冲突，遇到现行政策的“天花板”。

### （三）创新面临较高的经营风险

创新有成功的机会，也有失败的可能，风险是不可避免的。即使成功，短期上规模也很困难，创新开发的投入产出难以匹配，公司必须承担经营压力。各家公司都有这方面的体验。比如不少公司开发的天气指数产品，即使几年试验都是成功的，也不敢扩展规模。大规模扩展除了政策支持之外，公司心里没底。有的省在世界银行支持下组织国内顶尖专家开发的橡胶树风灾指数保险，试验起来也非常谨慎。有的公司开发的水稻、小麦等天气指数保险，试验多年了，即使效果不错，也还只敢局限在在小范围里。这样，创新就只能局限在小范围里，难以解决公司“大田”经营的实际问题。

### （四）组织和实施创新的能力不足

尽管农业保险发展时间不短了，但与其他财产保险业务比较起来，毕竟时间短，从行业总体上来看还是“小众”业务，从公司层面来看，在这 10 多年时间里积累的经营经验和数据都很有限，所需人才也明显不足。只能在较小范围小打小闹，很难成气候，更不容易“井喷”，难以大规模实施和普遍推广，创新的意义就会非常有限。当然，我们也在努力利用外脑，利用社会资源，通过产学研结合来解决我们创新需要解决的问题。但实事求是地说，产学研队伍建设滞后于农业保险业

务发展需求的现象比较突出。做农业保险研究的专家队伍，既熟悉农业保险的理论和方法，又熟悉农业保险业务实际的拔尖专家不多。而且这些专家也都有自己的日常工作，即使保险公司想依靠他们来完成创新开发项目，他们也很难全身心投入研究和开发。

### （五）主动进行创新的动力有限

第一，创新对于公司来说，特别是对于农险基层部门来说，除了前面说的方向不明确之外，实际上没有多少积极性，创新动力不足，也就没有紧迫感。目前，传统的农业保险业务，在基层已经形成一定的展业模式，虽然粗放，也不规范，但是由于市场空间大，尽管竞争很激烈，但是还是可以维持一定利润空间。创新不创新无所谓。第二，违规成本不高，因为监管人手少，根本管不过来，基本上就是抓“倒霉的”。所以有的公司特别是基层部门敢于违规做业务，就是因为存在侥幸心理，抓着了算倒霉，抓不着算走运，就能获得不错的效益。也就不想费那个劲，搞什么创新。第三，公司和农户的行为惯性都比较难以打破，对于传统形成的产品和运作模式习惯了，接受新的产品和操作方式有一定的阻力。第四，创新的成本高，推广难，回报慢，加之目前创新缺乏知识产权保护，创新的项目，创新的产品得不到法律法规保护，容易被抄袭。

## 四、推动农险创新发展的几点政策建议

面对这些问题和困境，无论我们主管部门也好，经营主体也好都无法回避。就是说，不断通过制度创新、组织创新、技术创新、经营模式创新和产品创新，才能解决农业保险发展中的这些问题。创新既是政府部门的事，更是做农业保险业务的各家公司的责任。作为经营主体我们必须通过创新来完善自身，丰富业务内涵的同时，通过创新来提高农业保险的发展质量，拓展农业保险的发展空间。只有这样，才能在我国国情之下，来不断完善和发展我国的农业保险制度体系，完善我们的法律法规体系，也完善我们的经营和管理体系。

### （一）明确重点，围绕农业产业政策确定发展方向

首先，农业保险创新应以国家产业政策为导向，研究与土地流转、价格改革、农村电商、农村物流、农业信息、农业机械化等密切相关的风险保障需求，为落实农业政策做好配套服务。其次，农业保险机制的特点和优势使其能够在参与落实国家涉农领域重大方针政策方面发挥重要作用，尤其在扶贫开发工作中，农业保险具有天然优势，应该充分发挥，提升农业保险的政策工具作用。最后，创新方式与手段，积极参与解决深化农村改革进程中产生的热点难点问题，如通过农业贷款保证保险协助解决融资难融资贵等问题。

### （二）统筹规划，营造良好创新环境

农业保险不仅仅是经营主体的微观行为，作为国家的农业发展政策和农业现代化发展的战略组成部分，农业保险创新发展需要有良好的外部空间。首先应加强宏观统筹指导。加强对现行农险经营模式和政策效果的研究分析，根据农业政策的要求制定农业保险创新规划，为微观主体提供明确的创新方向和目标。在重要项目上组织力量进行开发和创新，起到示范作用。避免微观主体盲目创新，既浪费资源，又没有多少实际效果。其次，有针对性地提出农险创新重点鼓励和支持的方向，出台相关鼓励创新的政策。同时修订现有管理制度，放松操作和过程要求，强化目标和结果管理，拓展创新设计和施行空间。对经论证可行的新产品，要给予财政补贴支持。再次，尽快建立和完善大灾风险分散机制，使创新有必要的风险管理制度，给创新活动再吃一颗定心丸。最后推行创新保护机制。据了解，在美国，虽然农业保险产品都是联邦农作物保险公司（FCIC）来统一开发和颁布实施的，但也鼓励公司开发新产品。他们有严格的知识产权保护规定，几年之内不许其他公司复制，几年之后其他公司如果想复制和使用，必须付费。这给我们提供了很好的借鉴。

### （三）细分市场，针对不同农户提供差异化供给

随着农业现代化的加速推进，城镇化如火如荼，土地流转不断加快，新型农业经营主体日益增多，经营规模不断扩大，农业结构、人口结构、土地结构等都在不断改变，以至于农民对于农业风险管理的需求也产生了显著分化。目前，土地流转正在逐渐形成规模，但是仍有70%左右的耕地面积并未流转，由散户耕种。面对这种多元的市场状态，农险创新应加强对细分市场的研究，提供差异化服务以满足需求。首先要高度重视新型经营主体需求。针对这个市场户均土地面积大、资金投入多、风险较集中、参保意愿高的特点，研究解决收入风险、履约风险、用工风险等符合新型主体实际状况的风险保障。其次散户仍不可忽视。一方面这部分市场仍占主要份额，另一方面目前很多问题也在这部分市场产生，急需改进。考虑到业务成本以及客观存在的困难，针对散户推进指数型保险是较好选择。有的专家提出，对于广大的散户可以通过“基本保险+补充”的保险设计，对于低保障的“基本保险”不用散户缴费，只有要求获得较高保障水平时，才缴纳“补充保障”那部分保障的自交保险费。

### （四）苦练内功，在创新中打造保险公司核心竞争力

实事求是地说，面对体量庞大的农险市场，保险公司无论从经验、技术、人才、实力上说，都有一定进步空间。可能从账面上看，经营农险是有一定利润的，但是这里面不排除一些投入不到位产生的。在一个会议上有的领导同志讲，有的县级公司只有5个员工，还不能保证都用到农险上。用有的专家的话说，行政推动下的相对低成本其实是一种“幻象”，因为那并不表明是真正的低成本。

为了更好地承接农业保险工作，更好地发挥农业保险作用，从公司角度看，还要从多方面进行创新。首先是产品创新，结合产业政策研究适销对路产品，满足不同客户的风险保障需求。其次是技术创新，积极运用信息网络、移动互联及遥感航测等技术，持续改进承保理赔技术，提高客户满意度。再次是渠道创新。在现在依靠财政、农经、村组干部等行政渠道的基础上，积极拓展其他市场化渠道，逐步建立多层次、稳固的销售平台。最后是人才培养，以满足农业保险的长远发展的需要，为农业保险创新提供有力的人才支持。

## 参考文献


［1］林波．合规经营是农业保险的生命线［M］//庹国柱．谢小亮．中国农业保险研究 2015．北京：中国农业出版社，2015.

［2］苏占伟．政策性农业保险制度运行中的问题及优化对策——以河南省为例［J］．保险研究，2015（4）．

［3］庹国柱，朱俊生．论收入保险对完善农产品价格新城机制改革的重要性［J］．保险研究，2016（6）．

［4］朱俊生，庹国柱．财政补贴型农险的两难困境［N］．中国保险报，2016-06-30.

# 农产品期货价格保险及其在国家粮食安全中的保障功效*

孙　蓉　李亚茹

**摘要：** 粮食安全是关系我国经济发展、社会稳定和国家自立的全局性重大战略问题，而农产品价格风险是国家粮食安全的重大隐患。基于此，本文研究了创新型的农产品价格风险管理工具——农产品期货价格保险，初步探讨了其保障国家粮食安全的可能功效。

**关键词：** 农产品价格指数保险；期货价格保险；国家粮食安全保障功效

## 一、问题的提出

### （一）研究背景及意义

自从进入21世纪，粮食安全成为全球关注的焦点问题之一，供给形势日趋严峻。作为一个人口大国、农业生产大国及粮食需求大国，我国的粮食安全对全球粮食安全有着举足轻重的作用。粮食安全是关系我国经济发展、社会稳定和国家自立的全局性重大战略问题，保障国家粮食安全始终是治国安邦的头等大事。①我国自2004年放开粮食购销市场，建立了国家定价和指定收购主体的方式调控市场波动的农产品价格调控体系。随着国内外农业现代化进程的推进，农产品最低收购价政策成为国家财政的沉重负担，但政府若放弃托市政策，农产品价格剧烈波动会造成农民收入起伏动荡，大大降低其生产积极性，严重威胁国家粮食安全。2015年6月，国家推出农产品价格形成机制改革，即由原来的最低收购价、临时收储和农业补贴政策转向目标价格制度，重心是分离农产品价格形成机制与政府补贴。此背景下，农产品价格指数保险成为一种行之有效的方案，但由于其自身内生的风险管理缺陷，目前我国虽然已有很多试点经验，但难以大规模推广。2014年4月国务院办公厅发布的《关于金融服务“三农”发展的若干意见》明确鼓励农产品生产经营企业充分利用期货市场的价格发现功能和风险对冲机制开展套期保值业务。②同年8月，新“国十条”明确规定，应

---

* 本文为国家社会科学基金重大项目“农业灾害风险评估与粮食安全对策研究”（编号：13&ZD161）以及西南财经大学中央高校一般项目“农产品期货价格保险及其在我国农产品价格形成机制改革中的效用研究”（编号：JBK1607034）的阶段性成果。

作者简介：孙蓉，西南财经大学保险学院教授；李亚茹，西南财经大学保险学院博士研究生。

① 参见国家发展改革委，国家粮食局，财政部：《粮食收储供应安全保障工程建设规划（2015－2020年）》，中央政府网，2015-03-23.

② 参见国务院办：《关于金融服务“三农”发展的若干意见》，中央政府网，2014-04-20。

开展农产品目标价格保险试点，丰富农业保险风险管理工具。2015 年 8 月，国务院办公厅又发布《关于加快转变农业发展方式的意见》，强调大力支持新型农业组织或者农业企业利用期货、期权等衍生工具分散风险；鼓励保险公司探索试点目标价格指数保险等。[①] 在多项政策的支持下，“农产品价格指数保险＋期货市场”模式应运而生，有效规避了农产品价格保险的风险管理缺陷。至此，农产品期货价格保险有助于推进我国农产品价格形成机制的改革，为国家粮食安全保驾护航的功效预期可见。

### （二）国内外文献综述

CUI（2010）利用中国 1990—2004 年的小麦产量和价格数据，运用 MSE 比较方法指出，目前中国农作物面临的较大风险是价格风险而非产量风险；H. Wang 和 B. Ke（2003）证实了中国农产品期货市场的有效性；Joseph. B. 和 Richard Gibson（2010）也认为，尽管中国的农产品期货市场存在政策监管不足，投机者较多，交易量小等问题，但是已基本具备开展收入保险业务的五个条件。农产品期货价格保险是新兴事物，目前国内相关研究还比较少。马龙龙（2010）认为中介组织的建立健全对我国农民提高利用期货市场的意愿具有重大现实意义与可操作性，指出保险公司是一种有效的中介组织，构建“农户＋保险公司＋期货市场”运作模式，由保险公司向农户提供价格指数保险，并且政府给予适当的保费补贴，以提高农民参保的积极性；保险公司再利用期货市场进行套期保值分散承保的价格风险。余方平（2015）指出农产品期货价格保险弥补了指数价格保险缺少风险对冲机制的缺陷，可快速推进指数价格保险的规模化发展；保险公司承保期货价格保险具有以下优势：期货市场门槛较高，农户难以直接参与；农业保险的广泛推广，使农民更有可能接受期货价格保险；与期货公司相比，保险公司具有承保、理赔等多方面的管理优势。闫平、吴箫剑（2015）认为农产品期货价格保险助推我国农产品价格形成机制改革，可以改变国家对农产品的补贴方式。

由于目前期货价格保险仍处于起步探索阶段，文献极少，仅有的研究大多限于简单分析期货价格保险的意义，尚无规范的定义，深度研究匮乏。本文尝试分析农产品价格指数保险、期货市场的价格风险对冲机制，初步界定农产品期货价格保险；以我国粮食安全的现状及其评价指标为基础，初步探讨农产品期货价格保险保障我国粮食安全的可能功效，并通过对“大连模式”农产品期货价格保险的试点经验分析，提出提升农产品期货价格保险保障功效的政策建议。

## 二、农产品价格指数保险及期货价格保险的机理及优势

### （一）农产品的价格风险及指数保险的比较优势

农产品价格风险是指由于未来的农产品价格波动使得农产品的实际价格与预期价

① 参见国务院办：《关于加快转变农业发展方式的意见》，中央政府网，2015-07-30。

格不同，造成农户收益发生变动。其呈现出一定的特征：一是市场经济体制下农产品存在的价格风险，将长期存在；二是由于价格风险的季节性、周期性和趋势性，可能导致农产品价格变动引起农产品供求的波动，使农产品价格变动呈现出随机性；三是在市场经济体制下，农产品价格风险的快速传导，可能导致价格波动造成收益波动，从而产生系统性风险；四是农产品价格的剧烈波动会直接给农民收入造成很大不稳定性，从而削弱其生产的积极性，不愿重新投入生产要素和资料进行再生产，由此可能危及到国家粮食安全。

农产品价格指数保险是指承保农产品价格风险的一种创新性农业保险，在保险有效期内，当农产品价格低于预先设定的目标价格或者价格指数时，保险公司给投保农户以价差赔偿，而不是对农户的实际损失进行赔偿。

较之传统的农业保险承保农作物生长期间的自然灾害风险，农产品价格指数保险具有以下比较优势：①逆向选择和道德风险较低。农产品价格风险具有系统性，同一农作物的所有农户几乎面临相同的价格风险，因此由不同个体风险状况不同导致的逆向选择问题大大减少。农产品价格指数保险中价格指数由地位独立的第三方机构依据全国市场状况制定，不受投保人和保险人任何一方的控制，有效地规避了道德风险。此外价格指数保险赔付与投保人的实际损失脱钩，显著降低由于个人道德因素而降低农作物实际产出的情况。相反，价格保险给农民收入以最低保障，激励投保人积极主动防灾防损，有益于国家粮食安全。②降低管理成本和交易成本。与传统农作物保险相比，承保农产品期货价格保险后保险公司无需监督和管理个别投保人的行为，省时省力，防范风险事故投入的管理费用显著降低；发生保险事故之后，保险人不需要到田间地头查勘定损，仅依据预先约定的价格与实际价格之间的差额进行赔付，理赔迅速，纠纷大大减少，有效地降低了交易成本。③易于推广销售。农产品的价格风险很难控制，“谷贱伤农”就是典型例子，因此农民对价格保险的需求较高，农产品价格指数保险更易于保险公司推广销售。④保障主体范围扩大。传统农作物保险购买者往往仅局限于农业种植者，而农产品价格指数保险也为从事市场经营的商户主体提供保险保障，以规避价格大幅度下降造成巨大亏损的风险，扩大了保障主体的范围。

### （二）农产品期货市场的价格发现功能及其对冲机制

#### 1. 农产品期货市场的价格发现功能

农产品期货市场的价格发现功能是指期货市场的农产品价格接近其现货市场的真实价格，几乎真实地反应农产品之间的供求关系，具有连续性、预期性、真实性和权威性。主要基于以下几个方面：其一，参与者众多。参与农产品期货市场交易的不仅包括农产品实际供求者，还包括很多投机者。在期货市场上，基于商品供求信息、价格走势以及生产成本公开竞争报价形成合理的交易价格。其二，时空范围较广。农产品期货交易，不仅打破了区域，甚至打破了国界，是众多农产品市场的综合反映。农产品期货价格的形成综合反映了过去、现在和未来的供求状况，尤其注重未来供求的变化，如未来时期农产品产量的增减、消费需求的变化、技术水平的发展甚至经济增长等因素。故农产品期货市场的远期合约价格几乎接近未来农产品的实际价格。

**2. 农产品期货市场对现货市场的价格风险对冲机制**

由于农产品期货市场与现货市场在交割月份时价格将趋于一致，因此可以在期货市场买进或者卖出与现货市场农产品数量相等但是交易方向相反的期货合约，以使现货市场交易的盈利或者损失与期货市场相互抵消，有效地避免了农户因农产品价格波动给收入带来的不稳定性，增加我国粮食生产的安全性。这并不意味着可以完全消除农产品的价格风险，还存在着基差风险，即交割时农产品现货市场与期货市场的价格缺口；以及不能在期货市场上找到完全匹配的农产品所带来的替代风险。

### （三）农产品期货价格保险的引出及其相对优势

基于以上分析，农产品期货价格保险是指保险公司基于农产品期货市场确定农产品价格指数保险的预先设定价格或者价格指数，向农业生产者提供价格指数保险，同时利用期货市场的价格风险对冲机制分散其面临价格风险的一款保险产品。

与农产品价格指数保险不同，农产品期货价格保险可以利用期货市场进行风险对冲，大大分散了保险公司面临的价格风险，其相对优势如下：

**1. 目标价格或者价格指数的厘定相对科学**

期货价格保险的目标价格或者价格指数是依据期货市场农产品的远期价格确定的，由于期货市场的价格发现功能，农产品期货远期价格已经包含了影响农产品未来价格尽可能多的因素，几乎接近现货市场未来实际价格。而我国农产品价格指数保险的目标价格或者价格指数的确定往往依据过去的交易价格，未能充分反映未来的影响因素。

**2. 财务稳定性较强、保费低廉**

由于农产品价格风险的系统性，保险公司难以找到再保险的风险分担方式，农产品价格指数保险的巨额损失风险给保险公司的偿付能力带来很大不稳定性，农产品期货价格保险利用期货市场进行风险对冲，有效地转移了农产品价格波动风险，能增强保险公司的财务稳定性，快速扩大承保范围，实现规模化承保。同时也显著降低了保险费用，降低了农户的资金压力。

## 三、国家粮食安全的评价指标及农产品期货价格保险的保障功效

### （一）国家粮食安全的现状及评价指标

**1. 国家粮食安全现状**

我国人口占世界总人口的五分之一，且正处于工业化、城镇化建设的关键阶段，

国家粮食安全问题至关重要。粮食安全的概念产生于20世纪70年代，经过近半个世纪的发展，由最初的保证基本粮食充分供给的要求，涵盖到了需满足人们健康生活的营养和食物偏好需求。尽管粮食安全的内涵随着时间的推移发生了演变，核心仍维持了粮食的可获得性、稳定性和持续性。截止到2014年，我国粮食产量实现了“十一连增”，保证了我国粮食的话语权，实现了国家关于粮食安全战略部署的重要一环，然而产量数字增长的背后却隐藏着丰年缺粮的现实。粮食自给率逐渐下降，2012年我国粮食自给率已不足90%，2013年更是下降到80%以下，与国家粮食安全自给率95%的标准相比，我国粮食安全问题堪忧。[①] 随着我国人口的增长和消费结构的变化，我国粮食的需求量和需求结构发生重大变化，与我国现有的粮食结构不匹配，造成我国粮食贸易逆差大大增加，进口量逐年攀升，具体如图1所示。

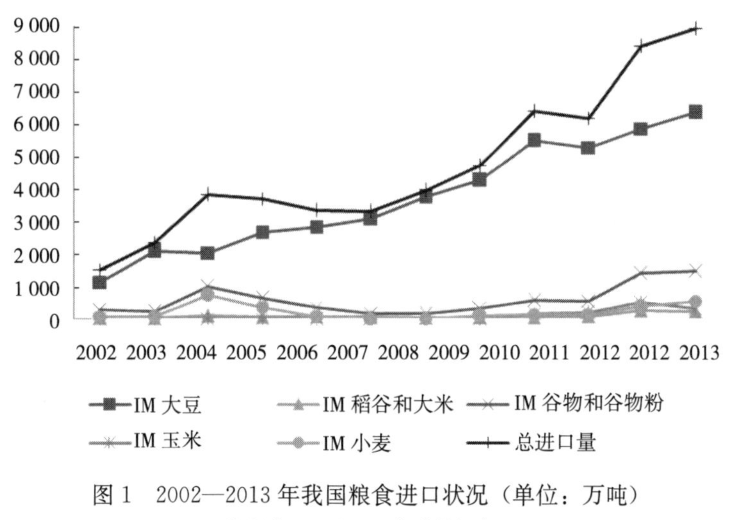


图1 2002—2013年我国粮食进口状况（单位：万吨）

资料来源：中经网统计数据库。

### 2. 国家粮食安全的评价指标

农产品期货价格保险作为一种新型保险产品，为更好地分析其对国家粮食安全的可能保障功效，这里有必要列明我国粮食安全的一些评价指标，具体如表1所示。

**表1 国家粮食安全评价指标**

| 评价指标 | 一般介绍 |
| --- | --- |
| 粮食自给率 | 粮食自给率是指一国当年的粮食生产量占全年消费量的比例，这是衡量国家粮食安全的通用指标。通常情况下，国家的粮食自给率超过100%，称为完全自给；基本自给介于95%～100%之间；当自给率在90%～95%之间时应当给予适当关注；一旦低于90%，国家粮食安全问题便受到威胁。② |

① 数据来源：闫平，吴箫剑．“保险＋期货”服务“三农”[J]．金融世界，2015（9）．

② 数据来源：“粮食自给率”百度百科，2016-01-13.

（续）

| 评价指标 | 一般介绍 |
| --- | --- |
| 粮食存储水平 | 粮食储备是一项保证粮食消费需求、平衡国家粮食供求、应对重大自然灾害或其他意外事故以稳定国家粮食市场价格的一项粮食储备制度。当市场供大于求时，为避免粮食价格下降过度，收购粮食进行储备；当市场供小于求时，抛售储备的粮食，以防止粮价过度上涨。FAO 认为合适的粮食储备水平（（年末粮食储备＋商业库存）/年度粮食消费总量）为 17%～18%。① |
| 粮食产量波动率 | 粮食产量波动率（（当年粮食产量－上年粮食产量）/上年粮食产量）指的是受自然环境、经济环境等多重因素的影响，相邻年度之间粮食产量的波动情况，反映了国家粮食供给的稳定性，关乎国家粮食安全。一般认为产量波动率在 2%左右比较合适。 |
| 粮食价格稳定性 | 粮食是人民生活的基本物质，粮食价格的波动对人民日常生活具有重要影响，市场化经济下，市场价格是粮食供求共同作用的结果，供求小范围的变化往往带来市场价格的巨大震荡，所以我国粮食价格并没有完全市场化，由政府拖低，这给财政带来沉重的负担，因此农产品价格改革机制正在推动。 |

资料来源：作者根据相关资料搜集整理。

## （二）农产品期货价格保险保障国家粮食安全的可能功效

根据国家粮食安全的以上评价指标，结合农产品期货价格保险的特性，可以预见农产品期货价格保险对于保障国家粮食安全具有以下功效：

**1. 快速扩大农产品价格保险的覆盖范围，提高粮食生产能力及自给率**

农产品期货价格保险是农产品价格指数保险的有效升级，其一，目标价格或者价格指数依据期货市场确定，增加了价格厘定的科学性，从而有助于形成公平合理的保险费，减少保费厘定错误给保险公司财务造成冲击；其二，充分利用期货市场转移保险公司面临的系统性价格风险，有效地分散了保险公司潜在的巨额损失风险。这两者都有助于农产品价格指数保险拓展承保领域，扩大覆盖范围，迅速将价格指数保险扩大到大宗农产品市场，如大豆、水稻、小麦等，以及特色农副产品如棉花、鸡蛋等。使得大众农户从中获得收益，大大增强粮食的生产能力，提高国家粮食生产的自给率。

**2. 推进我国农产品价格形成机制改革，保证国家粮食价格的稳定性**

目前，我国正在改革农产品最低收购价和临时收储价的农产品价格形成机制，探索推进不与政府补贴直接挂钩的农产品价格形成机制，“价格指数保险＋期货”即农产品期货价格保险是改变价格风险转移和农产品价格补贴方式的一种有效途径。其规模化发展是我国粮食价格形成机制改革的重要一环，将推进国家建立完备高效的粮食供求宏观调控机制，有效地避免了国家粮食价格的剧烈波动，大大减少“谷贱伤农”事件的发生，稳定农民收益，确保国家粮食安全战略的实施。

① 数据来源：何蒲明．粮食安全与农产品期货市场发展研究［M］．武汉：华中农业大学出版社，2009.

**3. 激发农民种粮积极性，支持新型农业组织及企业发展，降低国家粮食产量波动**

农产品期货价格保险预先设定目标价格或者价格指数，未来实际价格低于预先设定价格时，保险公司补偿差价，因此对于投保人来说，种植农作物之前，最低预期收益已经确定，有助于减少农户因无法估计未来损失，而不愿意种植农作物的情况。对于单个农户来讲，若将其劳动投入农作物，几乎没有额外收入，避免了辛苦一年而一无所获的情况，这将显著增加农民的种粮食积极性。对于作为农业现代化主力军的新型农业组织和农业企业而言，其面临的最主要风险是价格风险，农产品期货价格保险有效保证这些农业组织企业的财务稳定性，显著降低价格下跌对其再生产能力的损害，增加其大规模种植的信心，稳定国家粮食产量。对农户、农业组织及企业种粮积极性的保证可适度降低国家粮食产量的波动。

**4. 提高国家粮食流通、粮食储备效率，维持国家合理的粮食存储水平**

现如今我国的粮食生产仍然呈现出分散化经营的特点，由于我国农户普遍文化水平不高，再加上信息不对称的存在，“卖粮难”现象屡见不鲜，这严重降低了我国粮食流通效率。农产品期货价格保险的推广，不仅能保障粮农的最低收益，而且提供了一种农民接触期货市场的有效途径，期货市场的价格发现功能能够合理预测粮食价格走势，减少粮食购销市场的信息不对称，有效指导农民确定合理的粮食售卖时间，降低粮食交易成本，提高我国粮食流通效率。

由于我国粮食储备机制缺乏灵活性，很大一部分储备粮最终变成陈化粮，浪费人力、物力和财力。农产品期货价格保险是我国粮食生产者参与国际期货市场的一条通道，充分利用期货市场与现货市场进行储备粮轮换，将国家粮食生产的经营与储备结合起来，显著减少粮食储备成本，提高粮食储备效率。粮食流通和储备效率的提高将有助于我国粮食存储维持在合理的水平上。

**5. 优化粮食作物的种植结构，降低国家粮食贸易依存度**

农产品期货价格保险合约中的目标价格或者价格指数依据期货市场的远期价格设定，由于期货市场的价格发现功能，此远期价格具有预期性、真实性和权威性，给农民未来粮食价格预期以科学参考。且粮食价格是供求相互作用的结果，供小于求时，价格较高，有利可图；供大于求时，价格较低，无利可图。农民追求盈利最大化，便种植相对稀缺的粮食品种，优化了国家粮食作物的种植结构。近些年我国粮食作物进口量逐年攀升的一大原因是种植结构与需求结构不匹配，通过期货价格保险中目标价格的科学指导，可以适当降低不匹配的程度，降低国家粮食贸易依存度，提升国家粮食自给率，以保障我国粮食生产安全。

## 四、农产品期货价格保险保障国家粮食安全的试点经验：以“大连模式”为例

2015 年 8 月 14 日，中国人保财险大连市分公司分别与锦州市义县桂勇玉米种

植专业合作社、义县华茂谷物种植专业合作社以及北京伟嘉集团签订了国内首份农产品期货价格保险合同①，承保玉米 800 吨、200 吨和鸡蛋 300 吨。此“保险公司＋期货公司”联手试水期货价格保险，有助于农业生产者应对农产品市场价格波动风险，保护农户的种粮积极性，推进我国农产品价格形成机制改革，试点经验值得借鉴。

## （一）“大连模式”——玉米期货价格保险试点

**1. 产品定价原理**

玉米期货价格保险产品的保费分为两大部分：一是纯风险保费，主要依据往年玉米期货价格低于玉米价格指数保险中预先设定的玉米成本价格的概率厘定，不再是传统保险的大数法则。二是附加费用及利润，主要是依据保险公司承保价格指数保险的附加费经验厘定。

**2. 基本运作模式**

人保财险与锦州义县桂勇玉米种植专业合作社、义县华茂谷物种植专业合作社签订玉米价格保险合同，该价格合同的目标价格或者价格指数是玉米的种植成本，承保期间为 2015 年 9 月 1 日到 2016 年 8 月 31 日，共一年。在承保期内只要玉米的实际价格低于合同中约定的目标价格或者价格指数，保险公司即给予赔付。同时，基于纯风险保费，人保财险大连分公司与新湖期货公司在保险产品风险对冲、标准仓单保险签订了合作协议，利用购买复制期权等衍生工具产品、期货市场规避由过大价格波动导致的赔付风险。其基本运作模式如图 2 所示。

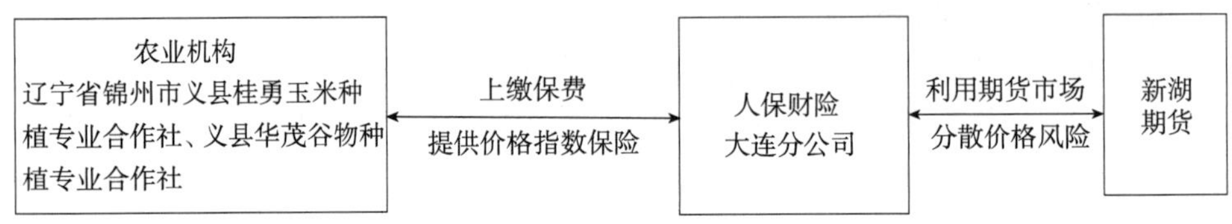


图 2 “大连模式”：玉米期货价格保险基本运作模式

资料来源：作者根据大连保险行业协会及人保财险大连市分公司提供的相关资料整理。

**3. 具体操作流程**

第一阶段：农户、农业组织或者农业企业购买农产品价格指数保险，确保收益。

中国人保财险分别与锦州市义县桂勇玉米种植专业合作社、义县华茂谷物种植专业合作社签订目标价格为 2 160 元/吨的玉米价格指数保险，收取 115.78 元/吨的保费，共计 115 780 元。理赔结算价格为承保期内选取的玉米期货合约日收盘价算术平均值。

---

① 感谢大连保监局、大连保险行业协会及人保财险大连市分公司提供的相关资料及数据。

理赔金额＝（目标价一结算价）×承保总量

第二阶段：人保财险大连分公司通过购买新湖瑞丰场外玉米看跌期权进行再保险，以对冲玉米价格大幅度下降的风险。

对于人保财险大连分公司来说，当玉米价格跌破 2 044.22 元/吨（2 160－115.78＝2 044.22）时，便出现亏损，当价格为 2 000 元/吨时，将亏损 44.22×1 000＝44 220元，若价格更低，则亏损越大。因此，为了分散风险，人保财险大连分公司购买了新湖瑞丰的场外玉米看跌期权 1 000 吨产品，执行价格为 2 160 元/吨，对冲了玉米价格指数保险的价格波动风险。

第三阶段：新湖瑞丰期货公司为进一步分散风险在期货交易所进行相应的复制看跌期权操作。

由于场内期权没有上市，新湖瑞丰期货公司通过场内期货复制期权的方式对冲价格风险，即通过买卖相应的玉米期货合约来实现 Delta 中性动态对冲。

**4. “保险＋期货”战略合作**

基于此次跨界合作农产品期货价格保险的推出，中国人保财产保险公司与大连期货商品交易所签订了“保险＋期货”战略合作协议，双方将合作进行深入研究期货价格保险、期货标仓单保险、套期保值业务、新产品开发、培训交流等项目，推进“保险＋期货”的进一步融合，以期解决好国家粮食安全、“三农”等问题。

### （二）“大连模式”保障国家粮食安全的经验启示

**1. 保险公司是帮助广大农户运用期货市场分散农产品价格风险的新主体**

农产品期货市场具有价格发现功能和套期保值功能，对保障国家粮食安全具有重要影响。但由于我国农业生产的分散化和农户文化素质普遍不高，一直没有找到农户利用期货市场的有效方式，“期货＋保险”的“大连模式”表明保险公司是我国农业现状下农户利用期货市场的有效途径，即保险公司承保农户分散的价格风险，再利用期货市场分散集中的价格风险。这得益于保险公司自身的优势：一是农业保险的广泛推广，保险公司已赢得农户信任；二是保险公司承保、理赔、资金运用综合服务能力较强。

**2. 加大保险公司与期货市场的合作**

人保财险大连分公司不仅与新湖期货共同推出玉米期货价格保险，而且与大连期货交易所签署“保险＋期货”战略合作协议，共同探索保险公司与期货市场的深度融合，这为充分利用期货市场保障国家粮食安全掀开了一页新篇章。因此应给予充分肯定，并在此基础上继续加大保险公司与期货市场的合作，以更好地服务国家“三农”问题。

**3. 提高农产品期货价格保险中设定的目标价格或者价格指数**

“大连模式”玉米期货价格保险中的目标价格是种植玉米的物化成本，不能充分保障农户的收入水平，农户种粮积极性的提高非常有限。此种目标价格或者价格指数的设定没有用充分利用期货市场的价格发现功能，虽然能规避大规模的价格风险，但是可能扩大与期货市场对冲的基差风险，不利于农产品期货价格保险的健康发展，所以应适当提高预先设定的目标价格。

**4. 扩大农产品期货价格保险的保障主体**

“大连模式”玉米期货价格保险的保障主体是专业化的农业合作社，而我国农业生产者的主体却是分散化的家庭种植者，利用期货市场进行价格风险对冲，则要求保险公司承保产量规模化，家庭种植者不符合此项要求，但若仅承保农业合作社这类规模较大的主体，农产品期货价格保险的覆盖范围将十分有限，因此，保险公司应以大连模式为基础，进一步探索农产品期货价格保险承保分散化的家庭种植者的方式，扩大农产品期货价格保险的保障主体。

## 五、农产品期货价格保险保障国家粮食安全的政策建议

基于农产品期货价格保险对保障国家粮食安全的保障功效，需要从政府支持、期货市场、保险公司及农户四个层面的共同努力。

### （一）国家政策支持层面

**1. 建立中央政府层面管理机构，加大财政补贴力度**

我国传统的粮食作物保险大多都有中央财政给予补贴，目前“大连模式”农产品期货价格保险由地方政府及监管机构给予支持，缺乏中央政府层面的补贴政策，支持力度不够，再加上该险种保费相对较高，很难大面积推广，所以应尽快建立由中央政府层面统一管理、地方政府配合支持的农产品期货价格保险管理制度，适当提高保障额度，由保成本逐渐扩大到保农户收益，解决农户种粮的后顾之忧，以支持我国农产品期货价格保险的产品创新和规模化发展，保障国家粮食安全。

**2. 推进我国农业合作社建设**

“大连模式”中投保方都是专业化的农业合作社，先进的生产技术和农产品的质量保证有助于保险公司利用期货市场设定目标价格或者价格指数，也是推行农产品期货价格保险的基础。目前我国农业生产以分散化的家庭生产为主，随着外出务工的盛行，这种农业生产方式效率越来越低下，规模化和集约化是农业现代化生产的标志，因此，国家应出台相关政策推进我国农业合作社建设，利用现代技术科学有效管理农业生产。

**3. 助推农产品期货价格保险理论研究**

农产品期货价格保险的大面积推广有利于推动我国农产品价格形成机制改革，稳定国家粮食价格，目前我国农产品期货价格保险的发展尚处于探索阶段，政府应加大投入扶持推进期货价格保险相关理论研究，以科学指导我国农产品价格保险健康发展。从以下几个方面着手：其一，推进专业农险公司、各地保监局、证监局以

及商品期货交易所共同组建课题组；其二，组织研究人员深入到期货交易所进行专项调研，研究支持保险市场与期货市场对接的相关政策；其三，加强保险公司与粮食、农副产品生产企业以及家庭农场、个体农户之间的沟通，真正了解消费者需求。

## （二）期货市场层面

**1. 完善期货市场监管，提高期货市场有效性**

农产品期货价格保险既要利用期货市场设定目标价格或者价格指数，又要利用期货市场进行价格波动的风险对冲，因此期货市场的有效性至关重要。目前我国期货市场仍存在一系列问题，需从以下几个方面进行努力：一是完善期货市场的监管规则，防范后端风险。由于国内农产品期货仍未上市，运用场外复制期权对冲价格波动风险的方式仍会威胁保险公司的财务稳定性，因此必须进一步推进套期保值和监管规则的完善。二是加大力度打击期货市场的内幕交易以及过度投机活动，确保农产品期货市场交易的顺利进行。

**2. 逐渐增加农产品期货品种**

农产品期货品种的多寡直接影响到我国农产品期货价格保险的推广范围，也影响到期货市场粮食价格的发现功能。与国际期货市场相比，我国期货市场农产品种类相对有限，为扩大我国农产品期货价格保险的覆盖范围，充分利用农产品期货价格保险保障国家粮食安全，必须逐渐增加农产品期货的种类，不仅推进大宗农产品进入期货市场，而且还要积极推进小品种粮食进行上市，可以适当降低其进入期货市场的门槛。

## （三）保险公司层面

**1. 积极推进农产品期货价格保险产品试点**

目前人保财险大连分公司已经推出玉米和鸡蛋期货价格保险产品试点，开启了我国农产品期货价格保险新篇章，保险公司应当时时关注这两款产品的运行情况，不断分析试点过程中的问题，总结试点经验，推进科学化、精准化的产品定价和赔付机制。此外，还应积极探索其他农产品以及农副产品的期货价格保险试点，以期快速推进我国农产品期货价格保险的发展。

**2. 不断扩大农产品期货价格保险的保障主体：从合作社到家庭农场**

现如今农产品期货价格保险的保障主体主要是专业化的合作社或者农业生产企业，而这些仅占我国农业生产者的一小部分，绝大部分粮食种植者是分散的众多家庭，扩大农产品期货价格保险的覆盖范围必然要求保险公司将该险种的保障主体从专业化的合作社扩展到家庭农场及个体农户。保险公司可以尝试通过以下几种途径将保障主体扩展至家庭农场及个体农户：其一，以村集体或者乡集体某一农产品种植总量的形式签订期货价格保险，合同中列明每个家庭农场及农户的种植面积，由村集体或者乡集体统收保费、统一赔付。其二，鼓励家庭农场及个体农户参加专业农业合作社或者组建农业组织，由农业合作社或者农业组织统一签订合同。

**3. 创新农产品期货价格保险产品**

我国农产品期货价格保险仍处于探索起步阶段，能否大范围地推广，关键是能否开发出满足消费者需求的期货价格保险产品，因此调动保险公司创新产品的主动性尤为重要。一是建立产品创新支持制度，给予保险公司以财政资金支持，鼓励创新农产品期货价格保险；二是建立产品创新保护制度，在一定期限内不予审批相似的农产品期货价格保险产品。

### （四）农户层面

**1. 加大农产品期货价格保险产品宣传教育**

我国农业生产专业化、集中化程度不高，大多是分散的家庭农业生产者，且文化程度普遍较低。尽管我国互联网技术飞速发展，但农业生产者的信息获取途径和获取能力仍然十分有限，且主动获取信息的意愿不高，因此需要制定行之有效的措施让广大农户快速地了解农产品期货价格保险。可以通过以下两个途径：一是选取年关时点，集中以乡镇或者行政村为单位，保险公司组织关于农产品期货价格保险的宣讲会；二是以县为单位组织广大农村干部学习农产品期货价格保险相关知识，由村干部利用传统的“大喇叭”宣传方式，利用晨起、中午或者傍晚的吃饭时间向农户传达农产品期货价格保险相关信息，且给予物质奖励，激励农户积极领取有关农产品期货价格保险的宣传资料。

**2. 鼓励农民加入农业合作社**

随着农业现代化进程的推进，分散化的家庭农业生产越来越不适应现代农业生产的需要，产业化、规模化是今后农业发展的方向，这种方式不仅有利于对农业生产进行规模化管理，降低生产成本，提高生产经营效率，也有助于规避价格风险，期货市场具有套期保值功能，正是由于我国农业生产的分散化一直没能得到充分运用。尽管农产品期货价格保险给农户提供了一种有效运用期货市场的途径，但分散化的生产也大大增加了农产品期货价格保险的管理运营成本。因此应积极鼓励农民加入农业合作社，既可以低成本享受现代化的农业生产，又有利于规避价格风险。

## 参考文献

[1] CUI Heri. Research on the Price Risk Management in China Agricultural Products [J]. Journal of Computers，2010 (8).

[2] H. Wang，B. Ke. Is China's Agricultural Futures Market Efficient [M]. USA：Blackwell Publishing Ltd，2003.

[3] Joseph B. Colea，Richard Gibsonb. Analysis and Feasibility of Crop Revenue Insurance in China [J]. Agriculture and Agricultural Science Procedia，2010 (9).
[4] 马龙龙. 中国农民利用期货市场影响因素研究：理论、实证与政策 [J]. 管理界，2010 (5).
[5] 余方平. "保险+期货"让更多农户受益 [N]. 中国保险报，2015-08-18 (2).
[6] 闫平，吴箫剑. "保险+期货"服务"三农"[J]. 金融世界，2015 (9).

# “保险+期货”

## ——农产品市场价格风险管理模式研究

张　峭

**摘要：**随着农产品价格形成机制改革深度推进和国内外市场深度融合，我国农产品市场价格风险呈加大趋势，作为市场风险管理工具的农产品价格保险被创新和试点，但农产品价格保险大规模推广应用面临着保险产品设计中保障价格设定依据和保险巨额赔付风险的分散两大困境，农产品期货市场具有的价格发现功能和转移风险功能可以有效地破解农产品价格保险推广面临的这两大难题，我国也开始了基于期货市场农产品价格保险产品的设计与风险分散的探索与试点，并总结出一些值得推广的模式和需要进一步改革和完善的问题。

**关键词：**农产品市场风险；价格保险；期货期权保险赔付风险

2014 年中央 1 号文件提出“逐步建立农产品目标价格制度”，“探索农产品目标价格保险试点”，2015 年和 2016 年中央 1 号文件进一步要求“积极开展农产品价格保险试点”和“探索开展重要农产品目标价格保险”。为贯彻落实中央文件精神，保险业界在各级政府支持下积极开展农产品价格保险创新和试点，目前试点区域达 20 多个省，试点品种包括粮食、生猪、蔬菜和特色农产品等。虽然试点区域广、试点品种多，但每个试点区域和险种规模很小，很难规模化推广。那么，农产品价格保险大规模推广面临的主要问题有哪些，如何破解这些难题？

## 一、我国农产品价格风险及管理工具

### （一）农产品市场价格风险呈加大趋势

长期以来，在以政府最低收购价和临时收储为核心的保护性收购政策干预下，我国主要农产品市场价格相对平稳。然而，随着农产品价格形成机制改革的不断深入，农产品价格逐步回归市场已成为改革共识，价格信号对生产和供需的调节作用将不断增强，相伴而生的市场价格风险也将更加凸显；随着我国与东盟、新加坡、新西兰、智利、韩国和澳大利亚等一系列多双边自贸区及“一带一路”建设的快速推进，国内

---

作者简介：张峭，中国农科院信息研究所研究员，农业风险管理研究中心主任，博士研究生导师。

外农产品市场联动性明显增强，国际市场价格波动对国内市场的传导速度加快和影响加大，价格波动不仅能在品种间传导，还能在不同品种间通过替代传导，国内农产品市场风险明显加大；受国际地缘政治角逐、全球气候变化、金融资本投机、生物质能源开发等非传统因素影响，未来农产品市场的不确定性将进一步加剧。

### （二）农产品市场风险特性和最优管理工具

由于农产品一般为同质性产品，且生产和需求都很分散，这导致绝大多数农业生产经营者通常为农产品市场价格的接受者，随着市场一体化发展和市场化程度提高，不同区域和不同层级的同一农产品价格波动趋势和特征基本一致，所有生产经营主体面对相同农产品价格变动趋势和特征基本一致，例如，玉米价格上涨所有种植玉米农户收入提升，玉米价格下跌所有种植玉米农户收入降低。所以，农产品价格风险具有明显的系统性特征。由于农产品价格风险的系统性特征，不符合传统保险理论中可保风险是独立性风险的要求，很难完全通过基于“大数定理”的保险在时间和空间上分散及转移，必须利用期货市场的对冲机制进行管理，即同时在现货和期货两个市场上进行商品种类相同、数量相等、方向相反的交易，用一个市场上产生的盈利来弥补另一个市场上发生的亏损，就可以达到锁定价格的目的。所以，农业风险管理理论认为价格风险最优的管理工具是期货和期权，通过期货、期权交易来有效转移和分散价格风险。

## 二、农产品价格保险提出及推广难点

### （一）农产品价格保险的提出

虽然期货期权是农产品市场价格风险管理的最优工具，然而，由于期货市场是标准化商品的批量远期交易，许多农产品特别是鲜活农产品难以标准化、难以贮藏、易传染疫病等原因，很难符合期货市场上市的条件要求，从而使得上市农产品品种有限；而且期货期权是一种高级市场衍生工具，需要具备相当期货专业知识和技能的主体方能参与交易，广大农产品生产经营者的知识结构与业务素养与期货交易要求不相匹配，期货期权交易较高的门槛使得农业生产经营者直接参与有限；期货市场农产品最低交易量每手动辄 10 吨以上的规则以及每手数千元交易保证金的要求，与小规模分散经营的农产品生产经营者不相匹配。所以，对于仍以小规模分散农户为主的中国农产品生产经营模式来说，通过农产品期货市场管理农产品价格风险具有很大局限性，需要通过制度和技术创新找到一种农户易于接受且能进行个性化服务的风险管理工具，来转移和分散农业生产经营者面临的日益凸显的市场价格风险，在这样背景下，农产品价格保险被催生出来。农产品价格保险是指以约定的农产品销售价格为保险标的的一种农业保险，是转移和分散农产品价格风险及保障农业生产经营者收入的一种风险管理工具。它针对不同生产经营群体进行个性化产品服务，简单明了，交易门槛低，容易为农民接受，非常适合中国现阶段农业生产经营实际，具有广阔推广应用前景。然而，农产品价格保险规模化推广应用也存在一些突出问题，限制了其大规模推广和应用。

### （二）农产品价格保险推广应用难题

目前农产品价格保险试点推进中面临的两大难题。第一是农产品价格保险产品设计中保障价格的设定问题。农产品价格风险是未来市场不可预期因素导致实际价格偏离预期价格的可能程度，保险承保的是意外事件引发的不可预期的风险，所以保障价格设定要以未来农产品市场预期价格作为设定依据，那么发现和寻找未来农产品市场预期价格就是开发该种农产品价格保险的首要问题，倘若缺乏未来农产品市场预期价格发现的渠道和方法，那就会因保障价格设定不合理导致农业生产经营者严重的逆选择而使农产品价格保险无法开展。第二是农产品价格保险巨额赔付风险的分散问题。农产品市场价格风险属系统性风险，这种系统性价格风险会导致区域内所有投保者可能同时遭遇价格下降到低于保障价格后造成的经济损失，极易造成保险公司承担巨大的赔付风险，而这种巨额赔付风险很难通过保险基于的“大数法则”予以空间上分散，再保险也不愿承接和转移这种巨额风险，倘若保险公司难以找到转移和分散这种巨额赔付风险的渠道和方法，那么农产品价格保险也难以规模化推广应用。因此，破解这两大难题就成为农产品价格保险推广应用和可持续发展的关键。

## 三、运用期货期权破解农产品价格保险面临的难题

农产品期货市场具有的价格发现功能和转移风险功能能够有效破解农产品价格保险推广面临的两大难题。

### （一）运用期货价格来设定保险产品中保障价格

有效期货市场中期货价格已经充分包容了各种可预期因素对农产品价格的影响，期货价格更加接近于远期真实价格，保险人和被保险人双方都不会做出比期货市场更好的预测，所以期货价格是最理想的预期价格。国外发达国家价格保险都是以期货价格作为预期价格，用于设定保险标的保障价格的依据，未来实际价格低于保障价格的差额完全是由保险合同签订后的不可预期的因素造成的，这样就可以规避逆向选择问题。期货是标准化商品合约，现货和期货对应的标的物不可能完全一致，由于质量和等级差异，当两种商品价格存在着相对固定的比价关系或称升贴水关系时，可依据保险标的物与期货交割标准化商品比价关系，设置保险保障价格为期货价格一定比例或设置一定免赔率，也可利用期货市场点价交易方式由专业风险管理公司提供。

### （二）运用期货市场进行价格保险“再保险”

运用期货市场转移保险巨额赔付风险。利用期货市场风险对冲功能，保险公司在

承保农业生产者农产品价格风险的同时，在期货市场上卖出与承保品种相同、数量适当的期货合约，从而将从农业生产者转移来的风险全部或部分再转移到期货市场投资者身上，达到规避价格保险面临巨额赔付风险的目的。具体来说，当保险标的价格上涨时，保险公司的保费收入可以支付期货交易成本，当保险标的价格下跌时，保险公司通过期货市场的盈利可以弥补保险赔款支出。这样保险公司就起到了引导农业生产经营者通过期货市场转移市场价格风险的中介作用。另外，通过购买看跌期权来分散保险巨额赔付风险。保险公司给农业生产者承保就相当于卖出看跌期权，承担了农产品价格下跌的风险，同时需要在场内或场外购买与承保品种相同的看跌期权来对冲承接的风险，当保险标的价格上涨时，保险公司的保费收入可以支付期权费用，当保险标的价格下跌时，保险公司通过选择期权行权所获得的盈利来弥补保险赔款支出，达到规避价格保险面临巨额赔付风险的目的。由此可见，在农产品价格保险的基础上，运用期货或期权工具，通过期货市场交易对冲，将保险机构面临的巨额赔付风险通过期货市场实施了“再保险”。

## 四、我国农产品价格“保险＋期货”的实践探索

2013 年以来，我国各地在农产品价格保险试点中利用期货、期权设定保险保障价格和分散保险机构巨额赔付风险方面开展积极探索，创新了“价格保险＋场外期权＋期货市场”的模式，该模式为分散数量众多的小规模农业生产经营者面临的市场价格风险提供了一条简单易行、成本低廉、推广性强的新思路和新模式，取得了宝贵的经验，但同时也面临诸多技术和制度上问题需要改革和完善。

### （一）模式探索和试点

该模式由大连商品交易所、人保财险辽宁分公司、新湖期货公司 2015 年在辽宁盘锦玉米上试点开展。具体做法是：农民合作社向人保财险辽宁分公司购买 1 000 吨玉米价格保险，约定价格为每吨 2 160 元，支付保费 11.5 万元；人保财险辽宁分公司向新湖期货公司购买 1 000 吨玉米看跌期权，支付权利金 9.67 万元；新湖期货公司将保险公司购买的看跌期权在大连商品交易所进行期货市场对冲。由于 2015 年玉米价格低于约定价格，合作社获得保险赔付 24.1 万元，保险公司获得新湖期货公司赔付 24.1 万元，新湖期货公司的赔款来自于期货市场对冲盈利。同时，大连商品交易所在鸡蛋、郑州商品交易所在油菜籽、棉花等品种上也开展了广泛范试点。目前，广西已按照这种模式启动了“糖料蔗价格指数保险”试点。

### （二）模式推广需进一步完善方面

该模式推广涉及到农业生产经营者、保险和期货公司、期货交易所和政府多方参与和交易，利用保险、期货期权等市场化手段管理农产品价格风险在我国还是新生事

物，农业生产经营者普遍缺乏价格风险管理意识，面对市场价格涨跌只能寄希望于政府补贴或政府稳价；农业等相关部门绝大多数干部对价格风险管理和对冲原理不清楚，对具体操作更是不甚了解，甚至对市场化风险管理持畏惧和抵触态度，难以形成推动模式发展的动力，所以，迫切需要将保险、期货等市场化风险管理工具应用知识纳入新型农民教育内容，开展农产品价格风险市场化管理专题培训。

保险公司在通过期货市场进行风险转移实现“再保险”操作中存在制度性障碍，例如，由于缺乏相关财务和税务指导性文件，保险公司购买场外期权的权利金在财务中无法列支为“再保险”科目，从期货公司获得的赔款也需要列支为“盈利”上税，同样类似问题也困扰着期货公司，严重制约了保险和期货公司主动推广此模式的积极性；我国农产品期货市场和场内期权不完善，上市的农产品品种还较少，且上市的一些大宗农产品受国家直接干预政策影响交易量普遍不大，现货市场价格风险很难通过期货市场完全对冲；另外我国期货交易所还未推出场内期权产品，保险公司只能通过购买期货公司提供的场外期权产品来对冲赔付风险，而期货公司再利用其专业操作优势在期货市场进行相应期权的复制，从而转移和化解市场价格风险，但期货公司采用复制期权方式对冲风险，费用高、风险大，又影响对冲效果，因此，迫切需要稳步推进场内期权、发展农产品期货交易、完善保险公司购买期权相关财务制度，扩大期货市场风险对冲“容量”。

## 参考文献

[1] 李北新，时岩，祝捷．“期货+保险”探索农产品风险管理新模式［N］．期货日报，2015-12-09.

[2] 张峭．双管齐下分散农产品价格风险［N］．金融时报，2015-12-16.

[3] 张峭，汪必旺．农产品目标价格保险的思考［N］．中国保险报，2014-06-09.

[4] 王克，张峭，等．农产品价格指数保险的可行性［J］．保险研究，2014（1）.

[5] 李华．依托期货激活农险市场价格风险保障功能［N］．中国保险报，2014-01-22.

# 努力开发适应农业经营主体的农险新产品

李志刚

**摘要：**现阶段，我国正处于加快推进农业现代化的新时期，农业生产逐步向适度规模经营转变，农业投入的规模更大，新型农业主体面临的风险更高，对农业保险的需求更强烈，传统农业保险产品已经无法满足新型农业经营主体的风险保障需求。针对新型农业经营主体的特点，本文介绍了适应新型农业经营主体需求的农业保险创新产品，包括价格保险、指数保险和收入保险产品等，并对化解其生产风险和经营风险提出了具体建议。

**关键词：**新型农业经营主体；农业保险；产品创新

李克强总理在2017年的政府工作报告中提到“发展多种形式适度规模经营，是中国特色农业现代化的必由之路，离不开农业保险有力保障”。这不仅对现阶段农业保险的发展指明了方向，也是对当前农业保险试点经验阶段性的总结。自2007年中央财政对农业保险保费实施补贴以来，我国的农业保险得到快速发展，到2016年，我国农业保险提供的风险保障达到2.2万亿元，参保的农户增长到2亿户次，承保的农作物面积增加到17.2亿亩，农业保险已经覆盖了所有的省份，承保农作物有190多种，玉米、水稻、小麦三大口粮作物承保的覆盖率已经超过70%，2016年实现保费收入417.1亿元，我国的农业保险业务规模仅次于美国。多年来实践证明，农业保险具有分散农户生产风险、补偿农户受灾损失以及促进其灾后恢复发展生产的作用，农业保险已成为国家一项重要的强农惠农富农政策。

当前，我国正处于加快推进农业现代化的新时期，农业生产逐步向适度规模经营转变，农业投入的规模更大，新型农业主体面临的风险更高，对农业保险的需求更强烈，目前“低保费、低保障、保成本、广覆盖”的传统农业保险产品，实行的是基本普惠制保险，已经无法满足新型农业经营主体对自然灾害和特别是含价格波动的收入损失的风险保障需求。2016年中央1号文件《中共中央、国务院关于落实发展新理念加快农业现代化实现全面小康目标的若干意见》明确提出：“积极开发适应新型农业经营主体需求的保险品种。探索开展重要农产品目标价格保险，以及收入保险、天气指数保险试点”。为适应农业经营方式转变趋势，国内多家保险公司也因时而异地进行了创新，总体而言，加大对新型农业经营主体的农业保险供给侧改革势在必行。

作者简介：李志刚，安华农业保险股份有限公司新产品研发及推广中心总经理。

## 一、拓宽农业保险保障服务领域，化解市场风险，尝试开展农产品价格保险

价格保险是以价格（指数）为赔付依据的一种农业保险产品，保障农业生产经营者因市场价格跌幅造成的经济损失，保险公司给予经济赔偿的是农产品价格低于双方保险单上约定的保障价格（指数）的差额部分。国内保险市场上，多家保险主体都开办过蔬菜、马铃薯、中药材等价格保险业务，最早和较有影响力的价格保险产品是安华农业保险股份有限公司开办的生猪价格指数保险和上海安信农业保险股份有限公司开办的淡季绿叶菜成本价格保险两款产品。

2013 年，安华农业保险股份有限公司首次在北京试点开办生猪价格指数保险，其生猪价格指数保险是一款专门为生猪养殖企业和规模化养殖户量身定做，旨在化解生猪市场价格波动风险的国内首单农业保险创新型指数产品。该产品紧盯国家发改委等部委联合发布的《缓解生猪市场价格周期性波动调控预案》中的猪粮比数据，当“猪粮比值”低于约定的 6∶1 平衡点时，对由此造成规模化养殖户的价格损失给予赔付。该产品的保险金额根据猪粮比值、玉米批发价格、每头生猪的平均重量和保险生猪数量综合确定。其后，随着经营经验的积累以及搜集养殖户对保险需求的反馈，安华农险陆续对该产品进行了升级换代。主要是根据被保险人的不同风险需求，防范道德风险和控制逆向选择，增加了约定猪粮比、约定理赔周期可选择范围、不同的理赔方式以及设置了动态费率。试点范围也由北京逐步扩展到山东、大连、四川、河北等地。该产品试点之初就被北京市政府纳入政策性保险范围（保险保费由投保农户、县财政、市财政按 2∶2∶6 比例分担），自 2013 年开办以来，共为 801 户（次）生猪养殖企业和规模化养殖户、246 万头生猪，提供了 29.53 亿元的风险保障水平。历年总保费收入 8 649 万元，历年累计赔款 6 352 万元。通过总结近几年该保险业务的开展经验，初步显示了生猪价格指数保险有利于维持生猪养殖大户的养猪积极性和保障生猪养殖企业不因市场价格波动受损的再生产能力的作用。

2012 年，上海安信农业保险股份有限公司根据本地区蔬菜市场具体情况，为有效保障蔬菜供给和提高生产者积极性，推出了淡季绿叶菜成本价格保险，该产品以蔬菜龙头企业、专业合作社和种植大户作为优先，2 亩以上的绿叶菜种植散户由所属镇（乡）统一组织投保。保险金额按照保险产量（亩均产量的 70%）与单位生产成本乘积计算。选取国家统计局上海调查总队采集的 18 家标准化菜市场的零售价格数据作为理赔标准，若保险期间内平均零售价低于保单的约定价，则按其跌幅同比例进行相应赔付。通过该产品的开展情况来看，该保险产品为保护郊区菜农利益和保障蔬菜均衡生产、均衡供应发挥了积极作用。

继生猪价格指数保险和上海淡季绿叶菜成本价格保险之后，全国各地的价格类产品如雨后春笋般涌现出来。特别是作为蔬菜大省的山东省，在政府的主导和支持下，

出现了大蒜、马铃薯、蒜薹、大葱等多种蔬菜的目标价格保险，这些产品无一例外均锁定的是农产品现货市场的价格波动风险。

2015年，人保财险分别与玉米种植专业合作社和谷物种植专业合作社签订了鸡蛋价格保险和玉米价格保险合同，并与期货公司签订了业务合作协议，首单与期货结合的国内农产品价格保险产生。2016年4月，大商所发布了关于2016年支持期货公司开展“场外期权”、“保险＋期货”试点的通知，并有12个“保险＋期货”项目获得批准（9个玉米试点、3个大豆试点，主要覆盖辽宁、吉林、黑龙江、内蒙古等玉米、大豆主产区），其中人保财险、安华农险、阳光农险、国元保险、大地保险等7家保险公司参与。与以往价格保险不同之处在于，“保险＋期货”中保险标的价格依托期货市场的价格发现功能，同时借助购买场外期权转移和化解由于农作物市场价格下跌造成的赔付风险，达到“再保险”目的，除此之外，该系列产品仍然以赔付价格损失为目标。

## 二、针对气候变化的灾害事件，有的放矢，积极开办适合的天气指数保险

所谓的指数保险，早在20世纪90年代后期，西方国家就已经出现，典型的指数保险产品是气象指数保险。农业气象指数保险是指把一个或几个气候条件对农作物损害程度指数化，每个指数都有对应的农作物产量和损益，保险合同以这种指数为基础，当指数达到一定水平并对农产品造成一定影响时，投保人就可以获得相应标准的赔偿。目前，国内多家保险公司都设计和开展了诸如温度、降雨、风力等多种保险产品，保险险种也从种植业扩展到林业、水产养殖等行业，初步积累了一些经验。

2013年，中国人民财产保险股份有限公司专门为獐子岛集团开发了獐子岛风力指数保险，具体是以风力指数作为承保理赔依据的创新型保险产品，当保险标的所在海域遭受的风灾达到起赔风级时，保险公司按照风灾等级对应的赔偿比例给予赔付。其中，保险金额根据獐子岛渔业集团在不同养殖海域海产品的平均产值确定。该保险产品为獐子岛集团在大连长海、山东荣成及山东长岛的海珍品养殖海域提供了总额4亿元的风险保障。

2016年，瑞士再保险协助黑龙江省政府财政厅联和阳光农业相互保险公司研究并设计了“黑龙江省农业财政巨灾指数保险”。该产品是应用卫星遥感技术和气象监测技术开发的创新型农业指数保险方案，巨灾项目通过运用卫星雷达遥感指数、标准化降水蒸发指数、低温指数和降水过多指数为黑龙江省28个贫困县提供包括流域型洪水、干旱、低温和降水过多等自然灾害的保障，该项目试点期间为当地政府提供基于流域洪水、降雨过多、干旱及积温不足等农业灾因约23.24亿元人民币（约合3.48亿美元）的巨灾保险保障，充分发挥了保险破解灾害致贫返贫难题的积极作用，确保了灾害发生后，财政部门有足够的流动资金尽快安置受灾农民、抢修农业设施、

恢复农业生产。

## 三、助力农业产业升级和提质增效，增品扩面，大力开展地方特色农业保险产品

随着我国农业保险的发展，我国农业保险的品种由开始试点的种植业品种，逐步扩大到养殖业、牧业、林业、渔业等多个领域，各地特色产业的农业保险品种层出不穷，同时结合我国农业发展要求和各项政策，在经营模式上也进行了创新。

2015 年，为了扶持吉林省延边朝鲜族自治州特色延黄牛养殖产业健康发展，降低养殖企业及规模化养殖户的融资成本，在延边州政府的指导与推动下，安华农业保险与延边朝鲜族自治州邮储银行合作，创新“政策性农业保险＋信贷”合作模式，采取黄牛活体抵押和农业保险化解延黄牛死亡风险相结合的方式为规模化养殖户提供贷款。既化解了养殖户的养殖风险，又为其扩大再生产提供了资金保障。同时，政府补贴资金运用保险机制的杠杆效应得到了合理的放大，该款产品的省级以下各级财政补贴比例为总保费的 80%，养殖户仅需以总保费 20%的资金即可获得巨额风险保障及多倍的银行贷款。随着该业务模式的开展，试点地域由最初的和龙市、安图县扩展到延吉市、龙井市、图们市、汪清县，扶持对象也拓展到“扶贫牛”。截止到 2016 年年底，该业务共承保延黄牛 6 407 头，总保额 2 853.9 万元，并协助其获得贷款 580.6 万元。从实施效果上看，延边黄牛保险融资工作，对延黄牛产业发展具有拓宽资金来源、化解养殖风险、促进持续发展的重大意义。

农业保险由于具有化解风险、经济补偿的功能，在“因灾致贫、因灾返贫”工作中也发挥了独特作用，阜平县委、县政府制定了“金融扶贫、保险先行”的工作方案，实施“农业保险全覆盖”作为金融扶贫工作的突破口，当地政府与人保财险开办农业保险的联办共保试点，通过丰富保险产品、创新运作模式、提高政府补贴等方式，实现险种上覆盖全县主要种养业品类，运用“基本保障＋补充”的模式实现地方特色农业保险全覆盖的普惠效果。2015 年阜平县农业保险覆盖 176 个村 4.27 万户农民，累计保费收入 1 090.63 万元，提供风险保障 11.43 亿元，为 2.01 万户（次）支付赔款 1 483 万元。结合农业保险的全覆盖，阜平政府又创新了“农业保险＋贷款”联动机制，多种途径解决农户“融资难、融资贵”问题。通过“贷款担保＋农业保险反担保”方式，发放扶贫贷款 3.04 亿元。利用保单抵押贷款方式，发放贷款 586 笔，贷款总额 4 083 万元，并充分发挥保险资金支农融资作用，中保投资有限责任公司已在阜平首期投入 5 000 万进行支农融资。阜平县“金融扶贫、保险先行”模式的实施，将贫困人口全部纳入保险保障范围，体现了保险扶贫的普惠性；另一方面，保险作为市场化机制，保障对象明确，能够使政府的扶贫资金精准地投向农业产业化项目，精准扶贫效果显著。与此相类似，河南兰考县政府与中原农业保险股份有限公司联合开展了“脱贫路上零风险”试点项目，为全县所有贫困人口提供包括生产、生活

在内的风险保障，效果显著。

## 四、提高服务规模化新型农业经营主体服务能力，立足收入保障，试点经营农产品收入保险

在多年的农业保险试点过程中，升级现有产品的呼声越来越高，关注最多的是收入保险，农作物收入保险是 20 世纪 90 年代末，国外农业保险界研发的一款创新型保险产品，产品以农作物的收入为保险标的，当农作物的产量、价格波动或者二者共同导致被保险人的实际收入水平低于保险合同保障的收入水平时，由保险公司负责进行赔偿。农作物收入保险目前是美国农业保险的主流产品，2014 年该产品的保费收入占美国农业保险总保费收入的 81.5%，收入保险与我国现行的种植成本保险不同，一是收入保险保障程度高，现行国内农作物成本，其保险金额主要覆盖农作物的物化成本，而收入保险保障的则是种植者的预期收入，保障程度较高；二是与现行国内农作物成本保险只保障自然灾害、意外事故等生产风险不同，收入保险既保障生产风险又保障市场风险，即收入保险保障的是融合生产风险和价格风险两种因子造成的农作物种植者收入减少的损失。

2015 年，安华农业保险股份有限公司在国内率先研发了大豆收入保险，大豆收入保险主要针对家庭农场等具有一定规模的大豆种植者，以大豆种植收入为承保标的的一款农业保险产品。当大豆实际收入低于保险合同约定的预期收入时，保险公司按约定给予赔付。其中，预期收入＝预期价格（大商所黄大豆 1 号期货主力合约当年 4 月份平均结算价）×每亩保险产量（当地近五年平均单产）×保险面积×保障比例（80%）；实际收入＝收获期市场价格（大商所黄大豆 1 号期货主力合约当年 10 月份平均结算价）×平均每亩实际产量（当地大豆近五年的平均产量）×保险面积。

2016 年，安华农业保险公司在吉林省敦化市试点了大豆收入保险，共有 30 家家庭农场和合作社参保，承保面积 1.45 万亩，总保额 665.42 万元，总保费收入 89.56 万元（农户自筹保费 17.92 万元，省级财政和市财政各补贴 35.82 万元，即大豆收入保险保费由投保农户、市财政、省财政按 2∶4∶4 比例分担）。试点期间承保大豆因自然灾害减产 23.28 吨，总赔款 46.95 万元。其中，大豆单产水平较高的官地镇，家庭农场投保的大豆收入保险每亩保额为 500 元/亩，是大豆物化成本保险保额的 2.5 倍；大豆收入保险平均保费 63.69 元/亩，是物化成本保险的 4 倍。与政策性成本保险相比，大豆收入保险不仅保障旱涝风雹等自然灾害风险，还将价格变动等市场风险纳入保险责任范围，保额更高、风险保障范围更广，同时保费也相对较高。受保险费财政补贴额度限制，去年敦化市试点的大豆收入保险面积仅为 1 000 公顷，远不能满足大豆规模经营户的需求。

2016 年，安信农险也试点开办了收入保险，其收入保险设置了五档保额，供试点地区选择。其中松江区承保水稻收入保险 1.1 万亩，保障标准 1 860 元/亩。浦东

新区承保水稻收入保险 0.8 万亩，保障标准 1 581 元/亩。小麦收入保险 0.2 万亩，保障标准 649 元/亩。收入保险试点的实际价格测算由上海市粮食局通过价格采集并取平均值来确定，时间区间为 2016 年 12 月至 2017 年 2 月底，如农民实际收入不足保额即进行赔付。根据安信农险负责人介绍，一期试点中，截至 2017 年 3 月 2 日，松江涉及赔款超过 200 万元，浦东待测产结束再确定最终赔款金额。尽管试点范围不大，但上海收入保险通过市场化手段放大财政补贴杠杆、保障农民收入的效果已经开始显现。

值得注意的是，收入保险中的农作物价格一般采用的是期货市场的价格或者是政府发布的具有公信力的价格数据，例如参考国家发布的临时收储价格、大豆目标价格等。对数据的发布依赖较大，考虑到目前我国商品期货市场品种的限制，再加上如果缺失有效的价格发布机制，而被保险人尤其是新型经营主体对保险的保障水平要求较高，传统的成本保险不能满足其化解风险的实际需求，则可考虑研发产量保险，来化解这一难题。产量保险与传统成本保险相比保额较高，对数据的依赖性比收入保险相对宽松，实施起来更加灵活。

为适应适度规模化经营方式的转变，化解新型农业主体的生产风险和经营风险，建议加大推动农业保险供给侧改革，具体建议如下：

一是积极助力适度规模经营的发展，单独建立对新型农业经营主体农业保险产品进行保费补贴的机制。针对新型农业主体投入多，面临风险大的特点，因地制宜开发有针对性的价格保险、指数保险、产量保险和收入保险产品，在提高农业保险保障程度和产品升级的基础上，借鉴现有农业保险保费补贴由上至下配套补贴的经验，单独建立针对新型农业主体的农业保险保费补贴机制，充分化解新型农业主体在生产经营中面临的市场风险和自然灾害风险，提高其化解风险和灾后再生产的能力，使农业产业化、规模化和集约化经营健康持续的发展。

二是结合进一步优化农业区域布局，中央财政重点加大对“三区”的新型农业经营主体的农业保险保费补贴力度。在中央层面上，直接对粮食生产功能区的稻谷、小麦、玉米和重要农产品生产保护区的大豆、棉花、油菜籽、糖料蔗、天然橡胶及特色农产品优势区的主要畜产品、水产品、林特产品的农业保险补贴品种进行划定，同时加大优化农业区域布局相关配套文件中的农业保险政策引导，提高新型农业经营主体化解农业风险的重视程度和进行农业保险的积极性。

三是针对优势特色产业，加大中央财政对地方的优势特色产业农业保险的以奖代补政策。通过制定和实施中央财政优势特色农业保险以奖代补措施，鼓励各地地方政府对优势特色农业提质增效行动计划中的杂粮杂豆、蔬菜瓜果、茶叶蚕桑、花卉苗木、食用菌、中药材和特色养殖等产业的新型农业主体开展和补贴相应的农业保险，真正把地方土特产和小品种做成带动农民增收的大产业。

四是通过对新型农业经营主体农业保险产品的供给侧改革，推动和实施“农业保险＋农村信贷”，加大农村金融创新。当前新型农业主体急需信贷资金扩大规模，而由于农产品不属于可抵押资产，并且农业生产面临的巨大生产和经营风险，新型农业主体的贷款需求得不到有效满足，农村金融这一瓶颈始终束缚规模化的发展。目前可尝试通过对农业保险产品创新，提高风险保障程度，锁定新型农业经营主体收入的基础上，在政府的组织和引导下，在贷款贴息和保费补贴的前提下，通过把农业保险赔款请求权让与担保的形式进行担保，解决新型农业主体的融资需求，彻底激活农村金融市场。

# “保险＋期货”试点效果评估及建议

朱俊生　叶明华

**摘要：**“保险＋期货”试点是对粮食价格风险进行市场化管理的积极探索。与托市收购政策和价差补贴相比，“保险＋期货”的保费水平较临储费用有一定的优势，可以实现农户价格风险转移的梯度效应，发挥了保险公司和期货公司精算和风险管理的技术优势，在一定的条件下不影响现货价格的市场形成，可以增强财政支农资金的硬约束及其透明度，并可以在一定的条件下规避国际规则对农业直接补贴的限制。“保险＋期货”在运行中存在价格发现机制不健全、农产品期货交易的市场容量有限、场外期权存在缺陷、资金支持不足以及存在发生系统性风险的隐患等问题，短期内难以大面积推开。为了推动“保险＋期货”的发展，要将其定位为国家粮食价格风险管理市场化手段的重要工具，逐步将其纳入政策性保险体系，建立政府与保险、期货市场的风险共担体系，发展农产品期货和场内期权以及探索收入保险。

**关键词：**农产品价格形成机制；保险；期货；收入保险

## 一、“保险＋期货”试点的背景

长期的托市收购政策导致粮价与市场脱钩，当前粮价政策改革的核心就是让粮食价格和收储回归市场。①目前我国正在深化粮食等重要农产品价格形成机制和收储制度改革，农户面临粮食价格的不确定性变动所带来的市场风险。粮食属于必需品，其需求的价格弹性和收入弹性较低，当粮食价格高涨时易导致“米贵伤民”；而当粮食价格暴跌时又会引起“谷贱伤农”。因此，20 世纪 70 年代开始，联合国粮农组织提出各国政府可采取适当措施稳定本国粮价。自 2004 年至 2015 年，我国粮食产量实现十二年连增，国内粮食市场格局已然发生变化，部分粮食品种由紧平衡向供给盈余转变。粮食的持续增产与托市收购政策导致的粮价高企之间形成价量齐涨的悖论，粮食市场面临供需失衡的局面，如何解决粮食产量持续增产带来的粮价下跌风险与国内粮价高位运行之间的矛盾尤为重要。当前关于粮食价格风险管理的政策走向形成两方观点：一是政策手段的边际优化，其主张是从托市收购政策向价差补贴演进。价补政策

---

作者简介：朱俊生，国务院发展研究中心金融研究所教授、博士生导师；叶明华，华东师范大学统计学院副教授。

① 孔祥智，2016：“农业供给侧结构性改革的基本内涵与政策建议”，《改革》，第 2 期。

虽然不直接干预市场价格，但其本质是政策性手段的边际优化，依然受到黄箱政策的制约，依然会产生效率损失和制度成本。二是从政策性手段向市场化工具的彻底转移，其主张是采用市场化的价格保险或其他农村金融工具来转移和分散农户面临的价格风险。未来我国粮价风险管理是在政策性举措上进行边际优化，还是逐步由政策性举措向市场化工具转化，是当下粮食价格管理领域需要回答的首要问题。

“保险＋期货”就是在上述背景下进行市场化价格风险管理的探索，即应用价格保险来转移农户的粮价风险。2016 年，在农业部、保监会、大连商品交易所以及部分地方政府的支持下，部分保险公司和期货公司在全国开展了 13 个项目的“保险＋期货”试点。试点的基本运行模式为：农户、种粮大户、合作社等农业种植主体向保险公司购买根据期货价格开发的价格保险产品，将价格风险转嫁给保险公司。保险公司同时向期货公司或其风险子公司购买场外看跌期权，转移自身承担的价格风险。期货公司或其风险子公司对期权进行复制，通过商品交易所的期货市场进行风险对冲，在期货市场的众多投资者中分散风险。可见，价格风险由农户转移到保险公司，再通过期货公司向期货市场转移。

## 二、“保险＋期货”试点情况及其取得的成效

### （一）试点的整体和区域情况

2016 年，“保险＋期货”试点包括 3 个大豆项目和 10 个玉米项目，现货量为 20.1 万吨，投保面积为 56.3 万亩，共有 4 159 户农户和 41 个合作社投保。其中大豆试点项目的平均目标价格为 3 734 元/吨，保费总额 614.5 万元，平均保费 178 元/吨，赔付总额 87.61 万元，赔付水平为 87.61 元/吨；玉米试点项目的平均目标价格为 1 537元/吨，保费总额 2 033.46 万元，平均保费 122 元/吨，赔付总额 435.7 万元，赔付水平为 36 元/吨（表 1）。

**表 1　“保险＋期货”试点的整体情况**

| 项　目 | | 大　豆 | 玉　米 |
|---|---|---|---|
| 试点基本情况 | 试点个数 | 3 个 | 10 个 |
| | 现货量 | 3.45 万吨 | 16.65 万吨 |
| | 投保面积 | 23 万亩 | 33.3 万亩 |
| | 农户 & 合作社 | 136&2 | 4 022&39 |
| 保险产品及赔付情况 | 保险平均目标价格 | 3 734 元/吨 | 1 537 元/吨 |
| | 保费总额 | 614.5 万元 | 2 033.46 万元 |
| | 平均保费 | 178 元/吨 | 122 元/吨 |
| | 赔付总额 | 87.61 万元 | 435.7 万元 |
| | 赔付水平 | 87.61 元/吨 | 36 元/吨 |

资料来源：大连商品交易所。

2016年，“保险+期货”试点省份包括黑龙江、吉林、辽宁、内蒙古和安徽。除了黑龙江，其他地区的试点品种均为玉米。除内蒙古外，其他地区的试点项目均发生赔付（表2）。

**表2 “保险+期货”试点的区域情况**

| | 黑龙江 | | 吉林 | 辽宁 | 内蒙古 | 安徽 |
|---|---|---|---|---|---|---|
| 试点个数 | 3个大豆 | 3个玉米 | 2个玉米 | 2个玉米 | 2个玉米 | 1个玉米 |
| 现货量（万吨） | 3.45 | 3.5 | 2.5 | 3.33 | 4.5 | 2.82 |
| 投保面积（万亩） | 23 | 7 | 5 | 6.66 | 9 | 5.64 |
| 农户&合作社 | 136&2 | 154&4 | 20&11 | 574&7 | 3 266&2 | 8&15 |
| 平均目标价格（元/吨） | 3 734 | 1 514 | 1 548 | 1 627 | 1 500 | 1 508 |
| 保费总额（万元） | 614.5 | 325.5 | 407.1 | 678.6 | 379.8 | 242.5 |
| 平均保费（元/吨） | 178 | 93 | 162.4 | 204 | 84 | 86 |
| 赔付总额（万元） | 87.61 | 53.39 | 66.33 | 214.48 | 无 | 101.52 |
| 赔付水平（元/吨） | 87.61 | 15 | 26 | 64 | 无 | 36 |

资料来源：大连商品交易所。

## （二）试点取得的成效

目前“保险+期货”试点的规模还非常有限，试点的时间仅为1年，其效果还有待进一步观察。但从其运行机理以及初步的实践看，与托市收购政策和价差补贴相比，试点取得了以下成效：

（1）保费水平较临储费用有一定的优势。根据测算，保险价格为大连商品交易所玉米1701合约1 570元/吨，10个玉米试点的平均保费为122元/吨。粗略估算，玉米临储政策国家固定补贴费用约为332元/吨（表3）。可见，“保险+期货”较临储可以节约费用210元/吨。这意味着“保险+期货”可以达到临储政策类似的目标，但通过机制的创新可以节约财政支出资金。

**表3 玉米临储政策国家固定补贴费用估算**

单位：元/吨

| 项　　目 | 金额 |
|---|---|
| 收购费用 | 50 |
| 年保管费用补贴（以存储2年计） | 172 |
| 资金利息（年利率5%，2 000元/吨） | 100 |
| 粮损 | 10 |
| 固定补贴费用合计 | 332 |

资料来源：大连商品交易所。

（2）可实现农户价格风险转移的梯度效应。从试点实践看，由于地区差异、签订合同的时间不同、期货价格的动态变动以及不同地区农民或者合作社的心理目标价位不同，不仅不同省份试点项目的目标价格存在差异，而且同一省份的不同试点项目中的目标价格也有所不同。这意味着“保险+期货”在理论上和实践中都具有较高的灵活性和梯度保障效应，即市场化的价格保险可以灵活设置保障程度。考虑到我国农户群体的分化，可以细化计算在不同保障价格和不同保障程度下粮食价格保险的保费数值，提供多样化的选择。这样，不论是小规模为自家口粮种植的农户，还是大规模为商品粮从事生产的农户，均可根据自身风险转移的差异选择不同保障水平的价格保险。

（3）可发挥保险公司和期货公司的精算和风险管理的技术优势。作为金融市场中专注于风险管理的金融机构，保险公司和期货公司联合，可以对粮食价格风险进行更为精确地测算与评估。通过充分发挥保险的风险转移职能、保险公司的精算技术优势以及期货公司对风险管理的优势，“保险+期货”通过对保障价格的统计预测及其对保费厘定的精算定价，对于风险测算精度通常会高于价差补贴，从而有利于提升财政支农资金支出的精准性。

（4）在一定的条件下不影响现货价格的市场形成。临储政策对农产品的现货价格产生重大影响，从而扭曲了价格信号。而“保险+期货”通过衍生品对价格下跌风险进行分散，本身不会对现货市场价格产生影响，农户可以根据市场信号来调整种植结构与规模。因此，“保险+期货”有助于探索和推动农产品价格形成机制和收储改革。但值得注意的是，“保险+期货”不影响现货价格的市场形成机制的前提是，保障价格与保障程度是多样化的。如果设定单一的保障价格，则其效应相当于临储政策，农户对价格将形成一致的预期，会弱化甚至扭曲市场价格的形成。①

（5）可以增强财政支农资金的硬约束及其透明度。“保险+期货”可预先确定保费补贴的比例和额度，从而可以预先确定财政补贴总额，增强财政预算的硬约束。另外，“保险+期货”运作流程较短，环节清晰，资金流向公开，容易审核和监督，也有利于提升财政资金运作的透明度。

（6）“保险+期货”可以在一定的条件下规避国际规则对农业直接补贴的限制。为了防止对农业保险的滥用，世界贸易组织对作为绿箱的农业保险政策作了严格的规定。比如，对于传统产量保险，保障水平要求不超过70%。因此，美国和加拿大等发达国家都将其农业保险申报为黄箱。日本则将保障水平70%以上的农业保险申报为黄箱，70%以下的申报为绿箱。印度、巴西、菲律宾等由于保障水平较低，基本符合规定，都将其农业保险申报为绿箱。② 虽然世贸规则没有对“保险+期货”作具体的规定，但参照其对农业保险的一般性规定，适度保障水平的“保险+期货”形式的价格保险应该符合其规则，从而可以规避托市收购政策遇到的制度屏障，例如黄箱补

① 朱俊生、庹国柱，2016：“农业保险与农产品价格改革”，《中国金融》，第20期。

② Joseph W. Glauber，2015：Agricultural Insurance and the World Trade Organization，IFPRI Discussion Paper 01473.

贴的限制。

农业政策的两个基本目标是“保供给”和“保收益”。当前推进粮食价格体系改革必须将这两个目标分别对待。粮价政策的目标，尤其是粮食收储制度的核心应该是解决农户卖粮难的问题，而不是保收益的问题。粮价波动风险及其农户收入变动风险，应当交给市场机制来解决，[①] 农业保险则是当前国际金融市场中管理粮食价格风险最有效的手段之一。[②] 在这个意义上，“保险＋期货”试点对于粮价波动风险及其农户收入变动风险的市场化管理做了有益的尝试和积极的探索。

## 三、“保险＋期货”试点中存在的问题

“保险＋期货”在运行中存在价格发现机制不健全、农产品期货交易的市场容量有限、场外期权存在缺陷、资金支持不足以及存在发生系统性风险的隐患等问题，短期内难以大面积推开。

（1）农产品期货市场发展滞后。一方面，期货市场的价格发现机制不健全。“保险＋期货”运用期货价格来定价，但由于长期以来托市收购政策的价格支撑作用，期货市场的价格发现机制受到抑制，大多数农产品的期货价格与现货价格的相关性不强，不仅制约了“保险＋期货”的试点品种选择，也影响了定价的准确性。另一方面，期货交易的市场容量小，制约了试点规模。我国农产品期货发展相对滞后，交易不活跃，且农产品的季节性特征显著，可对冲的期货量占现货量的比例微乎其微，这使得利用期货市场进行风险对冲的容量有限，从而制约了试点的规模。

（2）场外期权存在制度性缺陷。在“保险＋期货”试点中，保险公司通过看跌期权将风险转移给期货公司或其风险管理子公司。但目前没有玉米和大豆的场内期权，而利用场外期权进行期货交易存在不少问题，如交易成本较高、流动性不足、交易形式单一、缺乏集中清算机制等，[③] 这些推高了保费水平，增加了相关金融机构的风险。

（3）存在发生系统性风险的隐患。大豆、玉米等大宗粮食产品已经形成了全国性的大市场，其价格变动的风险具有系统性的特征。[④] 一方面，保险公司通过看跌期权将风险全部转移给期货公司或其风险管理子公司，表面上是稳赚不赔，但由于期货公司的资本大都比较有限，承担风险能力不足，在系统性风险发生时很可能会出现违约

---

① 程国强，2016：“我国粮食价格改革的逻辑与思路”，《农业经济问题》，第 2 期。

② 解决粮食价格风险的市场化手段除了价格保险还有农产品期货。但是对于中国当前以小规模农业生产为主的农业经营主体而言，农产品期货的发展受以下因素制约：第一，农产品期货需要较大的资本投入，实践中主要是农产品加工企业和投机者在进行期货操作，农户受资金限制，较少参与期货交易；第二，农产品期货的技术性壁垒较强，其交易需要较高金融知识；而保险是交易成本较低的金融工具，其投保与理赔较之于农产品期货的对冲操作更为简便易行。

③ 田渊博，2017：“场外期权的发展呼唤场内期权期货”，《证券日报》，1 月 16 日。

④ 朱俊生、庹国柱，2016：“谈农产品价格保险的几个局限性”，《中国保险报》，6 月 7 日。

风险。因此，保险公司的经营结果仍然存在不确定性。另一方面，期货公司通过卖出看跌期权承担了主要风险，并通过期货市场对冲风险，同样存在交易风险。可见，价格风险通过期权和期货市场进行对冲，并不能实现100%的转移，仍存在发生系统性风险的隐患。

（4）没有纳入政策性保险范围，资金支持不足。2016年“保险＋期货”的试点资金主要来自农业部（1 500万元）、大连商品交易所（1 960万元）以及个别地方政府的支持。另外，除了财政资金，农户承担了保费的10%～30%。由于试点没有纳入政策性保险范围，资金支持有限，也进一步限制了试点规模。

## 四、推动“保险＋期货”发展的政策建议

为了推动“保险＋期货”的发展，要将其定位为国家粮食价格风险管理市场化手段的重要工具，逐步将其纳入政策性保险体系，建立政府与保险、期货市场的风险共担体系，发展农产品期货和场内期权以及探索收入保险。

（1）将“保险＋期货”定位为国家粮食价格风险管理市场化手段的重要工具。“保险＋期货”实行以市场为基准的保险定价，可以规避价格管理的政策性手段对粮食市场的扭曲，确保在对农户价格风险提供保障的同时，不影响粮食市场的价量平衡和供需平衡。因此，在粮食价格风险管理的一揽子策略中，价格保险应逐步成为粮价风险管理市场化手段的重要工具。

（2）逐步将“保险＋期货”纳入政策性保险体系。这样可以由中央和地方财政给予农户一定比例的保费补贴。价格保险的保费补贴不会额外增加财政负担，因为在当前的托市收购政策中，政府需要承担巨额的收储成本和价差损失，而推行价格保险后，政府可将收储成本的财政软预算转变为保费补贴的硬约束，并使政策成本更加清晰透明。

（3）建立政府与保险、期货市场的风险共担体系。在托市收购政策中，粮价风险从农户向政府转移，政府扮演了农业保险公司的角色。在“保险＋期货”中，粮价风险从农户向保险公司与期货公司转移，需要政府在粮价剧烈变动导致超额赔付时共同承担粮价的系统性风险，构建多方风险共担体系。政府作为“保险＋期货”的再保险人，既可降低政府对粮食市场的直接干预，也可将政府从收购价的制定、仓储、运输至补贴的全流程风险管理中解放出来，专注于顶层制度设计、监管和风险最后承担，以实现粮食价格风险的市场化管理。

（4）发展农产品期货和场内期权，为“保险＋期货”的发展夯实基础。要充分发挥“保险＋期货”的优势，核心在于做好精算定价。而科学合理地精算定价的前提是发达的农产品期货市场及其提供的良好价格发现机制。为此，除了积极发展国内的农产品期货市场，还可以鼓励期货公司利用美国商品期货交易所等国际市场进行风险对冲。同时，要发展场内期权，以降低期权的交易成本，提高交易效率，降低交易风

险，从而可以降低保费水平以及相关金融机构的风险。

（5）探索收入保险，实现从纯粹的价格保险到收入保险的超越。价格风险具有系统性，纯粹的价格保险难以大规模推广。[①] 而收入保险同时承保产量和价格，二者本身具有相互对冲效应，从而更具可保性。[②] 国际经验也表明，收入保险是发达国家承保价格风险的主体产品形态。[③]

① 朱俊生、庹国柱，2016："谈农产品价格保险的几个局限性"，《中国保险报》，6 月 7 日。

② 朱俊生、庹国柱，2016："收入保险发展的价值及其挑战"，《中国保险报》，6 月 13 日。

③ 朱俊生、庹国柱，2016："农业保险与农产品价格改革"，《中国金融》，第 20 期。

收入保险

# 农产品期货价格保险溯源及其对我国的启示

## ——基于农产品期货及收入保险的分析

孙　蓉　徐　斌

**摘要**：本文以我国农业现代化对农产品价格形成机制的内在要求为研究背景，对在我国大连试点的农产品期货价格保险产品进行解构和溯源。重点分析了该农产品期货价格保险的类似产品——美国农产品收入保险的演进历程和该产品承载主体"美国联邦农业法案"的主要内容和最新进展，总结了美国农产品收入保险的发展经验。最后，在基于我国当前的农业发展阶段和美国经验适用性的基础上，提出相应的政策建议。

**关键词**：农产品期货价格保险；农产品收入保险；农产品期货；美国农业法案

## 一、问题的提出及研究背景

农业作为国民经济的基础性产业，其发达程度制约着其他行业的生存和发展。特别是对中国这样的人口大国，农业的生产情况还关系到社会的稳定及国际贸易形势。因此，中国政府一直非常重视农业的发展，近十余年来，政府更是将农业问题作为历年的1号文件发布，以体现对农业的重视程度。虽然政府对农业的补贴力度逐年加大，农民的平均收入却增长缓慢，农民生活水平距离"2020年实现全面建成小康社会"的战略目标依然相距甚远。所以，仅靠高投入、高补贴形式的支农惠农政策，并不能从根本上解决"三农"问题。在此形势下，转变农业生产方式，以农业规模化带动集约化和现代化成为必然趋势，其具体表现即是新型农业经营主体规模的发展。

2016年度的中央1号文件已经发布，其中关于农业保险，除了"扩大农业保险覆盖面、增加保险品种、提高风险保障水平"的表述外，还增加了"积极开发适应新

* 此为大连市保险学会《农产品期货价格理论与实践》课题之子课题，感谢大连保险学会和大连市保监局提供的支持。

作者简介：孙蓉，西南财经大学保险学院教授，博士生导师，中国保险学会理事。研究方向：保险学、农业保险、保险法；徐斌，西南财经大学保险学院博士生。研究方向：风险管理、微观金融、农业保险等。

型农业经营主体需求的保险品种"、"探索开展重要农产品目标价格保险"和"稳步扩大'保险+期货'试点"等内容，体现了政府对农业保险发展要适应农业现代化改革和农业供给侧改革的要求。具体来看，农业现代化在现阶段的任务是逐步推进农业的适度规模经营。而农业属于经营风险较大的行业，其经营的规模化也意味着风险的规模化，新型农业经营主体面对这种风险的积聚必然会对风险保障提出更高要求。"保险+期货"试点下的农产品期货价格保险与目标价格保险是实现更高层次保障的收入保险、收益保险的基础和要件，能够提升现有农业保险体系的保障水平，有必要积极推动其发展。然而，相对于我国现有的农业保险产品，上述新险种无论在产品设计还是经营上都较为复杂，贸然开展可能会使保险公司承担较大风险。

作为世界上农业现代化最发达的国家之一的美国，其农业政策体系已经较为完善，特别是其农户收入保障政策和相关工具的使用对保持农户收入稳定和农产品市场稳定发挥了重要作用。更为重要的是美国联邦农作物保险体系经历了由"产量保险"向"收入保险"的转变而逐步走向成熟，其发展经验对我国农业转型期农户收入保障政策和农产品期货价格保险工具的设计有重要借鉴意义。

通过对美国农业保险相关文献的查阅，我们发现美国并无真正意义上的农产品期货价格保险。因而本文的研究围绕农产品期货价格保险在美国农作物保险体系中的类似产品——农作物收入保险展开。分析了农作物收入的保险承载主体美国农业法案的整体架构和最新进展，与农作物收入保险联系紧密的农户收入保障政策以及为农作物收入保险经营提供支持的农产品期货市场和农作物保险计划等农业风险管理工具。期望通过美国相关领域的发展经验的借鉴，不断完善我国"保险+期货"的模式，建立和发展我国的农产品期货价格保险，稳步推进我国农产品价格机制改革和农业现代化建设。

## 二、农产品期货价格保险解构

农产品期货价格保险是在政府鼓励农产品经营企业充分利用期货市场的价格发现功能和风险对冲机制以及保险公司探索试点目标价格保险的双重背景下，由保险实务领域主导开发的创新型产品。目前，农产品期货价格保险仍处于试点和探索阶段，现有研究主要是对其业务操作和功能进行介绍，而并无规范的定义。本文试图从农产品期货价格保险的承保和赔付流程，对该产品的特征进行概括和分析。

目前，农产品期货价格保险的试点在大连商品交易所和大连保监局的积极推动下，由中国人民财产保险公司、上海新湖瑞丰金融服务有限公司主导开展，并被称为"期货+保险"的"大连模式"。该产品的主要经营过程可分为三步：一是保险公司根据投保农产品历史价格波动率、投保时间段、国家托市政策等要素，同时参考场外看跌期权报价，设定目标价格范围和对应保险费率，再由投保主体选择目标价格和投保产量。二是保险公司为防范价格暴跌导致保费不足以赔付的风险，需通过购买场外看跌期权产品进行再保险以对冲风险。三是在保险合约到期时，根据当时的市场价格，由保险公司确定是否对投保主体进行赔付以及是否利用场外期权从期货市场摊回损失。

由上述农产品期货价格保险的经营流程，可以得出该保险产品具有下述特点。首先，保险合约中目标价格的确定利用了期货市场特定时期的合约价格，是期货市场价格发现功能的体现；其次，与农户直接参与期货市场不同，在期货价格保险中，是否选择在期货市场中进行套期保值操作由保险公司决定，农户只根据市场价格和目标价格之前的差异获得赔偿，其本质上属于风险对冲驱动型的保险产品；再次，农产品期货价格保险从名称上看是一种价格保险，但其在合约中约定了产量，最终得到的赔偿是价格差异与约定产量的乘积；最后，农户可以在一定范围内自主选择投保目标价格和投保产量以满足自身的风险管理需要。

上述这些特点与传统农险的特点明显不同，与独立的期货、期权合约也存在差异，在现行美国农作物保险体系中，与其运行特点最为相近的保险产品即是收入保险。本文将对美国收入保险进行分析，以总结出可供我国农产品期货价格保险借鉴的发展经验。

## 三、美国联邦农业法案的整体架构及最新进展

美国的收入保险依托于美国农业法案，在对其进行深入分析之前，有必要对美国农业法案的整体架构有大致了解。

美国的农业政策通常是通过一系列的“计划”进行实现，这些计划包括初级商品补贴（Commodity Support）、营养协助计划（Nutrition Assistance）、农作物保险（Crop Insurance）和保护储备计划（Conservation Reserve Program）等。并且这些计划都会通过一定的立法程序以法律的形式加以确定，在明确的时间区间内保证实施。通过定期对现有法典条文的增删修补，体现历届美国政府对农业政策的导向。由于该法律修订过程是对美国农业政策的调整，所以被称为美国农业改革法案，该法案颁布周期约为 5 年。

农业法案的出台最早可追溯到 1933 年美国罗斯福总统执政时期。早期的农业法案是在农产品生产过剩和农产品价格不断下降的背景下提出来的，其主要政策目标是增加农民收入，此时的农业法案以“农产品计划”为核心。其后数十年中，农业法案针对农产品生产过剩情况经历了数次调整，并于 1949 年通过立法，施行永久性农业法案。但这一阶段的农业法案依然面临农产品价格高时，支持政策对农业和农民收入影响不大；但在农产品价格低时，政策实施成本过高的问题。至 20 世纪八九十年代农业法案开始向市场化的方向进行改革，主要表现在开始采用市场手段实施“销售贷款补贴”解决农产品储备问题，以及采用农产品“基期”面积计算补贴，实现与农民生产决策脱钩。1996 年至今，美国农业政策已表现出明显的市场化特征，初步形成以农产品计划和农作物保险计划双核心构成的农民收入“安全网”。

2008 年颁布的农业法案已于 2012 年底失效，在政府财政赤字压力巨大、农业经营风险不断增大以及 WTO 规则限制的背景下，亟须通过新的农业法案对现有农业政策进行调整。由于农业是存在着巨大生产和经营风险的产业，世界各国政府大多采取财政补贴的形式对其发展进行支持。美国农业补贴政策的目标是，在农产品生产过剩的背景下为农业提供支持和保护，提高农场主抵御自然风险和市场风险的能力，保持美国农产品的出口竞争优势。因此，美国农业法案的修订和改革实质上是对补贴数额和补贴规则的调整和优化。新的农业法案经过参众两院的审议，最终于 2014 年 2 月正式通过并实施，有效期直至 2018 年，被称为《2014 年农业法案》或《2014 年农场法案》。新法案在农产品计划（Crop Commodity Programs）、农作物保险（Crop Insurance）、营养计划（Nutrition）和保育计划（Conservation）方面做出了显著的调整，改革的整体特点是联邦政府对农业的补贴形式发生了较大变革，补贴结构也进行了微调（图 1），削减财政对农业的不合理支出，更加倾向于通过市场手段支持农业发展。其中，涉及对农民收入的支持和保障以及农业风险管理的新政策主要分布在农产品计划、农作物保险计划两个部分。

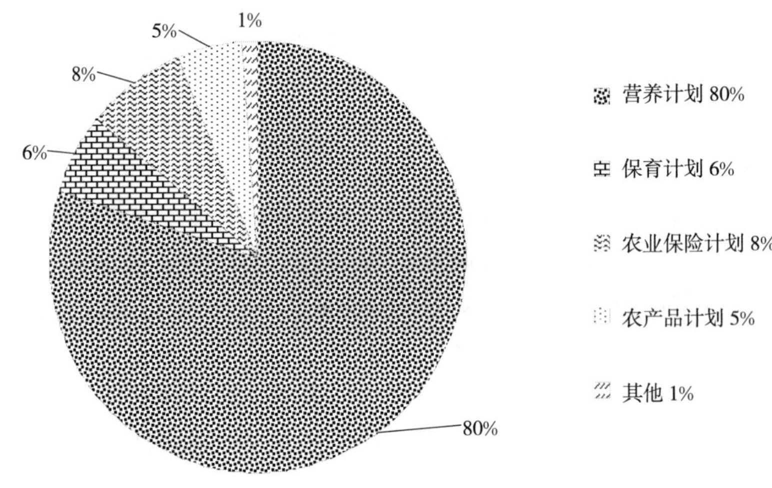


图 1　2014 年农业法案财政支出预算图

资料来源：美国国会预算办公室，https：//www. cbo. gov/publication/45049。

由图 1 可见，由于营养计划是一个覆盖众多方面的综合性计划，它在农业法案中依然占据最核心的位置。虽然营养计划的财政预算占据了总预算的绝大部分，但经过预算调整后的农业保险计划已成为农业法案中仅次于营养计划的第二大财政支出项目，可见其在美国农业政策中不断凸显的重要性。

## （一）对农产品计划的调整

2014 年农业法案在农产品计划的第一部分废除了三项原有补贴计划，即直接支付计划（DP，Direct Payments）、逆周期支付项目（CCP，Counter-Cyclical

Payments）和平均作物收入可选项目（ACRE，Agriculture Crop Revenue Election），这被认为是此次农业法案中最为重要的变化之一。

直接支付计划（DP）原本是根据农作物种类，按照预先确定的农作物面积、产量和补贴率向农业生产者发放固定补贴。逆周期支付计划（CCP）是在农业部认定项目所覆盖的某种农产品的实际价格低于目标价格时，对该农产品的生产者按照产量和种植面积进行支付。平均作物收入可选计划（ACRE），作为DP和CCP项目的替代项目，选择该项目的农户将不再享有CCP项目的支付，并且将减少20％DP项目的支付和30％的商品贷款补贴率（Commodity Loan Rates），但可在所在州实际农业收入和农场实际农业收入低于项目保证值时得到支付。

作为上述计划的替代，2014年农业法案在农产品计划部分新增了价格损失保障（PLC，Price Loss Coverage）和农业风险保障（Agriculture Risk Coverage）计划，农业生产者可以选择其中一项加入。

价格损失保障计划（PLC）与逆周期支付类似，它为种植小麦、饲料谷物、水稻、油菜、花生等计划中所包含的农作物的农民提供补贴。当这些农产品的市场价格下跌至事先预定的参考价格之下时，补贴程序即被触发，其支付机制如图2所示。

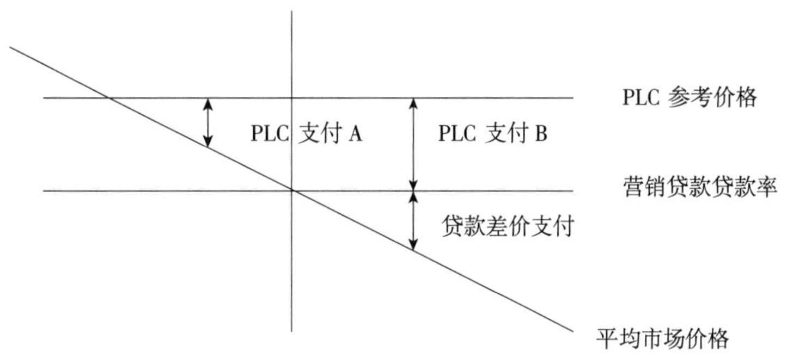


图2　PLC计划支付机制

补贴率的计算需要考虑农产品市场平均价格与参考价格、农产品营销贷款[①]价格的相对大小。当市场价格低于PLC参考价格，但高于营销贷款价格时，农户收到PLC支付A；当市场价格低于营销贷款价格时，农户收到PLC支付B和贷款差价支付之和。价格损失保障计划的补贴数额计算方法如下：

PLC补贴数额＝补贴率×（基期面积×85％）×亩均单产

对某个农场基期面积和亩均单产的确定，农业生产者有一次机会进行选择，即确定是否采用2008至2012年度的种植面积和2009—2012年度的作物产出对原有数据进行更新。同时，农业生产者也可以选择所种植的农作物种中的某几种参加该保障计划。但是，上述两种选择一旦做出，在2014年农业法案的有效期内不得更改。

① 农产品营销贷款政策是美国农业贷款政策的一部分，农产品生产者可按各类农产品的贷款率（实质上是预定价格）进行贷款。

农业风险保障计划（ARC）共有两种形式供农业生产者选择，即县域[①]农业风险保障（County-Based ARC）和独立农场农业风险保障（Individual ARC），两者在补贴数额的核算上存在一些不同。

县域农业风险保障以某个郡的农作物收入低于该郡基准收入的 86%作为触发条件，具体计算方法如下：

县域 ARC 补贴数额=（86%×县域亩均基准收入－县域亩均实际收入）×基准面积×85%

其中，县域亩均基准收入采用县域奥林匹克单产（Olympic Yield）与全国奥林匹克均价（Olympic Average of National Price）或参考价格中较高者的乘积[②]。

独立农场农业风险保障的触发条件与上述类似，当某个农场所有保障范围内农作物所产生的实际收入低于 ARC 预先设定的保障收入（该农场基准收入的 86%）时，农业生产者将得到补贴。农场的基准收入是农场中所有保障范围内农作物以种植面积为权重，采用奥林匹克平均的方法计算的加权平均值。具体计算方法如下：

独立农场 ARC 补贴数额=（86%×独立农场基准收入－独立农场实际收入）×基准面积×65%

### （二）对农作物保险计划的调整

2014 新法案在保留 2008 年农业法案中农作物保险部分的所有项目的基础上，增加了补充保险选择（SCO，Supplemental Coverage Option）和叠加收入保险计划（STAX，Stacked Income Protection Plan）两个保险项目，为不同农作物的生产者提供更完善的收入保障，并且联邦政府为其分别提供 65%和 85%的保费补贴。

补充保险选择计划为陆地棉以外[③]的农作物生产者提供附加的风险保障，前提是该农业生产者参保了产量、损失保险或其他基础保险项目（Underlying Policy or Plan of Insurance）。农业生产者在参与该计划时可选择保障水平，但不得超过独立农场产量保险项目保险金额的 85%或区域产量保险项目保险金额的 95%。SCO 提供的保障水平还取决于投保农户选择的基础保险项目的保障水平，SCO 项目提供期望收入的 86%与基础保险项目保障水平之间的差额。根据农业生产者投保的基础保险项目和保障程度的不同，补充保险选择计划的赔偿金额有不同的计算方法，即 A 和 B：

A：（86%－基础保险计划的最高保障比例）×预期独立农场收入

B：（86%－实际县域收入/预期县域收入）×预期县域收入

虽然补充保险选择计划是由农业生产者自愿选择参保，但其参保资格仍受到一定

① 国内研究基本都将 county 做“县”翻译，需要明确的是该含义与国内的县略有不同，其区域大于市，但由于其总量上与中国的县数量相近（美国共有 3 144 个县，中国则有 2 856 个县），译为“县”也较为合适。

② 奥利匹克单产采用 5 个年度的单产中去掉最高值和最低值后中间 3 年的单产平均值，奥林匹克全国均价计算方法与此类似。

③ 由于受到巴西诉美国棉花补贴案的影响，陆地棉的补贴政策在此次农业法案中几乎都是单独规定的。

限制，如已加入农业风险保障计划的农户不得参保。

叠加收入保险计划是专门针对陆地棉的生产者而设计的，其赔付条件是参保者所在地区的陆地棉种植收入低于预期收入的10%时，该计划为陆地棉生产者提供不超过县域收入30%的保障，是一种浅层次的保障计划。由于其是附加性质的保险计划，其保障水平可以与基础保险项目叠加，叠加后的保障水平可达到70%～90%，不过保费也会随之提高。其赔偿金额也随基础保险项目选择的不同而不同，具体计算方法如下：

A：min｛20%，90%－基础保险计划的最高保障比例｝×预期县域收入×保险乘数

B：（90%－实际县域收入/预期县域收入）×预期县域收入×保险乘数[①]

### （三）对农业贷款的调整

2014年农业法案关于农业贷款的表述主要分布在农业信贷（Credit）和农产品计划中的市场营销贷款（Marketing Loan）部分。对农业信贷的支持基本维持原法案的规模，营销贷款的内容略有变化。

市场营销贷款实质上是一种不带追索权的贷款，新法案在市场营销贷款方面的政策与原法案基本保持一致，主要变化是调整了陆地棉的贷款价格确定方式，新法案规定的各种农产品贷款率如表1所示。

**表1　2014年农业法案农产品参考价格及贷款率**

| 农产品名称 | 单位 | 参考价格（美元） | 营销贷款贷款率（美元） |
|---|---|---|---|
| 小麦 | 蒲式耳 | 5.50 | 2.94 |
| 玉米 | 蒲式耳 | 3.70 | 1.95 |
| 高粱 | 蒲式耳 | 3.95 | 1.95 |
| 大麦 | 蒲式耳 | 4.95 | 1.95 |
| 燕麦 | 蒲式耳 | 2.40 | 1.39 |
| 籼米 | 美担 | 14.00 | 6.50 |
| 粳米 | 美担 | 14.00 | 6.50 |
| 花生 | 吨 | 535.00 | 355.00 |
| 大豆 | 蒲式耳 | 8.40 | 5.00 |
| 其他含油种子 | 美担 | 20.15 | 10.09 |
| 干豆 | 美担 | 11.00 | 5.40 |
| 扁豆 | 美担 | 19.97 | 11.28 |
| 小鹰嘴豆 | 美担 | 19.04 | 7.43 |
| 大鹰嘴豆 | 美担 | 21.54 | 11.28 |

注：1蒲式耳=35.238升，1美担=45.359千克。

资料来源：2014农业法案。

① 最大值为1.2。

陆地棉的贷款率则根据之前两年的调整的世界普遍价格（Adjusted Prevailing World Price）确定，但最终贷款率不得低于 0.45 美元每磅[①]，不得高于 0.52 美元每磅。

进行上述调整主要是为了适应农业和美国整体经济的新形势和新变化，主要可以概括为以下几点。一是美国联邦政府在现阶段面临巨大的财政赤字压力。2008 年世界金融危机后，美国经济增长面临巨大压力，2009—2012 财年的财政赤字均在 1 万亿美元以上，有必要采取手段削减政府开支，降低财政赤字。根据美国国会预算办公室（CBO，Congressional Budget Office）估计，未来十年 DP、CCP 和 ACRE 三项支持计划的废除，将合计削减商品计划开支 143.07 亿美元。即使有新的 PLC、ARC 和 SCO 等项目作为上述项目的替代，2014 年农业法案在整体支出预算上仍是减少的，有效保证了财政赤字的降低。二是农业生产和经营的自然和市场风险增大。农业生产是受自然条件影响很大的产业，而进入 21 世纪以来，频发的自然灾害给农业生产造成了巨大威胁。根据灾害流行病学研究中心（CRED）的数据，2001—2010 年世界各国报告的自然灾害比前 10 年增加 26%，其中，与农业紧密相关的洪涝灾害增加 71%。仅依靠政府固定数额的补贴已经不足以抵消灾害的影响，需要更有效的自然风险管理手段。与此同时，世界农产品市场也处于剧烈的波动之中。据联合国粮农组织价格指数显示，粮食价格平均每 17 个月就要经历一次大幅波动，美国作为世界主要农产品生产、出口国受波动影响更为剧烈。政府需要利用较确定的支出转移这种风险，农作物保险计划无疑是最合适的工具。因此，在 2014 年农业法案中，农作物保险计划得到了补充和加强，并在农业风险管理体系中的占据重要地位。三是 WTO 规则和国际农产品贸易摩擦限制了原补贴规则的运行。

从整体上分析，2014 年农业法案的调整更趋向于利用市场手段支持农业生产，并注重维持市场的公平性，政策执行成本更低，更具针对性。首先，取消直接支付，代之以 ARC、PLC 和 SCO 等保障或保险计划，使补贴对市场的扭曲作用更小。在这种补贴机制下，只有真正受到风险侵害，收入遭受损失的农民可以得到补贴，而那些虽然拥有土地，但已不从事农业生产的个体将不再得到补偿。其次，在存在直接补贴政策时，其他项目补贴额的计算都要基于直接支付的数额或利用有效价格[②]进行计算，政策操作较为繁琐。新法案取消了直接补贴后，各项目补贴额的计算更为直观，操作也更为简单，降低了政策的执行成本，有利于农业生产者对自身的保障程度进行有效估计。最后，美国政府所担忧的农业风险增大和 WTO 补贴规则限制都通过加强农作物保险体系和增加对农作物保险计划的预算等方式得到较好的解决，在不违反 WTO 规则的情况下，改变补贴结构和方式，利用价格损失保障计划、农业风险保障计划等构筑了更为牢固的农业安全网。

① 100 磅＝1 美担

② 一般是平均市场价格与直接支付之和。

## 四、美国“期货＋保险”的创新——收入保险产品的演进过程

美国不仅农业发展水平较高，其商品经济、金融市场的发展也都处于发达和领先的阶段。因此，商品流通和金融领域中的风险管理手段被广泛地应用于农业风险管理之中，并且取得了较好的效果。其中，农产品期货和农产品价格保险是在农业领域应用较早，具有特色和借鉴意义的农业风险管理技术。

### （一）对农产品期货的应用

美国农业生产者对农产品期货的利用具有其独特的优势。其一，美国是世界上最早建立期货交易所的国家，自 1848 年芝加哥期货交易所成立以来，美国期货市场已经历经 160 余年的发展，各项交易规则和管理制度都已经臻于成熟，非常适合农产品期货的发展。具体来看，美国农产品期货市场产品丰富，目前有玉米、豆粕、小麦等 30 多种农产品的期权和期货合约上市交易，大部分农产品都可以在交易所内找到对应的产品；其二，美国期货市场参与主体非常广泛，农产品现货经营企业、个人或机构投资者以及代表农产品生产者利益的中介机构等都可以借助期货市场实现其目标。这种套期保值者与风险投机者共存的市场容易产生活跃的交易，有利于期货市场价格发现功能的实现；其三，美国期货市场能够与现货市场实现良好对接。期货合约到期前如果未进行平仓操作，到期后就要进行实物交割。而期货市场中的期货合约都是标准化的，对农产品而言，期货合约除了规定农产品的交易规模以外，还要对农产品的质量标准加以限制。美国规模化的生产方式使农产品品质较为均一，便于实现与期货合约对决，减少后期现货交割阶段出现纠纷的可能性。

美国农户对农产品期货市场的利用由来已久，近年来运用农产品期货和期权进行套期保值的农户比例已经达到较高水平。由于期货市场的交易对保证金和交易技术都有要求，美国农户对农产品期货市场的应用可以概括为两种方式，即直接参与和间接参与。

直接参与方式即是农户作为期货市场主体直接与对手方进行交易。采用该方式进行交易的农户主要是少数大型农场的农场主，故以这种方式参与期货市场的比例并不高。大农场主生产规模大、资金相对充足，自身对价格风险的规避需求强烈，又能够满足期货交易的条件，各种农业服务机构为其提供了交易信息和期货交易知识培训，主客观上均具有直接参与期货市场交易的条件。

相对于少数大农场主，规模中小型的家庭农场经营者是美国农业生产者的主要构成，他们参与农产品期货市场主要采取间接的方式。这些中小规模的农业生产者农产品产量较小，不能适用期货市场的交易规模限制，或者资金规模有限可能无法满足农产品价格剧烈波动时追加保证金的需要。因此，当其直接参与农产品期货市场时，可能无法完全规避价格波动的风险或者有面临较大损失的可能性，即使有农业服务部门

提供相关信息知识，农户出于自身经济性的考虑也不会选择直接参与期货市场交易。针对中小型农业生产者的经营特点，间接参与方式较好地满足了其规避市场风险、套期保值的需要，有 52%以上的农场主通过这种方式参与农产品期货市场。间接参与方式的最简单描述就是农户通过与各种农业合作社或其他中介机构签订合约，由其代理参与农产品期货市场交易。这些合作社或中介机构或代表农业生产者代销农产品，或从生产者处购买商品进行转售。无论是哪种情况，他们都会在与农业生产者签订远期合约后，按照合约中的数量和价格在农产品期货市场上建立头寸进行套期保值操作。农业生产者在此过程中不仅有效转移了市场风险，还能根据“惠顾比率”(Patronage Rate) 最大程度地获得期货市场上的收益。中小型农业生产者通过间接参与农产品期货市场能获得较高收益，这也是合作社等中介机构在美国农产品期货市场中非常活跃的原因。

### （二）对产量保险的应用

美国农作物保险体系经过 70 多年的发展，目前已经成为世界上农作物保险产品最丰富、保障层次最多样化的国家，其中尤以农作物收入保险发展最好，其 2015 年度保费收入占农作物保险保费总收入的 80%以上[①]。不过，农作物收入保险并不是在美国农作物保险开办之初就出现的保险产品，而是在 1996 年以后才逐步发展起来的新险种，美国早期的农作物保险是以产量保险为主体而发展的。有学者指出，美国农作物保险在以产量保险为主的发展阶段并不成功，农户参保率不高，保险公司不愿经营，直至农作物收入保险发展成熟之后，农作物保险体系才得到各参与主体的认可。虽然如此，农作物产量保险却为收入保险的发展积累了经验和数据，奠定了发展基础，有必要对其进行简单分析。

农作物产量保险即是以产量的变化作为赔付触发条件的保险，其中农作物巨灾保险（Catastrophic Coverage，CAT）、产量保障保险（Yield Protection，YP）最为人熟知。农作物巨灾保险是产量保险中最基本的形式，也是整个农作物保险体系最基础的“安全网”。参与农作物巨灾保险的被保险人在发生损失时可以获得以正常产量50%以上和参考价格的 55%计算的赔偿，参保农户享受全额保费补贴，仅需缴纳管理费，但农作物巨灾保险的保障程度偏低，单独投保该险种的农户比例很低。产量保障保险是产量保险类产品中最有典型意义的险种，它本质上是一种多风险农作物保险(Multiple Peril Crop Insurance，MPCI)。产量保障保险需要农户在投保时确定产量保障水平和价格保障水平。其中产量保障水平在实际历史产量（Actual Production History，APH）的基础上确定，从 50%至 85%，每 5%为一档；价格保障水平根据期货市场特定合约均价确定，从 55%至 100%，每 5%为一档。之所以称为产量保障

① 数据来自美国农业部农业风险管理局，由作者计算整理得出，https：//www3. rma. usda. gov/apps/sob/current _ week/insplan2015. pdf。

保险，其触发条件保证产量低于实际产量，确定价格只是为了将赔付转化为货币支付。产量保险还包括如团体风险保险计划等一些形式，但只是在产量与价格的确定方面存在差异，赔付的触发条件都是一致的。如前文所述，产量保险并没有取得理想的效果，有学者分析的一种原因是，农场主进行农业生产的目的是收入最大化而并非产量最大化，产量保险的目标与农场主生产的目标并不一致。这就会对政策参与主体的行为产生扭曲，无法达到相应的政策效果。虽然，农作物产量保险存在一定不足，但其数十年的发展，为农作物产量的估量积累大量数据和经验，为农产品收入保险的试点奠定了基础。

### （三）对收入保险的应用

在美国，农作物收入保险凭借其贴近农业生产者风险保障需求、不易引起农作物过量生产等优点，在近些年中的发展迅猛。该类保险保障责任范围内因素导致的农作物产量减少、价格波动或二者共同导致的投保人实际收入低于保证收入的部分，它与产量类保险最大的不同是其赔付的触发条件是收入，而非产量。根据保险保障的是某种农作物产生的收入还是整个农场所有农作物的收入，以及产量的确定基础是农场单产还是区域单产这两个条件，可以将农作物收入类保险进行以下划分。

**表 2　美国农作物收入类保险的类型**

| | 以农场平均单产为基础确定产量 | 以区域平均单产为基础确定产量 |
|---|---|---|
| 针对某农作物收入 | 收入保障保险（RP） | 区域作物收入保险（ARP） |
| 针对整个农场收入 | 以调整总收入为基础的农场收入保险（AGR） | |

农作物收入类保险中最基本、最具代表性的险种是收入保障保险（RP，Revenue Protection），其具体的保险责任是保障被保险人因灾害而导致的产量下降或因收货价格偏离预测价格两种因素引起的收入损失风险。是否达到“保证收入”是收入保障保险的触发条件，而“保证收入”数值的大小取决于投保人选择的实际历史产量保障水平和预期价格、收获价格中的较高者两个因素。具体的计算公式如下：

单位面积保证收入＝农场历史平均单产×保障水平×max｛预期价格，收获价格｝

其中，历史平均单产根据农场的历史平均产量确定，预期价格和收获价格则由期货市场上对应合约的价格决定[①]。

与收入保障保险类似，区域作物收入保险（Area Revenue Plan）的赔付触发条件也是“保证收入”。不同的是，区域作物收入保险的保险责任是当区域内平均实际单产低于投保人所选择的“保证收入”水平时给予被保险人赔偿，与投保农作物是否

① 不同种类的农作物所采用的期货合约时间也不同，例如玉米的预测价格采用芝加哥期货交易所 12 月份期货合约在次年 2 月份各交易日的平均价格，收获价格则采用 12 月份期货合约在次年 10 月份各交易日的平均价格，以对应不同农作物的收获期。

发生实际损失无关。该险种在一定程度上避免了收入保障保险因历史产量数据不完整、不准确等原因引起的道德风险，也是收入类保险中非常重要的一个险种。

除了上述两个险种外，还有一种处于试点阶段的收入类农作物保险——调整的总收入保险（Adjusted Gross Revenue，AGR）。与上述险种的区别在于，它不针对某种特定的农作物估计价格或估计产量，而是对整个农场的收入提供保障。农场的调整总收入数据来自美国国内税务局的税务申报表以及农场的年度报告。其承保的风险内容与收入保障保险基本相同，也是农作物收入保险体系组成部分。

上述各种农作物收入保障工具相互之间看似是平行运作的关系，而事实上，早期保障工具的发展是为新保障产品的出现创造了必要条件。农产品期货市场相对联邦政府主导的农作物保险而言是先形成的市场。农产品期货市场的发展和成熟为农产品价格的形成良好的机制，在此机制下得出的价格能够有效地反映市场供求关系。而产量保险的开展除了引起农户对自身农作物产量的关注外，更重要的是积累了不同规模农场的产量数据①。这些长区间的数据基本上避免了人为因素对产量的影响，能够反映不同地块的生产能力和风险程度，便于对其产量进行预测。农作物收入类保险之所以能够得到参与主体各方的肯定，很大程度上得益于其产量和价格的有效估计降低了农作物保险经营中的道德风险，提高了农作物保险与农业生产者经营目标的契合度。

## 五、美国“期货+保险”类产品的经验总结

整体而言，美国“期货+保险”类产品是基于美国农业经营模式而设计的，具有鲜明的特色，不一定适合其他国家。但是，该类产品能够在美国得到较好的发展，必然是其满足了农业生产中风险管理的需要。其中，有一些共性因素可供我国农产品期货价格保险在试点扩面过程中进行借鉴。

### （一）产品定位注重与农业政策的顶层设计相配合

美国人均耕地面积大、农业技术水平高且自身也是世界头号经济强国，这是其农业发展得天独厚的优势。但是，美国能在世界农产品市场上占据如今的重要地位却是和其对农业政策顶层设计的一贯重视密不可分。美国利用农业法案制定其农业政策已有 80 余年，所涉内容巨细无遗，公开透明，且最终以法律形式加以确认，体现其效力上的权威性。关于农作物保险的内容是农业法案中的一个重要章节，每种新类型农作物保险的产生都会在其中明确其适用对象和赔付机制，并由相关农业经济研究部门对其进行研究，衡量其对其他农业政策的影响和对整体农业财政预算的影响。新法案

① 更早期、更具体的数据仍来自美国农业统计局（NASS），这里仅指适用于农作物保险中预测产量确定的数据。

需经参众两院各利益相关方代表审议通过后方可颁布，在保证各方面利益的基础上实现农业在未来数年的发展目标。收入保险的出现是为了满足农业生产者在产量增加时总收入因价格的下降而下降的风险保障需要，同时保障了产量风险和价格风险，因此也必然会对产量保险和一些农产品价格支持政策产生一定替代。但是，由于其对农业生产的整体支持效果更好，近年来支持力度逐渐加大，并对相关政策进行调整，使其保障内容相互配合，不至过度重叠。

### （二）风险保障程度的阶梯性和可选择性

美国的农作物保险（特别是收入保险）能够在其农业风险管理体系中占据重要地位，固然与美国农产品市场和金融市场的发达程度有关，但更重要的原因是各种农作物保险产品的保障程度都可以根据农业生产者需要，由其自主选择。其阶梯性体现在，农作物巨灾保险（CAT）为农户提供最低一级阶梯的保障，其余保险产品则在此基础上以价格或产量的5%的水平逐级提高保障程度。可选择性则建立在阶梯性之上，农业生产者根据自身风险承担能力和风险偏好水平选择保障水平，并缴纳相应保险费，充分实现自主选择。在这种保障的机制下，不同类型的农户都可以获得适合自身的农业风险管理组合，避免了同一费率和保障程度条件下的保险需求和供给不匹配的问题，有助于实现整体农业生产的稳定。

### （三）产品的设计注重信息搜集和积累机制

保险产品的设计和开发一般都对历史数据具有较高的要求，美国农业长期而全面的数据系统是美国农作物保险产品能够达到预期效果的重要基础。美国设有国家农业统计局，定期会对农业基础信息进行调研，其早期的农业数据就相对丰富。在农作物保险的发展过程中，美国经历了从“产量保险”向“收入保险”的转变，而后者的成功很大程度上得益于产量保险产品经营过程中所积累的产量数据，保险公司可以借此评估农户的正常收入水平。在收入保险的经营中，保险公司也通过机制设计促使农户主动申报产量和收入水平。在这种机制下，农户通过申报信息获得更高的保障水平，保险公司也能利用信息更精确地评估风险，进而实现“双赢”。

## 六、对我国农产品期货价格保险发展的政策建议

如前所述，大连“农产品期货价格保险”试点是基于我国农业经营现状和期货市场发展阶段而进行的创新性尝试，其出现实质上实现了农户借助保险公司以利用期货市场分散农产品价格风险的功能。该功能与美国农产品收入保险存在一定程度的相似性，即同时利用农产品期货市场的价格发现功能和保险市场的风险保障功能。因此，本文在借鉴美国收入保险发展经验，并根据我国所处的农业发展阶段的基础上，对我国农产品期货价格保险的进一步试点提出以下政策建议。

### （一）产品设计应注重发挥各类市场优势

我国农产品期货价格保险是将农产品期货市场功能与保险市场功能相结合的产物。农产品期货市场的功能优势在于价格发现。从美国的发展经验看，农业经营的市场化是其长期发展趋势，农产品期货市场强势有效，价格形成也趋于市场化。而在我国，大量的补贴和政府的托市收购政策对市场价格产生了巨大的扭曲，造成农产品供求双方的经营困境[①]。因此，市场化的农产品价格形成机制对我国农业的可持续发展非常必要。我国国内期货市场交易量和交易次数已经显著增加，其价格发现职能逐渐凸显。有研究表明，我国期货市场的有效性已具备开展收入保险的条件。然而，期货市场产生的价格往往波动剧烈，我国农业经营主体的规模又相对较小，单个主体往往并不具备利用期货市场规避价格波动的能力。此时，保险市场风险转移优势就能够得以发挥，利用保险公司和农业经营者较密切的关系，设计符合其需求的期货价格保险合约，可以在促进市场价格形成机制建立的同时降低农户收入风险。

### （二）扩大产品保障水平的可选范围，满足不同类型农户的收入保障需要

目前，农产品期货价格保险尚处于试点初期，现有合约[②]的内容中所包含的目标价格范围较小，投保农户或农业合作社可以选择的范围较窄。在当前农产品期货价格保险的业务量不大的情况下，合约双方可针对保费和保障水平进行一定程度协商，但不利于该产品的大范围推广。现阶段，我国农业生产方式正处于从传统分散的小农经营模式向规模化经营模式过渡的转型期，各种规模的农业生产者并存，这就决定了对此类农业保险的保障程度的需求具有多样性，期货价格保险产品也必须适应这种多样化的需求特点。在美国农作物保险的发展历程中，通过选择目标价格或目标产量的百分比来实现保障水平的多样化被证明是一种较为成功的经验。因此，在农产品期货价格保险的设计中，采用不同目标价格百分比对应不同保费水平的机制可能会吸引更多的农业生产主体购买此类保险，从而增加该保险产品的覆盖范围。

### （三）在产品经营过程中逐步建立农户数据库

美国发展经验表明，农业数据的质量优劣是决定一类保险产品成功与否的关键因素，美国收入保险的良好发展势头得益于其对各农场历史产量数据的较准确掌握。我国农产品期货价格保险其实也是针对农业生产者产量数据缺乏，不足以开展收入保险条件下的创新。但从更长远的角度看，农业生产者的生产经营数据对农业保险的可持续发展具有重要意义。一方面，当前农产品期货价格保险的目标价格是根据历史数据

---

① 具体例子如临时收储政策短期内抬高了农作物价格，造成农作物加工企业成本高企、原材料缺乏，而农户则因为临时收储的地方限额不得不四处奔波，售卖农产品。

② 参考中国人保财险大连市分公司与锦州市义县农业合作社签订的玉米农产品期货价格保险合同。http：//futures. hexun. com/2015-12-09/181070040. html。

计算的，保障产量由合约双方协议确定，并未加以限制。农业生产者在价格有保障的情况下，有扩大生产规模的激励，在未来农产品期货价格保险承保规模逐步扩大的趋势下，可能会给保险公司带来较大的经营风险。通过对参保主体产量数据的跟踪，可以防范生产规模盲目扩大的潜在风险。另一方面，我国农业保险体系的转型升级仍需要发展保障程度更高的产量、收入保险，投保农户数据库的建立能够为此类保险产品的开发奠定必要基础。

### （四）积极争取中央补贴，增加期货价格保险的潜在参保主体的积极性

我国传统农业保险保费补贴政策采取的是统一补贴率政策，这种政策与保障水平高低、农作物品种和农民的种植规模无关，无法取得保费补贴效用最大化。这种补贴的范围也只限于传统农业保险，目前在大连试点的农产品期货价格保险仅由地方政府及监管机构给予支持，支持力度较小。此外，由于此类保险产品的设计和操作都较为复杂，且不易标准化，故保单成本较高，相应的保费更是远高于享受保费补贴的传统农险。在这种补贴机制和保费水平下，农产品期货价格保险的有效需求非常有限，难以大面积推广。因此，必须积极争取中央财政的补贴，设法降低该产品的保费价格，使那些农产品生产效率和商品化率高，对国家粮食安全贡献较大，但资本实力相对较弱的新型农业经营主体能够产生有效需求，提高其参保积极性，从而扩大农产品期货价格保险的承保规模。

综上所述，农产品期货价格保险与美国农产品收入保险存在较大的相似性，或者说农产品期货价格保险是更高层次的收入类保险的基础要件。我国农业经营对期货和保险市场的运用起步较晚，在目前亟须建立农产品市场价格形成机制、匹配农业经营主体更高层次风险保障需求的情况下，国外发达经济体的相关经验则显得尤为重要。在农产品期货价格保险的进一步试点扩面过程中，要在立足我国国情的基础上，积极借鉴美国收入保险的发展经验，从财政补贴、产品设计及数据积累等几个方面不断优化，以实现其应有的风险保障功能和政策目标。

## 参考文献

［1］王玉刚，余方平．推广农业“保险＋期货”试点落实农村金融改革政策［J］．吉林农业，2016（10）：52.

［2］余方平，王玉刚．浅谈农产品期货价格保险（上）［N］．中国保险报，2016-03-15（6）．

［3］黄季焜．增加收入、市场化：美国农业补贴政策的历史演变［N］．中国社会科学报，2009-08-13.

［4］彭超，潘苏文，段志煌．美国农业补贴政策改革的趋势：2012 年美国农业法案动向、诱因及其影响［J］．农业经济问题．2012（11）：104-109.

［5］Effland A. USDA Economic Research Service-Crop Commodity Programs［R］. 2014.

［6］Babcock B. Welfare Effects of PLC，ARC，and SCO［J］. Choices. The Magazine of Food，Farm，and Resource Issues，2014：1-3.

［7］Donoghue E. J. O.，Hungerford A. E.，Cooper J. C.，et al. The 2014 Farm Act Agriculture Risk

Coverage, Price Loss Coverage, and Supplemental Coverage Option Programs' Effects on Crop Revenue [R]. ERR-204, U. S. Department of Agriculture, Economic Research Service, 2016.

[8] 齐皓天，彭超.我国农业政策如何取向：例证美农业法案调整［J］.重庆社会科学.2015（1）：21-29.

[9] 费文俊，王秀东.美国 2014 年农业法案调整对我国粮食补贴政策的启示［J］.中国食物与营养，2015（5）：18-21.

[10] Elmendorf D W. Effects on direct spending and revenues of the conference agreement on H. R. 2642 [Z/OL]. https://www.cbo.gov/publication/45049.

[11] Chite R M. The 2014 farm bill (PL 113-79): Summary and side-by-side [J]. Congressional Research Service, 2014: 7-5700.

[12] 韩一军，徐锐钊.2014 美国农业法改革及启示［J］.农业经济问题，2015（4）：101-109.

[13] 谢长伟.农户与农产品期货市场对接模式研究［D］.郑州：河南农业大学，2013.

[14] 刘岩.中美农户对期货市场利用程度的比较与分析［J］.财经问题研究，2008（5）：59-66.

[15] 齐皓天，彭超.美国农业收入保险的成功经验及其对中国的适用性［J］.农村工作通讯，2015（5）：62-64.

[16] 叶明华，丁越.农作物保险的他国镜鉴与启示［J］.改革，2015（12）：94-103.

[17] 夏益国，刘艳华，傅佳.美国联邦农作物保险产品：体系、运行机制及启示［J］.农业经济问题，2014（4）：101-109.

[18] Cole J B, Gibson R. Analysis and feasibility of crop revenue insurance in China [J]. Agriculture and Agricultural Science Procedia, 2010, 1: 136-145.

[19] 周县华，范庆泉，周明，等.中国和美国种植业保险产品的比较研究［J］.保险研究，2012（7）：50-58.

# 探索中前行的中国收入保险

何兴龙　David Mäder-Soyka　Hans Feyen　邢　鹂　Petra Winter　邓　誉

**摘要：**农业领域一直是世界各国政府关注的重点，农业保险也成为管理农业风险最有效的工具之一。其中，收入保险以其独特的优势，越来越受到农业市场的广泛关注。本文将首先介绍收入保险的概念及开展收入保险的基础条件，并以美国为例介绍较为成熟的收入保险市场形态，最后分析中国农业市场的现状以及开展农业收入保险的前景。

**关键词：**收入保险；价格发现

## 一、收入保险的简介

收入保险是一种有效降低产量风险、价格风险以及产量和价格复合风险的农业保险产品。收入保险包括两个要素：产量部分通常是基于当地有代表性的历史产量，多由近五到十年连续产量的平均值计算得到；价格部分通常是依赖于成熟的价格发现机

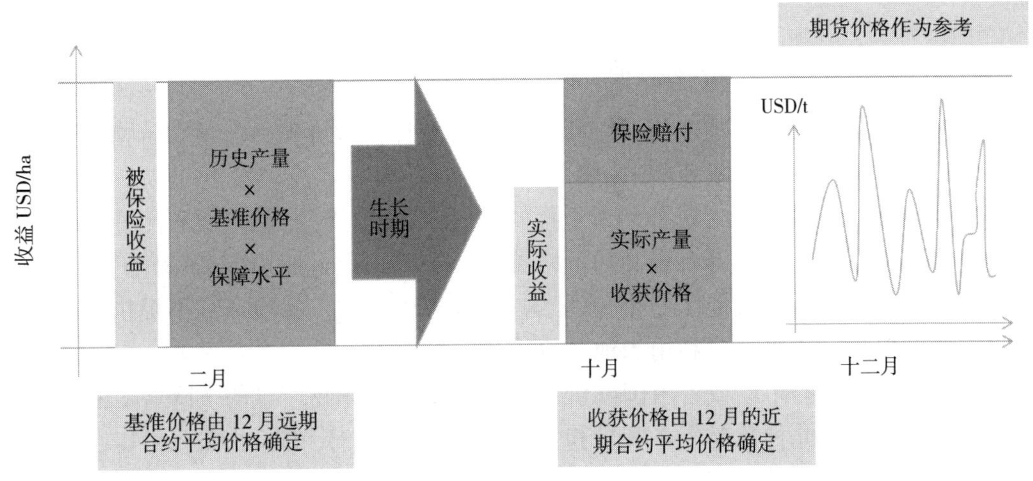


图 1　收入保险原理

---

作者简介：何兴龙，瑞士再保险股份有限公司农业保险中国负责人；David Mäder-Soyka，瑞士再保险股份有限公司农业保险资深产品经理；Hans Feyen，瑞士再保险股份有限公司农业保险全球产品中心负责人；邢鹂，瑞士再保险股份有限公司资深经济学家；Petra Winter，瑞士再保险股份有限公司资深农业保险核保人；邓誉，瑞士再保险股份有限公司资深农业保险核保人。

制，如期货市场来确定。在保单起期和理赔的两个时间段里，基准价格和收获价格是基于本土市场的大宗商品期货合约价格来决定的。

作物保险保费充足性的基本原则为大数法则，即灾害地区的农民损失由其他收成较好地区的农民共同承担，并且也可以由收成好的年份与收成较差的年份进行平衡。如果保险公司承保的风险非常多样化，则风险分散机制可以很好地发挥作用。然而，由于价格风险具有典型的系统性风险特点，从而使得风险的分散性锐减。所以在计算推行收入保险的资本需求时，一定要考虑到该效应的存在。

## 二、开展收入保险的基础条件

### （一）精确测产

收入保险需要依赖可靠的统计数据来确定预期产量。一般来说，产量数据的时间跨度要足够长，并且空间分辨率良好。在最理想的情况下，农户的历史产量数据可以用于确定目标产量。

农产品在达到较高的标准水平后才可以进行交易。对于作物而言，蛋白质含量、水分含量、真菌量等指标都需要进行高度标准化，之后才能快速发展农产品市场。对于种植的作物，任何标准上的偏差都可能导致实际销售价格低于期货市场显示的官方交易价格。因此，收入保险只能承保产量下降，而不能保障农产品质量下降带来的损失。

### （二）透明有效的价格发现机制

收入保险中通常利用既定的大宗商品交易所的日收盘价来确定预期价格（保单起期前）和结算价格（作物收获后）。如果该商品交易很少，或者没有交易，则期货市场价格可能存在高波动性或者有人为干扰的问题。因此，收入保险要利用高流动性的商品交易平台数据，来获得有意义的价格参照。一般来说，期货市场每日的交易量大小取决于交易作物类型及地区分布等因素。此外，由于收入保险产品不提供汇率波动风险方面的保障，所以需要利用当地的货币进行结算。

对于相对封闭的市场或者由国际价格主导的市场，作物产量的下降会对商品价格产生很大的影响。此种情况下，产量和价格之间通常有一定的负相关，可以在收入保险保单设计过程中将其考虑在内。这种负相关关系会使综合考虑产量和价格风险的产品与单独承保某种风险的方法相比保费更为低廉。当然，只有在充分了解商品期货交易市场价格的各个驱动因素的基础上，才能将其投入应用。包括了解生产风险和对作物的库存（可以充当价格波动的缓冲器时）以及作物需求有很好的认识。

在某些情况下，政府有可能采取一些措施对市场价格进行干预（例如出于保障农民收入的需要）。对此，在设计收入保险产品时需要更为谨慎地利用价格发现机制。必要时需要将全球和本地的价格机制进行耦合，以力求保证产品的科学性和可持续性。

### （三）设计收入保险

由于价格风险是一种典型的系统性风险，所以在保险产品的设计、保单的销售等各个方面都对保险公司提出了更高的要求。举例来说，在产量情况极好、销售价格大幅下降的情况下，由于可能存在实际售卖收入低于保单规定值的情况，则保险公司仍需要对大量被保险人的保单进行损失估算（产量调查），这使得保险公司短时间内核查定损的工作量大幅增加。此外，由于收入保险的保单通常较为复杂，这也要求保险公司需要花更多的资源来对前端销售人员进行培训。

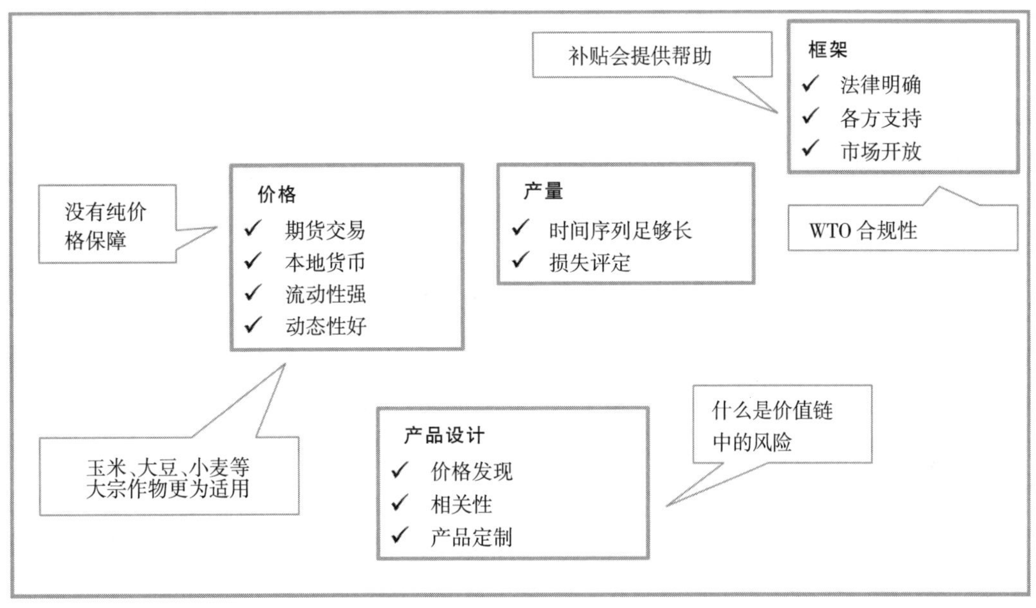


图 2　开展收入保险的考虑要点

## 三、美国市场的收入保险

### （一）美国农业保险发展

美国的农作物保险市场发展最早可追溯到 19 世纪 30 年代，在发生一连串严重的旱灾事件之后应运而生。1980 年前，农作物保险完全是政府项目，由联邦农作物保险公司（成立于 1938 年）负责经营。20 世纪 80 年代后，商业保险公司才开始进入该领域。到 1998 年，农作物保险已经全部由商业保险公司经营。1996 年以来，美国开始逐步推行收入保险，并迅速发展成为风险保障的首选形式（图 3）。2015 年，以保费 97 亿美金，风险保障 1 020 亿美金，承保面积 2.99 亿公顷的数字创造了新的历史高点。近些年来，农作物保险一直在持续发展，目前可以为 130 多种农作物和牲畜提供保险保障。

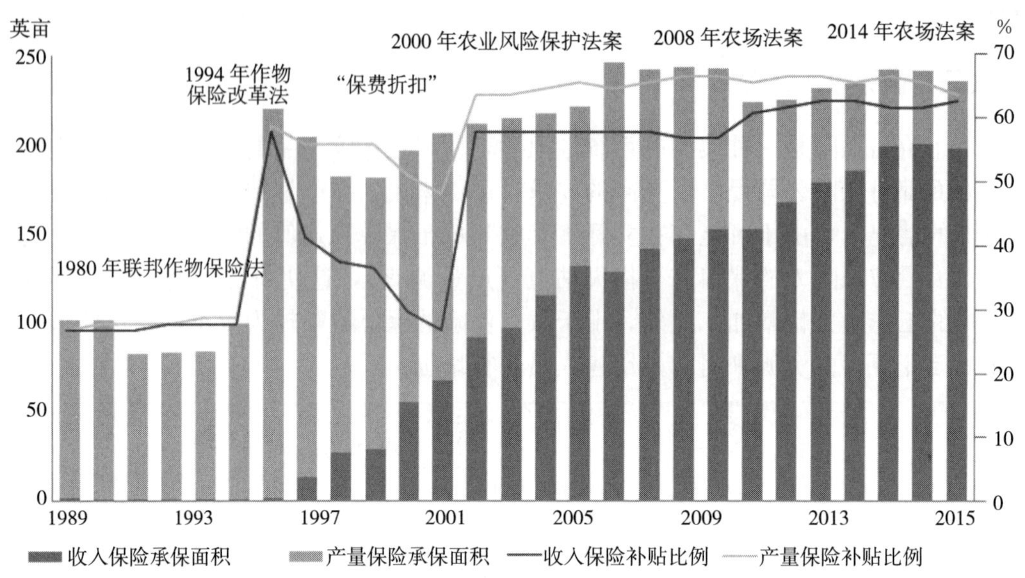


图 3　美国收入保险和产量保险发展（1989—2015 年）

### （二）美国联邦农作物保险—再保险下的政企联营

联邦农作物保险项目以政企合作的形式，由国家农业保险服务协会（NCIS）和联邦作物保险公司（FCIC）共同运行了三十余年。其核心基础为标准再保险协议（SRA），由 FCIC 和每个认证保险公司（简称 AIP，NCIS 成员）签署，参与方均为大型保险公司或金融企业。

美国农业部的风险管理机构（RMA）负责此项目的日常管理，包括制定条款、确定费率及规范各个保险公司理赔流程等职责。各认证保险公司则按照相关规定开展农作物保险的经营、承保和理赔。同时，每个认证保险公司必须对代理及雇员进行培训，以确保相关业务经营能够完全按照联邦农作物保险公司的规定执行。保险公司与独立的授权代理签订业务合同。代理机构按照年度合同中约定的条件收取佣金，并向被保险人提供保险产品和保费信息，以及收集保单所需的被保险人信息。

标准再保险协议还对联邦农作物保险公司向保险公司提供补贴和再保险的有关情况进行了规定。农业保险保费补贴并不直接发放给农户，农户在购买保险时，只需缴纳扣除政府补贴之后的保费即可。根据险种的不同，政府补贴比例也有所不同，一般处于 38%～67%之间。

农作物保险的条款和费率由联邦农作物保险公司制定，在整个行业内均保持一致，保险公司及代理机构不得进行修改。因此，不同保险公司或代理机构的产品均相同，其市场竞争主要体现在知识分享、技术支持，客户服务和相关保险产品方面。保险产品费率制定主要考虑了风险因素，并不涵盖任何利润或费用。

由于保险费率定价时并没有考虑任何附加费用，保险公司的经营花销会以管理及运营费的形式给予返还。近些年来，管理及运营费返还比例已低于行业实际花销。在2006—2010年，再保险协议规定的费用返还比例平均为20%，而2011年以来，该比例已下降至约12%。即保险公司每收100元保费（农户和政府共同支付），可以从联邦政府收到12元的费用返还。返还比例根据不同的保险产品而有所不同，主要取决于是产量保险产品还是收入保险产品。

多灾因农作物保险（MPCI）是FCIC提供的农作物保险的通称，一般以产量保险或收入保险作为基础。产品所涵盖的风险均为不可避免的灾害类型，并将疾病或害虫控制措施不充分或不适当而导致的损失进行了除外。收入保险已经成为最主要的MPCI产品类型，保费占比达到全美MPCI产品的90%。美国收入保险产品的价格发现机制即来自于商品交易所的交易价格。

### （三）私营公司的风险分散机制

（1）政府和再保险公司间的成数分出。风险主要分配到两个独立的风险池，分别为分配型保障基金（Assigned Risk Fund）和商业型保障基金（Commercial Fund）。保险公司可自主决定将保单放入哪个风险池。由于州政府对不同的风险池有不同的自留比例要求，对于分配型保障基金，保险公司的自留比例不得低于20%，而商业型保障基金为35%，分出部分的保费由政府收取。所以一般来说，保险公司会将高风险保单放入分配型保障基金，以大比例分出，而将低风险保单放入商业型保障基金，保险公司自留较高比例。

（2）超赔或赔付率超赔再保险。再保险公司将保单通过上述形式分至风险池后，保险公司的收益/损失即取决于自留部分的损失率，根据SRA中规定的计算方法计算（实际赔付除以保费）。保险公司除了可以直接将业务分到美国农业部外，一些公司还会向国际再保险市场额外安排再保险。

在2000年，由于气候条件良好，保险公司的承保收益（自留保费比赔偿金额高）大幅增加（图4）。然而，2012年美国主要粮食产区的一场大旱导致了非常高的保险赔偿，使得政府、行业和国际再保险公司（净损失率）都损失惨重。

## 四、中国农业市场的发展

### （一）中国农业生产基本状况

自改革开放以来，中央政府对农业部门给予了高度重视，实现了粮食生产的自给自足。1978—2015年，粮食产量从3.05亿吨增长到6.21亿吨，年产量翻了一番；农业总产值从1 117.5亿元增长到5.76万亿元，年均复合增长率逾11%。

国际市场占有率、显示性比较优势指数（RCA）、竞争力指数（TC）是常用的衡量一个国家农产品国际市场竞争力的指标。根据FAO数据，美国始终保持第一的市

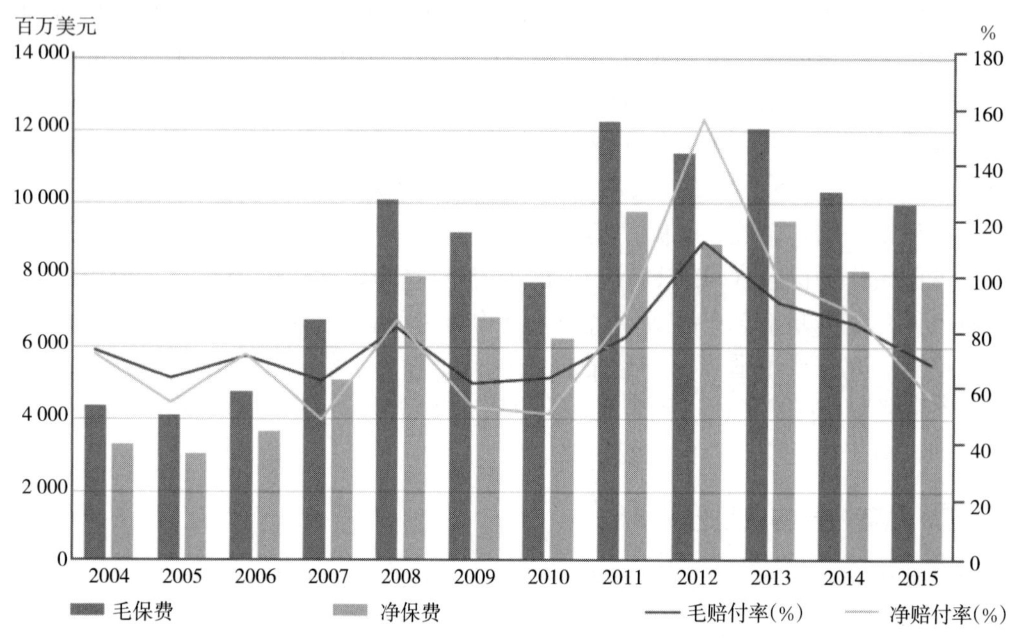


图 4 美国 2004—2015 年 MPCI 的承保历史

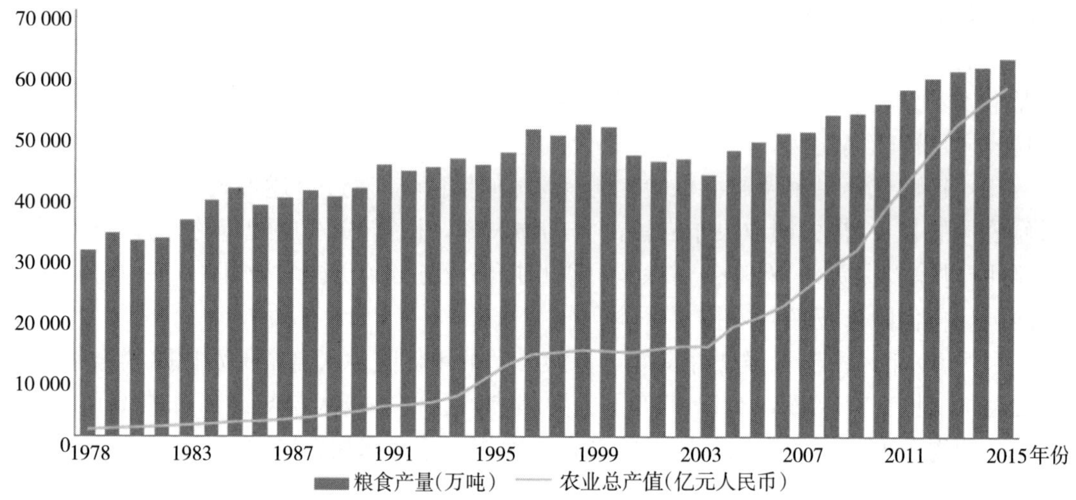


图 5 1978—2015 年中国粮食产量和农业生产总值

场占有率，其次为荷兰、德国、巴西和法国。中国的市场占有率在过去 30 年持续上升，2014 年占比达到 4.6%，居全球第六位。与欧美国家相比，中国农产品在国际市场所占份额相对较低。另外两个指标 RCA 和 TC 显示出，中国在过去二三十年间国际竞争力有所下降。自 20 世纪 80 年代后期，中国的农产品出口量锐减，现在已明显落后。造成这种发展局面的主要因素有两个：第一，中国的农业生产结构导致生产效率不足；第二，由于政府干预，农产品价格被人为提高到远高于全球市场价格的水平，这使得出口变得非常困难。

### （二）中央政府进行农业改革采取的举措

近年来，中央政府进行农业改革所采取了两项主要措施：土地流转政策，以及逐渐减少价格水平支持。

2004 年，规范了农村土地流转政策，其主要目的是提高农场的生产规模和专业水平。分散的小农场被合并为更大、更高效的农场，进一步发展了集中化服务，以提高农民的专业化水平。近年来，土地经营权流转规模不断扩大，目前中国农村土地流转面积已经超过承包地总面积的三分之一以上，每年新增流转面积 4 000 多万亩。然而，各地流转水平差异较大，东部发达地区的土地流转规模显著高于中西部地区。在此背景下，农民需要新的风险管理工具来转移和降低土地面积变动的风险。

农产品价格方面，自 2014 年起，中央政府开始向市场驱动的目标价格体系转变。在 2004 年、2006 年，中国在粮食主产区分别对稻谷、小麦两个重点品种实行最低收购价政策，旨在保障农民利益。这使得自 2008 年以来国内玉米，棉花和大豆的收购价格高于国际价格，导致国内农产品在国际市场上滞销。此外，中国防止市场价格波动的储备粮政策导致了产量增加和库存严重过剩。自 2014 年，中国在全国范围内取消棉花、大豆的临时收储政策。同时启动新疆棉花、东北三省和内蒙古大豆目标价格补贴试点。价格由市场决定，政府不干预市场价格。

综上，农业的高速发展和价格市场化都对风险管理和保险提出了全新的要求。生产集约化需要较高的资本支持（用于购买更好的机器，改善基础设施），会增加对于保险的需求，以保护这些资产免受洪水或干旱等不可避免的灾害的威胁。同时，随着中国的农作物价格水平逐渐接近全球大宗商品市场价格，全球价格波动将会在中国再次显现。由此，有必要出台收入保险政策以防范相关风险。

随着对多风险农作物保险或收入保险的需求不断增加，政府支持机制已从直接的价格支持转向对于风险管理举措的支持，这种支持最明显的体现是农业保险保费补贴。截止到 2014 年，中央财政保费补贴范围已由最初试点的 6 省扩大到 34 个地区（含省、自治区、直辖市、计划单列市），补贴品种由最初的 5 个种植业品种扩大至 15 类农作物及 5 种养殖品种，共计 738 个农业保险产品，22 家保险公司。2014 年，农业保险实现保费收入 325.7 亿元，同比增长 6.2%；提供风险保障 1.66 万亿元，同比增长 19.6%；参保农户 2.47 亿，同比增长 15.71%；承保的主要农作物超过了 11 亿亩，接近播种面积的 50%，其中小麦、玉米、水稻三大口粮作物的承保覆盖率分别达到了 49.3%、69.5%和 68.7%。

## 五、收入保险在中国

### （一）中国现有的农业保险实践

收入保险由于可以提供对产量和价格风险的全面保护，是一种非常有效的农业风险管理工具，并已经在北美市场有非常广泛的应用。中国作为世界上最大的农业保险市场之一，也和很多国家一样在积极进行相关探索。

目前，中国市场上的农业保险产品主要是成本保险，但中国在积极创新和试点新的保险产品，如农作物产量保险、农作物天气指数保险、农作物“成本＋信贷保证”保险、特定蔬菜价格指数保险、生猪价格指数保险、育肥猪价格保险、南美白对虾养殖保险、淡水鱼养殖保险等，这些创新和实践为今后开展收入保险奠定了良好的基础。

### （二）科学的农产品产量统计方法

中国的农产品产量抽样调查方法采用的是实割实测调查，它是当前统计粮食产量数据的一种最有效的方法，也是国际上通用的一种方法。粮食产量数据的采集和汇总都是直接来自农户和田块的调查样本。但如果想要推行收入保险，该方法会给保险公司带来极大的人力压力。近年来，随着科技的发展，遥感技术广泛应用于农产品产量统计，对大面积露天农业生产的调查、评价、监测和管理方面发挥了独特作用。遥感技术不仅帮助统计工作提升了效率，更使得统计数据变得更加客观。国家统计局在辽宁、吉林、河南、江苏、湖北、安徽 6 个粮食主产省的粮食生产大县推广了农作物对地调查，目前已取得阶段性成功，计划在所有 13 个粮食主产省推广应用。在未来可以考虑将新技术应用于产量估算中，来协助解决农产品产量统计的难题。

### （三）期货市场越来越成熟

收入保险保障价格的确定，对于收入保险产品的开发与定价至关重要。其他国家的经验表明，这个价格的确定有赖于期货市场。原因在于，期货价格通常对于现货价格具有价格发现的功能。期货市场可以为收入保险的保障价格确定提供更为科学的依据。由于中国 3 大期货交易市场成立近 20 年，规范经营近 10 年，期货市场具备一定条件为中国开展收入保险提供价格设计的基础。

农产品期货价格也是影响现货价格的主要因素。在农产品期货交易过程中，大量的主体参与交易，并根据各自拥有的信息对价格进行判断并报价，在对农产品期货合约集中竞价后，最终形成农产品的期货价格。

具体来看，期货交易具有以下特点：①大量交易主体。大量农产品的生产者、加工商、经销商以及投机者等参与到交易中，大量交易主体代表了供求双方的力量，从而形成更均衡的价格。②交易主体都对商品的行情非常熟悉。参与交易的各个主体都对交易商品的行情非常熟悉，从而将更多的信息带入到交易市场中，各个主体会充分结合自己的生产成本、预期行情等做出预判，从而形成的期货价格能更接近市场变化的趋势。③交易透明度高。由于期货是公开的市场竞争，避免了信息不对称造成的损失，因此，期货价格往往成为农产品贸易的基准价格。

1990 年郑州商品期货交易所的成立，拉开了中国农产品期货市场的序幕。此后，各地成立了多家期货交易所，交易品种多达几十种，交易所之间出现了恶性竞争现象。1999 年，国务院出台了《期货交易管理暂行条例》，保留了 3 家交易所及 6 个交易品种，此后又不断有新的交易品种上市。截至 2016 年，中国的主要商品期货交易所和农产品期货品种列明如下：

- 大连商品交易所：玉米、玉米淀粉、黄大豆 1 号、黄大豆 2 号、豆粕、豆油、棕榈油、鸡蛋、纤维板、胶合板。
- 郑州商品交易所：强麦、普麦、棉花、白糖、菜籽油、早籼稻、油菜籽、菜籽粕、粳稻、晚籼稻。
- 上海期货交易所：天然橡胶。

## 六、总结

本文分析了中国与收入保险相关的条件及其发展，总结如下：

- 土地改革政策使中国的农业产业结构更加高效；
- 价格支持政策的改革，使得本土大宗商品价格越来越市场化与全球化；
- 本土商品交易平台建立并运行了多年；
- 农业保险产品在全国有良好的普及率和实践经验；
- 政府保费补贴等支持政策有利于农业保险的进一步发展。

综上，如要推行可持续的收入保险产品，需要进一步发展产量保险，以及在试点阶段设置价格波动上限等条件。目前农业保险产品主要是农业生产成本保险，产量保险仍处于试点阶段。随着农民对利用高科技手段进行产量评估的需要不断增加，产量保险的需求将会不断扩大。同时，随着土地改革和农作物商品价格改革政策在中国的实施和完善，农民对收入保险的需求将会越来越强烈。现阶段，保险行业可以在充分了解本土市场条件的基础上，着重在产品结构设计和费率精算上进行研究，逐步开发出适合本土市场的收入保险产品。

### 参考文献

[1] Compilation if Risk Management Agency，RMA Data.

[2] Crop Insurance Industry Convention Meeting Book，NCIS，2016.

[3] 国家统计局，瑞士再保险经济研究及咨询部.

[4] 陈力，段进东.我国小麦和大豆期货市场价格发现功能的实证分析 [J].中国证券期货，2010 (11)：30-32，90.

[5] 马述忠，汪金剑，邵宪宝.我国战略性农产品期货市场价格发现功能及效率研究——以大豆为例 [J].农业经济问题，2011 (10)：20-28.

[6] 谢凤杰，王尔大，朱阳.基于 Copula 方法的作物收入保险定价研究——以安徽省阜阳市为例[J].农业技术经济，2011 (4)：41-49.

[7] 游悠洋.关于推广扩大我国农作物收入保险的可行性研究 [J].云南农业大学学报（社会科学），

2015 (2)：20-24.
[8] 韦革．粮食产量统计：用农户和田间数据说话 [N]．中国信息报，2011-10-18 (002)．
[9] 姜会飞．农业保险费率和保费的计算方法研究 [J]．中国农业大学学报，2009 (6)：109-117.
[10] 吕东辉，杨印生，王旭．农产品期货价格形成机理研究 [J]．农业技术经济，2005 (2)：19-23.
[11] 陈力，段进东．我国小麦和大豆期货市场价格发现功能的实证分析 [J]．中国证券期货，2010 (11)：30-32，90.
[12] 肖宇谷，王克．中国开展农作物收入保险的意义和可行性初探 [J]．农业展望，2013 (10)：29-32.
[13] 苏玉峰．中国农产品期货市场发展与问题研究 [J]．改革与战略，2016 (3)：55-57.
[14] 刘笑然．去除粮食高库存是当务之急 [J]．中国粮食经济，2015 (9)：24-28.

# 加快构建我国农产品市场风险管理体系

张 峭 王 克 李 越 赵俊晔 汪必旺 等

当前，中国农业面临诸多矛盾和难题，农业成本“地板”和国际农产品价格“天花板”双重挤压、补贴“黄线”和资源“红灯”双重约束，出现粮食产量、进口量、库存量“三量齐增”的反常现象，农业的转型发展需要进一步发挥市场在资源配置中的决定作用。随着中国农产品价格形成机制改革的深度推进、农业对外开放度的加深和国内外市场的深度融合，农产品市场风险已逐步凸显，农产品市场调控难度也日益加大，迫切需要探索新形势下农产品市场风险管理新模式，完善农产品市场风险管理体系，为农业持续稳定发展撑起一把“安全伞”和筑起一道“防火墙”。

## 一、加快构建我国农产品市场风险管理体系的迫切性

### （一）我国农产品市场价格风险日益凸显

长期以来，在以政府最低收购价和临时收储为核心的保护性收购政策干预下，我国主要农产品市场价格相对平稳。然而，随着农产品价格形成机制改革的不断深入，农产品价格逐步回归市场已成为改革共识，价格信号对生产和供需的调节作用将不断增强，相伴而生的市场价格风险也将更加凸显。随着我国与东盟、新加坡、新西兰、智利、韩国和澳大利亚等一系列多双边自贸区及“一带一路”建设的快速推进，国内外农产品市场联动性明显增强，国际市场价格波动对国内市场的传导速度加快和影响加大，价格波动不仅能在品种间传导，还能在不同品种间通过替代传导，国内农产品市场风险明显加大。受国际地缘政治角逐、全球气候变化、金融资本投机、生物质能源开发等非传统因素影响，未来农产品市场的不确定性将进一步加剧。

### （二）传统农产品市场风险管理方式面临挑战

自 2004 年以来，我国对小麦、水稻、玉米等主要农产品实行以最低收购价和临时收储为核心的保护性收购政策，其本质是以政府干预农产品价格方式进行市场调控。该政策措施在很大程度上缓解了农产品价格波动对粮食增产、农民增收以及支持国民经济平稳发展的不利影响。但随着国内外市场环境的变化，其对市场风险管理和对农业支持保护功能不断弱化，市场价格扭曲、财政压力加剧、粮食价格倒挂、进出

---

作者简介：张峭，中国农科院信息研究所研究员，农业风险管理研究中心主任，博士研究生导师；王克，中国农科院信息研究所助理研究员。

口贸易严峻等一系列矛盾却不断累积。特别是近年来我国连续提高稻谷、小麦、玉米等最低收购价格和临时收储价格，“黄箱”支持水平大幅增加，一部分产品已接近WTO规定的“微量允许”上限，开始面临特定农产品“黄箱”支持的实质性约束，也承受个别国家向WTO提起新一轮农业补贴投诉的风险和压力。在内外部约束的共同作用下，传统的以行政干预价格为主的风险管理思路面临越来越大的制约和挑战。

### （三）构建农产品市场风险管理新体系需求迫切

随着我国农产品市场化改革的不断深入，对农产品市场风险管理的探索从未停止，一方面加快建立完善农业供求信息监测、分析、预警、发布和服务制度，通过提供及时、准确、全面的农业供求信息来引导农业主体面向市场进行决策和生产经营，支撑中国农业面向国内外市场“转方式、调结构”和应对各类生产和市场风险；另一方面，通过逐步建立农产品目标价格制度，完善农产品价格形成机制，推进订单农业、期货等市场化的风险管理工具的创新和发展，探索农产品市场调控新方式。特别是近年来不少地方进一步尝试探索了农产品价格保险、收益保险和收入保险等新型价格风险管理工具，拓展了农产品市场风险管理新思路，对分散、转移农业生产经营主体市场风险和稳定农产品市场价格起到了积极作用。然而，现阶段市场化风险管理工具发育尚不充分，诸如期权等部分重要的市场风险管理工具仍然缺失，同时各类市场化风险管理工具之间衔接度不高、匹配性不强，面对系统性较强的市场风险，单一工具作用相对有限，需要多种风险管理工具的组合配套和有效衔接。总体来说，我国农产品市场化风险管理机制仍处于发展的初级阶段，难以满足农产品市场风险管理的发展需求，迫切需要加快市场化风险管理工具创新、组合优化以及构建多元化市场风险管理新模式，以满足不同类型市场主体的需求和适合不同风险管理策略的需要。

## 二、发达国家农产品市场风险管理经验及启示

美欧等发达国家为应对农产品市场风险，建立起了政策性措施与市场化工具并存并相互衔接和互为补充的农业市场风险管理体系。

### （一）政策性管理措施

政策性管理措施是各国尤其是发达国家政府管控农产品周期性市场风险的主要方式，目前在美国最为典型和成熟。主要体现在诸如美国农业部实施的“农业商品计划（Farm commodity program）”中包含的价格损失保障补贴项目（Price Loss Coverage payment，PLC）、农业风险保障补贴项目（Agricultural Risk Coverage payments，ARC）和销售辅助贷款项目（Marketing Assistance Loans，MALs）等，该计划主要由美国农业部农场服务局（Farm Services Agency，FSA）主管和进行操作。价格损失保障补贴项目（PLC）即当指定的农产品实际平均价格低于政府规定的

固定参考价格（reference price）时，政府启动差额补贴；农业风险保障补贴项目（ARC）是指农户农产品实际收入低于“保障收入”时，由政府对收入损失进行补贴，收入损失的核算是以县或农场的近 5 年平均收入损失为依据；销售辅助贷款项目（MALs）是美国农业部农场服务局下属的农产品信贷公司负责实施的既能保障农民收入、又保障农民贷款获得性的项目，政府每年在作物种植之前针对每种作物规定单位产品贷款额度，作物收获期如果市场价格高于单位产品贷款额度，允许农场主出售农产品后偿还贷款，如果市场价格低于单位产品贷款额度，则农场主可以放弃对抵押作物的赎回权而不偿还贷款，实际上得到了政府贷款差额补贴（loan deficiency payments）。

## （二）市场化管理工具

市场化管理工具的种类更多、应用更为普遍、覆盖范围更广，主要包括各类农产品远期合约、期货、期权和保险等。美国是世界上市场化价格风险管理工具发展最为完善的国家，也最具有典型性，其农产品市场风险管理的市场化工具主要有三类：

**1. 农产品远期合约或订单农业**

远期合约是美国最早的农产品市场价格风险管理工具，其历史可以追溯到第二次世界大战之前，并在 1930—1950 年获得了快速的发展。据美国农业部统计，2014 年订单农业产值占农业总产值的比例保持为 34%，农场规模越大参与远期合约交易的意愿越强，小中大农场签订订单数量分别占同类农场数量比例为 26.9%、33.7%和 41.7%。由于远期合约是农业生产者与下游的加工、贸易等企业达成的订单协议，因此也被称为订单农业。美国远期合约并不仅是停留在下游企业和农户签订的产品远期购销合同，而是借助期货与期权工具实现了订单农业的风险转移，形成了“农场＋大型企业＋期货市场”的风险逐级分散与转移。例如，美国农产品贸易公司（FCC）在实行订单农业的过程中，首先由农场主与 FCC 设在当地的粮食收购站签订订单，允许农民在四种交易和订单形式（远期交货合同方式、固定基差合同、最低卖价合同和最高买价合同）中进行选择，FCC 再根据不同的订单类型，在期货市场进行保值避险交易。这样 FCC 更多地承担了中介组织的作用，把分散的中小农场主集中起来，再进入期货市场保值，从而有效地解决了单个农场主所面临的资金和技术不足的困难。

**2. 农产品期货与期权工具**

期货与期权是标准化的远期交易合约，是现代市场经济中分散和化解价格波动风险最为有效的工具和手段。目前，美国共有芝加哥商品交易集团（CME Group）、洲际交易所（ICE US）等近 10 家交易所，提供包括谷物、油脂、活禽、肉类、棉花、饮料等 7 个大类 30 多个品种农产品期货与期权交易。由于期货市场具有较高的门槛限制以及交易成本，且在期货市场进行套保固然可以减轻未来价格下降带来的收益损失，但这种操作也会导致农民失去未来价格上涨带来的收益，所以，据美国农业部调查，在 20 世纪 90 年代美国农民参与期货市场的比例并不算太高，1996 年仅有 9.58%的小型家庭农场、35.8%的大型家庭农场和 34.7%的特大家庭农场参与了期货市场交易。但在期货市场基础上衍生出来的农产品期权极大地推动了美国农业利用期货市场分散市场价格风险的步伐。

**3. 农产品价格和收入保险**

美国农产品价格和收入保险具体包括农产品价格保险、畜牧业收益保险和农作物收入保险三种形式，但无论是哪一种形式，价格和收入保险中的保障价格和实际价格基本都是以期货市场价格为依据确定的。美国农产品价格和收入保险于 1996 年开始试点运行，农产品价格和收入保险扩大了农业保险的承保责任，对农民同时提供了生产风险和价格风险保障，因而自推出之后就受到了美国农场主的热烈欢迎。截至 2014 年，农产品价格和收入保险占全部政府支持保险项目的比例，保单数量比例达到 77%，保费规模比例达到 80%以上，成为美国最受欢迎的农业保险项目。美国农产品价格和收入保险是美国联邦农作物保险计划的一部分，虽然具体是由私人保险公司经办，但美国农业部风险管理局对其提供保费补贴和经营管理费补贴，另外还以标准再保险的形式对保险公司经营农业保险提供再保险支持。

## （三）管理经验和启示

从发达国家农产品市场风险管理的经验中，可以总结出一些特点，值得我国借鉴。

**1. 农产品价格风险管理的市场化趋势明显**

发达国家农产品价格支持政策的演变趋势表明，从直接干预市场价格向支持运用市场化工具管理价格风险的转变。政府直接干预市场价格，扭曲市场价格形成机制，既不符合 WTO 规则，从长远看也不利于农业的可持续发展。过度政策性干预措施固然可以降低市场价格波动幅度，但会带来沉重的财政负担或巨大的财政风险，也会抑制市场化风险管理工具的发育和发展。美国农业风险管理市场在 20 世纪 40—60 年代曾因政府对农产品价格过度干预而出现萎缩的局面，70 年代开始，美国政府农业政策发生了转变，逐步减少对价格直接或间接干预的程度，包括取消部分农产品的最低限价或生产配额、降低支持价格的水平、减少谷物国家储备量等，催生了诸如农产品期权、价格和收入保险等各类市场化风险管理工具的涌现和发展，从而使市场化管理工具在美国农产品价格风险管理体系中的作用越来越大、地位越来越重要。

**2. 农产品价格风险管理的政策性措施和市场化工具相互补充**

从美国的经验看，对农产品价格风险损失的保障，政府政策性措施仅提供基本收益的保障，而市场化管理工具可以提供更高水平的收益保障。美国 2014 年农业法案出台的农业风险保障补贴计划（ARC）规定当实际作物收入低于政府设定基准收入（benchmark revenue）的 86%时才启动补贴，且最高补贴额度为基准收入的 10%，如果农场主想获得更高程度的风险保障，就需要加入诸如农业保险等市场化风险管理工具。另外，政府和市场在风险保障的品种上进行搭配和互补，目前美国政府的农业商品计划项目支持的农产品仅有 24 种，且 90%的财政支持在玉米、棉花、小麦、水稻和大豆等 5 种重要的农产品上，而美国的市场化管理工具如农产品期货市场上市品种有 30 多个，农业保险覆盖品种多达 130 多个，远期合约覆盖的品种更为广泛。

**3. 市场化农产品价格风险管理工具的发展需要政府的大力支持**

从美国的经验看，政府的教育培训以及组织推动对市场化农产品价格风险管理工具的发展发挥了重要的作用。美国农业部风险管理局设立专门农业风险管理教育项目（RME），通过有步骤开展农业风险管理培训，提高了农民的风险管理意识，推进了农业保险各类产品的推广应用。美国在农产品期权的推动过程中，采取了先试点和政府补贴，再市场化运作的方式。从 1993 年开始政府以财政补贴权利金、手续费和其他交易费的形式，鼓励伊利诺伊州、爱俄华州、印第安那州部分农场主进入芝加哥期货交易所进行期权交易，购买玉米、小麦、大豆的看跌期权进行农产品价格风险管理。1999 年为应对牛奶价格支持政策变化引发的价格波动给奶农带来的风险，美国农业部在 7 个州的 38 个县推出乳制品期权试点项目（DOPP），该项目对自愿参加的奶农进行培训，并为其期权交易提供 80%的权利金补贴以及每笔交易 30 美元的经纪费补贴，在 2003 年 DOPP 项目结束时，已覆盖了 39 个州的 300 个县。

**4. 农产品期货市场发展是市场化农产品价格风险管理工具创新发展的基础**

一方面，期货市场的存在，为场内和场外的各种衍生品的发展，提供了良好的基础；另一方面，期货市场不仅本身具有价格风险分散与转移的功能，还具有其他工具无法实现的价格发现功能。期货价格提供了市场能够一致接受的对未来农产品价格的预期水平，从而可以成为远期合约与农产品价格保险和收入保险等确定风险保障水平的基础。因此，可以看到：在美国农产品市场风险管理的三种市场化工具中，无论是远期合约，还是农产品收入保险，都离不开期货市场的高度发展。

## 三、我国农产品市场风险管理的现状及面临的问题

### （一）我国农产品市场风险管理的现状

总的来看，我国政府对农产品市场风险管理也是利用政策性措施和市场化工具来进行的，但针对不同类型的农产品采取了不同的风险管理策略。对于稻谷、小麦、玉米、大豆、油菜籽、棉花和白砂糖等重要农产品，从 2004 年开始我国政府逐渐建立起了以最低收购价和临时收储政策为主要手段的农产品市场风险管控和干预政策。除了上述农产品，政府对其他农产品市场价格的干预较少，其价格基本完全由市场决定。近年来，随着最低收购价和临时收储政策弊端的不断显现，国家开始探索农产品目标价格制度，由政府操作开展了以棉花、大豆和玉米为重点的目标价格补贴试点，同时也在全国 20 多个省份开展了农产品目标价格保险试点。随着“猪扒皮”、“蒜你狠”、“姜你军”等农产品价格剧烈波动现象的频发，政府也开始重视对鲜活农产品市

场价格风险的管理，正在探索建立蔬菜等农产品调控目录制度。另外，我国也逐步规范和发展农产品期货市场，积极引导农业生产经营主体利用期货市场进行套期保值和管理价格波动风险。

需要指出的是，现有农产品市场风险防范的探索和尝试基本是以完善政策性措施为主，市场化工具利用不足。虽然农产品价格保险试点区域广、试点品种多，但每个试点区域和险种规模很小，还未能规模化推广。由于传统政府干预农产品价格政策的影响和我国小农分散经营特点，农业生产经营主体参与期货市场数量和比例也很低，期货市场价格风险管理功能还未能充分发挥，且政策性措施和市场化工具间的衔接和融合不够。而纵观国际经验，即便是在美国这样发达的经济体，管理农产品市场风险、保障农业生产经营主体利益也是采取了政策性和市场化相结合的方式。因此，我国农产品市场风险管理应从“单一手段”向“两条腿走路”转变。一方面要不断探索和创新政府农业风险管理政策和手段，另一方面要大力培育市场化风险管理工具，尽快补齐我国农产品市场风险管理中的短板，同时要注重政策性措施和市场化工具之间的协调和配套，政府要充分利用市场化工具实现政策目标。

### （二）我国农产品市场风险管理的市场化探索

2013 年以来，我国各地就创新农产品市场风险管理模式和手段开展了积极探索，也涌现出了许多典型案例。各地在实践中逐渐摸索出了“订单农业＋场外期权＋期货市场”、“龙头企业/合作社＋场外期权＋期货市场”以及“价格保险＋场外期权＋期货市场”三种利用市场化手段分散和化解农产品市场风险的新模式。

**1.“订单农业＋场外期权＋期货市场”模式**

该模式是吉林云天化农业发展有限公司、永安期货公司和大连商品交易所在 2014 年玉米上开展的试点。具体做法是：云天化农业发展有限公司通过其下属的云天化合作社和农民签署保底租地协议（8 000 元/公顷/年），租金随每年玉米价格上涨幅度同步调整，下跌时租金不变；云天化合作社作为场外期权买方，支付一定的权利金，委托永安期货公司提供场外期权服务，享有到期要求卖方履行相应合约或放弃执行的权利，永安期货作为场外期权出售方，通过复制期权的形式将所持有的场外期权头寸转换成期货头寸在期货市场进行风险对冲，将价格风险转移给期货市场的投机者。

该模式可以看作是“订单农业＋期货套保”模式的升级版，通过场外期权，参与主体既规避了市场下跌带来的风险，同时又保留了市场价格上涨获取盈利的可能性，在 2014 年的试点中取得了良好的效果。对农民而言，保证了农户的最低收入，并可以分享玉米价格上涨的红利。对合作社而言，通过购买场外期权，既规避了行情不利发展可能造成的损失，又保留了行情有利变化时带来的收益，实现了自身的稳定经营。2014 年由于期现货玉米价格上涨，合作社现货市场盈利 60 000 元，选择放弃行权而在期货市场损失权利金 27 090 元，实际获益 31 910 元，经测算效果好于直接利用期货市场进行空头套保。对期货公司而言，该模式既开拓了公司自营业务，又创新了盈利模式。在2014年试点中，永安期货公司收入权利金27 090元，由于价格上涨期货对冲亏损15 320元，支付交易手续费180元，试点项目中共盈利11 590元，场外期权权利金收入有效覆盖了期货市场对冲的成本。

**2. “合作社＋场外期权＋期货市场”模式**

该模式是2015年农业合作社、浙商期货公司和大连商品交易所在黑龙江嫩江县开展的大豆价格保护项目试点。具体做法是：嫩江县政府组织规模较大信用较好的12家种植大户（合作社）和期货公司合作开展大豆场外期权试点，支持合作社加入市场化的价格保护项目并提供一定补贴，但不直接参与项目。期货公司与种植户（合作社）签订保价协议，以约定价格给种植户保底，当实际价格低于约定价格时，期货公司按差价给予现金补偿，实际价格的确定以种植户（合作社）在合同期内的点价为准。期货公司的风险管理子公司按设定的价格在商品交易所进行复制期权操作、进行风险对冲和保值，盈亏由期货公司自行负担，但享受大连商品交易所提供的费用补贴和手续费减免。

该试点于2015年4月开始筹划，7月8日正式签订场外期权报价协议，11月30日合同期结束，12家种植大户（合作社）共为1 000吨大豆购买了约定价格为4 250元/吨的保价服务，每吨支付权利金40元，其中县财政补助30元。最终试点取得了良好的效果。对农民而言，在现货市场价格走低的情况下，通过参与试点，农民每吨大豆多受益200多元（约合0.2元/千克），而同期，大豆种植户从大豆目标价格补贴中实际获得的赔付也仅为2.4元/千克。调研中，尝到甜头的农民纷纷要求2016年扩大试点规模。对期货公司而言，参与该试点并没有大的亏损，狭义亏损1 723.18万元，由于交易所提供了20万元补贴，实际并未亏损，但探索出了新的期货服务“三农”的新模式。

**3. “价格保险＋场外期权＋期货市场”模式**

该模式是农民合作社/农业企业、保险公司、期货公司和商品交易所在辽宁、北京和湖北等地开展的玉米和鸡蛋期货价格保险试点，另外广西基于“糖料蔗价格指数保险”的“保险＋期货”模式也在推进中。其基本原理是：保险公司基于期货市场上相应的农产品期货价格，开发农产品价格保险产品，农民或农业企业通过购买保险公司的农产品价格保险产品，来确保和稳定收益；保险公司通过购买期货公司风险管理子公司提供的场外看跌期权产品来对冲赔付风险，以达到“再保险”的目的；期货公司风险管理子公司利用其专业操作优势在期货市场进行相应看跌期权复制，从而转移和化解市场价格风险，并通过权利金收益获取合理利润。最终各参与主体各取所需、共同收益、多方共赢。

该模式可以说是在我国国情和现有风险管理状况下，农业保险和期货领域的一大创新，在各地的试点中均取得了非常好的效果。以辽宁锦州玉米“价格保险＋期权期货”试点为例，在2014/2015年度试点中，参与试点的农业合作社以2 160元/吨为约定价格，通过人保财险为 1 000 吨玉米购买了价格保险，支付保费 11.5 万元；人保财险支付给新湖期货公司 9.67 万元权利金，将风险向期货市场转移。由于玉米价格低于约定价格，合作社获得保险赔付 24.1 万元，但人保财险和新湖期货并未亏损，因为全部赔款皆来自于新湖期货公司在期货市场的“盈利”。最终，该试点保障了农民利益，分散了保险公司风险，并拓展了期货公司业务，达到了三方共赢的效果。

### （三）我国农产品价格风险管理市场化探索中面临的问题

从目前各地试点的情况看，上述三种模式均取得了很好的效果。从农业部门的角度看，第一种和第二种模式为农业龙头企业、规模较大的新型经营主体和涉农企业提供了一种利用市场化手段分散农产品价格风险的可靠途径和新渠道，第三种模式更是为分散数量众多的小规模农业生产者面临的市场价格风险提供了一条简单易行、成本低廉、推广性强的新思路和新模式。从保险期货部门的角度看，上述三种模式不仅降低了交易成本，搭建了期货保险等金融企业服务实体经济的新通道，同时也有利于将农业产业和农产品期货更好结合，培育专业投资者，推动期货市场的成熟和完善。但上述三种模式还面临以下几个方面的问题：

**1. 相关主体认识不到位**

目前，这三种利用保险期货期权等金融手段分散农产品市场风险的模式在我国还是一个新生事物，农业生产者、农业企业、政府等相关主体对此还缺乏足够的认识，试点规模很小。调研中，参与试点的商品交易所和期货公司等主体表示，由于农民缺乏风险管理的意识，对期货期权也不了解，试点中感到力量有限，非常希望政府部门能够给予统筹指导，在宣传发动上给予帮忙，自上而下推动该模式的试点和发展壮大。调研中也发现，许多政府部门干部对这些试点的具体做法和原理也并不清楚，许多当地政府人士表示他们也是第一次了解到这些模式。因此，我们认为，认识的不足是“价格保险＋场外期权＋期货市场”等农产品市场风险管理新模式扩大范围的一个主要障碍。

**2. 面临监管制度和管理体制方面的障碍**

上述三种试点模式尤其是“价格保险＋场外期权＋期货市场”的模式在我国是一种新的尝试，是保险界、期货界和农业产业的跨界合作和探索创新，但目前面临监管、财务和税收等问题的制约和困扰。调研了解到，在现行制度下，保险公司没有期货/期权经营资格，购买场外期权被视为投资行为而非购买“再保险”的风险管理行为，因此，对于保险公司而言，从期货公司购买“再保险”，面临着购买场外期权的权益金在财务科目中无法列支的问题；同样，期货公司必须有风险子公司才能进行场外期权的操作，所以许多地方性小期货公司难于参与其中。另外，目前期货公司场外期权操作的财务、税收管理方面也缺乏规范性指导文件，期货公司也面临期货市场“盈利”返还给保险公司时在财务科目上如何处理的问题，同时还面临着这笔“盈利”（也可以说是：赔付款）是否应该纳税的问题。

**3. 市场化风险管理工具不完善的问题**

突出表现在两个方面：第一，农产品场内期权缺乏。场内期权是在期货市场基础上的更高级形态，是提升期货市场功能的重要工具；而场外期权，一般是在场内期权的基础上发展起来的。但目前，我国尚没有农产品场内期权，参与试点的期货公司都是利用期货市场来复制农产品看跌期权，成本高但时效性不够理想且面临滑点风险，给利用场外期权化解农产品市场价格风险的可持续性埋下了隐患。第二，期货市场容量（承接能力）不够。这是调研中各方反映最为强烈的问题。主要原因是，受国家最低收购价和临时收储政策的影响，许多农产品品种期货交易量不活跃，市场容量和流动性不足，制约了期货市场承接保险机构转移农产品价格风险的能力。例如，玉米期货是大连商品交易所交易量相对活跃的品种，但期货公司表示每年场外期权交易量只能做到30万～50万吨的规模，再大规模会对市场造成较大冲击。

## 四、未来我国农产品市场价格风险管理的思路

在我国农产品市场定价改革趋向基本明确，传统农产品价格调控政策措施效能弊端凸显的背景下，亟须构建农产品市场风险管理新体系，以实现既充分体现市场在资源配置中的决定性作用，又能更好发挥政府保护农民利益和保障农产品有效供给的市场调控功能。

### （一）探索农产品市场风险管理新体系应从三方面入手

管理农产品市场风险应以不扭曲市场机制作用的发挥为前提，开展“供给侧着力、两条腿走路、打造组合拳”。

**1. 管理农产品市场风险要从稳定农民收入预期和农产品供给入手**

在市场经济中，农产品价格起伏波动是农产品生产经营特点决定的，也是市场机制调节供求关系配置资源的作用方式和正常体现。政府不应通过强行扭曲和干预市场价格的方式来降低“市场风险”，稳定农产品市场价格应该从调整农产品供需关系和结构入手。由于需求量在一段时间内不会发生大的变化，造成农产品供需失衡的原因更多的是在供给端，因此，管理农产品市场风险应在供给侧发力，从稳定农产品供给切入。而稳定农产品供给的最好办法就是稳定农业生产经营主体收入和收入预期，一个较好的办法就是充分利用保险、期货、期权等市场化风险管理工具对农民的收入风险提供保障。当农民实际收入低于预期收入时对其损失进行弥补，让农民在售粮上的亏损从运用市场保障工具中“赚回来”。

**2. 管理农产品市场风险要政策性措施和市场化工具并用**

当前，伴随着我国农业产业链条的不断延长，农业风险的传导速度加快、影响范围更为广泛，相应的农业风险管理难度加大，农业风险管理行政化手段的缺陷更加凸显，迫切需要利用市场化工具来提高农业风险管理的效率和效能。然而，市场也有缺

陷和失灵，市场化工具可以实现农业风险管理的“市场目的”，但达不到农业风险管理的“政策目标”。农业是国民经济的基础，是百业之基，政府作为农业市场风险管理的宏观管理主体，不仅仅考虑微观农业生产经营主体的风险和收益，而且要从保障国家粮食安全、农产品有效供给和农业经济持续稳定发展的角度进行考量，因此，管理好农产品市场风险不能只强调一种工具或一种手段，要同时利用政策性措施和市场化工具，将两者有机结合，这也是国外农产品市场风险管理的发展趋势和成功经验。

**3. 管理农产品市场风险要创新多样化的风险管理模式**

我国农产品数量众多，其风险大小、重要程度和政府介入等都有所不同，相应的其市场风险管理的重点自然也应该有所差异。另外，近年来我国农业生产主体日益多元，种粮大户等新型经营主体加速涌现。但总体而言农业生产仍以小农和散户为主，而不同行业不同规模的生产经营主体市场意识不同、风险偏好和承受能力不同、对新事物的接受能力也不相同。因此，我国农产品市场风险管理模式的探索中要充分考虑不同农产品市场化程度、价格波动特征、影响范围大小以及不同生产经营主体的风险认知水平和抗风险能力的高低，要鼓励创新针对不同类型农产品和不同规模农业生产者的多样化的农业风险管理模式。

### （二）探索农产品市场风险管理新模式应处理好三个关系

面对“双板挤压、两灯限行”的严峻局面，当前我国农业支持保护政策正处在一个转型调整的攻坚期，农产品市场调控需要有新的思路、新的模式和新的突破。目前部分地区出现的“价格保险＋场外期权＋期货市场”、“订单农业＋场外期权＋期货市场”等试点模式对完善我国农产品价格形成机制具有重要的积极意义，是改变原有的农产品价格风险管理方式和调整农业补贴方式的一个有益探索，值得鼓励和推动，但在试点和推广的过程中需要处理好三方面的关系：

**1. 要处理好农产品市场风险管理中政府和市场之间的关系**

农产品市场风险管理需要发挥政府和市场双重作用，需要综合运用目标价格补贴等政策性风险管理措施和期货、期权与保险等市场化风险管理工具，但更需要研究处理好政府和市场在农产品价格风险管理中的关系，准确界定和明晰各自的角色定位和职责边界，正确把握政策性风险管理措施与市场化风险管理工具的应用范围和结合方式，真正有效发挥市场的决定性作用和更好发挥政府作用。

**2. 要处理好价格风险转移链条上各相关主体的利益关系**

利用“价格保险＋场外期权＋期货市场”等市场化工具转移和分散风险是一个涉及面广、专业性强的新模式，涉及到农户、合作社、龙头企业、保险公司、期货公司，也关乎证监会、保监会和农业部等各方利益主体，即使在农业管理部门内部也涉及到生产、市场、计划、财务等各职能管理部门。因此，在探索农产品市场风险管理新模式不能只关注某个环节某个主体的利益，要树立大农业的理念，从一、二、三产业融合发展的角度看问题，处理好风险转移链条中各利益主体的关系。

**3. 要处理好市场风险管理政策变革和农业生产持续稳定发展之间的关系**

现行的最低收购价和临时收储政策在我国已经有 10 多年的历史，对农业、农产品加工业、流通业乃至期货行业的发展均产生了重大和深刻的影响。虽然现阶段最低收购价政策和临时收储政策广受诟病、存在许多问题，但在调整和探索农产品市场风险管理新模式的过程中也要特别注意该政策对社会各界尤其是农业生产者思想认识方面的影响，要把握好改革的时点和节奏，要注意广大农民的接受意愿和能力，确保农民农业生产意愿不降低、农业生产能力不滑坡。此外，在农产品市场风险管理政策调整和改革的过程中，也要注意掌握好不同农产品市场化改革的优先序关系，将政策变革带来的不利影响和阵痛降到最小，要坚持新措施和工具先试点后逐步推广的原则，实现农产品市场风险调控新旧政策措施和工具的有效衔接和平稳过渡。

## 五、推进农业市场风险管理的建议

在完善农产品价格形成机制、保护农业生产经营者利益和保障国家粮食安全的前提下，提出逐步建立和完善农产品市场风险管理新体系的如下建议：

### （一）建立农产品市场风险管理协调机制

农产品市场风险管理涉及到农业、发改、财政、保监和证监等众多部门，是一个跨领域的协作和管理，建议由农业部牵头，联合国家发改委、财政部、证监会和保监会等相关部委组建协调领导小组，在农业部内建立农业市场风险管理办公室，组织农业部各相关职能管理部门推进农业市场风险管理工作。对中国农产品市场风险管理体系进行深入研究和顶层设计，制定构建和完善中国农产品市场风险管理新体系的行动方案；对各地农产品市场风险管理的试点进行指导、监管和评估，就试点中暴露出的重大问题进行研讨；协调相关配套政策的出台，组织开展各类调研，解决各种新模式发展中涉及的政策创新、监管创新以及财税创新等问题。

### （二）积极推动市场化农产品风险管理工具的创新发展

从国际经验来看，由于市场化风险管理工具有较高的效能，在农产品价格风险管理体系中的作用越来越大和地位越来越重要，我国应积极推动期货期权和价格、收入保险等市场化管理工具的创新发展。目前我国正在推进以农产品目标价格补贴为主要形式的农产品目标价格制度改革试点，虽然取得了明显效果，但由于农产品市场价格波动的不确定性且政府无法精准地针对实际与目标价差编制补贴预算，极易导致巨大的财政补贴风险，严重影响政府财政稳定性。相对而言，市场化的保险机制因其市场反应速度快、赔付金额规模大和巨额风险分散能力强等诸多特性，在一定程度上能够应对农产品价格剧烈波动给财政带来的风险。因此，建议政府积极探讨利用目标价格保险、收益和收入保险等市场化工具，通过用财政购买保险或保费补贴等形式转移政府履行目标价格补贴职责而引致的财政风险，加快财政与保险融合，优化政府农业财政治理结构。另外，农产品场内期权上市是完善农产品市场风险管理工具的必要举措，是农业市场风险管理模式降低交易成本的有效途径，建议证监会联合相关部委积极推动，尽快在大连和郑州商品交易所推出农产品场内期权，优先推动玉米、大豆、棉花、油菜籽、白糖等重要农产品期权上市。

### （三）组织开展农产品价格风险市场化管理试点

积极推进农产品价格形成机制改革试点，选择一些粮食和生猪主产县开展主要粮食品种区域收入保险和生猪价格（收益）保险等创新型保险产品试点，选择东北地区玉米和大豆、长江流域油菜籽、新疆棉花等品种，依托万亩高产创建示范片和条件较好的新型农业经营主体，联合开展“价格保险＋场外期权＋期货市场”的农产品价格风险市场化管理试点。同时，统筹资金对参与试点的新型经营主体提供一定的保险或期权费用补贴。

### （四）将农产品市场风险管理纳入培训体系

借鉴国际经验，将保险、期货等市场化风险管理工具应用知识纳入新型农民教育内容和产粮大县轮训内容。建议农业部与保监会、证监会合作，组织粮食和生猪主产县农业干部和部分新型农业经营主体开展农业价格保险、农业收入（收益）保险、农产品期货期权等知识专题培训班，将农产品市场分析预警及农业保险、期权、期货等市场化工具应用作为主要培训内容，增强他们市场风险管理意识和参与能力。

# 关于我国开展玉米收入保险的若干分析*

冯文丽　郭亚慧

**摘要**：在当前玉米临时收储政策改革及较高的库存压力使玉米种植者面临较大价格风险的背景下，本文系统分析了我国开展玉米收入保险的重要意义、有利条件和具体对策。

**关键词**：农业保险；收入保险；玉米保险

作为粮食作物、经济作物、饲料作物的玉米，其价格波动对农民的收入、种粮积极性以及畜牧业和玉米加工业都有重要影响，如玉米价格直接影响了鸡蛋和猪肉价格，进而还会影响到通胀水平和人们的生活水平。2007 年以来在东北和内蒙古地区实施的玉米临时收储政策在很大程度上保障了农民的收入、稳定了农民的种粮积极性，使得玉米在连续多年的粮食增产中做出了巨大贡献。但是，这种政策也显示出了较大的负面效应，出现了国内玉米市场供求关系扭曲，玉米库存积压，下游企业成本压力大等一系列问题。2016 年玉米临时收储政策改革以及较高的库存压力将会使玉米种植者面临较大的价格波动。同时，随着厄尔尼诺现象的加剧，农民生产还面临着较高的自然风险。而收入保险以农民的收入为保险标的，可以为因自然灾害、价格波动或者二者共同导致的一定程度的收入损失提供保障。因此，研究玉米收入保险对于创新和完善我国主要粮食作物市场风险管理工具，稳定农民种粮积极性，保障国家粮食安全，具有十分重要的意义。

## 一、我国开展玉米收入保险的重要意义

### （一）有利于稳定农民的收入和种粮积极性

当前玉米的高库存以及“市场定价、价补分离”的市场化改革趋势将会使玉米价格在一定时期内面临较大波动，而价格的轻微波动都会直接影响到农民的收入水平和种植积极性，对于种粮大户影响则更大。收入保险可以在自然灾害、价格下跌等风险事故发生后，将农民的收入稳定在一定水平，进而保障农民的基本生活水平和再生产能力。虽然当前我国玉米库存积压严重，并且大量进口，但长期来看，稳定农民收

*　2012 年国家社科基金项目《农业巨灾风险管理制度研究》（12BGL074）的阶段性成果。

作者简介：冯文丽，教授，河北经贸大学京津冀一体化发展协同创新中心；郭亚慧，研究生，河北经贸大学金融学院。

入，保持农民对玉米种植的积极性，尤其是玉米优势种植区和主产区农民的积极性，对于保障我国的粮食安全意义重大。

### （二）为农民提供更加有效的市场风险管理工具

随着市场经济的不断发展和农业市场经济体制改革的不断深化，市场风险，即价格波动给农民收入带来的不确定性，对农民收入的影响逐渐加大。杨应杰（2011）指出，在农业经营所面临的自然风险、市场风险、制度风险、技术风险和资产风险中，市场风险占比最高，并已取代了自然风险，成为影响农业经营的最主要风险。而当前的一些农业市场风险管理工具，如期货、期权交易和订单农业等又各自存在弊端，风险管理效果不佳。期货、期权交易门槛高、资金规模大、专业性强等特点，与我国农业小农分散的特点及农民相对较低的文化素质水平相矛盾；订单农业存在市场价格发生不利变化时违约风险较高的问题。因此，相比较而言，收入保险更容易被农民理解和接受，合同中的价格参考期货市场价格，能更好地反映市场供求情况，是农民在玉米临时收储政策市场化改革环境下，进行市场风险管理、稳定收入的有效工具。

### （三）更好地满足新型农业经营主体和现代农业发展的需要

以家庭农场、专业大户、农民合作社等为代表的新型农业经营主体，农业生产投入大，面临更高的自然风险和市场风险，并且对风险非常敏感。而当前以“低保费、低保障、广覆盖”为原则开展的农业保险，仅能保障直接物化成本，不包括不断提高的人工成本和土地流转成本，也不承保价格波动风险，难以满足新型农业经营主体的需要。在当前玉米收储制度的市场化改革进程中，玉米收入保险这种市场化的风险管理方式可以为其提供更全、更高的风险保障，降低新型农业经营主体的投资风险预期，从而促进现代农业发展。

### （四）有利于玉米去库存和玉米产业的健康发展

农业供给侧改革的重要举措就是去库存，而去库存压力最大的就是玉米。玉米临时收储政策实施以来，极大地提高了农民玉米种植的积极性，但也带来了国内玉米产量、库存量和进口量三量齐增，国内外玉米价格倒挂，下游玉米加工企业经营困难等市场扭曲现象。“镰刀弯”地区等玉米非优势种植区也改变了种植结构，增加了对玉米的种植，给当地的资源环境造成较大压力。而玉米收入保险能够做到保护农民利益与市场化取向并重，既能保护农民的种植积极性，稳定农民收入，又减少了对玉米价格市场形成机制的干扰，使农民能够根据玉米市场价格的变化合理调整种植结构和规模。政府亦可通过玉米收入保险的差别补贴实现对玉米优势种植区的政策倾斜，适当控制玉米当前的库存量。同时，市场化的价格还将增加畜牧养殖业和下游加工企业对玉米的消费，有利于减少玉米库存，促进玉米供求关系趋于平衡和玉米产业的健康发展。

### （五）符合我国当前农业保险转型升级的需要

从 2007 年到 2016 年，我国农业保险在业务规模和覆盖面上取得了较大成绩，保费收入从 51.8 亿元增长到 471.71 亿元，参保农户达到 2.04 亿户次，风险保障额达到 2.16 万亿元，目前我国也成为亚洲第一、全球第二的农业保险市场。但随着农业保险发展过程中出现的一些问题，以及现代农业发展呈现的一些新特点，农业保险发展迫切需要转型升级，从供给推动型向需求拉动型转变。而玉米、小麦等重要粮食作物的收入保险产品，能够提供更全、更高的风险保障，更能满足现代农业发展的需要。

此外，从产量保险到收入保险的转变也是美国、加拿大等发达国家农业保险发展的重要经验。美国自 1996 年开始探索收入保险后，其全面风险保障的特点受到了农民的普遍欢迎，农民参保积极性也大大提高，收入保险的份额从 1996 年的 8%快速增长到了 2014 年的 83%，并逐渐取代产量保险成为美国农业保险的主流产品。因此，我国当前探索开展玉米等粮食作物收入保险产品符合农业保险转型升级的需要，也是农业保险进一步发展的必然趋势。

### （六）符合国际农业支持政策的发展趋势

2016 年的中央 1 号文件提出了玉米临时收储制度改革的基本思路，坚持“市场定价，价补分离”的原则，在考虑农民合理收益和财政承受能力等基础上，建立玉米生产者补贴制度。这一改革措施是促进玉米价格市场化形成机制的重要举措，对于解决当前玉米供求失衡、价格扭曲、生产结构不合理等一系列问题具有十分重要的意义。

但长期来看，这种价格补贴政策难以满足不同经营主体多样化和个性化的风险管理需求，同时还要收到 WTO“黄箱”政策 8.5%补贴限额的限制。而收入保险属于 WTO“绿箱”政策的范围，减少对农业的直接补贴和价格支持，增加绿箱支持政策也是世界各国农业支持政策的发展趋势。如美国 2014 年的农业法案，取消了长期以来的农业直接补贴项目，同时加强了对以收入保险为主的农作物保险的补贴力度。

## 二、我国开展玉米收入保险的有利条件分析

据 2011 年美国权威研究显示，适用于农作物收入保险在全球各区域的数据，以及全世界多国实证统计显示，农业收入保险要取得成功应当具有三大可行性要素：丰富的区域产量和价格信息；高效的价格发现途径；广泛而有力的公共财政和监管支持。对于我国的玉米收入保险而言，尽管上述三个条件并不完全满足，但总体来看已经具有相当基础，特别是在小范围内的收入保险试点条件已经基本成熟。

### （一）玉米区域产量和价格信息比较丰富

首先，玉米区域产量数据丰富。自 1950 年起，我国即开展了针对小麦、玉米、水稻等粮食作物的县级产量统计，玉米成本收益调查数据积累也超过 30 年。同时，自 2007 年我国政策性农业保险实施运行以来，保险公司积累了大量的农户粮食作物灾情和赔付数据，同样可以为玉米收入保险产品设计提供参考。

其次，玉米价格信息丰富。目前，我国玉米价格发布有很多渠道，如粮食局、农业部、粮食局下属的中立企业如中华粮网、Wind 资讯、大商所，等等。另外，很多现货价格如全国玉米收购价、郑州直属库玉米磅秤收购价和郑州粮食批发市场的玉米批发市场价等都比较中立。

### （二）玉米期货市场价格发现功能相对完善

收入保险中目标收入水平的确定对于保险的定价、风险的控制以及保险保障的效果都有着重要的影响，而这一收入水平的确定又取决于产量和价格水平的确定。产量水平通常以历史平均产量水平为基础，相对比较稳定和客观，而价格水平的选择则至关重要，也需要满足客观、公开、预期性的特点。以其他国家发展收入保险的经验来看，期货价格是较好的选择。期货价格具有一定的权威性，并能较为准确地预测农产品未来的价格走势。而国内的一些研究结论表示，我国的玉米期货市场已经具备了较强的价格发现功能，这就为我国开展玉米收入保险提供了重要条件。

### （三）玉米收入保险的公共财政和监管支持力度较大

从各国开展收入保险的现状来看，广泛而有力的公共财政和监管支持是收入保险能否取得成功最为重要的因素。目前，农业保险公共财政和监管支持较弱的国家和地区，如欧盟和巴西，其业务量近年来都在衰退，而支持相对较强的美国和加拿大艾伯塔地区业务获得了较快增长。

在我国近年来的一些中央文件中，都对收入保险发展提出了指导性意见。2014 年，国务院发布的《关于加快发展现代保险服务业的若干意见》中提出，要按照中央支持保大宗、保成本，地方支持保特色、保产量，有条件的保价格、保收入的原则，鼓励农民和各类新型农业经营主体自愿参保，扩大农业保险覆盖面，提高农业保险保障程度。2016 年的中央 1 号文件《关于落实发展新理念加快农业现代化实现全面小康目标的若干意见》明确指出，要积极开发适应新型农业经营主体需求的农业保险品种，探索开展重要农产品目标价格保险、收入保险和天气指数保险的试点。2017 年中央 1 号文件《关于深入推进农业供给侧结构性改革　加快培育农业农村发展新动能的若干意见》更是明确提出探索建立农产品收入保险制度。

可见，开展玉米收入保险符合当前的行业发展趋势，可以得到较高的公共财政支持和监管支持。在我国，玉米等大宗农作物可以获得中央、省和市县三级财政 80%

左右的保费补贴。

### （四）玉米收入保险市场需求较大

目前，我国探索发展玉米收入保险除具备上述三个可行性要素外，还有一个极为有利的条件——市场需求较大。在当前“市场化收购”加“补贴”的新政策下，玉米市场价格的波动及补贴效果如何等问题，都增加了农民收入的不确定性，尤其是对价格高度敏感的玉米种植大户来说，更加关心补贴后能否达到自己设定的收入要求。玉米收入保险能够提供包括价格波动在内的更加全面的风险保障，能够将玉米种植收入稳定在一定水平。另外，农民还可以根据自身需求选择更高的保障水平，能够满足玉米种植者，尤其是种植大户的风险管理需要，具有较大的发展潜力。

## 三、我国开展玉米收入保险的对策建议

### （一）及时调整农业保险的政策目标和发展动力

美国从产量保险向收入保险的转变，不仅是农民内在需求的结果，更是政府积极调整政策目标的结果。在城镇化、土地流转、科技进步等一系列因素的影响下，我国农业的现代化进程也不断加快，规模化、集约化的特征也越来越明显，对风险管理的需求也在发生变化。因此，要及时调整农业保险的政策目标和发展动力，研究分析农民生产经营风险的变化特征，从其风险管理需求出发，积极促成农业保险从保成本向保收入的转变。只有更好地满足农业发展的内生需求，农业保险的发展才能获得持久的动力，才能更好地服务于农业现代化。

### （二）加强玉米主产区的基本信息系统建设

这一信息系统既包括单产信息、价格信息，还要加强对耕地信息和种植大户基本信息的管理，如耕地的面积、灌溉条件以及玉米种植大户的种植计划、土地流转情况、投入产出情况和销售记录等信息。加强对这些基本信息的了解和收集，对于进行玉米收入保险的风险区划、费率厘定和道德风险控制等都具有重要意义。同时，通过这些信息管理可以更加了解农户的需求，设计出更加符合该主产区需求的玉米收入保险产品，保证新产品能够顺利开展和推广。

### （三）制定更加合理的玉米收入保险补贴政策

#### 1. 差异化的玉米收入保险补贴政策

美国对农作物收入保险差异化的补贴政策值得借鉴。首先，补贴具有区域性的差异，高风险区域享有比低风险区域更高水平的保费补贴；其次，补贴比例随保障水平的提高而降低，加大对因经济条件较差而选择低保障水平的农场主的支持力度；最后，补贴比例因基本单位、企业单位和全农场单位投保区域的选择而不同，享有的保

费折扣和补贴也不相同，投保区域越广泛、越分散，越有利于减少逆向选择行为的发生，也更有利于保险公司风险的控制。因此，我国在开展玉米收入保险时，可以借鉴美国的补贴思路，在加强风险区划工作的基础上，实施差别化的补贴政策，根据政策目标体现出补贴政策的倾斜性，达到提高补贴效率、控制经营风险的目的。

**2. 多样化的玉米收入保险补贴政策**

收入保险既承保自然风险，又保障极易发生系统性风险的价格波动风险，使保险公司面临更高的经营风险。美国等国家对农作物收入保险实施供需双向补贴机制，既包括对农场主的保费补贴，又包括对保险公司的经营管理费用补贴，保证收入保险的有效需求、有效供给和可持续发展。目前，我国农业保险保费补贴比例处于较高水平，但农业保险的补贴结构过于单一，仅有保费补贴，尚无对保险公司的经营管理费用补贴等，保险机构对开展收入保险具有经营成本和风险方面的顾虑。因此，我国在开展玉米收入保险时可以考虑给予保险公司一定比例的经营管理费用补贴和再保险补贴，以调动保险公司经营的积极性，保障玉米收入保险的顺利开展和可持续经营。

**3. 减少玉米收入保险的补贴层级**

我国开展玉米收入保险既要借鉴国际有益经验，更要吸取我国在农业保险发展过程中积累的经验教训。近年来，我国农业保险发展中实施的多级财政“联动、配套”的保费补贴制度，制约了农业保险在一些财政困难的产粮大县的发展。国际上开展农业保险的国家，补贴层级大多没超过两级。因此，在对玉米收入保险进行补贴时，要尽量减少补贴的层级和链条，要提高中央、省级财政的保费补贴比例，逐步减少或取消产粮大县县级保费补贴。

### （四）加强对玉米收入保险的风险管理和控制

**1. 完善大灾风险分散机制**

农业生产经营所面临的自然风险具有随机性和区域性特征，但市场风险往往具有系统性特征。尤其在当前我国玉米价格形成机制处于一个逐渐市场化的过程中，价格波动趋势更加难以预测，同时我国又缺乏像美国联邦政府提供的完善的再保险风险分散机制，这就使经营玉米收入保险的保险公司面临较高的经营风险。因此，我国在开展玉米收入保险时要重视这一问题，结合实际国情，不断完善农业保险的大灾风险分散机制，做好风险的分散与管理。

**2. 通过合理的保单设计有效控制风险**

保单的合理设计，尤其是目标收入中价格的选择和不同保障水平的设定可以帮助保险公司合理控制风险。农作物不同月份期货合约具有不同的流动性、成交量和预测准确性，而价格预测的准确性可以降低系统性风险出现的概率。美国对玉米、大豆等不同的农作物，甚至同种作物不同地区的期货合约月份的选择都有明确的规定，以提高价格预测的准确性。因此，我国在开展玉米收入保险时，要认真分析不同月份玉米期货合约的特征，同时结合我国玉米的生长、收获季节，通过合理的保单设计将保险责任控制在一定范围内。

### （五）增强农民的市场风险管理意识

通过我国农业保险近几年的发展，农民对于自然风险的管理意识有了很大提高。随着农业生产经营活动受市场风险影响的加剧以及农业市场经济体制改革的不断深化，有关部门应采取多种措施，加强对农民的市场风险管理教育，提高农民的市场风险管理意识，增加对玉米收入保险的有效需求，促进玉米收入保险的健康持续发展。

## 参考文献

[1] 杨应杰．我国农业经营风险的特点和现状及管理对策［J］．农业现代化研究，2011（2）：170-174.

[2] 肖宇谷，王克．中国开展农作物收入保险的意义和可行性初探［J］．农业展望，2013（10）：29-32.

[3] 刘峰．农业保险的转型升级［J］．中国金融，2016（8）：56-58.

[4] 齐皓天，彭超．美国农业收入保险的成功经验及其对中国的适用性［J］．农村工作通讯，2015（5）：62-64.

[5] 石践．收入保险与现代农业转型［J］．中国金融，2016（8）：67-68.

[6] 游悠洋．关于推广扩大我国农作物收入保险的可行性研究［J］．云南农业大学学报，2015（2）：20-24.

[7] 闫云仙．中国玉米期货市场价格发现功能的实证分析——基于有向无环图的应用［J］．中国农村经济，2010（7）：39-45.

[8] 何小伟，方廷娟．美国农业收入保险的经验及对中国的借鉴［J］．农业展望，2015（1）：26-30.

[9] 叶明华，丁越．农作物保险的他国镜鉴与启示［J］．改革，2015（12）：94-103.

# 农业收入保险的探索

## ——基于吉林敦化市大豆收入保险的调研

龙文军　张　杰　李瑞奕

**摘要：** 本文基于对吉林省敦化市开展大豆收入保险试点的调查，总结了该市开展大豆收入的做法和经验，分析了开展大豆收入保险面临的地方财政补贴压力大、价格和产量确定存在争议、缺乏中央财政补贴、业务规模小经营风险大和农民接受程度低等问题，从收入保险实际保障水平高、新型经营主体投保积极性高、农业补贴需提高精准程度、促进农业供给侧结构改革和符合国际农业保险发展趋势五个方面阐述了推进农业保险从保成本向保收入转变的必要性，最后提出了设立收入保险补贴专项、完善产量和价格监测体系、鼓励保险机构开展农业保险创新、加大收入保险的宣传力度等政策建议。

**关键词：** 收入保险；保障水平；财政补贴

近年来，我国农业保险在《农业保险条例》和国家政策的支持下不断发展，农业保险的重要作用得到基层政府、广大农民和高度认可。农业保险经营机构从保自然风险到保价格风险，对农业保险有效实现形式的探索一直没有停止，现在已经开展探索收入保险。安华农业保险公司吉林省分公司敦化支公司（以下简称“安华农业保险敦化支公司”）2016 年在地方财政和农业部门的支持下，开展了大豆收入保险的试点工作。笔者近期专程赴敦化市开展调研发现，大豆收入保险的高保障水平深得广大农民的认可，在推进玉米和大豆种植结构调整中起到了重要作用。同时，大豆收入保险的探索为国家在更大范围内推进农业保险的收入保险提供了重要的经验。

## 一、大豆收入保险的做法和经验

### （一）设立收入保险产品

为了配合国家农业产业结构调整的需要，加快农业保险创新步伐，安华农业保险公司专门研发了一款大豆收入保险产品，并选择在吉林省敦化市开展试验。该保险产

作者简介：龙文军，农业部农村经济研究中心研究员；张杰，农业部农村经济研究中心副研究员；李瑞奕，中国农业大学经管学院副教授。

品的保险责任确定为被保险人因价格波动和自然灾害减产造成的大豆实际收入低于保险合同约定的预期收入水平时，保险人按照保险合同约定负责赔偿。实际收入为收获期市场价格、平均每亩实际产量和保险面积的乘积。预期收入为预期价格、每亩保险产量、保险面积和保障比例（保险只对实际预期收入的部分进行保障，最高保障80%）的乘积。收获期市场价格根据大连商品交易所黄大豆1号次年1月份到期期货合约在承保当年10月份平均结算价确定；预期价格根据大连商品交易所黄大豆1号承保的次年1月份到期期货合约在承保当年4月份平均结算价确定。预期价格在保险单载明。收获期市场价格、预期价格均为黄大豆1号期货合约交割标准品品质的价格，不含期货合约质量差异扣价①。每亩保险产量根据当地大豆近五年平均产量由投保人和保险人协商确定，每亩实际产量在开始收获前由保险公司、农户和农业技术人员等共同确定。预期收入的保障比例由投保农户从保险公司提供的几种不同保障比例档次的大豆收入保险产品中选择。每亩保险产量、保险面积、预期价格等都在保险合同上载明。保险费为保险金额与费率的乘积，大豆收入保险的保费率为13.5%。因不同地块产量差异较大，2016年敦化市官地镇每亩保险费为63.69元，黑石乡每亩保费为57.32元。

### （二）争取财政补贴资金

开展大豆收入保险试点工作，既能满足农业生产经营主体对种植业风险多层次、高保障的保险产品需求，又能助力调减玉米种植面积，引导鼓励特色优质大豆产业发展，促进种植业结构调整和农民增收。因此，吉林省和敦化市财政非常支持此项试点工作。吉林省农业保险领导小组批准敦化市依托安华农业保险敦化支公司具体开展此项业务。为扎实稳妥地做好大豆收入保险试点工作，敦化市政府会同相关部门和安华农业保险公司共同制定了《敦化市2016年大豆收入保险试点工作方案》。在经费非常紧张的情况下，省、市（县）两级财政各承担了40%的保费补贴，农民只承担20%的保费。2016年，敦化市大豆收入总保费89.56万元，其中农户自筹17.92万元，省级财政和市财政各补贴35.82万元。财政补贴有力地推动了大豆收入保险业务的开展。

### （三）鼓励大户试点经营

随着农村的各项改革持续深化，新型经营主体迅速发展，数量不断增加，经营规模不断壮大，其投入农业资金量较大，相较于“小而散”的传统农户，对风险高度敏感，对收入保障需求强烈，购买收入保险也更为积极。据敦化市农业局经管站统计，2016年全市有2 200个专业农场，种植面积超过全市耕地面积的20%，专业农场在农

① 质量差异扣价：期货合约采用被国际上普遍认可的商品质量等级标准对大豆质量进行标准化。不同等级大豆在期货合约中规定的价格与所规定的标准品质大豆期货合约价格存在差价，即为质量差异扣价。

业生产中发挥着越来越重要的作用。为了促进敦化市大豆产业发展，提高农民种植大豆的积极性，敦化市财政决定对大豆收入保险补贴，并从种植大户、家庭农场开始试点。在综合考虑种植面积、新型农业主体发育情况、农民参保意愿和市财政承受能力等情况下，2016 年敦化市在官地镇、黑石乡选择了 30 户种植大户、家庭农场、合作社开展试点工作，承保大豆面积 14 505 亩。

### （四）掌握灾情和价格数据秋后赔付

在保险期间内，投保的大豆受灾后，农户及时向基层农业保险协办单位和保险经办机构报灾，保险机构对现场勘查后进行初步定损登记，并设定恢复生长观察期，待观察期结束后进行测产。在大豆开始收获前，保险经办机构、投保农户、农业技术专家等共同到田间地头去，确定实际产量，结合当年的保险期货价格确定地块的实际收入。如果收入低于保险水平，就启动保险赔付。敦化市采取的保障程度为 80%，免赔 30%的理赔方式，2016 年敦化市大豆收入保险总赔款 46.95 万元，简单赔付率为 52%。

## 二、开展大豆收入保险面临的突出问题

收入保险推进政策性农业保险由“保成本”向“保收入”过渡，保障水平显著增强，符合新型农业经营主体的风险需求，在一定程度上保护了农户种植大豆的积极性。开展大豆收入保险试点，建立了价格波动的缓冲机制和自然灾害补偿机制，因自然灾害减产和价格变动对农户收入造成的损失得到了合理补偿。大豆收入保险还拓宽了农户参加保险的选择空间，种植大户、家庭农场、合作社可以根据不同的风险需求选择成本保险或收入保险，风险自救能力明显增强。但是，开展大豆收入保险还面临一些突出问题。

### （一）地方财政补贴的压力大

从试点情况看，市（县）政府和农户虽然有开展大豆收入保险的积极性，但是财政保费补贴压力大。2016 年敦化市黑石乡大豆收入保险每亩保费 57.32 元，市（县）财政按照 40%的比例提供保费补贴，每亩大豆市（县）财政要补贴 22.86 元。如果敦化市按 45 万亩大豆种植面积计算，市（县）财政要拿出 1 031.76 万元的保费补贴。从常年的参保面积看，另外还有近 75 万亩的农作物参加了成本保险，这部分保险需市（县）财政补贴近 200 万元，两部分合计约需市（县）财政补贴 1 200 多万元。对于敦化市这样的农业大市来说，市（县）级财政远远不能承受补贴。

### （二）产量和价格的确定仍存在争议

大豆收入保险的保费为预期收入和费率的乘积，其中预期收入测算依赖于预期产

量和农产品期货市场价格。收入保险对区域产量、价格和产量与价格的相关性等数据的要求较高。我国虽然建立了主要农作物产量数据系统，但区域数据或者单个农业生产者、新型农业经营主体产量数据不够详细，使得收入保险费率厘定难度较大。虽然期货市场具有价格发现功能，但我国农产品期货市场发育不完善，期货市场与现货市场关联度较弱，市场机制无法充分发挥价格预测作用。在试点中，大豆市场收购价格与合同上载明的预期价格之间存在一定差异，导致投保大豆收入保险农户的实际收入保障水平达不到期望值，农民对实际价格与期货价格之间的差异不理解。

### （三）大豆收入保险缺少中央财政补贴

敦化市从2008年起开展农业保险工作，目前已开展了种植业成本保险、专业农场土地承租费保险、食用菌成本保险、大豆收入保险等多项涉农保险业务。其中，大豆种植成本保险已纳入中央财政补范围。而大豆收入保险作为创新品种，只有省、市（县）级财政补贴保费，2016年敦化市投保大豆收入保险的农户，按规定不能享受中央财政的保费补贴。同样是大豆的两个保险险种，虽然收入保险更受农民欢迎，但是在补贴主体上有明显的区别，致使地方政府推动创新的动力明显下降。

### （四）业务规模小经营风险大

由于大豆收入保险只在敦化市的2个乡镇试点，业务规模只占安华农业保险公司敦化支公司农险收入的6.5%。大豆收入保险赔付率为52%，与全市39.4%的农业保险赔付率相比，收入保险的赔付率明显高很多。与成本保险相比，收入保险承担的风险概率是成本保险的3.5倍以上，由于收入与产量和价格直接挂钩，尤其是价格风险更大，一旦发生价格的大幅度下降，将会引发严重的系统风险。而这样小业务量不足以支撑系统风险的保险赔付，如果再保险业务跟不上，将会给保险机构的经营带来巨大的损失。

### （五）农民的接受程度低

大豆种植成本保险经过较长时间的推广，农民接受程度较高，而大豆收入保险中“保险＋期货”的模式相对复杂，农民理解起来困难。与成本保险相比，大豆收入保险需要综合考虑到产量和价格风险，保险经营机构承担的风险大，基于保险精算原理得出的保险费率也随之增高。尽管投保收入保险的保障水平高，但是毕竟需要农民承担更多的保费。对广大农民来说，让他们接受一个新的保险产品还需更多的努力。2016年敦化市开展大豆收入保险试点初期，保险公司组织投保大户专门开展了一天的宣讲活动，投保农户才了解并认可这种新的保险模式。更多的农民对此还缺乏深刻的理解和认识。

## 三、推进产量保险向保收入转变的必要性

### （一）收入保险的实际保障水平高

收入保险以农产品收入为保险标的，承保因自然灾害或市场价格波动导致的收入损失风险。保险金额根据历史产量和期货市场价格以及保障水平确定。当实际收入低于保险金额时，农业生产者可从保险公司得到差额部分的赔偿。相较于成本保险保障农作物基本成本投入的低保障水平，收入保险最高可以保障预期收入的 80%，大大提高了实际保障水平。官地镇新房子村种植大户房瑞友 2016 年投保了 750 亩大豆收入保险，他感慨道："大豆收入保险每亩平均保障 500 元的收入，相比只保障 167 元的成本保险，保障水平大大提高了。"

### （二）新型经营主体投保积极性高

新型农业经营主体发展迅速，在农业生产中起到越来越重要的作用，但是其投入量大，要面临更多风险，一旦遭受损失将面临更大打击，因此对农业保险的需求也更为迫切。一方面，农业保险机构提供的产品单一，差异化不明显，难以满足现代农业发展过程中多层次的风险管理需求，针对新型农业经营主体而设计的农险产品少之又少；另一方面，农险产品的保障水平低，难以满足规模化经营主体的保障需求。敦化市新立村部分家庭农场的耕地处于雹带，易发生雹灾，2016 年大片大豆就遭受了雹灾。农场主刘玉龙告诉笔者，处于雹带上的两户农户参加了大豆收入保险，发生雹灾后，保险公司及时查勘，秋后按照受灾程度给予了赔付，帮助农民挽回损失，保障了农民收入。他表示："以前的大豆保险只保成本，保障水平实在太低了。现在的大豆收入保险虽然多交了点保费，但是保障水平大大提高了。我愿意多交点保费投保收入保险。"

### （三）农业保险补贴需提高精准程度

不可否认，国家的农业补贴政策在提高农民收入、保护农民利益、稳定和扩大农业生产等方面起到了积极作用。成本保险只对物化成本进行保障，保障程度低，发生灾害和价格波动时，远远无法弥补农民的损失。大豆收入保险直接保障农民收入，保障程度较高。农业保险由保成本向保收入转变，既保障了自然风险，又保障了市场风险，大大提高了农业保险的保障水平，有效地提高农业保险补贴政策的精准性。

### （四）促进农业供给侧结构性改革

当前和今后一段时期，农业和农村改革的主要任务是推进农业供给侧结构性改革。当前农产品品种结构不合理，玉米出现阶段性供大于求，大豆、棉花、油料、糖

料等供求缺口扩大、进口不断增加等问题影响农业生产的发展。减少玉米种植面积，增加优质食用大豆种植面积在东北地区显得尤其重要。必须采取多种措施来引导农民种植大豆，提高保险保障水平就是重要手段之一。农户接受收入保险产品与否，一般都要看是否有效果。大豆收入保险开展以后，大户先行试点示范，农民逐渐对农产品期货市场中农产品预期价格提高了认识。农民通过分析价格趋势，按照市场需求开展大豆的生产种植，有力地促进农业供给侧结构改革。

### （五）符合国际农业保险发展趋势

国际上发达国家的农业保险一般都是先从自然灾害保险开始探索，经济发展到一定程度以后逐渐转向收入保险的探索。例如，美国的农业保险从 1939 年开始试验，到 1996 年之前，其农业保险产品主要是以承保多种自然风险为主，以产量保障为目标的保险产品。从 1996 年开始，美国开始了以保收入为目的的农业保险探索，研发了种类多样的农业收入保险产品。经过多年的积累，目前已经建立了较为完善的农业收入保险产品体系，主要分为针对农作物的收入保险产品和针对农场收入的保险产品。2014 年美国农业保险的收入保险的保障额度达到 831.57 亿美元，占全部农业保险保障责任的 75.87％。可见，中国农业保险在收入保险方面的探索符合国际农业保险发展趋势。

## 四、推进农业收入保险的政策建议

### （一）中央财政设立收入保险补贴专项

收入保险是我国农业保险制度转型的方向，符合农业现代化发展需求，收入保险面临的首要难题就是地方财政补贴资金的不足。建议把收入保险纳入中央财政补贴范畴，并参照种植业成本保险的补贴比例给予补贴。初期可以先从粮食主产区开始试点，按照 2017 年中央 1 号文件提出的“以奖代补”要求，支持地方开展特色农产品保险项目，由中央和省级财政对市（县）级补贴给予奖励，减轻地方财政补贴压力，提高农民收入的保险保障水平。待运行成熟以后，可以开展常规收入保险保费补贴。

### （二）完善产量和价格监测体系

应加强农产品产量的预测，做好实际测产工作。要建立科学的产量预测体系，建立由农业技术人员、农民代表、保险机构三方共同参与的测产队伍，将地块的产量数据尽可能测量准确，尤其是让各方都认可，让投保农户也能接受。期货市场的充分发育将为农业保险的收入保险奠定良好的基础。应加快农产品期货市场发展，健全农产品期货市场机制，扩大农产品期货的覆盖范围，引导农民作市场化生产决策，更好地发挥市场在价格形成中的作用，避免政策干预造成价格扭曲。

## （三）鼓励保险机构开展产品创新

保险机构是农业保险经营的载体，其经营积极性决定了区域农业保险的发展程度，因此，要运用各种政策手段，鼓励保险机构开展产品创新。在大灾风险分散方面，专门对创新产品设立大灾风险准备金，确保保险机构在产品创新过程中无后顾之忧。在产品审批方面，加快对创新产品的研究，及时审批，以免误农时，误保险。在综合协调方面，地方政府尤其是县级政府要建立农业保险协调机构，确保农业保险业务有人抓，有人管，有人推。在业务开展时，政府相关部门要站在客观公正的立场，引导广大农民依法合规索赔，保险机构严格按保险合同理赔。

## （四）加大收入保险的宣传力度

只有广大农民群众接受和认可收入保险，才能更好地推进各项工作。在没有开展收入保险的地区，要用农民群众喜闻乐见的形式发放宣传资料、讲课或视频等，让广大农民了解收入保险。保险经营机构和基层农业部门要向农民及时讲清收入保险与成本保险的区别，尤其是讲收入保险的好处。在已经开展了收入保险的地区，可以让那些已经投保并获益的农民现身说法，讲讲自己投保收入保险以后的体会和感受，保险公司也可以组织收入保险赔付的现场会，让广大农民群众不仅了解收入保险，还真正看到收入保险带来的好处。

# 农业巨灾

# 加大扶贫力度的新尝试：黑龙江开展农业财政巨灾指数保险的实践

洪大伟　曾　杰

**摘要：**为避免农户因自然灾害原因返贫致贫，破解财政救灾资金平时用不上、灾年不够用的问题，黑龙江省在28个贫困县开展了农业财政巨灾指数保险。本文介绍了黑龙江农业巨灾指数保险的背景、基本情况以及取得的成效，并对巨灾指数保险的下一步发展提出设想。

**关键词：**财政支持；巨灾指数保险

为深入贯彻习近平总书记在2015年中央扶贫工作会议上的讲话精神，落实黑龙江省委、省政府扶贫开发会议精神，避免农户因自然灾害原因返贫致贫，为扶贫工作提供保险保障支持，破解财政救灾资金平时用不上、灾年不够用的问题，黑龙江省财政厅、瑞士再保险公司、阳光公司在黑龙江省28个贫困县开展了农业财政巨灾指数保险，取得了初步成果。

最近，李克强在2017年在第十二届全国人民代表大会第五次会议上所作政府工作报告中指出，“今年在13个粮食主产省选择部分县市，对适度规模经营农户实施大灾保险，调整部分财政救灾资金予以支持……以持续稳健的农业保险助力现代农业发展。”黑龙江省在2016年所尝试的农业财政巨灾保险，虽然只是个开头，也可以为其他省份提供有益的参考。

## 一、开展农业财政巨灾指数保险的背景

### （一）灾害频发，巨灾风险严重

自然灾害如洪涝、干旱、台风等，是人类社会发展不能回避的一个现实问题，几乎每年都给人类社会构成巨大威胁，人民生命财产遭受了极大损失。无论是在中国还是在全世界，自然灾害已经成为严重阻碍经济和社会发展的重要因素。黑龙江省是我国的农业大省，也是经济落后省份，共有28个贫困县。这些贫困县主要分布在西部

作者简介：洪大伟，黑龙江阳光农业相互保险公司总裁助理；曾杰，黑龙江阳光农业相互保险公司农险部职员。

风沙盐碱干旱地区、东部低洼易涝区、松嫩两江沿岸洪涝区、北部低温冷害区，农业生产、农村生活、农业基础设施极易遭受自然灾害侵袭，抗灾能力较弱。

### （二）农民因灾致贫、因灾返贫问题突出

农业巨灾发生后，对农民打击严重，易造成收入下降、无收入等问题，致使一些刚刚脱贫的农民重返贫困群体，因灾致贫、因灾返贫问题突出。

### （三）我国的救灾机制仍存在一些问题

目前，我国救灾机制是一种灾后筹集资金的应灾响应机制，平时只有少量的应急资金，大量的重建和救助资金靠灾后筹集，政府履行灾难救助和灾后修复重建的公共利益责任巨大。从过去的经验来看，这种机制为我国经济社会持续发展发挥了较大作用，然而这种体制还存在“无灾不能用，有灾不够用”等问题。

面对农业的巨灾风险，急需开发新的险种，与传统农业保险互相补充，有效防止受灾地区致贫返贫，改变救灾资金筹集的机制，以增强农业风险保障功能。

## 二、农业财政巨灾指数保险在黑龙江的业务开展情况

2016 年，阳光农业相互保险公司与黑龙江省财政厅及瑞士再保险公司合作，开发了黑龙江省农业财政巨灾指数保险，旨在发生严重自然灾害时，财政能够及时获取保险赔付资金，用于灾难救助和灾后重建。

### （一）业务开展情况

2016 年 7 月 1 日，阳光农业相互保险公司分别与黑龙江省财政厅、瑞士再保险公司签订农业财政巨灾指数保险单及再保险合同，由阳光农业相互保险公司承保，以 80%的比例分保给瑞士再保险公司。投保主体为黑龙江省财政厅，保险区域为黑龙江省 28 个贫困县，该巨灾保险涉及四类风险，险种包括干旱指数保险、低温指数保险、降水过多指数保险（分夏季和秋季两个计算周期）、洪水淹没范围指数保险，总保费 1 亿元，保障程度 23.24 亿元，其中，干旱指数保额 11.42 亿元，低温指数保额 2.86 亿元，降雨过多指数保额 5.71 亿元，洪水淹没范围指数保额 3.25 亿元。

干旱指数保险、低温指数保险、降水过多指数保险费率为 4%，洪水淹没范围指数保险费率为 6.16%。在保险期间内，当保险区域超过设定的干旱、低温、降水、流域洪水触发值后，保险人按保险合同约定，计算保险赔付金额，赔付到投保人指定账户。

### （二）保险期间及气象因子

（1）干旱指数保险。干旱指数是指投保地区指定气象站观测数据得到的每年的 6

月1日至8月31日标准化降水蒸散量指数（SPEI）。

（2）低温指数保险。低温指数是指投保地区指定气象站观测数据得到的每年的1月1日至12月31日稳定通过10℃积温，由黑龙江省气象局采用五日滑动平均算法统一得出。

（3）降水过多指数保险。降水过多指数是指投保地区指定气象站观测数据得到的每年的6月1日至8月31日累计降水量。

（4）洪水淹没范围指数保险。洪水淹没范围指数是指将所有投保区域的耕地每1.65千米×1.65千米的范围（即2.722 5平方千米）标记1个点，2016年6月31日至2017年5月31日内发生洪水事件时，通过卫星的遥感影像和雷达探测数据分析，该次洪水事件中所有被洪水淹没的点的总数为洪水淹没范围指数。

### （三）赔付计算公式

28个县的四种指数保险的触发点根据模型分别计算得出，并根据历史气象资料每年调整一次。

（1）干旱、低温、降水过多指数保险赔付计算公式。当实测指数小于触发点1，但大于触发点2时，启动赔付，赔付金额为：（触发点1－实测指数）×单位赔付标准1。

当实测指数小于触发点2（含）时，赔付金额为：（触发点1－触发点2）×单位赔付标准1＋（触发点2－实测指数）×单位赔付标准2。

（2）洪水淹没范围指数保险赔付计算公式。当洪水淹没范围指数大于触发点时：（洪水淹没范围指数－触发点）×单位赔付标准＋基准赔偿金额。

### （四）农业财政巨灾指数保险赔付情况

根据合同中干旱、低温、降水过多指数保险赔付流程，由黑龙江省气象服务中心获得气象数据后，交予保险公司及指数计算单位，指数计算单位将最终指数通知保险公司。2016年共计赔付7 224.85万元，已支付到财政厅指定账号，具体如下：

（1）夏旱指数保险共赔款3 755.50万元，共计赔付11个县，分别为拜泉县、泰来县、克东县、富裕县、克山县、龙江县、依安县、杜蒙县、青冈县、明水县、绥棱县，其中龙江县、依安县、克山县赔款最多，分别为1 085.28万元、773.19万元、601.60万元。

（2）降水过多指数保险共赔款3 458.11万元，其中夏季降水过多指数保险赔款225.41万元，抚远市、绥滨县、同江市、饶河县4个县市达到触发点，赔款分别为172.57万元、26.86万元、13.78万元、12.20万元；秋季降水过多指数保险赔款3 232.70万元，除桦南县、桦川县、同江市、饶河县、勃利县、绥滨县、孙吴县7个县市外均有赔付，其中龙江县、林甸县、泰来县赔款最多，分别为695.62万元、367.75万元、348.49万元。

（3）低温指数保险仅海伦市触发理赔，共赔款 11.24 万元。

（4）截止到 2016 年底，28 个县市没有触发洪水淹没指数保险的理赔。

## 三、农业财政巨灾指数保险取得的成效

### （一）开创了我国政府与商业保险及再保险公司合作的新模式

农业财政巨灾指数保险开创了我国政府与商业保险及再保险公司合作，以及应对自然灾害事件引发的农业财政风险的新模式，通过政府购买保险服务的方式充分发挥了保险在风险管理、辅助灾后重建等方面的功能作用，同时也生动体现了政府运用保险机制提升突发事件应急管理和抗灾救灾的效率。

### （二）增加了传统农业保险不足的巨灾保障功能

农业财政巨灾指数保险填补了传统农业保险的保障不足的问题，从三个方面增加了巨灾保障的功能。一是农业巨灾指数保险增加了传统农业保险的保障程度。农业巨灾指数保险与传统农业保险不是相互替代关系，而是互为补充，在开办传统农业保险的同时购买农业巨灾指数保险，增强了保障功能。二是承保区域易遭受巨灾。农业巨灾指数保险承保区域为黑龙江省全部 28 个贫困县，这些贫困县所处的地理位置极易遭受自然灾害侵袭。三是涵盖了投保区域易遭受的农业巨灾类型。我们根据历史数据梳理，对黑龙江省农业生产影响较大的是干旱、洪涝、低温、冰雹等自然灾害，占所有自然灾害直接经济损失 80%左右。同时，考虑到投保地区自然灾害风险特性、历史灾害程度等情况，选定了四种主要的自然灾害为保险险种，基本覆盖了投保区域易遭受的农业巨灾。

### （三）创立了利用财政资金实现精准扶贫的新机制

农业财政巨灾指数保险补充了传统农业保险的扶贫机制，创立了利用财政资金实现精准扶贫的新机制。一是承保区域为黑龙江省 28 个贫困县。二是农业财政巨灾指数保险是针对一个区域的灾害情况，赔款直接打到财政账户，财政根据灾害情况对贫困户进行救助，覆盖了区域内所有贫困户。三是设置了两层触发点，分别对应巨灾和一般灾害，由于贫困户对于灾害的抵抗能力最弱，低一层的触发点在承保区域遭受相对不太重的灾害的时候也能触发赔付，政府就可以利用这些赔付资金救助受灾的贫困农户，帮助他们恢复生产生活。

### （四）建立了农业保险对“三农”的精准救灾机制

农业巨灾指数保险建立了对“三农”的精准救灾机制，一是改变了救灾资金筹集的机制。变传统灾害发生后的筹资为每年固定的保费，按照灾害发生的情况，利用保险工具对救灾资金在时间和空间上进行再分配，解决了传统灾后筹集资金的问题。二

是放大了救灾资金。购买农业财政巨灾指数保险，只用付出较少的保费，利用保险的杠杆效应放大了救灾资金，在灾害发生后可以获取高度增量资金，可以更好地抗灾救灾。三是资金使用更加灵活。财政部门得到保险赔付后更快地用于抗灾救险中，可以用于受灾农户的各个方面，例如用于恢复农户生活，用于农户恢复再生产，用于修复农房，用于修建防洪防涝抗旱的基础设施等，保护国家和农户的财产，减少农业灾害带来的损失。

### （五）提供了更科学保险保障的方式

与传统农业保险相比农业巨灾指数保险更科学地为农业生产提供保险保障，体现在以下几个方面：一是保险条款更加透明，在条款的制定过程中，再保险人、保险人和投保人共同制定农业巨灾指数保险条款，条款更透明；二是费率厘定更加客观，在费率厘定过程中，对黑龙江承保区域内多年的气象数据进行梳理，依据这些数据科学厘定农业巨灾指数保险的费率；三是赔付依据更科学，农业巨灾指数保险的赔付按照气象数据、雷达技术和卫星技术制定的阈值作为赔付的依据，更加科学，避免了人为因素；四是赔付金额更加准确，农业巨灾指数保险根据超出阈值一定的数值给予一定的赔付，在有实际气象数据、雷达数据和卫星遥感数据的情况下，直接就能计算出赔付金额。

## 四、进一步探索的设想

在总结2016年的经验基础上，原保险和再保险各方正在考虑如何进一步完善财政巨灾指数保险。主要的设想就是：

一是技术上，研究如何更加科学地开展工作，进一步完善按照气象数据、雷达技术和卫星技术制定阈值的方法。

二是合作方式上，要更加精准，根据各县（市）实际情况，继续深入研究总结经验教训，改进指标选择、指数阈值设计，调整保险赔付结构（如适当降低保险赔付的触发值）及费率水平，从而增加各县（市）获得保险赔付的频率，同时也要兼顾在发生小概率极端自然灾害事件时，能够获得充分的保险补偿。

三是单位配合方面，投保方，承保方和再保方，需要进一步加强密切配合，并与省气象、水利、扶贫、保监等部门加强交流沟通，逐步建立巨灾保险工作的长效机制。

# 农业巨灾保险经济损失评估理论分析框架：基于福利经济学视角*

钱振伟

**摘要：**党的十八届三中全会报告中明确提出建立巨灾保险制度。巨灾经济损失评估理论是建立巨灾保险制度的重要理论基础。目前一些省市正探索农业巨灾保险模式，但鲜有学者研究农业巨灾保险经济损失评估理论。农业巨灾影响农户福利和效用。农业巨灾保险通过衡量农户福利的变化来评估农业巨灾经济损失，并通过希克斯需求函数等计算福利变化的多少，即农户损失经济补偿的金额。补偿金使农户灾前灾后效用水平一致，但会小于农户经济损失。这就从理论上解决了我国农业保险制度长期存在的一个误区：许多地方农业部门领导认为农业保险赔偿金应与农户经济损失一致的伪命题。

**关键词：**农业保险；损失评估；经济补偿

## 一、引言

中共十八届三中全会和2014年中央政府工作报告中明确提出建立巨灾保险制度。云南等地方政府正积极推动农业保险制度变迁，把容易导致巨灾的干旱、水涝和虫害等灾害纳入政策性种植业保险基本责任，探索农业巨灾保险模式[①]。在云南农业巨灾保险试点过程中，存在较大争议的是起赔线和赔偿比例的问题，具体见表1。这折射出农业巨灾保险巨灾经济损失评估理论缺失的困境。

**表1　云南农业保险制度变迁的承保条件变化对照表**

| | 2010—2012年度农业保险方案 | 2012—2015年度农业巨灾保险方案 |
|---|---|---|
| 承保条件 | ①干旱作为农业保险的附加险来承保；<br>②保险金额：不超过主险保险金额的50%；<br>③起赔线：损失率至少大于70% | ①干旱、虫灾作为农业保险的基本保险责任；<br>②保险金额：保险金额的80%；<br>③起赔线：损失率不小于20% |

数据来源：云南省农业厅。

* 2012年国家自然科学基金项目《现代农业巨灾风险保障体系及实施难点研究：基于粮食安全视角》，批准号：71263056。

作者简介：钱振伟，云南财经大学特聘教授，博导，中国保监会博士后，云南省学术技术带头人，主要研究方向为灾害风险管理与保险。

① 2010—2012年云南连续三年大旱。云南省政府率先探索农业巨灾保险制度，把旱灾、虫灾等易发性灾害纳入2012—2015年政策性种植业保险的基本责任，其中云南种植业起赔线由以前损失率70%赔付降低到20%，赔偿比例由原损失金额的50%提高到80%。笔者认为这是农业巨灾保险模式。

国外巨灾研究主要集中在如下几个方面：①灾害经济研究（Howard Kunreuther 和 Douglas. C. Dacy，1966）；②灾害经济影响评估与巨灾模型（Ricaedo Zapata，1979；Galanopoulos，2011），如 Jongman（2012）等提出的洪水损失模型；③巨灾保险需求分析，如期望效用理论（Hogarth & Kunreuther，1989；Eeekhoudt & Gollier，1990），对偶理论（Yaari，1987），序效用理论（Schmeidler，1989）等级和迹象依赖效用理论（Luce 等，1991，1995），前景理论（Kahneman & Tversky，1979，1991）和风险感知理论（Stevens，1958）等；④巨灾风险管理市场失灵，这方面的研究涉及保险学，风险管理学，期望效用理论，信息经济学，博弈学等多个理论范畴（Cummins & Geman，1993；Jafee 等，1997；Kousky & Cooke，2012）；⑤政府介入巨灾保险及介入方式（Gron & Sykes，2002；Bruggeman，2010；Faure & Hartlief，2006）。在国内，著名经济学家于光远先生是中国巨灾经济学研究的首倡者。灾害经济研究不仅是经济学的薄弱环节，同时也是巨灾保险制度理论研究中的空白①。何爱萍（2002）构建了“巨灾风险最小化”经济发展理论模型。目前我国对巨灾损失评估研究主要集中在巨灾评估技术与评估方法（何爱萍，2002；党朋，2012；殷克东，2011）。唐彦东（2011）进一步探索巨灾评估经济理论。钱振伟（2012）在国内率先探索农业保险的巨灾经济损失评估理论。目前国内鲜有保险学科理论工作者研究巨灾经济损失评估理论。本文以农业巨灾为例，探索建立农业巨灾保险经济损失评估理论。

## 二、基本假设与理论基础

### （一）偏好

农业致灾因子所导致的巨灾给农户带来的是不利的影响，如农产品损失严重、价格上涨，为所有农户厌恶，其属性为恶品（Bad），福利增量为负值。这些东西越多，农户福利效用越低。在农业巨灾经济损失评估中，我们不仅要考虑好的商品，也要考虑农业巨灾发生后，物质资产的损失对福利的影响。假定有商品组合 $X(X_1，\cdots，X_i，\cdots，X_n)$ 和 $X'(X_1，\cdots，X'_i，\cdots，X_n)$。设 $X_i$ 和 $X'_i$ 为“坏”商品，如洪水、干旱等，其他商品均为“好”的商品。如果 $X_i>X'_i$，则农户优先选择 $X'(X_1，\cdots，X'_i，\cdots，X_n)$，而不是 $X(X_1，\cdots，X_i，\cdots，X_n)$。另一个假设就是商品的可替代性。也就是说，个人选择组合 $X$ 和 $X^*$，其效用没有区别，位于同一条无差异曲线上。可替代性理论是经济学核心基础理论，因为它在农户需求的各种物品之间建立一种平衡，农户通过替代的方式保持效用水平不变。

### （二）无差异曲线

在巨灾经济损失评估里，由于致灾因子是一种“坏”的物品，为农户所厌恶，所

① 何爱萍．中国巨灾经济：理论架构与实证研究［D］．西安：西北大学，2002：9.

以无差异曲线形状会发生变化。我们用 $X$ 表示好的商品，用 $L$ 表示巨灾损失等“恶”品。则效用函数为：$U=U(X, L)$，其中 $X$ 为好商品，$L$ 表示为恶品。该效用函数有如下特征：$\frac{\partial U}{\partial X}\geqslant 0$，表示效用水平随着商品 $X$ 的增加而增加或不变。$\frac{\partial U}{\partial L}<0$，表示效用水平随恶品的增加而减少。在图 1 中，$X_2>X_2$，所以 $U_1(X, L)$ 的效用水平高于 $U_2(X, L)$，即无差异曲线向右平移，效用水平增大。从 A 点到 B 点，$X$ 商品无变化，$L$ 商品（恶品）增多，效用水品下降，福利降低。为了保持原有的效用水平，必须增加 $X$ 商品，B 点移到 C 点。两种商品的边际替代率大于零（唐彦东，2011）①，即 $MRS_{LX}=\frac{dX}{dL}>0$，并假设所有农作物均参加农业巨灾保险计划。

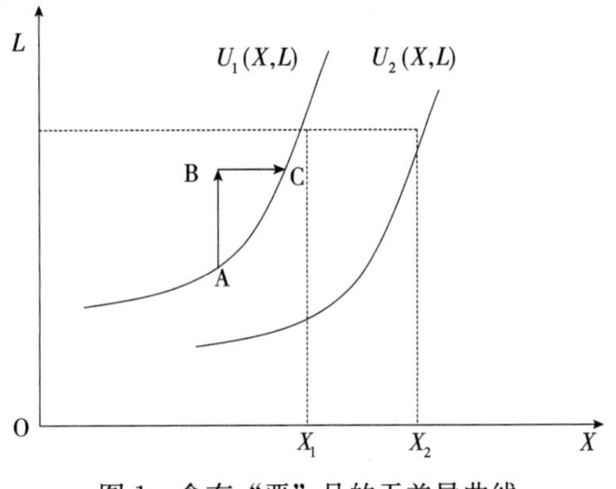

图 1　含有“恶”品的无差异曲线

### （三）致灾因子的马歇尔需求函数

在农户收入既定的情况下，商品数量是价格的函数。这个函数就是马歇尔需求函数。在农业巨灾经济损失评估中，农业致灾因子，如干旱、洪水等均是令人厌恶的产品。我们假定个人偏好是既定的，个人面对的是给定价格的商品 $X$（好的商品），并假定在某一价格水平下及固定收入 $Y$ 的约束下，农户对“坏”商品和损失数量的选择是为了追求效用最大化。需要说明的是，损失 $L$ 的价格可以看成是农户农业防灾减灾投入（唐彦东，2011）②。这可以理解为，采取农业防灾减灾损失后，巨灾损失会减少。损失的价格是单位损失的防灾减灾投入，如我们在农业防灾减灾投入 1 亿元作为修葺水库费用，可以减少 2 亿元农业巨灾损失，那么损失价格就是 0.5 元。收入可以用于消费好的商品，也可以用于防灾减灾。在约束条件下追求效用最大化可以表示如下：

$$\begin{cases}\text{Max}\, U(X, L)\\ \text{s. t.}\, P_1X+P_L(L_0-L)=Y\end{cases} \tag{1}$$

其中 $P_L$ 为损失的价格，$L_0$ 为没有任何减灾措施下的损失，$L$ 为采取减灾措施后的损失。通过（1）式可以得到马歇尔需求函数。

① 唐彦东．巨灾经济学［M］．北京：清华大学出版社，2011：43.

② 唐彦东．巨灾经济学［M］．北京：清华大学出版社，2011：43.

## 三、农业巨灾经济损失评估

### （一）灾后农产品供给变化对社会福利的影响

消费者剩余和生产者剩余是衡量社会福利的重要指标。图 2 中，巨灾前农产品的需求曲线为 $D=f(Q)$，农产品供给曲线为 $S_1=f_1(Q)$，两者交于 A 点。巨灾后，农产品供给曲线为 $S_2=f_2(Q)$，两者交于 B 点。

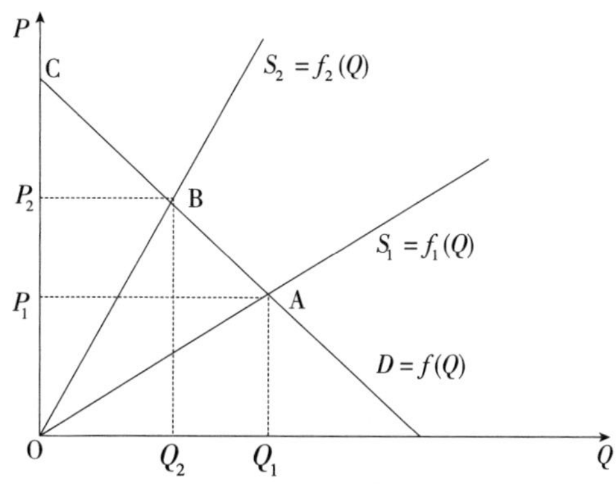


图 2　农产品消费者剩余和生产者剩余

农业巨灾前社会福利等于消费者剩余加上生产者剩余。其中消费者剩余为：

$$CS_1=\int_0^{Q_1} f(Q)\mathrm{d}Q-P_1Q_1$$

生产者剩余为：

$$PS_1=P_1Q_1-\int_0^{Q_1} f_1(Q)\mathrm{d}Q$$

则社会福利为：

$$W_1=CS_1+PS_1$$

即 OAC 的面积为灾前社会福利。

假设灾后需求曲线不变，供给曲线 $S_2=f_2(Q)$，则消费者剩余为：

$$CS_2=\int_0^{Q_2} f(Q)\mathrm{d}Q-P_2Q_2$$

生产者剩余为：

$$PS_2=P_2Q_2-\int_0^{Q_2} f_2(Q)\mathrm{d}Q$$

灾后社会福利为：

$$W_2=CS_2+PS_2$$

社会福利减少总额为：

$$\Delta W=W_1-W_2$$

OAB 的面积为社会福利损失。当发生严重农业巨灾，粮食大面积绝收情况下，如果没有外调粮食，短期内社会福利将损失更重。此时，供给曲线 $S_2=f_2(Q)$ 和需求曲线 $D=f(Q)$ 有可能不会相交，则社会福利减少总额为 OAC 的面积（图 3）。

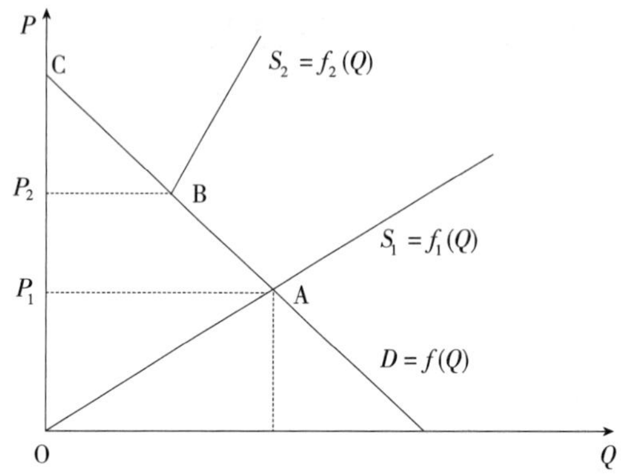


图 3　发生粮食危机时农产品消费者剩余和生产者剩余极端情况

## （二）农业巨灾经济损失评估

农业巨灾通过农产品供给和价格影响农户的生活，使个人效用和福利发生变化。农业巨灾造成农产品供给减少和价格提高，使得农户福利状况变坏，但用主观上的效用变化、消费者和生产者剩余变化来表示巨灾的影响是困难的。为了评估巨灾经济损失，如果承保农业巨灾风险的保险公司能通过补偿农户一定数量的货币，使其效用水平提高到原来效用水平，支付给农户货币数量的多少就是农业巨灾保险给予他们经济损失补偿的数额。这里支付给农户的经济补偿数额就是补偿变差，用 $CV$ 表示。补偿变差可以用希克斯需求函数说明。希克斯需求函数是由于价格变化导致福利发生变化。为了使农户保持在原来的无差异曲线上，需要对收入进行补偿，补偿数量为 $CV$，使得福利状况和效用水平与灾前相同。

### 1. 没有消费数量约束情况

下面我们用图 4 来说明补偿变差。图中横轴表示农产品 $X_1$，纵轴表示非农产品 $X_2$，初始预算线为 $EB$，灾前效用水平为 $U_0$。$U_0$ 和预算线 $EB$ 相切于 A 点。当灾后农产品价格由 $P_1$ 上升到 $P_1'$，预算曲线围绕 $E$ 点，转成 $EB''$。农户效用水平由 $U_0$ 下降到 $U_1$。灾后的预算曲线 $EB''$ 与灾后效用曲线 $U_1$ 相切于 D 点。

那么保险公司到底要经济补偿多少才能使得农户的灾后效用水平 $U_1$ 回到灾前效用水平 $U_0$？$E'B'$ 平行于 $EB''$，并与 $U_0$ 相切于 C 点。那么 $SE$ 为替代效应，$IE$ 为收入效应。预算线 $EB''$ 变化到 $E'B'$ 的过程中，收入的变化就是补偿变差。我们假定 $X_2$ 为非农产品的组合商品（一种抽象的商品），其价格为 1，那么 $EE'$ 就是补偿变差 $CV$，即保险公司经济补偿数额。补偿变差除了用图形表示外，也可以用间接效用函数和支出函数表示：

$$V(P_1, P_2, Y)=V(P_1', P_2, Y+CV)=U_0$$

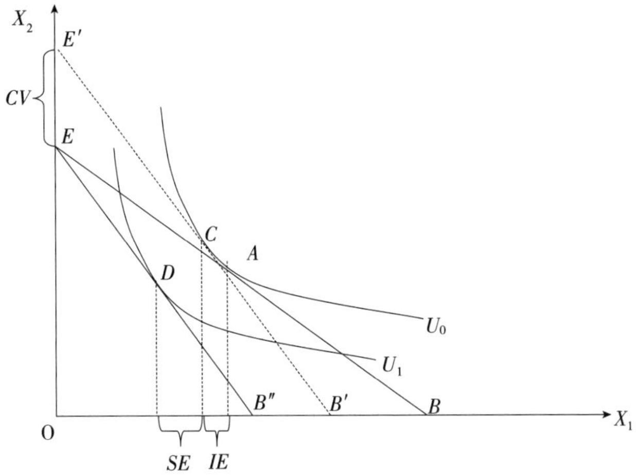


图 4　无消费数量限制的农产品价格变化的补偿变差

其中 $V(P_1', P_2, Y+CV)$ 表示农产品 $X_1$ 的价格 $P_1$ 上升到 $P_1'$ 后，保险公司经济补偿 $CV$ 后，效用水平回到灾前效用水平 $U_0$。由于非农产品 $X_2$ 为组合商品的价格为 1，上式可以写成：

$$V(P_1, Y)=V(P_1', Y+CV)=U_0$$

补偿变差 $CV$ 也可以根据支出函数和希克斯需求函数进行求解[①]：

$$\begin{aligned}CV&=e(P_1', P_2, U_0)-e(P_1, P_2, U_0)\\&=e(P_1', P_2, U_0)-Y\\&=e(P_1', P_2, U_0)-e(P_1', P_2, U_1)\\&=\int_{P_1}^{P_1'}x_1^h(P_1, P_2, U_0)\mathrm{d}P_1\end{aligned}$$

其中 $x_1^h(P_1, P_2, U_0)$ 为希克斯需求函数。

**2. 有消费数量约束情况**

往往发生农业巨灾后的短期内，大部分农产品短缺，或从其他地区调运农产品存在时滞或困难，农户往往不能根据农产品价格和收入水平自由调整农产品消费数量。为了保证大家基本生活，会对某些农产品进行限额配给。此时，保险公司补偿多少才能使得农户的灾后效用水平 $U_1$ 回到灾前效用水平 $U_0$？

图 5 中的补偿效应 $CS$ 就是没有消费数量限制时候的补偿变差。当农产品 $X_1$ 有消费限制时，如最多只能消费 G 数量的农产品 $X_1$，GF 线与 $U_0$ 效用曲线相交于 F 点。新的预算线 $M_2M_1$ 与效用曲线 $U_0$ 相交于 F 点，补偿变差 $CV$ 为 $EM_2$[②]，比 $EE'$（无消费数量时的补偿变差）要大。

① 这是一个对偶问题。

② 此时补偿变差也称之为“补偿剩余”。

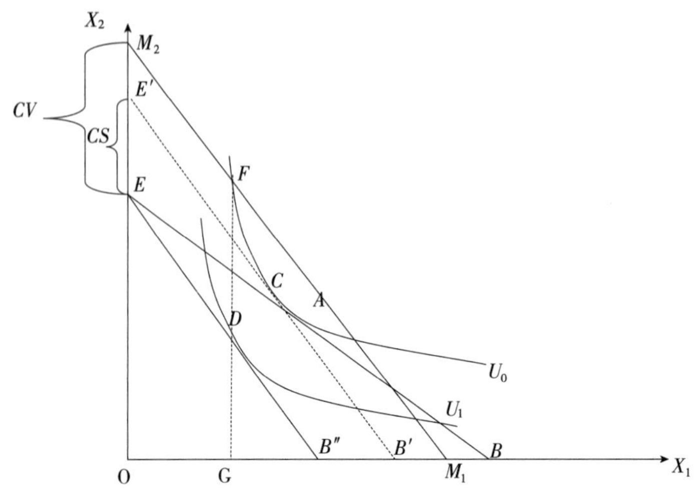


图 5 有消费数量限制的农产品价格变化的补偿变差

## 四、巨灾影响收入的经济补偿

农业巨灾不仅影响农产品价格，也影响农业生产者的收入水平。效用函数不仅是价格的函数，而且是收入的函数。那么保险公司如何评估农业巨灾影响农业生产者的福利水平，并给予经济补偿？收入变化时的补偿变差与价格补偿变差一致。在不考虑价格变化，农业生产者的收入 $Y_0$ 变化到 $Y_1$ 时，其中 $Y_0$ 是农业生产者灾前收入，$Y_1$ 是农业生产者灾后收入。经济补偿变差求解方程为：

$$V(P_1,\ P_2,\ Y_0)=V(P_1,\ P_2,\ Y_1+CV)=U_0$$

$$\Rightarrow Y_0=Y_1+CV$$

$$\Rightarrow CV=Y_0-Y_1$$

## 五、结语

一是农业巨灾可能影响商品的供给与需求，通过影响农产品价格影响农户福利。因此政府和保险公司对农业巨灾经济损失评估就转换为衡量福利变化，并通过希克斯函数分解来确定经济补偿数额。二是农业巨灾影响农户收入水平，需要农业巨灾保险对农民进行经济补偿。可见，农业巨灾保险评估农业经济损失并给予农户经济补偿数额与农户直接经济损失并不是同一概念。农业巨灾保险给予农户经济补偿数额使农户灾前灾后效用水平一致。经济补偿数额会小于农户的农作物经济损失，否则容易诱导农户道德风险，不利于调动农户防灾减灾的积极性。这就解决农业保险制度长期存在的一个认识误区：许多地方农业部门领导认为农业保险给予农户的保险赔偿金应与农户经济损失一致的伪命题。

## 参考文献

[1] Douglas. C. Dacy，Howard Kunreuther. The Economic of Natural Disaster：Implications for Federal Policy [M] . New York：The Free Press，1966.

[2] Veronique Bruggeman，Michael Faure & Tobias Heldt. Insurance Against Catastrophe：Government Stimulation of Insurance Markets for Catastrophic Events [J] . Duke Environment Law & Policy Forum，2012，23 (185) .

[3] Carolyn Kousky & Roger Cooke. Explaining the Failure to Insure Catastrophic Risks [J] . The Geneva Papers，2012 (37)：206-227.

[4] Charpentier，A. Insurability of climate risks [R] . The Geneva Papers on Risk and Insurance Issues and Practice，2008 (33)：91-107.

[5] S. Maccaferri，F. Cariboni，F. Campolongo. Nature Catastrophes：Risk Relevance and Insurance Coverage in the EU [R] . JRC Scientific and Technical Reports，European Commission，Joint Research Centre，September 2012.

[6] 何爱萍 . 中国巨灾经济：理论架构与实证研究 [D] . 西安：西北大学，2002.

[7] 唐彦东 . 灾害经济学 [M] . 北京：清华大学出版社，2011.

[8] 钱振伟 . 农业保险发展理论与实践 [M] . 北京：中国金融出版社，2012.

# 云南农业巨灾保险风险评估及准备金测算：基于模型选择技术*

钱振伟

**摘要：** 十八届三中全会提出建立巨灾保险制度。对农业巨灾风险评估并建立巨灾风险准备金是建立农业巨灾保险制度的制度性约束条件。2010—2012年云南连续三年大旱，直接推动云南于2012年在全国率先启动农业巨灾保险试点工作。本文以1949—2010年的云南稻谷、小麦、玉米、油菜籽历史损失数据为例，利用模型选择技术，在对数据进行PP检验、JB检验、KS检验基础上，采用AIC方法选择农作物的单产随机波动最优模型，对这四种农作物的单产波动模型进行拟合，探索农业保险巨灾风险准备金的一般测算方法，估测云南农作物生产风险和巨灾风险准备金安排。

**关键词：** 农业巨灾保险；巨灾风险；准备金

## 一、引言

随着全球气候变暖，极端天气日益频繁，我国农业巨灾风险概率日益增大。2010年春季西南五省遭遇历史罕见特大旱灾，农业直接经济损失达到700多亿元，其中云南直接农业损失近200亿元。2011年1月人民网报道“中国北方大部降水稀少，九省市遭遇冬旱大考”，其中山东5 973万亩农田受旱，河南受旱面积1 586万亩，河北受旱面积1 615万亩等。2013年党的十八大三中全会提出建立巨灾保险制度。2010—2012年云南连续三年大旱，直接推动云南2012年在全国率先启动农业巨灾保险试点工作，把容易导致巨灾的干旱、水涝和虫害等灾害纳入政策性种植业保险基本责任[①]。建立农业巨灾风险基金是建立农业巨灾保险的制度性约束条件，也是在发生农业巨灾时参保农户能够得到充足赔付的前提。本文在对云南1949—2010年农业损失数据统计分析的基础上，测度云南农业保险巨灾风险准备金安排，探索农业保险巨灾风险准备金测算方法。

---

* 2012年国家自然科学基金项目《现代农业巨灾风险保障体系及实施难点研究：基于粮食安全视角》，批准号：71263056。

作者简介：钱振伟，云南财经大学特聘教授，博导，中国保监会博士后，云南省学术技术带头人，主要研究方向为灾害风险管理与保险。

① 云南把旱灾、虫灾等易发性灾害纳入政策性种植业保险的基本责任，其中云南种植业起赔线由以前损失率70%赔付降低到20%，赔偿比例由原损失金额的50%提高到80%。

## 二、农作物单产波动模型

农业巨灾风险主要指农作物生产巨灾风险，简称单产风险。这是从事种植业生产农户最为关注的风险之一（Joy Harwood，2001）。对农作物生产巨灾风险进行分析和评估不仅可以为广大农民、农业企业和政府应急处置提供决策依据，而且是农业风险区分、农业巨灾保险设计及费率厘定的基础。然而由于导致农业生产巨灾风险的因素复杂且繁多，以及在评估农业风险的过程中，历史数据缺乏等原因，导致对农业生产风险的分析及评估极其困难。孙良媛（2004）对农作物生产风险进行过定义，即农作物生产风险是在一定时期和一定客观环境下，由于不确定性的存在和人的有限理性，致使经济行为主体的预期收益与实际收益可能发生偏离的程度。在此基础上，张峭、王克（2007）将农作物生产风险定义为一定时期及一定客观环境下，农作物实际单产低于预期单产的程度。综合上述定义，本文认为农作物生产风险是一定时期及一定客观条件下，农作物实际单产偏离预期单产的程度及不确定性。根据张峭等（2007）的讨论，对农作物生产风险的分析可分为以下几个步骤：第一，收集数据，并检验所得时间序列数据是否稳定；第二，剔除时间序列中的确定趋势，得到农作物的随机单产波动序列；第三，采用JB检验和KS检验选择各单产波动序列的分布，并进一步根据拟合优度检验得出单产波动序列的最优分布。本文借鉴他们的方法对云南省四种农作物（稻谷、玉米、小麦和油菜籽）的单产波动模型进行拟合，并估计四种农作物的生产风险。在对单产波动序列的分布进行拟合的过程中，本文除了采用JB检验和KS检验之外，还将引入模型选择的概念，采用AIC方法选择单产随机波动的最优模型。

### （一）数据收集

根据农作物生产风险的定义，要估计农作物的生产风险，必须得到农作物单产波动的程度及相应概率。因此，分析农作物生产风险的第一步便是拟合农作物单产波动模型。本文以云南省四种农作物为例来说明具体方法，表1给出了1949—2008年云南省稻谷、玉米、油菜和小麦四种农作物的单产数据。

**表1　农作物单产数据**

| 年份 | 稻谷 | 小麦 | 玉米 | 油菜籽 |
| --- | --- | --- | --- | --- |
| 1949 | 2.671 711 | 0.775 304 | NA | 0.435 961 |
| 1952 | 2.847 996 | 0.942 308 | 1.213 007 | 0.403 846 |
| 1957 | 3.117 816 | 0.910 769 | 1.326 135 | 0.256 136 |
| 1962 | 2.782 808 | 0.833 846 | 1.347 43 | 0.294 54 |
| 1965 | 2.913 48 | 0.953 593 | 1.528 826 | 0.439 267 |

（续）

| 年份 | 稻谷 | 小麦 | 玉米 | 油菜籽 |
|---|---|---|---|---|
| 1970 | 3.763 283 | 0.803 728 | 1.789 446 | 0.383 405 |
| 1975 | 3.813 155 | 1.065 724 | 2.174 711 | 0.479 698 |
| 1978 | 3.961 501 | 1.290 541 | 2.276 367 | 0.350 993 |
| 1980 | 3.770 428 | 1.333 616 | 2.025 653 | 0.530 457 |
| 1985 | 4.496 741 | 1.397 291 | 2.703 804 | 0.816 629 |
| 1987 | NA | NA | NA | NA |
| 1990 | 4.542 319 | 1.712 629 | 2.809 601 | 0.943 833 |
| 1991 | 4.638 294 | 1.522 727 | NA | 0.897 196 |
| 1992 | 4.965 302 | 1.873 509 | 2.833 939 | 1.188 424 |
| 1993 | 5.112 463 | 1.974 443 | NA | 1.393 39 |
| 1994 | 5.069 386 | 2.162 203 | 3.015 409 | 1.558 115 |
| 1995 | 5.104 473 | 2.041 867 | 3.201 467 | 1.248 619 |
| 1996 | 5.427 979 | 1.975 637 | NA | 1.2 |
| 1997 | 5.481 084 | 2.216 | 3.459 818 | 1.490 094 |
| 1998 | 5.699 148 | 2.189 608 | 3.672 334 | 1.381 726 |
| 1999 | 5.795 548 | 2.380 229 | 3.734 729 | 1.409 692 |
| 2000 | NA | NA | NA | NA |
| 2001 | 5.917 4 | 2.117 12 | 3.996 413 | 1.453 796 |
| 2002 | 6.012 887 | 2.230 484 | 4.095 29 | 1.517 172 |
| 2003 | 5.415 572 | 2.151 988 | 4.193 795 | 1.608 203 |
| 2004 | 5.015 512 | 2.219 556 | 4.088 231 | 1.674 214 |
| 2005 | 6.095 98 | 2.191 576 | 3.748 629 | 1.710 745 |
| 2006 | 5.886 577 | 2.239 586 | 3.830 875 | 1.773 687 |
| 2007 | NA | NA | NA | NA |
| 2008 | 5.906 781 | 2.089 341 | 3.804 302 | 1.790 462 |
| 2009 | 5.955 363 | 2.136 832 | 3.888 932 | 1.803 596 |
| 2010 | 6.103 112 | 1.954 118 | 3.994 192 | 1.694 119 |

数据来源：云南省农业厅．其中 NA 表示缺失数据。

## （二）稳定性检验

前面得到的四种农作物的数据均为时间序列数据，在分析时间序列数据前，必须对时间序列进行稳定性检验。时间序列的稳定性检验比较常用的方法有 ADF 检验和 PP 检验。Enders W（1973）[7]指出，跟 ADF 检验相比，PP 检验具有对残差假设较少、拒绝存在单位根原假设可信度更强的优点，因此本文采用 PP 检验对云南省 4 种作物的历史单产数据进行稳定性检验。由于存在缺失数据，在对这些系列进行稳定性检验之前，本文先对这些缺失数据进行了简单处理，即采用移动平均法对缺失数据进行估计，之后通过 R 软件对这四个序列做 PP 检验。表 2 给出相关结果，其中 $P$ 值表示 PP 检验的 $P$ 值，当 $P$ 值接近 0（或者小于给定的显著水平，如 0.1 时），则认为该序列是平稳的；否则认为该序列是非平稳的。根据该表，由于 4 中农作物单产数据 PP 检验的 $P$ 值均大于 0.1，因此这 4 组数据均是非平稳数据。

**表 2　PP 检验结果**

| 农作物 | 稻谷 | 小麦 | 玉米 | 油菜籽 |
|---|---|---|---|---|
| $P$ 值 | 0.719 | 0.873 1 | 0.594 4 | 0.269 |

## （三）时间序列趋势值和随机波动的计算

经过前面的检验结果，稻谷、小麦、玉米和油菜籽四种农作物的单产数据均为非平稳时间序列。因此在分析数据之前，必须将时间序列进行平稳转换，求出时间序列的趋势值，然后对趋势进行剔除。首先，假设 $X_{1t}$，$X_{2t}$，$X_{3t}$，$X_{4t}$ 分别表示稻谷、小麦、玉米和油菜籽在第 $t$ 年（$t=1$，…，32，分别对应 1949—2006 年）的单产数据。对于 $i=1$，…，4，$t=1$，…，32，假设

$$X_{it}=\mu_{it}+Y_{it} \tag{1}$$

其中，$\mu_{it}$ 是 $X_{it}$ 随时间变化的均值，刻画了非平稳序列中的确定性组成部分，也即时间序列中的趋势值；$Y_{it}$ 是一个平稳序列，描述 $X_{it}$ 中的随机组成部分，称为“随机波动”序列。式（1）可以变换为：

$$Y_{it}=X_{it}-\mu_{it} \tag{2}$$

通过式（2），可以剔除时间序列中的趋势值 $\mu_{it}$，得到随机波动 $Y_{it}$，也称为单产波动。下面先讨论趋势值 $\mu_{it}$，即 $X_{it}$ 中确定性组成部分的拟合。趋势拟合方法有很多，如移动平均法、滑动平均法以及趋势线法等。由于趋势线法具有很大的主观性，而本文收集的数据时间间隔较大，用滑动平均法会导致对趋势估计的不准确。因此，本文采用 3 点移动平均法对所得时间序列的趋势进行拟合，即

$$\mu_{it}=\frac{1}{3}\sum_{k=t-1}^{t+1}X_{ik}\text{ , }i=1\text{，…，}4\text{ , }t=2\text{，…} \tag{3}$$

根据式（3）便可得到各序列的趋势值，由于移动法会对样本容量造成一定损失，本文采取的 3 点移动法将会损失 2 个样本点，即 $t=1$，32。最后根据式（2）得到的随机波动序列 $Y_{it}$ 样本容量均为 30。$Y_{it}$ 反映了实际单产偏离预期单产的程度，$Y_{it}>0$ 说明实际单产高于预期单产；反之，这说明实际单产低于预期单产。然而，由于 $Y_{it}$ 具有量纲，不具可比性。根据张峭等[5]的讨论，可以将其转换为相对随机波动（$RSV$）序列，转换公式为：

$$RSV_{it}=Y_{it}\div\mu_{it} \tag{4}$$

*RSV* 序列既可以表示作物的生产风险大小，同时又具有不受时间和空间影响、可比性好的优点，能较好地描述各种短期变动因子对农作物单产的影响。因此，本文采用相对随机波动来刻画作物生产风险。表 3 给出了根据式（3）得到的 *RSV* 序列的一些简单统计量。根据该表，四种农作物波动的均值均接近于 0；小麦为负偏分布，其余三种农作物均为正偏分布；油菜籽的峰度接近于 0，稻谷峰度最大，说明油菜籽的分布最接近于正态分布，稻谷的分布偏离正态分布较大。根据四个序列的最大值和最小值，所有 *RSV* 序列的数据取值范围均在期间［−1，1］上；变异系数绝对值最大的是稻谷，说明稻谷单产波动序列值与其均值的离散程度最大；JB 检验结果说明油菜籽以较高可信度接受正态分布假设，其余三种均需做进一步检验。

**表 3　*RSV* 序列的统计量**

| | 稻谷 | 小麦 | 玉米 | 油菜籽 |
|---|---|---|---|---|
| 均值 | 0.000 379 | 0.001 52 | −0.001 65 | −0.002 52 |
| 偏度 | 0.382 | −0.394 | 0.066 3 | 0.044 6 |
| 峰度 | 1.408 | 0.46 | 0.882 | 0.009 |
| 标准差 | 0.035 | 0.057 | 0.055 | 0.122 |
| 最大值 | 0.092 9 | 0.122 8 | 0.148 2 | 0.280 6 |
| 最小值 | −0.076 | −0.146 | −0.133 | −0.27 |
| 变异系数 | 93.198 | 37.58 | −33.105 | −48.209 |
| JB 统计量 | 4.496 | 1.477 6 | 1.691 5 | 0.071 4 |
| *P* 值 | 10.56% | 47.78% | 42.92% | 96.50% |

### （四）单产随机波动系列的模型选择

在对单产随机波动模型进行选择时，首先可以根据柱状图和 QQ 对分布形式进一个简单的推断，进而可以采用 Chi-Squared 检验、K-S 检验、AD 检验等确定单产波动模型的最优分布模型。本文首先通过四种农作物单产随机波动的柱状图对其分布形式进行推导，进而通过 QQ 图进行检验，最后进一步通过 Chi-Squared 检验、K-S 检验、AD 检验得出四种农作物的最优分布模型。图 1 至图 4 为四种农作物随机单产波动序列的柱状图。通过对柱状图的分析，可以采用正态分布、韦伯分布等分布对这四个序列进行拟合。由于 *RSV* 序列值的取值范围为［−1，1］，因此还需要根据该定义域进一步选择合适的分布函数。为了从理论上选择最优分布，本文采用拟合优度检验对分布进行选择。通过检验结果得出稻谷和玉米的 *RSV* 序列分布服从 Gen. Extreme Value 分布，油菜籽的 *RSV* 序列分布服从 Dagum（4P）分布，甘蔗的单产量序列服从 Burr（4P）分布。

下面以稻谷为例对拟合分布的选择进行简单说明。本文通过三种检验方式对拟合分布进行选择，其结果在表 4 中给出。通过三种检验方式下的统计量值可知拒绝该序列服从 Gen. Extreme Value 分布犯错误的概率最小，因此我们判定该序列服从 Gen. Extreme Value 分布。为了直观上更好地说明表格给出的拟合结果，仍以稻谷为例，图 5 给出了稻谷 *RSV* 序列的柱状图和 Gen. Extreme Value 等分布假设下的密度函数曲线，可以看出实心曲线代表的 Gen. Extreme Value 分布，很好地拟合了稻谷 *RSV* 序列值。除此之外，图 6 给出了稻谷的 *RSV* 序列值在 Gen. Extreme Value 分布假设下的 QQ 图。同样可以看出，用 Gen. Extreme Value 分布进行拟合的效果较好。

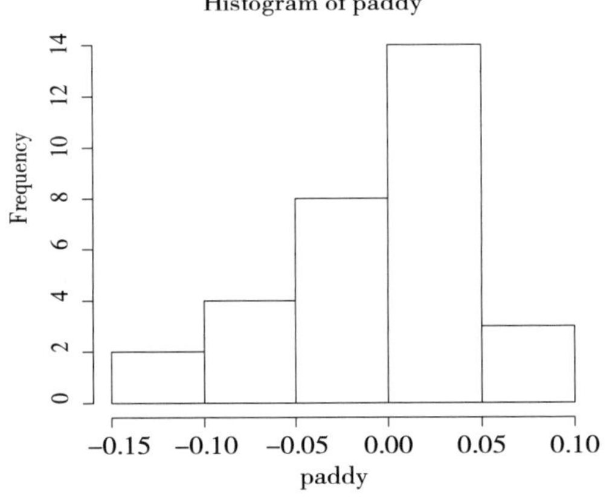


图 1　水稻 *RSV* 序列的柱状图

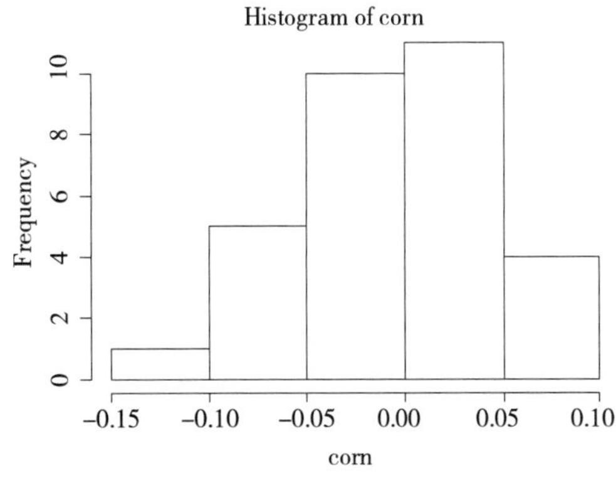


图 2　玉米 *RSV* 序列的柱状图

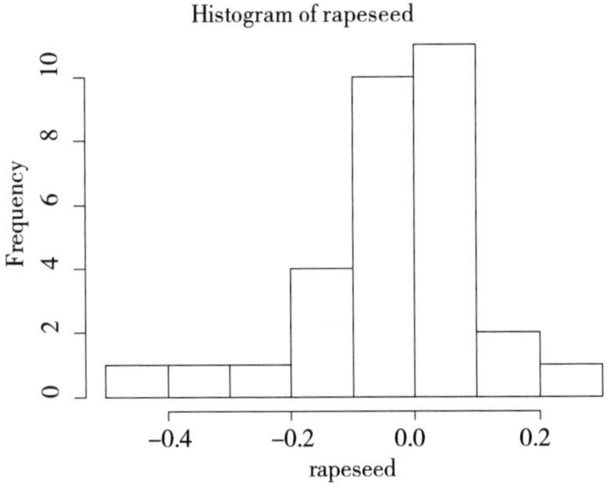


图 3　油菜籽 *RSV* 序列的柱状图

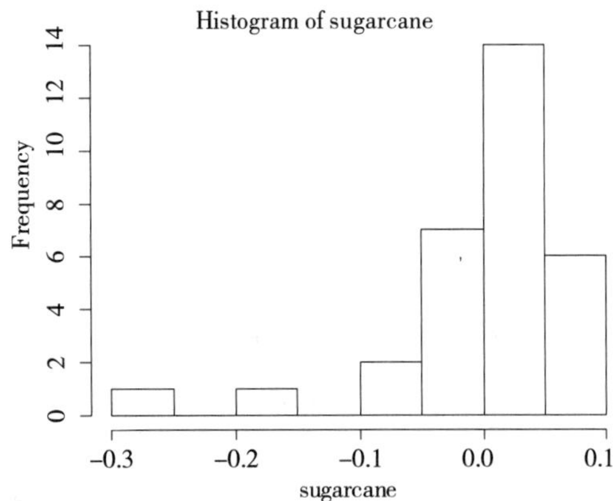


图 4　甘蔗 *RSV* 序列的柱状图

**表 4　云南省水稻 *RSV* 序列单产分布模型的拟合优度检验**

| 序号 | Distribution | Kolmogoro Smirnov | | Anderson Darling | | Chi-Squared | |
|---|---|---|---|---|---|---|---|
| | | Statistic | Rank | Statistic | Rank | Statistic | Rank |
| 1 | Beta | 0.110 28 | 2 | 4.376 30 | 9 | — | — |
| 2 | Burr (4P) | 0.117 38 | 4 | 0.523 11 | 3 | 0.923 90 | 2 |

（续）

| 序号 | Distribution | Kolmogoro Smirnov | | Anderson Darling | | Chi-Squared | |
|---|---|---|---|---|---|---|---|
| | | Statistic | Rank | Statistic | Rank | Statistic | Rank |
| 3 | Gamma（3P） | 0.161 67 | 7 | 0.932 09 | 6 | 1.192 60 | 3 |
| 4 | Gen. Extreme Value | 0.071 62 | 1 | 0.231 96 | 1 | 1.677 9 | 6 |
| 5 | Log-Logistic（3P） | 0.130 02 | 5 | 0.757 49 | 4 | 2.148 70 | 7 |
| 6 | Logistic | 0.176 69 | 8 | 0.982 13 | 7 | 1.556 90 | 5 |
| 7 | Dagum（4P） | 0.187 88 | 9 | 1.550 7 | 8 | 2.737 1 | 8 |
| 8 | Normal | 0.159 35 | 6 | 0.862 81 | 5 | 1.360 40 | 4 |
| 9 | Weibull（3P） | 0.117 33 | 3 | 0.518 89 | 2 | 0.920 27 | 1 |

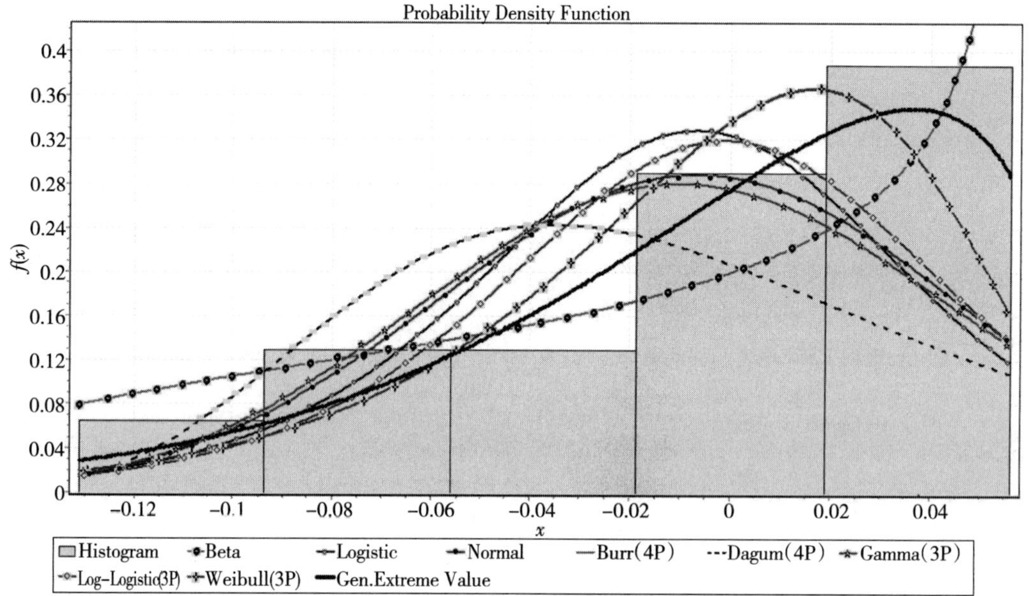


图 5　稻谷的 $RSV$ 序列柱状图和分布拟合效果图

下面给出各种农作物 $RSV$ 序列拟合分布的密度函数及参数估计。首先，稻谷的 $RSV$ 序列的拟合分布服从 Gen. Extreme Value 分布，其密度函数为

$$f(x)=\begin{cases}\dfrac{1}{\delta}\exp[-(1+kz)^{-1/k}](1+kz)^{-1-1/k}, & k\neq 0\\ \dfrac{1}{\delta}\exp[-z-\exp(-z)], & k=0\end{cases} \tag{5}$$

其中 $z=\dfrac{x-u}{\delta}$，$k$ 为形状参数，$\delta$ 为尺度参数（$\delta>0$），$\mu$ 为位置参数。当 $k\neq 0$ 时，$1+k\dfrac{(x-u)}{\delta}>0$；当 $k=0$ 时，$x\in(-\infty,\infty)$。通过极大似然估计法可得其参数估计为：$k=-0.740\ 16$，$\delta=0.058\ 54$，$\mu=-0.013\ 27$。因此，云南省稻谷的单产波

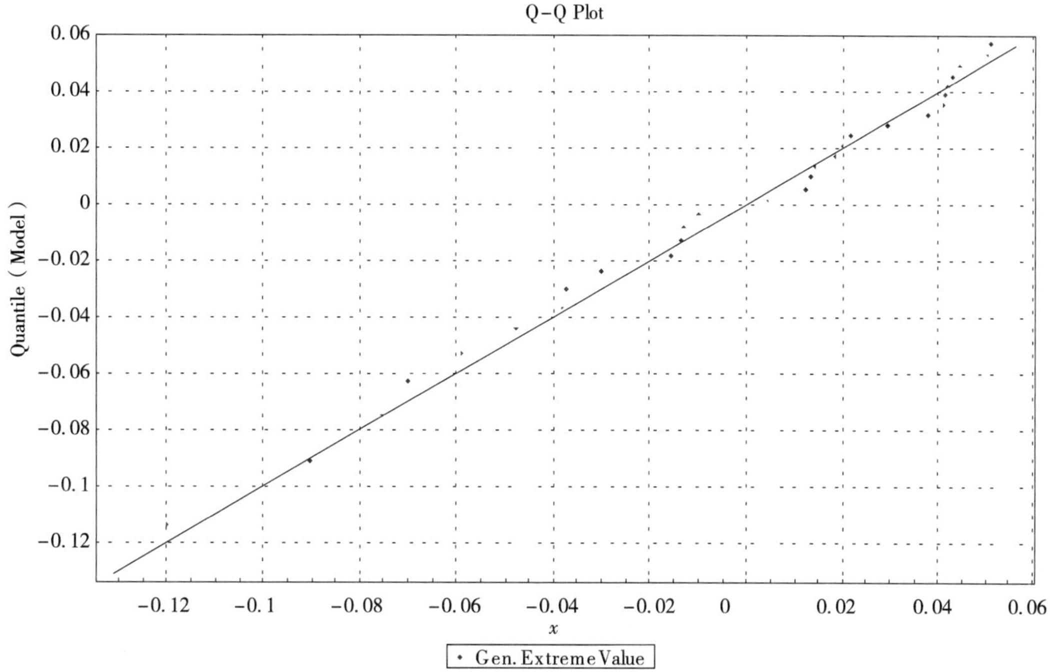


图 6　稻谷的 *RSV* 序列在 Gen. Extreme Value 分布假设下的 QQ 图

动分布的概率密度函数为

$$f(x)=\frac{1}{0.058\,54}\exp\left\{-\left[1-0.740\,16\times\left(\frac{x+0.013\,27}{0.058\,54}\right)^{\frac{1}{0.740\,16}}\right]\left[1-0.740\,16\times\frac{x+0.013\,27}{0.058\,54}\right]\right\}^{-1+\frac{1}{0.740\,16}}$$

同理，我们可以得到玉米、油菜籽、甘蔗三种农作物的参数估计及分布密度函数。玉米的单产波动系列服从 Gen. Extreme Value 分布，概率密度函数为

$$f(x)=\frac{1}{0.052\,81}\exp\left\{-\left[1-0.346\,7\times\left(\frac{x+0.024\,71}{0.052\,81}\right)^{\frac{1}{0.346\,7}}\right]\left[1-0.346\,7\times\left(\frac{x+0.024\,71}{0.052\,81}\right)\right]\right\}^{-1+\frac{1}{0.346\,7}}$$

油菜籽的单产波动系列服从 Dagum（4P）分布，概率密度函数为：

$$f(x)=\frac{36.033\times5.104\,7\times\left(\frac{x+3.793\,5}{3.983\,5}\right)^{36.033\times5.104\,7-1}}{3.983\,5\times\left[1+\left(\frac{x+3.793\,5}{3.983\,5}\right)^{36.033}\right]^{6.104\,7}}$$

甘蔗的单产波动系列服从 Burr（4P）分布，概率密度函数为：

$$f(x)=\frac{1.927\,49E7\times\left(\frac{x+149.54}{149.96}\right)^{3\,339.9}}{149.96\times\left[1+\left(\frac{x+149.54}{149.96}\right)^{3\,340.9}\right]^{5\,770.4}}$$

## 三、参数估计与风险评估

根据前面给出的结论，假设

$$ER_{it} \sim \text{Logistic}[m_i,\ \sigma_i],\ i=1,\ 2,\ 3,\ 4$$

其中 $m_i$，$\sigma_i$ 为未知参数，参数的估计方法主要有矩估计法、最大似然法等，其中最大似然法是最常用的方法之一。通过 R 软件，采用最大似然法对这些参数进行估计，其结果为：$m_1=0.9993$，$m_2=1.004$，$m_3=0.9995$，$m_4=0.9989$，$\sigma_1=0.017$，$\sigma_2=0.03$，$\sigma_3=0.0288$，$\sigma_4=0.66$。明确损失概率和损失严重程度是风险估算所要解决的问题。前面构造出了本文考虑的 4 种农作物的单产波动模型，根据这些波动模型，可以计算出这几种农作物的生产风险程度。根据刘荣花（2010）等提出的灾损标准，生产风险可分为以下 4 个级别：损失 5%～15%为轻灾，损失 15%～25%为中灾，损失 25%～35%为重灾，损失 35%以上为巨灾。用概率表示即：

（1）轻灾：Pr（$-0.15<RSV\leqslant-0.05$）；

（2）中灾：Pr（$-0.25<RSV\leqslant-0.15$）；

（3）重灾：Pr（$-0.35<RSV\leqslant-0.25$）；

（4）巨灾：Pr（$RSV\leqslant-0.35$）。

前面得出的各 $ER$ 序列的分布，根据式（5）可得

$$\Pr(a<RSV\leqslant b)=\Pr(e^a<ER\leqslant e^b) \tag{6}$$

综合各类风险的定义及式（6）可求出各农作物风险发生各种灾害的概率，表 5 给出了计算结果，其中风险均值=10%×Pr（轻灾）+20%×Pr（中灾）+30%×Pr（重灾）+50%×Pr（巨灾）。根据表 5 可以看出：油菜籽的风险均值最大，玉米次之，稻谷的风险最小。

**表 5　生产风险估计结果**

单位：%

| | 稻谷 | 小麦 | 玉米 | 油菜籽 |
|---|---|---|---|---|
| 轻灾 | 5.23 | 13.72 | 14.93 | 21.7 |
| 中灾 | 0.024 | 0.77 | 0.75 | 7.55 |
| 重灾 | 0.000 | 0.05 | 0.04 | 2.31 |
| 巨灾 | 0.000 | 0.005 | 0.004 | 1.16 |
| 风险均值 | 0.53 | 1.54 | 1.77 | 4.95 |

## 四、巨灾准备金的测算

为计算巨灾准备金，引入以下记号：$A$=农业产值，$B$=农作物播种面积，$C$=

平均产值，$D$＝保费收入，$E$＝成灾面积，$L$＝损失金额，$M$＝投保比例，$N$＝保险公司封顶赔付金额，$C_a$＝巨灾准备金。则根据庹国柱等的讨论，巨灾准备金的测算公式为：

巨灾准备金（$C_a$）＝损失金额（$L$）－保险公司封顶赔付金额（$N$）[①] (7)

其中损失金额（$L$）＝成灾面积（$E$）×投保比例（$M$）×平均产值（$C$） (8)

保险公司封顶赔付（$N$）＝保费收入（$D$）×200％ (9)

其中，保费收入（$D$）＝农作物播种面积×亩平均产值（$C$）×$M$×平均费率

本文为计算巨灾准备金，首先给出如下假设：一是全省投保农作物面积用 $M$ 表示，假设为 10％且为均匀分布；二是种植业平均费率为 7％；三是当年全省简单赔付率超过 200％，便启动巨灾准备金；四是如果应赔付的实际损失小于保险公司封顶赔付金额（即 2 倍保费收入），则巨灾准备金的金额设定为 0。

**表 6　1991—2010 年云南省农作物播种面积及平均产值**

| 年份 | 农作物播种面积（万亩） | 农业产值（亿元） | 平均产值（元/亩） | 农作物成灾面积（万亩） |
|---|---|---|---|---|
| | $B$ | $A$ | $C=A/B$ | $E$ |
| 1992 | 6 514.08 | 130.67 | 200.6 | 1 333.41 |
| 1993 | 6 447.72 | 146.7 | 227.52 | 1 778.76 |
| 1994 | 6 348.672 | 179.39 | 282.56 | 1 780.7 |
| 1995 | 6 603.924 | 228.99 | 346.75 | 1 973.14 |
| 1996 | 6 556.884 | 299.48 | 456.74 | 1 667.6 |
| 1997 | 7 930.317 | 369.36 | 465.76 | 687.991 3 |
| 1998 | 7 589.198 | 397.09 | 523.23 | 1 093.576 |
| 1999 | 6 494.841 | 381.26 | 587.02 | 1 307.56 |
| 2000 | 6 843.732 | 394.96 | 577.112 | 1 502.18 |
| 2001 | 7 185.012 | 416.36 | 579.484 1 | 587.013 |
| 2002 | 7 810.26 | 431.31 | 552.235 1 | 843.43 |
| 2003 | 7 489.044 | 445.35 | 594.668 7 | 1 790.416 |
| 2004 | 7 323.12 | 433.91 | 592.520 7 | 2 325.44 |
| 2005 | 7 485.252 | 516.92 | 690.584 6 | 57.7 |
| 2006 | 7 657.08 | 559.32 | 730.461 2 | 200.9 |
| 2007 | 7 236.216 | 630.19 | 870.883 3 | 647.8 |
| 2008 | 7 190.1 | 707.15 | 983.505 1 | 891.8 |
| 2009 | 7 348.04 | 790.87 | 1 076.3 | 2 196.1 |
| 2010 | 7 198.21 | 850.65 | 1 181.752 | 1 522.1 |

根据上述数据以及式（7）－（9），可以计算 1999—2009 年的巨灾准备金如下：

① 应该是保险公司的责任准备金总额，称为“封顶赔付金额”有可能产生误解——编者注。

**表 7　1992—2010 年历年巨灾准备金金额**

| 年份 | 保费收入（万元）$D=A\times M\times 5\%$ | 封顶赔款金额（万元）$N=2D$ | 损失金额（万元）$L=E\times M\times C$ | 金额缺口（万元）$C_a=L-N$ | 平均缺口（万元） |
|---|---|---|---|---|---|
| 1992 | 9 146.9 | 18 293.8 | 26 747.7 | 8 453.904 | |
| 1993 | 9 146.9 | 20 538 | 40 470.75 | 19 932.75 | |
| 1994 | 10 269 | 25 114.6 | 50 316 | 25 201.4 | |
| 1995 | 12 557.3 | 32 058.6 | 68 418.31 | 36 359.71 | 22 486.94 |
| 1996 | 16 029.3 | 41 927.2 | 76 166.19 | 34 238.99 | |
| 1997 | 20 963.6 | 51 710.4 | 32 043.67 | 0 | |
| 1998 | 25 855.2 | 55 592.6 | 57 219.22 | 1 626.623 | |
| 1999 | 27 796.3 | 53 376.4 | 76 756.36 | 23 379.96 | |
| 2000 | 26 688.2 | 55 294.4 | 86 692.61 | 31 398.21 | 18 128.76 |
| 2001 | 27 647.2 | 58 290.4 | 34 016.47 | 0 | |
| 2002 | 29 145.2 | 60 383.4 | 46 577.17 | 0 | |
| 2003 | 30 191.7 | 62 349 | 106 470.4 | 44 121.43 | |
| 2004 | 31 174.5 | 60 747.4 | 137 786.9 | 77 039.5 | |
| 2005 | 30 373.7 | 72 368.8 | 3 984.673 | 0 | 24 232.19 |
| 2006 | 36 184.4 | 78 304.8 | 14 674.97 | 0 | |
| 2007 | 39 152.4 | 88 226.6 | 56 415.82 | 0 | |
| 2008 | 44 113.3 | 99 001 | 87 708.98 | 0 | |
| 2009 | 49 500.5 | 110 721.8 | 236 366.2 | 125 644.4 | |
| 2010 | 55 360.9 | 119 091 | 179 874.5 | 60 783.47 | 37 285.58 |

为求巨灾准备金，将 1992—2010 年分为四个周期，即 1992—1995 为第一周期，1996—2000 为第二周期，2001—2005 为第三周期，2006—2010 为第四周期。根据表 7，第一周期每年的准备金为22 486.94万元；第二周期每年的准备金为18 128.76万元；第三周期每年的准备金为24 232.19万元；第四周期每年的准备金为37 285.58万元。由于前两周期离现在的时间较长，经济发展状况有很大不同，本文将根据第三、四周期的每年的准备金平均值来估算以后的准备金，即在保险平均费率为 7%，投保面积为 10%的情况下，巨灾准备金为30 758.89万元。

## 五、结论及建议

本文将根据第三、四周期的每年的准备金平均值来估算以后的准备金，即在保险平均费率为 7%和投保面积为 10%的情况下，巨灾准备金为 30 758.89 万元。今后一段时期云南农业保险巨灾风险准备金，可参考这个数值。然而在测算巨灾准备金的过程中，由于缺少相关信息，本文对投保比例以及平均费率进行了假设，即投保比例为10%且为均匀分布，保险平均费率为7%，但实际投保比例不足10%，各种农作物的费率也不尽相同，所以，应注意以下几点：

一是本文给出的准备金只是在一定假设下的结论，实际情况中投保比例小于10%，由于准备金的额度随着投保比例的增加而增加，因此实际需要的准备金要低于本节得到的准备金额度。随着政策性种植业保险覆盖率逐年递增，应该逐年增加巨灾风险准备金。

二是实际上各种农作物的费率不尽相同，各种农作物面临的风险也不相同，而各种农作物的种植面积与受灾面积不一定为均匀分布，因此本节给出的准备金只是一种粗略估算。要测算更为精确的准备金需要各种农作物保险费率、种植面积与成灾面积的具体数据。近年自然灾害频发，损失金额与保险封顶赔付之间的差额较大，如果要使保险在防灾防损中发挥其作用，就需要提留较多的准备金。

三是由于农业巨灾风险准备金属于准公共品，具有很强的正外部性，存在市场失灵，政府应参与进来，不断推动农业保险资源配置的帕累托改进。农业巨灾保险风险准备金实行全国统筹。种植业保险按当年保费收入的15%比例计提巨灾风险准备金，同时中央财政补贴10%，共计25%。鉴于西部地区和山区面积过半的省份的农业保险经营费用过高，保险公司巨灾风险准备金计提比例应略下调，计提比例为10%比较合适。

四是农业保险保费结余也要全额转入巨灾风险准备金，不作为利润分配，逐年滚存。各保险公司把政策性农业保险巨灾风险准备金存入财政部专门账户，专户管理，专款专用。当保险公司的政策性农业原保险和再保险不足以赔付保险责任范围内的农业损失时，可向财政部申请使用农业巨灾风险准备金。财政部严格审核后，符合条件的给予资金拨付，做到应赔尽赔。中国保监会和审计署每年应对农业保险巨灾风险准备金的使用安排进行审计，加强资金监管。

## 参考文献

[1] O. Vergara, G. Zuba, T. Doggett, and J. Seaquist. Modeling the potential impact of catastrophic weather on crop insurance industry portfolio losses. Amer. J. Agr. Econ, 2008, 90 (5): 1256-1262.

[2] 钱振伟，等．我国政策性农业保险治理研究——基于对云南实践的调查［J］．经济问题探索，2011 (3)．

[3] 庹国柱，赵乐，朱俊正，等．政策性农业保险巨灾风险管理研究——以北京为例［M］．中国财政经济出版社，2010.

[4] Joy Harwood. Managing risk in farming: concepts, research, and analysis [R]. Agricultural Economic Report, No. 774, ERS USDA.

[5] 孙良媛．经营环境，组织制度与农业风险［M］．北京：中国经济出版社，2004: 16-18.

[6] 张峭，王克．农作物生产风险分析的方法和模型［J］．经济分析，2007 (8): 7-10.

[7] H. Akaike. Information Theory and an Extension of the maximum Likelihood Principle [R] . In Second International Symposium on Information Theory，1973.

[8] Walter. Enders. Appliedeconometric time series [M] . Wiley，2003.

[9] R. E. Just and Q. Weninger. Are crop yields normally distributed? [J] . Amer. J. Agr. Econ，1999，81 (2)：287-304.

[10] R. E. Just and R. D. Pope. Agricultural Risk Analysis：Adequacy of Models，Data，and Issues [J]. Amer. J. Agr. Econ.，2003，85 (5)：1249-1256.

[11] John Duncan and Robert J. Myers. Crop Insurance under Catastrophic Risk [J] . American Journal of Agricultural Economics，2000，82 (4)：842-855.

[12] 陈玲．我国农业再保险制度建立问题的相关研究 [J]．特区经济，2009 (9)：171-173.

风险管理

# 农作物保险中农户道德风险的产生机理与案例检验：以内蒙古为例*

柴智慧　赵元凤

**摘要：**自2007年以来，我国农业保险实现跨越式发展，但其也面临诸多经营风险，例如投保农户的道德风险问题。本文以内蒙古农作物保险为例，界定投保农户道德风险的内涵与类别，分析其产生机理。结果发现：在内蒙古现行“低保障、广覆盖、低保费、低赔偿”的农作物保险政策下，投保农户并不存在事前消极防损和事后怠于减损的道德风险问题，而是存在事前骗保与事后骗赔等属于保险欺诈范畴的道德风险问题；建立健全保险机构在乡、村两级的保险服务体系则是减少农户保险欺诈的关键措施。

**关键词：**农作物保险；农户；道德风险；行为不积极；保险欺诈

## 一、引言

农业保险属于WTO允许的各成员政府支持农业发展的“绿箱”政策之一。根据世界银行2008年的调查，目前全球约有104个国家和地区在开展农业保险[1]，其中，美国农险市场位居第一，其2014—2018年的新农业法案则进一步突出保险在防范农业生产风险中的作用，继续扩大农业保险项目的覆盖范围和补贴额度。就中国而言，自2004年开始新一轮农业保险试点，中共中央、国务院连续13个1号文件均提出要逐步建立和完善农业保险制度；2007年，中央财政启动农业保险保费补贴试点；2012年，国务院颁布《农业保险条例》。在一系列利好政策下，目前我国已成为亚洲第一、全球第二大农业保险市场。2007—2014年，我国农业保险累计保费收入1 478.42亿元，各级政府财政累计提供保费补贴1 100多亿元①，其中，中央财政累计

* 本文是“种植业保险中农户逆向选择及道德风险的检验”（71363042）和国家自然科学基金青年基金项目“政府补贴农业保险的效果和效率的实证研究——以内蒙古农作物保险为例”（批准号：71503141）的阶段性研究成果。

作者简介：柴智慧，管理学博士，内蒙古农业大学经济管理学院讲师，研究方向为农业风险管理、农业保险；赵元凤，管理学博士，内蒙古农业大学经济管理学院教授，博士生导师，研究方向为农业保险、农业信息化。

① 目前，中央、省级、市县财政分别为农业保险提供30%～50%、25%～30%、10%～15%的保费补贴，各级财政合计保费补贴比例达到80%左右，有财政补贴的农险业务占比高达97%。

拨付补贴 633 亿元，提供风险保障从1 126亿元增长到 1.66 万亿元，年均增速 57.09%，累计提供风险保障 5.72 万亿元，共向 1.68 亿户次的受灾农户支付赔款 958.62 亿元，户均赔款近 571 元[2]。2015 年，我国农业保险保费收入 374.7 亿元，为大约 2.3 亿户次农户提供风险保障 1.96 万亿元，同比增长 20.42%，约占农业 GDP 的 32.27%，赔款支出 260.08 亿元，约占农作物直接经济损失的 9.64%，是国家农业灾害救助资金的 7 倍。由此可知：我国农业保险已在防范化解农业生产风险、稳定农民收入和完善农村社会支持保护体系等方面发挥日益重要的作用。

然而，在农业保险蓬勃快速的发展过程中，其自身所面临的经营风险也不容忽视，比如投保农户的道德风险问题[3-5]。若投保人存在严重的道德风险问题，则可能导致农业保险市场失灵和政府财政补贴耗散[6]。例如，研究成果表明，投保方的道德风险造成的冤枉赔款要占保险赔款的 20%甚至更高[4]。Just 和 Calvin 研究发现在 1992 年美国多风险农作物保险（MPCI）赔款中，大约有 9%的玉米赔款、73%的谷物赔款和 80%的小麦赔款是由于农户道德风险问题所导致[7]。Roberts、O'Donoghue 等发现 1992—2001 年由于道德风险问题而产生的理赔金额约为5 370万美元，其约占同时期美国农作物保险总赔款支出的 0.9%[8]。事实上，在农业保险市场中，农户道德风险的内涵是什么？其有何具体表现？对于不同类别的道德风险，其产生机理是什么？在目前我国“低保障、广覆盖、低保费、低赔偿”的政策性农作物保险市场中，农户是否存在道德风险问题，究竟存在哪类道德风险问题，可否从微观案例角度给予验证？上述问题目前还鲜有系统性的研究，本文欲弥补此空白，进而针对性地提出防范策略，进一步促进我国农业保险的可持续开展。

## 二、农作物保险中农户道德风险的内涵与表现

在保险市场上，道德风险来自保险公司不能观察到投保人在投保后的防范措施，从而投保人的防范措施偏离没有保险或者事后信息不对称时的防范措施。具体到农业保险市场，投保农户的道德风险则是指农户在参加农业保险前后的不诚实、不守信，或者由于有了风险保障而降低对所投保标的的预防措施以及在风险事故发生后不采取积极的补救措施等，导致风险发生概率上升和风险损失扩大。

一般而言，根据风险事故发生的时间，可以将道德风险划分为事前道德风险和事后道德风险。事前道德风险，是指在风险事故发生之前，市场交易中掌握私人信息的一方参与人利用自己的信息优势和对方的高监督成本劣势在最大化增进自身利益的同时作出不利于他人的行为；事后道德风险，是指在风险事故发生之后，市场交易中的一方参与人利用对方难以掌握的私人信息作出最大化自己利益的行为。按照以上标准，农作物保险市场中投保农户的道德风险也可分为事前道德风险和事后道德风险，具体表现如下：

投保农户的事前道德风险，主要体现在其在防损方面的行为产生背离，一般包

括：①因投保人不诚实或者故意欺诈而获取保险保障。例如，在农作物保险签单承保过程中，由于保险公司和投保农户之间的信息不对称，农户可能存在冒保、替保、垫保、虚保等骗保行为。“冒保”是指在农作物保险签单承保中，部分村委会工作人员利用其协保员的身份，在村民毫不知情的前提下，借故取得村民身份证明等材料，以村民名义进行投保，进而骗取保险赔款；“替保”或“垫保”是指当村民对自家耕地放弃参加农作物保险的权利时，部分村民或者协保员垫付保险保费，以村民名义进行投保并取得理赔金；“虚保”是指在农作物保险签单承保中，投保人为骗取更多的理赔金故意将实际投保面积扩大。②因投保人事前防损行为不积极而引起保险事故的发生。例如，投保农户因有保险保障而降低其在农业生产中的努力程度和减少防灾防损措施等，具体包括农户随意改变耕作制度，不按经营规范管理农作物，盲目引进新品种，选择质量不高的种子或者下种不足、施肥不当，减少农作物病虫灾害的防控投入，不能按时收获农作物等。

投保农户的事后道德风险主要体现在其在减损方面的行为产生背离，一般包括：①投保农户在受灾以后谎报灾情、虚报损失、串换标的以骗取保险赔款；②投保农户在受灾以后怠于采取减损措施以获取保险公司的超额保险赔款。农作物保险的保险标的是活的植物，在其生长期内如果发生因灾致损，如果投保人给予适当的精心照料则保险标的一般具有自我调节和自我恢复能力，故风险事故的发生并不意味着最终损失的发生。然而，投保农户在受灾以后怠于采取减灾减损措施的事后道德风险问题则会导致因灾损失增加。例如，投保农户在其所种植的农作物发生自然灾害时，怠于灾后田间管理，不及时采取补救措施，造成农作物产量损失的扩大化。

## 三、农作物保险中投保农户道德风险的产生机理

根据投保农户道德风险的表现，可从投保农户事前与事后的不积极行为（即农户事前消极防损和事后怠于减损）角度和投保农户事前骗保与事后骗赔的保险欺诈角度进行分析。

### （一）投保农户事前与事后的不积极行为问题的成因

在农业生产中，存在诸如“三分种，七分管，十分收成才保险”；“庄家不收，管理不休；只种不管，休想增产”等说法，可见农户田间管理对农作物产出的重要性。假定农户在农业生产中田间管理的努力程度为 $e$，令 $C(e)$ 代表农户进行田间管理的努力成本，且 $C'(e)>0$、$C''(e)>0$，即农户投入努力的成本是其努力程度的增函数，说明随着农户在农作物田间管理中努力程度的增加，其成本也在随之增加且增加的幅度越来越大。假定农户参加农作物保险的保险金额为 $w$，费率为 $\delta$，即保险费用为 $\alpha_1=\delta w$；令 $S$ 表示政府财政为农作物保险提供的保费补贴，$s$ 代表政府的保费补贴比例，且 $0<s<1$，则有政府保费补贴 $S=s\alpha_1=s\delta w$ 和农户承担保费 $\hat{\alpha}_1=(1-s)\alpha_1=(1-s)\delta w$。

令农户可参保农作物的农业收入为 $Y$，保险公司为农户提供的保障水平为 $Y'$，农户因灾获赔条件为 $Y < Y'$，可获得的赔款为保险保障水平与农户参保农作物实际农业收入的差额，即 $Y' - Y$，令 $E(Y, e)$ 代表农户的预期收入。

在农户尚未参加农作物保险时，农户由于没有农业生产风险化解措施，故其会投入较多努力 $e_H$ 进行农作物田间管理，以保障农业收入不减少。

当农户参加农作物保险时，若其在农作物田间管理中仍然投入 $e_H$ 的努力，则农户会获得 $Y_H$ 的收益。如果 $Y_H > Y'$，则投保农户不能获得保险赔偿，此时，投保农户的预期收入为 $E(Y, e_H) = Y_H - C(e_H) - (1-s)\delta w$；如果 $Y_H < Y'$，则投保农户能够获得保险赔偿，此时，投保农户的预期收入为 $E(Y, e_H) = Y_H - C(e_H) - (1-s)\delta w + (Y' - Y_H) = Y' - C(e_H) - (1-s)\delta w$。

假定农户在参加农作物保险后变得行为不积极，在农作物田间管理中会投入较少努力 $e_L$，很显然有 $e_L < e_H$，并获得收入 $Y_L$，且 $Y_L < Y'$，按照农作物保险合同的规定，农户可以获得保险公司的赔偿，此时，投保农户的预期收入为 $E(Y, e_L) = Y_L - C(e_L) - (1-s)\delta w + (Y' - Y_L) = Y' - C(e_L) - (1-s)\delta w$。

因此，将 $Y_H > Y'$ 时农户的预期收入 $E(Y, e_H)$ 与 $Y_L < Y'$ 时农户的预期收入 $E(Y, e_L)$ 相比，则有 $E(Y, e_H) - E(Y, e_L) = (Y_H - Y') - [C(e_H) - C(e_L)]$，可知投保农户的净损失可能为负值，即投保农户在农作物田间管理中投入较少努力可能比其投入较多努力获得更多的收入;将 $Y_H < Y'$ 时农户的预期收入 $E(Y, e_H)$ 与 $Y_L < Y'$ 时农户的预期收入 $E(Y, e_L)$ 相比，则有 $E(Y, e_H) - E(Y, e_L) = C(e_L) - C(e_H) < 0$，可知投保农户在农作物田间管理中投入较少努力可以获得较多收入，毫无疑问，投保农户会因有保险提供风险保障而选择降低其在农作物田间管理中的努力程度。

综上所述，投保农户在参加农作物保险以后，无论风险事故是否发生，其在农业生产中都有可能存在防灾防损不积极的事前道德风险问题和在风险事故发生后怠于采取减灾减损措施的事后道德风险问题。

### （二）投保农户事前骗保与事后骗赔的保险欺诈问题的成因

全国保险业标准化技术委员会给保险欺诈的定义如下：“保险欺诈是指投保人、被保险人或者受益人故意虚构保险标的，在没有发生保险事故的情况下谎称发生了保险事故，或者故意制造保险事故，或者在保险事故发生后以伪造、编造有关证明、资料和其他证据来编造虚假的事故原因，或者夸大损失程度，向保险人提出给付请求的行为。”因此，根据保险欺诈的定义，可知农作物保险市场中投保农户事前的冒保、替保、垫保、虚保等骗保行为和事后的谎报灾情、虚报损失、串换标的以骗取赔款的行为均属于保险欺诈的范畴。关于投保农户事前骗保和事后骗赔的保险欺诈问题的成因，本文基于投保农户与保险公司的博弈视角进行分析。

假设：①投保农户与保险公司均是理性经济人，投保农户风险规避，保险公司风险中性。②农作物保险市场是一个完全竞争市场；在完全竞争的农作物保险市场中，众多保险公司中的每一个均不可能获取超额利润，故保险公司的预期利润只能为零。③只要保险公司对投保农户进行核查，就能识别出投保农户是否进行欺诈[①]。④当投保农户在进行保险欺诈时，不管成功与否，其均需要支付一定的成本；如果投保农户的欺诈行为被发现，则其会遭受一定的经济惩罚；如果投保农户的欺诈行为未被发现，则其会得到一定的欺诈收益。⑤保险公司若选择对投保农户进行核查，则需要一定的核查成本。⑥投保农户与保险公司的博弈只进行一次[②]。

令 $Y_f$ 代表投保农户的正常收益，$Y_I$ 表示保险公司提供农业保险产品的正常收益，$C_f$ 代表投保农户的欺诈成本，$R$ 表示投保农户的欺诈行为未被发现时其所得到的欺诈收益，$F$ 表示投保农户的欺诈行为被发现时其所遭受的来自保险公司的经济惩罚，$C_I$ 代表保险公司对投保农户进行核查的费用。值得注意的是，上述假定隐含：① $F > R$ ，即投保农户由于欺诈而遭受的惩罚大于其因欺诈可获得的额外收益，唯有此，保险公司对投保农户的经济惩罚才起作用；② $C_I < R$ ，即保险公司对投保农户的核查费用小于投保农户因欺诈可获得的额外收益，唯有此，保险公司对投保农户的核查才有意义。

基于以上假设，本文构建投保农户与保险公司之间的两阶段博弈模型，具体是指投保农户与保险公司之间的博弈分为两个阶段，第一阶段是投保农户选择是否进行欺诈，第二阶段是保险公司选择是否进行核查。

如图 1 所示，在投保农户与保险公司之间的两阶段博弈中，结果有四种：一是“欺诈，核查”，即投保农户选择进行欺诈，保险公司选择进行核查。此种情况下，投保农户的欺诈行为必定会被保险公司发现，投保农户的收益为 $Y_f - F - C_f$ ，保险公司的收益为 $Y_I + F - C_I$ 。二是“欺诈，不核查”，即投保农户选择进行欺诈，保险公司不予核查。此种情况下，投保农户欺诈成功，将会获得 $Y_f + R - C_f$ 的收益，保险公司的收益为 $Y_I - R$ 。三是“不欺诈，核查”，即投保农户选择不进行欺诈，保险公司给予核查。此种情况下，投保农户只能获得正常收益 $Y_f$ ，保险公司的收益为 $Y_I - C_I$ 。四是“不欺诈，不核查”，即投保农户选择不进行欺诈，保险公司不予核查。此种情况下，投保农户和保险公司均只能获得正常收益，分别为 $Y_f$ 和 $Y_I$ 。

显而易见，在投保农户与保险公司之间的两阶段博弈中，不存在纯策略均衡。当投保农户选择欺诈时，保险公司一定会选择核查；当投保农户选择不欺诈时，保险公司则必定会选择不核查。

在混合策略博弈中，博弈双方的决策原则是参与人选择每一种策略的概率一定会使得另一个参与人无机可乘，即使对方无法通过有针对性的倾向于某一策略从而在博

① 事实上，保险公司对投保农户的核查未必起作用，但本文为了简化分析，提出这一假设。

② 由于农作物保险市场中投保农户和保险公司之间存在严重的信息不对称，虽然投保农户可能每年都会参加农业保险，但其与保险公司之间的每一次博弈都更接近于一次独立的博弈，故本文不考虑投保农户与保险公司之间的重复博弈情况。

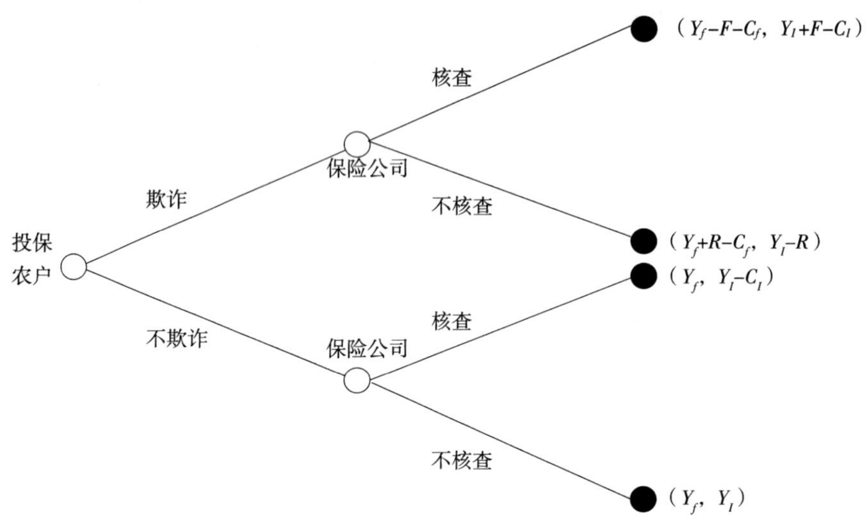


图 1　投保农户与保险公司两阶段博弈的扩展式表述

注：括号中前面部分代表投保农户的收益，后面部分代表保险公司的收益。

弈中占据上风。令 $\theta$ 代表投保农户进行欺诈的概率，则 $1-\theta$ 为投保农户不欺诈的概率；令 $\lambda$ 表示保险公司进行核查的概率，则 $1-\lambda$ 为保险公司不核查的概率。因此，在投保农户与保险公司之间进行两阶段博弈的混合策略均衡中，投保农户与保险公司各自的最优行为选择如下：

根据图 1 可知，投保农户和保险公司的预期收益分别为：

$$EU_f=\theta\lambda(Y_f-F-C_f)+\theta(1-\lambda)(Y_f+R-C_f)+(1-\theta)\lambda Y_f+(1-\theta)(1-\lambda)Y_f$$

$$EU_I=\lambda\theta(Y_I+F-C_I)+\lambda(1-\theta)(Y_I-C_I)+(1-\lambda)\theta(Y_I-R)+(1-\lambda)(1-\theta)Y_I$$

$$\text{令}\begin{cases}\dfrac{\partial EU_f}{\partial\theta}-0\\[2mm]\dfrac{\partial EU_I}{\partial\lambda}=0\end{cases},$$

$$\text{即}\begin{cases}\dfrac{\partial EU_f}{\partial\theta}=\lambda(Y_f-F-C_f)+(1-\lambda)(Y_f+R-C_f)-\lambda Y_f-(1-\lambda)Y_f=0\\[2mm]\dfrac{\partial EU_I}{\partial\lambda}=\theta(Y_I+F-C_I)+(1-\theta)(Y_I-C_I)-\theta(Y_I-R)-(1-\theta)Y_I=0\end{cases};$$

$$\text{则有}\begin{cases}\lambda^*=\dfrac{R-C_f}{R+F}\\[2mm]\theta^*=\dfrac{C_I}{R+F}\end{cases}$$

说明投保农户与保险公司之间进行两阶段博弈的混合策略均衡为 $(\theta^*,\lambda^*)$，即 $(\dfrac{C_I}{R+F},\dfrac{R-C_f}{R+F})$，表示投保农户以 $\dfrac{C_I}{R+F}$ 的概率选择欺诈，保险公司以 $\dfrac{R-C_f}{R+F}$

的概率选择核查。在投保农户的最优行为方面，如果保险公司选择核查的概率高于 $\frac{R-C_f}{R+F}$ 时，投保农户的最优行为是不欺诈；如果保险公司选择核查的概率低于 $\frac{R-C_f}{R+F}$ 时，投保农户的最优行为是欺诈；如果保险公司选择核查的概率等于 $\frac{R-C_f}{R+F}$ 时，投保农户可以随机地选择欺诈和不欺诈，因为此时投保农户选择欺诈与选择不欺诈的预期收益相同。

同理，在保险公司的最优行为方面，如果投保农户选择欺诈的概率高于 $\frac{C_I}{R+F}$ 时，保险公司的最优行为是核查；如果投保农户选择欺诈的概率低于 $\frac{C_I}{R+F}$ 时，保险公司的最优行为是不核查；如果投保农户选择欺诈的概率等于 $\frac{C_I}{R+F}$ 时，保险公司可以随机地选择核查和不核查，原因也是此时保险公司选择核查与选择不核查的预期收益相同。

另外，在投保农户与保险公司之间的两阶段博弈实现混合策略均衡时，根据保险公司选择核查的概率即 $\lambda^*=\frac{R-C_f}{R+F}$ 可知，$R=\frac{\lambda F+C_f}{1-\lambda}$，将其代入投保农户选择欺诈的概率即 $\theta^*=\frac{C_I}{R+F}$，则有 $\theta^*=\frac{(1-\lambda)C_I}{F+C_f}$。可见，投保农户在参加农作物保险后是否选择欺诈，与保险公司的核查概率 $\lambda$ 及其核查费用 $C_I$、投保农户的欺诈成本 $C_f$ 与其欺诈行为被发现时所遭受的经济惩罚 $F$ 有关。其中，保险公司的核查概率 $\lambda$、投保农户的欺诈成本 $C_f$、投保农户的欺诈行为被发现时所遭受的经济惩罚 $F$ 均与投保农户的欺诈概率 $\theta^*$ 成反比例关系，保险公司的核查费用 $C_I$ 与投保农户的欺诈概率 $\theta^*$ 成正比例关系。因此，要减少投保农户在农作物保险市场中的欺诈行为，则应从提高投保农户进行欺诈的难度、加大对投保农户欺诈的惩罚、加强对投保农户的核查和降低保险公司核查的费用这四个方面着手。

## 四、农作物保险中投保农户道德风险的检验：基于微观案例

在农作物保险中，投保农户的道德风险可以划分为农户事前消极防损与事后怠于减损的不积极行为和农户事前骗保与事后骗赔的保险欺诈行为两类。本文认为在内蒙古现行“低保障、广覆盖、低保费、低赔偿”的农作物保险政策下投保农户不存在第一类道德风险问题，但存在第二类道德风险问题。

### （一）农户的不积极行为

虽然部分国内外学者认为农户在参加农作物保险后会改变其生产行为，增加或者

减少要素投入，但国外的农作物保险制度和我国现阶段“低保障、广覆盖、低保费、低赔偿”的政策性农作物保险制度存在显著不同。

第一，二者的保障水平或者说是农作物保险产品类型存在实质差别。在美国、加拿大等农作物保险开展较为成功的国家，保险保障的是农场产量或者农户收入，其中产量保险承保产量下降带来的损失，农户可选产量保障程度为 55%～80%；收入保险则是从产量和价格（农户可选价格保障程度为 55%～100%）两个方面对农户收入提供保障。以美国为例，根据 2014 年 FCIC 的统计数据显示，其农作物保险保费收入中产量保险的份额约为 15%，收入保险约为 82%。然而，在我国目前的农业保险体系中，种植业保险主要保障的是农作物在生长期内所发生的直接物化成本，包括种子、化肥、农药、灌溉、机耕和地膜六项，故我国的农作物保险实际上是一种低保障水平的成本保险；同时，现行农作物保险政策还存在某些险种的保障水平低于其直接物化成本的问题。据财政部估计，目前我国农作物保险的保障水平与实际的直接物化成本的差距，全国平均水平在 35%左右[9]。截至 2015 年年末，我国三大口粮作物保险保障程度约占其物化成本的 84%，但仅占全部生产成本的 33%[10]。就内蒙古而言，如图 2 所示，2009—2014 年，多数险种的保障水平均低于其直接物化成本、物质与服务费用、生产成本。因此，由于内蒙古现行农作物保险政策中存在保障水平未

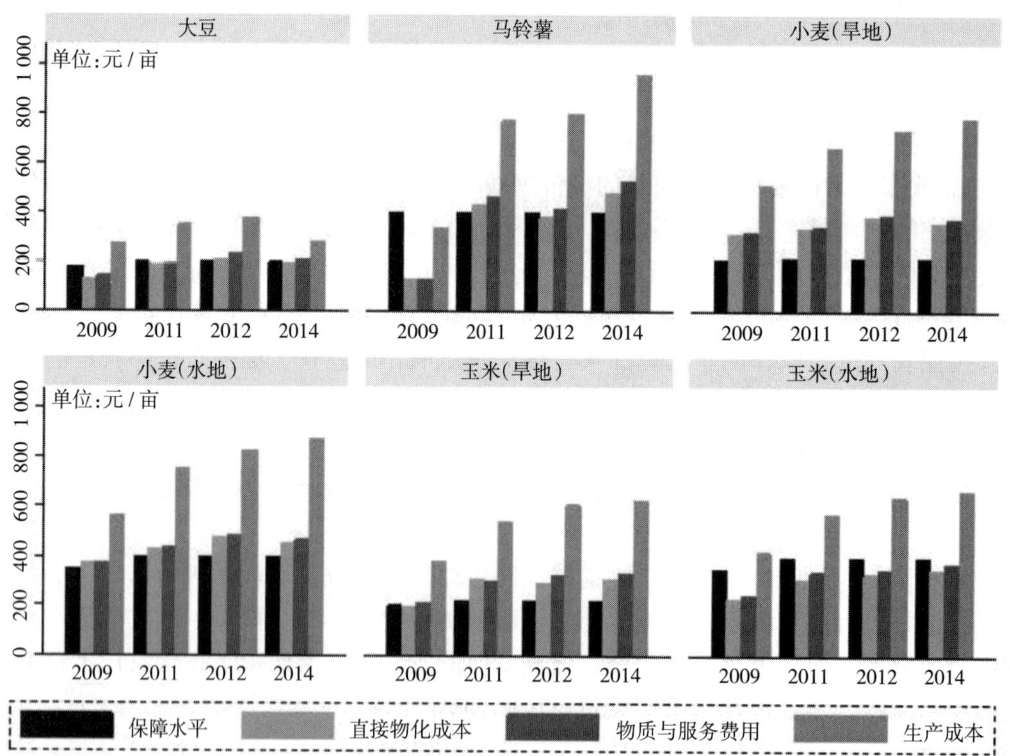


图 2　2009—2014 年内蒙古部分农作物保险保障水平与其生产成本

数据来源：①2009—2014 年内蒙古农业保险保费补贴实施方案；②2010—2015 年全国农产品成本收益资料汇编。

能覆盖农户在农业生产中的直接物化成本的问题，进而导致参保农户不可能存在降低农业生产努力程度或者受灾以后怠于减灾救灾以获取保险赔款的道德风险问题。

第二，二者的理赔模式也存在显著不同。在美国、加拿大等国家，农作物保险的理赔取决于参保农户的农场产量是否高于或者低于其保险保障产量，农场收入是否高于或者低于其保险保障收入，同时，保险公司能够实现对多数投保农户的农作物产量的管控，故农业保险理赔是相对比较科学、合理的。然而，在我国农作物保险的理赔中，赔付依据是基于参保农户的受灾级别与其减产成数；受限于“土地集体所有、家庭承包经营、长期稳定承包权、鼓励合法流转”的耕地制度和目前“人多地少、千家万户分散经营”的农业生产方式，以及农业保险经办公司基层组织体系不健全、技术力量较为薄弱的经营难点，现阶段保险公司还很难做到逐村逐户逐作物逐地块据实查灾验灾以实现对每家每户因灾损失进行科学、合理的理赔。内蒙古农作物保险理赔中比较普遍的做法是“协议”赔付①，而这实际上违背保险“重灾多赔、轻灾少赔、无灾不赔”的经营原则。

鉴于此，本文认为在目前内蒙古政策性农作物保险产品是低保障水平的物化成本保险，且“协议”赔付又普遍存在的情况下，必定存在 $Claim < Coverage < Cost$ ，$Claim < Loss$ ，其中，$Claim$ 为农户所得保险赔款，$Coverage$ 表示农作物保险的保障水平，$Cost$ 为农户种植业生产的直接物化成本，$Loss$ 代表农户在种植业生产中的因灾损失。也就是说，农户所得保险赔款指定低于保险保障水平、直接物化成本和其因灾损失。赔偿金额的偏少并不足以诱导作为“理性经济人”的投保农户在农业生产中采取降低努力程度、减少防灾防损的措施，或者在受灾以后不积极地救灾减灾。因此，在现行农作物保险政策下，农户在农业生产中高生产努力程度的成本收益比肯定大于其低生产努力程度的成本收益比，如果受灾，投保农户所得保险赔款不仅不能弥补其物化成本，更不能弥补其因灾损失，由此使得投保农户不可能因有保险提供保障而存在事前消极防损和事后怠于减损的不积极行为的道德风险问题。

### （二）农户的保险欺诈行为

关于投保农户的骗保骗赔行为，以下案例则可验证。2013 年，赤峰市××旗××镇农作物保险签单保费共4 774 283.89元，其中，旱地玉米3 577 422.42元，水地玉米799 264.8元；农作物保险承保面积共225 272.94亩，其中，旱地玉米180 677.9亩，水地玉米22 201.8亩。2013 年 7 月 9 日，××旗××保险公司经农业局、农科站协办签单完毕，保费全部由农户自愿上交，经核实后农业局发现××镇投保面积大于

① “协议”理赔是指在农作物保险开展过程中保险公司与地方政府之间就赔款支出而存在的一种违规的、不合法的协商活动，具体是指在保险责任范围内的风险事故发生后，保险公司不是按照合同约定进行合理与足额赔付，而是由保险公司与地方政府就理赔金额“讨价还价”，从中寻找二者的利益均衡点。如果灾损不大，地方政府因为觉得“吃亏”，要求保险公司多赔；如果灾损太大，保险公司也会要求减少赔付，最后只能由地方政府与保险公司协商确定赔多少和如何赔。

播种面积，并于 2013 年 7 月 30 日，农业局、农科站联合保险公司对超出播种面积作物逐村逐户核查，核实后发现××镇实际播种旱地玉米102 677.9亩，而投保面积180 677.9亩，超出78 000亩，超出签单保费1 544 400元，涉及 9 个村的3 523户农户，具体如表 1 所示。至于投保面积超过播种面积的原因，调查发现：2013 年 6 月 30 日晚 6:30，××镇大面积遭受雹灾，相对往年减产十分严重，但保险公司的农作物保险签单承保工作尚未结束，导致农户投保积极性过高，从而出现骗保事件。

**表 1　2013 年××旗××镇旱地玉米保险参保面积大于播种面积情况**

单位：户，亩，元

| 乡村 | 户数 | 原投保面积 | 签单保费 | 核查后面积 | 核查后签单保费 | 超出亩数 | 超出签单保费 |
|---|---|---|---|---|---|---|---|
| 野猪沟村 | 255 | 15 117 | 299 316.6 | 8 117 | 160 716.6 | 7 000 | 138 600 |
| 山前村 | 368 | 17 595 | 348 381 | 9 595 | 189 981 | 8 000 | 158 400 |
| 南荒村 | 258 | 7 711.5 | 152 687.7 | 6 711.5 | 132 887.7 | 1 000 | 19 800 |
| 永丰村 | 423 | 24 690.5 | 488 871.9 | 10 690.5 | 211 671.9 | 14 000 | 277 200 |
| 团结村 | 738 | 43 944.6 | 870 103.08 | 16 944.6 | 335 503.08 | 27 000 | 534 600 |
| 下水地村 | 515 | 10 484 | 207 583.2 | 8 484 | 167 983.2 | 2 000 | 39 600 |
| 张家窝铺村 | 413 | 15 291.6 | 302 773.68 | 7 291.6 | 144 373.68 | 8 000 | 158 400 |
| 当铺地村 | 302 | 13 955.3 | 276 314.94 | 5 955.3 | 117 914.94 | 8 000 | 158 400 |
| 铁沟门村 | 251 | 7 938.5 | 157 182.3 | 4 938.5 | 97 782.3 | 3 000 | 59 400 |
| 合计 | 3 523 | 156 728 | 3 103 214.4 | 78 728 | 1 558 814.4 | 78 000 | 1 544 400 |

数据来源：××保险公司内蒙古分公司农险事业部。

实际上，农作物保险中的骗保骗赔问题主要集中在协保员群体，其是政策落地的“最后一公里”。例如，2014 年，包头市××县××镇某行政村的农作物保险协保员王某（其本身为村干部）在统计投保人员及投保亩数时找到一个可以通过农作物保险发财的机会，他发现其所在的行政村，村民实际投保面积总是小于种植面积，故可以利用二者之间的差额来骗取灾后保险赔款。以农民有 200 亩土地为例，农民自身投保 100 亩，而王某在统计时将投保亩数标注为 200 亩。如果发生自然灾害需要赔付，则虚投的 100 亩土地赔偿金就会进入王某口袋。于是，王某联系同村的孟某、赵某、刘某，采用虚报投保亩数的方法投保农作物保险。其中，王某以自己、妻子和另一村民的名义虚报投保亩数1 910亩，孟某以自己及妻子、儿子的名义虚报投保亩数1 642亩，赵某虚报投保亩数 500 亩，刘某虚报投保亩数 400 亩。2014 年即将秋收之时，一场冰雹摧毁大部分庄稼。因此，王某等 4 人通过冒保、虚保等方式虚报土地亩数，共骗取122 324.57元的保险理赔金。

## 五、结论与对策

本文以农作物保险市场为例，一是系统性地阐述农户道德风险的内涵与表现。根据风险事故发生的时间，将投保农户的道德风险划分为事前道德风险和事后道德风险两种类型。其中，前者的主要表现是因投保人不诚实或者故意欺诈以及投保人事前防损行为不积极而引起保险事故的发生；后者的主要表现是投保农户在受灾以后谎报灾情、虚报损失、串换标的以骗取保险赔款和投保农户在受灾以后怠于采取减损措施以获取保险公司的超额赔款。二是根据投保农户道德风险的不同表现，从投保农户事前防损与事后减损的不积极行为角度和投保农户事前骗保与事后骗赔的保险欺诈行为角度分别对其产生机理给予阐释。在投保农户的不积极行为方面，当投保农户在农作物田间管理中投入较少努力可能比其投入较多努力获得更多的收入时，无论风险事故是否发生，其都有激励降低农业生产努力程度以期获得保险公司的赔付，即投保农户在农业生产中有可能存在防灾防损不积极的事前道德风险问题和在风险事故发生后怠于采取减灾减损措施的事后道德风险问题。在投保农户的保险欺诈方面，根据投保农户与保险公司之间的两阶段博弈分析结果，可以发现：投保农户在参加保险后是否进行保险欺诈与投保农户的欺诈成本、投保农户的欺诈行为被发现后遭受的经济惩罚、保险公司的核查概率、保险公司的核查费用等因素相关。如果投保农户的欺诈成本越高以及其欺诈行为被发现后遭受的经济惩罚越严重，保险公司的核查概率越大，则投保农户在参加保险后选择保险欺诈的可能性就越小；如果保险公司的核查费用越高，则投保农户选择保险欺诈的概率就越大。三是基于微观案例对农户道德风险给予检验。结果发现，在内蒙古现行“低保障、广覆盖、低保费、低赔偿”的农作物保险政策下，投保农户并不存在事前消极防损和事后怠于减损即事前与事后的不积极行为的道德风险问题，而是存在事前骗保与事后骗赔等属于保险欺诈范畴的道德风险问题。

鉴于此，要减少投保农户在农作物保险市场中的欺诈行为，可行的措施包括提高投保农户进行欺诈的难度、加大对投保农户欺诈的惩罚、加强对投保农户的核查、降低保险公司核查的费用、增强保险公司的核保与核赔技术以提高其对投保农户保险欺诈的识别概率；最为关键的举措则是保险机构建立健全其在乡、村两级的保险服务体系，缩短其与农户之间的“空间距离”和“社会距离”。

## 参考文献

[1] Mahul，O.，and C. J. Stutley. Government Support to Agricultural Insurance：Challenges and Options for Developing Countries [R]. World Bank，Washington D. C.，2010.

[2] 中国人民银行农村金融服务研究小组．中国农村金融服务报告（2014）[M]．北京：中国金融出版社，2015.

[3] 周延礼．我国农业保险的成绩、问题及未来发展 [J]．保险研究，2012（5）：3-9.

[4] 庹国柱．有效防范道德风险促进政策性农业保险健康发展 [N]．中国保险报，2012-03-01（007）.

[5] 温燕．农产品价格对农业保险投保及道德风险的影响：一个理论框架及政策建议 [J]．保险研究，2013（9）：18-30.

[6] 施红．美国农业保险财政补贴机制研究回顾——兼对中国政策性农业保险补贴的评析 [J]．保险研究，2008（4）：91-94.

[7] Just, R. E., and L. Calvin. Moral Hazard in U.S. Crop Insurance: An Empirical Investigation. Unpublished Working Paper [R]. College of Agricultural and Resource Economics, University of Maryland, Maryland, 1993.

[8] Roberts, M. J., E. J. O' Donoghue, and N. Key. Measuring the Incidence and Indemnity Cost of Moral Hazard in the United States Crop Insurance Program [R]. First Submission, 2009.

[9] 黄延信，李伟毅．加快制度创新　推进农业保险可持续发展 [J]．农业经济问题，2013 (2)：4-9.

[10] 刘峰．农业保险的转型升级 [J]．中国金融，2016 (5)．

# 期货市场与农业风险管理：以“保险＋期货”模式为例*

王燕青　张秀青　冯凯慧　武拉平

**摘要：**近年来，在国内宏观经济周期性变化、农业供给侧结构调整、农产品金融属性增强及国际化背景下，农产品市场价格波动加剧，市场风险成为制约农业发展和农民增收的重要因素。本文选择“保险＋期货”模式为例，在市场风险加剧和期货市场功能正常发挥背景下，从运作方法、效果、特点及存在问题介绍期货市场服务“三农”创新模式探索，以期探讨期货市场与农业风险管理的有效结合路径，为国内农业风险防控体系完善及期货市场充分发挥服务实体产业功能提供参考。

**关键词：**期货市场；风险管理；价格发现；套期保值

## 一、引言

随着我国经济发展进入新常态，农业发展的内外环境发生深刻变化，粮食市场呈现“四高”叠加特征，国内价格支持政策面临巨大挑战，农产品市场风险越来越受到广泛关注。加快金融服务“三农”创新发展，是现代农业健康发展的关键驱动力。2013 年以来，交易所积极支持、组织期货公司与农业专业合作社等市场主体参与期货市场或使用场外期权，形成各具特色的模式：延期点价、“订单/租地协议＋保险/信贷＋期货/期权”、“保险＋期货”、新型“粮食银行”等防范和化解农业风险。2016 年中央 1 号文件指出“创设农产品期货品种，开展农产品期权试点”“稳步扩大‘保险＋期货’试点”，为推动金融服务“三农”模式创新带来新的发展契机。本文选择“保险＋期货”模式为例，在市场风险加剧和期货市场功能正常发挥背景下，探讨期货市场与农业风险管理的有效结合路径，为国内农业风险防控体系完善及期货市场充分发挥服务实体产业功能提供参考。

* 农业部 2016 年农业农村资源等监测统计（农业信息预警）项目（05162130111242003）。

作者简介：王燕青，博士，研究方向为农业经济理论与政策方向。武拉平，博士，教授，博士生导师，研究方向为农产品市场与政策、国际贸易。

## 二、"保险＋期货"模式的产生

### （一）市场风险成为农业生产面临的主要风险

#### 1. 国内农产品市场遭遇国际市场冲击

近年来，国际农产品价格受国际供给宽松和原油价格单边持续下跌影响（Timmer，2010）持续走低，而国内农产品价格受种植成本增加、托市收储政策（郭庆海，2015）等影响逐年抬高，导致国内外农产品价差扩大，进口激增。据海关数据统计，2015 年我国多个农产品进口均创历史进口数量新高（表 1），玉米市场甚至出现产量、库存和进口"三量齐增"反常现象。如果价格继续上涨突破配额外交税后的"天花板"价格，关税配额"防火墙"将失去保护作用，现行调控和稳定粮食市场的政策措施也将失效（程国强，2013）。

**表 1　2015 年我国部分农产品进口量和同比增长情况**

| 类型 | 数量（万吨） | 同比增加（%） |
|---|---|---|
| 大麦 | 1 073 | 98 |
| 食用高粱 | 1 069 | 85 |
| 玉米 | 470 | 82 |
| 小麦 | 369 | 195 |
| 大米 | 335 | 31 |
| 大豆 | 8 169 | 14 |
| 白糖 | 485 | 39 |

数据来源：中国海关。

#### 2. 价格波动加剧农业生产风险

在国内宏观经济周期性变化、农业供给侧结构调整、农产品金融属性增强及国际化背景下，农产品市场价格波动加剧，严重冲击农业生产秩序，农业生产经营者面临的风险加剧。一方面，农业对外开放程度提高，国际政治经济因素不稳定、气候异常变化等非传统因素干扰加深，农产品价格受到汇率、石油价格等因素影响明显（Etienne X. L. 等，2015）；另一方面，完善农产品价格形成机制政策带来改革阵痛。2016 年，国内取消玉米临时收储政策，玉米市场出现 15 年未见的价格重挫，农民面临的市场风险更加显著。

### （二）"保险＋期货"模式产生

目前，国内以价格保险方式进行农业风险管理正处于探索阶段，最初以蔬菜和生猪为标的，2015 年 8 月 14 日，探索对玉米和鸡蛋两个品种进行试点，于是"保险＋期货"模式的农产品价格保险诞生，这是农业保险与期货市场有效结合的产物，是在市场机制下规避农业风险的有益尝试。2010年以来，在交易所的推动下，收储企业、合作社、种植大户等主体加入到期货市场服务“三农”模式探索中。辽宁锦州义县辽锦生化科技有限责任公司尝试“二次点价＋复制期权”模式，让农民能够分享未来一段时期可能出现的价格上涨红利。在此之后，义县桂勇玉米种植合作社和华茂谷物种植专业合作社通过购买玉米价格保险规避玉米下跌风险，形成所谓“保险＋期货”模式：保险公司参考上市农产品期货价格开发农产品价格险；种植大户、合作社或涉农企业购买农产品价格险确保收益；保险公司购买期货公司风险管理子公司场外看跌期权产品进行再保险，对冲农产品价格下降带来的风险；期货公司风险管理子公司在期货交易所进行复制看跌期权操作，进一步分散风险，最终通过期货市场形成风险分散、各方受益的闭环。2015年底，试点结束时，玉米获理赔24.11万元，赔付率达208.2%，帮助农户有效规避了价格下跌风险。目前，在政府和交易所大力支持下，“保险＋期货”模式逐步扩大到大豆、棉花、白糖等多个品种，覆盖辽宁、吉林、黑龙江、内蒙古、新疆、广西等相应品种的主产地区（表2）。

**表2 “保险＋期货”创新模式的业务背景**

| 义县模式 | “保险＋期货”模式 |
|---|---|
| 2013年，新湖瑞丰在锦州义县通过二次点价、两次结算，为当地种粮农民的销售进行托底，形成期货市场服务“三农”的创新性探索义县模式：二次点价＋复制期权 | ◆ 2015年初，大连保监局与大连商品期货交易所、人保财险大连市分公司正式启动农产品期货价格保险试点工作。<br>◆ 2015年8月中旬，人保财险大连市分公司正式推出国内首个玉米、鸡蛋期货价格保险。<br>◆ 2015年底，玉米期货价格保险试点已结束，合计赔款24.11万元、赔付率达208.2%；鸡蛋期货价格保险首期赔款6.53万元、赔付率51.04%，有效提高了农户对抗价格下跌风险能力。<br>◆ 2016年中央1号文件提出，“探索建立农产品期货和农业保险联动机制，稳步扩大‘期货＋保险’试点。”<br>◆ 2016年，12个“保险＋期货”项目试点：9个玉米项目，3个大豆项目，覆盖辽宁、吉林、黑龙江、内蒙古等玉米、大豆主产区，有人保财险、安华农险、阳光农险、国元保险、大地保险等7家保险公司参与。 |

## 三、期货市场功能发挥

### （一）期货是市场经济条件下管理风险的重要工具

期货价格具有真实性、预期性、连续性和权威性的特点，能够真实反映供给和需求及其变化趋势，调节供需关系和引导资源配置，发挥价格发现和套期保值功能（Carlton D. W.，1984），在国家宏观调控、产业结构调整、发展方式转变、企业和个人财务管理等宏观和微观层面都发挥作用（Carter C. A.，1999）。企业生产、销售、库存以及财务管理等活动，可通过期货市场建立与现货市场方向相反、数量匹配的交易头寸，实现风险在不同市场、不同时空的对冲和转移（Working H.，1976），由投机者承担价格波动的风险。总之，期货在管控违约风险和吸引市场流动性方面具有突出优势，已逐步成为市场经济条件下管理风险的必备工具。市场经济国家的实践已证明期货市场的重要作用，直接通过期货或期权套期保值管理进货与销售的比例在19%～25%之间；间接利用通过订单合同实现，例如远期交货合同、固定基差合同、最低卖价合同、最高买价合同等（徐雪高等，2008）；利用远期合约的农场主比例在28%～35%之间（美国审计总署，2008），小农场主占25%，大农场主占61%（刘岩等，2008）；涉农企业、粮库等经营者利用期货市场为客户提供多样化的销售方法，提高竞争优势；饲料公司利用期货市场限定最高买价，避免饲料原料或饲料价格上涨（Dorfman J H）。可见，与农产品生产经营有关的农场、企业都可以利用农产品期货控制成本和稳定收益。

## （二）农产品期货市场发展与功能发挥

国内期货市场共有47个品种上市，农产品期货品种已达21个（图1），基本覆盖了粮、棉、油、糖等重要的大宗农产品，为农业生产经营者利用期货市场规避风险提供了重要工具，当前，期货市场发展经历规范发展之后进入创新发展阶段，保险、信贷等与期货市场结合发展思路日益受到政府和金融机构重视，为期货市场服务“三农”提供重要机遇。

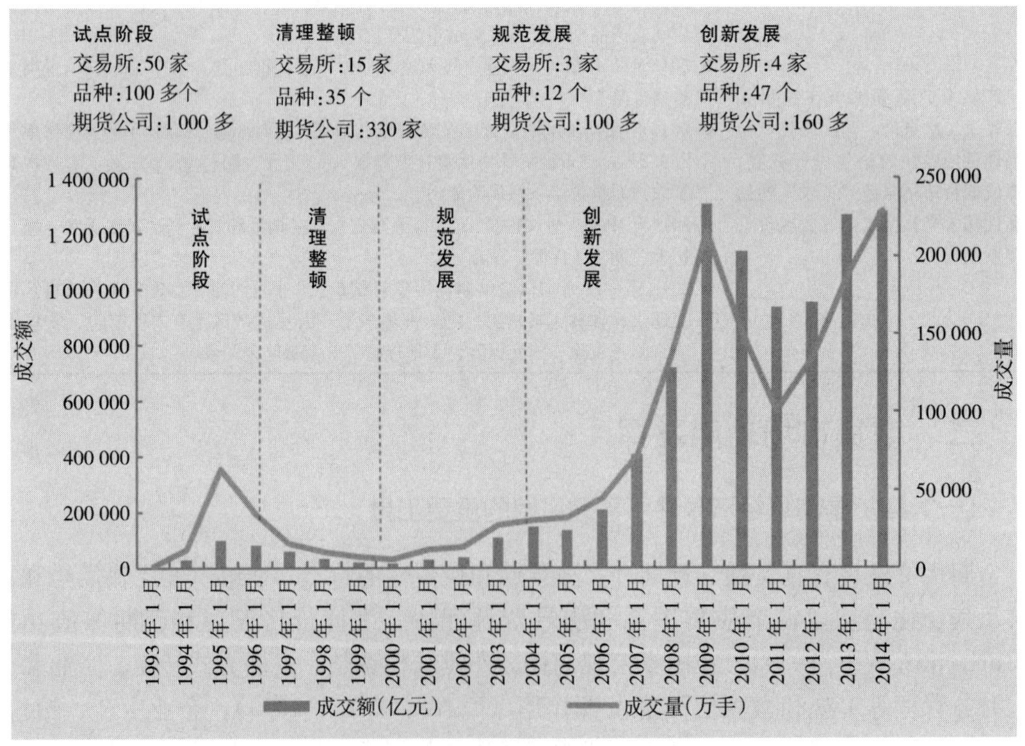


图1　我国期货市场的主要发展阶段

对农产品期货价格发现和套期保值功能的实证检验可以更好地证明期货市场的功能作用。选取上市时间较长、具有代表性的玉米、大豆品种，期货价格数据为2006—2015年活跃合约的日期货价格数据，现货价格为相应时间段的日价格，玉米为大连港玉米平仓价，黄大豆为大连国产大豆入厂价。由于在周末和法定假日期货交易暂停，价格数据不具有时间连续性，因此，设定节假日的价格保持不变，与前一交易日相同。

从国际成熟期货市场经验来看，期现货价格相关程度高、期货价格引导现货价格的规律长期稳定，表明期货合约制度设计合理，期现结合紧密，市场价格发现功能发挥较好，通过期现货价格的相关性、协整检验和计算期现引导系数实现（王健等，2006）。套期保值功能发挥的前提是期货价格到期收敛，用期现价格收敛性和套期保值效率两个指标衡量，期货价格到期收敛需要计算到期日基差和期现价差率，这两个数值越小，期货市场套期保值功能发挥越好。实证检验结果显示（表3、表4）：所选大豆和玉米品种的期现货价格的相关程度较高，受农业政策影响玉米和大豆的期现价格引导关系不稳定。从期货价格到期收敛性来看，2006—2008年玉米和大豆期现价差率不断下降，基差的收敛性越来越好，但是临时收储政策推出以来，玉米价差率有所扩大，其到期收敛性降到最低；从套期保值效率来看，玉米和大豆在2009年前套期保值效率较高，临储政策推出后，套期保值效率降低，尤其是2012年和2013年，大豆最低只有0.68。由此可见，期货市场功能在政策市背景下受到限制，在大豆和玉米价格市场化背景下，运用市场化手段管理风险成为首要选择。

**表3 2006—2015年玉米和大豆的期现价格相关性验证**

| 年份 | 玉米<br>期限格价相关性 | | 玉米<br>期现价格引导关系 | 大豆<br>期限格价相关性 | | 大豆<br>期现价格引导关系 |
|---|---|---|---|---|---|---|
| | 系数 | 显著性检验 | | 系数 | 显著性检验 | |
| 2006 | 0.79 | 通过检验 | 期货引导关系 | 0.87 | 通过检验 | 期货引导关系 |
| 2007 | 0.62 | 通过检验 | 无引导关系 | 0.99 | 通过检验 | 无引导关系 |
| 2008 | 0.81 | 通过检验 | 期货引导关系 | 0.97 | 通过检验 | 期货引导关系 |
| 2009 | 0.94 | 通过检验 | 现货引导关系 | 0.76 | 通过检验 | 期货引导关系 |
| 2010 | 0.96 | 通过检验 | 期货引导关系 | 0.73 | 通过检验 | 无引导关系 |
| 2011 | 0.87 | 通过检验 | 期货引导关系 | −0.55 | 通过检验 | 无引导关系 |
| 2012 | 0.8 | 通过检验 | 期货引导关系 | 0.92 | 通过检验 | 期货引导关系 |
| 2013 | 0.33 | 通过检验 | 期货引导关系 | 0.67 | 通过检验 | 期货引导关系 |
| 2014 | 0.04 | 未通过检验 | 无引导关系 | 0.12 | 未通过检验 | 无引导关系 |
| 2015 | 0.76 | 通过检验 | 期货引导关系 | 0.66 | 通过检验 | 期货引导关系 |

注：显著性检验为95%置信水平下的双尾 $t$ 检验。

**表 4　2006—2015 年玉米和大豆的套期保值有效性验证**

| 年份 | 大豆 | | | 玉米 | | |
|---|---|---|---|---|---|---|
| | 到期价格收敛性 | | 套期保值效率（%） | 到期价格收敛性 | | 套期保值效率（%） |
| | 到期日基差 | 期现价差率 | | 到期日基差 | 期现价差率 | |
| 2006 | −26.83 | −1.07 | 12.65 | 22 | 1.62 | 15.57 |
| 2007 | 18.83 | 0.47 | 16.39 | 23.33 | 1.4 | 21.12 |
| 2008 | −113.17 | −2.22 | 56.69 | 15.83 | 0.94 | 23.51 |
| 2009 | −81.5 | −2.32 | 8.04 | 78.17 | 4.67 | 5.22 |
| 2010 | −72.33 | −1.94 | 19.6 | 5.33 | 0.36 | 17.12 |
| 2011 | −101.83 | −2.67 | 0.21 | 48.5 | 2.14 | 37.99 |
| 2012 | 21 | 0.45 | 8.29 | 120 | 4.97 | 8.07 |
| 2013 | −75.67 | −1.72 | 0.68 | 30.67 | 1.3 | 1.37 |
| 2014 | 81.33 | 1.7 | 7.3 | 110.5 | 4.74 | 24.76 |
| 2015 | −74 | −1.85 | 14.14 | 78 | 3.52 | 35.74 |

## 四、“保险＋期货”模式的运作与效果

### （一）运作方法

义县华茂谷物种植专业合作社和桂勇玉米合作社共有1 000吨玉米购买价格保险，具体操作分为三步：

第一，合作社购买保险公司价格险。价格保险的试点投保时间为 5—8 月，目标价格参考玉米新粮上市合约 1601、1605 锁定在2 060～2 360元/吨之间。保费由保险公司根据投保农产品历史价格波动率、投保时间段、国家托市政策、地区价格差等要素，并参考期货公司风险管理子公司的场外看跌期权报价设定，保费比例呈阶梯形提升。2015 年 8 月份，合作社购买玉米期货 1601 合约目标价格为2 160元的玉米价格保险1 000吨，锁定了粮食的最终销售价格，并支付保费 115.776 元/吨共计115 776元。理赔结算价选取 1601 合约在 2015 年 9 月 16 日至 2015 年 11 月 16 日收盘价算术平均值，理赔金额为目标价和结算价的最大值乘以1 000吨。

第二，保险公司购买期货公司场外看跌期权产品。根据保险合同，理赔结算价如果跌破2 044元/吨，则保险公司面临亏损。为分散风险，保险公司通过购买场外看跌期权产品对冲农产品价格下降风险：购买新湖瑞丰场外玉米看跌期权1 000吨，执行价为2 160元/吨（玉米期货 1601 合约），2015 年 11 月 16 日到期，共支付权利金96 552元，保险公司可以根据自身对风险、市场价格的判断，择时、分批地对其保单进行看跌期权对冲。

第三，期货公司场内复制看跌期权，进一步分散风险。在场内农产品期权没有上市的情况下，新湖瑞丰在接到保险公司玉米看跌期权订单后可选择通过场内期货复制

期权的方式对冲风险①，即通过买卖玉米 1601 期货合约来实现动态对冲。随着标的价格下跌，新湖瑞丰看跌期权行权概率增加，相应逐渐增加空单操作。如果标的价格上涨，看跌期权行权的概率减小，期货空单也会相应逐渐减仓，如此反复。

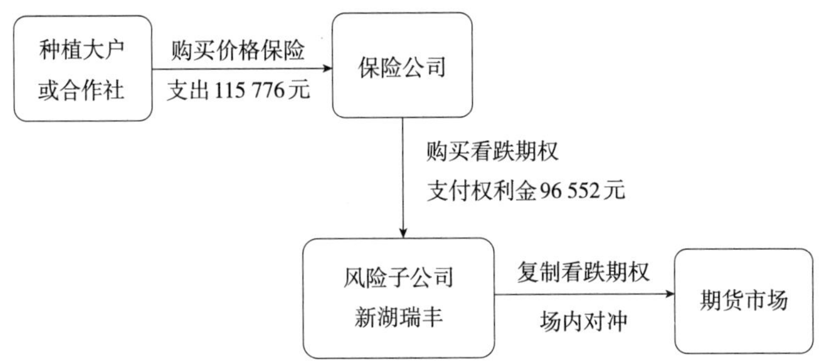


### （二）运作效果

“保险＋期货”模式通过参考期货价格为目标价格推出价格保险，保障了农民的收益稳定，并通过期货市场降低保险公司风险，优化了期货市场的产业服务功能，对当前国家农产品价格形成机制和农业风险管理体系完善具有重要的参考价值。具体体现在：①参保农民收益有保障。实现了农业保险由成本保险向价格保险的转变，不仅提高保障水平，而且有效锁定了生产收益，保证了农民生产积极性。采取价格保险政策，谁买保险谁受益，国家补贴的转化率大大提高，配合已推行的农产品种植灾害险，农民的利益可得到全方位的保障。②降低保险公司理赔风险。保险公司通过购买场外看跌期权套期保值，回避保单到期时市场实际价格低于保险合同约定价格带来的风险。同时，保险公司作为机构投资者，间接进入期货市场，为保险公司开辟了新的业务领域，提高了期货市场活跃度。③完善农产品价格形成机制，降低国家补贴支出。通过“保险＋期货”模式改变农产品价格风险转移方式和国家对农产品补贴方式，农产品市场风险由政府独揽变为利益相关方共担，可以有效缓解政府财政压力，保险公司也将承担的价格下跌风险转移至期货市场。

### （三）突出特点

“保险＋期货”模式是期货工具与农业风险管理配套结合的产物，属于应对价格下跌的单向价格保险。其特点如下：一是价格保险代替期权功能，生产者更容易接受。参保农民与保险公司签订的价格保险合同相当于买进了一种卖出期权，保险责任到期时的市场实际价格高于合同约定价格，投保农民可放弃履约权利；保险责任到期时的市场实际价格低于合同约定价格，则投保农民可以行使履约权利，要求保险公司赔付其损失。二是保险公司利用期货市场进行套期保值，理赔损失得以弥补。保险公

① 卖出期货复制看涨期权。

司在期货风险子公司卖出套期保值操作，回避保险责任到期时市场实际价格低于保险合同约定价格带来的风险。玉米价格上涨时，保险公司保费收入可以弥补购买期货市场合约的成本支出；当玉米价格下跌时，保险公司的赔款支出得到弥补，保险公司成为连接农民与期货市场的中介，避免了农户因专业知识不足无法进入期货市场的壁垒效应。

### （四）存在问题

第一，期货市场建设尚不完善。期货市场的广度和深度不够，生猪等大宗农产品期货尚未推出，市场流动性不足，市场功能发挥受限；国内期货市场上期权等重要交易工具缺失、场外市场不完善。由于没有场内期权市场，试点主体不得不在期货市场进行频繁操作，对冲场外期权的市场风险，带来较高的运作成本。

第二，期权权利金分担需要探索可持续模式。随着期权市场的发展，期货交易所大规模补贴权利金并不是可持续的发展模式。降低农业生产者的参与成本是期权推广的可行途径，期权权利金的合理分担是场外期权可持续发展的关键。

第三，农业保险与场外期权结合存在障碍。一是我国农业保险以保成本为主，价格保险仅在生猪、蔬菜品种上进行试点，缺乏玉米、大豆等大宗粮食品种、鸡蛋等畜牧产品的价格保险产品。二是保险公司仅能针对金融期货做卖出套保，尚不能参与商品期货交易，与风险管理公司签订合同需斟酌形式以避开政策约束。

第四，场外期权市场会计、税收和结算制度不健全。场外期权业务在风险管理公司没有对应的会计科目入账，发票多以咨询费等项目开具，不符合税务规定。交易所等机构提供的补贴均需交纳营业税，签订场外期权合同需要缴纳印花税，而期货公司套保合同不需要缴纳，不同程度上增加了场外期权业务的成本。

### （五）政策建议

（1）丰富期货交易工具，加快推出农产品场内期权。借鉴国际市场经验，尽快上市农产品期权，加强工具和市场创新，为服务“三农”提供更加便捷的途径。继续加强新品种开发力度，并完善产业链上下游品种，通过将产品延伸到产业链，做大做活已上市期货品种，提高期货市场定价能力和整体影响力。

（2）推动场外期货市场建设，延伸期货市场服务。积极推进场外市场建设，鼓励商品交易所在交易、交割、清算、市场等多头面延伸服务，推动场外期权等创新模式的发展。此外，商品交易所在完善场内品种结构、丰富交易工具的基础上，应拓展开发多种契合各类市场主体自身需求的场外产品，创新服务手段，延伸期货市场服务功能。

（3）加大政策扶持力度，促进创新模式可持续发展。国内正在探索开展农产品目标价格保险、目标价格贷款试点，政府理应对合作社购买期权管理价格波动风险提供一定补贴支持，探索农业补贴制度改革新途径。此外，为金融机构和产业客户探索创新业务模式提供宽松的政策环境，积极推动探索信贷服务、保险服务与期货套期保值相结合的有效途径，促进相关业务可持续发展，提升金融服务“三农”的整体效果。

（4）吸引各类机构广泛参与，形成服务“三农”合力。鼓励保险、银行等金融机构为合作社等新型农业主体利用期货、期权工具管理风险提供保险和贷款支持，开发简便易行、方便操作的保险产品，让更多的农民参与和利用。同时，深化各类金融机构间的合作，形成包括银行、证券、基金、保险、期货等各类金融机构在内的良好金融生态圈，支持各类金融机构合作开发基于农产品期货的资产管理产品等，为解决农业融资难、扩大农业保险、满足涉农企业风险管理需求等提供新产品、新工具和新服务。

（5）加强期货市场主体培育。加强对农业生产主体的风险管理培训，系统开展期货市场知识培训、信息服务和相关业务创新模式推广工作，积极引导农民专业合作社、专业大户、家庭农场等在内的新型农业生产组织参与期货市场。同时，重视培育和扩大投资者主体范围，吸引多层次投资客户，改善期货市场的参与者结构，提高市场活跃度，进而提高期货市场整体运行质量和服务实体经济的实力。

（6）完善法律和相关制度建设。一方面，尽快推出《期货法》，完善法制化市场环境，积极探索功能监管；另一方面，完善场外市场会计、税务与结算制度。明确期货风险管理公司场外期权业务属性，配套相应的会计制度，并针对场外期权合同签订、套保操作予以认定并给予优惠税率，成立统一结算机构，或者由多家风险管理公司建立大宗商品场外期权机构合作组织，提高场外市场透明度，为场外衍生产品市场提供集中风险管理。此外，加快审批步伐，允许符合条件的保险公司使用期货衍生品工具对冲风险，取消对企业运用风险管理工具的不必要限制。

## 参考文献

[1] 程国强，朱满德．中国粮食宏观调控的现实状态与政策框架［J］．改革，2013（1）：18-34.

[2] 郭庆海．玉米主产区：困境，改革与支持政策——基于吉林省的分析［J］．农业经济问题，2015（4）：4-10.

[3] 刘岩，于左．美国利用期货市场进行农产品价格风险管理的经验及借鉴［J］．中国农村经济，2008（5）：65-72.

[4] 王健，黄祖辉．我国大豆期货市场价格发现功能的实证研究［J］．农业技术经济，2006（3）：42-46.

[5] 徐雪高，沈杰，靳兴初．农业风险管理：一个研究综述［J］．首都经济贸易大学学报，2008（5）：84-90.

[6] Carlton D. W. Futures markets：Their purpose，their history，their growth，their successes and failures［J］. Journal of Futures Markets，1984，4（3）：237-271.

[7] Carter C. A. Commodity futures markets：a survey［J］. Australian Journal of Agricultural and Resource Economics，1999，43（2）：209-247.

[8] Dorfman J. H.，Pennings J. M. E，Garcia P. Is Hedging a Habit? Hedging Ratio Determination of Cotton Producers［J］. Journal of Agribusiness，2010，28（1）：31.

［9］ Etienne X. L. , Irwin S. H. , Garcia P. Price explosiveness, speculation, and grain futures prices[J] . American Journal of Agricultural Economics, 2015, 97 (1): 65-87.

［10］ Timmer C. P. Did speculation affect world rice prices? ［J］ . The Rice Crisis: Markets, Policies and Food Security, 2010: 29-60.

［11］ Working H. Futures trading and hedging ［M］ //The Economics of Futures Trading. Palgrave Macmillan UK, 1976: 68-82.

# 共保体模式的博弈关系及应用于巨灾保险的适宜性分析

张蕴遐　王国军

**摘要：**核保险共保体和农业保险再保共保体是我国保险业发展历史上两个运作较为成功的共保体模式。本文通过对上述两个共保体的博弈分析，观察共保体机制下的两方主要的利益主体，即处于市场主导地位的大型保险公司及参与经营或潜在参与市场经营的其他小型保险公司的策略选择。针对核保险和农业保险的不同风险特征和市场情况，分别讨论两方利益主体在共保体模式和机制下合作经营、选择各自独立经营、或不参与该类保险经营时的支付函数及效用水平，得出尽管各利益主体所处的位置不同，但均可在共保模式下合作经营的策略上取得纳什均衡的结论。文章进一步研究了这两种成功的共保体的共性和特性，分析了适应共保体模式的风险类型及特征。然后分析巨灾保险中引入共保体的可行性，并通过与核风险和农业风险的对比，给出适合巨灾风险的共保体方案。

**关键词：**巨灾保险；共保体；核共体；农共体

## 一、引言

我国是世界上自然灾害最为频繁的国家之一，但至今未形成完整的巨灾风险管理体系，目前中央政府主导和社会捐助为辅的巨灾救助模式往往伴随着较大的经济波动和沉重的财政负担。在巨灾风险管理体系比较成熟的国家，巨灾保险在风险管理、累积准备金、抚平财政波动方面具有显著功效。

历经十余载，经过长期的讨论、大量的研究和各种尝试，但迄今为止，我国的巨灾保险制度仍没有建立起来。巨灾保险推进受阻，供给侧的改革是重点，其突破点在于寻找到一个有效的经营模式。由于巨灾保险对技术水平、资金和承保能力等方面有较高要求，具有准公共品的天然属性，且巨灾风险不易分散，容易引起经营波动，保险公司对于经营该类风险持谨慎态度。发展巨灾保险，仅凭市场自然成长是不够的，需从供给侧入手，提升经营主体的适度竞争和充分合作，改善供给水平。在保险业发展的历史上，共保体模式往往用于提振特殊风险保险产品的供给。我国保险业运作较

作者简介：张蕴遐，对外经济贸易大学保险学院博士生，王国军，对外经济贸易大学保险学院教授、博士生导师，北京大学保险与社会保障研究中心研究员，博士。

为成功的共保体有中国核保险共同体和农业保险再保共保体。它们以何种机制运作，其成员间各自利益和相互影响如何，对巨灾保险的发展有重要参考意义。

## 二、核保险共同体博弈分析

伴随着核能源技术的应用和发展，我国核保险经历了从无到有、从弱到强的变化。1991 年，我国首个自行设计、建造的核电站——秦山核电站投入运行；1994 年，大亚湾核电站的建成，当时承保这两家核电站风险的保险公司仅有中国人保，风险非常集中，无法满足市场的需要。

1999 年，中国核保共保体应运而生，自此揭开了中国核保险的大幕。核共体并非是一家法人机构，而是以一定规则运作的合作组织。各成员依据承保意愿和偿付能力确定一定比例的承保能力，所有业务均按此固定比例在成员间分配。同时，核共体统一向境外安排再保分出，并参与承保部分境外业务。到 2015 年，我国运行的核电装机达到4 000万千瓦，在建1 800万千瓦。预计到 2020 年，在运核电装机能达到5 800万千瓦，同时在建3 000万千瓦。30 年间，核电网总容量将扩大近 300 倍。核能源事业的迅速发展带来了巨大的保险需求。其间，参与核共体的保险公司从最初的 4 家发展到目前的 20 多家。我国核共体已经全面覆盖中国市场需求，再保险业务涉及 20 多个国家和地区，实现了充分的风险分散。

在核共体发展的过程中，主要涉及两方面的利益主体，即原有独家经营的保险公司，称 $A$ 公司，和其他参与方 $B_i$ 公司，$i=1, 2, 3, \cdots, n$。具体的博弈分析如下：

### （一）市场环境

在仅有 $A$ 公司一家为核能提供保障的时期，由于承保能力和技术水平有限，加上核风险潜在损失巨大的特点，自留份额不到 2%。由于我国核保险对国际再保市场依赖度极高，承保条件和定价权均掌握在国际再保人手中。

由于核能源有着严格的安全管理要求，假设市场上所有业务的风险管理水平相似。国内市场总保费为 $P$ 。

### （二）博弈参与人

市场原有的核保险独家经营者 $A$ 保险公司。假设 $A$ 公司在核保险方面拥有较丰富的技术储备和完善的渠道资源，获取业务的总成本为 $C_0$ 。

市场其他核保险业务参与者 $B_i$ 公司，$i=1, 2, 3, \cdots, n$。由于核保险的特殊性，假设 $B_i$ 公司没有相关技术储备和渠道资源。

### （三）行为

不论是否成立核共体，$A$ 公司都会参与核保险的经营，但是 $A$ 公司承保能力无法满足全部市场需求，其自留份额为$\alpha$，$0<\alpha<1$，其余$1-\alpha$分出给国际再保市场，再保险费率$\gamma_0$。

$B_i$公司，$i=1, 2, 3, \cdots, n$，如果参与核保险经营，可提供$\beta_i$市场份额的承保能力，$0<\beta_i<1$。如果核共体不成立，则$B_i$公司需要自己筹备技术支持和销售渠道，其总成本为$C_b$，且由于没有现成资源，假设$B_i$公司获取业务的平均成本$C_b/\beta_i P > C_0/\alpha P$。$B_i$公司自留保费$\beta_i P$，$\beta_i<\alpha$。此时，国内市场总自留份额为$\alpha+\sum\beta_i$，国际市场承接的份额为$1-\alpha-\sum\beta_i$，再保险费率$\gamma_1$。

如果核共体成立，且$A$、$B_i$都参与经营，假设$A$公司净自留保费占市场总保费的份额仍为$\alpha$，全部$B_i$公司净自留额占市场总份额为$\sum\beta_i$。$B_i$公司可共享共保体内部$A$公司原有的技术和销售资源，共保体总运营成本$C_0$不变。此时，国内市场总自留份额为$\alpha+\sum\beta_i$，国际市场承接的份额为$1-\alpha-\sum\beta_i$，再保险费率$\gamma'$。

## （四）策略

$A$公司的策略为（加入共保体+经营，不加入共保体+经营）；$B_i$公司的策略为（加入共保体+经营，不加入共保体+经营，不加入共保体+不经营）。$B_i$公司不能加入共保体却不经营，$A$公司也不存在不经营的策略。

## （五）支付函数

假设市场上的风险单位相似，利润率相同且为正的情况下，保险公司经营业务的效用函数$U$受到自己的净自留保费量、运营成本以及再保险成本的影响。此外，核风险具有明显的尖峰厚尾性，对于任何一家保险公司来说，风险分散程度将直接影响其经营稳定性，风险规避型的保险公司倾向于参与尽可能多的风险业务，而不是全部保费来源于单一或部分风险。即，若市场上有两个相同的风险，有两家相似的保险公司，两家公司各自承保一个的效用低于每个业务都参与的效用。在共保体模式下，所有业务按份额分给所有参与者，可以假设$\theta$，$0<\theta<1$，存在效用系数$(1+\theta)^n$，$n$为市场参与者数量，使得每个风险业务的参与者越多，每个参与者经营稳定性越好，效用越高。

$A$或$B_i$公司的支付函数为$U(P_j)+V(C_j)+I(\gamma_j)$，$j=A, B_i$。$P_j$为$j$公司的自留保费，$C_j$为$j$公司的成本，$\gamma_j$为再保险费率。且$U'(P)>0$；$V'(C)<0$；$I'(\gamma)<0$。

先来分析核保共保体对再保险市场和再保险费率的影响。

如图1所示，曲线$S$为核风险再保险供给曲线。核风险的再保供给，不是一条从原点出发的射线，不论再保需求如何少，再保险费率都不会低于公平费率及管理成本，即$\gamma_{min}$。曲线$D$为当$A$公司独家经营时，我国保险业对国际再保险的需求曲线。

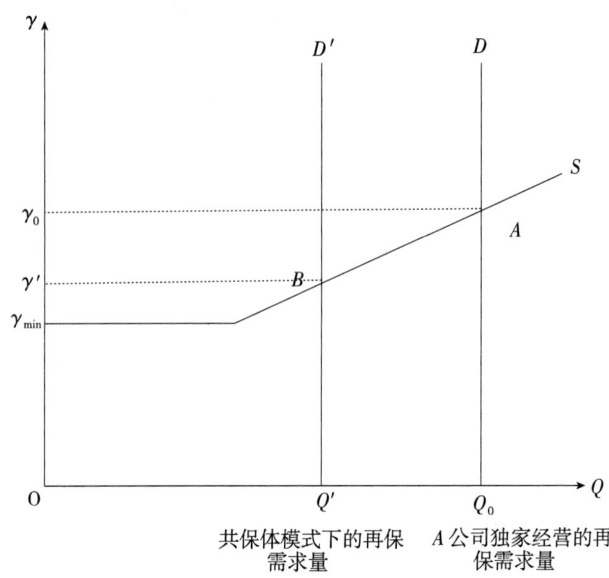


图 1　共保体模式下再保险需求示意图

考虑到核风险的特殊性，保险公司的承保能力和自留额度变化空间不大，对再保险的需求呈现刚性，因而曲线 $D$ 为垂直或斜率较大的状态。从图 1 可知，在 $A$ 公司独家经营时，市场上自留承保额较少，再保需求量 $Q_0$ 较高，此时国际再保费率为 $\gamma_0$ 。随着共保体的成立，更多保险公司加入到核保险的经营中，它们或多或少为国内市场贡献了一定的可自留承保能力，整个国内市场的核风险承保能力有所提升，对国际再保的需求降低到 $Q'$ ，从而引起再保费率的波动，新费率为 $\gamma'$ ，易知 $\gamma' < \gamma_0$ 。在有其他保险公司经营，但不成立共保体的时候再保险费率必然小于 $\gamma_0$ ，但与 $\gamma'$ 的关系受多种因素影响。基于各家保险公司对核保险的承保能力一定的假设，即再保需求较为固定，我们假设此时的再保费率接近 $\gamma'$ 。从图 1 中还能看出，由于再保费率的降低，我国国内核保险提供者，即核保再保险分出人的福利显著提升。

尽管共保体的成立有利于扩大市场承保能力，获得再保险市场上的福利提升，但共保体有效运行的前提是其成员公司 $A$ 和 $B_i$ 能在再保模式下达成纳什均衡。假设唯有当 $A$ 和 $B_i$ 双方同时选择“参与共保体并经营核保险业务”策略时能形成共保模式，不存在“加入不经营”或一方加入另一方不加入的情形。则有以下博弈矩阵：

**表 1　核保险共保体各成员公司博弈矩阵**

| $A$ \ $B_i$ | 加入经营 | 不加入经营 | 不加入不经营 |
|---|---|---|---|
| 加入经营 | $[U(\beta_i P)+V(\beta_i C_0)+I(\gamma')](1+\theta)^n$<br>$[U(\alpha P)+V(\alpha C_0)+I(\gamma')](1+\theta)^n$ | | |
| 不加入经营 | | $U(\beta_i P)+V(\beta_i C_b)+I(\gamma')$<br>$U(\alpha P)+V(C_0)+I(\gamma')$ | 0<br>$U(\alpha P)+V(C_0)+I(\gamma_0)$ |

先分析 $A$ 公司。$A$ 公司有两种策略：一是加入核保共保体，二是不加入。不论是否加入，$A$ 公司都将经营这一业务。由于核风险的特殊性，市场需求较大，以及 $A$ 公司的承保能力，大部分业务需要有境外再保险人承接，$A$ 公司自留份额很少。因此，不论是否有共保体组织，并不会影响 $A$ 公司自留的保费量。而独自经营 $A$ 公司需要单独承担全部营销成本，共保体共同经营则共同分担这一成本。此外，共保体模式扩大了国内核保险市场的自留承保能力，降低了向境外购买再保险的费率和成本，并提升了风险分散程度。

$$U(\alpha P)=U(\alpha P)\ ;$$
$$C_0>\alpha C_0\rightarrow V(\alpha C_0)>V(C_0)\ ;$$
$$\gamma_0>\gamma'\rightarrow I(\gamma_0)<I(\gamma')\ ;$$
$$\Theta>0\rightarrow(1+\theta)^n>1\ ;$$

可知，假如 $A$ 公司不加入共保体来经营保险业务，就可以取得一定利润，获得正的效用，那么加入核保险共保体，必然令效用增加。在独自经营时若效用为负，加入核保险共保体，仍有可能因成本降低和风险扩散获得正效用。由于不论是否加入共保体，$A$ 公司都选择经营核保险，假设 $U(\alpha P)+V(C_0)+I(\gamma_0)>0$，则 $[U(\alpha P)+V(\alpha C_0)+I(\gamma')](1+\theta)^n>U(\alpha P)+V(C_0)+I(\gamma_0)$。因此，如果共保体机制存在，加入共保体是 $A$ 公司的最优选择。

再看 $B_i$ 公司。$B_i$ 公司有三种策略，即加入核保险共保体并经营核保险业务，不加入核保险共保体，但仍旧参与核保险的经营活动，以及不加入核保险共保体，也不经营该项业务。我们先分析 $B_i$ 公司决定参与核保险经营的前提下，是否会选择加入共保体。

$$U(\beta_i P)=U(\beta_i P)\ ;$$
$$C_b>C_0\rightarrow V(\beta_i C_b)<V(\beta_i C_0)\ ;$$
$$\gamma'=\gamma'\rightarrow I(\gamma')=I(\gamma')\ ;$$
$$\Theta>0\rightarrow(1+\theta)^n>1\ ;$$

可知，$U(\beta_i P)+V(\beta_i C_0)+I(\gamma')>U(\beta_i P)+V(\beta_i C_b)+I(\gamma')$。如果 $B_i$ 公司在不加入共保体的状况下经营可以取得正的收益，则加入共保体带来的技术、经营渠道共享和成本减少，将令效用更高，即当 $U(\beta_i P)+V(\beta_i C_b)+I(\gamma')>0$ 时，$[U(\beta_i P)+V(\beta_i C_0)+I(\gamma')](1+\theta)^n>U(\beta_i P)+V(\beta_i C_b)+I(\gamma')$。一旦 $B_i$ 公司决定参与核保险业务经营，加入共保体是更好的选择，可以排除 $B_i$ 公司独立经营核保险的选项。

此时 $B_i$ 公司仍有两种策略可选，即加入核共保体并经营核保险业务，不加入共保体也不经营该项业务。我们假设不经营核保险，$B_i$ 公司效用为 0。考虑 $B_i$ 公司加入并经营的效用 $[U(\beta_i P)+V(\beta_i C_0)+I(\gamma')](1+\theta)^n$，应与 $A$ 公司加入并经营的效用 $[U(\alpha P)+V(\alpha C_0)+I(\gamma')](1+\theta)^n$ 呈正相关关系，而我们相信 $[U(\alpha P)+V(\alpha C_0)+I(\gamma')](1+\theta)^n>0$，因此 $[U(\beta_i P)+V(\beta_i C_0)+I(\gamma')](1+\theta)^n>0$ 也应成立。可知，加入核保险共保体，并经营核风险业务是 $B_i$ 公司的最优选择。

由上所知，考虑到核风险和核保险市场的特殊性，$A$ 公司与 $B_i$ 公司在共保体模式下经营实现了纳什均衡。此外，核保险共保体的成立，除了扩大本地市场承保能力，提高再保险谈判话语权，降低了再保险费率之外，还可以与境外核保险机构交换业务，进一步增加风险分散程度，提高保险公司经营稳定性。

## 三、农业保险再保险共保体博弈分析

与核保险共保体作为直接保险共保体的定位不同的是，我国农业保险共保体是作为再保险共保体而存在的。这一定位的不同与农业保险的历史和现状有关。

我国是农业大国，也是农业灾害频发的国家，往往是年年有小灾，三年五年遇大灾，保险公司经营农业保险意愿不强。同时，农业灾害风险具有高度相关性，一旦出险往往损失巨大，影响保险公司经营的稳定性。我国农业产业具有显著的外部性特征，为解决农业保险准公共品供给不足的困局，2007 年，我国政府加大财政支持，提供了高比例的农业保险补贴，通过减轻农民经济负担，改善农业保险经营业绩，极大地提升了农业保险的供需，我国农业保险实现飞速发展，保费量跃居世界第二。

由于财政补贴和市场规模效应，我国农业保险已经从原先的亏损业务成为竞争激烈的“香饽饽”，短期内业绩表现和利润率都较好。然而，由于农业生产受气候影响大，且风险具有显著的地域性、关联性和风险累积特征，为避免长周期内发生的巨灾损失，各保险公司仍选择将相当比例的业务分出给国际再保险市场，使得承保利润和政府的保费补贴无法留存在国内，也未能在国内市场形成有效的抵御风险的资金池。

在这样的背景下，我国农业保险再保共保体应运而生。与核保险共保体不同的是，成员公司无需将所有业务放入共保体的池子里共享，而是将分出再保份额的50%放入共保体中，由其他成员依据各自的市场份额承保。农业保险共保体内部也涉及两方面利益，一个是市场份额较大的 $A$ 公司，另一个是市场份额较小的 $B_i$，$i=1, 2, 3, \cdots, n$ 公司。

### （一）市场环境

农业保险与核保险的风险特点和市场环境并不相同。核电站尽管单个风险大，但数量上仍有限，20 余座核电站主要分布在东南沿海地区。而作为传统的农业大国，我国有种植业、畜牧业、林业、渔业等多种产业，广泛分布在各个区域。

相对核风险单位的数量少，单个潜在损失大，仅凭国内市场难以充分分散而言，农业风险数量众多，区域广泛，涉及种类和影响因素不同，虽然存在空间上的关联性和时间上的风险累积等问题，仍需要国际再保险市场的支持，但却可以在很大程度上实现境内风险分散。

农业保险具有准公共品属性，过去一直有保费量少，赔付率高，累积风险大，从而影响经营稳定性的问题。自国家财政开始提供补贴，我国农业保险的保费规模和赔付率都逐渐符合商业保险公司的偏好。因此，在农业保险市场上，一方面，各家公司有意愿通过竞争获取更多保费以提高规模经营效益；另一方面，各家公司都希望尽可能经营更多种类、更多区域的业务，实现风险的分散。假设市场总保费为 $P$ ，同时假设由于渠道和区位限制，各家公司难以改变在直保端上的市场份额和业务来源。

### （二）博弈参与人

市场占有绝对市场份额的农业保险经营者 $A$ 保险公司（中国人保），是一家全国性公司，经营全部种类和区域的农业保险业务，风险分散程度高。

市场其他农业保险业务参与者 $B_i$ 公司，$i=1,\ 2,\ 3,\ \cdots,\ n$ 。它们规模偏小，假设只经营某一区域或单一风险的农业保险。

### （三）行为

由于财政补贴的存在，使得农业保险成为可盈利业务。但农业风险的关联性，使得保险公司希望尽量提高风险分散程度。假设保险公司在其最高承保能力之内，随着所承保风险的分散程度的提升，其净自留承保能力增加，从而效用提升。假设 $A$ 公司作为全国性公司，其所承保的农业风险已经充分分散，且其农险项下的承保能力基本饱和。$A$ 公司的净自留业务占市场份额 $\alpha$ ，$0<\alpha<1$。假设 $B_i$ 公司，$i=1,\ 2,\ 3,\ \cdots,n$，相比 $A$ 公司来说规模较小，在加入农业再保共保体之前的净自留为全市场总保费的 $\beta_i$ ，$0<\beta_i<1$，$\beta_i<\alpha$ 且 $\alpha+\sum\beta_i<1$。$B_i$ 公司或专注于某一风险种类，或在某一区域具有经营优势，风险相对集中。随着风险分散程度系数 $\varepsilon$ 的提升，其净自留保费仍有提高空间。假设对 $B_i$ 公司来说，$\varepsilon=\varepsilon(n)>0$，$n$ 为参与业务交换的公司数量，且 $\varepsilon$ 对 $n$ 求导为正，$\varepsilon'(n)>0$。假设 $B_i$ 公司在经过业务交换后的净自留承保能力提高为 $\beta_{1i}P=(1+\varepsilon)\beta_iP$ 。

### （四）策略

$A$ 公司的策略为（加入共保体，不加入共保体）；$B_i$ 公司的策略为（加入共保体，不加入共保体）。不论是否成立和加入共保体，两者都将经营农业保险。

### （五）支付函数

由于财政补贴下的农业保险具有可盈利性，在承保能力内的净自留保费量随着风险分散程度的提高而提高，与保险公司效用呈正相关关系。在充分竞争后，农业保险市场已经形成了一定的格局，各家公司都有自己的销售渠道，再保险共保体的成立与否，不影响各自的运营成本。考虑到农业保险的巨灾特征，再保险费率也影响保险公司效用。

$A$ 或 $B_i$ 公司的支付函数为 $U(P_j)+I(\gamma_j)$，$j=A$，$B_i$。$P_j$ 为 $j$ 公司的自留保费，$\gamma_j$ 为再保费率。且 $U'(P)>0$；$I'(\gamma)<0$。

共保体对再保险费率的影响是不言而喻的。农业保险共保体的定位是再保险共保体，假设共保体的成立不影响 $A$ 公司的净自留承保能力 $\alpha P$，也不影响 $A$ 公司的风险分散程度。共保体的成立大大提升了 $B_i$ 公司的净自留承保保费，从 $\beta_i P$ 到 $(1+\varepsilon)\beta_i P$，$\varepsilon=\varepsilon(n)>0$。从而使得整个市场的再保险需求由 $(1-\alpha-\beta_i)P$ 降低到 $[1-\alpha-(1+\varepsilon)\beta_i]P$，从而使得再保险费率由 $\gamma$ 降低到 $\gamma'$。

**表 2　农业保险再保共保体中各成员公司博弈矩阵**

| $A$ \ $B_i$ | 加入 | 不加入 |
|---|---|---|
| 加入 | $U((1+\varepsilon)\beta_i P)+I(\gamma')$<br>$U(\alpha P)+I(\gamma')$ | |
| 不加入 | | $U(\beta_i P)+I(\gamma)$<br>$U(\alpha P)+I(\gamma)$ |

先看 $B_i$ 公司的最优策略。$B_i$ 公司可以选择加入农共体或不加入。

$$(1+\varepsilon)\beta_i P>\beta_i P,\ \varepsilon>0\rightarrow U((1+\varepsilon)\beta_i P)>U(\beta_i P)$$

$$\gamma'=\gamma'\rightarrow I(\gamma')=I(\gamma')$$

可知 $B_i$ 公司的最佳策略是加入农业保险再保共保体，即可因风险分散的提高获得净自留承保能力的提升，从而享有更多利润，又可以享有再保险费率降低带来的正效用。

再看 $A$ 公司的最优策略。$A$ 公司也可以选择加入或不加入农共体。

$$U(\alpha P)=U(\alpha P)$$

$$\gamma_0>\gamma'\rightarrow I(\gamma_0)<I(\gamma')$$

可知 $A$ 公司的最优策略也是加入农业保险再保共保体。尽管 $A$ 公司作为全国性大型保险公司，风险分散程度已经足够高，自留保费并不会显著上升，其加入共保体的效用没有中小公司高。但市场上更多的再保险承保能力还是为 $A$ 公司节约了再保险成本。

由上所知，基于农业风险和我国农业保险市场的特点，$A$ 公司与 $B_i$ 公司在农业保险再保共保体模式下经营可以实现纳什均衡。农业保险再保共保体模式，有利于在区域内部提升风险的分散程度，扩展本地市场净自留承保能力，实现将财政补贴和保费部分留存，以完成国内市场的准备金累积，形成资金池。同时，农业保险再保共保体的成立，能显著提高我国农业保险企业对外的再保险谈判话语权，降低了再保险费率。这些都有利于我国农业保险进一步发展。

## 四、共保体模式运用于巨灾保险的适宜性分析

### （一）适宜共保体模式的风险特征分析

虽然核保险和农业再保险的共保体模式都取得了成功，但并不是所有的风险都适宜共保体模式，亦即共保体模式和机制并非适用于所有险种。以非寿险行业中占比最大的车险为例，尽管保费量大，每年的赔付总金额也不小，但没有一个国家和地区通过政府主导或行业自发形成了车险共保体。这是因为，无需博弈分析也能看出，车险业务体量虽大，但损失率长期保持稳定，且在绝大多数情况下，风险是充分分散的，单个赔案不足以影响保险公司的经营稳定性。这使得多数合理经营的保险机构，都能在车险业务上获得稳定的收益回报，并且无须担忧其经营会受到重大赔案的干扰。因此，车险业务的发展不可能衍生相互共保体模式。

而凭借共保模式取得成功的核保险和农业再保险，则存在某些相似处。首先，核风险和农业风险所能造成的潜在损失是巨大的。严重的核事故，或因自然灾害导致某一区域发生大量累积的农业保险损失，对于单一的保险公司，都是难以独自承担的。其次，核事故或农业大灾，往往会对社会安定和人们生活造成较大的负面影响，因此，这类灾害具有社会性特征。第三，核风险及农业风险的保险理赔，具有高度专业性，需要相关知识、技术的积累。

核风险和农业风险也有不同点。首先，核风险单位数量少，缺乏大数据的支持，仅凭国内市场难以形成充分的风险分散，必须要和国际市场对接，才能充分提升风险分散程度。而农业产业中存在大量风险单位，单块农田、单个风险单位的损失不会太大。尽管农业风险存在高度关联性和潜在巨灾损失的特征，但我国幅员辽阔，农业产业种类多，在不遭遇全国范围内极端天气的情况下，保险公司有望在境内保险市场实现很大程度的风险分散。第二，核风险由于技术性特别突出，加之历史原因，在核保险共保体成立之前，仅有中国人民保险公司独家提供相关产品和保障。而农业保险的市场化推广，在政府财政补贴之后发生了质的改变，由于可以获得不错的经营利润，使得各家保险公司争相参与农业保险。在农业保险再保共保体成立之前，经过充分竞争，农险直保市场上已经形成了比较稳定的市场格局。既有经营触角广泛的全国性保险公司，也有仅在某一地区、或某一险种具有优势的专业型保险公司。第三，随着技术的成熟应用和风险管理的加强，核风险的质量能大大改善，因此，知识积累是核保险经营者的重要目标。而农业风险受自然因素影响巨大，尽管气候观测和天气预报能在一定程度上提升抵御风险的水平，但保险的质量的提高很难，因此，资金积累在时间轴上风险分散的作用更大些。

除了我国核共体和农共体，国际上运作较为成功的共保体组织还有日本的地震保险共保体，以及国际恐怖风险共保体。日本地震共保体的成员方除了经营地震保险的直保公司和地震再保险公司外，还引入了政府作为第二再保险人，体现了政府在地震

风险中的重要支持作用。国际恐怖风险共保体在英、德、法等国都存在，由行业共同承保，政府承担超额赔偿责任。国际上的巨灾再保险组织的实践也印证了共保体模式运用于巨灾保险的适宜性。

可以看出，适用共保体的风险特点具有缺乏大数据支持，单次事故的潜在损失大，灾后处理需要大量人力财力，以及损失关乎国家战略和社会稳定等特征。可以看出，共保体机制有些是自发形成的，有些是政府推动的，它在应对特殊风险方面的优势是显著的。共保体机制突破了单个保险公司对特殊风险承保能力小、风险控制弱的特点，汇集了行业承保能力和技术积累，降低运营成本，同时提升再保险分出公司的话语权，可以改善保险市场的供给和需求状况。

### （二）我国巨灾保险共保体模式设想

巨灾风险，具有低频、高损、社会公共性突出等特征，对保险公司的承保能力和技术水平要求较高。潜在的巨灾一旦发生，对保险机构的经营稳定性具有一定的挑战性。因此，巨灾风险属于非常典型的、适宜采用共保体模式的风险类型。

从损失原因上划分，巨灾风险可以分为地震风险、台风风险、洪水风险等。巨灾风险的承保方式，并不像核保险和农业保险一样，有相对独立的保单和较为清晰的界限，往往是以扩展保单承保范围的方式，由各类财产保险、工程保险、家财保险、意外保险等提供保障。巨灾风险所涉及的标的物的种类、数量巨多，单个标的物价值可大可小，具有一定的区域关联性。同时，由于巨灾风险往往被传统的财产工程保险所涵盖，保险公司在市场上的竞争较为充分，各家公司都有既定的市场渠道和份额。但由于传统习惯和历史原因，家财险在我国的发展较为缓慢，因此现有巨灾保险主要集中于工业领域，且覆盖并不全面。从政府和国家的角度看，巨灾风险管理目标更侧重于民间领域和公共设施，以应对准公共品需求和供给不充分的困局。

由于巨灾风险自身的特点与农业风险的相似度更高，共保体模式运用于巨灾保险，应充分借鉴农业风险管理和农业保险运营推广的经验。

首先，巨灾保险共保体的定位，应侧重于再保险层面。这是因为，在传统工业领域的巨灾保险供给方面，保险公司已经在原保险层面形成了成熟的承保渠道和相对稳定的市场份额，原保险层面的共保体对于承保能力的扩展等没有直接的影响。而在民生领域和公共设施方面，巨灾保险一直以来都需求不足。破解供需困局，则需要依赖于政府提供的财政补贴、税收优惠和其他扶持政策的出台。譬如由财政出资为公共基础设施购买巨灾保险，或允许个人将购买含巨灾保障的家庭财产保险的费用纳入税收计算范围等。而巨灾保险共保体如果定位于再保险层面，则可以在不干涉前端市场竞争的情况下，实现全国范围内的风险交换和风险分散，并可通过统一的再保险安排，增大再保险分出的话语权，降低巨灾再保险成本。

第二，我国巨灾风险种类多，巨灾共保体既要加以区分，也需合理整合。巨灾共保体可以依据巨灾的风险种类和巨灾的保险标的来进行科学分类，比如居民财产地震保险、台风洪水保险等。风险分类有助于行业内部汇集更有针对性的技术力量，提高不同险种保险费率计算的准确性，赋予保险公司经营巨灾保险合理的利润水平，从而鼓励保险公司经营各类型巨灾保险业务。在精准定位的同时，考虑到我国风险种类多，幅员辽阔，有助于巨灾风险分散的特点，巨灾保险共保体不应局限于单独某一种风险，可以将所有代表不同的巨灾风险的小风险池整合、汇聚到一起管理，形成更大更稳定的风险池，提升风险分散度和风险管理水平，扩充境内巨灾保险的承保能力。

第三，我国巨灾保险市场尚处于保险密度、保险深度较低，覆盖率不充分的阶段，巨灾发生时，保险补偿占经济总损失的比重远低于其他国家。当前，我国巨灾保险业务更多集中于工业领域，标的物的价值普遍偏高。随着我国巨灾保险业务的进一步发展，巨灾造成极端损失的可能性增加。同时，针对工业领域的巨灾保障并没有明确的财政支持，而针对民生领域的巨灾保险尚未形成规模。因此，我国巨灾保险下共保体模式的设置，不仅需要考虑境内市场业务交换和风险分散，以及适量的准备金积累和资金留存，同时需要充分利用国际再保市场、国际资本市场，将境内市场无法消化的极端巨灾风险分散出去，确保巨灾保险的健康发展和长期稳定经营。我国巨灾保险相关的共保体，应承担起全局性风险管理的职责，统筹安排境外转分保或通过SPV与资本市场对接。

综上所述，通过对运作较为成功的核保险共保体和农业保险再保共保体的博弈分析，可以知道，共保体模式适用于发生频率低、潜在损失大、灾后应急需要大量人力物力，且灾害发生对于国家战略和社会稳定有较大影响的风险和保险。针对巨灾风险管理和巨灾保险，共保体模式能够汇集行业技术和资金，充分利用我国巨灾风险种类多、市场大的天然优势，提升境内风险分散程度和承保能力，降低再保险成本，改善保险公司经营稳定性，从而突破准公共品保险业务的发展困局。共保体模式对于发展我国巨灾保险具有重要参考意义。我国需要充分研究并开发共保体机制在巨灾风险管理上的应用，促进我国巨灾风险管理事业的发展。

## 参考文献

[1] 黄英君，李江艳．农业巨灾保险行为主体博弈分析及对策研究［J］．探索，2014（1）．
[2] 李文中．论共保体模式的适用范围［J］．保险职业学院学报，2005（1）．
[3] 刘臣，单伟，于晶．组织内部知识共享的类型及进化博弈论模型［J］．科研管理，2014（2）．
[4] 苏涛．产业集群内企业间的合作与竞争博弈研究［D］．西安：西安建筑科技大学，2012.
[5] 孙利辉，徐寅峰，李纯青．合作竞争博弈模型及其应用［J］．系统工程学报，2002（6）．
[6] 杨尊毅．用共同体机制为巨灾保险制度保驾护航［J］．中国保险，2015（7）．
[7] 张洪潮，何任．非对称企业合作创新的进化博弈模型分析［J］．中国管理科学，2010（12）．
[8] 张萌．巨灾保险共同体［J］．特区经济，2010（3）．
[9] Mark Jablonowski. Insurance and Game Theory［J］. Best's Review，1987（7）：38.

[10] Min Jie. Collude or Compete: Choice of P&I Clubs and Role of Marine Mutual Insurance Cartel [D] . Ph. D thesis, the Hong Kong Polytechnic University, Oct. 2009.

[11] RinkuMurgai, Paul Winters, Elisabeth Sadoulet, Alain de Janvry. Localized and Incomplete Mutual Insurance [J] . Journal of Development Economics, May 2001.

# 农险监管

## 让农险在日益完善的保费补贴政策轨道上奔驰*

### ——学习《中央财政农业保险保险费补贴管理办法》

庹国柱

**摘要**：2017 年 1 月 23 日，财政部发布了《中央财政农业保险保险费补贴管理办法》，这是规范我国农业保险政府补贴政策的重要文件。笔者就文件中有关保险业务的主要内容谈了一些个人的理解，作了简单的评介，便于农业保险界和相关人员学习和理解文件要义，更好地执行这个重要文件，把农业保险做得更好更规范。

**关键词**：农业保险；保费补贴；管理办法

如同火车在铁轨上奔驰一样，我国农业保险是在保险费财政补贴轨道上前行的，农险制度不断改进，补贴目标不断明确，补贴政策不断完善，农业保险才能跑得越来越稳、越来越快。

春节前夕，财政部发布了《中央财政农业保险保险费补贴管理办法》（以下简称《办法》），这个在征求了各有关部门意见之后下发的重要文件，对先前有关农险保费补贴政策做了梳理、整合与完善。那么，这个文件都传达了什么重要精神，农险补贴政策都有些什么发展和变化，都依据哪些理论和实践，笔者不揣冒，在这里谈一些个人理解。

## 一、进一步明确了农险保费补贴政策的直接目的

我国政府虽然从 2004 年就提出了建立我国政策性农业保险制度的设想和要求，但直到 2007 年中央财政进行农业保险保费的财政补贴试点开始，才真正进入了实质性制度创立和建设阶段。

中央财政对农业保险保险费实行补贴的初衷或者目的，主要包括三个方面：一是

---

* 本文原载《中国保险报》2017 年 2 月 7 日、2 月 14 日。

作者简介：庹国柱，首都经济贸易大学保险系教授，农村保险研究所所长，博士研究生导师。

坚持“用机制理财，用制度管事”的基本理念，最大限度减少保费补贴相关各方的自由裁量权，切实发挥好财政资金的使用效益；二是坚持“政府引导、市场运作、自主自愿、协同推进”的基本原则，逐步构建市场化农业生产风险分散机制，更好服务“三农”；三是坚持“中央保大宗、保成本，地方保特色、保产量”的基本要求，以“建立多层次农业保险体系，满足多样化农业保险需求。”（参见财政部官网 2017 年 1 月 26 日首页“政策解读”栏）

在这个《办法》中，财政部特地将《农业保险条例》中所概括的农业保险的基本原则“政府引导，市场运作，自主自愿，协同推进”，也作为中央财政引导和支持各地农业保险的原则，而且逐条阐释了其含义，认为，政府引导，就是“财政部门通过保险费补贴等政策支持，鼓励和引导农户、农业生产经营组织投保农业保险，推动农业保险市场化发展，增强农业抗风险能力。”市场运作，就是“财政投入要与农业保险发展的市场规律相适应，以经办机构的商业化经营为依托，充分发挥市场机制作用，逐步构建市场化的农业生产风险保障体系。”自主自愿，就是“农户、农业生产经营组织、经办机构、地方财政部门等各方的参与都要坚持自主自愿，在符合国家规定的基础上，申请中央财政农业保险保险费补贴。”协同推进，就是“保险费补贴政策要与其他农村金融和支农惠农政策有机结合，财政、农业、林业、保险监管等有关单位积极协同配合，共同做好农业保险工作。”

这样详细地阐释，有助于各省财政部门和各参与经营的保险公司，以及投保农户全面和准确把握中央财政补贴的政策要义。

## 二、归纳和整合了迄今为止中央财政的具体补贴政策

此前，在农业保险的发展过程中，中央财政关于农业保险保险费的补贴政策，分散在几个不同的文件里，如今通过《办法》将这些具体政策归纳在一起。主要包括；

（1）中央财政和地方财政补贴范围主要是，中央财政补贴的保险标的是“关系国计民生和粮食、生态安全的主要大宗农产品，以及根据党中央、国务院有关文件精神确定的其他农产品”，而各省、自治区、直辖市、计划单列市（以下简称各地）可以“结合本地实际和财力状况，对符合农业产业政策、适应当地‘三农’发展需求的农业保险给予一定的保险费补贴等政策支持。”

（2）具体补贴的门类分四块，即种植业、养殖业、林业和藏族聚居区品种、天然橡胶。一共有 15 类农林牧产品。《办法》还分类分地区规定了中央在这 15 类保险中承担的补贴比例。

（3）在上述补贴政策的基础上，中央财政对产粮大县三大粮食作物（小麦，水稻和玉米）保险进一步加大支持力度，并具体规定了中央的支持力度和在一般支持基础上增加的补贴比例。还特意强调，中央财政鼓励各地“财政部门结合实际，对不同险种、不同区域实施差异化的农业保险保险费补贴政策，加大对重要农产品、规模经营

主体、产粮大县、贫困地区及贫困户的支持力度。”《办法》没说采取什么办法“鼓励”地方。不过，笔者根据先前的政策，估计中央会继续采取比较灵活的所谓“以奖代补”的方式来“鼓励”地方。

（4）在机制设计上，财政部还是坚持省级财政补贴与中央财政补贴联动，中央财政的补贴要在省级财政补贴的基础上才“出手”。对省级财政补贴的比例有明确具体的要求，例如，省级补贴种植业保险产品不低于25%，养殖业保险产品不低于30%，公益林保险产品不低于40%，商品林保险产品不低于25%，藏族聚居区品种、天然橡胶保险的补贴不低于25%，等等。

（5）为了认真贯彻落实中央1号文件中关于“逐步减少或取消对产粮大县县级保费补贴”（2014年1号文件）的精神，《办法》专门对产量大县稻谷、小麦和玉米三大作物的保险的保费补贴作了具体规定。根据这些具体规定可以明显看出，中央财政对于产粮大县三大粮食作物的保险费补贴力度有较大的提高。

（6）明确支持各省“结合实际，对不同险种、不同区域实施差异化的农业保险保险费补贴政策，加大对重要农产品、规模经营主体、产粮大县、贫困地区及贫困户的支持力度”。实行风险分区和费率分区，财政补贴要向规模经营主体、贫困地区和贫困户倾斜等意见，表明了中央财政支持农业保险的科学化、精细化经营和采取重点支持的政策取向。

## 三、对于与保费补贴相关的保险费率条款制度做出要求

保费补贴是基于保险费率，保费科学合理与否决定着保费补贴的合理和有效与否，所以《办法》第三章专门说明跟保险费率的有关的问题。文件制定者根据10年农业保险发展的经验，用了7个条款，对于费率精算、利润核算和展业、定损、理赔方面，做出了具体的要求和规定。主要包括四点：

### （一）要合理确定政府补贴的险种的保险费率

与美国、加拿大的农业保险由政府定价的办法不同，我国由政府补贴保险费的农业保险险种，其费率都是由经营农业保险的机构厘定的，所以《办法》在这里强调《农业保险条例》中的有关规定，即对于“属于财政给予保险费补贴险种的保险条款和保险费率，经办机构应当在充分听取各地人民政府财政、农业、林业部门和农民代表意见的基础上拟订。”以保证其公平性与合理性。

### （二）中央财政主要支持自然风险的保险，只提供“直接物化成本”保险的保费补贴

《办法》强调，中央财政支持的农业保险，主要补贴以灾害和意外事故为保险责任，以农林牧简单再生产所需要的“直接物化成本”为保障水平限度的保险产品。对

于产量保险，价格保险和各种天气指数保险，“可由地方财政部门给予一定比例补贴”。

《办法》还详细界定了种植、养殖和林业生产的保险保障都包括什么内容，例如，种植业的保险保障水平原则上是“保险标的生长期内所发生的直接物化成本，包括种子、化肥、农药、灌溉、机耕和地膜等成本。”养殖业提供的保障“原则上为保险标的的生理价值，包括购买价格和饲养成本”。而森林保险原则上保障的是“林木损失后的再植成本，包括灾害木清理、整地、种苗处理与施肥、挖坑、栽植、抚育管理到树木成活所需的一次性总费用”。

当然，对于超过上述“直接物化成本”的保额相应的保险费部分，是由地方政府根据自己的实际情况“提供一定的补贴，或由投保人承担”。就是说，对于超出“直接物化成本”的那一块，中央财政不承担保费补贴责任。说明中央财政对高保障可能带来的财政压力和赔付风险尚心存疑虑。

### （三）要逐步建立农业保险费率调整机制，合理确定费率水平

农业保险费率的科学性与合理性，在这 10 年中一直受到某些质疑，于是在 2014 年产生了财政部《关于农业保险大灾风险准备金管理办法》，要求其将超过产险行业平均承保利润率（即“1—综合成本率”）的那部分承保利润，放进“利润准备金”，而不能进入公司的利润，也不能转增资本。在现今这个《中央财政农业保险保险费补贴管理办法》中，进一步要求，无论综合财产保险公司还是专业农业保险公司，每年农业保险经营的“承保利润率”超过财产保险行业（或业务）的平均承保利润率，其保险费率就应该适当降低。而且规定省级财政部门要依法予以监督。

### （四）对保险赔付做出了限制性规定，特别是首次规定可以实行“无赔款优待”

《办法》重申了 2015 年中国保监会、财政部、农业部《关于进一步完善中央财政保费补贴型农业保险产品条款拟订工作的通知》中的规定，对于政府补贴的农业保险险种“不得设置绝对免赔，科学合理地设置相对免赔”。这个规定体现的是在低保障水平条件下对投保农户利益的保护。

为了进一步保护投保农户的利益，这里吸收了商业保险行业的通行做法，那就是实行“无赔款优待”。《办法》规定，今年如果无赔款，次年“在下一保险期限内给予一定保险费减免优惠”。这项对保险行业很普通的规定，对农险来说却是很新颖的政策。

当然，根据对《办法》第十五条第二款的理解，农业保险保费是由多家承担的，那么费率减低的优惠也要各方同比例受惠。这虽然合理，但操作起来恐怕有一定的难度。此前，在四川曾经试验过类似的无赔款优待的政策，只不过，当时四川在无赔款的次年只优惠投保农户，他们可以免于缴纳自己要承担的那 20%的保险费。

## 四、对经办农业保险的机构及其选拔提出了条件和要求

对于政府给予财政补贴的农业保险项目，最初的《农业保险条例》是设有准入门槛的，其第十七就规定了农业保险经营市场准入的六个条件。后来国务院取消了农险经营的准入限制，《农业保险条例》对这一条也进行了修改，保险监管部门不再审批资格，只要经办机构符合保险监管部门制定的条件即可。实事求是地说，农业保险还是有它的特殊性，并不是随便哪家财产保险公司都可以来经营的。不过，由于我国幅员辽阔，各地农业生产和保险服务水平差异较大，监管部门迄今为止还在不断征求意见和修改完善，尚没有出台明确的约束条件。财政部根据这10年的农业保险实践，在这个《办法》里，对农业保险经营机构，从四个方面做出了原则性的要求和限制，算是先设了一道闸门。

### （一）规定了补贴险种的经办机构需要满足六个条件

在经营资质方面，要求“符合保险监督管理部门规定的农业保险业务经营条件，具有经保险监管部门备案或审批的保险产品”；专业能力方面，要求“具备专门的农业保险技术人才、内设机构及业务管理经验，能够做好条款设计、费率厘定、承保展业、查勘定损、赔偿处理等相关工作”；机构网络方面，要求“在拟开展补贴险种业务的县级区域具有分支机构，在农村基层具有服务站点，能够深入农村基层提供服务”；风险管控方面，要求“具备与其业务相适应的资本实力、完善的内控制度、稳健的风险应对方案和再保险安排”；信息管理方面，要求“信息系统完善，能够实现农业保险与其他保险业务分开管理，单独核算损益，满足信息统计报送需求”以及“国家及各地规定的其他条件”。这些条件的规定，初步解决了监管部门的一些棘手问题，使对于这方面的监管有了新的依据。

### （二）规定了各省选拔农险经办机构的原则和要求

《办法》规定，选拔农业保险经办机构的主要责任在“省级财政部门或省级相关部门”，要由其“根据相关规定，建立健全补贴险种经办机构评选、考核等相关制度，按照公平、公正、公开和优胜劣汰的原则，通过招标等方式确定符合条件的经办机构”。这一条非常重要，省级统一招标有利于在更广的区域内统筹考虑风险分散、服务能力等要素，避免部分基层政府单纯的以费率或手续费高低来选择经办机构。

而且提出，在“招标时要考虑保持一定期限内县域经办机构的稳定，引导经办机构加大投入，提高服务水平。”就我的理解，这就意味着一县最好只选择一家保险经营机构，而且一旦确定在某县经营，要保持其经营稳定性。这样，既有利于经营机构的长远考虑和服务网络建设投入，积累经营经验和数据，也避免投入资源的浪费，还能防止基层部门通过频繁招标来“寻租”的可能。

### （三）要求经办机构增强社会责任感，提高服务水平与质量

近几年，随着农险业务的快速扩张和经办主体的增多，出现了一些违规违法案件，包括骗保、骗赔和套取财政补贴等问题，反映出有的基层部门、保险经营机构或者员工，对农业保险经营的意义认识不到位，不能很好处理公司的经济效益和社会效益的关系，缺乏社会责任能感。所以，《办法》特别强调这一点是非常必要的。

与此同时，《办法》对于加强农业保险产品与服务创新，合理拟定保险方案，改善承保工作，满足日益增长的“三农”保险需求；发挥网络、人才、管理、服务等专业优势，迅速及时做好灾后查勘、定损、理赔工作；加强宣传公示，促进农户了解保险费补贴政策、保险条款及工作进展等情况；以及强化风险管控，预防为主、防赔结合，协助做好防灾防损工作，通过再保险等有效分散风险，认真贯彻《农业保险大灾风险准备金管理办法》（财金〔2013〕129 号）的规定，及时、足额计提农业保险大灾风险准备金，逐年滚存，逐步建立应对农业大灾风险的长效机制等，都做出了具体要求。

我觉得，把这些方面做好了，农业保险的稳健经营有了保障，其经营效果和效率才可能真正发挥出来，财政一年一年花这么多的钱来补贴农业保险的保险费也才不冤枉。

### （四）再次强调不许向专业中介机构支付佣金

鉴于有的省曾经允许中介机构控制和分配市场资源并收取高额中介费，扭曲农业保险市场的教训，保监会曾于 2013 年下发《关于进一步加强农业保险业务监管　规范农业保险市场秩序的紧急通知》，指出“严禁从享受中央财政保费补贴的农业保险保费中提取手续费或佣金”。在《办法》中，财政部进一步规定，“除农户委托外，地方财政部门不得引入中介机构，为农户与经办机构办理中央财政补贴险种合同签订等有关事宜。中央财政补贴险种的保险费，不得用于向中介机构支付手续费或佣金”。

根据我的理解，这一条规定针对的是专业中介机构。经办农业保险的机构在乡、村所选择和与之合作的有关部门（例如，农业技术和经营管理服务机构、农业生产经营组织、乡镇林业工作机构、村民委员会等组织等）和“协保员”，他们所做的是农业保险展业和定损理赔代理业务工作，对他们支付的工作费用是正当合理的，也是《农业保险条例》所允许的，不会受此条限制。因为对于目前广大的“散户”来说，没有这些兼业代理机构和“协保员”，展业、定损理赔还是有一定困难的。

## 五、围绕保费补贴做好从承保到理赔的过程管理

虽然财政补贴保险费只是承保中的一部分内容，但政府出钱是要想达到其政策目标的。而目标的达成仅仅管住前端是不够的，保险运行的中段和后端也需要加强管

理。因此，《办法》第四章用了六条的篇幅规范农业保险的“保障措施”。

### （一）组织动员的保障

主要规定，制定切实可行的保险费补贴方案，加强防灾减损工作，防范逆向选择与道德风险，坚持尊重农户意愿与提高组织程度相结合，采取多种形式组织农户投保。

### （二）展业承保的保障

对于展业承保环节，《办法》规定，“经办机构应当在订立补贴险种合同时，制订投保清单，详细列明投保农户的投保信息，并由投保农户或其授权的直系亲属签字确认。”

“经办机构应当在确认收到农户、农业生产经营组织自缴保险费后，方可出具保险单，保险单或保险凭证应发放到户。经办机构应按规定在显著位置，或通过互联网、短信、微信等方式，将惠农政策、承保情况、理赔结果、服务标准和监管要求进行公示，做到公开透明。”也就是监管部门一直强调的“承保到户”和“承保公开”。

### （三）定损理赔的保障

在定损、理赔环节，《办法》规定要进一步规范查勘、定损和理赔工作，提高赔付时效，并具体规定了赔款支付途径和方法，这就是“原则上应当通过财政补贴‘一卡通’、银行转账等非现金方式，直接将保险赔款支付给农户。如果农户没有财政补贴‘一卡通’和银行账户，经办机构应当采取适当方式确保将赔偿保险金直接赔付到户”。这样规定的目的就是要让遭灾受损的投保农户即时和准确获得理赔款，不会因过多中间环节而“漏损”，使其利益受到侵害。

据笔者了解，上述承保理赔新规与监管部门正在制定的新的承保理赔管理办法是一致的，体现出各部门根据实情更加灵活机动地在调整相关规范。

## 六、财政部门将进一步加强绩效评价和监督检查

政府拿出公共财政经费来支持农业保险的发展，是要得到良好的效果，实现财政支持的直接目标和政府需要达到的更广泛的农业政策目标。为此，《办法》专门就财政补贴的效果评价和执行补贴政策过程中的监督和检查，做出了明确规定。

### （一）逐步建立财政补贴农业保险保费的绩效评价制度

《办法》强调，保费补贴的绩效评价由省级财政部门按照中央对地方专项转移支付绩效评价有关规定进行，要逐步建立这种评价制度，“并探索将其与完善农业保险政策、评选保险经办机构等有机结合。”

根据财政部前几年财政补贴农业保险保险费绩效评价试点项目的经验，在《办法》中提出了农业保险保险费补贴主要绩效评价指标，认为这些指标“原则上应当涵盖政府部门（预算单位）、经办机构、综合效益等”“各单位可结合实际，对相关指标赋予一定的权重或分值，或增加适应本地实际的其他指标，合理确定农业保险保险费补贴绩效评价结果。”

### （二）加强检查监督防止在农业保险中的违法犯罪

在近几年的农业保险检查中，查处了一些骗取农业保险保险费补贴的违规违法问题，不仅涉及经办机构、投保农户，也涉及到各级财政部门。《办法》里特别列出了以下几类违法犯罪问题：“虚构或者虚增保险标的，或者以同一保险标的进行多次投保”，“通过虚假理赔、虚列费用、虚假退保或者截留、代领或挪用赔款、挪用经营费用等方式，冲销投保农户缴纳保险费或者财政补贴资金”。

《办法》规定，“财政部将按照‘双随机、一公开’等要求，定期或不定期对农业保险保险费补贴工作进行监督检查”“对于地方财政部门、经办机构以任何方式骗取保险费补贴资金的，财政部及专员办将责令其改正并追回相应保险费补贴资金，视情况暂停其中央财政农业保险保险费补贴资格等，专员办可向财政部提出暂停补贴资金的建议。”

上面提到的违规违法问题，有的也与各级财政部门审核，分配和拨付资金过程中的责任不落实和管理不规范有关。因此《办法》强调，“各级财政、专员办及其工作人员在农业保险保险费补贴专项资金审核工作中，存在报送虚假材料、违反规定分配资金、向不符合条件的单位分配资金，或者擅自超出规定的范围或者标准分配或使用专项资金，以及滥用职权、玩忽职守、徇私舞弊等违法违纪行为的，按照《预算法》、《公务员法》、《行政监察法》、《财政违法行为处罚处分条例》等国家有关规定追究相应责任；涉嫌犯罪的，移送司法机关处理。”

以往监管机构对违法违规问题的查处仅限于保险机构，难以完全覆盖整个农业保险环节，上述规定补全了监管空白，对于各级政府部门是一个严肃的约束和警示，对防止和查处农险中的违规违法犯罪，有重要的立法和执法意义。

## 七、做好财政补贴资金的预算管理的要求

财政补贴农业保险保险费资金的预算管理也是该《办法》的重要内容，包括各级财政编制农业保险保险费补贴预算的原则、流程、时间要求等。这里就不一一解读了。

总体看来，这个吸收 10 年实践经验出台的《办法》，不少政策在完善的基础上有所发展，从规章规定的角度来说，思路是比较明确的和清晰的，内容是比较细致和严谨的，因而实践性和可操作性都比较强。对农业保险的发展将起到重要的规范和推动作用。当然，从我们研究者的角度来看，似乎还有些意犹未尽，如果《办法》能站得更高一点，某些方面更具前瞻性就更好了。不过这可能就有些苛求了。

# 有必要适当限制农业保险市场的竞争*

庹国柱

**摘要：**农业保险市场经营主体日益增多，这虽然表明越来越多的保险公司看好农业保险的发展前景，愿意为农业现代化发展和国家粮食安全做贡献。但有些省农业保险的经营主体太多，市场秩序不好，也日益成为一个问题。有必要就农业保险市场要不要对竞争适当加以限制的问题进行论证和研究，以便采取有效措施加以治理。作者认为，我国农业保险市场是一个不完全市场，只能进行有限竞争，原因主要在于，农业保险市场有不同于一般财产和人身保险市场的特点，其价格形成也有不同于其他商业保险价格形成的特点，而实践表明，过分地竞争甚至恶性竞争，既损害国家利益也损害投保农户的利益。实际上，很多国家的农业保险市场也都是采取了适当限制竞争的制度安排或者采取了相应的措施。在论证的基础上，提出了一些限制过度市场竞争的途径和举措。

**关键词：**农业保险；市场主体；适度竞争

从中央财政开始支持农业保险的2007年开始，农业保险经过了十年的发展，取得了长足发展。2006年全国农业保险的保险费收入只有8.46亿元，2016年末农业保险费收入达到417.7亿元，是2016年的49.37倍。同年，为农业提供的风险保障高达2.1万亿元，农作物承保的面积扩大到17.21亿亩，比前一年分别增长了11.32%，9.91%和19.03%，10年发展成就不言而喻。

不过农险市场也有困惑，有的地方市场竞争无序就是困惑其一。目前，各省、自治区、直辖市市场上的农险经营主体多寡不等，有的只有一、两家，有的多达10几家。在竞争主体多的省份，因为无序竞争甚至恶性竞争导致的问题不少。省级政府不知如何对待如何引导，监管部门是有想法没办法。怎样认识农业保险市场的这种竞争，正确认识和引导农险市场有序、有限地竞争，值得进一步讨论。

## 一、农业保险的经营模式和市场竞争

根据国务院2012年11月发布、2013年3月生效的《农业保险条例》，我国农业

---

* 本文原载《保险理论与实践》2017年第2期。

作者简介：庹国柱，首都经济贸易大学保险系教授，农村保险研究所所长，博士研究生导师。

保险实行“政府引导，市场运作，自主自愿，协同推进”的原则。同时第三条第三款规定“省、自治区、直辖市人民政府可以确定适合本地区实际的农业保险经营模式”。就笔者的理解，这就是说在政府财政税收等政策的引导下，由商业性保险公司根据市场的原则对农业保险进行竞争性经营。而这种竞争秩序要由各个省、自治区和直辖市根据本地情况做出安排。

从目前全国的实际情况来看，各省、自治区、直辖市农业保险经营模式的安排不尽相同，选择一家还是多家经营主体在本地市场上经营农业保险，是“省级农业保险经营模式”的主要内容之一。选择多少经营主体和如何在本地进行竞争性经营，不同省、自治区、直辖市采取的政策和措施是不同的，有的省份（例如上海和安徽），只允许一、两家保险经营机构经营农业保险，有的省（例如浙江和海南等）面对不同保险公司的要求，采取“多家保险公司联合共保”的方式，在共保体内，给不同市场主体分配一定的承保份额。也有的省（例如江苏）采取“政府与保险公司联合共保”的方式，还有的省份为避免多家公司在一地竞争，就采取“划区经营”或“分险种经营”的方式。这些制度安排的目的性完全相同，有的省份希望有尽可能多的竞争主体，期望优化市场结构，认为这既符合中央关于市场化改革的大方向，也有利于本省农业保险的发展。但有的省份不这样认为，似乎觉得市场主体太多不好把控，容易产生无序竞争，所以采取了适当措施限制多家主体在农业保险市场上的无序竞争甚至恶性竞争。

10 年实践证明，凡是那些完全放开市场，有多家，甚至十几家保险公司在一省甚至一县一乡一村竞争的地方，农业保险市场秩序往往比较混乱，政府寻租问题比较突出，这不仅大大提高了农业保险的经营成本，降低了农业保险经营效率，白白损失了政府支持农业保险的宝贵资源，更重要的是损害了一批干部。已经有不少问题严重的省份，一批又一批保险公司的各层经理和各级政府官员，因为贪污受贿或者套取国家财政资金的严重问题受到严厉处罚以致入狱。对农险市场的经营主体不加限制，敞开大门是有问题的。而那些对农险市场上的主体及其竞争适当加以限制的制度设计，是有利于农业保险市场健康发展的。

## 二、为何需要对农险市场的竞争加以限制

我国农业保险市场是在政府介入之下形成的不完全市场。在这个市场中作为投保人和被保险人的农户实质上不是唯一农业保险的需求方，而政府是最主要的需求方。所以，由政府参与的这种政策性农业保险，在本质上是政府购买的国家农业风险管理服务。经营农业保险的供给主体虽然可以在这里进行竞争，但是鉴于这个市场的特殊性，特别是这类产品的“准公共品”性质，其竞争的空间比较小，只能在有限范围内有管制地进行。具体说来：

### （一）有限竞争是由农业保险的特质决定的

在农业保险的商业性经营的条件下，因为市场失灵，除了雹灾保险和火灾保险等单风险保险之外，像现在这样的具有广泛保险责任的所谓“多风险农业保险”最终是不会有市场的，也就不会有农业保险的商业性经营。这是被很多国家一再证明过的事实。所以，我们国家也好，美国、加拿大这样的农业保险发达国家也好，才在政府支持下建立了“政策性农业保险”制度（或者叫“政府支持的农业保险”制度）。这种农业保险市场就是一个缺乏投保人自主需求和在政府补贴拉动的不完全的市场。这种准公共品经营的利润是受到严格限制的，一般来说都是“微利”经营（例如，西班牙政府就规定政府补贴的这类农业保险的经营利润不能高于1%～1.5%）。这就难以完全采用市场竞争的规则。

而我国设计的农业保险制度模式是类似于美国现行的“政府与市场合作”模式。在这种制度模式之下，政府实际上控制着两种保险资源：一种是“区域或地盘”，另一种是“政府提供的高达80%的保险费补贴”。在这种情况下，让保险公司通过完全的竞争获得经营权利，就意味着向掌握着这两种资源的政府部门及其官员输送利益，谁输送的利益多，谁就能胜出。有一个省曾经发生过有关政府部门委托一家中介公司进行农业保险招标并分配市场资源的问题，这家中介公司招标时开出的条件之一就是由保险公司报价中介佣金。后来的结果是，哪家保险公司报出的佣金率高就可以得到较大的经营地盘。这就完全扭曲了市场竞争。是不是可以这样说，没有或少有保险经营主体之间的竞争，制度的“漏损”将大大减少。

### （二）有限竞争也是由农业保险价格形成特点决定的

农业保险的价格主要由三部分组成，即风险损失率、经营管理费用和承保利润。从理论上说，第一项农业生产的风险损失概率是客观的，不会因为经营技术的改进或者经营效率的提高而降低。第三项利润也是被严格限制的（比如上面说的西班牙，在我国这个利润里被限制在“财产保险行业平均承保利润率”的限度内）。而变动或者能改进的只能是第二项，即通过农险服务效率的提高降低经营管理费用。但是经营管理费用的降低的空间是很有限度的。在我国，农业保险在基层的竞争，基本上没有多少空间，因为农业经营的地域广阔，保险的直接营销技术含量不高，拼的是辛苦，而且产能很低。而大家在这里竞争的手段，基本上只有一种，那就是寻租，通过寻租从行政部门获得通行证，拿到更大的地盘或者得到更多的业务。如果将这种竞争延伸到村里，也只能是向村干部（或协保员）寻租。这样竞争的后果除了提高经营管理费用，创造腐败的温床之外，根本不能降低农业保险的经营管理费用。

农业保险是在广阔的农村进行的，经营费用本来就比较高（要真正依靠保险公司自己展业、定损和理赔的话），根据某省保监局在本省多地的调查和细致测算，投保一亩小麦农户自交20%的保险费3.5元，保险公司要是完全靠自己入户展业收费，费用成本是 5.3 元。在这种情况下，竞争的结果必然是促使费用进一步上升，而且这个费用最终还是要由政府和农户双方承担。对于这样的竞争结果，无论从政府的角度还是从投保农户角度都是得不偿失的，不愿意接受的。

### （三）农业保险具有自然垄断的特性

农业保险投保人高度分散，保险标的极其广阔，相对来说“产能”很低，如果有多家公司在同一个县乡村竞争建立网络服务体系，或者在同一个乡村聘用“协保员”，肯定无法实现规模经济。根据经济学的原理我们知道，“一个企业能以低于两个或者更多的企业的成本为整个市场供给一种物品或者劳务，如果相关产量范围存在规模经济时自然垄断就产生了”（参见王华春《公共部门经济学》，北京师范大学出版集团，2009）。所以，至少在一个县范围内要由一个企业实行垄断性经营才可能实现规模经济。也就是说，应当限制农业保险在一个县的竞争。

前面说，农业保险的价格实际上不具有竞争性，但有人说，即使在价格方面不大可能竞争，在服务方面也会通过竞争加以改进。而实际情况似乎并不支持这种观点。

根据笔者在多省市的调查和观察，在那些经营主体众多的地方，各家经营机构的心思不可能都用在改善和提高服务质量上，而主要的着力点是如何搞定政府主管官员和掌握实际权力的政府部门，以便得到更大的地盘和业务，而不是集中精力在产品和服务上下工夫。而恰恰是那些竞争主体很少的省市，那里的业务做得细致，在如何适应市场需求，满足投保农户的愿望方面做的工作很多，受到当地政府的称赞，也得到投保农户的欢迎。可见，“充分竞争”不可能改善农险服务水平，而恰恰是适度垄断倒是能提高服务水平。

我想，这可能也是最近财政部发布的《中央财政农业保险保险费补贴管理办法》里规定各省“招标时要考虑保持一定期限内县域经办机构的稳定，引导经办机构加大投入，提高服务水平”的理由。

## 三、努力避免过度竞争是一些国家农险制度安排的考虑

我们讨论国内农业保险市场的竞争问题，也可以在国外找参照系。看看外国是怎样处理和对待农业保险市场上的竞争的。

国外的农业保险市场，商业性农业保险自然是完全的市场竞争规则。但是那些有政府介入农业保险制度，采取财政和税收政策支持的农业保险（我们把这种农业保险叫政策性农业保险）的国家，实际上也是在努力避免市场竞争或者限制过度的市场竞争。

据笔者有限的了解，农业保险做得比较成功的美国，在 1980 年之前对一切险（或多风险）农业保险（以下简称农业保险）完全由政府所属的联邦农作物保险公司（FCIC）实行垄断性经营。1980 年之后他们进行农业保险制度改革，逐步引进商业保

险公司参与农险的经营，1996年以后，联邦农作物保险公司（FCIC）才完全退出农业保险的直接保险业务，把这部分业务完全交给经过审批的商业保险公司经营。但是，要做农业保险的商业性保险公司必须符合FCIC规定的条件，才能取得经营许可。在拥有1 000多家财产保险公司的美国，愿意和能进入政策性农业保险直接保险经营的商业性保险公司总共有20几家（每年春天公布当年的经营主体名单），做种植业保险的公司有10几家，做养殖业保险的公司也有10几家。而且一般来说，大部分州，一州只有一家或两家保险公司经营。因为保险产品基本上都是FCIC统一开发的，保险费率和经营管理费补贴完全是由FCIC规定的（当然也鼓励商业保险公司自行开发新的保险产品，经过FCIC审定批准后采用），不同公司之间不可能在价格领域有任何竞争，加之美国的农业保险体制跟我国不一样，它们的政府，除了提供财政税收支持政策和进行监管之外，各级政府都不会参与到保险活动中来，所以在美国，看不到激烈的竞争，因为竞争实际上被大大弱化了。

加拿大从1959年起开始通过立法建立有政府支持的农业保险制度，发展政策性农业保险，先后由各省自主决策，并由各省政府出资建立本省国有农业保险公司，垄断性经营本省的多风险农作物保险。它们这种垄断性公共经营模式一直坚持到现在。从近60年的实践看来，这种垄断性经营是成功的，而且这种公共经营模式的效率非常高，其多年平均综合费用率只有6%～8%（参见《保险理论与实践》2016年第6、7、8期），相当于美国政府支付的费用的三分之一左右。

在欧洲，西班牙的政策性农业保险也是做得比较好的，但它们为了在这种政府支持的农业保险领域避免不必要的竞争，采用了多家商业性保险公司“共同保险”模式来经营，而且如上所述，政府规定利润率不超过1%～1.5%。这就完全规避了竞争可能带来的效率损失。

其实，发展政策性农业保险比较早的亚洲国家菲律宾，也是由政府所属的国有农作物保险公司从事农业保险经营。在发展中国家，农业保险做得比较好的规模比较大的是印度，而印度的政策性农业保险，也是先后由政府所属的国有“财产保险公司”和“农业保险股份有限公司”独家经营。

从1947年颁布《农业灾害补偿法》之后开始实行强制性农业保险的日本，70年的农业保险经营在世界上也是比较成功的案例之一。它们的这类多风险农业保险，没有商业保险公司介入，而是充分发挥了日本农业合作制度的优势，以农业合作社为依托普遍建立起农业保险相互社，全国都是由这些农业保险相互社经营农业保险。自然没有任何市场竞争，也不会有竞争带来的弊端。至于这种垄断性合作经营的效率，根据笔者看到的文献介绍，是不太高，它们的费用率超过30%，跟车险经营费用率差不多。

当然，完全由商业性保险公司实施政策性农业保险经营的国家也是有的，例如，巴西、智利、法国、意大利等国。只是笔者对它们市场上的竞争状况，政府有没有一些竞争限制不大了解。表1是世界银行2008年调查了65个国家之后，整理出来的各国农业保险制度模式一览表。读者可以从中较全面地了解这方面的信息。

**表 1　世界农业保险制度模式一览表**

| 模　式 | | 特　征 | 例　子 |
|---|---|---|---|
| 公共经营模式 | | 通常有唯一的或者垄断的保险人；<br>政府是唯一或者主要的再保险人 | 加拿大、塞浦路斯、希腊、印度、伊朗、菲律宾 |
| 没有政府支持的私营保险经营模式 | | 商业或者相互制保险公司（非寿险公司或专业农业保险公司）；<br>积极参与市场竞争；<br>从国际商业再保险市场上购买比例或者非比例再保险 | 阿根廷、南非、澳大利亚、德国、匈牙利、荷兰、瑞典、新西兰 |
| 政府市场合作经营模式（也译作公私合作模式） | 垄断保险人经营的国家农业保险方案 | 国家补贴下的商业保险部门提供的种植业和养殖业保险，通过单一的实体提供标准保单和统一的费率结构，该实体负责理赔。在该模式下，政府提供高水平的保费补贴和再保险支持 | 商业保险机构联合共同保险：西班牙、土耳其；<br>单一国家保险人：韩国 |
| | 较高管制水平下的商业竞争模式 | 商业保险公司参与市场竞争，但政府严格控制保单的设计和费率的标准，并且保险人为了获得政府的保费补贴，要向所有类型和所有地区的农民提供农业保险 | 葡萄牙、美国 |
| | 较低管制水平下的商业竞争模式 | 商业保险机构可自己选择开展农业保险的地区和承保风险，并自己制定保费水平。政府的主要角色是提供保费补贴 | 巴西、智利、法国、意大利、墨西哥、波兰、俄罗斯 |

资料来源：Mahul，Olivier and Stutley，Charles J. Government Support to Agricultural Insurance：Challenges and Options for Developing Countries［R］. World Bank，2010：65-66.

总之，笔者根据上述所了解的有限信息分析推断，认为在农业保险这个特殊的保险领域，不适合像普通财产保险和人身保险领域那样进行充分的竞争。竞争应该被严格加以限制。这有利于农业保险市场的健康发育和减少农业保险效率的损失。

## 四、如何限制农险市场的无序竞争甚至恶性竞争

我国 31 各省、自治区、直辖市都已建立本省的农业保险经营模式，市场主体的格局基本形成，虽然已经有 31 家财产险公司进入了农险经营行列，也还有一些财产保险公司在争取进入农业保险市场。在这种态势下，各省、自治区、直辖市应当考虑本省市场主体及其竞争格局，因地制宜地采取增加、减少、对现有市场主体及其竞争格局加以调整等必要措施，适当限制无序的甚至是恶性的竞争，促进本地农业保险的健康和高效率发展。

### （一）农险市场经营主体不是越多越好

如果简单化一些，一个省要避免因为市场经营主体太多而发生无序或者恶性竞争问题，最简单的办法是让竞争性主体少一些。

允许本地有多少农业保险经营主体，中央政府并未有做出明确规定。但既然《农业保险条例》说“省、自治区、直辖市人民政府可以确定适合本地区实际的农业保险经营模式”。这里的“经营模式”就包括经营主体的种类和数量。种类无非是商业性保险公司、合作保险组织等。就是说允许哪些类的保险组织和选择多少经营主体进入本地市场完全由本省（直辖市、自治区）自行确定。

保险监督管理部门从监管实践出发，并不希望各地农业保险市场的竞争是充分竞争和无序竞争的，而主张有限竞争和有序竞争。但限于国务院不许对现有财产保险公司经营农业保险另外设置“门槛”的规定，无法硬性限制财产保险公司进入各省的农险市场。《农业保险条例》已经经过修订，撤销了经营农业保险需要另外审批的有关条款，保监会曾起草的一些满足农业保险经营条件的规定，由于各方争论非常激烈，到现在也没有拿出来。实际上也就无法在“进入”和“退出”两头加以限制和把控。这不仅是一个需要解决的监管难题，也是一个制度完善的课题。

### （二）多家经营主体联合共保是限制无序竞争的一种途径

经营主体已经较多的省份，也可以采取浙江省的办法（也就是上面介绍的西班牙的办法），那就是将所有经营主体组织到“联合共保体”里来，通过协商给不同主体分配份额。当然，联合共保体只能按照“规定动作”操作，承保大宗产品或通用产品。与“共保”的同时，也可以允许共保体内各家公司单独开发“特色产品”。这样也许既防止了恶性竞争，也充分调动了各家公司的积极性。

这种“种联合共保”，可以有首席承保人，但也要重视发挥参与共保的市场主体的积极性和主动性，共同决策和管理“共保体”，才会使这种机制发挥良好的作用。

### （三）划区经营也是可以选择的限制竞争的方式之一

第三种途径就是由行政部门通过一定方式给不同经营主体划片经营，在同一个区域，公司之间的业务不交叉。区域的大小至少应该大于县。就是说，一个公司经营范围至少以县为单位，而且一旦范围确定至少三年之内不要变动。在一个县的范围内不竞争，有利于公司在该县范围内进行经营网络建设，避免资源的巨大浪费。同时公司投入长期资源后，如果因服务不到位被更换，将会有巨大的沉没成本，这也会倒逼公司加强管理、改进服务。有的省按照险种划分区域也是不错的选择。

### （四）加大监管力度通过退出机制限制无序竞争

第四种途径就是通过淘汰机制减少本地的经营主体，从而达到限制恶性竞争的目的。对于那些违规严重的保险经营机构可以取消其在某个区域甚至全省的经营资格。第一次严重触犯法规法律，可以停止其在某个区域内一年或两年的业务，如果再次犯规就永久取消在该区域甚至全省的经营资格。这不仅对于每个经营主体合规经营是个很好的促进，也对实现有限竞争目标是一个良好的约束。当然强制性“退出”并不是目的，而且要这样做，需要当地的监管资源整合，并有比较统一的监管意志。如果监管制度不统一，不同监管主体（例如保险监管部门、财政部门和农业、林业部门等）之间意见不一致，违规处罚甚至市场退出的决定也很难下达和实施，监管效果就不会好。当然这是需要讨论的另一个问题。

### （五）规范各级政府代理业务的费用，严厉打击农险市场的寻租行为

县、乡、村有关行政或事业部门或人员代理农业保险业务，是现行农业保险体制下的特殊问题，这种非正式代理活动适应了当前我国小规模经营的农户众多，保险机构直接展业、理赔不便和降低成本的需要。在实现全国农业规模化经营之前，这种代理的组织渠道和方式还具有其历史地位。但是鉴于在保险经营主体可能产生无序竞争的条件下，少数地区营销费用以致整体费用率有不断上升的趋势，因此，以笔者之见，限制农险市场的竞争必须与整顿代理渠道，规范代理费用标准，制止相关代理机构和人员讨价还价、漫天要价的现象，与严厉打击政府寻租相结合，才能有效遏制无序竞争甚至恶性竞争，真正起到限制竞争的效果和目的。

也许有人会说，对代理渠道费用设限，不是违反了《反不正当竞争法》吗？这恰恰是问题的关键之一。笔者认为，农业保险作为政策性保险计划，必须明确：不适用《反不正当竞争法》，其理论正如上面所论证的，农业保险是自然垄断产品。在市场经济发达的美国、加拿大，是由财政预算来严格规定经营管理费用的，其纯费率是由各不同风险区的风险损失率决定的，农业保险费率基本上是没有竞争的，表明在美国、加拿大的农业保险，应该也不适用其《反不正当竞争法》。

## 参考文献

［1］Mahul，Olivier and Stutley，Charles J. Government Support to Agricultural Insurance：Challenges and Options for Developing Countries［R］. World Bank，2010.

［2］冯文丽，庹国柱．我国农业保险市场经营主体数量控制［J］．征信，2013（9）：71-74.

［3］王华春．公共部门经济学［M］．北京：北京师范大学出版集团，2009.

# 农业保险领域犯罪的经济学分析

## ——基于142个判例的研究

裴　雷　姚海鑫

**摘要**：2007年以来，我国农业保险得到快速发展，同时涉及农业保险的犯罪问题也随之在不止一个省大量出现并受到严肃处罚，加强对此类问题的研究具有迫切的现实性和重要意义。本文在对142个判例分析的基础上，运用成本收益理论和期望效用理论对农业保险领域的犯罪决策进行了经济学分析，探讨了犯罪行为人的成本收益、风险偏好与犯罪决策的关系。在此基础上，从解决信息不对称、减小犯罪偏好和提高犯罪难度三个方面提出了治理涉农保险犯罪的一些思考和建议。

**关键词**：农业保险；犯罪决策分析；成本收益；风险偏好

## 一、问题的提出

农业保险是现代金融保障农业生产的重要手段，是国际通行的对农业支持保护的"绿箱政策"[①]，我国农业保险业务的开办已经有60多年的历史。2007年开始，国家财政拨出专项补贴资金，通过地方财政资金的配套，对主要粮食作物保险费予以补贴。自此，我国的农业保险进入了快速发展的通道，到2015年，玉米、水稻、小麦三大口粮作物平均承保覆盖率超过65%，承保农作物品种超过170个，基本覆盖农、林、牧、渔各个领域，农业保险在国民经济中作用日益突出[②]。与此同时，涉农保险领域的犯罪问题也随之出现，并有蔓延之势，吉林省检察机关在2012年开展的专项行动中，仅用半年时间就查办与农业保险相关的贪污贿赂案件80余件，涉案300余人[③]。之后，在其他省份的检查中也发现类似问题。农业保险领域的犯罪多发、频发，影响到保险机制作用的有效发挥，降低了国家财政资金的支农、惠农力度和效果，也侵害了广大农民的合法权益。探寻涉农业保险领域犯罪发生的原因和有效治理方法，具有重要的现实意义。

---

作者简介：裴雷，辽宁大学商学院博士研究生；姚海鑫，辽宁大学商学院教授，博士生导师。

① 绿箱政策，出自WTO乌拉圭回合农业协议，是WTO成员政府实施的不引起贸易扭曲的对农业的支持政策，指执行某项农业计划时，其费用由纳税人负担而不是从消费者中转移而来，且对生产者没有影响的农业支持措施。

② 摘自2015年12月31日《中国保险报》。

③ 摘自2013年11月13日《人民日报》。

犯罪经济学是20世纪60年代在美国兴起的一门交叉学科，运用经济学原理、方法和工具来研究犯罪现象、变化规律及其预防控制。Becker（1968）假设罪犯是经济学中的"理性人"，分析了犯罪主体进行犯罪时的决策，认为犯罪是个人出于理性假设的经济选择行为，开创了经济学研究的一个全新领域。在此基础上，其他学者运用效用理论、边际理论和成本收益理论等经济学理论对犯罪行为进行了分析。国内对于犯罪经济学的研究开始于20世纪90年代，陈正云（1996）将经济学的基本原理引入到犯罪问题研究中，认为罪犯实施犯罪行为的决策基于对其犯罪"效益"与犯罪成本、刑罚成本尤其是预期刑罚成本之间的比较分析。关于特定犯罪领域的研究集中在运用成本收益方法来研究具体犯罪行为。邓文莉（2007）运用成本收益分析方法对环境犯罪的产生原因和刑罚效应进行了分析；刘期湘（2014）对食品犯罪的成本和收益进行了详细分析，运用博弈分析方法对刑罚的有效性进行了探讨。对于农业保险犯罪领域的研究，国内学者有所涉猎；庹国柱（2014）提出了农业保险在经营中存在不合规操作的具体表现和加强监管的必要性；庹国柱（2015）系统地分析了垫付保费的危害，指出保险人与乡村干部合谋垫付保费时容易引发违法犯罪问题。现有研究主要是从农业保险合规经营的角度进行分析，而关于我国农业保险经营模式对犯罪行为人的影响，以及农业保险领域犯罪的表现、成因及治理对策等，目前国内学者进行深入研究的还比较少。

本文收集整理了2013—2015年农业保险领域的142个判例，通过统计分析揭示了犯罪行为的主要特点，并结合我国农业保险经营模式特点，运用经济学的基本原理，对农业保险领域犯罪问题进行分析，据此提出相关政策建议。

## 二、对农业保险领域犯罪判例的分析

### （一）农业保险经营模式概述

2007年以来，中央财政加强了对农业保险的补贴力度，在中央财政种植业保险保费补贴管理办法中规定，补贴地区省级财政部门补贴25%的保费后，财政部再补贴35%的保费，其余保费由农户承担，或者由农户与龙头企业、地方财政部门等共同承担，具体比例由补贴地区自主确定。以吉林省为例，2011年中央、省级、市县各级政府对种植业农业保险保费的补贴比例分别是40%、25%、15%，其余20%保费由投保农户自行缴纳；养殖业保费补贴比例分别为50%、10%、20%，其余20%保费由投保农户自行缴纳。在财政补贴资金的管理上，各地一般采取"自下向上"的补贴政策，要求在农民缴纳保费保单生效后，县、市、省级和中央财政依次进行补贴。在具体业务操作中，由于我国农村土地耕种比较分散，每户农民耕种土地面积较小，以农户为单位进行投保无论对农户本身、保险公司还是财政拨款工作来看都是不现实的。《农业保险条例》对此做了相应的制度安排，第十条规定，农业保险可以由农民、农业生产经营组织自行投保，也可以由农业生产经营组织、村民委员会等单位组织农民投保。目前，我国大多数政策性农业保险采取的都是村民委员会组织投保、代保险公司收缴保费，经乡镇农业、财政部门审核汇总后由保险公司逐级上报，申请财政补贴资金。这种经营模式对于扩大农业保险承保覆盖面发挥了重要作用，从2007—2015年短短8年间，保费收入从51.8亿元增长到374.7亿元，增长6.2倍，承保的主要农作物从2.3亿亩增长到14.5亿亩，增长5.3倍，三大主粮作物平均承保覆盖率超过70%，走过了发达国家几十年乃至上百年走过的道路。

但这种操作模式也为农业保险领域违法犯罪行为的发生提供了土壤。首先，这种模式存在信息不对称问题，在集体投保的代办模式下，保险人与被保险人并不直接发生接触，为相关人员从事犯罪活动提供了便利条件，最典型的是一些基层农业组织在代办农业保险过程中在农民不知情的情况下，垫付农民应缴纳的保费进行投保，发生灾害后不敢让保险公司查勘现场，否则按灾情据实赔付给农民后，其垫付的保费无法收回。其次，保费中的财政补贴部分，特别是省及以上60%的财政补贴，并非投保人缴纳，却成为了农业保险运行体系中的主要资金来源，在监管不到位的情况下，可能发生骗取国家财政补贴的违法罪犯行为。最后，我国耕地确权工作还没有完成，保险标的的确定性和唯一性无法得到完全保障，加之农业保险查勘定损技术复杂，现有农业保险产品逐户承保、逐户理赔的特点加大了保险公司经营的难度，也为农户或基层农业组织骗取赔款提供了便利条件。

### （二）农业保险领域犯罪判例分析

本文收集了全国2013—2015年涉及农业保险领域犯罪的142个判例[①]，涉案241人，所涉罪名包括贪污罪、滥用职权罪、玩忽职守罪、诈骗罪、受贿罪、职务侵占罪和单位受贿罪等7项。其中贪污罪和滥用职权罪涉案数量最多，分别为78件和30件，占全部案件的54.93%和21.13%，其涉案人员分别为143人和54人；其他罪名涉案数量和涉案人数详见表1。

**表1　2013—2015年农业保险领域犯罪案件分罪名统计表**

| 所涉罪名 | 案件数量 | 占比 | 涉案人数 |
|---|---|---|---|
| 贪污罪 | 78 | 54.93% | 143 |
| 滥用职权罪 | 30 | 21.13% | 54 |
| 玩忽职守罪 | 11 | 7.75% | 11 |
| 诈骗罪 | 11 | 7.75% | 16 |
| 滥用职权罪、受贿罪 | 2 | 1.41% | 2 |
| 受贿罪 | 2 | 1.41% | 2 |
| 贪污罪、滥用职权罪 | 2 | 1.41% | 2 |

① 判例来源：中国裁判文书网 wenshu. court. gov. cn/.

（续）

| 所涉罪名 | 案件数量 | 占比 | 涉案人数 |
|---|---|---|---|
| 职务侵占罪 | 2 | 1.41% | 4 |
| 单位受贿罪 | 1 | 0.70% | 1 |
| 滥用职权罪、贪污罪 | 1 | 0.70% | 1 |
| 滥用职权罪、玩忽职守罪 | 1 | 0.70% | 2 |
| 玩忽职守罪、受贿罪 | 1 | 0.70% | 3 |
| 总计 | 142 | 100.00% | 241 |

资料来源：根据中国裁判文书网判决书整理。

**1. 对判例案情的分析**

在 142 个判例样本中，涉案罪名有 7 个，在具体案情方面主要表现为两种类型。

第一种是职务犯罪类。①贪污罪。判例中出现最多的是村干部利用职务之便虚报投保面积，骗取赔款并据为己有，此类案件被告人一般被判犯贪污罪。典型判例是（2015）呼刑初字第 75 号判决，被告人甘某某任呼图壁县大丰镇祁家湖村会计期间，利用协助大丰镇人民政府统计、上报和发放国家政策性农业保险资金的职务便利，使用其本人、亲属的身份信息虚报小麦、棉花种植面积，购买政策性农业保险，套取农业保险理赔款共计46 411.2元据为已有，被告人甘某某被判犯贪污罪。②滥用职权罪。对于未恰当履行审核职责，明知前述虚报面积套取理赔款行为仍正常进行审批的国家工作人员（一般是乡镇农业部门负责人），多数案例中被告人被判犯滥用职权罪。这类案件的典型代表是（2015）呼刑初字第 120 号判决，被告人王某某担任呼图壁县五工台镇农经站站长期间，不认真履行农业保险审核职责，故意违犯相关规定，采取伪造农户投保信息的方式虚假投保农作物种植面积8 150亩，套取国家政策性农业保险理赔款446 547元，给国家利益造成损失，实际上也是对投保人和被保险人利益的侵害，被告人王某某被判犯滥用职权罪。③玩忽职守罪。对于国家工作人员未恰当履行审核职责，在工作中不负责任地确认了虚报面积的投保行为，并导致套取理赔款发生的情况，多数判例中被告人被判犯玩忽职守罪。这类案件的典型代表是（2014）奇刑初字第 208 号判决，被告人徐某某任奇台县半截沟镇副镇长期间，对相关农业保险统计数据未经审核，即盖章确认，导致国家政策性农业保险理赔金被骗取，造成国家经济损失共计423 543.60元，被告人徐某某被判犯玩忽职守罪。④其他罪名。有两个判例为职务侵占罪，均为保险公司工作人员利用职务之便，编造未曾发生的保险事故进行虚假理赔，骗取赔款据为已有。有一个判例为单位受贿罪，（2015）牟刑初字第 84 号判决显示朱某某任中牟县财政局万滩财政所所长期间，为获取经办保险机构承诺的多于投保金额的“工作经费”，由镇财政出资虚假参保，获取不当款项323 856元，并由中牟县财政局万滩财政所保管、支配、使用，被告人万滩财政所和朱某某均被判犯单位受贿罪。

第二种是个人犯罪类。判例中出现较多的是投保农户个人采用欺骗手段虚假投保或虚假理赔，并将犯罪所得据为己有。典型判例是（2015）呼刑初字第 139 号，农户高某某在上报农业保险种植面积时虚报棉花种植面积 120 亩，采取虚假手段通过大丰镇农经站审核，获得自治区、州、县政府配套保费补贴资金进行农作物投保，获得理赔款 7 200 元，占为己有，被告人高某某被判犯诈骗罪。

从以上典型案情可见，涉农业保险的犯罪主要利用信息不对称进行的职务犯罪和利用农业保险承保理赔复杂的特点进行的个人犯罪，这与我国现阶段农业保险经营模式密切相关。

**2. 对判例特点的分析**

（1）涉案人员身份。在涉案主体上，涉案最多的为村干部 117 人，涉 3 个罪名，105 人为贪污罪，10 人为滥用职权罪，2 人为诈骗罪；乡镇及以上政府工作人员 56 人，绝大多数为乡镇农业部门、财政部门人员和分管的乡镇领导，共涉 6 个罪名，24 人为滥用职权罪，10 人为玩忽职守罪，8 人为贪污罪，其他罪名涉案 1～3 人不等；保险公司工作人员 47 人，涉 4 个罪名，24 人为贪污罪，20 人为滥用职权罪，另有 2 人涉职务侵占罪，1 人涉玩忽职守罪；农民 21 人，涉 3 个罪名，14 人为诈骗罪，6 人为贪污罪，以上两个罪名均系虚假投保骗取财政补贴和赔款，1 人为职务侵占罪，系与保险公司人员串通骗取赔款。

**表 2　2013—2015 年农业保险领域犯罪案件分涉案人统计**

| 罪　　名 | 乡以上干部 | 村干部 | 保险公司人员 | 农民 |
|---|---|---|---|---|
| 单位受贿罪 | 1 | | | |
| 滥用职权罪 | 24 | 10 | 20 | |
| 滥用职权罪、受贿罪 | 2 | | | |
| 滥用职权罪、贪污罪 | 1 | | | |
| 滥用职权罪、玩忽职守罪 | 2 | | | |
| 受贿罪 | 2 | | | |
| 贪污罪 | 8 | 105 | 24 | 6 |
| 贪污罪、滥用职权罪 | 2 | | | |
| 玩忽职守罪 | 10 | | 1 | |
| 玩忽职守罪、受贿罪 | 3 | | | |
| 诈骗罪 | | 2 | | 14 |
| 职务侵占罪 | 1 | | 2 | 1 |
| 总计 | 56 | 117 | 47 | 21 |

资料来源：根据中国裁判文书网判决书整理。

（2）涉案金额。从涉案金额看，对于滥用职权罪和玩忽职守罪为主要罪名渎职类犯罪的涉案金额显著高于贪污受贿类犯罪涉案金额，48 个渎职类案例涉案金额的中位数为 104.76 万元，平均数为 139.54 万元，94 个贪污受贿类判例的涉案金额明显较小，最大涉案金额为 111.04 万元，最小的仅为 1 700 元，平均数 9.52 万元，中位数为 4.82 万元。

**表 3　2013—2015 年农业保险领域犯罪案件描述性统计分析**

| | 渎职类犯罪 | 贪污受贿类犯罪 | 刑期 |
|---|---|---|---|
| 样本数 | 48 | 94 | 78 |
| 最小值 | 12 063 | 1 700 | 0.17 |
| 最大值 | 6 986 352 | 1 110 367 | 11 |
| 平均 | 1 395 359 | 95 220 | 2.54 |
| 中位数 | 1 047 596 | 48 233 | 2 |
| 标准差 | 1 377 271 | 165 437 | 2.16 |

资料来源：根据中国裁判文书网判决书整理。

（3）量刑。从量刑结果看，由于农业保险领域犯罪社会危害较小，量刑普遍较轻，共有 63 个判例被判定罪免处，其余 78 个判例平均刑期 2.54 年，最高的为 11 年，最低的为拘役两个月，其中有 60 个被判缓刑，只有 18 个判例监内执行刑期，占判例总数的 12.68%。

（4）窝案、串案特征。在本文收集的 142 个判例中，多个地区判例集中，呈现窝案串案的特征。例如，新疆维吾尔自治区呼图壁县法院的判例有 17 个，河南省濮阳县法院的判例和河南省驻马店市驿城区法院的判例均为 5 个，这些案件有的是相邻地区的相同作案手法案件，有的是对同一犯罪事实的不同犯罪主体进行判决，呈现了明显的窝案、串案特征。

## 三、涉农保险犯罪决策的经济学分析

### （一）成本收益与犯罪决策的关系

经济学的理性假设认为，人的行为是以实现自我利益最大化为目标的理性决策的结果，犯罪行为人从事犯罪活动时与消费者的消费行为和企业家的投资行为一样，在从事犯罪活动时都需要有成本的投入，而且要进行预期犯罪收益和犯罪成本的比较权衡，只有预期收益大于或远大于犯罪成本时才会实施犯罪活动。

通常认为犯罪成本包括直接成本、机会成本和惩罚成本三个方面。

直接成本一般是指犯罪行为人从计划实施犯罪，到实施犯罪、完成犯罪或者以及逃避刑罚惩罚所付出的人力、财力和物力。与一般刑事犯罪不同，农业保险领域的犯罪不需要准备犯罪工具，其中职务类犯罪主要是利用国家公务人员或企业经办人员的职务便利，利用信息不对称的漏洞，直接成本很低，个人诈骗类犯罪则是利用保险公司或国家相关部门审核不严的漏洞，实施的简单欺骗行为，直接成本也很低，本文用

$C_1$表示直接成本。

机会成本在经济学中是指为了得到某种资源而所要放弃另一些资源的最大价值，机会成本的产生是由于资源的稀缺性、可选择性和人类欲望的无限性导致的。通常，某人拥有的资源是有限的，这种资源又有多种用途，因此他就必须做出选择，就产生了机会成本。对于犯罪行为人来说，机会成本分为两类，一是现实机会成本，即实施犯罪行为而放弃其他劳动带来的收入，在农业保险犯罪行为不需要太多时间精力，因此这类成本很低，可以忽略不计；二是预期机会成本，是指被定罪后犯罪行为人失去的收益，包括公职人员失去工作岗位后丧失的收入，也包括有犯罪前科后失去就业机会和交易机会的损失乃至信誉损失。在农业保险领域的犯罪中，无论对于乡村干部、保险公司工作人员，还是对于普通村民来说，这类成本都很高，直接影响着是否实施犯罪这一决策。机会成本在本文用$C_2$表示。

惩罚成本是犯罪行为可能受到的法律制裁，如经济上的制裁，名誉上的影响以及人身自由受到的惩罚，与犯罪行为人进行犯罪决策相关的是预期惩罚成本，取决两个方面，犯罪行为人认为的定罪的概率和处罚的严厉程度，即预期惩罚成本＝定罪概率×处罚严厉程度。从前文判例分析可以发现，即使被定罪，定罪免处和判处缓刑的占大多数，总的看，农业保险领域的犯罪惩罚成本并不高。本文中，定罪概率用$P$表示，处罚严厉程度用$F$表示，预期惩罚成本用$C_3$表示。

上述分析可以发现，$C_1$和$C_2$的大小与犯罪次数或涉案金额同向变动，为方便讨论，可以假设其边际成本$MC_1$和$MC_2$为常数；随着犯罪次数或涉案金额加大，受到惩罚的概率$P$会越来越大，处罚的严厉程度$F$也越来越大，两者相乘得到的$C_3$的变动幅度可以近似地认为是犯罪次数或涉案金额变动的平方，为方便讨论，假设其边际成本$MC_3$是向上倾斜的直线。

犯罪收益按照是否可以用货币计量分为物质利益和精神利益。前者是指犯罪行为人通过犯罪行为而获得的具有经济价值的利益，即可以用货币加以衡量测算的利益；后者是指犯罪行为人通过犯罪行为获得某种精神上的愉悦和满足。在农业保险领域的犯罪中，贪污受贿类案件犯罪行为人获得的主要是物质利益，渎职类犯罪案件犯罪行为获得的主要是精神利益。从前文对案例的分析看，贪污受贿类案件平均涉案金额不足10万元，最少只有1 700元，收益不高；渎职类犯罪案件的精神收益无法量化，但此类案例主要是国家工作人员未履行必要的审核责任引发了他人实施犯罪行为，这种犯罪行为的精神收益也不会高。本文用$R$表示犯罪收益。其边际收益用$MR$表示，经济学中边际收益通常是递减的。因此，本文假设犯罪活动的边际收益$MR$是向下倾斜的直线。

根据上述分析，犯罪行为人的边际净收益：$M(NR)=MR-MC_1-MC_2-MC_3$

犯罪行为人的决策过程见图1，横轴表示犯罪投入，纵轴表示犯罪预期回报，斜线$MR$表示不同犯罪投入下的边际收益。此处犯罪投入是指犯罪次数或涉案金额，直线$MC_1$表示犯罪的直接边际成本，$MC_2$表示犯罪的机会边际成本，$MC_3$表示犯罪的预期惩罚边际成本，$MR-MC_1-MC_2$表示犯罪行为人不考虑被惩罚的条件下从事犯罪行为能带来的超过从事其他行为更多的边际收益，在图中即为三角形△$ABC$，阴影面积的大小决定了犯罪可能性的大小，从整个社会来说也是犯罪数量的多少，增加$MC_1$、$MC_2$（即图中$MC_1$、$MC_2$线的上移）或者减小$MR$（即图中$MR$线的下移）都能使阴影三角形△$ABC$的面积变小，即提高直接成本、机会成本或减小犯罪收益，起到预防犯罪的作用。与由犯罪行为人自身因素决定的直接成本和机会成本不同，预期的惩罚成本更多地取决于国家对于治理犯罪的制度安排，当预期惩罚边际成本$MC_3$（即图中$MC_3$线的上移）足够大时，就可以不断缩小△$ABC$的面积，乃至完成覆盖△$ABC$，使得犯罪行为人觉得犯罪得不偿失而放弃。但现实中，刑事政策工具要考虑实施效率和成本，特别高的惩罚成本国家无法承担，对社会来说也是不经济的，因此，只能适当减小三角形的面积。此时，对于犯罪行为人来说，边际净收益$M(NR)>0$，在成本收益分析的框架下，实施犯罪行为可能是理性的选择。

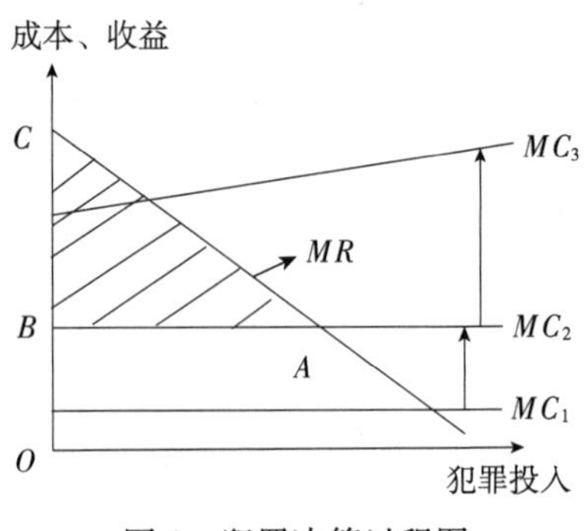

图 1　犯罪决策过程图

## （二）风险偏好与犯罪决策的关系

以上分析将犯罪假设为一般的经济行为，实施者在进行成本收益的权衡后，做出实施犯罪的决策。在同样的成本收益因素下，为什么犯罪者是少数？不同决策者做出相反的决定的原因在于$C_2$、$C_3$中包含行为人主观判断的因素，导致不同决策者对于$C_2$、$C_3$的赋值差异很大，决定了$NR$是否大于0。这个主观因素是决策者对于风险的态度，在经济学中被称为风险偏好，这对决策起到了决定性的作用。犯罪活动是高风险的行为，犯罪活动本身并不能够百分之百成功，即使成功了也会面临着一定概率被发现、被处罚，使得犯罪行为人得不偿失，总之，犯罪净收益具有高度不确定性。假设被发现时犯罪者的净收益是$NR_1$，效用为$U_1$（是$NR_1$的函数），未被发现时的净收益是$NR_2$，效用为$U_2$（是$NR_2$的函数），显然$NR_2>NR_1$，$U_2>U_1$，犯罪被发现的概率是$P$，未被发现的概率是$1-P$，根据冯·诺依曼和摩根斯坦的期望效用函数，犯罪的期望净收益为$E(NR)=P\cdot NR_1+(1-P)\cdot NR_2$，期望效用$E(U)=P\cdot U_1+(1-P)\cdot U_2$。犯罪行为人愿意甘冒被惩罚的风险而追求犯罪的风险收益，其在大多数情况下是风险偏好者，其效用函数是下凸的，即$U(E(NR))<E(U)$。

如图 2 所示，风险偏好越高的行为人，效用函数越弯曲，其确定性等值越大（即图中$CE'>CE$），风险贴水也越大，即$CE'-E(NR)>CE-E(NR)$，犯罪行为人越愿意追求具有高度不确定性的犯罪行为。与风险偏好的改变相比，改变犯罪行为人的净收益也能影响其决策，如图 3 所示，提高被发现时的净收益$NR_1$至$NR_1'$，其期

望净收益相应地从 $E(NR)$ 提高到 $E(NR)'$，风险贴水变小，即 $CE-E(NR)>CE-E(NR)'$，犯罪行为人的犯罪意愿越低。可见，改变犯罪行为人的净收益，如提高直接成本、机会成本和惩罚成本等，能够起到遏制犯罪的作用（与前述成本收益分析的结果一致），但风险偏好是犯罪行为人决策犯罪的根源性原因，改变风险偏好才能对遏制犯罪起到根本性作用。

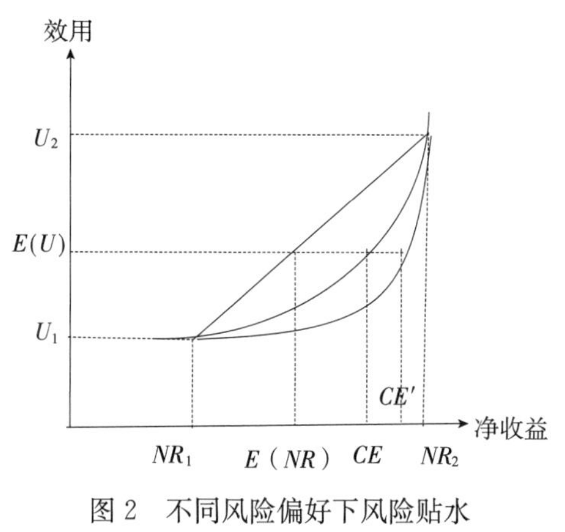


图 2　不同风险偏好下风险贴水

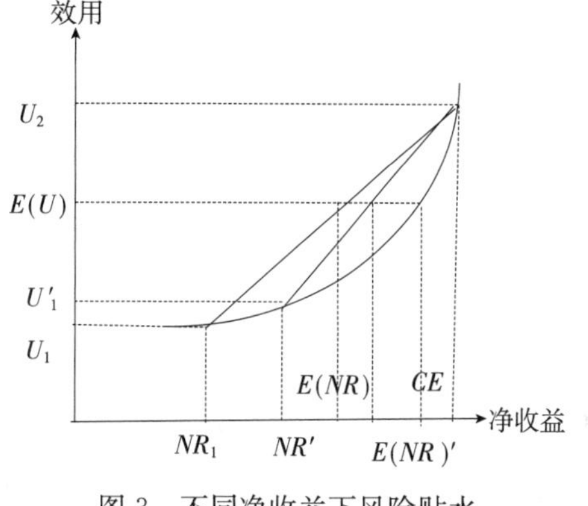


图 3　不同净收益下风险贴水

风险偏好，是犯罪行为人对待不确定的犯罪成本和收益的态度。一方面取决于犯罪行为人的道德水平、自我约束能力和风险态度，在预期受到法律制裁时产生了较强烈畏惧、内疚心理时，犯罪行为人不愿意冒险实施犯罪，这主要靠法制教育和文化教育；另一方面也取决于犯罪行为人对犯罪事实本身的认识，有的犯罪行为人缺乏法律常识，将犯罪行为混同于变通行为和潜规则，这在农业保险犯罪领域尤为突出。在（2015）临刑初字第 120 号判例中，乡农业服务中心工作人员垫付农户自缴保费虚假投保，取得保险公司赔付的虚假理赔款，并获取超过垫付保费的不当利益，被判滥用职权罪及受贿罪，其辩护人出具了如下辩护意见："保险公司对受灾农户进行了'真实理赔'，但这些农户根本没有出资缴纳农业保险费用，这些费用事实上是由被告人或村干部事先垫付的。那么，这些垫付保费的人，是功臣或是罪人？如果当年、当季的农作物大面积或全部受灾，被告人、村干部事先垫付保费的行为，到底是罪人或是功臣？"在这样"充分"的理由面前，犯罪行为人必然有足够的"风险偏好"来实施犯罪，想改变此类风险偏好，需要加强案例宣传和普法宣传，让犯罪行为人更加明确自身行为在合法与违法之间的边界。

## 四、治理农业保险领域犯罪的思考

### （一）如何解决信息不对称

从前面的分析可见，农业保险代办模式下的信息不对称减小了犯罪行为人实施犯罪的直接成本，为犯罪行为提供了便利条件，对此《农业保险条例》已做了制度安排。第十条规定，由农业生产经营组织、村民委员会等单位组织农民投保的，保险机构应当在订立农业保险合同时，制定投保清单，详细列明被保险人的投保信息，并由被保险人签字确认，保险机构应当将承保情况予以公示；第十二条中规定，由农业生产经营组织、村民委员会等单位组织农民投保的，保险机构应当将查勘定损结果予以公示。保监会也在 2010 年要求保险公司办理农业保险要做到五公开三到户，即“惠农政策公开、承保情况公开、理赔结果公开、服务标准公开、监管要求公开”和“承保到户、定损到户、理赔到户”。在实践中，一些基层组织和保险公司并未严格公示制度，有的将公示单张贴在无人查看的地点，有的将张贴单拍照留存证明后，立即撕毁，不敢示人。阳光是最好的防腐剂，能够向广大农民公开的承保、理赔信息的必然是经得起检验的。因此，一定要严格执行公示制度，创新公示的途径。如通过保险公司官方网站、新闻媒体、新媒体、自媒体等多种方式公示承保理赔信息，在当地张贴的要选择人员密集地点进行公示，确保广大农民具有知情权和监督权。

解决代为投保产生的信息不对称问题的另一个方法是减少代办行为的发生，随着我国农户间耕地流转的不断增加，农村的种植大户和农业生产企业越来越普遍，大户的直接投保对于保险公司来说，具有解决经营成本和降低经营风险双重好处，保险公司应在产品开发和定价方面加大对大户投保人的倾斜，鼓励大户直接投保，减少代办行为，相应地，也减少了犯罪数量。

### （二）如何降低犯罪行为人的风险偏好

犯罪的风险偏好来源于对法律的敬畏之心和对犯罪行为的认识程度。目前，我国农村正处于变革期，各种矛盾错综复杂，不光是农业保险领域，整体上农村村官的小额职务犯罪呈现多发、高发态势，根源在于村官的不畏法和不懂法。一方面，一些村官缺乏法律意识，习惯于将自己凌驾于群众之上，道德缺失，拜金主义泛滥，对法律缺乏基本的敬畏之心，这种情况短期内无法得到根治，但是通过加大惩罚力度，提高惩罚成本，降低犯罪净收益能够在短期内有效缓解犯罪高发的问题；另一方面，农业保险领域犯罪中，部分涉案人员法制观念淡漠，对自己行为认识不够，认为占有的赔款是代办保险的“好处费”，认为代为垫付保费是为了完成上级下达的任务，是在做好事。对这类涉案人员要加强法制教育，特别是要发挥已有犯罪判例的警示宣传作用，使相关当事人明确法与非法的边界。

### （三）如何提高犯罪难度

对于处心积虑要实施犯罪的当事人来说，增加犯罪难度提高犯罪成本并不会阻止其犯罪的步伐，但从整个社会来看，提高犯罪难度是能够达到减少犯罪数量的效果的。从保险公司的经营角度来看，要进一步提高承保、理赔技术水平，与其他财产保险合同一样确定农业保险标的唯一性标识，只有明确了投保的农户的标的，才有可能做到承保、理赔真正到户。对于代办组织人员，乡村工作人员来说，就无法浑水摸鱼，大大增加了违规操作的难度。同时，保险公司应加强内控管理，统一定损依据，明确赔付标准，减少基层保险机构和工作人员的“自由裁量权”，可以遏制内部人员骗取赔款，也使外部骗赔无机可乘。提高犯罪难度的另一个路径是简化保险产品，比如，在种植业保险中推广气象指数保险等新型保险产品，实现保险理赔与自然灾害气象指数相关联，按照气象部门对自然灾害情况的权威记录来确定保险理赔金额，简化理赔标准也就提高了犯罪的难度。

## 参考文献


[1] Becker，GS. Crime and punishment：an economic approach [J]. Journal of Political Economy，1968 (3)：169-217.

[2] 陈正云．罪犯的犯罪决策的经济分析 [J]．法律科学，1996 (6)：77-81.

[3] 邓文莉．环境犯罪的成因及其控制对策的经济分析 [J]．法学评论，2007 (6)：110-115.

[4] 杰弗瑞 A 杰里，菲利普 J 瑞尼．高级微观经济理论 [M]．上海：上海财经大学出版社，2008：84-101.

[5] 刘峰．对新常态下农业保险发展改革的几点思考 [N]．中国保险报，2015-12-30.

[6] 刘期湘．食品安全犯罪经济学分析 [J]．江西社会科学．2014 (8)：167-172.

[7] 农业保险政策调查：监管漏洞致贪污贿赂犯罪多发 [N]．人民日报，2013-11-13.

[8] 沈海平．寻求有效率的惩罚——对犯罪刑法问题的经济分析 [D]．北京：北京大学，2008：81-90.

[9] 庹国柱．农业保险几个微观经营和管理问题的探讨 [C] //中国农业保险研究 (2015)．北京：中国农业出版社，2015：185-195.

[10] 庹国柱．完善我国农业保险制度需要解决的几个重要问题 [J]．保险研究，2014 (2)：44-53.

[11] 姚海鑫．财务管理 [M]．北京：清华大学出版社，2013：91-94.

[12] 袁连升，吉林省政策性农业保险发展问题研究 [D]．长春：吉林农业大学，2015：55-56.

[13] 周建波，刘源．农业保险市场中政府责任定位的经济学分析 [J]．农业经济问题，2010 (12)：65-70.

## 政策效应

# 农险财政补贴影响农户行为及种植结构的传导机制*

## ——基于保费补贴前后全国面板数据比较分析

刘 蔚 孙 蓉

**摘要**：本文利用全国31省份粮食作物面板数据，构建静态和动态面板计量模型，对2007年中央财政农业保险保费补贴政策实施前后两阶段比较分析，实证研究农业保险保费补贴对农户参保行为和农户生产行为的影响，以及对种植结构的传导机制。实证结果表明，在农险财政补贴下，农业保险需求与农业种植结构之间存在着相互制约关系，传导机制为农险财政补贴激励农户参保行为，并引发种植结构调整，影响农业保险需求；农户参保后农业收入水平预期发生改变，对农户生产行为产生影响，又反过来引发种植结构调整。在农险财政补贴下，农业保险对粮食作物收入起到稳定作用，一定程度上固化了农户生产行为和种植结构，并引发种植结构从低保险项目向高保险项目转移。

**关键词**：农业保险；财政补贴；农户参保行为；农户生产行为；传导机制

## 一、引言

自2007年我国正式开展中央财政农业保险保费补贴试点工作以来，在保费补贴政策的推动下，我国农业保险呈现蓬勃发展态势，成为稳定农业生产的有效手段。随着保费补贴工作持续深入开展，补贴总量和补贴比例不断提高，2014年我国中央财政农业保险保费补贴资金达到128.94亿元，补贴比例达到75%～80%，带动全国农业保险实现保费收入325.7亿元，为2.47亿户次投保农户提供风险保障1.66万亿元，并为3 500.71万户次农户提供保险赔款214.57亿元，发挥了较好的强农惠农政

* 原载《保险研究》2016年第7期。该文是国家社科基金重大项目“农业灾害风险评估与粮食安全对策研究”（项目编号：13&ZD161）和西南财经大学中央高校基本科研业务费项目（JBK1407147）资助。

作者简介：刘蔚，西南财经大学保险学院讲师、博士，研究方向为农业保险、巨灾保险；孙蓉，博士，西南财经大学保险学院教授，博士生导师，中国保险学会理事，研究方向为保险学、农业保险、保险法。

策效果[①]。到 2015 年，农业保险实现保费收入 374.7 亿元，为投保农户提供风险保障近 2 万亿元[②]。

农业保险保费补贴制度是政府增进农户福利和促进农业发展的公共政策，具有保障农户农业收入的功能，在保费补贴制度下，农户对农业收入水平的反应，将对农户行为（包括农户参保行为和农业生产行为两个方面）产生影响。以种植业为例，农业保险保费补贴对农户行为影响可从两个方面加以考察：一是保费补贴是否影响农户参保行为，提高农业保险需求；二是保费补贴是否影响农户生产行为，引发农户改变种植结构[③]。从我国农业保险发展来看，2007 年中央财政实施农业保险保费补贴政策后，参保农户规模不断扩大，保费收入和保障金额不断提高，农业保险需求处于上升阶段；从我国粮食生产实际来看，近年来种植结构处于持续调整中，如玉米种植面积逐年提高，大豆种植面积逐年下降。在上述背景下，考察我国政策性农业保险制度对农业生产有何影响，具有重要的现实意义。保费补贴政策作为我国政策性农业保险制度的重要组成部分，是否能够有效利用政府财政资金来发展农业保险和促进农业生产，已成为我国农业保险政策的重要议题，也是农业保险保费补贴绩效评价的重要组成部分。

本文以 2007 年中央财政对农业保险实施补贴为节点，以全国 31 个省面板数据为基础，选取稻谷、小麦、玉米、大豆和油料作物等我国最主要的五种粮食作物，从农户参保行为和农业生产行为两方面，考察并比较补贴前后中央财政农业保险保费补贴政策对农户行为和种植结构的影响及其传导机制，并提出相关政策建议。

## 二、文献综述

早期国外研究基于农户行为理论对农户生产行为进行了诠释，理论成果较为丰富，如具有代表性的组织生产学派（A. V. Chayanov，1925）、理性小农学派（Schultz，1964）和历史学派（黄宗智，1992）。组织生产学派认为农户生产遵循需求满足程度和劳动辛苦之间的均衡，农户经济行为主要满足家庭消费而非追求个体利益最大化；理性小农学派认为农户配置生产要素是有效率的，农户经济行为遵循个体利益最大化；历史学派则认为农户经济动机与行为并非单纯满足家庭消费或追求利益最大化，而是二者的结合。随着农户行为理论研究深入，农户行为的范畴拓展到农户消费、生产、投资等方面，一些研究认为农户基于生产者、消费者和劳动力供给者三个维度，进行利益最大化决策（Gary Bacher，1965），还有的研究加入了价格、教育程度、农业技术等因素发展农户行为模型（A. Dorward，2006）。

① 项俊波．中国农业保险发展报告 2015. 天津：南开大学出版社，2016：5.

② 项俊波．做好新时期保险监管工作　实现“十三五”保险业发展的良好开局［J］．保险研究，2016（2）：4.

③ 在粮食种植业内部，农业保险保费补贴引发的种植结构调整与保障水平相关，例如高保险作物项目（如稻谷、玉米）与低保险作物项目（如大豆、油菜）之间的转移。

在农业保险机制中，农户行为主要包括两个方面：一是农户参保行为，与农业保险需求相关；二是农业生产行为，主要是农业保险机制引发的生产结构调整。

在农户参保行为方面，近年来大量国外文献通过对财政补贴的绩效测算，发现农险财政补贴对农户的参保行为具有显著影响，但此类影响是促进还是抑制存在一定争议。大部分文献认为农险财政补贴对保险需求具有正向促进作用，如 Bassoco et al.（1986）发现墨西哥农作物保费补贴高于保费的三分之二时，农户参保积极性就会明显提高；Just et al.（1999）和 Glauber & Collins（2001）以农户参保率为评价标准来衡量农险财政补贴效率，发现农险财政补贴所产生的预期收益，是农户作出参保决策的主要原因；Makki & Somwaru（2001）研究美国农户的参保行为决策表明，农业保险需求明显受到风险程度、保险成本和保费补贴等因素影响。也有文献研究美国农业保险财政补贴后认为对农业保险需求影响不大（Skees，2000）。

农户生产行为是农险财政补贴对农户行为影响的另一个重要方面。财政补贴激励农户作出参保行为决策，当农户参保后，需要考察的是农户生产行为的反应，或者说是农险财政补贴对农户生产行为的影响，将有益于评估农险财政补贴的社会成本和效益。在农险财政补贴约束条件下，由于道德风险存在，农户生产行为如生产要素投入、种植面积和农作物品种的选择，很可能偏好高保险项目而导致农业生产效率损失（Kurosaki & Fafchamps，2002）。国外文献较多从种植结构调整角度进行考察，认为农业保险与财政补贴会引发农户生产行为转变，通过投保农作物配置调整种植结构。Turvey（1992）研究表明，财政补贴前农户在玉米和大豆种植面积比例分配为 6%和 60%，政府补贴农作物保险后，分配比例变为玉米 60%和大豆 40%，说明农业保险补贴会刺激风险行为产生，引发农户增加高保险作物项目。Miao，Feng & Hennessy（2011）研究表明补贴率降低 5%，农作物种植面积就会减少 0.6%；农作物价格降低 5%，农作物种植面积就会增加 1.01%。Russell Tronstadet al.（2014）通过对美国 1995—2011 年棉花种植县域数据分析发现，农作物保险补贴引发棉花种植从低风险高产量区域向高风险低产量区域转移。

从国内文献来看，相关研究主要集中于农业保险及财政补贴对农户收入与农业保险需求影响等问题，如张跃华（2007）；高杰（2008）；周稳海、赵桂玲、尹成远（2014）；祝仲坤、陶假平（2015）；张小东、孙蓉（2015）等。也有少数文献分别分析了农险财政补贴对农户生产行为和种植结构的影响，例如，宁满秀（2006）对新疆玛纳斯流域的棉花生产与农业保险及补贴之间关系进行的研究；宗国富、周文杰（2014）认为农业保险通过同一生产行为内部和不同生产行为之间的收入替代水平和农业保险补偿程度，影响农户生产行为；陈晓安（2015）研究我国农业保险财政补贴与种植业生产关系认为，农业保险在农业生产中发挥了“稳定器”与“助推器”作用，但效果仍不明显。

可见，国内文献对农业保险保费补贴下农户收入及参保行为研究较多，关于农险财政补贴影响农户行为及种植结构的传导机制的相关研究则十分匮乏。本文试图以粮食作物为例，从农户参保行为和农户生产行为两个角度，考察农险财政补贴下农户行为的特征。在现有研究基础上，本文以 2007 年中央农业保险保费补贴政策实施为节点，比较分析 2001—2006 年和 2007—2012 年前后两阶段补贴政策实施效果，并从以下三方面考察农户行为与种植结构：一是财政补贴前后农户参保行为与种植结构关系；二是财政补贴前后粮食作物收入与种植结构关系，三是财政补贴下各类粮食作物种植面积与农业保险关系。

## 三、农险财政补贴对农户参保行为、生产行为及种植结构的影响及其传导机制

中央财政的农业保险保费补贴政策的实施，影响到农业保险制度的运行效果，这些影响反映在农户这一微观主体的行为上，并最终表现为农业保险需求及种植结构调整，这一系列过程和环节的集合即为农险财政补贴影响农户行为及种植结构的传导机制。在农户为理性经济人假定下，农险财政补贴效应的传导，实际上是农业保险这一经济机制中农户利益调整的过程，其中农户对农业生产收入的预期起到了重要中介指标作用，为追求利益最大化，农户可能改变其参保行为及生产行为，调整其种植结构。

### （一）农险财政补贴对农户参保行为影响机制

农户可选择的农业风险管理方式主要包括三类：一是风险自留，包括财务储备、多元化农业生产、非农业生产等；二是风险转移，如农业保险、财务合约等；三是风险救济，如政府救济、社会捐赠等。农业保险作为农户的农业风险管理方式之一，与其余方式存在相互替代关系，当农业保费较高时，农户会选择其他成本更低的替代方式，导致农险需求不足。Goodwin & Rejesus（2008）研究了农场利润、灾害救济和农业保险，认为农户更希望获得政府的灾害救济金而不是购买农业保险，政府的灾害救济计划在一定程度上削弱了农户对农业保险的需求。农业保险保费补贴影响农户参保的机制在于，补贴能够降低农户实际支付的保费，提高农户保费支付能力，激励农户作出参保行为决策，选择参加农业保险方式转移农业风险，进而提高农业保险需求。

农业保险保费补贴对农户参保行为的影响机制可以分为替代效应和收入效应，这两种效应都将增加农业保险的购买数量，共同促进农业保险需求。其中，替代效应是指农业保险与其他农业风险管理替代方式的相对价格变化，意味着在替代性农业风险管理方式价格不变条件下，中央财政对农险的保费补贴提升了农户支付农业保险保费的能力，农业保险相对于该替代方式的收益或效用得到提高，农户作为理性经济人，将更多选择农业保险，农业保险需求提高；而收入效应则是指农户实际收入的增加，即农业保险保费补贴降低了农户实际支付的农业保险保费，意味着农户的可支配收入

增加，消费者预算约束放松，农户在预算约束下，购买农业保险能力提高，农业保险需求增加。

从我国农业保险实践来看，农业保险保费补贴对农户参保具有积极作用，显著提高了农业保险需求，农业保险已经逐步成为我国农业风险管理的重要方式，在农业灾害救助、农业生产保障等方面发挥有效作用。

**表 1　2007—2014 年中央财政补贴与农业保险需求**

| 年份 | 中央财政补贴（亿元） | 农险保费收入（亿元） | 参保农户户次（亿户次） | 风险保障额度（亿元） |
|---|---|---|---|---|
| 2007 | 20.20 | 51.80 | — | 1 720 |
| 2008 | 42.10 | 110.70 | 0.9 | 2 397 |
| 2009 | 51.20 | 133.80 | 1.33 | 3 812 |
| 2010 | 52.10 | 135.70 | 1.40 | 3 943 |
| 2011 | 66.70 | 173.80 | 1.69 | 6 523 |
| 2012 | 128.12 | 240.80 | 1.83 | 9 127 |
| 2013 | 126.88 | 306.60 | 2.14 | 13 869 |
| 2014 | 128.94 | 325.7 | 2.47 | 16 320 |

数据来源：《中国农业保险发展报告 2015》。

从表 1 可见，自 2007 年中央财政实施农业保险保费补贴政策以来，农业保险需求增长较快，2014 年参保农户户次增加到 2.47 亿，为 2008 年的 2.74 倍；2014 年农业保险保费收入为 325.7 亿元，为 2007 年的 6.29 倍；2014 年提供风险保障额度为 16 320亿元，为 2007 年的 9.49 倍。

### （二）农险财政补贴对农户生产行为及种植结构的影响机制

农业收入水平是农户作出生产行为决策的主要因素，以种植业为例，农业收入水平主要与种植面积、作物产量、作物价格、灾害面积和政府财政农业支出等相关。当加入农业保险保费补贴约束条件后，农户在参加农业保险后，其收入水平还受到农业保险赔付与农业保险保费支出等影响。农险财政补贴对农户生产行为的影响在于，财政补贴与农业保险会减少预期农业收入水平的波动，引发不同农作物生产之间的收入替代，导致农户生产行为改变，进而在投保农作物之间重新配置，并最终表现为农业种植结构调整。农户的生产行为决策，取决于对不同农作物收入的替代风险考虑，从作物价格、灾害面积、政府财政农业支出、农业保险赔付等外生变量，以及作物产量、农业保险保费支出等可控变量角度出发，在原作物与替代作物生产之间做出决策。

农业保险保费补贴导致的农户生产行为转变，在种植结构上可从两个方面加以考察：一是保费补贴是否导致农业生产规模增加，如种植面积的扩大，农户耕种更多的边际土地，即引发农户将更多风险较高而利润较低的土地加入农业保险项目；二是保费补贴是否导致农业生产结构转变，如农户减少较低保险农作物如大豆、油料作物等耕种面积，增加较高保险作物如稻谷、小麦、玉米等耕种面积。从我国农业生产实践来看，自2007年中央财政实施农业保险保费补贴政策以后，稻谷、小麦、玉米、大豆和油料作物等五类主要粮食作物的种植面积处于持续调整中，各类作物面积占比发生一定变化，玉米种植面积比例持续提高，大豆种植面积比例持续下降，其余则保持相对稳定（见表2），此类调整趋势与农业保险保费补贴关系如何有待考察。

**表2　2007—2014年中央财政补贴与粮食作物种植结构**

| 年份 | 中央财政补贴（亿元） | 稻谷面积比例（%） | 小麦面积比例（%） | 玉米面积比例（%） | 大豆面积比例（%） | 油料作物面积比例（%） |
|---|---|---|---|---|---|---|
| 2007 | 20.20 | 18.84 | 15.46 | 19.21 | 5.70 | 7.37 |
| 2008 | 42.10 | 18.71 | 15.11 | 19.11 | 5.84 | 8.18 |
| 2009 | 51.20 | 18.68 | 15.31 | 19.66 | 5.79 | 8.61 |
| 2010 | 52.10 | 18.59 | 15.10 | 20.23 | 5.30 | 8.64 |
| 2011 | 66.70 | 18.52 | 14.96 | 20.67 | 4.86 | 8.54 |
| 2012 | 128.12 | 18.44 | 14.85 | 21.44 | 4.39 | 8.52 |
| 2013 | 126.88 | 18.41 | 14.65 | 22.06 | 4.13 | 8.52 |
| 2014 | 128.94 | 18.32 | 14.55 | 22.44 | 3.68 | 8.49 |

数据来源：根据《中国农业保险发展报告2015》和《中国统计年鉴》2008—2015年计算整理而得。

### （三）农险财政补贴影响农户行为及种植结构的传导机制

传统农业保险福利分析理论基于消费者剩余分析方法，以农业生产的产量、价格作为影响因素，研究了农业保险及财政补贴对农户收入影响，其基本假定在于认为农业保险影响农作物产量，导致供给需求关系发生变化，当农产品需求曲线不变时，通过消费者剩余分析方法得出社会福利是否增加（Hazell，1986；Mishra，1996）。事实上，关于消费者剩余农业保险福利分析理论还存在一定争议，部分研究认为财政补贴导致社会福利净损失（Siamwalla & Valdes，1986），农业保险对农作物产量的影响还有待进一步研究。但从现有文献来看，大多数研究表明农业保险和财政补贴对农作物产量产生积极影响，如Orden（2001）对美国农业保险研究发现，农业保险补贴对高风险的农业生产有显著促进作用，1998—2000年部分地区的农业产量最高提高4.1%。农作物产量提高导致农业生产收入提高，表明农业保险和财政补贴影响农户种植结构调整。

农业保险保费补贴对农户行为及种植结构影响的传导机制表现为：农业保险保费补贴引发农户作出参保行为决策，农业保险需求提高；农户在参加农业保险后，补贴与农业保险将影响农户的农业收入水平预期，导致农户重新配置农作物，调整种植结构；当农业种植结构调整后，又会反过来影响农户对农业保险的需求。因此，在农业保险保费补贴约束条件下，农户参保行为和农户生产行为存在相互制约、互为决策因素的影响，单独考察农户参保行为或农户生产行为均不完整。可见，农险财政补贴对农户行为及种植结构影响的传导机制研究应当放在一个统一框架下进行分析。

## 四、数据来源与模型构建

### （一）数据来源

本文选取人均粮食种植业收入、农业保险保费收入、农业保险赔付、受灾面积、政府财政对农业支出、五类粮食作物种植面积和单位面积产量（稻谷、小麦、玉米、大豆、油料作物）以及各类作物价格等指标。人均粮食种植业收入来自《中国农村住户调查年鉴》和《中国住户调查年鉴》①；农业保险保费收入和赔付来自《中国保险年鉴》；受灾面积②和政府财政对农业支出③来自 EPS 数据库；粮食作物种植面积和单位面积产量来自《中国统计年鉴》；作物价格来自《中国农村统计年鉴》（每 50 千克该作物销售价格）。本文数据的时间区间为 2001—2012 年，以 2007 年中央财政农业保险保费补贴试点为界，分为 2001—2006 年和 2007—2012 年两个阶段进行比较分析，数据截面包括全国 31 个省份④，使用计量软件 STATA13，两阶段数据描述性统计量分别见表 3 和表 4。

**表 3　2001—2006 年数据描述性统计量**

| 变　量 | 样本数 | 均值 | 标准差 | 最小值 | 最大值 |
|---|---|---|---|---|---|
| 人均粮食种植业收入（元/人） | 186 | 1 460.583 | 660.224 | 560.70 | 4 232.900 |
| 稻谷种植面积（千公顷） | 186 | 912.288 | 1 013.206 | 0 | 3 931.700 |
| 小麦种植面积（千公顷） | 186 | 745.167 | 1 109.909 | 0 | 5 208.470 |
| 玉米种植面积（千公顷） | 186 | 823.939 | 892.461 | 1.090 | 3 305.130 |
| 大豆种植面积（千公顷） | 186 | 301.065 | 624.716 | 0 | 4 246.130 |
| 油料作物种植面积（千公顷） | 186 | 456.314 | 429.982 | 2.020 | 1 605.830 |
| 农业保险保费收入（百万元） | 186 | 18.673 | 52.599 0 | 0 | 283.160 |
| 农业保险赔付（百万元） | 186 | 13.862 | 38.672 0 | 0 | 232.000 |
| 稻谷单位面积产量（千克/公顷） | 186 | 6 196.286 | 1 634.371 | 0 | 9 201.680 |
| 小麦单位面积产量（千克/公顷） | 186 | 3 269.320 | 1 328.910 | 0 | 6 451.080 |

① 人均粮食种植业收入指标选取年鉴中的人均农业收入指标，根据表 2，从全国范围来看，稻谷、小麦、玉米、大豆和油料作物这五类种植面积占农业种植总面积 70%左右，因此作为人均粮食种植业收入替代变量是合理的。2011 年《中国农村住户调查年鉴》更名为《中国住户调查年鉴》，2002—2013 年该年鉴统计口径未变化。自 2014 年起不再单独统计农业收入指标，故本文实证部分数据长度选取 2001—2012 年。

② 2001—2006 年因数据缺失，该指标为自然灾害面积；2007—2012 年为自然灾害与病虫草鼠害的总面积。

③ 2001—2006 年该指标统计口径为农业财政支出，2007—2012 年改为农林水事务支出，财政部农业保险保费补贴包含在内。

④ 大连、宁波、厦门、青岛和深圳数据分别计入辽宁省、浙江省、福建省、山东省和广东省。

（续）

| 变　量 | 样本数 | 均值 | 标准差 | 最小值 | 最大值 |
|---|---|---|---|---|---|
| 玉米单位面积产量（千克/公顷） | 186 | 4 898.828 | 1 123.038 | 2 944.340 | 8 165.140 |
| 大豆单位面积产量（千克/公顷） | 186 | 1 840.070 | 758.907 | 0 | 4 477.610 |
| 油料作物单位面积产量（千克/公顷） | 186 | 1 933.223 | 603.457 | 583.380 | 4 135.890 |
| 灾害面积（千公顷） | 186 | 1 455.576 | 1 152.303 | 1.100 | 6 659.000 |
| 政府对农业财政支出（百万元） | 186 | 2 080.689 | 1 724.528 | 104.340 | 8 429.440 |

**表 4　2007—2012① 年数据描述性统计量**

| 变　量 | 样本数 | 均值 | 标准差 | 最小值 | 最大值 |
|---|---|---|---|---|---|
| 人均粮食种植业收入（元/人） | 186 | 2 656.338 | 1 675.903 | 472.400 | 11 386.600 |
| 稻谷种植面积（千公顷） | 186 | 956.237 | 1 095.060 | 0 | 4 095.120 |
| 小麦种植面积（千公顷） | 186 | 776.489 | 1 203.242 | 0 | 5 340.000 |
| 玉米种植面积（千公顷） | 186 | 1 030.083 | 1 163.705 | 2.060 | 5 190.600 |
| 大豆种植面积（千公顷） | 186 | 272.291 | 639.782 | 0 | 4 036.530 |
| 油料作物种植面积（千公顷） | 186 | 427.002 | 418.776 | 1.760 | 1 578.910 |
| 农业保险保费收入（百万元） | 186 | 455.834 | 518.489 | 1.550 | 2 317.780 |
| 农业保险赔付（百万元） | 186 | 263.732 | 304.275 | 0.060 | 1 308.930 |
| 稻谷单位面积产量（千克/公顷） | 186 | 6 568.478 | 1 679.409 | 0 | 9 019.90 |
| 小麦单位面积产量（千克/公顷） | 186 | 3 651.151 | 1 464.973 | 0 | 6 898.770 |
| 玉米单位面积产量（千克/公顷） | 186 | 5 353.346 | 1 074.354 | 3 093.590 | 8 737.860 |
| 大豆单位面积产量（千克/公顷） | 186 | 1 916.695 | 716.175 | 0 | 4 615.380 |
| 油料作物单位面积产量（千克/公顷） | 186 | 2 233.390 | 665.418 | 806.750 | 4 408.750 |
| 灾害面积（千公顷） | 186 | 13 843.920 | 11 960.690 | 14.000 | 49 576.000 |
| 政府对农业财政支出（百万元） | 186 | 23 289.980 | 14 723.740 | 2 296.190 | 75 409.000 |

## （二）模型构建

为比较分析 2007 年中央财政农业保险保费补贴政策实施前后两个阶段中，农户行为对农业保险需求和农业种植结构的影响，以及农业保险需求与农业种植结构的关系，本文参照 Goodwin et al.（2004）、Russell Tronstad et al.（2014）和陈晓安（2015）的做法，构建三阶段面板计量模型，表达形式分别为：

$$Premium_{it}=\alpha_1+\sum_{j=1}^{5}\beta_{1j}Sqr_{jit}+\sum_{j=1}^{5}\beta_{2j}Ypu_{jit}+\beta_3 Disqr_{it}+\beta_4 Fiexpd_{it}+\mu_{1it} \tag{1}$$

① 由于《中国农村住户调查年鉴》和《中国住户调查年鉴》种植业收入相关统计指标仅到 2012 年，2013 年后不再单独统计，因此实证部分数据长度只能选取 2001—2012 年。

$$Income_{it} = \alpha_2 + \theta_1 L.Income_{it} + \sum_{j=1}^{5} \theta_{2j} Sqr_{jit} + \sum_{j=1}^{5} \theta_{3j} Ypu_{jit} + \theta_4 Premium_{it} + \theta_5 Payment_{it} + \theta_6 Disqr_{it} + \theta_7 Fiexpd_{it} + \theta_8 L.Fiexpd_{it} + \mu_{2it} \tag{2}$$

$$Sqr_{jit} = \alpha_3 + \lambda_1 L.Sqr_{jit} + \lambda_2 L.Payment_{it} + \lambda_3 L.Ypu_{jit} + \lambda_4 L.Price_{jit} + \lambda_5 Ypuvar_{jit} + \mu_{3it} \tag{3}$$

其中，$i$ 表示省份，取值为 1～31；$t$ 表示年份，取值为 2001—2012；$j$ 表示不同粮食作物，包括稻谷（rice）、小麦（wheat）、玉米（corn）、大豆（bean）和油料作物（oil），取值为 1～5；$Premium_{it}$、$Income_{it}$、$Payment_{it}$、$Sqr_{jit}$、$Ypu_{jit}$、$Disqr_{it}$、$Fiexpd_{it}$、$Ypuvar_{it}$分别代表第 $i$ 省第 $t$ 年的农业保险保费收入、人均粮食种植业收入、农业保险赔付、各类粮食作物种植面积、各类粮食作物单位面积产量、灾害面积、政府财政的农业支出、近五年来各类粮食作物单位面积产量波动。$L.Income_{it}$、$L.Fiexpd_{it}$、$L.Sqr_{jit}$、$L.Payment_{it}$、$L.Ypu_{jit}$、$L.Price_{jit}$分别表示第 $i$ 省第 $t$ 年的人均粮食种植业收入滞后 1 期、政府财政的农业支出滞后 1 期、各类粮食作物种植面积滞后 1 期、农业保险赔付滞后 1 期、各类粮食作物单位面积产量滞后 1 期、各类粮食作物价格滞后 1 期。由于本文截面采取 31 省数据，每阶段时间跨度为 6 年，因此属于面板计量模型中“大 $N$ 小 $T$”的短面板模型（Short Panel），一般可以不用考虑单位根检验和协整检验（白仲林，2008）。

（1）式为考察在不同种植结构下，农险财政补贴对农户参保行为影响，表现为农业保险需求与种植结构关系，本文采取混合回归模型（OLS）、固定效应模型（Fixed Effects，FE）和随机效应模型（Random Effects，RE）三种静态面板计量模型进行估计。（2）式和（3）式为考察农户参保后，农户收入水平与农户生产行为关系，表现为种植结构调整，其中（2）式关注粮食种植业收入与种植结构关系，（3）式关注各类粮食作物种植面积与农业保险关系。由于种植收入和种植面积可能受到往期影响，模型引入被解释变量滞后一期，构建动态面板计量模型，以克服静态面板计量模型忽略往期影响的缺陷，并采用系统广义矩两步法进行估计（two-step System GMM），从本文数据类型来看，“大 $N$ 小 $T$”的短面板特征也适用于系统 GMM 估计。需要注意的是，在动态面板系统广义矩估计中，要满足随机误差项无二阶自相关和无弱工具变量问题，因此需要进行检验，要求为随机误差项二阶自相关检验概率值大于 5%，并且弱工具变量的 Sargan 检验统计量概率值大于 5%。

## 五、财政补贴前后农户行为及粮食作物种植的比较分析

### （一）财政补贴前后农户参保行为与种植结构比较分析

为考察 2007 年农业保险保费补贴实施前后对农户参保行为影响，以农业保险保费收入 $Premium_{it}$ 为被解释变量，代表农业保险需求，反映的是农户参保行为。各类粮食作物种植面积 $Sqr_{jit}$、各类粮食作物单位面积产量 $Ypu_{jit}$、灾害面积 $Disqr_{it}$、政

府财政对农业支出 $Fiexpd_{it}$ 为解释变量，实证结果见表 5。

**表 5　2007 年保费补贴实施前后农业保险需求与种植结构实证结果**

| 变量 | 静态面板模型 | | | | | |
|---|---|---|---|---|---|---|
| | 2001—2006 年 | | | 2007—2012 年 | | |
| | *OLS* | *FE* | *RE* | *OLS* | *FE* | *RE* |
| *Sqrrice* | 0.015** | 0.014 | 0.006 | 0.068 | 0.736* | 0.139* |
| | (2.233) | (0.697) | (0.636) | (1.331) | (1.736) | (1.911) |
| *Sqrwheat* | 0.019** | −0.029 | −0.007 | −0.063 | 0.830*** | −0.116 |
| | (2.504) | (−1.380) | (−0.699) | (−1.185) | (2.665) | (−1.410) |
| *Sqrcorn* | −0.005 | 0.030* | 0.013 | 0.076* | 0.530** | 0.198*** |
| | (−0.736) | (1.758) | (1.080) | (1.902) | (2.331) | (3.190) |
| *Sqrbean* | 0.021*** | 0.115*** | 0.061*** | 0.228*** | 0.449 | −0.052 |
| | (2.703) | (5.595) | (4.112) | (3.315) | (1.320) | (−0.560) |
| *Sqroil* | −0.058*** | −0.014 | −0.019 | 0.372*** | −0.057 | 0.062 |
| | (−3.096) | (−0.393) | (−0.868) | (3.197) | (−0.223) | (0.347) |
| *Ypurice* | 0.001 | −0.002 | −0.001 | 0.011 | −0.011 | −0.005 |
| | (0.422) | (−0.603) | (−0.234) | (0.649) | (−0.352) | (−0.175) |
| *Ypuwheat* | 0.005 | −0.001 | 0.006 | 0.037 | 0.158** | 0.095** |
| | (1.158) | (−0.098) | (1.158) | (1.402) | (2.469) | (2.122) |
| *Ypucorn* | 0.015*** | 0.001 | 0.002 | 0.135*** | 0.107*** | 0.089*** |
| | (3.549) | (0.190) | (0.440) | (4.630) | (2.675) | (2.592) |
| *Ypubean* | 0.017** | −0.002 | −0.002 | 0.123*** | 0.003 | 0.042 |
| | (2.568) | (−0.302) | (−0.316) | (2.776) | (0.048) | (0.824) |
| *Ypuoil* | −0.015 | 0.004 | −0.001 | −0.131** | −0.221** | −0.166** |
| | (−1.581) | (0.398) | (−0.086) | (−2.310) | (−2.258) | (−2.055) |
| *Disqr* | 0.000 | −0.006* | −0.007** | −0.008* | 0.011** | 0.005 |
| | (0.052) | (−1.743) | (−2.129) | (−1.674) | (2.171) | (0.950) |
| *Fiexpd* | −0.002 | −0.000 | −0.001 | 0.015*** | 0.014*** | 0.017*** |
| | (−0.854) | (−0.148) | (−0.349) | (7.066) | (8.113) | (10.895) |
| $\alpha$ | −75.234*** | −12.713 | −11.313 | −979.972*** | −2 614.338*** | −758.533*** |
| | (−2.779) | (−0.254) | (−0.330) | (−5.394) | (−4.380) | (−2.961) |
| *rho* | | 0.957 | 0.871 | | 0.991 | 0.802 |
| *F* | | 29.93 (0.000) | | | 17.78 (0.000) | |
| *Hausman* | | 27.04 (0.000) | | | 14.68 (0.012) | |
| 个体数 | 31 | 31 | 31 | 31 | 31 | 31 |
| *N* | 186 | 186 | 186 | 186 | 186 | 186 |

注：①各变量系数括号内为 *t* 值，*、**和***分别表示在 10%、5%、1%水平上显著；②*rho* 表示扰动项方差来自个体效应的程度，越接近 1 个体效应越大；③*F* 检验为选择 OLS 模型或 FE 模型提供依据，原假设为 OLS 模型可以接受，括号内为 *P* 值；④Hausman 检验为选择 FE 模型或 RE 模型提供依据，原假设为 RE 模型可以接受，括号内为 *P* 值。

表 5 为时间区间分为 2001—2006 年和 2007—2012 年两阶段的实证结果，每阶段都包括混合效应、固定效应和随机效应。首先比较混合效应和固定效应，从 $F$ 检验来看，两阶段 $P$ 值均为 0.000，拒绝混合效应，固定效应优于混合效应；其次比较固定效应和随机效应，从 Hausman 检验来看，两阶段 $P$ 值分别为 0.000 和 0.012，拒绝随机效应，固定效应优于随机效应；再从 *rho* 值来看，固定效应均大于随机效应下的值，对个体效应的说明更好。综合以上，固定效应模型对模型说明更好，为最优选择。

根据上述比较，选择表 5 中第 2 列和第 5 列，对变量系数和显著性进行分析：在 2001—2006 年间，仅玉米和大豆种植面积（*Sqrcorn*、*Sqrbean*）对农业保险需求存在显著正向关系，玉米和大豆种植面积每增加 1 个单位，农户对农业保险需求仅增加 0.003 和 0.115 个单位。在 2007—2012 年间，系数显著的变量明显增多且有较大幅度提高，稻谷、小麦和玉米的种植面积（*Sqrrice*、*Sqrwheat*、*Sqrcorn*）系数显著为正，分别为 0.736、0.080、0.530，说明随着这几类粮食作物种植面积扩大，农户会增加对农业保险需求。小麦、玉米和油料作物的单位面积产量（*Ypuwheat*、*Ypucorn*、*Ypuoil*）系数显著，分别为 0.158、0.107、－0.221、表明小麦和玉米产量的提高会导致提高农户对农业保险需求，而油料作物产量提高却会抑制需求，这可能是由于油料作物属于低保险项目，而小麦和玉米属于高保险项目，当农户支付能力有限条件下，农户更倾向于投保高保险项目。灾害面积 *Disqr* 的系数为 0.011，表明农户对灾害面积的风险感知会增加农业保险需求。政府财政的农业支出的 *Fiexpd* 系数显著为 0.014，表明政府在加大财政投入，提供农业保险保费补贴后，会提高农户的农业保险需求。从以上分析可以看出，在 2007 年政府财政提供农业保险保费补贴后，农户的种植行为、种植效率和政府的财政投入都会增大农业保险需求，对农户的参保行为决策具有正向的影响。

### （二）财政补贴前后粮食种植收入与种植结构比较分析

当农户作出参保行为决策后，农业保险保费补贴通过农业保险影响农户的收入水平，进而对农户的农业生产行为和种植结构产生影响。为考察 2007 年农业保险保费补贴实施前后，农户收入水平变化导致的农业生产行为变化，以人均粮食种植业收入 $Income_{it}$ 作为被解释变量，考虑到农户收入水平可能具有一定惯性，解释变量加入被解释变量滞后一期即上一年度人均粮食种植业收入 $L.Income_{it}$，与各类粮食作物种植面积 $Sqr_{jit}$、各类粮食作物单位面积产量 $Ypu_{jit}$、农业保险保费收入 $Premium_{it}$、农业保险赔付 $Payment_{it}$、灾害面积 $Disqr_{it}$、政府财政对农业支出 $Fiexpd_{it}$ 和上一年度政府财政对农业支出 $L.Fiexpd_{it}$ 作为解释变量进行分析，实证结果见表 6。

表 6　2007 年保费补贴实施前后粮食种植收入与种植结构实证结果

| 变量 | 动态面板模型两步系统 GMM | |
|---|---|---|
| | 2001—2006 | 2007—2012 |
| *L. Income* | 0. 872*** | 0. 961*** |
| | (13. 776) | (23. 364) |
| *Sqrrice* | −0. 212** | 0. 752*** |
| | (−2. 469) | (3. 470) |
| *Sqrwheat* | −0. 109 | 0. 169 |
| | (−1. 563) | (1. 247) |
| *Sqrcorn* | −0. 008 | 0. 350*** |
| | (−0. 084) | (2. 929) |
| *Sqrbean* | 0. 536*** | −0. 539*** |
| | (4. 676) | (−5. 292) |
| *Sqroil* | 0. 252** | −0. 472* |
| | (2. 116) | (−1. 778) |
| *Premium* | 1. 885 | 0. 216** |
| | (1. 106) | (2. 235) |
| *Payment* | −4. 038* | −0. 217*** |
| | (−1. 738) | (−2. 714) |
| *Ypurice* | 0. 029 | 0. 127*** |
| | (1. 502) | (7. 984) |
| *Ypuwheat* | 0. 083*** | 0. 184*** |
| | (3. 106) | (3. 244) |
| *Ypucorn* | −0. 024 | 0. 115*** |
| | (−1. 068) | (3. 624) |
| *Ypubean* | 0. 035* | −0. 044** |
| | (1. 807) | (−2. 039) |
| *Ypuoil* | −0. 013 | 0. 181 |
| | (−0. 334) | (1. 538) |
| *Disqr* | −0. 085*** | −0. 049*** |
| | (−5. 845) | (−8. 936) |
| *Fiexpd* | −0. 038*** | −0. 050*** |
| | (−2. 600) | (−8. 603) |
| *L. Fiexpd* | 0. 088*** | 0. 060*** |
| | (3. 811) | (12. 301) |
| $\alpha$ | −25. 142 | −2 251. 429*** |
| | (−0. 109) | (−7. 031) |

（续）

| 变量 | 动态面板模型两步系统 GMM | |
|---|---|---|
| | 2001—2006 | 2007—2012 |
| *AR*（2） | 0.083（0.934） | 0.352（0.725） |
| *Sargan* | 19.691（0.602） | 13.202（0.658） |
| 个体数 | 31 | 31 |
| *N* | 155 | 155 |

注：①各变量系数括号内为 *t* 值，*、**和***分别表示在 10%、5%、1%水平上显著；②*AR*（2）表示对一阶差分后的残差进行二阶序列自相关检验，原假设为模型不存在二阶自相关性，括号内为 *P* 值；③*Sargan* 表示对动态面板工具变量的过度识别检验，原假设为模型不存在若工具变量，即工具变量均为有效，括号内为 *P* 值。

从表 6 的动态面板两步系统 GMM 实证结果可以得知，两阶段的 *AR*（2）检验 *P* 值分别为 0.934 和 0.725，表明模型均不存在二阶自相关性；两阶段的 *Sargan* 检验 *P* 值分别为 0.602 和 0.658，表明模型均不存在过度识别问题，工具变量均为有效且均为外生，模型不存在内生性问题，因此满足两步系统 GMM 估计的适用条件，估计结果为一致无偏估计。

从表 6 可得知，在 2007 年实施农业保险保费补贴政策前后，农户种植不同粮食作物对种植业收入的影响有较大差异。人均粮食种植业收入滞后 1 期 *L. Income* 估计系数在两阶段均显著为正，在补贴后从 0.872 增加到 0.961，说明往期农业种植结构对当期种植业收入具有较高的影响，农户种植行为具有一定惯性。但对于不同粮食作物品种而言，农业保险保费补贴对农户种植行为的影响具有差异性。2007 年前，稻谷、小麦和玉米种植面积（*Sqrrice*、*Sqrwheat*、*Sqrcorn*）的系数为负，大豆和油料作物种植面积（*Sqrbean*、*Sqroil*）的系数为正，表明在没有农险财政补贴时，农户作为理性经济人，为提高粮食作物收入水平，通常选择扩大大豆和油料作物种植面积，减少稻谷、小麦和玉米种植面积。而 2007 年农业保险保费补贴政策实施后，稻谷、小麦和玉米种植面积的系数变为正，大豆和油料作物种植面积系数变为负，且系数均有较大程度变化，其中稻谷种植面积系数从－0.212 提高到 0.752，小麦种植面积系数从－0.109 提高到 0.169，玉米种植面积系数从－0.008 提高到 0.350，大豆种植面积系数从 0.536 降低到－0.539，油料作物种植面积系数从 0.252 降低到－0.472，农户为提高收入水平应该转为扩大稻谷、小麦和玉米种植面积，减少大豆和油料作物种植面积。可以看出，2007 年实施农业保险保费补贴政策后，农户的粮食作物收入水平受到了显著影响，导致农户的种植行为也发生较大变化，从种植低保险项目如大豆和油料作物，向高保险项目如稻谷、小麦和玉米转移。

从粮食作物的单位面积产量系数来看，稻谷、小麦和玉米（*Ypurice*、*Ypuwheat*、*Ypucorn*）系数显著为正，分别提高到 0.127、0.184、0.115，说明保费补贴下，农户若提高稻谷、小麦和玉米的生产效率，能够提高种植业收入水平，促进农户更多耕种这三类粮食作物；大豆 *Ypubean* 的系数为－0.044，说明保费补贴下，农户不具有提高大豆生产效率来提高收入的动机。农业保险保费收入 *Premium* 代表当年农业保险保障水平，农业保险赔付 *Payment* 代表当年农业风险水平，2007—2012 年二者系数显著，基本相等但系数相反，分别为 0.216 和－0.217，表明农业保险保费补贴政策实施后，农业保险的保障基本能够覆盖农业风险，使种植业生产得以良好发展。灾害面积 *Disqr* 的系数显著从－0.085 降低到－0.049，表明农业保险保费补贴后，灾害水平对粮食作物收入的负面影响得到抑制，农业保险起到了“稳定器”作用。

### （三）财政补贴前后农业保险影响各类粮食作物种植面积的比较分析

在农险财政补贴下，农户为提高农业生产收入，具有改变农业生产行为和调整种植结构动机，因此需要进一步考察农户对各类粮食作物种植结构的分配与农业保险的相关性。由于农户种植行为具有一定惯性，当年种植结构调整将受到上一期经济因素影响，因此模型加入滞后变量，以各类粮食作物种植面积 $Sqr_{jit}$ 作为被解释变量，与上一年度各类粮食作物种植面积 $L.Sqr_{jit}$、当年农业保险保费收入 $Premium_{it}$、上一年度农业保险赔付 $L.Payment_{it}$、上一年度各类粮食作物单位面积产量 $L.Ypu_{jit}$、上一年度各类粮食作物销售价格 $L.Price_{jit}$、各类粮食作物近五年来单位面积产量波动 $Ypuvar_{jit}$、政府财政对农业支出 $Fiexpd_{it}$ 和上一年度政府财政对农业支出 $L.Fiexpd_{it}$ 作为解释变量进行分析，实证结果见表 7。

**表 7　2007—2012 年各类粮食作物种植结构与农业保险实证结果**

| 变量 | 稻谷 | 小麦 | 玉米 | 大豆 | 油料作物 |
|---|---|---|---|---|---|
| *L.Sqr* | 1.018*** | 1.000*** | 1.024*** | 0.972*** | 1.141*** |
| | (901.920) | (221.996) | (146.231) | (1 238.432) | (191.587) |
| *Premium* | 0.037*** | －0.017*** | 0.052*** | －0.114*** | 0.004* |
| | (21.360) | (－3.773) | (5.001) | (－46.932) | (1.682) |
| *L.Payment* | 0.044*** | 0.027*** | 0.197*** | －0.111*** | －0.083*** |
| | (17.661) | (4.361) | (27.083) | (－48.553) | (－17.052) |
| *L.Ypu* | 0.002** | 0.028*** | 0.041*** | 0.006*** | －0.013*** |
| | (2.236) | (5.048) | (14.899) | (2.609) | (－3.459) |
| *L.Price* | 0.179*** | －0.417*** | 0.143 | 0.107 | 0.168*** |
| | (3.777) | (－3.499) | (0.661) | (1.537) | (9.890) |
| *Ypuvar* | 0.008** | 0.022* | 0.131*** | －0.037*** | 0.027 |
| | (2.115) | (1.943) | (6.288) | (－4.910) | (1.602) |
| *Fiexpd* | －0.000 | 0.003*** | 0.001*** | 0.004*** | －0.000* |
| | (－0.488) | (9.773) | (5.039) | (26.050) | (－1.803) |
| *L.Fiexpd* | －0.002*** | －0.003*** | －0.003*** | －0.003*** | －0.002*** |
| | (－10.795) | (－12.703) | (－7.952) | (－28.635) | (－6.850) |

（续）

| 变量 | 稻谷 | 小麦 | 玉米 | 大豆 | 油料作物 |
|---|---|---|---|---|---|
| $\alpha$ | −30.722*** | −82.023*** | −280.924*** | 1.230 | 2.321 |
| | (−3.688) | (−4.754) | (−12.008) | (0.085) | (0.379) |
| *AR*（2） | 1.121（0.262） | −0.458（0.647） | −1.171（0.241） | 0.460（0.646） | 0.193（0.847） |
| *Sargan* | 25.655（0.267） | 21.316（0.501） | 22.838（0.411） | 28.055（0.174） | 26.495（0.231） |
| 个体数 | 31 | 31 | 31 | 31 | 31 |
| *N* | 155 | 155 | 155 | 155 | 155 |

注：①各变量系数括号内为 *t* 值，*、**和***分别表示在 10%、5%、1%水平上显著；②*AR*（2）表示对一阶差分后的残差进行二阶序列自相关检验，原假设为模型不存在二阶自相关性，括号内为 *P* 值；③*Sargan* 表示对动态面板工具变量的过度识别检验，原假设为模型不存在若工具变量，即工具变量均为有效，括号内为 *P* 值。

从表 7 的动态面板两步系统 GMM 实证结果可以得知，五类粮食作物的 *AR*（2）检验 *P* 值均大于 0.1，表明模型均不存在二阶自相关性；*Sargan* 检验 *P* 值均大于 0.1，表明模型均不存在过度识别问题，工具变量均为有效且均为外生，模型不存在内生性问题，因此满足两步系统 GMM 估计的适用条件，估计结果为一致无偏估计。

上一年度各类粮食作物种植面积 *L.Sqr* 系数均显著为正且接近 1，表明农户的农业生产行为在粮食种植结构方面具有惯性，稻谷、小麦和玉米种植面积系数基本一致，分别为 1.018、1.000、1.024，大豆种植面积系数略有降低为 0.972，油料作物种植面积系数则略有提高为 1.141。当年农业保险保费收入 *Premium* 代表当年农业保险需求和保障水平，上一年度农业保险赔付 *L.Payment* 代表往期农业保障水平，为综合考察农业保险影响因素，考虑两个变量系数之和。稻谷、小麦和玉米显著为正分别为 0.081、0.010、0.249，大豆和油料作物显著为负分别为−0.225、−0.079，说明在农业保险保费补贴实施后，农业保险将改变农户的粮食作物种植行为，使农户扩大稻谷、小麦和玉米等高保险项目种植面积，减少大豆和油料作物等低保险项目种植面积，其中玉米种植面积提高幅度最大，大豆种植面积降低幅度最大，稻谷、小麦和油料作物种植面积基本稳定，表明农业保险保费补贴导致农业保险对粮食作物种植面积具有一定固化作用和转移作用，不同品种呈现差异性。从上一年度各类粮食作物单位面积产量 *L.Ypu* 和各类粮食作物近五年来单位面积产量波动 *Ypuvar* 来看，各类粮食作物的系数均显著，考虑两个变量系数之和，稻谷、小麦、玉米、大豆和油料作物分别为 0.010、0.050、0.272、−0.031、0.014，表明农户往期粮食作物生产效率对玉米影响最大且为正，其余作物则相对保持稳定。从往期农产品价格 *L.Price* 系数来看，除小麦外均为正，表明农产品价格的上升会提高农户种粮积极性。从以上分析可以看出，在 2007 年政府财政提供农业保险保费补贴后，农业保险会影响农户的生产行为决策，具体表现为农业保险需求和保障水平引发农户的种植行为改变，进而导致粮食作物的种植结构调整。

### （四）实证结果分析

从前述分析可以得知，在农险财政补贴影响农户行为和种植结构的传导机制作用下，农户参保行为和农户生产行为相互影响，具体表现为农业保险需求和农业种植结构相互制约关系。该传导机制可从以下三个方面加以考察：一是 2007 年中央财政农业保险保费补贴政策实施之后，财政补贴提高了农户参保积极性，并引发种植结构调整影响农业保险需求，其中稻谷、小麦和玉米的种植规模对农险需求具有显著正向影响，系数分别为 0.736、0.080、0.530，表明农业保险需求受到农业种植结构制约。二是在农业保险保费补贴激励下，农业保险稳定了粮食作物收入，基本覆盖了粮食作物生产风险，但农户的收入水平预期也发生改变。对稻谷、小麦和玉米而言，种植面积对粮食作物收入影响的系数分别为 0.752、0.169、0.350，单位面积产量对粮食作物收入影响的系数分别为 0.127、0.184、0.115，而大豆和油料作物的相关系数则为负数。从农户追求利益最大化角度考虑，为提高粮食作物收入水平，农户具有扩大稻谷、小麦和玉米的种植面积和生产效率的动机，而缺乏扩大大豆和油料作物生产的动机，种植结构将出现调整，表明农业种植结构一定程度上受到农业保险需求制约。三是农业保险保费补贴对农户生产行为具有固化作用，种植结构保持相对稳定，但对不同粮食作物而言的影响有一定差异性。农业保险对稻谷、小麦和玉米种植面积影响的系数分别为 0.081、0.010、0.249，而对大豆和油料作物种植面积影响的系数分别为－0.225、－0.079，说明农业保险对种植结构的影响，表现为引发农户生产从低保险作物如大豆、油料作物等项目，向高保险作物如稻谷、玉米等项目转移。

## 六、结论及政策建议

本文以 2001—2012 年全国 31 省份的粮食作物面板数据为研究对象，以 2007 年中央财政实施农业保险保费补贴政策为时间节点，通过 2001—2006 年和 2007—2012 年两个时间区间的比较分析，考察了农险财政补贴对农户参保行为和农业生产行为影响，以及农户行为影响种植结构调整的传导机制。从实证结果来看，在农业保险保费补贴约束条件下，农户参保行为与农业生产行为互为决策因素，农业保险需求与农业种植结构具有相互影响、相互制约的关系。传导机制为农业保险保费补贴激励农户作出参保行为决策，而种植结构是影响农业保险需求的重要因素；农户参保后农业保险机制改变了农户收入水平预期，导致农业生产行为转变，又反向引发种植结构调整。研究结果表明，我国在政府实施农业保险保费补贴政策后，农业保险基本覆盖了粮食作物风险，减少了各类灾害造成的损失，对粮食作物收入起到了稳定器的作用，保障了粮食生产安全；农业保险保费补贴对粮食作物种植结构有一定固化作用，但对于不同粮食作物品种具有差异性，表现为引发农户种植结构从大豆和油料作物等低保险项目，向稻谷、小麦和玉米等高保险项目转移，其中大豆和玉米的调整趋势比较显著。

我国中央财政农业保险保费补贴政策在稳定农户收入和保障粮食生产安全方面起到了重要作用，提高了农户的种粮积极性，对稻谷、小麦和玉米等三大主要粮食作物生产起到了促进作用。但实施农业保险保费补贴后，农业保险引发了农户对粮食作物种植结构的调整，在当前我国农业保险按照“广覆盖、低保障”原则的前提下，不利于优化我国粮食作物种植结构。从我国粮食生产安全、优化粮食生产结构角度出发，需要进一步推进农业保险保费补贴政策，更好地发挥农业保险的“稳定器”与“助推器”功能。要完善农业保险保费补贴的利益诱导机制，引导农户加入农业保险；继续加大财政补贴力度，从“保成本”向“保产量、保价格、保特色”转变，稳定和提高农户农业收入，提高农户种粮积极性；实施差异化补贴，依据不同地区、不同农作物品种、不同保障水平来引导农户种植行为，优化粮食作物种植结构。

## 参考文献


[1] A. 恰亚诺夫 . 农民经济组织 [M] . 萧正洪，译 . 北京：中央编译出版社，1996：54-60.

[2] 陈晓安 . 农业保险财政补贴的绩效评估：农业种植结构调整角度 [J] . 保险职业学院学报，2015（4）：52-58.

[3] 高杰 . 农业保险对农民收入的影响及其政策涵义 [J] . 财政研究，2008（6）：48-51.

[4] 黄宗智 . 长江三角洲小农家庭与乡村发展 [M] . 北京：中华书局，1992：8-10.

[5] 宁满秀 . 农业保险与农户生产行为关系研究 [D] . 南京：南京农业大学，2006.

[6] 西奥多·W. 舒尔茨 . 改造传统农业 [M] . 梁小民，译 . 北京：商务印书馆，2006：32-35.

[7] 项俊波 . 做好新时期保险监管工作　实现“十三五”保险业发展的良好开局 [J] . 保险研究，2016（2）：1-16.

[8] 宗国富，周文杰 . 农业保险对农户生产行为影响研究 [J] . 保险研究，2014（4）：23-30.

[9] 周稳海，赵桂玲，尹成远 . 农业保险发展对农民收入影响的动态研究：基于面板系统 GMM 模型的实证检验 [J] . 保险研究，2014（5）：21-30.

[10] 张小东，孙蓉 . 农业保险对农民收入影响的区域差异分析——基于面板数据聚类分析 [J] . 保险研究，2015（6）：62-71.

[11] 张跃华，施红 . 补贴、福利与政策性农业保险——基于福利经济学的一个深入探讨 [J] . 浙江大学学报（人文社会科学版），2007（6）：138-146.

[12] 祝仲坤，陶建平 . 农业保险对农户收入的影响机理及经验研究 [J] . 农村经济，2015（2）：67-71.

[13] Andrew Dorward. Market and pro-poor agricultural growth：insights from livelihood and informal rural economy models in Malawi [J] . Agricultural Economics，2006，35（2）：157-169.

[14] Bassoco L. M.，Cartas C. and Norton R. D. Sectoral Analysis of the Benefitsof Subsidized Insurance in Mexico [M] . in Crop Insurance for Agricultural Development：Issues and Experience. Hazell，P. B. R.，C. Pomareda，and A. Valdes，eds.，Baltimore and London：the Johns Hopkins University Press，1986.

[15] Gary Becker. A Theory of the Allocation of Time [J] . Economic Journal，1965（299）：493-517.

[16] Glauber J. W. and K. J. Collins. Risk Management and the Role of the Federal Government [C] . Regional Research Project NC-221 Conference，Financing Agriculture and Rural America：Issues of

Policy，Structure and Technical Change，McLean，Virginia，October 1-2，2001.

[17] Goodwin B. K. and J. L. Deal. An Empirical Analysis of Acreage Effects of Participation in the Federal Crop Insurance Program [J]. American Journal of Agricultural Economics，2004，86 (4)：1058-1077.

[18] Hazell P.，Pomareda C.，and Valdes A. Crop Insurance for Agricultural Development：Issues and Experience [M]. Baltimore：The Johns Hopkins University Press，1986.

[19] Just R. E.，L. Calvin，and J. C. Quiggin. Adverse Selection in Crop Insurance：Actuarial and Asymmetric Information Incentives [J]. American Journal of Agricultural Economics，1999，81 (4)：834-849.

[20] Kurosaki T. and M. Fafchamps. Insurance market efficiency and crop choices in Pakistan [J]. Journal of Development Economics，2002，67 (2)：419-453.

[21] Makki S. S. and A. L. Somwaru. Evidence of Adverse Selection in Crop Insurance Markets [J]. Journal Risk Insurance，2001，68 (4)：685-708.

[22] Miao R.，H. Feng and D. A. Henne. ssy. Land Use Consequences of Crop Insurance Subsidies[C]. Agricultural & Applied Economics Association's 2011 AAEA & NAREA Joint Annual Meeting，Pittsburgh，Pennsylvania，July 24-26，2011.

[23] Mishra P. K. Agriculture Risk，Insurance and Income：A Study of The Impact and Design of India's Comprehensive Crop Insurance Scheme [M]. Aldershot：Avebury Publishing，1996.

[24] Siamwalla and Valdes. Should Crop Insurance be Subsidized? [M]. in Crop Insurance for Agricultural Development：Issues and Experience. Hazell，P. B. R.，C. Pomareda，and A. Valdes，eds.，Baltimore and London：the Johns Hopkins University Press，1986.

[25] SkeesJ. R. Agricultural Insurance Programs：Challenges and Lessons Learned. Workshop on Income Risk Management [C]. Session 4：from risk-Pooling to Safety Nets：Insurance Systems，DECD，Paris，May 15-16，2000.

[26] Tronstad R. and R. Bool. U. S. Cotton Acreage Response to Subsidized Crop Insurance，1995 to 2011 [C]. Agricultural & Applied Economics Association's Crop Insurance and the 2014 Farm Bill Symposium，Louisville，KY，October 8-9，2014.

[27] Turvey C. G. An Economic Analysis of Alternative Farm Revenue Insurance Policies [J]. Canadian Journal of Agricultural Economics/revue Canadienne D Agroeconomie，1992，40 (3)：403-426.

# 我国农业保险保费补贴资金使用效果评价：方法与证据*

张祖荣

**摘要：** 我国中央财政农业保险保费补贴已实施十年，客观评价保费补贴效果具有重要意义。本文构建了保费补贴资金使用效率指标和评价方法，运用2007—2014年农业保险统计数据，在估算农户自缴保费的基础上，分析了我国保费补贴的转移支付效应与补贴资金的使用效率。结果表明，2007—2014年期间，我国农户平均每支付1元保费，就能得到2.94元的损失补偿；但政府平均每提供1元保费补贴资金，农户仅获得约0.85元赔款，即政府财政补贴资金不仅没有带动更多资金参与农业风险损失补偿，而且补贴资金本身出现大量耗散。进一步按照本文提出的评价方法，说明我国保费补贴资金的使用是缺乏效率的。为提高保费补贴资金使用效率，应适时调整保险费率，适度提高保障水平，加强监督管理，严格市场准入条件。

**关键词：** 农业保险；财政补贴；效果评价；政策建议

## 一、引言

农业保险是现代农业风险管理的重要手段，在保障农业生产、稳定农民收入等方面发挥着积极作用。但是，国内外研究表明，在没有政府财政补贴的情况下，农业保险的市场化经营难以成功（Wright & Hewitt，1990；庹国柱等，2003）。因此，对农业保险提供政府财政补贴成为世界各国开展农业保险的普遍做法。我国2007年开始实行中央财政农业保险保费补贴试点，至2013年，中央财政保费补贴已在全国范围内实施，各级地方政府也对政策性农业保险给予了不同程度的财政支持。据统计，2007—2015年，中央财政累计拨付保费补贴资金达780多亿元，年均增长约27%①。2016年初财政部又颁发了文件，再次提高了产粮大县稻谷、小麦和玉米三大粮食作物保险的补贴比例。政府实施保费补贴，目的是通过促进农业保险的发展来保障和促

* 本文是国家社科基金项目“我国农业保险保费补贴效果评价与适度保费补贴率问题研究”（批准号：13BJY182）；广东省自然科学基金“基于田野问卷调查的广东省农业保险财政补贴政策效应研究”（项目编号：2016A030313766）阶段性成果。

作者简介：张祖荣，广东财经大学国民经济研究中心、经济贸易学院教授，硕士生导师，研究方向：政策性农业保险。

① 参见《中央财政加大对产粮大县三大粮食作物农业保险支持力度》：http：//www.gov.cn/xinwen/2016-01/08/content_5031527.htm.

进农业生产，稳定和增加农民收入（张祖荣等，2016）。我国农业保险保费补贴已经实施10年，补贴效果如何？怎样评价？如何改进？这是政府、业界与学界普遍关注的重要问题。

国内外关于农业保险保费补贴效果的研究主要集中在以下三个方面：

一是保费补贴提高了农户参与率，矫正了农业保险市场失灵。保险市场运行的基本原理是大数法则。Just et al.（1999）研究表明，如果政府不提供保费补贴，那么只有农作物灾害风险级别很高的极少数农户会投保农业保险，无法满足大数法则的要求；如果政府提供的保费补贴比率足够高，那么那些农业风险较低原本不会参加农业保险的农户也可能投保，投保农户的数量增加足够多，农业保险市场才得以有效运行。Babcock & Hart（2000）对美国农业保险的研究表明，保费补贴比例的提高，增加了投保农户的预期边际收益，激发了农户参加农业保险的积极性，提高了投保率，矫正了市场失灵。1994年后，美国加大了农业保险支持力度，多次提高保费补贴比例，2000年后各险种的保费补贴比例平均达到60%，2007—2010年间的投保率达到了80%～85%（Smith & Glauber，2012），补贴效果明显。国内方面，钟甫宁等（2007）对新疆的棉花保险投保情况进行了调查研究，结果表明，当保费补贴率大于50%时，棉花保险的覆盖率大约可以达到90%。施红（2009）对浙江省农业保险实证研究表明，政府通过对农户提供保费补贴、分担风险的方式介入农业保险，提高了农户的投保率，在一定程度上克服了农业保险市场失灵。于洋等（2009）定量分析了我国农业保险财政补贴前后的市场供求状况，研究发现，政府财政补贴扭转了农业保险市场供求失衡状况，并测度出保费补贴对改善市场供求的贡献率达到82.13%。冯俭等（2012）的研究表明，保费补贴政策对农业保险需求具有显著的调节效应，增强了农户购买农业保险的持续性。

二是保费补贴促进了农业生产，增加了农产品供给。Mishra（1996）对印度农业保险的研究表明，农业保险的开展提高了农场主的专业化生产程度和生产效率，使农产品产量显著增加。Yang & Leatham（1997）的研究也证实了农业保险财政补贴具有积极的供给效应，即政府提供保费补贴的农作物保险，都一定程度地增加了该种农产品的供给。Glauber（1999）对美国北达科他州小麦种植情况进行了统计分析，政府对小麦保险提供保费补贴后，小麦种植面积明显地增加了，相比于没有提供小麦保险保费补贴的年份，该州的小麦种植面积平均约增加了约8万公顷。Orden（2001）的一项研究表明，美国农作物保险实施保费补贴后，农作物产量显著增长，增长幅度最高达到4%。O'Donoqhue et al.（2009）研究了美国保费补贴对农场主生产的影响，结果表明，保费补贴显著促进了农户的专业化生产，提高了农业生产效率。国内方面，谢家智等（2009）的研究也表明了政策性农业保险具有激发农户生产积极性，增强农户扩大农业生产和增加农业投入的意愿，以及降低农业灾害损失风险、提高农业产量、增加农产品供给等功效。王向楠（2011）实证研究结果证实了保费补贴条件下农业保险促进了农业生产、增加了农业产出，尤其是在农业生产风险较高的地区更为明显。周稳海等（2015）研究了河北省 2007—2013 年 11 个县市的政策性农业保险的影响效应，也得出了相似的结论。

三是稳定和增加了农户收入。保费补贴增强了保险机制实现收入再分配的功效，对稳定和提高农民收入起到重要作用。Kraft（1996）研究了有无政府财政补贴两种情况下的农业保险对农户收入影响的分布函数，结果表明，在财政补贴情况下，农业保险增强了农户收入的稳定性，并使农户收入水平得到了显著提高。对投保农户而言，政府提供保费补贴时，农业保险赔款额超过了农户缴纳的保险费，实现了政府财政资金的转移支付，投保农作物保险的预期收入增加，避免了收入降至某一水平以下的可能性（伍中信等，2009），因而，政府对农业保险的补贴具有稳定和增加农民收入的功能。Goodwin（2001）研究发现，美国在 1981—1999 年期间，农户平均每支付 1 美元保费，得到 1.88 美元的损失补偿，保费补贴成为向农户转移支付的政策工具。方伶俐（2008）研究了保费补贴稳定和增加农户收入的机理，首先，保费补贴刺激了农业保险需求，对保费收入产生了乘数效应，并通过灾害补偿方式平滑农户的收入水平，稳定和增加了农民收入。其次，保费补贴本身实质上是对农户的一种转移支付方式，从而增加了农民收入。吴定富（2009）指出，政策性农业保险是运用保险原理对农户进行间接转移支付的创新方式，是反哺农业、农村的重要渠道。郭颂平等（2011）从保险的损失分摊功能出发，研究了政策性农业保险对参保农户的收入调节作用，政府通过对农户实行保费补贴，实现转移支付，通过保险机制实现收入再分配，稳定和提高农民的可支配收入水平。冯俭等（2012）研究发现保费补贴政策对低收入农户的转移支付效果更为明显。施红等（2014）基于田野调查的数据，研究了农业保险对农户农业收入的稳定效应，结果表明，农业保险对于农户补贴时期的农业收入，尤其是小规模生产农户的农业收入，起到了很好的平滑作用。

综上所述，保费补贴对矫正农业保险市场失灵、促进农业生产与增加农产品供给以及稳定和增加农户收入等方面的效果已有较充分的研究，但对保费补贴资金使用效果缺乏深入研究。本文着重从农业保险保费补贴资金使用效率的视觉，考察保费补贴资金的使用效果。本文的重要创新之处是，构建了农业保险保费补贴资金使用效率指标及其评价方法，实证研究了我国农业保险保费补贴的转移支付效应与补贴资金的使用效率。在此基础上，评价了我国农业保险保费补贴资金的使用效果，提出了改进补贴资金使用效果的政策建议。

## 二、农业保险保费补贴资金使用效率评价指标与方法

### （一）农业保险保费补贴资金使用效率评价指标的构建

开展政策性农业保险的基本动机是政府通过向投保农户提供保费补贴，激发农户的投保积极性，增加农业保险有效需求，动员更多的资金参与农业灾害损失补偿（即保险赔款）。因此，本文定义农业保险保费补贴资金使用效率为农业保险赔款与保费

补贴资金的比。即：

$$保费补贴资金使用效率=\frac{农业保险赔款}{保费补贴金额}\times 100\% \tag{1}$$

这一相对指标的含义是，政府财政每提供1元保费补贴，农户获得了多少元的损失补偿（保险赔款）。理论上，这个比值大于1，政府财政补贴资金才是有效率的，这个比值在一定范围内越大，表明动员参与农业灾害损失补偿的资金越多，政府财政补贴资金使用效率越高。当然，政策性农业保险实施之初，或某些年份，这一比值小于1也很正常的，因为农业灾害风险损失年际间的差异较大，保险赔款年际间的波动也较大。

从金融角度来看，保险是对不可预计的经济损失重新分配的融资安排，同时也是一种收入再分配机制。国内外研究表明，由于农业保险风险的特殊性，农业保险比普通财产保险的价格高，而农民的可支配收入低，在没有政府财政补贴的情况下，农业保险缺乏有效需求，无法形成有效的农业保险市场；在政府提供保费补贴的条件下，等同于降低了农业保险价格，农业保险的有效需求增加，农业保险市场得以形成（张祖荣，2012）。农户自缴保费部分可以看成是由于政府提供保费补贴的激励对农业保险的引致需求。农业保险赔款中超出保费补贴金额的部分可以看成是保费补贴引致的参与农业灾害损失补偿（收入再分配）的资金，即保费补贴的收入再分配效应。因此，本文进一步引入保费补贴引致的收入再分配比重的概念，定义为保险赔款中超出保费补贴的部分与保费补贴之比，即：

$$\begin{aligned}保费补贴引致的收入再分配比重&=\frac{农业保险赔款-保费补贴}{保费补贴}\times 100\% \\ &=保费补贴资金使用效率-1 \end{aligned} \tag{2}$$

指标（2）是指标（1）的一个引申指标，其经济含义是，平均每1元补贴资金带动了多少资金参与收入再分配过程。这个指标在数值上等于保费补贴资金使用效率指标数值减1，当这个指标值大于0时，其经济含义是，平均每1元保费补贴资金带动了多少元资金参与农业灾害损失补偿；当这个指标值等于0时，说明保险赔款正好等于保费补贴金额；当这个指标数值小于0时，其经济意义是，保费补贴资金中没有用于农业灾害损失补偿的百分比。

### （二）农业保险保费补贴资金使用效率评价方法

以上构建了农业保险保费补贴资金使用效率评价指标，考虑到农业灾害风险年际间的差异较大以及其他可能的偶然因素的影响，导致保险赔款年际间的波动性较大。因此，我们以上述指标（1）的3年（或5年）移动平均值作为保费补贴效果的评价标准，其临界值为1，如果大于1，表明保费补贴资金的使用是有效率的，否则是缺乏效率的。这个比值在一定范围内越大，政府财政补贴资金使用效率越高。

根据这一评价方法，要使农业保险保费补贴资金的使用具有效率，则政策性农业保险的保险赔款应处于合理取值区间范围，即保险赔款的连续 3 年（或 5 年）移动平均数应大于对应的财政补贴金额 3 年（或 5 年）移动平均值，小于对应的保费收入（含保费补贴）3 年（或 5 年）移动平均值。其上限是保险公司的盈利要求（或者说是政策性农业保险财务平衡原则的要求）。超出这一范围则应适时调整农业保险费率。

政策性农业保险不同于一般的商业性财险保险，政策性农业保险涉及大量政府财政补贴资金，政府财政补贴作为一种支农惠农的方式，应最大限度地实现对农户的转移支付。

## 三、我国农业保险保费补贴资金使用效率评价

### （一）我国农业保险保费补贴金额与农户自缴保费的近似估算

先估算我国各年度农业保险实际保费补贴金额。根据各年度中央财政农业保险实际保费补贴金额，以及财政部制定的中央财政与地方财政农业保险保费补贴分担比率，可以估算出 2007—2014 年各年度地方财政农业保险保费补贴金额，将中央财政农业保险实际保费补贴金额与地方财政农业保险保费补贴金额相加，即为实际保费补贴金额合计。2007 年 4 月财政部颁布《中央财政农业保险保费补贴试点管理办法》（财金［2007］25 号）第七条规定："对于中央确定的补贴险种，在试点省份省级财政部门承担 25％的保费后，财政部再承担 25％的保费。"2008 年后该条款改为："对于补贴险种，在补贴地区省级财政部门补贴 25％的保费后，财政部再补贴 35％的保费，其余保费由农户承担，或者由农户与龙头企业、地方财政部门等共同承担，具体比例由各试点省份自主确定，投保农户根据应该承担的比例缴纳保费。"因此，2007 年、2008 年地方财政保费补贴金额按照中央财政实际保费补贴额估算。2008 年修改后的条款，虽然没有明确规定省级以下财政提供保费补贴的比率，但据我们调查，大部分省份要求市级财政承担 10％～20％的保费补贴，县级财政承担 5％～10％的保费补贴。我们分别取其下限再除以 2 作为省级以下财政的平均保费补贴率，即（10％＋5％）/2＝7.5％，这样估算应该是比较稳健的，因此，比较保守的估计，2008 年以后省级及省级以下财政保费补贴额约为中央财政实际保费补贴额的（7.5％＋25％）/35％，约为 93％，因此，根据中央财政实际补贴额可以估算出地方财政保费补贴额，从而得到各年度农业保险实际保费补贴金额合计。有的学者估计的地方财政补贴金额甚至大于中央财政补贴金额（丁少群等，2013）。

用各年度总保费收入减去各年度农业保险实际保费补贴金额合计便得到农户自缴保费，即不含财政补贴的保费收入。

估算结果见表 1。表 1 中，第（1）列为保费收入（含财政补贴）即全国农业保险保费收入（以下简称保费收入），第（2）列是各年度中央财政农业保险实际保费补贴金额，第（3）列为估算的省级及以下财政农业保险保费补贴金额，第（4）列为各级财政农业保险保费补贴金额合计，等于第（2）列与第（3）列之和，第（5）列是

各年度农户自缴保费金额即不含财政补贴的保费收入，等于第（1）与第（4）列之差，第（6）列是第（5）列的环比增长率。由表1可见，保费补贴金额逐年大幅增加，农户自缴保费占比很小，而且波动很大；农户自缴保费并没有因为保费补贴的刺激呈现稳定的增长态势，其中2009年、2010年出现大幅度环比负增长，2009年、2010年、2011年连续三年农户自缴保费收入低于2008年。

**表1　我国农业保险保费补贴及保费收入情况一览表**

单位：亿元;%

| 年份 | 保费收入（含财政补贴）(1) | 中央财政保费补贴（2） | 地方财政保费补贴（估算）(3) | 实际保费补贴合计（4）＝（2）＋（3） | 保费收入（不含财政补贴)(5)＝（1）－（4） | 环比增长率(6) |
|---|---|---|---|---|---|---|
| 2007 | 53.3 | 20.5 | 20.5 | 41.0 | 12.3 | — |
| 2008 | 110.7 | 37.3 | 37.3 | 74.6 | 36.1 | 193.5 |
| 2009 | 133.9 | 59.7 | 53.7 | 113.4 | 20.5 | －43.2 |
| 2010 | 135.7 | 67.7 | 60.9 | 128.6 | 7.1 | －65.3 |
| 2011 | 173.8 | 78.7 | 70.8 | 149.5 | 24.3 | 242.3 |
| 2012 | 240.6 | 91.0 | 81.9 | 172.8 | 67.8 | 179.0 |
| 2013 | 306.7 | 120.4 | 108.3 | 228.7 | 77.9 | 14.9 |
| 2014 | 325.8 | 128.2 | 115.4 | 243.6 | 82.2 | 5.5 |

数据来源：保费收入（含财政补贴）与中央财政保费补贴金额均来自各年《中国保险年鉴》，其余为估算或计算数据。

### （二）农业保险保费补贴的转移支付效应与补贴资金的使用效率

保费补贴在某种意义上可以看成是政府财政通过保险机制对受灾农户的一种转移支付方式。参照Goodwin（2001）的方法，计算各年度农业保险赔款与农户自缴保费的比，其经济含义是农户平均每缴纳1元保费所获得的经济补偿，以此来度量农业保险保费补贴的转移支付效应。计算结果见表2。表2中，第（1）列是2007—2014年各年度农业保险赔款，第（2）列是上面估算的各年度农户自缴保费，即表1中的第（5）列，第（3）列是上面估算的各年度的保费补贴金额合计，第（4）列计算了2007—2014年各年农业保险赔款与农户自缴保费的比。从各年的情况来看，2010年转移支付效应最大，农户平均每缴纳1元保费所获得的损失补偿达到9.50元，2008年转移支付效应最小，农户平均每缴纳1元保费所获得的损失补偿为1.95元；2007—2014年平均为2.94元，即2007—2014年期间，我国农户平均每支付1元保费，就能得到2.94元的损失补偿。美国政府1980年修订的《联邦农作物保险法》首次规定对投保农户给予保费补贴。美国1981—1999年期间农户平均每支付1美元保费，能得到1.88美元的损失补偿（Goodwin，2001）。那么，这是否意味着我国农业保险保费补贴资金的使用效率很高呢?

以上参考Goodwin（2001）的方法，分析了我国农业保险保费补贴的转移支付效应。保费补贴的转移支付效应只能从一个侧面说明保费补贴率的高低，并不能说明保费补贴资金的使用效率。接下来根据本文构建的农业保险保费补贴资金使用效率指标（1），分析我国农业保险保费补贴资金的使用效果，表 2 的第（5）列计算了各年份这一指标数值，从中可以看出，2007—2014 年间，所有年份农业保险赔款与财政补贴资金的比都小于 1，这个比值最大的 2013 年为 91.2%，最小的 2007 年仅为 71.2%，2007—2014 年平均起来农民所获得的保险赔款仅占保费补贴资金的 84.8%。从绝对数来看，表 2 的第（6）列计算了各年农业保险赔款与政府保费补贴总额的差，可以看出，各年的保险赔款均小于该年政府保费补贴总额，2007—2014 年农业保险赔款合计比保费补贴合计少 174.3 亿元，另外，2007—2014 年农户自缴保费 331.7 亿元。这表明，政府财政补贴资金不仅没有带动更多的资金参与收入农业灾害损失补偿，而且保费补贴资金本身出现大量耗散。

**表 2　农业保险财政补贴的转移支付效应与保费补贴资金使用效率分析**

单位：亿元；%

| 年份 | 保险赔款<br>（1） | 农户自缴保费<br>（2） | 保费补贴<br>（3） | （4）＝<br>（1）／（2） | （5）＝<br>（1）／（3） | （6）＝<br>（1）－（3） | （7）＝<br>（5）－1 |
|---|---|---|---|---|---|---|---|
| 2007 | 29.2 | 12.3 | 41.0 | 2.37 | 71.2 | －11.8 | －28.8 |
| 2008 | 70.3 | 36.1 | 74.6 | 1.95 | 94.2 | －4.3 | －5.8 |
| 2009 | 95.2 | 20.5 | 113.4 | 4.64 | 83.9 | －18.2 | －16.1 |
| 2010 | 100.7 | 10.6 | 125.1 | 9.50 | 80.5 | －24.4 | －19.5 |
| 2011 | 107.6 | 24.3 | 149.5 | 4.43 | 72.0 | －41.9 | －28.0 |
| 2012 | 148.2 | 67.8 | 172.8 | 2.19 | 85.8 | －24.6 | －14.2 |
| 2013 | 208.6 | 77.9 | 228.7 | 2.68 | 91.2 | －20.1 | －8.8 |
| 2014 | 214.6 | 82.2 | 243.6 | 2.61 | 88.1 | －29.0 | －11.9 |
| 合计 | 974.4 | 331.7 | 1 148.7 | — | — | －174.3 | — |
| 平均 | 121.8 | 41.5 | 143.6 | 2.94 | 84.8 | －21.8 | －15.2 |

数据来源：保险赔款来自各年《中国保险年鉴》，其余为估算或计算数据。

考虑到农业灾害风险年际间的差异较大，保险赔款具有很大的不确定性，因此，保险赔款金额与财政补贴金额之比值，在有的年份较低是很正常的。为了平滑年际间保险赔款的波动性，更好地评价农业保险保费补贴资金的使用效率，我们运用移动平均法对时间序列数据进行修匀。由于年份数据较少，我们采用 3 年移动平均，计算结果见表 3，表 3 中，第（2）列、第（4）列分别计算了农业保险赔款与农业保险保费补贴的 3 年移动平均值，第（5）列是 3 年移动平均后保险赔款与保费补贴金额的比值，即上述指标（1）的数值。可以看出，移动平均后，平滑了年际间的波动性，对指标数值起到了修匀的作用。计算结果表明，农业保险保费补贴资金使用效率指标的所有三年移动平均值均低于 100%，最小值为 78.2%，最大值为 88.6%。根据以上提出的农业保险保费补贴资金使用效率评价方法，表明我国农业保险保费补贴资金使用是缺乏效率的，应该引起政府相关部门的重视。

### （三）农业保险保费补贴引致的收入再分配比重

前面已经指出，在没有政府财政补贴的情况下，农业保险出现市场失灵，因此，农户自缴保费可以看成是保费补贴的引致需求。保险赔款中超出保费补贴的部分可以看成是保费补贴带动的收入再分配效应。表 2 第（7）列计算了 2007—1014 年各年度保费补贴引致的收入再分配比重这一指标。计算结果表明，2007—1014 年，所有年份这一指标数值都小于 0，平均为－15.2％。说明 2007—2014 年间，我国农业保险保费补贴不但没有带动其余资金参与收入再分配过程，而且平均有 15.2％的政府财政保费补贴资金没有用于农户的灾害损失补偿。

**表 3　保险赔款与保费补贴 3 年移动平均比较分析表**

单位：亿元；％

| 年份 | 保险赔款<br>（1） | 3 年移动平均<br>（2） | 保费补贴<br>（3） | 3 年移动平均<br>（4） | （5）＝（2）/（4） |
|---|---|---|---|---|---|
| 2007 | 29.2 | — | 41.0 | — | — |
| 2008 | 70.3 | 64.9 | 74.6 | 76.3 | 85.1 |
| 2009 | 95.2 | 88.7 | 113.4 | 104.4 | 85.0 |
| 2010 | 100.7 | 101.2 | 125.1 | 129.3 | 78.2 |
| 2011 | 107.6 | 118.8 | 149.5 | 149.1 | 79.7 |
| 2012 | 148.2 | 154.9 | 172.8 | 183.7 | 84.3 |
| 2013 | 208.6 | 190.5 | 228.7 | 215.0 | 88.6 |
| 2014 | 214.6 | — | 243.6 | — | — |

数据来源：保险赔款来自各年《中国保险年鉴》，其余为估算或计算数据。

### （四）进一步思考

考虑到保费补贴资金作为保费收入的一部分，在农业保险运作中，必然产生经营管理费用，因此，本文尝试修正上述指标（2），将指标（2）的分子中的保费补贴扣除一定比例的经营管理费用，得到修正的农业保险保费补贴引致的收入再分配比重指标（3）：

$$\text{修正的保费补贴引致的收入再分配比重}=\frac{\text{农业保险赔款}-\text{保费补贴（}1-\lambda\text{）}}{\text{保费补贴}}\times 100\% \tag{3}$$

这一修正的保费补贴引致的收入再分配比重指标是一个更具有弹性的农业保险保费补贴资金使用效率的评价指标，适合做进一步分析。这一指标的临界值为 0，大于等于 0，说明保费补贴资金使用是有效率的，否则是缺乏效率的。至于保费补贴中应扣除多大比例的经营管理费用，则应根据农业保险经营的合理费用范围，政府对农业保险保费补贴资金使用的容忍度，以及保费补贴资金与其他补贴资金或其他转移支付资金使用费用的比较，政府应该提出一个上限值，上限值的确定需要进一步研究。

## 四、如何改善我国农业保险保费补贴效果

### （一）适时调整农业保险费率

以上分析表明，2007 年以来，我国农业保险保费补贴资金的使用是缺乏效率的。出现上述情况的根本原因是，我国农业保险赔付率长期过低（见表 4），不能较好地实现保险的经济补偿功能。而造成保险赔付率长期过低的原因，则是农业保险费率过高。费率过高的后果是严重的，由于我国中央财政和地方财政对农业保险的保费补贴都是按照农业保险费率的一定的百分比进行补贴的，因此，保险费率越高，政府要补贴的资金就越多，农户的保费负担也越重，不仅增加了政府财政负担，也削弱了农户投保意愿，减少了农户的有效需求，严重影响了财政补贴效果。当然，赔付率过高，保险公司没有经济效益，甚至发生亏损，也是不行的。国家财政支持是政策性农业保险的本质特征。鉴于政策性农业保险涉及大量财政补贴资金，因此，对政策性农业保险经营应有特殊的要求。由本文提出的农业保险保费补贴资金使用效率评价方法，政策性农业保险的保险赔款应处于合理取值的区间范围，即保险赔款的连续 3 年（或 5 年）移动平均数应大于对应的财政补贴金额 3 年（或 5 年）平均值，小于对应的保费收入（含保费补贴）3 年（或 5 年）平均值。以上分析可知，我国农业保险赔款所有 3 年移动平均数都远远小于对应的财政补贴金额的 3 年移动平均值。因此，为改善我国农业保险保费补贴效果，目前情况下，应尽快降低农业保险费率，使农业保险赔款处于合理的区间范围。根据上述评价方法，在以后的经营实践中，应适时调整农业保险费率，即保费补贴资金使用效率指标值如果连续 3 年（或 5 年）的移动平均值首次出现小于 1，则应降低保险费率；如果大于 1，则应提高保险费率。

**表 4　我国农业保险 2007—2014 年赔付率情况**

| 年份 | 2007 | 2008 | 2009 | 2010 | 2011 | 2012 | 2013 | 2014 |
|---|---|---|---|---|---|---|---|---|
| 保费收入（亿元） | 53.3 | 110.7 | 133.9 | 135.7 | 173.8 | 240.6 | 306.7 | 325.8 |
| 保险赔款（亿元） | 29.2 | 70.3 | 95.2 | 100.7 | 107.6 | 148.2 | 208.6 | 214.6 |
| 赔付率（%） | 57.5 | 57.9 | 71.1 | 70.6 | 47.1 | 61.7 | 68.0 | 65.9 |

资料来源：根据历年农业保费收入与保险赔款计算所得。

### （二）合理确定农业保险保障水平

目前我国各省（市、区）农业保险的普遍情况是，保险费率高，保障水平低，保费补贴率高。保障水平低，甚至远没有覆盖直接的物化成本，这种情况下，即便政府提供的保费补贴率再高，激励作用也不大，农户投保的积极性也不高，难以激发农户

的潜在需求，不利于农业保险发展。适度提高农业保险的保障水平，即便适当降低保费补贴率，农户投保的积极性也会提高，农业保险的投保率和覆盖面也会提高，这样，虽然国家要提供的财政补贴资金总额上增加了，但由此增加了农业保险的有效需求，农户的自缴保费比例会增加，实质提高了农业保险保费补贴效果。因此，应适度提高农业保险的保障水平，保障水平应高于直接物化成本，但根据保险的损失补偿原则，保障水平应低于没有发生农业灾害情况下的正常收入水平。

### （三）加强政策性农业保险监管

要改善我国农业保险保费补贴效果，还必须加强政策性农业保险的监督管理，特别是要加强农业保险保费补贴资金的监督管理，以避免或减少保费补贴资金的无谓耗散，提高补贴资金的使用效率。一是要防止保险公司弄虚作假，编造虚假承保、虚假理赔资料，骗取政府保费补贴资金等违规违法行为。二是防止基层政府扣卡、挪用农业保险财政补贴资金。三是要防止基层政府官员与保险公司合谋，虚报承保标的，虚增承保面积，骗取政府财政补贴资金。近年甚至出现多起基层政府官员与保险公司和农户达成某种利益分配协议，骗取国家巨额保费补贴资金的重大案例。四是要完善政策性农业保险信息统计体系，大力推进信息化监督管理，定期披露承保、理赔及财政补贴等相关数据和信息，提高政策性农业保险经营的透明度，加大社会监督力度（张祖荣，2012）。

### （四）明确农业保险市场准入条件

农业保险保费补贴条件下，我国农业保险市场上出现严重寻租现象，损失了补贴资金的使用效率，严重影响了保费补贴效果。由于政策性农业保险得到政府行政支持和经济支持，相对于其他保险业务具有比较优势，而政府有权选择经营政策性农业保险业务的保险公司，因此，有的地区一些缺乏经营农业保险经验和能力的保险公司，贿赂政府相关部门官员、进行利益交换、违规承诺等手段，获取政策性农业保险业务经营权，效率低下。因此，要改善我国农业保险保费补贴效果，就必须明确农业保险市场准入条件，引入公平竞争机制，避免或减少“寻租”现象与无序竞争。由于我国农村幅员辽阔，农业风险复杂多样，农业经营规模很小，农业保险业务分散，市场准入条件首先要考虑保险公司开办农业保险业务的专业技术能力、风险管理水平、服务能力与意愿以及基层服务网络覆盖程度，确保选择资质好、信誉好、社会责任意识强的保险公司经营政策性农业保险业务。

## 参考文献

[1] 丁少群，李梦莹．种植业保险发展报告［C］//中国农业保险发展报告2013．北京：中国农业出版社，2013．

[2] 方伶俐．中国农业保险需求与补贴问题研究［D］．武汉：华中农业大学，2008．

[3] 冯俭，张立明，王向楠．农业保险需求的影响因素及财政补贴调节效应的元分析［J］．宏观经济研究，2012（1）．

[4] 郭颂平，张伟，罗向明．地区经济差距、财政公平与中国政策性农业保险补贴模式选择［J］．学术研究，2011（6）．

[5] 施红，金玉珠．农业保险稳定农户农业收入风险的效应研究［C］//中国农业保险研究 2014. 北京：中国农业出版社，2014.

[6] 施红．中国政策性农业保险优化风险配置的机理研究［D］．杭州：浙江大学，2009.

[7] 庹国柱，李军．我国农业保险试验的成就、矛盾及出路［J］．金融研究，2003（9）．

[8] 王向楠．农业贷款、农业保险对农业产出的影响——来自 2004—2009 年中国地级单位的证据［J］. 中国农村经济，2011（10）．

[9] 吴定富．积极推动发展“三农”保险［J］．中国金融，2009（5）．

[10] 伍中信，张娅．农业保险财政补贴问题研究评述［J］．经济学动态，2009（11）．

[11] 谢家智，等．中国农业保险发展研究［M］．北京：科学出版社，2009.

[12] 于洋，王尔大．政策性补贴对中国农业保险市场影响的协整分析［J］．中国农村经济，2009（3）．

[13] 张祖荣．农业保险的价格构成与保费补贴比例的确定［J］．财政研究，2012（10）．

[14] 张祖荣．中国政策性农业保险若干问题探析——基于政策性农业保险行为主体的视角［J］．内蒙古社会科学（汉文版），2012（5）．

[15] 张祖荣，马岚．我国省域政策性农业保险发展不平衡的实证分析［J］．财经科学，2016（7）．

[16] 张祖荣，王国军．农业保险财政补贴效应研究述评［J］．江西财经大学学报，2016（4）．

[17] 钟甫宁，宁满秀，邢鹂．我国政策性种植业保险制度的可行性研究［M］．北京：经济管理出版社，2007.

[18] 周稳海，赵桂玲，尹成远．农业保险对农业生产影响效应的实证研究——基于河北省面板数据和动态差分 GMM 模型［J］．保险研究，2015（5）．

[19] BabcockB. & C. Hart. A second look at subsidies and supply［J］. Iowa Agriculture Review，2000，6（1）：35-41.

[20] Glauber，J. W. Declaration in the U. S. District Court for the District of North Dakota，Southeastern Division［G］. Paul Wiley，et al. Daniel Glickman，1999，No. A3-99-32. May 18.

[21] Goodwin，B. K. Problems with market insurance in agriculture［J］. American Journal of Agricultural Economics，2001，83（3）：643-649.

[22] Just，R. E.，Calvin L. & J. Quggin. Adverse selection in crop insurance：actuarial and asymmetric information incentives［J］. American Journal Agriculture Economics，1999，81（4）：838-849.

[23] Mishra，P. K. Agriculture risk，insurance and income：A study of the impact and design of India's comprehensive crop insurance scheme［C］. Aldershot/ Brookfield USA/ HongKong/ Singapore/ Sydney：Avebury，25. 1996.

[24] O'Donoqhue，Roberts & Key. Did the federal crop insurance reform act alter farmer enterprise diversification?［J］. Journal of Agricultural Economics，2009，60（1）：80-104.

[25] Orden，D. Should there be a Federal income safety net?［C］. Paper Presented at the Agricultural Outlook Forum Washington，D. C.，February，2001.

[26] Vincent，H. Smith and Joseph W. Glauber. Agricultural Insurance in Developed Countries：Where Have We Been and Where Are We Going?［J］. Applied Economic Perspectives & Policy，2012，34

(3)：363-390.

[27] Wright B. D. & J. A. Hewitt. All risk Crop insurance: Lessons from theory and experience [C] . California Agricultural Experiment Station, Berkeley, 1990.

[28] Yang & Leatham. Impact of the 1996 FAIR Act on major agricultural input suppliers [J] . Agricultural Finance Review, 1997 (57)：53-66.

# 研究播报

## 2016年中国农业保险部分研究播报

周永丰　高　羽

### 期刊论文

【制度建设】

**市场失灵、政府干预与政策性农业保险理论——分歧与讨论**

【摘要】本研究通过对传统农业保险理论的分析，对政策性农业保险制度的理论提出了质疑，认为传统政策性农业保险理论以农业保险的外部性、准公共产品性质作为基础从逻辑上并不严密，指出以农业保险需求不足理论引发的市场失灵理论也不严谨。提出政策性农业保险实质上是一种支农政策，与其他支农工具一样可以在不同程度上提高农户福利，但其重要性并不在于农业保险本身的性质，而在于农业保险与其他支农工具相比所具有的特性。

张跃华、庹国柱、符厚胜，保险研究，2016年07期

**“保险＋期货”：一种服务国家农业现代化的新模式**

【摘要】本文立足于中国人保财险大连市分公司的创新实践，对“保险＋期货”主要创新路径、创新原理、创新模式以及创新内容进行系统性分析，并提出相关政策建议。2015年8月，中国人保财险大连市分公司联合大连商品交易所（以下简称“大商所”）和新湖期货有限公司研发实施的“保险＋期货”服务国家农业现代化创新模式创新项目在全国率先破题，受到国家农业部、保监会、证监会以及国务院发展研究中心等多部委的高度重视，并被首次写入2016年中央1号文件。

李华、张琳，中国保险，2016年07期

**我国农业保险法律制度研究**

【摘要】2013年黑龙江特大洪涝灾害、2014年辽宁特大旱灾和海南两次台风、2011年泰国洪水和2012年美国特大旱灾，都出现了创纪录的赔付，给相关国家保险体系的运行带来较大冲击。外国政府均视农业保险为保障农业发展、规避农业生产风

---

作者简介：周永丰，安华农业保险股份有限公司办公室主任；高羽，安华农业保险股份有限公司办公室员工。

险的重要措施。而我国作为世界上最大的农业国家，恰恰在农业保险制度保障上呈现出了薄弱的态势，与农业保险相关的政策法规较为欠缺，至今仍没有一部完整《农业保险法》出台，这给我国国民经济发展造成了诸多负面影响。在我国，只有尽快构建出一个切实可行的农业保险法律制度体系，才能真正使农业保险工作开展有法可依，从根本上促进农业生产健康发展，进一步巩固农业在我国国民经济中的基础性地位。

万灵娟，市场研究，2016 年 03 期

**政策性农业保险的交易成本困境及其优化路径——兼论农村公共服务市场化改革**

【摘要】基于中部两省两县市水稻种植保险的调查发现，由于农业经营主体数量众多、高度分散以及农业保险服务的集中性特征，政策性农业保险的市场化运作存在交易成本困境。在上级政府的激励和压力下，这一困境演化为利益共同体的共谋行为，即基层政府和保险公司合谋套取上级政府的财政补贴资金。这种行为不仅没有起到化解农业风险和促进现代农业发展的作用，还阻碍政策性农业保险的健康发展。优化路径是依靠基层组织体系的组织优势降低市场主体与农民的交易成本。进一步提出了可以发挥基层组织的功能优势，完善农村公共服务市场化改革的建议。

王海娟，华中农业大学学报，2016 年 04 期

**农业保险财政补贴问题探究**

【摘要】财政补贴对前郭县的农业保险发展起到重要作用，但在前郭县农业保险迅速发展的同时，因对财政补贴的规范性缺乏研究和误读，在实际工作中衍生出不少问题。本文主要对这些问题进行研究，提出解决的对策。

韩莉花，农业与技术，2016 年 24 期

**农业保险应对巨灾风险的对策研究**

【摘要】巨灾风险对农业经济产生巨大的破坏力，如何转嫁农业巨灾风险，显得尤为重要。农业保险是有效解决农业巨灾风险的有效途径之一。论文通过定性和定量分析，认为农业巨灾风险是指赔付率超过 150%的自然灾害。通过对国家政策法规的梳理，转嫁农业巨灾风险有再保险、巨灾保险以及巨灾保险基金的方式。实践中，各省主要通过农业直接保险、再保险、相互保险等方式解决巨灾风险。笔者认为首先应建立健全农业灾害数据库为农业巨灾保险研究提供理论数据；根据农业保险的赔付率不同建立健全农业巨灾风险分散机制框架；根据农业巨灾保险的实践，加快农业巨灾保险制度的步伐；针对赔付率超过 250%的巨灾风险借助资本市场转移风险。

秦玲玲、李丞北，现代商业，2016 年 05 期

**我国农业价格保险与农产品期货的结合模式和政策建议**

【摘要】农产品价格保险是我国农业保险创新和农业风险管理体系转型的必然方

向。中央 2016 年 1 号文件高度重视“农产品期货和农业保险的联动机制”，提出“稳步扩大‘保险＋期货’试点”。相对于美国的“保险＋期货”模式，我国的“保险＋期货”模式有着自身特征。对此，可从微观设计、市场结构和宏观政策框架调整三方面，探索我国“期货＋保险”发展的有效途径。

安毅、方蕊，经济纵横，2016 年 07 期

【补贴政策】

### 农业保险财政补贴效应研究述评

【摘要】农业保险要成功开展，政府必须提供财政补贴，但是，对农业保险进行财政补贴的影响效应却是错综复杂的，是有利有弊的。补贴效应的深入研究对于改进农业保险补贴政策，发挥补贴的积极作用，减少补贴的负面影响具有重要意义和价值。国内外关于农业保险财政补贴效应的研究主要包括以下几个方面：一是财政补贴对提高农业保险投保率、克服市场失灵的影响效应，二是对农业生产及农产品供给的影响效应，三是对国民收入再分配及农民收入变动的影响效应，四是对整个社会福利的影响效应，五是对生态环境的影响效应。文章系统地梳理了这五个方面的研究成果，并做了简要评析，进而展望了未来的研究重点。

张祖荣、王国军，江西财经大学学报，2016 年 04 期

### 我国政策性农业保险主体利益协同度分析

【摘要】采用协同学理论构建 SAR 模型，量化并分析了 2004—2014 年我国政策性农业保险主体利益的协同度。结果表明，我国农业保险主体利益协同度总体上呈上升趋势，但是各主体利益协同度仍然较低，政策性农业保险系统处于低水平发展状态。政府财政补贴对提高主体利益协同度有着重要作用，包含农业保险深度和宽度指标的农业保险公司利益协同度是主体利益协同度的“短板”。由此建议政府坚持农业保险财政补贴政策，提高补贴效率；保险公司扩大保障范围，提高农业保险投保率；提高农户投保热情，积极反馈市场结果。

郭军、孔祥智，华中农业大学学报，2016 年 02 期

### 政府支农政策对农业保险需求的影响机制研究

【摘要】本文把政府的财政支农政策划分为预防性财政支农政策和补偿性财政支农政策，从理论和实证两个方面研究它们对农业保险需求的影响机制。研究结果表明，预防性财政支农政策对农业保险需求存在挤入效应，特别是农业保险保费补贴对农业保险需求有明显的促进作用；补偿性财政支农政策在未实施政策性农业保险的 2007 年以前对农业保险需求存在挤出效应，在 2007 年以后对农业保险需求的影响并不显著。因此，政府通过合理规划与配置预防性财政支农政策、补偿性财政支农政策

和农业保险补贴的比例，可以提高财政支农资金的运行效率和农户的风险保障水平。

刘璐、韩浩、马文杰，农业经济问题，2016 年 10 期

**河南省中牟县大蒜产业供给侧改革的思路及发展对策**

【摘要】在回顾中牟县大蒜产业发展历史和梳理中牟县大蒜产业发展现状以及存在问题的的基础上，结合中牟县长期规划蓝图，提出了中牟县大蒜产业供给侧改革的思路和中牟县大蒜产业发展的主要对策。首先，以农民增收为目标，中牟县将加快大蒜产业供给侧改革，尽快制定大蒜产业整体规划思路，制定出台清晰的大蒜产业政策，规划软硬件建设完善产业环境。其次，加快以大蒜产业结构调整为主的供给侧改革，建立龙头企业拉动和新型农业经营主体大力发展的环境，加快以大蒜产业物流批发中心为主的流通服务体系建设，大力推行产和销全程标准化生产，建立可追溯质量监管制度和大蒜保险保障体系，从根本上改变大蒜生产供需矛盾，提升大蒜产业的整体效益。

孙斌、袁水霞、王青林，北方园艺，2016 年 24 期

**基于 AHP 方法的湖南省农业保险补贴政策扶贫效率评价研究**

【摘要】近年来，在保费补贴政策的推动下，我国农业保险发展迅速，势头喜人。然而，道德风险频发、补贴资源不均衡、补贴水平同质化、补贴内容缺乏特色等问题也随之出现，其支农惠农的效果也因此大打折扣。本文以湖南省为例，采用基于 AHP 方法下比较方法科学评价这一阶段农业保险补贴政策扶贫效率，并提出了农业保险补贴服务精准扶贫的优化机制及保障措施。

王韧、邹西西、刘司晗，湖南商学院学报，2016 年 02 期

**畜牧业疾病预防及治疗的发展研究**

【摘要】为加速国家农业现代化发展，促进农民增收政策的落实，2016 年国家将实行 52 项举措，其中涉及畜牧业占据 11 项内容。2016 年国家将继续实施良种补贴、支持牛羊规模化养殖、支持草原生态保护相关奖励与补助、支持动物防疫补助、养殖相关保险保费补贴等政策。在畜牧业的新形势下，加强畜牧业疾病预防与治疗也是必然的举措。本文基于此出发点做详细探讨。

张登娟、朱丽艳，农业与技术，2016 年 24 期

【经营技术】

**冬小麦天气指数保险产品优化设计：旱涝风险和产量损失的相关性分析**

【摘要】天气指数保险是以气象指数为基础的新型风险转移产品，相比传统农业保险具有降低道德风险、抑制逆选择、降低管理成本等明显优势，但同时也存在基差

风险等明显缺陷。本文以降低基差风险为目标，选取安徽省冬小麦为考察对象，综合运用滑动平均法、降水距平百分率法、多元回归分析法考察安徽省各市旱涝灾害和冬小麦产量损失之间的关系。结果显示：部分地区干旱 $P$ 值和洪涝 $P$ 值均较高，且多数小麦主产区洪涝 $P$ 值低于干旱 $P$ 值。说明干旱/洪涝指数保险并非在所有地区适用，且多数地区冬小麦产量受洪涝影响较旱灾影响严重。

郑军、曹翀，重庆工商大学学报，2016 年 01 期

### 生猪价格指数保险研究

【摘要】我国有着全球最大的生猪市场，生猪产业已经成为我国农业整体中不可或缺的一部分。然而，随着生猪产业的快速发展，生猪市场价格波动幅度也越来越明显，生猪养殖户所面临的风险与日俱增。因此，能够起到有效分散生猪市场风险作用的生猪价格指数保险引起了业内广泛关注。笔者借鉴国际上生猪价格指数保险发展较为成熟国家的经验，以黑龙江省 2010—2015 年生猪市场价格以及养殖户实际购买二等玉米价格的统计数据测算出平均猪粮比值，从保险公司经营风险的角度出发，对黑龙江省未来开展生猪价格指数保险的经营风险进行了探讨。提出了产品设计坚持区域差异化，健全监测统计体系，培养复合型专业人才，发挥政府职能等建议。

巩雪、马彪、杨朝博、李丹，北方经贸，2016 年 07 期

### 水稻天气指数保险定价研究——以贵阳市水稻低温冷害天气指数为例

【摘要】生产实践表明贵阳水稻在抽穗开花期的主要自然灾害是秋风灾害，综合考虑贵阳的实际地理位置，设定水稻抽穗开花期的临界温度，选取冷积温作为水稻秋风灾害指标。通过对贵阳市 2005—2014 年水稻产量的分离和去趋势化处理，计算历年由于天气条件变化造成的水稻损失，对比历史天气指数发生概率与历史产量损失率，确定指数保险的赔付标准及触发值，基于低温冷害天气指数，采用通用定价模型对贵阳水稻天气指数保险进行定价。对天气指数保险这种新兴的农业保险产品的设计、开发与推广具有一定的理论和实践意义。

马绍东、李哲东，农村经济与科技，2016 年 03 期

### 农户购买农业保险意愿的影响因素分析——基于巴彦县万发镇 336 个农户调查

【摘要】农户购买农业保险能够转移和分散农业生产中的各种自然风险和社会经济风险，对稳定农户生产收入，促进农业生产具有重要意义。我国的农业保险一直处于需求不足状态，多数农户都没有自愿主动参与农业保险的意愿。应用 Logit 模型，利用实地访谈和问卷调查的方法，以黑龙江省巴彦县万发镇 336 个农户为样本，从农户年龄、农户受教育水平、家庭农业劳动力人数、农户农业收入占家庭年收入比重、农业保险的宣传力度、农户对农业保险的了解程度、农业保险的服务质量、政府承担保费水平 8 个方面，对影响农户购买农业保险的意愿因素进行了实证分析，并根据实

证结果，分别从政府和保险公司的角度提出相应的对策建议。

郭翔宇、张美玲、刘从敏，农业经济与管理，2015 年 02 期

**天气指数保险理论研究与实践进展**

【摘要】基于国内外天气指数保险的发展、推行与研究现状，针对传统农业保险的缺陷和不足，明确天气指数保险的概念，对比国内外天气指数发展经验，在已有理论和实践的基础上，为我国天气指数保险的发展提供建议，以期在一定程度上转移天气灾害风险、弥补农业经济损失。

干镔青、王云潇、靖钰，安徽农业科学，2016 年 09 期

**农业保险与农村信贷协同发展研究**

【摘要】农业保险与农村信贷是农村和农业发展不可或缺的两个重要支撑力量，虽然近年来获得了较快的发展，但无论是农业保险还是农村信贷都存在发展问题，特别是二者间缺乏互动，协同发展比较落后。帕累托理论、范围经济理论、协同效应理论都告诉我们，拥有相同的服务对象、服务内容的农业保险与农村信贷进行协同发展，可以获得 1＋1＞2 的效果。广东、新疆、山东、江苏等地近年来的有益探索也证明了这一点。当前应正视农业保险与农村信贷协同发展中存在的农业保险水平不高、合作产品老套缺少灵活性、缺乏资源共享机制、法律制度环境不完善等问题，要进一步加大农业保险支持，加大农村金融支持，建立农业保险与农村信贷的协同发展机制，完善制度环境和监管体系，推进农业保险与农村信贷的协同发展，为农业生产保驾护航。

尹兴宽，改革与战略，2016 年 06 期

**我国政策性农业保险经营模式研究**

【摘要】农业保险经营模式是农业保险制度运行的载体。从中国农业保险经营模式的演变过程来看，先后经历了探索、选择和发展等不同历史时期。研究发现，政府主导下的地区特色政策性农业保险经营模式的发展，需要从农业保险组织管理与基层服务、财政保费补贴、大灾（巨灾）风险分散和市场监督与管理等模式逐一设计。论文试图以此揭示我国农业保险经营模式的发展规律与发展方向，进而推进我国农业保险的可持续发展。

黄正军，金融发展研究，2016 年 08 期

**基于农业保险保单抵押的家庭农场融资机制创新研究**

【摘要】针对家庭农场与普通农户的实地调研发现，双方在农业经营特征上的区别导致了其在农业信贷需求上的重大差异：家庭农场在农业生产投入方面的信贷需求远远高于普遍农户，其对农业信贷资金需求的金额更大、贷款期限更长，但在缺乏合

格抵押担保品的条件下，家庭农场很难从信贷机构获取足够的贷款来支持农业再生产。为解决家庭农场抵押品不足的问题，本文通过机制设计，通过引入农业保险来为家庭农场生长中的农产品提供风险保障，并通过保单抵押的方式将农产品的预期收入转化为可间接抵押的资产，从而保障了家庭农场能够通过购买高保障农业保险的方式来为信贷融资提供抵押担保。

王勇、张伟、罗向明，保险研究，2016 年 02 期

## 农业保险发展与中国农业全要素生产率增长研究

【摘要】本文基于 2005—2013 年中国省际面板数据，采用 DEA-Malmquist 指数测算了中国 30 个省份的农业全要素生产率及其构成，在此基础上运用两步系统 GMM 方法，探讨在农业气象灾害日益频繁的背景下，政策性农业保险对中国农业全要素生产率的影响。实证结果表明：政策性农业保险促进了中国农业全要素生产率增长，且主要由农业技术进步效应驱动；从地区差异来看，政策性农业保险对东部地区农业全要素生产率具有显著促进作用，对中西部地区农业全要素生产率正向作用不明显；另外，农业气象灾害抑制了我国农业全要素生产率增长，农业基础设施投资、农村人力资本积累、政府财政支农等因素促进了农业全要素生产率提升。

陈俊聪、王怀明、张瑾，农村经济，2016 年 03 期

## 层次分析法在黑龙江农业保险需求分析中的应用

【摘要】农户决定是否购买农业保险，除受自身因素影响外，周围环境的影响同样不容小觑，因此以黑龙江农业保险需求现状为基础，旨在通过利用层次分析法对影响黑龙江省农业保险需求因素进行分析排序，以期归纳总结出影响农户对黑龙江省农业保险需求的主要因素，并针对问题提出相应政策建议，以期能够对进一步深化农业保险改革有所裨益。

卞纪兰、倪小雯，黑龙江八一农垦大学学报，2016 年 01 期

## 传统农业保险与天气指数保险需求：替代还是互补？——以新疆棉花农业保险为例

【摘要】天气指数保险在消除道德风险、降低逆向选择与交易成本方面较传统农业保险有诸多优势，但我们对其市场认知度知之甚少。近年来传统农业保险发展迅速，但传统农业保险的购买经验是否有助于推广还是替代天气指数保险新产品呢？本研究将传统农业保险的购买经验与天气指数保险的购买意愿相结合，利用 CVM 方法，选取新疆昌吉州玛纳斯县棉花种植区的农民进行实地调查，从三个层面探讨购买经验对于天气指数保险购买意愿的影响。研究结果显示，传统农业保险购买经验的增加可以提高新型天气指数保险的购买意愿。说明有传统农业保险购买经验的农户可能会转向或同时购买天气指数保险，但是天气指数保险更重要的作用是吸引那些不愿购

买传统保险的农户。

孙香玉、吴冠宇、张耀启，南京农业大学学报，2016年05期

【绩效评价】

**巨灾风险视角下的我国政策性农业保险效率研究**

【摘要】本文从巨灾风险管理角度讨论提高农业保险效率的方向和途径。用经济学理论阐述巨灾风险对农业保险效率的影响以及控制巨灾风险的重要性，通过现实数据测算灾害补偿基础上的我国农业保险效率水平，并运用弹性理论分析巨灾因素对农业保险效率的影响程度，得出巨灾风险控制可以有效提升农业保险效率的结论，并针对如何提高我国农业保险效率提出相应政策建议。

邱波、郑龙龙，农业经济问题，2016年05期

**中国水产养殖指数保险推广策略研究——基于国际水产品指数保险经验借鉴**

【摘要】和传统水产养殖保险相比，水产养殖指数保险能够依据客观指数作为理赔依据，具有信息透明、理赔程序简单、道德风险小等优势，可望成为未来水产保险的主要险种。然而目前水产养殖指数保险在市场推广中存在商业保险规模小、“基差风险”高等问题。本文通过对英国、美国和印度的水产品指数保险进行分析，认为丰富水产养殖指数保险产品种类，制定多层级、多主体的赔付方案，开发“保贷”捆绑的运营模式是中国水产养殖指数保险打破困境的主要出路。

周磊、徐学荣，价格理论与实践，2016年10期

**中国农业保险“政府兜底”和“融资预案”大灾风险分散方式的模拟和比较**

【摘要】建立完备的大灾风险分散管理制度是农业保险实现可持续发展的重要保障。我国已经在农业保险经营机构和再保险层面建立了大灾风险分散方式。但是，当农业保险经营机构偿付能力不足时，是由“政府兜底”，还是采取“融资预案”方式为其提供外部超赔补偿资金，以及政府大灾准备金的规模等，成为当前我国政府和农业保险业界面临的重大难题，而相关研究仍显不足。为此，本文建立全国农业保险的系统动力学模型，通过10年、20年、50年和百年一遇大灾风险的情景假设和动态模拟，展示2007—2035年农险经营机构大灾准备金的变化趋势以及“政府兜底”和“融资预案”方式下政府大灾准备金的筹资规模，对“政府兜底”和“融资预案”进行比较，并提出建立我国农业保险大灾风险多层分散体系的建议。

吕晓英、蒲应龑、李先德，中国软科学，2016年04期

**中国农业保险发展的空间收敛研究**

【摘要】中国农业保险发展存在明显的区域差异，弱化对农业发展的支持保护作

用，加大区域农业经济发展差异，在农业保险换挡期，应聚焦于农业保险的区域差异问题。基于中国农业保险发展遵循收敛性理论假设，运用空间计量的分析方法，构建空间 Moran 模型，利用 2004—2013 年农业保险统计数据，分析农业保险密度空间收敛性，探讨农业保险发展的空间收敛性。结果表明，农业保险密度 Gini 系数最小值为 2013 年（0.459)，农业保险发展区域差异显著，“二元结构”特征明显；农业保险发展区域间相互作用明显，具有相同资源禀赋且空间位置邻近的省份，农业保险密度区域集聚性较强。空间滞后模型是最适合研究农业保险空间收敛的模型，中国农业保险发展符合收敛性理论假设被证实，先发地区农业保险密度增长率低于后发地区农业保险密度增长率，收敛速度为 0.941，区域农业保险发展将向一个共同的稳态收敛。中国农业保险发展在空间上聚集特征显著，区域农业保险收敛发展源于空间溢出效应。因此，制定区域农业保险政策以及设计区域性农业保险产品，将有助于缩小农业保险区域发展差异，促进区域农业保险均衡发展。

黄琦、陶建平，农业现代化研究，2016 年 06 期

**基于期权及保险的农产品供应链的协调优化研究**

【摘要】针对种植业的农产品供应链因受自然风险的影响而难以协调且利润低下，首次将期权契约和农业保险综合应用实现农产品供应链的协调与优化。首先引入期权契约，建立集中决策和分散决策下的供应链利润模型，论证了期权的协调效用；然后针对自然风险的管理，期权尤显不足，因此引入农业保险，建立农业保险和期权契约共同作用的供应链利润模型，论证了农业保险的低保费和高理赔可以弥补期权在自然风险问题上的不足，并实现供应链系统的优化。最后通过数值算例对模型的合理性进行了验证并给出决策策略建议。研究表明：基于期权及农业保险，能够有效地实现自然风险下种植业农产品供应链的协调和系统的优化。

曹武军、石洋洋，工业工程与管理，2016 年 01 期

**基于主成分分析法和熵值法的地区农业保险发展水平分析**

【摘要】本文利用 2008—2013 年中国省级层面的农业保险面板数据，构建评价各地区农业保险发展水平的指标体系，采用主成分分析法和熵值法计算各地区农业保险发展水平的综合得分，并进行排名和对比分析。根据排名结果分析发展水平较高省份的农业保险发展优势，据此进一步分析影响各地区农业保险发展的因素。研究发现，农业保险的发展模式、专业性农业保险公司的推动、政府的财政补贴等因素对农业保险发展有显著的促进作用。因此，中央和地方政府应从创新农业保险发展模式、吸引专业性农业保险公司在当地开展业务、提升政府财政补贴力度等方面着手促进农业保险发展。

吕开宇、李春肖、张崇尚，农业技术经济，2016 年 03 期

**收入结构、融资约束与农户的农业保险偏好——基于安徽省粮食种植户的调查**

【摘要】文章基于安徽省粮食种植户调查数据进行收入结构与保险偏好、灾后融资约束与农业保险偏好之间的相关性测算和显著性检验，并对兼农型农户和纯农型农户分别建立农业保险偏好的逐步回归模型。结果发现：①农业收入与非农收入的结构性变化对不同农户群体产生两重效应，对兼农型农户表现为收入效应，对纯农型农户表现为替代效应；②灾后融资工具的多样性会降低农户的保险偏好，政府灾后救助对农业保险存在挤出效应；③农业保险条款和精算定价的复杂性构成了农业保险的技术性“壁垒”，抑制了受教育水平较低的农户群体的保险偏好。因此，文章建议，针对纯农型农户和兼农型农户保险需求的差异，逐步细化和创新农业保险险种体系；针对不同类别农户群体引导其对不同风险融资工具进行取舍和有效搭配。

叶明华、汪荣明，中国人口科学，2016 年 06 期

【实证研究】

**武陵山片区家庭农场金融支持研究——基于湖南怀化的实证研究**

【摘要】本文选取了武陵山片区的湖南省怀化市为样本，分析了怀化市三类家庭农场的发展概况和怀化金融对家庭农场的支持，论述了家庭农场发展过程中遇到的土地流转比例低、农业保险力度偏小、有效抵押不足、贷款利率上浮导致惠农政策不明显等问题，提出了政府应该不断完善服务体系、建立家庭农场贷款风险补偿机制、完善农村金融组织体系、加大信贷管理制度创新力度等措施以增加对家庭农场的金融支持。

谌立平、杨夕斌，武汉金融，2016 年 12 期

**粮食安全背景下农业保险对农户生产行为的影响效应——基于粮食主产区微观数据的实证研究**

【摘要】以维护国家粮食安全为背景，通过文献梳理出我国未来仍需维持较高的粮食生产能力以保证“口粮安全”。农业保险作为应对自然灾害、维持收入稳定的重要风险管理工具，理论上有助于提高农户种粮的积极性、促进粮食生产。本文通过建构两组模型、四个方程，比较分析农业保险引致的耕地面积和农资投入各自变化对农业收入及其占比的影响效应；基于全国八大粮食主产区的微观调查数据，验证农业保险对农户生产行为的实际作用效果；并通过模糊聚类分析法对区域差异进行甄别。研究显示，现阶段农业保险促进了农户农业收入的增加，但对其种粮积极性的提升并不理想，收入结构不同的地区农业保险的效果亦存在差异。结合分析我国粮食安全形势和农业现代化趋势，尝试提出保障粮食安全、提升农业保险政策效果的对策建议。

徐斌、孙蓉，财经科学，2016 年 06 期

**我国农业保险发展影响因素研究——基于地区面板数据的实证分析**

【摘要】作为一项重要的农村金融制度和农村经济补偿制度，农业保险对于保障农业生产、稳定农村经济、建设社会主义新农村的重要性不言而喻。然而，我国农业保险的功能作用并没有得到充分发挥。本文采用地区面板数据模型探究影响我国农业保险发展的相关因素，实证结果表明：农业补贴、农民受教育程度、农产品总播种面积、农产品销售状况对农业保险深度具有积极影响，农民收入水平与农业保险深度负相关，农业收入结构、灾害率对农业保险深度影响并不显著。研究结论对于我国农业保险发展具有重要的政策启示意义。

宋丽智、韩晓生、王研，宏观经济研究，2016 年 11 期

【国际启示】

**美国农业保险财政补贴机制及对我国的借鉴**

【摘要】为促进农业保险普遍可得、农民可支付和保险公司的经济可持续，美国基于农业保险费用构成理论，形成以针对农民的保费补贴和针对保险公司的经营管理费补贴为主体，以再保险支持为核心的双向财政补贴机制。该机制提高了参保率，保障农业保险良性循环，但会带来财政支出压力变大，转移效率偏低等问题。总结美国经验，为创新优化我国农业保险补贴制度提供借鉴。

袁祥州、程国强、黄琦，保险研究，2016 年 01 期

**美国 2014 年新农业法案中农业保险政策改革及其启示**

【摘要】农业保险政策改革是美国 2014 年新农业法案中的重要议题。美国通过增加保险品种、提高保险金额、扩大保险覆盖面等多种措施构建更为健全、更能适应农业发展新要求的农业保险体系，以此巩固和扩大美国农业的优势地位。本文在分析了美国 2014 年新农业法案中农业保险政策改革的背景、主要特征、改革动向及政策意义的基础上，结合我国农业保险实践及现代农业发展新趋向，提出我国农业保险政策改革的建议。

谢凤杰、吴东立、陈杰，农业经济问题，2016 年 05 期

**农业巨灾风险分散管理机制对中国农业保险的新路径构建的借鉴研究——以西班牙为例**

【摘要】农业生产受到自然因素影响较大，农业巨灾风险分散管理机制的健全对农业生产的稳定性和农民经济利益的保障有十分重要的意义。中国是农业大国，农业人口比例占总人口的 2/3，如何有效地避免农业巨灾风险，将关乎农业经济的可持续发展及农村地区人民的生活水平。作为农业巨灾风险管理比较成功的西班牙，在机制构建及管理措施等方面都具有先进的经验及做法，值得中国学习及借鉴。本文在论述

西班牙农业巨灾风险分散管理核心要素的基础上，深入分析了西班牙农业巨灾风险分散管理机制的优势及经验，即法律完善、政策支持、赔付主体多元化及巨灾风险赔付能力强等，并结合中国现阶段该制度的运行实际，提出了实现农业巨灾风险分散损失分担主体多元化、积极开展农业巨灾风险分散赔付业务以及加强巨灾风险分散的赔付能力等优化对策。

周玲，世界农业，2016 年 06 期

**美国农业再保险法律制度及其对中国的启示**

【摘要】农业再保险是美国农业保险制度的重要组成部分，实践证明，美国农业再保险法律制度是一种促进农业保险实现良性循环的制度安排。美国的农业再保险制度之所以能成功运行，一方面取决于其精准的内容设计，另一方面也与健全的再保险法律法规有关。美国的农业再保险法律制度对中国的启示是：建立健全农业再保险法律制度，选择合理的农业再保险经营模式，加大政府对农业再保险的财政支持力度，完善农业再保险人才培养机制。

马莉，世界农业，2016 年 02 期

**海外农业保险研究的新发展——基于 CiteSpaceⅢ的文献计量分析**

【摘要】农业保险理论研究一直受到海内外学者的青睐，农业保险实践进展也受到各国政府的广泛关注。本文基于 Web of Science 收录的农业保险理论与实证研究文献作为数据样本，对检索到的文献进行计量分析，然后利用信息可视化 CiteSpaceⅢ绘制农业保险理论研究的科学知识图谱，利用图谱直观地反映农业保险理论与实践的研究路径、学科主题、研究热点等。本文研究认为，农业风险（证券化）、农业保险市场失灵、气候变化和气象指数保险是当今农业保险领域研究的热点和实践探索的重点领域，更多的研究侧重于农业保险与具体问题结合的研究，进行农业保险的产品创新，比如天气指数保险、巨灾保险等。

黄英君、刘敏，保险研究，2016 年 11 期

## 博士论文

**1. 种植业保险补贴政策效果及其对供需主体行为影响研究——以黑龙江省为例**

【摘要】由于农业是弱质产业，其高风险性使得国家农业发展一直存在着巨大的安全隐患。因此，降低农业风险成为我国农业发展进程中首要攻克的难题。自 2004 年以来，国家陆续出台了一系列扶持农业发展、减轻农民负担、稳定农业生产的政策措施，力图提高农民规避风险的能力，激发农民进行农业生产活动的热情。直到 2007 年，中央财政开始正式支持农业保险，使得我国农业保险终于走上了“以政策性保险为主、商业性保险为辅”的发展道路，揭开了我国农业保险发展的新篇章。尤

其是 2014 年国务院发布的《关于加快发展现代保险服务业的若干意见》，成为农业保险市场成熟过程中的催化剂，为现代保险业的发展指明了方向。尽管蓬勃的发展态势使得我国农业保险市场已位居全球第二，然而，伴随着农业保险的进一步发展，亦暴露出现行农业保险财政补贴政策的实施过程中存在诸多问题。种植业保险补贴的效果怎样？对农户及保险公司行为的影响情况如何？种植业保险补贴政策如何完善？这是政府与业界都非常关注的问题。

面对这些现实问题，本研究以现行种植业保险补贴政策作为研究对象，以种植业保险补贴政策的相关概念及风险可保性、行为经济学等理论为基础，采用实地调研、典型案例分析、层次分析以及回归分析等科学方法评价种植业保险补贴政策的效果，深入分析种植业保险补贴政策对农户及保险公司行为的影响，系统阐述了黑龙江省种植业保险补贴政策现存问题，并提出可操作性的对策建议，以期增强农业保险支农惠农力度，实现种植业保险行业的可持续发展。

本文主要研究内容如下：对种植业保险补贴政策的效果评价。基于种植业保险补贴主体，分四个层次建立种植业保险补贴政策效果评价体系，运用层次分析法（AHP）确定各评价指标所占权重，根据黑龙江省政府有关部门与官方网站的统计数据和实地调研数据，评价种植业保险补贴效果。对种植业保险补贴政策影响农户行为的分析。一是基于问卷调查，运用 Logistic 回归模型分析保费补贴政策对农户投保意愿的影响；二是以已投保农户为调查对象，分析保费补贴政策对农户种植决策的影响；三是阐述保费补贴条件下种植业保险中农户的新型逆向选择与道德风险问题。对种植业保险补贴政策影响保险公司行为的分析。一是分析补贴政策对经营农险业务的公司数量的影响；二是从保险公司的业务经营范围、业务选择和经营稳定性三方面分析种植业保险补贴政策对保险公司经营行为的影响；三是通过保险公司的提供的产品种类、防灾防损服务以及理赔服务三方面分析种植业保险补贴政策对保险公司服务行为的影响；四是通过典型个案说明补贴政策下保险公司所面临的新型道德风险及其"寻租"行为。对种植业保险补贴政策提出政策建议。面对农业保险前所未有的行业利好，针对现行农业保险补贴政策存在的问题，提出具有可操作性的对策建议，建议应合理提高保险金额及扩大覆盖率，建立大灾风险分散机制与农业再保险机制，加大对保险产品创新的支持力度，加强与其他支农政策配合力度，减轻地方政府财政保费配套负担，完善相关监管体系，以期助推我国农业保险补贴政策可持续发展。

本研究的主要创新点首先在于建立了种植业保险补贴效果评价指标体系和综合评价模型，可以更为科学地评价种植业保险补贴政策的实施效果；二是量化了种植业保险补贴政策的实施效果，利用黑龙江省数据，对种植业保险补贴政策效果进行了实证分析，强调种植业保险补贴政策实施效果的客观性及可观察性，强调实施效果与各变量之间的相互关系和因果联系，量化的结果为提出有针对性和可操作性的政策建议提供更为确凿有据的信息；三是运用 Logistic 方法分析了种植业保险补贴政策对农户投保意愿的影响，分析补贴政策对农户种植决策行为的影响，使种植业保险补贴政策对农户行为的影响情况更加清晰、直观；四是以保险公司为研究对象，丰富了保险公司行为的研究，使整体分析框架更为合理，研究内容更加全面。

刘从敏，东北农业大学

**2. 农业保险与农户生产行为关系研究——对新疆玛河流域农户的经验分析**

【摘要】在我国加入WTO以后，以小规模、分散经营为主要特点的农业经济脆弱性显得更加突出。同时，农业支持政策已经发生变化，农产品价格支持、出口补贴等政策已经明显受到限制，政府决策部门正在寻找符合WTO规则的可替代政策来对农业提供财政支持和保护。作为分散生产风险、弥补经济损失、稳定农民收入与促进农业发展的一种作用机制，农业保险及其补贴政策已成为国际上最重要的非价格农业保护工具之一，是WTO规则所允许的“绿箱政策”。国外研究表明，农业保险制度既能分散农业生产风险、补偿农业生产损失，又能够通过影响农户生产行为，比如种植方式的变更、化学品投入量的变化而对农业生态环境产生正面或负面的影响。如果保险制度刺激农户施用更多的农用化学要素，从而引起生态环境的恶化，进而影响整个农业的进一步发展和增长，那么，长期来看，对农业保险进行财政补贴所带来的结果将有悖于保险本身的政策目标。显然，农业保险制度的环境效果取决于既定的社会、经济与环境条件以及特定的农业保险条款下农户对农用化学要素的施用决策。在我国大规模地推行农业保险制度之前，选择实施农业保险制度长达二十年之久的新疆玛纳斯河流域棉花保险为研究对象，探讨该制度的潜在环境含义，为将来我国建立既能分散农业生产风险、弥补农业生产损失，又能保护农业生态环境的农业政策提供较为科学的实证依据。同样，农业保险制度的推广必须考虑规模经营，农业保险高展业成本和高额赔付使其经营成本过高，保险公司不断缩减农险业务；与此同时，农险的高费率与农户有限支付能力使得农户对农业保险的实际投保低下。农险供给与需求的双重不足最终导致效率损失，降低消费者剩余。农业保险市场失灵需要政府提供财政补贴以增加有效供给与需求，从而提高生产者福利与消费者福利。但是，政府补贴引发农户参保率及保险公司理赔额的变化，而参保率与理赔额的变化会引起化学要素施用量的变化，因此，需要通过考察不同补贴水平下农户对农业保险的支付意愿，并在此基础上模拟不同参保率与理赔额条件下农业保险补贴与环境之间的关系。

宁满秀，南京农业大学

**3. 奶牛保险的减损效果及对养殖户行为的影响——基于内蒙古奶牛养殖户的实证分析**

奶牛保险作为一种分散奶牛养殖风险和养殖损失的非价格保护工具，得到了各国政府的重视。我国自2008年开始正式实施政府保费补贴的奶牛保险政策，其目的在于利用保险手段建立疫病和自然灾害的风险防范机制，减少养殖户灾后损失，稳定养殖户收入，调节并促进养殖户的养殖行为，保障原料奶的稳定供给。然而，奶牛保险政策的减损效果究竟如何？奶牛保险政策的实施对养殖户的生产行为产生了怎样的影响？现行奶牛保险政策还存在哪些问题与不足？在我国奶牛保险政策发展初期和当前奶牛养殖业迫切需要一种有效风险分散工具的背景下，对上述问题进行研究和探讨无疑具有十分重要的意义。鉴于此，本文选取我国主要的奶牛养殖区域——内蒙古自治区作为研究区域，在当前“政府引导、市场运作”、“低保障、广覆盖”的农业保险制度下，基于内蒙古奶牛养殖户的实地调研数据，从奶牛保险政策的实际减损效果和对养殖户生产行为影响两方面，评价与检验现行奶牛保险政策是否具有稳定养殖户奶牛养殖收入和保障原料奶供给的功能，总结其中存在的问题与不足，并结合国外奶牛保险发展特点，从奶牛保险制度设计、保险产品创新等方面提出进一步完善我国奶牛保险政策体系的对策建议。

本文的主要研究内容及对应的结论如下：①养殖户对奶牛保险政策减损作用的主观评价及影响因素研究。本文基于养殖户的调研数据，运用比较分析法研究考察不同特征的养殖户对当前奶牛保险政策减损作用的主观评价，并在此基础上，应用有序Logit模型识别影响养殖户奶牛保险减损作用评价的主要因素。研究表明：养殖户对现行奶牛保险政策减损作用的整体评价较高，但不同个人特征、经营特征和风险特征的养殖户所表现出的主观评价具有明显差异性；养殖户是否为管理人员、有无贷款、奶牛养殖规模大小、奶牛死亡比例以及养殖户对奶牛保险保障水平的认知是影响其奶牛保险减损作用评价的显著因素；养殖户的受教育水平、奶牛养殖年限和奶牛养殖收入对其评价奶牛保险减损作用的影响不显著。②奶牛保险减损效果的客观实证检验。从理论上看，政府财政支持的奶牛保险政策具有降低和分散养殖户奶牛养殖死亡损失的作用。然而，基于微观养殖户数据，应用倍差模型和倾向得分匹配倍差模型对奶牛保险的实际减损效果进行实证检验，结果发现，当前只针对“保险合同内约定的奶牛死亡事故”，按“低保障、广覆盖”的原则，进行“奶牛生理价值损失”赔付的奶牛保险政策，尚难以显著降低参保养殖户的奶牛死亡损失，现行奶牛保险政策所发挥的客观减损作用有限。③奶牛保险对养殖户养殖规模决策行为的影响研究。理论分析表明，奶牛保险政策的实施有助于提高养殖户奶牛养殖行为的比较优势，激励养殖户扩大奶牛养殖资源投入，增大奶牛养殖数量，促进奶牛养殖规模化发展。为准确估计奶牛保险政策对养殖户奶牛养殖规模决策行为的影响，本文进一步应用普通线性回归模型和工具变量模型，实证检验奶牛保险政策是否会影响养殖户的养殖决策行为。结果显示，奶牛保险政策对养殖户奶牛养殖规模的扩大具有显著正向影响；另外，在其他影响因素中，养殖户是否存在贷款、每头奶牛的饲料投入和牛奶平均市场售价对养殖户奶牛养殖规模的扩大具有显著正向影响；而养殖户的年龄和是否有其他收入对养殖户奶牛养殖规模的扩大产生了显著负向影响。④奶牛保险对养殖户风险防控要素投入的影响研究。养殖户的风险防控要素投入行为是养殖户生产行为的又一重要表现。从理论上看，养殖户在参加奶牛保险后，考虑到保险的损失支付功能，可能会减少风险防控要素的投入量。然而，进一步应用 OLS 模型和 TEM 模型两阶段回归方法，对上述问题进行实证检验与分析后发现，现行奶牛保险政策对养殖户风险防控要素投入的影响并不显著，即养殖户参加奶牛保险后，并不存在消极进行风险防控，降低养殖风险防控物质资本投入的道德风险问题。

本文的创新之处主要体现在：第一，本文从奶牛保险减损效果及奶牛保险对养殖户生产行为影响角度，对奶牛保险政策实施效果进行理论分析的同时，基于内蒙古奶牛养殖户的调研数据，进一步对当前奶牛保险政策的实际实施效果进行了实证检验与分析，研究内容极大丰富了目前国内奶牛保险相关实证研究；第二，本文根据内蒙古现行奶牛保险制度特点及奶牛养殖实际，获得一些新的发现：由于奶牛保险政策在"保险责任范围"、"保险保障水平"等环节设计存在的局限性，当前奶牛保险政策所发挥的客观减损作用有限，但作为国家目前稳定实施的一项支农惠农政策，奶牛保险政策有助于增强养殖者从事奶牛养殖的信心，并且，养殖户参加奶牛保险后，并不存在消极进行风险防控的奶牛养殖行为。上述研究发现，有助于进一步认识与了解我国目前奶牛保险政策的本质，有利于为进一步完善和发展奶牛保险政策提供正确的决策支持。

张旭光，内蒙古农业大学

**4. 中国农业保险发展模式可持续性的模拟研究**

【摘要】可持续发展是政策性农业保险的核心问题。2004 年中国农业保险新一轮试点以来，国内试点地区形成了多种政策性农业保险发展模式，最突出的问题是农业巨灾风险管理制度尚不完善，农业保险长效机制的建设严重滞后，制约了农业保险的可持续发展。由于试点的时间较短，数据资料有限，还难以利用保险的精算技术对农业保险发展模式的可持续性进行检验。系统动力学被称为"战略与策略的'实验室'"。农业保险的运作具有动态和反馈特征，适宜应用系统动力学原理和方法对保险参与主体的行为趋势进行动态模拟，以此对农业保险发展模式的可持续性进行超前性检验，但国内外尚未见到同类研究的成果。论文的研究目的：一是构建我国农业保险的系统动力学模型，通过农业巨灾风险的情景假设，检验我国政策性农业保险主要发展模式的可持续性；二是设计我国政策性农业保险可持续发展的基本模式，并通过实际应用，检验设计的合理性。为此，论文在分析农业保险的经济学理论和国内外农业保险发展模式的基础上，首先运用系统动力学原理和方法，分别构建了在国内具有代表性的江苏省和北京市农业保险的系统动力学模型，对"江苏模式"和"北京模式"的可持续性进行了检验与改进。"江苏模式"的模拟研究，以徐州市为代表，以市所辖各区、县为基本研究单位，对未来 20 年可能发生的农业巨灾风险，设计了五种情景类型 17 种方案，通过动态模拟，展示了保险公司和区、市、省级政府巨灾准备金可承受的最高赔付率变化趋势。为了改进和完善"江苏模式"，论文又设计了两类新模式 6 种方案，并对模拟结果与未改进的方案进行比较。模拟结果表明，同时改进保险公司和区县巨灾准备金超赔时使用方式的新模式，提高了政府资金运作的效率，增强了保险公司和区县应对农业巨灾风险冲击的能力，有利于全面实现“江苏模式”的可持续发展。在“北京模式”中，设计了 10 种不同组合方案，模拟时间为 2000—2030 年。通过动态模拟，对政府购买再保险与政府直接提供超赔再保险以及由原保险公司直接向再保险公司分保等运作方式进行了比较。认为北京市实行的由政府向再保险公司购买赔付率超赔再保险的运作方式，不能实现政府财政资金使用效率的最优。其次，依据农业保险可持续发展的要求，论文从经营组织和运作方式等方面设计了我国政策性农业保险的“基本框架下的区域差别化发展模式”，分析了农业保险基本模式的内部反馈结构，提出了农业巨灾五级超赔保障体系。最后，以北京市农业保险为例，对“基本模式”设计的合理性进行了比较和检验。结果表明，“基本模式”设计合理，有利于提高政府资金使用效率和保险公司持续经营的能力，可以在我国不同区域农业保险发展模式的改进和完善中参考。论文的创新之处是，首次将系统动力学应用于我国农业保险发展模式的模拟研究，为农业保险的政策和策略分析探索了新的研究思路和方法；对“江苏模式”和“北京模式”的可持续发展进行了检验和改进，设计了我国政策性农业保险可持续发展的“基本模式”，提出了具有可操作性的农业巨灾风险五级超赔保障体系，对于完善我国政策性农业保险制度，提高农业保险发展模式的可持续能力具有重要的理论和实践意义。

吕晓英，中国农业科学院

**5. 中国农业保险经营模式研究**

【摘要】农业保险作为一种有效的农业风险保障机制，能够分散和转移农业风险、稳定农民收入、促进农业发展和繁荣农村经济；同时，作为世界贸易组织框架下农产品贸易协议的“绿箱政策”，农业保险是世界各国健全和完善农业保护体系的有效手段。中国作为一个农业灾害比较严重的农业大国，正处于传统农业向现代农业转型的关键时期，应当发挥农业保险的功能作用，保障农业稳定发展和国家粮食安全、加快新型城镇化进程和农业现代化发展。为此，选择适合中国国情的农业保险经营模式，对中国农业保险健康持续发展尤为重要。本文的研究思路是：首先，从公共产品的一般理论分析入手，阐述农业保险具有正外部性、风险的系统性和较高的信息不对称特征，结合农业保护相关理论和公共财政相关理论对农业保险属性和功效进行分析，认为农业保险是正外部性较强的准公共产品，为政府合理介入农业保险经营提供了理论基础。其次，从经营模式的内涵出发，结合前人对农业保险经营模式的理解，从解决问题的视角重新对农业保险经营模式概念进行了界定。所谓农业保险经营模式就是为解决农业保险发展中的问题，在农业保险长期的经营实践过程中形成的具有鲜明特点的比较稳定的一系列经营规则的总和。它体现了农户、保险机构、政府各方的利益制衡和协调关系，并创造性地对农业保险经营模式的基本内容进行了系统化的概括。农业保险经营模式所包含的基本内容主要有：经营目标、供给主体、需求主体和运行机制四个方面，主要回答“为何经营”、“谁在经营”、“为谁经营”和“如何经营”等一系列问题。这为各地农业保险经营模式的选择提供了理论上的指导意义。再次，根据中国农业保险经营模式发展轨迹，比较和借鉴国内外农业保险发展较为成熟的经营模式，并结合中国国情，将顶层设计和基层视野相结合，指出中国农业保险经营模式的发展方向应当是政府引导下的多层次、经营主体多元化的需求定制型农业保险经营模式，并给出实现这一经营模式的具体对策建议。

基于上述思路，本文包括以下几个部分：第一章，绪论。这是全文的基础，在介绍研究背景和意义的基础上，梳理国内外相关文献和观点，设计文章主要内容和框架，归纳创新和不足。其中，在相关文献研究上，本文对国内外文献加以梳理、归纳及评述，主要从理论和实践两个角度来探讨和研究农业保险经营模式问题：①理论角度主要沿着探索农业保险的属性以及研究纯商业农业保险市场失灵和福利增进的分析路径，为政府介入农业保险市场寻找理论根据；②实践角度主要是探讨各主要农业保险国家经营模式概况，总结经验教训，为中国农业保险的经营实践提供经验。第二章，理论基础。这一章为全文的研究提供理论支持。梳理保险理论和公共产品理论，剖析农业保险公共产品属性是经营型准公共产品，奠定全文研究基础。介绍和评述农业保护相关理论，从公共财政理论、城乡协调发展、国家粮食安全、基础产业和弱质性产业特征、国际竞争需要等多角度论证农业保护必要性，奠定农业保险政府引导的理论基础。机制设计理论的介绍和梳理为后文的农业保险经营模式运行机制设计提供方法基础。第三章，中国农业保险经营模式的历史考察与现状评价。通过对农业保险经营模式历史、特征和规律的考察，总结出中国农业保险经营的成绩，分析现状和剖析问题，为后文顶层设计提供研究思路。第四章，典型国家农业保险经营模式的经验借鉴和启示。通过对美国、日本、法国和菲律宾农业保险经营模式的考察，比较分析这些国家农业保险经营的经验教训，为中国农业保险经营模式研究提供有益经验和启示。第五章，典型地区农业保险经营模式分析——以吉林省为例。吉林省是中国的农业大省，也是重要的商品粮基地，农业保险对促进吉林省农业健康稳定发展意义重大。通过实地调研数据分析，运用计量工具对吉林省农业保险市场供需影响因素进行总结和概括，结合吉林省农业保险发展现状剖析吉林省农业保险经营模式的问题和原因，力图提炼和归纳农业保险经营模式的规律和特点。第六章，中国农业保险经营模式构建和选择。这是本文的创新，也是全文最重要的对策部分。笔者界定中国农业保险经营模式的类型，指出中国农业保险经营选择的原则和依据，根据现阶段中国国情、农业生产条件和农业风险情况、农业保险经营主体的需求分化情况和国家农业保护战略，重新对中国农业保险经营模式进行顶层设计。基于上述研究，笔者认为中国农业保险经营模式应当划分为两个阶段，现阶段应当以“政府引导＋市场运行”为理念，构建政府引导下的商业保险公司经营模式；而未来农业保险发展应当以“政府引导＋市场运行＋保险普惠”为理念，构建政府引导下的多层次、经营主体多元化的需求定制型经营模式，并为保障农业保险经营模式实施提供了配套举措。

李新光，吉林大学

**图书在版编目（CIP）数据**

中国农业保险研究．2017/庹国柱主编．—北京：中国农业出版社，2017.9（2023.12 重印）
ISBN 978-7-109-23374-4

Ⅰ.①中… Ⅱ.①庹… Ⅲ.①农业保险－研究报告－中国－2017 Ⅳ.①F842.66

中国版本图书馆 CIP 数据核字（2017）第 229944 号

中国农业出版社出版
（北京市朝阳区麦子店街 18 号楼）
（邮政编码 100125）
责任编辑 赵 刚 潘洪洋

---

三河市国英印务有限公司印刷 新华书店北京发行所发行
2017 年 9 月第 1 版 2023 年 12 月河北第 2 次印刷

---

开本：787mm×1092mm 1/16 印张：28.25
字数：652 千字
定价：65.00 元